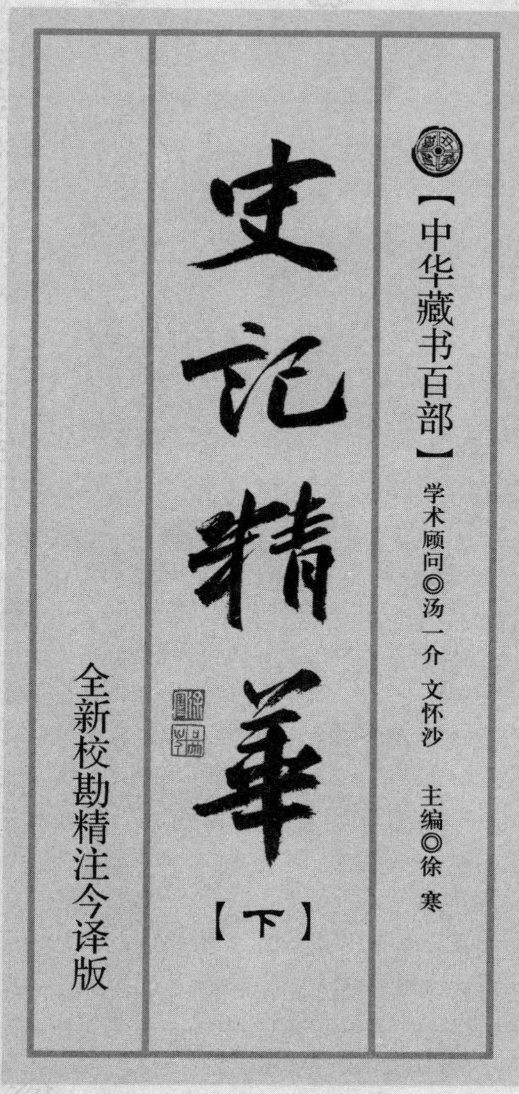

【中华藏书百部】

学术顾问◎汤一介　文怀沙

主编◎徐　寒

史記精華

【下】

全新校勘精注今译版

中国书店

仲尼弟子列传

叔仲会,[1]字子期。[2]

【注释】〔1〕“叔仲会”，氏叔仲（或作“仲叔”），名会。郑玄谓晋国人。按今本《孔子家语·七十二弟子》云：“叔仲会，鲁人，字子期。少孔子五十岁，与孔璇年相比，每孺子之，执笔记事于夫子，二人迭侍左右。孟武伯见孔子而问曰：‘此二孺子之幼也于学，岂能识乎壮哉?’孔子曰：‘然。少成则若性也，习惯若自然也。’”而《史记索隐》所引《家语》云“少孔子五十四岁”。〔2〕“子期”，或作“子其”。

【译文】叔仲会，字子期。

颜何,[1]字冉。[2]

【注释】〔1〕“颜何”，氏颜，名何。鲁国人。按今本《孔子家语》无“颜何”，但《史记索隐》云：“《家语》字称。”可知是今本脱夺。〔2〕“冉”，或作“称”。

【译文】颜何，字冉。

狄黑,[1]字晳。[2]

【注释】〔1〕“狄黑”，氏狄（或作“炉”），名黑（或作“墨”）。或谓卫国人。〔2〕“晳”，或作“晳之”。

【译文】狄黑，字晳。

邦巽,[1]字子敛。[2]

【注释】〔1〕“邦巽”，氏邦（或作“邽”、“国”），名巽（或作“选”）。鲁国人。〔2〕“子敛”，或作“子钦”。

【译文】邦巽，字子敛。

中國書店

孔忠。[1]

【注释】〔1〕“孔忠”，氏孔，名忠（或作“患”、“弗”）。按《史记集解》、《史记索隐》所引和今本之《孔子家语》均云：“字子蔑，孔子兄之子。”

【译文】孔忠。

公西舆如，[1]字子上。

【注释】〔1〕“公西舆如”，氏公西，名舆如（或作“与”、“与如”、“举如”）。或谓鲁国人，或谓齐国人。

【译文】公西舆如，字子上。

公西葴，[1]字子上。[2]

【注释】〔1〕“公西葴”，氏公西，名葴（或作“蒧”、“藏”、“点”、“箴”，梁玉绳《史记志疑》云“‘葴’乃‘蒧’之讹”）。鲁国人。〔2〕“子上”，或作“子尚”、“子索”。

【译文】公西葴，字子上。

太史公曰：学者多称七十子之徒，誉者或过其实，[1]毁者或损其真，钧之未睹厥容貌。[2]则论言弟子籍出孔氏古文，[3]近是。[4]余以弟子名姓文字悉取《论语》弟子问，[5]并次为篇，[6]疑者阙焉。[7]

【注释】〔1〕“或”，有的。〔2〕“钧”，通“均”。“厥”，其，他们的。〔3〕“则”，而。“论言弟子籍”，指古文《论语》中的弟子名籍，其内容如同《汉书·艺文志》六艺略《论语》家的《孔子徒人图法》及《孔子家语·七十二弟子》。先秦汉初，书无定名现象十分普遍。据王充《论衡·正说》，《论语》亦可称《传》、称《论》，云：“初孔子孙孔安国，以教鲁人扶卿，官至荆州刺史，始曰《论语》者，弟子共纪孔子之言行，敕记之时甚多，数十百篇。”“论言弟子籍”即古文《论语》中的一部分，下文的“论语弟子问”也是古文《论语》中的一部分。“孔氏古文”，一般认为指汉武帝时鲁共王坏孔子宅所得古文书籍。据荀悦《前汉纪·成帝纪》、《汉书·艺文志》、王充《论衡·佚文》、许慎《说文解字叙》记载，其中有《论语》。所谓“古文”，实指战国时期的六国文字。〔4〕“近是”，接近事实，接近原貌。〔5〕“《论语》弟子问”，指古文《论语》中孔子与弟子的问对。按《汉书·艺文志》云：“《论语》者，孔子应答弟子，时人及弟子相与言而接闻于夫子之语也。当时弟子各有所记。夫子既卒，门人相与辑而论篹，故谓之《论语》。”今本《论语》内容，就主要是孔子与弟子的问对。〔6〕“并次”，合并编排。〔7〕“疑者”，疑惑不清的地方。“阙”，空缺。

【译文】太史公说：学者中许多人说到孔子的七十位高足弟子，称誉者有的言过其实，毁谤者有的篡改真相，但全都没有见到过他们的容貌。而《论语》弟子名籍出自孔子宅第壁中古文，接近事实。我收集有关孔子弟子的姓名、文字全都取自《论语》中的弟子问对，合并编排，有疑惑不清的地方就空缺着。

商君列传

商君者，卫之诸庶孽公子也，〔1〕名鞅，姓公孙氏，〔2〕其祖本姬姓也。鞅少好刑名之学，〔3〕事魏相公叔座为中庶子。〔4〕公叔座知其贤，未及进。会座病，魏惠王亲往问病，〔5〕曰：“公叔病有如不可讳，〔6〕将奈社稷何？”〔7〕公叔曰：“座之中庶子公孙鞅，年虽少，有奇才，愿王举国而听之。”王嘿然。〔8〕王且去，座屏人言曰：“王即不听用鞅，〔9〕必杀之，无令出境。”王许诺而去。公叔座召鞅谢曰：“〔10〕今者王问可以为相者，我言若，〔11〕王色不许我。我方先君后臣，〔12〕因谓王即弗用鞅，当杀之。王许我。汝可疾去矣，且见禽。”〔13〕鞅曰：“彼王不能用君之言任臣，又安能用君之言杀臣乎？”卒不去。惠王既去，而谓左右曰：“公叔病甚，悲乎！欲令寡人以国听公孙鞅也，岂不悖哉！”〔14〕

【注释】〔1〕“卫”，国名，姬姓，始封君为周武王之弟康叔，于公元前十一世纪周公平定武庚反叛后，接受封赐的商都地区和殷民七族立国，建都沬（即朝歌，今河南淇县），约有今河南北部与山西、河北、山东三省交界之地。自公元前六六〇年被翟击败，国势日蹙，国都屡次东迁。此时已为魏国附庸，国都在濮阳（今河南濮阳西南）。公元前二五四年为魏所灭。后在秦国扶持下复国，迁都野王（今河南沁阳），公元前二〇九年为秦所灭。“庶孽”，嫡长子孙以外的旁系别枝。“公子”，别本或无“公”字。〔2〕“姓公孙氏”，春秋战国时代，国君的孙子称“公孙”，其后遂以“公孙”为氏。先秦的姓与氏有别，姓为有共同血缘关系种族之称，氏是从姓繁衍派生出来的分枝。至秦汉，姓、氏合二为一。依照商鞅所处时代的习惯，公孙实为其氏，姬才是他的姓。司马迁已用汉代习惯将姓、氏混同了。〔3〕“刑名之学”，“刑”亦作“形”，原指研究形体与名称关系的学说，法家用以作为阐述、推行自己政治主张的理论，把“形名”与

“法术”相联系，“名”引申为名分、言论、法术等，强调循名责实，慎赏明罚。〔4〕“魏”，国名，姬姓，开国君主为魏文侯（公元前四四五年至前三九六年在位），其先世代为晋国之卿，后与韩、赵三分晋国，于公元前四〇三年被周威烈王正式封为诸侯，建都安邑（今山西夏县西北）。公元前三六四年（或说公元前三六一年）迁都大梁（今河南开封），故魏又称梁。领土主要有今山西西南部的河东和河南北部的河内之地。公元前二二五年为秦所灭。“公叔座”，公叔，氏；座，一作痤，名。魏武侯（公元前三九五年至前三七〇年在位）时继田文为相。“中庶子”，官名，战国时代国君、太子、相国等上层权贵的侍从之臣。〔5〕“魏惠王”，名罃，或作莹、婴，亦称梁惠王，魏武侯之子，公元前三六九年至前三一九年在位。详见本书《魏世家》。〔6〕“有如”，“有”意同“如”，如果，倘若。“不可讳”，不能避忌，这是死的委婉说法。死为古人忌讳之事，但又无法避免，不便直言，故有此说。〔7〕“社稷”，社，土地神；稷，谷神，为天子、诸侯所祭祀，用以指代国家。“奈社稷何”，把国家怎么样，意即怎样安顿国家。〔8〕“嘿”，同“默”。〔9〕“即”，如，如果。〔10〕“谢”，告，告诉。〔11〕“若”，你。〔12〕“方”，当，应当。〔13〕“禽”，通“擒”。〔14〕“悖”，悖乱，荒谬。

【译文】商君是卫国公室的庶出公子，名鞅，姓公孙，他的祖先原本姓姬。商鞅年少时喜好刑名之学，事奉魏国相国公叔座当中庶子。公叔座知道他有才干，还没有来得及向魏王进荐。适遇公叔座病重，魏惠王亲自前往探望病情，说：“您的病倘若有三长两短，国家将怎么办？”公叔座说：“我的中庶子公孙鞅，年纪虽轻，却身怀奇才，希望大王把全部国政交付给他。”魏王沉默不语。魏王将要离去，公叔座屏退旁人而说道：“大王如果不起用公孙鞅，就一定要杀掉他，别让他出国境。”魏王一口应承而离去。公叔座召见商鞅告诉道：“今日大王询问可以担任相国的人选，我说了你，看大王的表情不赞成我的意见。我理应先国君后臣子，便对大王说如果不任用公孙鞅，就该杀掉他。大王应承了我。你可以赶紧离开了，（不然，）将要被逮捕。”商鞅说：“大王他既然不采纳您的话任用我，又怎么能采纳您的话杀我呢？”结果设有离去。魏惠王离开公叔座后，便对身边的人说：“公叔座病得很重，令人悲伤啊！他想让我把国政交付给公孙鞅，岂不荒唐呀！”

公叔既死，公孙鞅闻秦孝公下令国中求贤者，〔1〕将修缪公之业，〔2〕东复侵地，〔3〕乃遂西入秦，因孝公宠臣景监以求见孝公。孝公既见卫鞅，〔4〕语事良久，孝公时时睡，弗听。罢而孝公怒景监曰：“子之客妄人耳，安足用邪！”景监以让卫鞅。〔5〕卫鞅曰：“吾说公以帝道，〔6〕其志不开悟矣。”〔7〕后五日，复求见鞅。鞅复见孝公，益愈，〔8〕然而未中旨。罢而孝公复让景监，景监亦让鞅。鞅曰：“吾说公以王道而未入也。〔9〕请复见鞅。”鞅复见孝公，孝公善之而未用也。罢而去。孝公谓景监曰：“汝客善，可与语矣。”鞅曰：“吾说公以霸道，〔10〕其意欲用之矣。诚复见我，〔11〕我知之矣。”卫鞅复见孝公。公与语，不自知厀之前于席也。〔12〕

语数日不厌。景监曰："子何以中吾君？吾君之驩甚也。"〔13〕鞅曰："吾说君以帝王之道比三代，〔14〕而君曰：'久远，吾不能待。且贤君者，各及其身显名天下，安能邑邑待数十百年以成帝王乎？'〔15〕故吾以彊国之术说君，〔16〕君大说之耳。〔17〕然亦难以比德于殷、周矣。"

【注释】〔1〕"秦孝公"，名渠梁，秦献公之子，公元前三六一年至前三三八年在位。详见本书《秦本纪》。秦，国名，嬴姓，开国君主为秦襄公（公元前七七七年至前七六六年在位），他因护送周平王东徙有功而受封为诸侯，都西犬丘（即西垂，在今甘肃天水西南、礼县东北）。后多次迁都。公元前三八三年秦献公迁都栎阳（今陕西富平东南）。公元前三五〇年秦孝公迁都咸阳（今陕西咸阳东北）。公元前二二一年秦王政统一中原。公元前二〇六年被刘邦领导的起义军所灭亡。战国初期，地约有今甘肃东南、陕西中部至河南灵宝一带的渭水流域。〔2〕"缪公"，即秦缪公，"缪"亦作"穆"，名任好，秦德公之子，春秋五霸之一，公元前六五九年至前六二一年在位。详见本书《秦本纪》。〔3〕"东复侵地"，据本书《秦本纪》所载秦孝公求贤令，指收复秦国东部被魏国所攻取的河西（今北洛水和黄河间地）。〔4〕"既"，通"即"，立即。〔5〕"让"，责备。〔6〕"说"，音 shuì，劝说，游说。"帝道"，指黄帝、颛顼、帝喾、尧、舜等五帝之道。〔7〕"开悟"，领悟，理会。〔8〕"益愈"，"益"、"愈"同义，越发，更加。这里指谈得更多。〔9〕"王道"，指夏禹、商汤、周文武的三王之道。〔10〕"霸道"，指春秋五霸之道。〔11〕"诚"，果真，如果。〔12〕"厀"，通"膝"。"席"，坐席。古人坐法，以两膝着地，臀部坐在脚后跟上，下垫坐席。〔13〕"驩"，同"欢"。〔14〕"比"，及，达到。"三代"，指夏、商、周三代。"吾说君以帝王之道 比三代"，此句别本或作"吾说君以五帝三王之道比三"。〔15〕"邑邑"，同"悒悒"，忧郁压抑的样子。〔16〕"彊"，通"强"。〔17〕"说"，通"悦"，高兴，喜欢。

【译文】公叔座已死，公孙鞅听说秦孝公在国中下令寻求贤才，准备重建秦缪公的霸业，东方要收复被魏国侵占的土地，于是就西行进入秦国，通过秦孝公的宠臣景监来求见孝公。秦孝公立即会见卫鞅，交谈政事很长时间，孝公常常打瞌睡，没有听。谈完后孝公对景监发脾气说："你的那位来客只不过是个无知狂妄之徒罢了，哪配任用呢！"景监因此责备卫鞅。卫鞅说："我用五帝之道劝说孝公，他的心思不加理会呀。"五日之后，卫鞅又要求孝公接见自己。卫鞅又进见孝公，谈得比前次更多，然而没有中孝公的意。谈完后孝公又责备景监，景监也责备卫鞅。卫鞅说："我用三王之道劝说孝公，而他听不进。请求再一次召见我。"卫鞅再一次进见秦孝公，孝公觉得好而没有采用。谈完后卫鞅离开。孝公对景监说："你的那位来客好，可以同他交谈了。"卫鞅说："我用霸道劝说孝公，他的意思要采用了。如果再召见我，我知道该说什么了。"卫鞅果然又进见秦孝公。孝公与他交谈，不知不觉膝盖在坐席上直往前挪动。交谈了好几天还不满足。景监对卫鞅说："你用什么说中我国君的心意？我的国君高兴得很啊。"卫鞅说："我用帝王之道达到夏、商、周三代盛世来劝说国君，可国君说：'时间太长，我没法等待。况且贤能的君主，都在自身就扬名天下，哪里能默默无闻地等待几十年、几百年来成就帝王之业呢？'因此我就用强国之术向国君陈述，国君大为高兴。但这样就难以同殷、周的德治相比拟了。”

孝公既用卫鞅，鞅欲变法，恐天下议己。卫鞅曰：“疑行无名，〔1〕疑事无功。且夫有高人之行者，〔2〕固见非于世；〔3〕有独知之虑者，必见敖于民。〔4〕愚者闇于成事，〔5〕知者见于未萌。〔6〕民不可与虑始而可与乐成。论至德者不和于俗，〔7〕成大功者不谋于众。是以圣人苟可以强国，〔8〕不法其故；〔9〕苟可以利民，不循其礼。”孝公曰：“善。”甘龙曰：〔10〕“不然。圣人不易民而教，〔11〕知者不变法而治。因民而教，不劳而成功；缘法而治者，吏习而民安之。”卫鞅曰：“龙之所言，世俗之言也。常人安于故俗，学者溺于所闻。〔12〕以此两者居官守法可也，〔13〕非所与论于法之外也。三代不同礼而王，五伯不同法而霸。〔14〕智者作法，愚者制焉；〔15〕贤者更礼，不肖者拘焉。”〔16〕杜挚曰：〔17〕“利不百，不变法；功不十，不易器。法古无过，循礼无邪。”卫鞅曰：“治世不一道，便国不法古。故汤、武不循古而王，〔18〕夏、殷不易礼而亡。〔19〕反古者不可非，而循礼者不足多。”〔20〕孝公曰：“善。”以卫鞅为左庶长，〔21〕卒定变法之令。

【注释】〔1〕“疑”，迟疑，犹豫。〔2〕“且夫”，“且”用法同“夫”，皆为句首语助词，起提示作用。“高人”，过人，超出一般人。〔3〕“见非”，被非难，被反对。〔4〕“敖”，通“謷”，诋毁，诽谤。〔5〕“闇”，同“暗”，不明，糊涂。〔6〕“知”，同“智”。〔7〕“论”，讲论，谈论。“至德”，最高的德行。“和”，随着唱，附和。〔8〕“苟”，如果，倘若。〔9〕“法”，效法，沿袭。“故”，旧，这里指从前的成法。〔10〕“甘龙”，甘，氏；龙，名。秦国大夫。或说为春秋时周宗室甘昭公后裔。〔11〕“易”，更改，改变。“民”，这里指民俗，民间习俗。〔12〕“溺”，沉溺，局限。〔13〕“居”，当，任。〔14〕“五伯”，即五霸，战国人一般指齐桓公、晋文公、楚庄王、吴王阖闾、越王勾践等春秋时代的五个霸主。或说指昆吾氏、大彭氏、豕韦氏、齐桓公、晋文公；指齐桓公、晋文公、秦穆公、宋襄公、楚庄王；指齐桓公、晋文公、秦穆公、楚庄王、吴王阖闾。〔15〕“制”，控制，制约。这里指受制。〔16〕“不肖”，不似，不贤。“拘”，拘泥，拘束。〔17〕“杜挚”，秦国大夫。〔18〕“汤、武”，指商汤王、周武王。〔19〕“夏、殷”，指夏桀、商纣。〔20〕“多”，推重，赞美。〔21〕“左庶长”，秦国爵名。据《汉书·百官公卿表》，为秦二十级爵中的第十级。按本书《秦本纪》记商鞅为左庶长在变法实施之后，与此记异。

【译文】秦孝公立即任用卫鞅，卫鞅准备变法，但秦孝公担心天下非议自己。卫鞅说：“行动迟疑不决就不会成名，做事犹豫不定就不会成功。那些有过人举动的人，本来就会被世俗所非难；有独到见识的谋划者，必定会被百姓所讥讽。愚蠢的人对已经完成的事情都感到困惑，智慧的人对没有发生的事情都能预见。百姓，不可以同他们谋划事业的创始，只可以同他们欢庆事业的成功。讲论最高道德的人不附和世俗，成就伟大功绩的人不征询民众。因此圣人如果可以强国，就不袭用成法；如果可以利民，就不遵循旧礼。"秦孝公说："好。"甘龙说："不对。圣人不改民俗而施教，智者不变法度而治国。依照民俗而施教，不费气力就会成功；根据成法而治国，官吏习惯而百姓平安。"卫鞅说："甘龙所说的话，是凡夫俗子的言论。常人苟安于旧习俗，学者局限于所见所闻。用这两种人当官守法是可以的，但不是与之探讨成法之外事情的人。三代不同礼教而成就王业，五伯不同法制而建立霸业。智慧的人制定法律，愚蠢的人受制于法律；贤能的人更改礼教，无能的人拘泥旧礼。"杜挚说："没有百倍的利益，不能改变法度；没有十倍的功效，不更换器具。效法古代没有过失，遵循旧礼没有邪恶。"卫鞅说："治理社会不只一条道路，有利国家不必效法古代。所以商汤、周武不循古道而缔造王业，夏桀、商纣不改礼制而亡国。违反古道的不可以否定，而因循旧礼的不值得赞美。"秦孝公说："好。"用卫鞅为左庶长，终于决定变法的命令。

令民为什伍，〔1〕而相牧司连坐。〔2〕不告奸者腰斩，〔3〕告奸者与斩敌首同赏，匿奸者与降敌同罚。民有二男以上不分异者，倍其赋。〔4〕有军功者，各以率受上爵；〔5〕为私斗者，各以轻重被刑大小。〔6〕僇力本业，〔7〕耕织致粟帛多者复其身。〔8〕事末利及怠而贫者，〔9〕举以为收孥。〔10〕宗室非有军功论，〔11〕不得为属籍。〔12〕明尊卑爵秩等级，〔13〕各以差次名田宅，〔14〕臣妾衣服以家次。〔15〕有功者显荣，无功者虽富无所芬华。〔16〕

【注释】〔1〕"什伍"，五家为伍，十家为什。商鞅以此作为编制管理居民的基层组织，同时具有军事组织的性质。〔2〕"牧司"，监视，纠察。"坐"，罪，判罪。"连坐"，连罪，指一家犯罪，同伍、同什的其余人家要株连科罪。〔3〕"腰斩"，刑名，将人的肢体横腰斩断。〔4〕"赋"，即口赋，指按人头征收的军赋。〔5〕"率"，音 lǜ，比率，标准，规定。〔6〕"被"，及，加。〔7〕"僇"，音 lù，通"戮"。"僇力"，即戮力，努力，尽力。"本业"，法家认为农业是立国之本，故称农业生产为本业。〔8〕"致"，送达，交纳。或谓得到，亦通。"复"，免除徭役。〔9〕"末利"，法家视工商为末，故称工商之利为末利。"怠"，怠慢，懒惰。〔10〕"举"，全，全部。"收孥"，"孥"通"奴"，指收捕入官为奴。或谓拘捕犯人及其妻子儿女，没为官府奴婢。〔11〕"宗室"，国君的同族。"论"，评定，记录。〔12〕"属籍"，家族的名册。这里指国君宗室的名册。〔13〕"爵秩"，爵位俸禄。〔14〕"差次"，等级班次。"名"，名下所有，即占有。〔15〕"家次"，各家的等级班次。〔16〕"芬华"，芬芳华丽，这里引申为炫耀夸示，意同前"显荣"。

【译文】下令百姓五家为伍，十家为什，相互监视，实行连坐。不告发奸恶者处以腰斩，告发奸恶者给予和斩获敌人首级相同的赏赐，藏匿奸恶者给予和投降敌人相同的惩罚。百姓家中有两个成年男子不分立门户者，加倍征收他们的口赋。有战功者，各按规定接受更高的爵位；进行私下斗殴者，各按情节轻重给予大小刑罚。努力从事农业生产，耕耘纺织送交粮食布帛多者，免除本人徭役。专事工商末利以及因懒惰而贫困者，全部将他们收捕，没入官府为奴。国君宗室中没有军功记录的，不得载入宗室名册。明确尊贵卑贱爵位奉禄等级。各按等级班次占有田地住宅，奴婢、衣着服饰也按各家的等级班次享用。有战功者显赫尊荣，没有战功者尽管富有也无处炫耀夸示。

令既具，〔1〕未布，恐民之不信，已乃立三丈之木于国都市南门，〔2〕募民有能徙置北门者予十金。〔3〕民怪之，〔4〕莫敢徙。复曰“能徙者予五十金”。有一人徙之，辄予五十金，〔5〕以明不欺。卒下令。

【注释】〔1〕“具”，具备，完备。〔2〕“已乃”，于是。“国都市南门”，首都城中市场的南门。《周礼·冬官·匠人》谓国都建制“左祖右社，前朝后市”。市场为国都重要组成部分，四周有经界门阈。〔3〕“募”，招募，征求。“金”，秦国以一镒黄金为一金，等于二十两，一说二十四两（一两约合今十六点二二克）。〔4〕“怪”，奇怪，惊奇。〔5〕“辄”，音 zhé，即，立即。

【译文】法令已经完备，但没有公布，恐怕百姓不信任，于是在都城市场南门立起一根三丈长的木头，招募百姓有能搬到北门的给十镒黄金。百姓对此感到惊奇，没有人敢搬。就又宣布说“有能搬的人给五十镒黄金”。有一个人搬走木头，立即给他五十镒黄金，以表明没有欺诈。终于颁下法令。

令行于民朞年，〔1〕秦民之国都言初令之不便者以千数。〔2〕于是太子犯法。〔3〕卫鞅曰：“法之不行，自上犯之。”将法太子。〔4〕太子，君嗣也，不可施刑，刑其傅公子虔，〔5〕黥其师公孙贾。〔6〕明日，秦人皆趋令。〔7〕行之十年，〔8〕秦民大说，道不拾遗，山无盗贼，家给人足。〔9〕民勇于公战，怯于私斗，乡邑大治。秦民初言令不便者有来言令便者，卫鞅曰“此皆乱化之民也”，尽迁之于边城。其后民莫敢议令。

【注释】〔1〕“朞”，音 jī，同“期”。“朞年”，一整年，一周年。〔2〕“初令”，首次颁布的法令，指商鞅的新法。“秦民之国都言初令之不便者以千数”，本句第一个“之”字为动词，往，到。〔3〕“于是”，在这时候。“太子”，秦孝公太子，名驷，即后来的秦惠王，公元前三三七年至前三一一年在位。详见本书《秦本纪》。〔4〕“法”，法办，以法惩处。〔5〕“傅”，官名，职掌太子的教育。据《大戴礼记·保傅》，傅负责太子德行的教育。〔6〕“黥”，音qíng，刑名，亦称墨刑，用刀刺刻脸部，然后涂上墨。“师”，官名，职掌太子的教育。据《大戴礼记·保傅》，师负责太子知识的教育。〔7〕“趋”，趋向，归附，服从。〔8〕“行之十年”，按本书《秦本纪》载秦孝公三年商鞅实行变法，孝公十年鞅为大良造，其间相隔七年，则此“十”似为“七”之误。〔9〕“给”，音jǐ，富足，富裕。

【译文】法令在百姓中实行一年，秦国百姓到国都来说新法不适宜的人数以千计。在这时太子触犯法令。卫鞅说：“法令不能实行，是由于上面的人触犯法令。”准备依法惩处太子。太子，是国君的继承人，不能施加刑罚，便对太子傅公子虔行刑，并对太子师公孙贾处以黥刑。第二天，秦国百姓都服从法令了。实行新法十年，秦国百姓皆大欢喜，路上不捡拾他人遗物，山中没有蟊贼强盗，家家富裕，人人满足。百姓勇敢为国作战，害怕私人斗殴，城乡大治。秦国百姓中当初说法令不适宜者有来说法令适宜的，卫鞅说“这些都是扰乱教化的人”，全部迁居到边境城堡。此后百姓中就没有人敢于议论法令了。

于是以鞅为大良造。〔1〕将兵围魏安邑，〔2〕降之。居三年，作为筑冀阙宫庭于咸阳，〔3〕秦自雍徙都之。〔4〕而令民父子兄弟同室内息者为禁。〔5〕而集小都乡邑聚为县，〔6〕置令、丞，〔7〕凡三十一县。为田开阡陌封疆，〔8〕而赋税平。〔9〕平斗桶权衡丈尺。〔10〕行之四年，公子虔复犯约，劓之。〔11〕居五年，秦人富彊，天子致胙于孝公，〔12〕诸侯毕贺。

【注释】〔1〕“大良造”，亦作“大上造”，秦爵名。据《汉书·百官公卿表》，为秦二十级爵中的第十六级。〔2〕“安邑”，魏都邑名，魏氏封侯立国，即都于此，据《古本竹书纪年》直至公元前三六四年迁都大梁，公元前二八六年属秦。在今山西夏县西北。〔3〕“作为”，兴作营造。“冀阙”，宫廷外的门阙，为公布政令之处。“咸阳”，秦都邑名，秦孝公十二年（公元前三五〇年）迁都于此，在今陕西咸阳东北。“作为筑冀阙宫庭于咸阳”，按本书《秦本纪》作“作为咸阳，筑冀阙”，语意较为晓畅。〔4〕“雍”，秦都邑名，秦德公元年（公元前六七七年）迁都于此，直至秦献公二年（公元前三八三年）迁都栎阳（今陕西临潼北）。在今陕西凤翔南。按此云“秦自雍徙都之”，则此前秦仍都于雍。〔5〕“息”，生息，养育。〔6〕“都乡邑聚”，四者皆为百姓集居的处所。〔7〕“令”，县令，为一县之行政长官。“丞”，县丞，为县令副佐。〔8〕“为田”，治田，整治田地。“开”，开立，设置。“阡陌”，田间纵横之道，既可通行往来，又为土地分界。秦国政府对阡陌有一定的规制，青川秦墓木牍载秦武王二年（公元前三〇九年）规定：“田广一步，袤八则（一则为三十步），为畛。亩二畛，一百（陌）道。百亩为顷，一千（阡）道，道广三步。”“封”，土堆，作为田界标志。封也同阡陌一样有一定的规制，如青川秦墓木牍云：“封高四尺，大称其高。”“疆”，疆界，田界。〔9〕“平”，平齐，统一。“赋税平”，赋税统一。商鞅通过“为田开阡陌封疆”，整顿田制，明确地界，按照土地的多少征收军赋田租，从而使赋税的征收趋于整齐划一。〔10〕“斗”，量器名，一斗约合今二公升。

“桶”，量器名，方形斛，一斛十斗，约合今二十公升。“权衡”，权为砝码、秤锤，衡为秤杆，此合言指秤。“尺”，秦尺约合今二十三点二厘米。〔11〕“劓”，音 yì，刑名，割鼻子。〔12〕“天子”，指周显王，名扁，周安王之子，周烈王之弟，公元前三六八年至前三二一年在位。详见本书《周本纪》。“胙”，音 zuò，祭祀用的肉。据本书《周本纪》，此为祭祀周文王、周武王的肉。“天子致胙”，周天子将在宗庙供奉过的祭肉馈赠给秦孝公。这是一种天子对诸侯表示亲密尊重的礼仪。

【译文】于是秦孝公任用卫鞅为大良造。卫鞅率领军队包围魏国安邑，迫使安邑投降。经过三年，在咸阳大兴土木建造冀阙、宫殿，秦国从雍迁都到咸阳。而后下令禁止百姓父子兄弟同居共室养育后代。合并小都、小乡、小邑、小聚为县，设置县令、县丞，共三十一个县。整治田地，开立阡陌封疆作为地界，从而使赋税征收整齐划一。统一斗桶、权衡、丈尺的标准。实行第二次新法四年，公子虔再次违反规约，处以劓刑。经过五年，秦人国富兵强，周天子赠送祭肉给秦孝公，诸侯都来祝贺。

其明年，齐败魏兵于马陵，〔1〕虏其太子申，〔2〕杀将军庞涓。〔3〕其明年，卫鞅说孝公曰：“秦之与魏，譬若人之有腹心疾，非魏并秦，秦即并魏。何者？魏居领厄之西，〔4〕都安邑，与秦界河而独擅山东之利。〔5〕利则西侵秦，病则东收地。今以君之贤圣，国赖以盛。而魏往年大破于齐，诸侯畔之，〔6〕可因此时伐魏。魏不支秦，必东徙。东徙，秦据河、山之固，东乡以制诸侯，〔7〕此帝王之业也。”孝公以为然，使卫鞅将而伐魏。魏使公子卬将而击之。军既相距，卫鞅遗魏将公子卬书曰：〔8〕“吾始与公子驩，〔9〕今俱为两国将，不忍相攻，可与公子面相见，盟，乐饮而罢兵，以安秦魏。”魏公子卬以为然。会盟已，饮，而卫鞅伏甲士而袭虏魏公子卬，因攻其军，尽破之以归秦。魏惠王兵数破于齐秦，国内空，日以削，恐，乃使使割河西之地献于秦以和。〔10〕而魏遂去安邑，徙都大梁。〔11〕梁惠王曰：“寡人恨不用公叔座之言也。”卫鞅既破魏还，秦封之於、商十五邑，〔12〕号为商君。

【注释】〔1〕“齐”，诸侯国名，姜姓，公元前十一世纪周武王封吕尚于营丘（后称临淄，在今山东临淄东北）建都立国，春秋末君权逐渐为大臣陈氏（又称田氏）所夺，公元前三八六年周安王承认田和为齐侯，公元前二二一年为秦国所灭。战国初期，其疆域有今山东北部及河北东南部。“马陵”，齐国邑名，一说为魏国邑名，在今河南范县西南，或谓在今河北大名东南。〔2〕“太子申”，即魏惠王之太子，任魏军上将军。〔3〕“庞涓”，曾与孙膑同学兵法，后事魏惠王为将，死于公元前三四二年的马陵之战。参看本书《孙子吴起列传》及临沂银雀山竹书

《孙膑兵法》《禽庞涓》、《陈忌问垒》。〔4〕“领”，别本多作“岭”。“领厄”，山岭险厄之地，指今山西西南部中条山一带。〔5〕“山东”，指华山以东地区。〔6〕“畔”，通“叛”，背叛，背离。〔7〕“乡”，通“向”。〔8〕“遗”，音 wèi，馈赠，致送。“书”，书信。〔9〕“驩”，同“欢”。〔10〕“河西”，地区名，指今山西、陕西两省间黄河南段以西地区，约在陕西韩城、合阳、大荔一带。〔11〕“大梁”，魏国都邑名，自魏惠王从安邑迁都于此，至公元前二二五年秦灭魏，为魏国首都。关於魏迁都大梁的时间，史载不一，计有：（一）魏惠王六年即公元前三六四年，（二）魏惠王九年即公元前三六一年，（三）魏惠王二十九年即公元前三四一年，（四）魏惠王三十一年即公元前三三九年。今人或谓魏惠王十八年即公元前三五二年。似以魏惠王六年说近是。〔12〕“於、商”，秦国邑名，於在今河南西峡东，商在今陕西商县东南。或谓“於商”为一地名，一谓邑名，即商，又称鄔；一谓地区名，又名商於、於中，在今河南淅川西南。

【译文】第二年，齐军在马陵击败魏军，俘虏魏太子申，杀死将军庞涓。又过一年，卫鞅劝说秦孝公道：“秦国与魏国，就譬如人有心腹之病，（不能两全，）不是魏国吞并秦国，就是秦国吞并魏国。什么原因呢？魏国居于崇山峻岭的西面，在安邑建都。与秦国以黄河为界而独占山东的地利。情况有利就向西侵伐秦国，情况不妙就向东扩展土地。如今靠国君的贤能圣明，国家赖以强盛。而魏国去年被齐军打得大败，诸侯纷纷背离，可以乘这时机攻伐魏国。魏国抵挡不住秦军，必定向东迁移。魏东迁之后，秦国占据黄河、华山的天险，向东可以控制诸侯，这是千秋帝王之业啊。”秦孝公认为是这样，派遣卫鞅领兵攻伐魏国。魏王派公子卬领兵迎击秦军。两军已经相遇，卫鞅送信给魏军将领公子卬说：“我当初与公子相交甚好，如今同为两国之将，不忍心互相攻伐，是否可以同公子当面相见，缔结盟约，痛饮一番而后撤兵，以安定秦国和魏国。”魏公子卬认为好。两人会面订立盟约完毕，设宴对饮，可是卫鞅事先埋伏穿戴盔甲的武士而袭击俘虏了魏公子卬，乘势攻击他的军队，全部打垮魏军而返回秦国。魏惠王因军队屡次败于齐国、秦国，国内十分空虚，日益衰落，非常恐慌，于是派遣使者割让河西之地奉送给秦国以求和解。而后魏惠王就离开安邑，迁都到大梁。梁惠王说：“我悔恨当初不听公叔座的话啊。”卫鞅击败魏军归来，秦孝公封给他於、商之间的十五个邑，从此号称商君。

商君相秦十年，宗室贵戚多怨望者。〔1〕赵良见商君。商君曰：“鞅之得见也，从孟兰皋，今鞅请得交，可乎？”赵良曰：“仆弗敢愿也。〔2〕孔丘有言曰：‘推贤而戴者进，〔3〕聚不肖而王者退。’仆不肖，故不敢受命。仆闻之曰：‘非其位而居之曰贪位，非其名而有之曰贪名。’仆听君之义，〔4〕则恐仆贪位贪名也。故不敢闻命。”〔5〕商君曰：“子不说吾治秦与？”赵良曰：“反听之谓聪，〔6〕内视之谓明，〔7〕自胜之谓强。〔8〕虞舜有言曰：‘自卑也尚矣。’君不若道虞舜之道，〔9〕无为问仆矣。”〔10〕商君曰：“始秦戎翟之教，〔11〕父子无别，同室而居。今我更制其教，而为其男女

之别，大筑冀阙，营如鲁、卫矣。[12]子观我治秦也，孰与五羖大夫贤?"[13]赵良曰："千羊之皮，不如一狐之掖；[14]千人之诺诺，[15]不如一士之谔谔。[16]武王谔谔以昌，殷纣墨墨以亡。[17]君若不非武王乎，则仆请终日正言而无诛，[18]可乎?"商君曰："语有之矣：'貌言华也，[19]至言实也，[20]苦言药也，甘言疾也。'[21]夫子果肯终日正言，鞅之药也。鞅将事子，子又何辞焉!"赵良曰："夫五羖大夫，荆之鄙人也。[22]闻秦缪公之贤而愿望见，行而无资，自粥于秦客，[23]被褐食牛。[24]期年，缪公知之，举之牛口之下，而加之百姓之上，秦国莫敢望焉。[25]相秦六七年，而东伐郑，[26]三置晋国之君，[27]一救荆国之祸。[28]发教封内，而巴人致贡；[29]施德诸侯，而八戎来服。[30]由余闻之，[31]款关请见。[32]五羖大夫之相秦也，劳不坐乘，[33]暑不张盖，[34]行于国中，不从车乘，不操干戈，功名藏于府库，[35]德行施于后世。五羖大夫死，秦国男女流涕，[36]童子不歌谣，[37]舂者不相杵。[38]此五羖大夫之德也。今君之见秦王也，因嬖人景监以为主，[39]非所以为名也。相秦不以百姓为事，而大筑冀阙，非所以为功也。刑黥太子之师傅，残伤民以骏刑，[40]是积怨畜祸也。教之化民也深于命，[41]民之效上也捷于令。[42]今君又左建外易，[43]非所以为教也。君又南面而称寡人，[44]日绳秦之贵公子。[45]《诗》曰：[46]'相鼠有体，[47]人而无礼；人而无礼，何不遄死。'[48]以《诗》观之，非所以为寿也。公子虔杜门不出已八年矣，君又杀祝懽而黥公孙贾。《诗》曰：[49]'得人者兴，失人者崩。'此数事者，非所以得人也。君之出也，后车十数，从车载甲，多力而骈胁者为骖乘，[50]持矛而操阘戟者旁车而趋。[51]此一物不具，君固不出。《书》曰：[52]'恃德者昌，恃力者亡。'君之危若朝露，尚将欲延年益寿乎?则何不归十五都，[53]灌园于鄙，[54]劝秦王显岩穴之士，[55]养老存孤，[56]敬父兄，序有功，尊有德，可以少安。君尚将贪商於之富，宠秦国之教，[57]畜百姓之怨，秦王一旦捐宾客而不立朝，[58]秦国之所以收君者，[59]岂其微哉?[60]亡可翘足而待。"[61]商君弗从。

【注释】〔1〕"望"，怨，埋怨责备。〔2〕"仆"，第一人称的自谦语。〔3〕"戴"，《逸周书·谥法解》云："爱民好治曰戴。典礼不愆曰戴。""戴者"，此指受人拥戴的贤人。〔4〕"义"，意义，意思。〔5〕"闻命"，听命，从命。〔6〕"反听"，即听反，听取反面的话。〔7〕"内视"，即视内，省视内心，自我反省。〔8〕"自胜"，即胜自，战胜自我，约束自己。〔9〕"道虞舜之道"，第一个"道"字用作动词，经由，实行。第二个"道"字为名词，道路。〔10〕"无为"，无用，不必。〔11〕"戎翟之教"，戎翟泛指当时活动于我国西北、西南的少数部族，尚处于比较落后的发展阶段，家庭形态方面保留着较多的群婚杂交的残余。秦人毗邻戎翟，本身立国于犬戎曾居之地，因此流行戎翟的习俗。戎翟之教当指此。〔12〕“鲁”，鲁国，姬姓，公元前十一世纪分封的诸侯国，始封君为周公旦之子伯禽，都于曲阜（今山东曲阜）。战国时期约有今山东西南部。公元前二五六年为楚国所灭。“鲁、卫”，鲁国和卫国，是中原地区文化较为发达、周王朝礼仪制度保留最多的两个国家，因而被视为传统政治文化的代表。〔13〕“羖”，音 gǔ，黑色的公羊。“五羖大夫”，即百里奚，原为虞国大夫，虞亡时被晋俘去，作为陪嫁之臣送入秦国。后出走到楚国，为楚人所执，又被秦缪公用五张黑色公羊皮赎回，用为大夫，故称五羖大夫。是辅佐秦缪公创建霸业的重臣。〔14〕“掖”，通“腋”，胳肢窝。〔15〕“诺”，答应声。“诺诺”，连声答应，随声附和。〔16〕“谔谔”，直言争辩的样子。“谔”，音è。〔17〕“墨墨”，同“默默”。〔18〕“正言”，直言。“诛”，责备。或谓诛杀，亦通。〔19〕“貌言”，虚言浮辞，花言巧语。“华”，同“花”。〔20〕“至言”，深切中肯的言语。意同前“正言”。〔21〕“甘言”，甜言蜜语。“疾”，病，疾病。〔22〕“荆”，楚之别称。楚为古国，芈姓，始祖鬻熊。西周时立国于荆山一带，建都丹阳（今湖北秭归东南）。后建都于郢（今湖北江陵西北纪南城）。战国初期有今湖北全省及与之接界的湖南东北部、江西北部、安徽北部、陕西东南部、河南南部，还有江苏淮北中部。公元前二二三年为秦国所灭。“鄙”，郊野。“荆之鄙人”，据本书《秦本纪》，百里奚原为虞国大夫，虞灭后逃往楚邑宛（今河南南阳），为楚之鄙人所执。此谓百里奚“荆之鄙人”，当缘《秦本纪》所载而误植。〔23〕“粥”，通“鬻”，卖。“客”，侨民。此指秦国在别国的客商。〔24〕“被”，通“披”。“褐”，用粗麻布做成的衣服，为贫贱人的着装。“食”，音 sì，通“饲”。〔25〕“望”，通“方”，比。或谓怨望、忌恨，亦通。按上述记秦缪公用百里奚事与《秦本纪》有出入，可参看。〔26〕“郑”，国名，姬姓，始封君为周宣王之弟郑桓公友，公元前八〇六年分封于郑（今陕西华县东）。后东迁，郑庄公时建都新郑（今河南新郑），地有今河南中部，公元前三七五年为韩所灭。“东伐郑”，秦缪公三十年（公元前六三〇年）、三十三年（公元前六二七年）曾两次攻伐郑国。〔27〕“三置晋国之君”，指秦缪公九年（公元前六五一年）秦国送纳晋惠公，二十二年（公元前六三八年）晋怀公离秦返国即君位，二十四年（公元前六三六年）秦国送纳晋文公。〔28〕“一救荆国之祸”，秦缪公二十八年（公元前六三二年），楚伐宋，秦与晋、齐等国出兵救宋，在城濮（今山东鄄城西南）大败楚军。〔29〕“巴”，部族名，相传周以前居武落钟离山（今湖北长阳西北）一带。周武王灭商后被封为子国，称巴子国。战国时期主要活动范围在四川东部。公元前三一六年为秦国所兼并。〔30〕“八戎”，泛指秦国周围的戎人部族。〔31〕“由余”，戎王之臣，其祖先为晋人，曾奉戎王命出使秦国。后归附秦缪公，帮助缪公称霸西戎。〔32〕“款”，通“叩”。“款关”，叩关，敲关门，意谓入关求见。〔33〕“坐乘”，即安车，一种设有座位的马车，专供卿大夫中年长者或享受特殊尊荣者使用。古时一般马车无座位，只能立乘。〔34〕“盖”，遮挡阳光雨雪的用具。〔35〕“府库”，此指国家收藏文书档案的机构。〔36〕“涕”，泪。〔37〕“歌谣”，古时称用乐器伴奏的咏唱为歌，不用乐器伴奏的咏唱为谣。〔38〕“舂”，用杵臼捣去谷物的皮壳。“相”，音 xiàng，舂谷时的谣唱。“杵”，音 chǔ，捣谷物的棒槌。“相杵”，指舂谷时伴随杵声的谣唱。〔39〕“嬖人”，受宠幸的人，宠臣。嬖，音 bì。“主”，主人，荐主。〔40〕“骏”，通“峻”。“骏刑”，峻刑，严刑酷法。〔41〕“深”，甚，超过。〔42〕“效”，仿效，效法。〔43〕“左”，邪，邪僻。“外易”，即易外，言权力外移，实指商鞅掌握秦国国政，而使孝公大权旁落。〔44〕“南面而称寡人”，指商鞅受封邑而为封君。〔45〕“绳”，

纠正，约束。〔46〕“《诗》曰”，以下诗句见《诗·鄘风·相鼠》第三章。〔47〕“相”，音xiàng，视，看。“体”，肢体。〔48〕“遄”，音chuán，速，快。〔49〕“《诗》曰”，以下诗句不见今传之《诗》。〔50〕“骈胁”，肋骨相连合成一片，指胸肌发达丰满而看不见肋骨间痕。“骖乘”，亦作“参乘”，乘车时立于车右陪乘的人，负责安全警卫。〔51〕“阘”，音sà，通“钑”，古兵器名，一种短小的矛。“旁”，同“傍”，靠近，紧挨。“趋”，疾走，快步而行。〔52〕“《书》曰”，以下引文不见今传之《尚书》。〔53〕“十五都”，指商鞅的封地於、商十五个邑。〔54〕“园”，菜园。〔55〕“岩穴”，山洞。“岩穴之士”，指隐居山林的贤士。〔56〕“存”，省问，抚恤。〔57〕“宠”，荣耀，专擅。“教”，别本或作“政”。〔58〕“捐”，弃。“损宾客而不立朝”，捐弃宾客而不站立在朝廷上，是秦孝公去世的委婉说法。〔59〕“收”，收捕，收拾。〔60〕“微”，轻微。或谓少，指人数少，亦通。〔61〕“翘足”，举足，抬脚。

【译文】商君为秦国相十年，公室贵族中有很多怨恨不满的人。赵良会见商君。商君说：“我能见到您，是通过孟兰皋，现在我请求能同您结交，可以吗?”赵良说：“我不敢奢望啊！孔丘有话这样说：‘推举贤才而受到拥护的人进用，收罗不才而成就王业的人辞退。’我不才，故而不敢从命。我听说这样的话：‘不该有的地位而占据它叫做贪位，不该有的名声而享有它叫做贪名。’我若听从您的意思，就怕我要成为贪图地位、贪图名声的人了。故而不敢从命。”商君说：“您不高兴我治理秦国吧?”赵良说：“能听取反面的话叫做聪，能自我反省叫做明，能约束自己叫做强。虞舜有话这样说：‘自我谦卑就高尚了。’您不如实行虞舜之道，那就不必再来问我了。”商君说：“当初秦国通行戎翟的习俗，父子之间没有区别，男女同室共居。如今我改造他们的旧俗陈规，而制定男女的区别，大建悬示政教法令的门阙，造得如同鲁国、卫国的一样。您看我治理秦国，跟五羖大夫相比谁高明?”赵良说：“一千只羊的皮，不如一只狐狸的腋毛；一千人的随声附和，不如一个士的直言争辩。周武王倡导直言争辩而昌盛，殷纣王喜好无人进言而灭亡。您倘若不以周武王为非，那么我便请求始终直言而不受责难，可以吗?”商君说：“常言有这样的话：‘美言巧语好比花朵，直言不讳好比果实，苦口逆耳好比药石，甜言蜜语好比疾病。’您当真肯始终直言，便是我治病的良药。我将以您为师，您又何必推辞呢!”赵良说：“那位五羖大夫，原是楚国郊野之人，听说秦缪公贤明而希望谒见，可上路没有盘缠，便将自己卖给秦国客商，身穿粗麻服装喂牛。一年之后，秦缪公得知他，将他从牛口之下提拔起来，让他凌驾于百姓之上，秦国没有人敢同他相比。任秦相六、七年，东面讨伐郑国，三次置立晋国的君主，一次挽救楚国北侵的祸患。在境内发布政教，连巴人都来进纳贡品；对诸侯施予德泽，连八方戎翟都来臣服。由余风闻，也来叩关求见。五羖大夫当秦国的相，即使疲劳也不坐安车，即使酷暑也不打伞盖，在国中巡行，不要随从的车辆，也不携带武器，他的功绩名字载入史册保存在府库中，他的德泽品行流传到后代。五羖大夫去世，秦国男男女女痛哭流涕，小孩子不唱歌谣，舂谷人不哼小调。这就是五羖大夫的德行啊。如今您进见秦王，利用宠臣景监作为荐主，不是成名的正道。任秦相不拿百姓当事，而大建宫殿门阙，不是立功的举动。对太子的师、傅处以惩罚和黥刑，用严刑酷法残害平民百姓，这是在积聚怨恨酝酿祸患啊。政教感化百姓的力量超过了君命，百姓服从上司的动作比执行君令还要迅速。如今您又搞歪门邪道让国君大权旁落，这不是实施政教的办法。您同时又在封邑中坐北朝南自称寡人，却时时用法律约束秦国的贵胄子弟。《诗》说道：'看那老鼠都有肢体，做人却没有礼仪；做人没有礼仪，为什么不快死？'用《诗》中说的话来观察您的所作所为，实在不是谋求长寿善终的行为。公子虔闭门不出已经八年了，您又杀死祝懽而判处公孙贾黥刑。《诗》说道：'得人心者兴旺发达，失人心者土崩瓦解。'这几件事，是不得人心的啊。您一出行，后面随从的车乘几十辆，车上载满全副武装的卫士，力大而肌肉发达的作陪乘，手持矛戟的武士紧紧护卫着您的车乘而疾走。这中间有一样不齐，您就坚决不外出。《书》上说：'依仗德行的昌盛，依仗暴力的灭亡。'您的生命危险得像早晨的露水（太阳一出就会消失）。您还想延年益寿吗？那就为什么不归还封赐的十五个都邑，自己到郊外耕灌菜园，劝说秦王起用身居山林的贤士，奉养老人，抚恤孤儿，敬重父兄，叙用有功，尊崇有德，才可以稍微求得平安。您若还要贪恋商、於的财富，专擅秦国的政教，积聚百姓的怨怒，秦王一旦抛弃宾客而不再在朝，秦国用以收拾您的罪名，难道会轻吗？到那时死期就指日可待了。"商君没有听从。

后五月而秦孝公卒，太子立。〔1〕公子虔之徒告商君欲反，发吏捕商君。商君亡至关下，欲舍客舍。客人不知其是商君也，〔2〕曰："商君之法：舍人无验者坐之。"〔3〕商君喟然叹曰：〔4〕"嗟乎，为法之敝一至此哉！"去之魏。魏人怨其欺公子卬而破魏师，弗受。商君欲之他国。魏人曰："商君，秦之贼。秦强而贼入魏，弗归，不可。"遂内秦。〔5〕商君既复入秦，走商邑，〔6〕与其徒属发邑兵北出击郑。〔7〕秦发兵攻商君，杀之于郑黾池。〔8〕秦惠王车裂商君以徇，〔9〕曰："莫如商鞅反者！"遂灭商君之家。

【注释】〔1〕"太子"，太子驷，即秦惠王。〔2〕"客人"，"客"后别本有"舍"，字。客舍人，客舍管理服务人员。〔3〕"舍"，留宿。"验"，证件，凭证。〔4〕"喟"，音 kuì，叹息声。〔5〕"内"，通"纳"，送纳，送回。〔6〕"走"，跑，奔赴。〔7〕"郑"，秦国邑名，在今陕西叶县东。〔8〕"郑"，国名，郑国于公元前三七五年为韩国所灭。韩灭郑后迁都新郑（今河南新郑），故韩又称郑。此郑即指韩国。别本或无"郑"字。"黾池"，韩国邑名，在今河南渑池西。按本书《六国年表》秦孝公二十四年"商君反，死彤地"，又《盐铁论·毁学》云"商鞅困于彭池"，裴骃《史记集解》引徐广曰"'黾'或作'彭'"，则此"黾池"似为"彤地"这误。彤，秦邑名，在今陕西华县西南。〔9〕"车裂"，刑名，将受刑者的头和四肢分别拴缚于五辆马车，鞭策马匹，撕裂其身。"徇"，宣示，示众。

【译文】 五个月后秦孝公去世，太子即位。公子虔一帮人告发商君要谋反，国君就派出官吏逮捕商君。商君逃亡到边关之下，打算住客栈。客栈的人不知他是商君，说："商君的法令：留宿没有通行证件的人要判罪。"商君喟然叹息道："唉，制订法令的弊端竟然到了这种地步！"离开秦国前往魏国。魏人怨恨他欺骗公子卬而大败魏军，拒绝接纳。商君打算到别的国家。魏国有人说："商君，是秦国的盗贼。秦国强大而他的盗贼进入魏国，不遣返，是不可以的。"于是将商君送回秦国。商君再次进入秦国，便直奔封地商邑，与其党徒调动邑中军队往北攻击郑邑。秦王派兵攻打商君，在郑黾池杀死他。秦惠王车裂商君尸体而示众，说："不许再有像商鞅这样的造反者！"于是又杀灭商君的家族。

太史公曰：商君，其天资刻薄人也。〔1〕迹其欲干孝公以帝王术，〔2〕挟持浮说，非其质矣。且所因由嬖臣，及得用，刑公子虔，欺魏将卬，不师赵良之言，亦足发明商君之少恩矣。余尝读商君《开塞》、《耕战》书，〔3〕与其人行事相类。卒受恶名于秦，有以也夫！〔4〕

【注释】〔1〕"天资"，天生的资质，天性。〔2〕"迹"，追迹，考查。"干"，求，求取。〔3〕"商君《开塞》、《耕战》书"，今存《商君书》二十四篇，中有《开塞》、《农战》。〔4〕"有以"，有原因。"也夫"，语末助词，表示感叹。

【译文】 太史公说：商君，是个天性刻薄的人。考查他起初用帝王之术来求取秦孝公的信任，只不过是一时操持浮夸不根之说，并非他的本性。况且通过宠臣走门路，到了取得任用，施刑宗室公子虔，欺诈魏将公子卬，不听从赵良的话，也都足以说明商君的寡恩缺德了。我曾经读过商君《开塞》、《耕战》等著作，同他本人的行为处事极相类似。他最终在秦国蒙受恶名，是有其缘由的啊！

苏秦列传

苏秦者，东周雒阳人也。〔1〕东事师于齐，〔2〕而习之于鬼谷先生。〔3〕

【注释】〔1〕"东周"，国名。西周灭亡，平王东迁洛邑。战国前期，周考王（公元前四四〇年至前四二六年在位）把王城（遗址在今洛阳涧滨）封给他的弟弟揭，是为西周桓公。至战国中期周显王（公元前三六八至前三二一年在位）时，西周惠公封其少子班于巩，以奉王为名，号为东周。于是周的王畿分裂为东周、西周两个小国。周临亡时，所统治的地域只包括汉代的七个县，洛阳、平阴、偃师、巩等四邑属于东周，河南缑氏、谷城等三邑属于西周。雒阳即洛阳，地在今河南洛阳白马寺一带。〔2〕“事”，犹从。“齐”，战国时为田氏所建立的国家，地在今山东半岛东部，都临淄（今山东淄博市旧临淄县西部及北部）。〔3〕“鬼谷先生”，鬼谷所在，凡有数说，此为纵横家诧张苏秦之事，故神其说。此鬼谷先生实为假托人名，不必求其人以实之。鬼谷所在，亦不必指实。

【译文】苏秦，东周洛阳人。他往东去到齐国从师，曾在鬼谷先生那儿研习学问。

出游数岁，大困而归。[1]兄弟嫂妹妻妾窃皆笑之，曰：“周人之俗，治产业，力工商，逐什二以为务。[2]今子释本而事口舌，[3]困，不亦宜乎！”苏秦闻之而惭，自伤，乃闭室不出，出其书遍观之。曰：“夫士业已屈首受书，[4]而不能以取尊荣，虽多亦奚以为！”于是得周书《阴符》，[5]伏而读之。期年，[6]以出揣摩，[7]曰：“此可以说当世之君矣。”求说周显王。[8]显王左右素习知苏秦，皆少之。[9]弗信。

【注释】〔1〕“困”，困窘。《战国策·秦策一》载此事于说秦惠王不听之后，与《传》文所载异。〔2〕“逐什二”，指买卖逐利，在十分之中取得二分盈利。〔3〕“本”，本业，通常指农业，此处指工商业。“事口舌”，指从事游说。〔4〕“业已”，已经。业已二字是虚词叠用。“屈首受书”，指低头从老师受学。〔5〕“周书阴符”，古兵家言。《战国策》作《太公阴符》之谋。和纵横家主张有相通处。〔6〕“期”，音jī。“期年”，一周年。〔7〕“揣摩”，揣度人君心理，投其所好，相机进说。〔8〕“周显王”，名扁，公元前三六八年至前三四〇年在位。苏秦游说周显王的事，不见于《战国策》。〔9〕“少”，轻视。

【译文】他出外游历了好几年，非常狼狈地回到家里。他的哥哥、弟弟、嫂子、妹妹、妻子、侍妾都暗地里讥笑他，说：“周人的风俗，向来是治理产业，努力从事工商，以博取十分之二的利润为目的。如今你去掉了根本去搬弄口舌，倒霉，活该！”苏秦听了这些话，心里感到惭愧而暗自伤心，就关门不出，把他的书都取出来，再次发愤阅读，说：“一个读书人已经埋头读书了，却不能用自己的知识去取得高位和荣耀，书读得再多，又有什么用处呢？”于是，他从这些书中找出一本《周书阴符》，伏案攻读。读了一年，他从书中找出了许多揣摩国君心意的诀窍，说道：“凭借这些知识，我可以去游说当代的国君了。”他打算去游说周显王，显王的近臣们平素就熟悉苏秦，都轻视他，不肯相信。

乃西至秦。[1]秦孝公卒。[2]说惠王曰：[3]“秦四塞之国，[4]被山带渭，[5]东有关河，[6]西有汉中，[7]南有巴蜀，[8]北有代马，[9]此天府

也。[10]以秦士民之众，兵法之教，可以吞天下，称帝而治。”秦王曰：“毛羽未成，不可以高蜚；文理未明，不可以并兼。”方诛商鞅，疾辩士，弗用。

【注释】〔1〕“秦”，国名。战国七雄之一，战国初年，占有今关中地区和甘肃东部一带。秦孝公时都咸阳（今陕西咸阳市东北）。〔2〕“秦孝公”，名渠梁，战国时秦国君，公元前三八一年至三三八年在位。〔3〕“惠王”，即秦惠文王，名驷，秦孝公子，公元前三三七年至三一一年在位。〔4〕“四塞之国”，秦地东有黄河，又有函谷、蒲津、龙门、合河等关；南有南山及武关、峣关；西有陇山及陇山关、大震、乌兰等关；北有黄河，所以称为四塞之国。〔5〕“山”，指陇山、崤山等。“渭”，渭水，黄河最大支流，发源于甘肃省渭原县，东流贯陕西省中部，至潼关入黄河。〔6〕“关河”，指函谷、蒲津等关与黄河。〔7〕“汉中”，郡名，初属楚，后属秦。秦惠王后元十三年（公元前三一二年）始取得楚汉中之地，置汉中郡。秦惠王初立时，汉中尚未属秦，此乃用后来事为说，不合当时事实。汉中包括今陕西南及鄂西北汉水流域。〔8〕“巴”，国名，在今四川省东部。“蜀”，国名，在今四川省中部及西部。秦灭巴、蜀在秦惠文王后元九年（公元前三一六年）。秦惠王初立时，巴、蜀均尚未属秦。〔9〕“代马”，指代郡马邑之地，今山西朔县一带。一说谓代郡兼有胡马之利。〔10〕“天府”，自然条件优越的仓库。

【译文】于是苏秦向西到了秦国，这时秦孝公已死，他便游说秦惠王道：“秦是个四面都有险塞的国家，群山环抱，渭水萦绕，东面有函谷、蒲津等关与黄河，西面有汉中，南面有巴、蜀之地，北面有代地和马邑，这真是天然的府库啊！凭着秦国百姓的众多，军事上的严格训练，足可以吞并各国，建帝号统治天下。”秦惠王说：“鸟的羽毛还没有长成时，绝不可以高飞；我们国家的大政方针还不明确，这是谈不到兼并别国的。”这时秦国刚杀了商鞅，讨厌那些游说之士，不愿任用。

乃东之赵。[1]赵肃侯令其弟成为相，[2]号奉阳君。[3]奉阳君弗说之。[4]

【注释】〔1〕“赵”，国名。战国七雄之一，公元前三八六年迁都邯郸，占有今河北省中部、南部及山西省东部一带。〔2〕“赵肃侯”，战国时赵国君，名语，公元前三四九年至前三二六年在位。〔3〕“奉阳君”，奉阳君是李兑，此以公子成为奉阳君，是司马迁的误记。公子成封安平君，明载于《赵世家》。〔4〕“说”，通“悦”。

【译文】于是苏秦往东到了赵国。赵肃侯用他的弟弟为相，号为奉阳君。奉阳君讨厌苏秦。

去游燕，[1]岁余而后得见。说燕文侯曰：[2]"燕东有朝鲜、[3]辽东，[4]北有林胡、楼烦，[5]西有云中、九原，[6]南有滹沱、易水，[7]地方二千余里，带甲数十万，车六百乘，[8]骑六千匹，粟支数年。南有碣石、雁门之饶，[9]北有枣栗之利，民虽不佃作而足于枣栗矣。此所谓天府者也。

【注释】〔1〕"燕"，国名。战国七雄之一。姬姓。其境域包括今河北北部，辽宁南部及内蒙的南部。建都蓟，在今北京外城的西北部。〔2〕"燕文侯"，燕国君，公元前三六一年至前三三三年在位。〔3〕"朝鲜"，国名。今朝鲜半岛。〔4〕"辽东"，地区名，今辽东半岛。〔5〕"林胡、楼烦"，战国时胡族部落名。林胡、楼烦在赵国之北，此文叙述有误，应为北有东胡。〔6〕"云中、九原"，战国郡名，皆赵地，非燕所有，此应云"西界赵国。"云中，赵武灵王所置郡，约当今山西、陕西北部至内蒙伊克昭盟一带。〔7〕"滹沱、易水"，均水名。滹沱在今河北西部，源出山西省五台山东北。滹，音 hū。易水在今河北西部，源出易县境，东流至定兴县西南与拒马河合流。〔8〕"乘"，先秦时，兵车一车四马为一乘。音 shèng。〔9〕"碣石"，古山名，在今河北乐亭县西南，后为海水所浸，沦入海中。"雁门"，郡名，战国赵武灵王置，治所在今山西右玉南。辖境相当今山西河曲以北，恒山以西，内蒙旗海、岱海以南地。

【译文】苏秦离赵又游历到燕国，经过一年多才见到燕文侯。苏秦进言道："燕国东有朝鲜和辽东，北有林胡和楼烦，西有云中和九原，南有滹沱河和易水，国土纵横两千多里，战士好几十万，战车六百辆，战马六千匹，储存的粮食足够几年之用。南面可从碣石山、雁门山输入丰富的物资，北边可以种植枣栗获得很大利益。即使人民不耕种田地，单是枣栗的收入也就够富了。这真是天然的府库啊！

"夫安乐无事，不见覆军杀将，无过燕者。大王知其所以然乎？夫燕之所以不犯寇被甲兵者，[1]以赵之为蔽其南也。秦赵五战，秦再胜而赵三胜。秦赵相毙，[2]而王以全燕制其后，此燕之所以不犯寇也。且夫秦之攻燕也，踰云中、九原，过代、上谷，[3]弥地数千里，[4]虽得燕城，秦计固不能守也。秦之不能害燕亦明矣。今赵之攻燕也，发号出令，不至十日而数十万之军军于东垣矣。[5]渡嘑沱，涉易水，不至四五日而距国都矣。[6]故曰秦之攻燕也，战于千里之外；赵之攻燕也，战于百里之内。夫不忧百里之患而重千里之外，计无过于此者。[7]是故愿大王与赵从亲，[8]天下为一，则燕国必无患矣。"

【注释】〔1〕"犯寇"，为敌国军队所侵犯。"被甲兵"，遭受军队的进攻。〔2〕"相毙"，互相攻击，消耗力量。〔3〕"上谷"，郡名。战国时燕将秦开破东胡后所置。秦代治所在今河

北怀来东南。辖境相当今河北省张家口、小五台山以东，赤城、延庆以西及北京市、昌平县以北地区。〔4〕“弥地”，道里绵延。“弥”，绵亘。〔5〕“军”，驻扎。“东垣”，赵邑，今河北石家庄市东。〔6〕“距”，到达。〔7〕“过”，错误。〔8〕“从亲”，合纵相亲。战国后期，东方六国联合抗秦称为合纵。“从”，与纵字同。

【译文】“安居乐业，没有战争，见不到将士死亡的危险，这点没有谁能比得上燕国。大王您明白这是什么原因吗？燕国之所以不遭受侵犯，不受战争摧残，是因为赵国作了它南方的屏障。假使秦国和赵国打五次仗，秦国胜两次而赵国胜三次，秦、赵两国互相消耗，大王可以用完好的燕国从后面控制它们，这就是燕国之所以不受敌国侵害的原因。而且秦国如要攻打燕国，要越过云中、九原，经过代郡、上谷，穿行几千里，即使能攻下燕城，秦国也会考虑到没法守住。秦国不能加害燕国，这是明摆着的事情。现在赵国如果要进攻燕国，发布号令，不到十天就可以有几十万军队进驻到边境的东垣一带。接着，赵军再渡过滹沱和易水，不到四五天，便直抵燕国的都城了，所以说，秦国进攻燕国，是到千里之外去作战，赵国攻打燕国，是在百里之内作战。不担心近在百里之内的祸患，而却看重千里之外的敌人，没有比这更错误的政策了。因而我希望大王能和赵国联合，天下联为一气，那么燕国一定没有祸患了。”

文侯曰：“子言则可，然吾国小，西迫强赵，〔1〕南近齐，齐、赵强国也。子必欲合从以安燕，寡人请以国从。”

【注释】〔1〕“迫”，逼近。

【译文】燕文侯说：“你的话虽然很对，但我们的国家弱小，西边靠近强大的赵国，南边接近齐国，齐、赵都是强国。你一定打算要用合纵的策略使燕国获得安定，我愿把国家交给你安排。”

于是资苏秦车马金帛以至赵。〔1〕而奉阳君已死，即因说赵肃侯曰：“天下卿相人臣及布衣之士，〔2〕皆高贤君之行义，皆愿奉教陈忠于前之日久矣。虽然，奉阳君妬而君不任事，是以宾客游士莫敢自尽于前者。今奉阳君捐馆舍，〔3〕君乃今复与士民相亲也，臣故敢进其愚虑。〔4〕

【注释】〔1〕“资”，资助，供给。〔2〕“布衣之士”，指没有做官的知识分子。先秦时，贵族穿丝帛，平民则穿粗麻布衣服。〔3〕“捐馆舍”，对有地位的人死亡的讳称。“捐”，弃。“馆舍”，指居住的地方。奉阳君李兑在赵惠文王时尚健在，此言其在赵肃侯时已死，不合事实。〔4〕“进其愚虑”，献其愚计。

【译文】于是，燕文侯供给苏秦许多车马和金帛，让他到赵国去。这时，奉阳君已经死掉。苏秦因而游说赵肃侯道：“当今天下在位的卿相人臣和民间的有识之士都仰慕您的作风，早就愿意为您效忠。虽说这样，由于奉阳君嫉妒贤能，您不能直接管理国事，所以宾客和游说之士，没有谁敢于在您面前倾吐忠言。现在奉阳君已经死掉，您如今又可与人民亲近，我这才敢于向您提出我一些不成熟的看法。

“窃为君计者，莫若安民无事，且无庸有事于民也。[1]安民之本，在于择交，择交而得则民安，择交而不得则民终身不安。请言外患：齐、秦为两敌而民不得安，倚秦攻齐而民不得安，倚齐攻秦而民不得安。故夫谋人之主，伐人之国，常苦出辞断绝人之交也。愿君慎勿出于口。请别白黑，所以异阴阳而已矣。[2]君诚能听臣，燕必致旃裘狗马之地，[3]齐必致鱼盐之海，楚必致橘柚之园，[4]韩、魏、中山皆可使致汤沐之奉，[5]而贵戚父兄皆可以受封侯。夫割地包利，[6]五伯之所以覆军禽将而求也；[7]封侯贵戚，汤、武之所以放弑而争也。[8]今君高拱而两有之，[9]此臣之所以为君愿也。

【注释】〔1〕“无庸”，不必。〔2〕“请别白黑，所以异阴阳而已矣”，当从《战国策·赵策二》作“请屏左右，白言所以异，阴阳而已矣”。“阴阳”，指合纵连横的策略。〔3〕“旃裘”，北方少数民族用皮毛制成的衣服。“旃”，与“毡”，字同。〔4〕“楚”，国名。战国七雄之一。其疆域略有今湖南、湖北及河南之南部，江苏、安徽、浙江三省之大部，兼及山东、江西、陕西、四川等省之地。建都于郢（今湖北江陵西北）。〔5〕“韩”，战国七雄之一。初都阳翟（今河南禹县），后迁都新郑（今属河南）。疆域有今山西东南部和河南中部。“魏”，战国七雄之一。初都安邑（今山西夏县西北），后魏惠王迁都大梁（今河南开封市）。疆域有今山西省西南部及河南省东部，兼涉陕西、安徽二省境。“中山”，国名。春秋时白狄别族所建立。又称鲜虞。战国初期建都于顾（今河北定县）。公元前六〇六年被魏所灭。不久复国，迁都灵寿（今河北平山东北）。公元前二九六年为赵所灭。“汤沐之奉”，贵族收取赋税作为个人用费的私邑。“汤沐”，即沐浴。“奉”，奉邑。〔6〕“割地包利”，割取别国土地，获取利益。〔7〕“五伯”，战国时人所说的五霸，通常指齐桓公、晋文公、楚庄王、吴王阖庐、越王勾践。“伯”，通“霸”。“禽”，通“擒”。〔8〕“汤”，商汤，商朝的建立者。“武”，周武王，西周王朝的建立者。“放弑”，此指商汤放逐夏桀，周武王诛灭商纣。“放”，放逐。“弑”，杀君。〔9〕“高拱”，高坐拱手，比喻安然不动。

【译文】“我私下为您考虑，最好是使人民的生活安定，不要破坏他们的安宁。安民的根本方针，在于选择邦交。选择邦交得当，人民就能安定；选择邦交不当，人民就终身不能安定。请允许我谈一谈赵国的外患问题。假如把齐、秦两国都作为敌人，人民的生活就无法安定。如果倚靠秦国去攻打齐国，人民也不能安定。又如倚靠齐国来进攻秦国，人民仍然不能安定。所以图谋别国的君主，进攻别的国家，这种劝人断绝邦交的话常令人难以启齿，希望您也不要轻易出口。请让我指出这策略的不同，不过就是区别合纵连横两种方法而已。您如能采纳我的建议，燕国一定会献上盛产毛毡、皮衣、狗马的土地，齐国一定会献上盛产鱼盐的海域，楚国一定会献上盛产橘柚的园林，韩、魏、中山也都会献上一部分土地作为赵国贵臣收取赋税的私邑，您尊贵的亲戚父兄也都可以得到封侯之赏。割取别国的土地而取得利益，这是五霸冒着损军折将的风险去追求的。使自已的贵戚能够封侯，更是成汤和周武王采用放逐和杀君的手段也要去争取的。现在您只需安然不动便可得到这两种好处，这就是我对您祝愿的原因。

“今大王与秦，则秦必弱韩、魏；与齐，则齐必弱楚、魏。魏弱则割河外，〔1〕韩弱则效宜阳，宜阳效则上郡绝，〔2〕河外割则道不通，楚弱则无援。此三策者，不可不孰计也。〔3〕

【注释】〔1〕“河外”，地区名，战国时魏人称今黄河以南陕西华阴至河南陕县一带为河外。〔2〕“效”，献。“宜阳”，故城在今河南宜阳县西北洛河北岸的韩城镇。“上郡”，魏地，辖境当今陕西榆林一带，与韩相去甚远。“上郡”疑当作“上党”。上党，韩郡，今山西长治县一带，与宜阳隔河相望。〔3〕“孰计”，反覆考虑。“孰”，古“熟”字。

【译文】“现在您如果与秦国联合，那么秦国一定会去削弱韩国和魏国；假如您和齐国结交，那么齐国一定会去削弱楚国和魏国。魏国削弱就会割让河外，韩国削弱就会献出宜阳，献出宜阳就会使上郡处于绝境，割让河外也会使通往上郡的道路不通，楚国削弱将使赵国失去外援。这三种策略，不能不详加考虑。

“夫秦下轵道，〔1〕则南阳危；〔2〕劫韩包周，〔3〕则赵氏自操兵；〔4〕据卫取卷，〔5〕则齐必入朝秦。秦欲已得乎山东，〔6〕则必举兵而向赵矣。秦甲渡河踰漳，〔7〕据番吾，〔8〕则兵必战于邯郸之下矣。〔9〕此臣之所为君患也。

【注释】〔1〕“轵道”，古道路名，位于今河南省济源县东，为豫北进入山西的要道。〔2〕“南阳”，地区名，属魏。地包括今王屋山到河南温县一带。〔3〕“劫韩包周”，宜阳、新城在周西，荥阳、成皋在周东，故攻取韩地则包围了周都洛阳。〔4〕“操兵”，指持兵器登城守御。〔5〕“据卫取卷”，占有卫国，夺取卷邑。“卫”，战国时小国，初都楚丘（今河南滑县），后迁帝丘（今河南濮阳）。“卷”，卫邑，在今河南原阳县西。〔6〕“山东”，地区名。战国时，泛指崤山以东地区。〔7〕“渡河踰漳”，河，黄河。“漳”，漳河，在河北、河南两省边境。〔8〕“番吾”，战国赵邑，故城在今河北磁县境。“番”，音 pó。〔9〕“邯郸”，战国赵都，故城在今河北省邯郸市西南。

【译文】“秦军如果攻下轵道，那么韩国的南阳便危险了。秦国如劫持韩国、包围周都洛阳，那么赵国将发兵自卫。如果秦军据有卫地，夺取卷城，那么齐国一定会去朝拜秦国。秦国的欲望在山东地区已开始得到满足，就必然会举兵指向赵国。秦军渡黄河、越漳水、占据番吾，那么秦军将直捣邯郸，这是我最为您担心的事。

“当今之时，山东之建国莫强于赵。赵地方二千余里，带甲数十万，车千乘，骑万匹，粟支数年。西有常山，[1]南有河漳，[2]东有清河，[3]北有燕国。燕固弱国，不足畏也。秦之所害于天下者莫如赵，然而秦不敢举兵伐赵者，何也？畏韩、魏之议其后也。然则韩、魏，赵之南蔽也。秦之攻韩、魏也，无有名山大川之限，稍蚕食之，傅国都而止。[4]韩、魏不能支秦，必入臣于秦。秦无韩、魏之规，[5]则祸必中于赵矣。[6]此臣之所为君患也。

【注释】〔1〕“常山”，山名，今河北定县西北的恒山。〔2〕“河漳”，水名。“河”一作“清”，即漳河。〔3〕“清河”，古河名，在齐、赵二国边境。〔4〕“傅”，迫近。〔5〕“规”，《国策》作“隔”，犹言阻隔。〔6〕“中”，集中，专注。音 zhòng。

【译文】“当前，山东地区的国家没有比赵国更强的。赵国的领土纵横二千多里，战士几十万，战车千辆，战马万匹，粮食可以供应好几年。西有常山，南有漳河，东有清河，北有燕国。燕国本是个弱国，不值得害怕。秦在各国中最忌恨的就是赵国。但是秦国不敢举兵攻打赵国，为什么呢？就是怕韩、魏从背后打它的主意。那么，韩、魏可说是赵国南边的屏障。秦国如进攻韩、魏，没有高山和大河的阻隔，逐渐蚕食它们的土地，直到迫近它们的国都为止。韩、魏不能抵挡秦国，必然向秦国屈服称臣。秦国没有韩、魏的制约，那么战祸就会落到赵国头上，这是我为您担忧的又一桩大事。

“臣闻尧无三夫之分，[1]舜无咫尺之地，[2]以有天下；禹无百人之聚，[3]以王诸侯；[4]汤武之士不过三千，车不过三百乘，卒不过三万，立为天子：诚得其道也。是故明主外料其敌之强弱，内度其士卒贤不肖，[5]不待两军相当而胜败存亡之机固已形于胸中矣，岂掩于众人之言而以冥冥决事哉！[6]

【注释】〔1〕“尧”，传说中父系社会后期部落联盟领袖。即陶唐氏。“三夫”，指部属。〔2〕“舜”，传说中父系氏族社会后期部落联盟领袖，即有虞氏，是尧的继承人。“咫”，周制，八寸为咫。“咫尺”，极言其少。〔3〕“禹”，传说中父系社会后期部落联盟领袖。又名文命，因治水有功，被舜选为继承人。“聚”，村落。〔4〕“王”，作诸侯的统领者。音 wàng。〔5〕“度”，估量。音 duó。〔6〕“揜”，受蒙蔽。“冥冥”，昏暗。

【译文】我听说尧没有几个部属，舜没有一点土地，但都拥有了天下；大禹不到一百个部众，却统治了天下诸侯；商汤、周武王的士兵不过三千，战车不过三百辆，军队不过三万人，却能立为天子，都是由于他们懂得治理天下之道。因此，贤明的君主对外能估计敌人的强弱，对内能衡量自己士兵素质的优劣，不必等到两军交锋，对胜负存亡的可能性早已瞭然于胸了，怎么会被一般人的言论所蒙蔽，糊里糊涂去决定大事呢！

“臣窃以天下之地图案之，[1]诸侯之地五倍于秦，料度诸侯之卒十倍于秦，[2]六国为一，并力西乡而攻秦，秦必破矣。今西面而事之，见臣于秦。夫破人之与破于人也，臣人之与臣于人也，岂可同日而论哉！

【注释】〔1〕“案”，考查。〔2〕“料度”，估量。“度”，音 duó。

【译文】“我私下查看地图加以衡量，山东各国的疆土合起来比秦国大五倍，兵力是秦国的十倍。六国联成一气，合力向西攻打秦国，秦国非被攻破不可。现在各国反而向西投靠秦国，做秦的臣属。打败别人和被别人打败，使别国臣服和向别国称臣，这两者难道可以同日而语么？

“夫衡人者，[1]皆欲割诸侯之地以予秦。秦成，则高台榭，[2]美宫室，听竽瑟之音，[3]前有楼阙轩辕，[4]后有长姣美人，国被秦患而不与其忧。[5]是故夫衡人日夜务以秦权恐愒诸侯以求割地，[6]故愿大王孰计之也。

【注释】〔1〕“衡人”，游说诸侯事秦的连横派辩士。“衡”，通“横”。〔2〕“榭”，古时土筑的高台称为台，高台上的屋舍叫榭。音 xiè。〔3〕“竽”，古管乐器，形似笙而较大，管数亦较多，战国时盛行于民间。“瑟”，古拨弦乐器，有二十五弦，每弦有柱，按五声音阶定位。〔4〕“阙”，古代宫殿的前面，通常有两个高耸的建筑物左右对峙，中间有空阙作为行道通路，所以叫阙。“轩辕”，当作“轩县”，东西北三面都悬挂乐器。一说轩辕指车。〔5〕“被”，遭受。〔6〕“恐愒”，恐吓。“愒”，音 kài。

【译文】“说到那些主张连横的人，都想把诸侯的土地割给秦国。秦国如获得成功，他们就会把自己的楼台亭榭筑得高高的，宫室修得很华美，欣赏竽瑟的演奏，前有楼阁宫阙张挂着乐器，后有苗条艳丽的美女。诸侯遭到秦的侵扰，他们不分担一点忧虑。所以那些主张连横的人，时刻都致力于用秦国的权威来恫吓诸侯，以求达到割地的目的。因此，我希望大王能仔细考虑。

“臣闻明主绝疑去谗，〔1〕屏流言之迹，塞朋党之门，〔2〕故尊主广地强兵之计臣得陈忠于前矣。故窃为大王计，莫如一韩、魏、齐、楚、燕、赵以从亲，以畔秦。〔3〕令天下之将相会于洹水之上，〔4〕通质，〔5〕刳白马而盟。〔6〕要约曰：‘秦攻楚，齐、魏各出锐师以佐之，韩绝其粮道，〔7〕赵涉河漳，〔8〕燕守常山之北。〔9〕秦攻韩、魏，则楚绝其后，〔10〕齐出锐师而佐之，赵涉河漳，燕守云中。秦攻齐，则楚绝其后，韩守城皋，〔11〕魏塞其道，赵涉河漳、博关，〔12〕燕出锐师以佐之。秦攻燕，则赵守常山，楚军武关，〔13〕齐涉勃海，〔14〕韩、魏皆出锐师以佐之。秦攻赵，则韩军宜阳，楚军武关，魏军河外，齐涉清河，燕出锐师以佐之。诸侯有不如约者，以五国之兵共伐之。’六国从亲以宾秦，〔15〕则秦甲必不敢出于函谷以害山东矣。〔16〕如此，则霸王之业成矣。”

【注释】〔1〕“去”，除掉。〔2〕“朋党”，由于利害相合而互相勾结的小集团。〔3〕“畔”，同叛。〔4〕“洹水”，古水名。在今河南省北境，今名安阳河。源出林县隆虑山，东流经安阳市，到内黄县北入卫河。〔5〕“通质”，交换人质。春秋战国时期每以此作为保证两国友好关系的手段。〔6〕“刳白马而盟”，杀白马进行盟誓。先秦盟誓时要在地面掘坑，杀牲取血后埋入坑内，并把盟辞放在牲畜上面。“刳”，音 kū，此指宰割。〔7〕“韩绝其粮道”，秦伐楚要出武关，韩从宜阳绕道卢氏而西，可断绝秦的粮道。〔8〕“赵涉河漳”，赵军渡过河漳而向西，作为韩国的声援。〔9〕“燕守常山之北”，恐秦声言伐楚，而忽出兵指向燕、赵。〔10〕“楚绝其后”，楚出兵武关，断绝秦军的后路。〔11〕“城皋”，即成皋。韩邑，故城在今河南荥阳县汜水镇西。〔12〕“博关”，关名。在今山东在平县博平镇东北十五里。〔13〕“武关”，古关名，战国秦置，故址在今陕西商南县东南，为关中通往南阳盆地的要塞。〔14〕“勃海”，我国内海，位于辽东半岛与山东半岛环抱之间。〔15〕“宾”，通“摈”，排斥。〔16〕“甲”，此指甲兵。“函谷”，在今河南灵宝县境弘农涧注入黄河口的西岸。

【译文】“我听说贤明的君主善于决断疑难，排除谗言，屏绝飞短流长的途径，堵塞结党营私的门路。这样，我才能报着效忠之心，在您面前陈述如何使国君更尊贵，国土更扩大，兵力更强盛的计划。我私下为您考虑，最好是团结韩、魏、齐、楚、燕、赵等国合纵亲善，一道反抗秦国。使各国的将相在洹水上结盟，互相交换人质，宰杀白马，举行盟誓。相互约定说：‘假如秦国攻打楚国，那么齐国、魏国就派出精锐部队帮助楚国；韩国断绝秦国运粮的道路，赵军渡过漳河，燕国则守卫常山以北一带。秦国如果进攻韩、魏二国，那么楚国就截断秦的后路，齐国派出精兵援助，赵军渡过漳河遥相呼应，燕国则固守云中郡一带。秦国要是进攻齐国，那么，楚国同样截断它的后路，韩国守住成皋，魏国堵住秦军通道，赵军越过漳河、博关进行支援，燕国也派精兵助战。假如秦进攻燕国，那么赵国就守住常山，楚国驻军武关，齐国渡过渤海，韩、魏都出精兵助战。秦国如果攻打赵国，那么韩国就驻军宜阳，楚国驻军武关，魏国屯军河外，齐国渡过清河，燕国也派精兵支援。诸侯中有不遵守盟约的，其余五国便联军讨伐。’六国要真能合纵相亲，共同抗秦，那么秦军一定不敢出函谷关来危害山东一带的国家了。这样，您的霸王之业也就成功了。”

赵王曰：“寡人年少，立国日浅，〔1〕未尝得闻社稷之长计也。〔2〕今上客有意存天下，安诸侯，寡人敬以国从。”乃饰车百乘，黄金千溢，〔3〕白璧百双，锦绣千纯，〔4〕以约诸侯。

【注释】〔1〕“立国”，在位，当国。“立”，通“莅”，临的意思。〔2〕“社稷”，古代侯王所祭的土神（社）和谷神（稷），一般作国家的代称。〔3〕“溢”，通“镒”，古代的重量单位，以金二十两或二十四两为一镒。〔4〕“纯”，古代布帛的计量单位，匹，段。音 tún。

【译文】赵肃侯回答道：“我年纪轻，治理国家的时间很短，从未有人告诉过我治国的长远之计。如今您有意为各国谋生存，使诸侯得以安定，我诚恳地把国家付托给您。”于是装饰车子一百辆，加上黄金一千镒，白璧一百双，锦绣一千匹，用来邀约其他诸侯结盟。

是时周天子致文、武之胙于秦惠王。〔1〕惠王使犀首攻魏，〔2〕禽将龙贾，〔3〕取魏之雕阴，〔4〕且欲东兵。〔5〕苏秦恐秦兵之至赵也，乃激怒张仪，入之于秦。

【注释】〔1〕“文武之胙”，指周王祭周文王、周武王的祭肉。“胙”，祭祀用的肉。周王送文、武之胙给秦，是对秦尊重的表示。〔2〕“犀首”，本魏国武官名，此指魏人公孙衍，这时在秦任大良造（秦爵第十六级）。〔3〕“禽”，通“擒”。“龙贾”，魏将。〔4〕“雕阴”，古地名，在今陕西省甘泉以南，洛水以西。〔5〕“东兵”，引兵东下。

【译文】正当此时，周天子把祭祀文王、武王的祭肉赐给秦惠王。秦惠王派犀首进攻魏国，生擒魏将龙贾，攻占了雕阴，并打算继续向东方用兵。苏秦担心秦国军队打到赵国破坏合纵，便用计激怒张仪，让他投奔秦国。

于是说韩宣王曰：[1]“韩北有巩、[2]成皋之固，西有宜阳、商阪之塞，[3]东有宛、穰、[4]洧水，[5]南有陉山，[6]地方九百余里，带甲数十万，天下之强弓劲弩皆从韩出。谿子、[7]少府时力、距来者，[8]皆射六百步之外。韩卒超足而射，[9]百发不暇止，远者括蔽洞胸，近者镝弇心。[10]韩卒之剑戟皆出于冥山、棠谿、墨阳、合赙、[11]邓师、宛冯、龙渊、太阿，[12]皆陆断牛马，水截鹄雁，[13]当敌则斩，[14]坚甲铁幕，[15]革抉㕹芮，[16]无不毕具，以韩卒之勇，被坚甲，[17]蹠劲弩，[18]带利剑，一人当百，不足言也。夫以韩之劲与大王之贤，乃西面事秦，交臂而服，[19]羞社稷而为天下笑，无大于此者矣。是故愿大王孰计之。

【注释】〔1〕“韩宣王”，昭侯之子，公元前三三二年至前三一二年在位。〔2〕“巩”，今河南巩县，本东周邑，言可恃作屏障。〔3〕“商阪”，山名，又名商山，楚山，在今陕西商县东南。〔4〕“宛”，邑名，在今河南南阳市。音 yuān。“穰”，邑名，在今河南邓县东南。音 ráng。宛、穰俱在韩国的南面，不在东。〔5〕“洧水”，水名，即今河南双洎河，源出河南登封县东，东南流入颍河。〔6〕“陉山”，山名，在今河南新郑县西南三十里。〔7〕“谿子”，弓名。南方名为“谿子”的少数民族所造良弓，此指韩国的仿制品。〔8〕“少府”，韩国主管兵器制作的官署。“时力”、“距来”皆良弓名。“来”当为“黍”之误。〔9〕“超足而射”，坐着用足踏弩，以手引掕机，然后发射。〔10〕“括”，当作“铦”（音 xiān），箭镞。“蔽”，衍文。“镝弇心”，箭射穿心房。“弇”，音 yǎn。〔11〕“冥山、棠谿、墨阳、合赙”，均地名，是韩国冶铸工业发达的地方。“冥山”，在今河南信阳东南，战国时为楚、韩二国分界处。“棠谿”，古邑名，春秋楚地，战国属韩，在今河南西平县西北，以出宝剑闻名。附近有龙渊水，淬铸刀剑，尤为锋利。“墨阳”，在今河南内乡县北。合赙，在今河南西平县西三十里。〔12〕“邓师、宛冯、龙渊、太阿”，均剑名。“邓师”，邓地铸剑的工匠。“宛冯”，宛人在冯池铸剑，剑因此得名。〔13〕“鹄”，即天鹅。音 hú。〔14〕“当敌则斩”，言所当无不破。〔15〕“铁幕”，用来保护小腿和手臂的铁制臂衣。〔16〕“革抉”，皮制的臂衣，射箭时套在左臂上。“㕹芮”，系盾的带子。“㕹”，音 fà。〔17〕“被”，穿着。〔18〕“蹠”，踏。音 zhì。〔19〕“交臂而服”，拱手臣服。

【译文】于是苏秦又游说韩宣王道：“韩国北面有巩县、成皋这样坚固的城池，西面有宜阳、商阪等要塞，东面有宛、穰二县和洧水，南面有陉山，土地纵横九百多里，军队几十万，天下的强弓劲弩都是韩国制造的。像谿子弩，还有少府所造的时力、距黍两种劲弩，都能射到六百步以外，韩国的士兵举足踏弩而射可以不停地射百来次，对远处的敌人可以射穿他的胸部，近的可以射透他的心窝。韩国的剑戟都出产于冥山、棠谿、墨阳、合赙，邓师、宛冯、龙渊、太阿等地，都能在陆地上砍断牛马，水里截杀鹄雁。攻击敌人时，能斩断坚固的铠甲、铁衣，皮制的臂衣和盾牌，像这些精良的兵器，韩国无不具备。凭着韩兵的勇敢，披上坚甲，踏着劲弩，佩着利剑，以一个人抵挡一百个人是不在话下的。以韩国兵力的强劲和大王的贤明，却向西投靠秦国，拱手称臣，使国家蒙受耻辱而受到天下的耻笑，没有更超过此事的。所以，我希望大王能详加考虑。

"大王事秦，秦必求宜阳、成皋。今兹效之，〔1〕明年又复求割地。与则无地以给之，不与则弃前功而受后祸。且大王之地有尽而秦之求无已，以有尽之地而逆无已之求，〔2〕此所谓市怨结祸者也，〔3〕不战而地已削矣。臣闻鄙谚曰：'宁为鸡口，无为牛后。'〔4〕今西面交臂而臣事秦，何异于牛后乎？夫以大王之贤，挟强韩之兵，而有牛后之名，臣窃为大王羞之。"

【注释】〔1〕"今兹"，今年。"效"，呈献。〔2〕"逆"，迎，接受。〔3〕"市"，购买。〔4〕"宁为鸡口，无为牛后"，"口"当作"尸"，"后"当作"从"。鸡尸是鸡中之主，从指小牛。这是说宁肯作小而独立自主的人，不作大而受人支配的人。

【译文】"大王如果向秦国屈服，秦国一定会向您索取宜阳和成皋。您现在把土地献给它，明年又会再要求您割地。给它吧，没有那么多地方给；不给吧，就会前功尽弃并带来后患。而且大王的土地有限，而秦国贪求却没有止境。以有限的土地去应付那无止境的贪求，这正是通常所说的买下仇恨，种下祸根，不需打仗而土地已落入别人之手了。我听说有这样的俗话：'宁可作鸡群的头领，不要作牛群里的跟从。'现在你如果向西拱手屈服于秦，这和作牛群里的跟随者有什么区别呢！以大王的贤明，拥有强大的韩国军队，却落得一个牛群跟随者的名称，我私下替大王感到羞愧。"

于是韩王勃然作色，攘臂瞋目，〔1〕按剑仰天太息曰：〔2〕"寡人虽不肖，〔3〕必不能事秦。今主君诏以赵王之教，〔4〕敬奉社稷以从。"

【注释】〔1〕"攘臂"，捋起袖子。"瞋目"，发怒时睁大眼睛。〔2〕"太息"，大声叹气。〔3〕"不肖"，不贤。〔4〕"主君"，对苏秦的尊称。

【译文】这时，韩王一下子变了脸色，挥动手臂，怒睁双眼，按住剑柄，抬头望天，长叹一口气说："我尽管没有出息，也决不会向秦国屈服，现在蒙您把赵王的高见转告我，我愿意举国相随。”

又说魏襄王曰[1]：“大王之地，南有鸿沟、陈、汝南、许、郾、昆阳、召陵、舞阳、新都、新郪，[2]东有淮、颍、煮枣、无胥，[3]西有长城之界，[4]北有河外、卷、衍、酸枣，[5]地方千里。地名虽小，然而田舍庐庑之数，[6]曾无所刍牧。[7]人民之众，车马之多，日夜行不绝，輷輷殷殷，[8]若有三军之众。臣窃量大王之国不下楚。然衡人怵王交强虎狼之秦以侵天下，[9]卒有秦患，[10]不顾其祸。夫挟强秦之势以内劫其主，罪无过此者。魏，天下之强国也；王，天下之贤王也。今乃有意西面而事秦，称东藩，筑帝宫，[11]受冠带，[12]祠春秋，[13]臣窃为大王耻之。

【注释】〔1〕“魏襄王”，惠王子，名嗣，公元前三一八至前二九六年在位。〔2〕“鸿沟”，古运河，约于魏惠王十年（公元前三六〇年）开通，故道至今河南荥阳县北引黄河水，东流自淮阳县南入颍水。“陈”，县名，今河南淮阳县。魏地不至陈，这是诗大的说法。“汝南”，郡名，今河南汝水一带。“许”，邑名，今河南许昌东。“郾”，邑名，今河南郾城县。“昆阳”，邑名，在今河南叶县北二十五里。“召陵”，春秋楚邑，战国时属秦，在今河南郾城东。“舞阳”，战国魏邑，故城在今县西。“新都”，古邑名，属河南南阳。“新郪”，古邑名，在今安徽阜阳县北。〔3〕“淮”，淮河，源出河南桐柏山，东流经河南、安徽等省，至江苏省入洪泽湖。“颍”，颍水，淮河支流，经今河南东部及安徽省西北部，至寿县入淮。“煮枣”，战国魏邑，故城在今山东菏泽县西南。“无胥”，古地名，今地不详。〔4〕“西有长城之界”，战国时魏国西面的长城，用以防秦，起自今陕西华阴西，北至今陕西洛川县北。〔5〕“河外”，秦、汉东郡地，今河南开封市北一带。“衍”，邑名，地在今河南郑州市北。“酸枣”，邑名，在今河南延津县西南。〔6〕“庐”，小屋。“庑”，大屋。“数”，密。音 cù。〔7〕“曾无所刍牧”，连放牧牲畜的地方都没有，形容人烟稠密。〔8〕“輷輷殷殷”，象声词，形容车马行驶的声音。〔9〕“怵”，引诱。音 xù。〔10〕“卒”，通“猝”，突然。音 cù。〔11〕“筑帝宫”，为秦国修筑宫殿，以备秦帝前来巡狩时居住。据《传》文，苏秦说魏在秦取魏雕阴之年，即公元前三三三年，这时秦国还未称王，而这里竟说魏为秦“筑帝宫”，显然违背史实。〔12〕“受冠带”，服饰、制度都采用秦国的规定。上年（公元前三三四年）魏、齐会徐州相王，此说魏受秦的冠带，与史实不合。〔13〕“祠春秋”，春秋贡奉，帮助秦国祭祀。这也是不合实际的话。

【译文】苏秦又去游说魏襄王道：“大王的国土，南有鸿沟、陈、汝南、许、郾、昆阳、召陵、舞阳、新都、新郪，东面有淮水、颍水、煮枣、无胥，西面有长城为界，北面有河外、卷、衍、酸枣，国土纵横千里。国家的声名虽小，但乡间的房屋都十分密集，连放牧牲畜的地方都没有。人烟稠密，车水马龙，川流不息，轰隆轰隆的车马声，听起来就好像大部队在行军。我个人认为大王的国家并不比楚国差。然而那些主张连横的人却想引诱你伙同虎狼一样的秦国去侵犯天下。一旦受到

秦国的加害，他们是不管的。倚仗强秦的声威来胁迫自己的君主，罪过没有比这更严重的了。魏国是天下的强国，大王是天下的贤主。现在却甘心向西侍奉秦国，以秦国的东方属国自居，为秦国建造巡狩的行宫，接受它的礼仪制度，春秋贡奉，帮助秦国祭祀，我私下替您感到羞愧。

“臣闻越王勾践战敝卒三千人，〔1〕禽夫差于干遂；〔2〕武王卒三千人，〔3〕革车三百乘，制纣于牧野。〔4〕岂其士卒众哉，诚能奋其威也。今窃闻大王之卒，武士二十万，苍头二十万，奋击二十万，厮徒十万，〔5〕车六百乘，骑五千匹。此其过越王勾践、武王远矣，今乃听于群臣之说而欲臣事秦。夫事秦必割地以效实，〔6〕故兵未用而国已亏矣。凡群臣之言事秦者，皆奸人，非忠臣也。夫为人臣，割其主之地以求外交，偷取一时之功而不顾其后，破公家而成私门，外挟强秦之势以内劫其主，以求割地，愿大王孰察之。

【注释】〔1〕“勾践”，春秋末越国君。越王允常之子，最初被吴王夫差打败，屈膝求和，其后卧薪尝胆，奋发图强，终于灭吴称霸。公元前四九六年至前四六五年在位。〔2〕“禽”，通“擒”。“夫差”，春秋末吴国君。吴王阖闾之子，公元前四九五年至前四七三年在位，曾大败越兵，使勾践臣服。后为越再次兴兵所败，自杀。“干遂”，古地名，在今江苏苏州市西北四十余里。〔3〕“武王”，即周武王，西周王朝的建立者。周文王之子，名发。〔4〕“纣”，即帝辛，商代最后的君主。“牧野”，古地名，在今河南淇县西南。〔5〕“武士”，“苍头”、“奋击”、“厮徒”，都是魏国军队的名目。“武士”，最精锐的兵，经过严格的选拔，中选后由国家给予田宅。“苍头”，用青巾裹头以为识别。“奋击”，冲锋陷阵的勇士。“厮徒”，担负砍柴、养马等杂役的人。〔6〕“效”，献。“实”，指宝贵的器物。

【译文】“我听说越王勾践用三千疲敝的兵士与吴国作战，在干遂生擒了吴王夫差。武王以三千兵士，三百辆兵车，在牧野之战制服了纣王。难道是他们的兵力众多吗？实在是因为他们能发挥兵威啊！我个人听说大王的兵力有武士二十万，苍头军二十万，冲击部队二十万，杂役十万，还有战车六百辆，战马五千匹，这就远远超过了越王勾践和武王。想不到现在您竟听信群臣的话，打算向秦国臣服。谈到向秦臣服，必然要割让土地和献上宝贵的器物，不经过战事而国家就已经蒙受损失了。凡是群臣中主张事奉秦国的人，都是奸臣，不是忠臣。他们作为人臣，割让自己国家的土地来讨好外国，只图眼前效益而不顾后果，损公肥私，对外依靠强秦的势力来胁迫自己的国君，以求把土地割让给秦国。希望大王仔细考虑。

“《周书》曰：〔1〕‘绵绵不绝，蔓蔓奈何？豪氂不伐，将用斧柯。'〔2〕前虑不定，后有大患，将奈之何？大王诚能听臣，六国从亲，专心并力壹意，则必无强秦之患。故敝邑赵王使臣效愚计，奉明约，在大王之诏诏之。"

【注释】〔1〕"周书"，即《逸周书》。今存七十一篇。〔2〕"绵绵不绝，蔓蔓奈何"，见于《逸周书·和寤解》。这是以草木为喻，绵绵指微小的幼芽，蔓蔓指长成的枝叶。"氂"，通"厘"。这四句话的意思是要及早除掉祸患，免其发展。

【译文】"《周书》上说：'铲除草木，在萌芽状态不加斩断，等到枝叶蔓延就不好办了。在细小的时候不斩断，等长大后就必须使用斧头砍了。'事前不考虑成熟，就会招致严重的后果，那时又怎么办呢？大王真能听从我的建议，使六国合纵相亲，齐心合力，就一定不会再遭受强秦的侵略了。因此，敝国的赵王派我来向您呈献这种不成熟的意见，接受您贤明的约定，究竟如何，全赖大王的指示。"

魏王曰："寡人不肖，未尝得闻明教。今主君以赵王之诏诏之，敬以国从。"因东说齐宣王曰：〔1〕"齐南有泰山，〔2〕东有琅邪，〔3〕西有清河，北有勃海，此所谓四塞之国也。齐地方二千余里，带甲数十万，粟如丘山。三军之良，〔4〕五家之兵，〔5〕进如锋矢，〔6〕战如雷霆，解如风雨。即有军役，未尝倍泰山，〔7〕绝清河，〔8〕涉勃海也。临菑之中七万户，〔9〕臣窃度之，〔10〕不下户三男子，三七二十一万，不待发于远县，而临菑之卒固已二十一万矣。临菑甚富而实，其民无不吹竽鼓瑟，弹琴击筑，〔11〕斗鸡走狗，六博蹋鞠者。〔12〕临菑之涂，〔13〕车毂击，〔14〕人肩摩，连衽成帷，〔15〕举袂成幕，〔16〕挥汗成雨，家殷人足，志高气扬。夫以大王之贤与齐之强，天下莫能当。〔17〕今乃西面而事秦，臣窃为大王羞之。

【注释】〔1〕"齐宣王"，齐国君，名辟彊，齐威王之子，约公元前三二〇年至前三〇一年在位。〔2〕"泰山"，山名，在今山东泰安县北。〔3〕"琅邪"，此指琅邪山，在今山东胶南县境，面临黄海。〔4〕"三军"，指齐的全军。〔5〕"五家"，齐征兵的基层组织，每五家为一轨，一家出丁一人，五人成为一伍，由轨长统率。这是管仲创立的制度。一说"五家"当作"五都"。五都之兵指驻守齐国五个大都市的精兵。〔6〕"锋矢"，锐利的箭头。〔7〕"倍"，通"背"，翻越。〔8〕"绝"，横渡。〔9〕"临菑"，齐国国都，以城临菑水得名。故址在今山东淄博市东北旧临淄。〔10〕"度"，估计。音 duó。〔11〕"筑"，弦乐器，形似筝，头圆，五弦，弹奏时以竹尺击弦。〔12〕"六博"，或作"陆博"。古代棋戏，共十二棋，六白六黑，两人对弈，每人六棋，故名。"蹋鞠"，战国时新兴起的一种练武的军事游戏。"鞠"，中间用毛填起来的皮球。〔13〕"涂"，通"途"，道路。〔14〕"车毂击"，"毂"，车轮中心的圆木，周围与辐的一端相连接。此句是形容车子多。〔15〕“衽”，衣襟。“帷”，帐。〔16〕“袂”，衣袖。〔17〕“当”，敌。

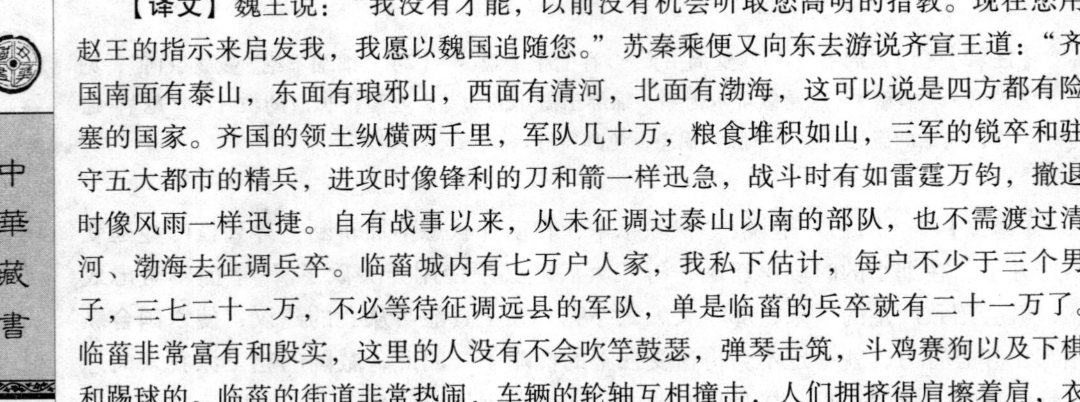
【译文】魏王说：“我没有才能，以前没有机会听取您高明的指教。现在您用赵王的指示来启发我，我愿以魏国追随您。”苏秦乘便又向东去游说齐宣王道：“齐国南面有泰山，东面有琅邪山，西面有清河，北面有渤海，这可以说是四方都有险塞的国家。齐国的领土纵横两千里，军队几十万，粮食堆积如山，三军的锐卒和驻守五大都市的精兵，进攻时像锋利的刀和箭一样迅急，战斗时有如雷霆万钧，撤退时像风雨一样迅捷。自有战事以来，从未征调过泰山以南的部队，也不需渡过清河、渤海去征调兵卒。临菑城内有七万户人家，我私下估计，每户不少于三个男子，三七二十一万，不必等待征调远县的军队，单是临菑的兵卒就有二十一万了。临菑非常富有和殷实，这里的人没有不会吹竽鼓瑟，弹琴击筑，斗鸡赛狗以及下棋和踢球的。临菑的街道非常热闹，车辆的轮轴互相撞击，人们拥挤得肩擦着肩，衣襟连接起来就可以成为围帐，举起衣袖就可以连成一块大幕布，举手挥汗，洒下去像雨点一样，家家殷实富足，志气昂扬。以大王的贤明和齐国的强大，天下没有谁能比得上。现在您却要向西去事奉秦国，我私下为大王感到羞愧。

“且夫韩、魏之所以重畏秦者，为与秦接境壤界也。兵出而相当，不出十日而战胜存亡之机决矣。韩、魏战而胜秦，则兵半折，四境不守；战而不胜，则国已危亡随其后。是故韩、魏之所以重与秦战，而轻为之臣也。今秦之攻齐则不然。倍韩、魏之地，〔1〕过卫阳晋之道，〔2〕径乎亢父之险，〔3〕车不得方轨，〔4〕骑不得比行，百人守险，千人不敢过也。秦虽欲深入，则狼顾，〔5〕恐韩、魏之议其后也。是故恫疑虚猲，〔6〕骄矜而不敢进，则秦之不能害齐亦明矣。

【注释】〔1〕“倍”，通背。〔2〕“阳晋”，卫邑，为当时通往齐国的必经之路，在今山东郓城县西。〔3〕“径”，通过。“亢父”，齐邑，故城在今山东济宁市南五十里。“亢父”，音gāng fǔ。〔4〕“方轨”，两车并行。〔5〕“狼顾”，喻有后顾之忧。狼性怯，走时常回头后顾。〔6〕“恫疑”，恐惧。“虚猲”，虚声恐吓。“猲”，通喝。

【译文】“而且韩、魏之所以十分害怕秦国，是因为他们和秦国的边界连接。双方派出力量相当的军队，用不了十天，而胜败存亡的趋势就决定了。如果韩、魏战胜了秦国，那自已的兵力要损失一半，也无法守住自己的边境；如果战事失利，国家的危亡就会随着而来。所以韩、魏不敢轻易与秦国开战，很愿向秦国称臣。至于秦国要进攻齐国，情形便不一样了。秦国的背后倚靠着韩、魏的土地，越过卫国阳晋的通道，经历亢父的险塞，车辆不能并驶，战马不能并行，只要用一百人守住险地，一千人也过不去。秦国即使想深入侵犯，总是有后顾之忧，怕韩、魏在后面打它的主意。所以它疑虑重重，只是虚声恫吓，骄妄矜诗而不敢再向前进。那么秦国不能加害齐国，不是明摆着的事实么！

"夫不深料秦之无奈齐何，而欲西面而事之，是群臣之计过也。今无臣事秦之名而有强国之实，臣是故愿大王少留意计之。"

齐王曰："寡人不敏，僻远守海，穷道东境之国也，未尝得闻余教。[1]今足下以赵王诏诏之，敬以国从。"

【注释】〔1〕"余教"，剩余的教诲，这是尊重对方的说法。

【译文】"不深切考虑秦国对齐国无可奈何的事实，却想向它屈服，这是臣僚们谋略上的失误。采纳我的意见，既没有向秦称臣的屈辱名声，又有使国家强大的实效，所以我希望大王稍微考虑一下。"

齐王说："我很不聪明，守着东面海边上偏僻荒远的国家，从没有机会听取您的教诲，现在您用赵王的指示来开导我，我极愿以齐国追随您。"

乃西南说楚威王曰：[1]"楚，天下之强国也；王，天下之贤王也。西有黔中、巫郡，[2]东有夏州、海阳，[3]南有洞庭、苍梧，[4]北有陉塞、郇阳，[5]地方五千余里，带甲百万，车千乘，骑万匹，粟支十年。此霸王之资也。夫以楚之强与王之贤，天下莫能当也。今乃欲西面而事秦，则诸侯莫不西面而朝于章台之下矣。[6]

【注释】〔1〕"楚威王"，名商，宣王之子，公元前三三九年至前三二九年在位。〔2〕"黔中"，郡名，战国楚置。辖境相当今湖南沅、沣流域，湖北清江流域，四川黔江流域及贵州东北之一部。"巫郡"，战国楚置。郡治在今四川巫山县北，包括今湖北恩施市、巴东县、建始县一带。〔3〕"夏州"，春秋时地名。楚庄王平陈国夏征舒之乱，从陈国每乡取一人聚居于此，称夏州。地在今湖北汉阳县北。这是楚国的腹心之地，并非它的东境。"海阳"，古地名，地在今江苏泰州市。〔4〕"洞庭"，即青草湖，在今湖南岳阳西南。"苍梧"，即九疑山，在今湖南宁远南。〔5〕"陉"，山名，在今河南漯河市东。"郇阳"，楚邑，在今陕西旬阳东。〔6〕"章台"，战国时秦渭南离宫台名，这里用作秦国的象征。

【译文】接着，苏秦又前往西南去游说楚威王道："楚国是天下的强国，大王您是天下贤明的君主。西面有黔中郡、巫郡，东面有夏州、海阳，南面有洞庭、苍梧，北面有陉塞、郇阳。国土有五千多里见方，武装部队上百万，战车千辆、战马万匹，粮食储备够十年之用，这是建立霸王之业的有利条件，以楚国的强大和您的贤明，天下没有谁比得上您。现在您却打算向西边的秦国称臣，那么诸侯就会都倒向西方而拜倒在秦国章台宫下了。

“秦之所害莫如楚，楚强则秦弱，秦强则楚弱，其势不两立。故为大王计，莫如从亲以孤秦。大王不从亲，秦必起两军，一军出武关，一军下黔中，则鄢、郢动矣。〔1〕

【注释】〔1〕“鄢”，楚邑，在今湖北宜城东南。“郢”，楚都，在今湖北江陵西北。

【译文】“秦国最害怕的莫过于楚国，楚强秦国就弱，秦强楚国就弱，秦、楚势不两立。所以我为大王考虑，不如与东方各国合纵相亲，使秦国孤立。大王如果不合纵，秦国必然会出动两支军队，一支军队从武关出击，一支军队指向黔中，那么楚国的鄢郢就动摇了。

“臣闻治之其未乱也，为之其未有也。患至而后忧之，则无及已。故愿大王蚤孰计之。〔1〕

【注释】〔1〕“蚤”，通“早”。“孰”，通“熟”。

【译文】“我听说处理问题最好赶在乱子发生之前，在灾难还没有来临时就及早采取行动。祸患临头才去寻找对策，就来不及了。所以希望大王及早考虑。

“大王诚能听臣，臣请令山东之国奉四时之献，以承大王之明诏，委社稷，〔1〕奉宗庙，练士厉兵，〔2〕在大王之所用之。大王诚能用臣之愚计，则韩、魏、齐、燕、赵、卫之妙音美人必充后宫，燕、代橐驼良马必实外厩。〔3〕故从合则楚王，〔4〕衡成则秦帝。今释霸王之业，而有事人之名，臣窃为大王不取也。

【注释】〔1〕“委社稷”，把国家交给楚国支配。“委”，托。〔2〕“厉兵”，磨砺兵器。“厉”，同“砺”。“兵”，兵器。〔3〕“橐驼”，即骆驼。〔4〕“王”，指取得天下而成王业。音 wàng。

【译文】“大王如果采纳我的意见，我愿叫山东各国一年四季向您进贡，接受您的领导，把国家和宗庙都委托给您，作好战备，听从大王的指挥。大王真要能采纳我不成熟的意见，那么韩、魏、齐、燕、赵、卫等国的美好音乐和美女一定会充满您的后宫，燕、代等地的骆驼、良马就会填满您的马厩。所以说，合纵成功，楚国就能成就王业，连横成功，将使秦国称帝。如今您放弃霸王的事业，而有事奉他人的屈辱名声，我私下真为您感到不值得啊！

“夫秦，虎狼之国也，有吞天下之心。秦，天下之仇雠也。[1]衡人皆欲割诸侯之地以事秦，此所谓养仇而奉雠者也。夫为人臣，割其主之地以外交强虎狼之秦，以侵天下，卒有秦患，不顾其祸。夫外挟强秦之威以内劫其主，以求割地，大逆不忠，无过此者。故从亲则诸侯割地以事楚，衡合则楚割地以事秦，此两策者相去远矣，二者大王何居焉？故敝邑赵王使臣效愚计，奉明约，在大王诏之。”

【注释】〔1〕“雠”，仇敌。

【译文】“秦国是个像虎狼一样凶恶的国家，抱有并吞天下的野心。秦国是天下的仇敌。主张连横的人都想割诸侯的土地去事奉秦国，这真是奉养仇敌的人啊！作为臣子，割让自己国君的土地和虎狼一样的秦国拉关系，让它侵扰天下，自己的国家最终也会遭到秦国进犯，他是不管这种后果的。外边倚仗强秦的威势，对内去胁迫自己的国君，要求割让土地给秦国，大逆不忠的罪过，没有比这更大的了。如果合纵相亲，那么诸侯都会割让土地事奉楚国；连横成功，那么楚国就要割让土地给秦国，这两种策略相差实在太远了，大王究竟站在哪一方面呢？所以敝国的赵王派我献上这不成熟的意见，接受您贤明的约定，全在大王的安排。”

楚王曰：“寡人之国西与秦接境，秦有举巴蜀并汉中之心。秦，虎狼之国，不可亲也。而韩、魏迫于秦患，不可与深谋，与深谋恐反人以入于秦，[1]故谋未发而国已危矣。寡人自料以楚当秦，不见胜也；内与群臣谋，不足恃也。寡人卧不安席，食不甘味，心摇摇然如县旌而无所终薄。[2]今主君欲一天下，收诸侯，存危国，寡人谨奉社稷以从。”

【注释】〔1〕“恐反人以入于秦”，恐反以楚谋告诉秦国。“人”字疑为衍文。〔2〕“县旌”，悬挂在空中随风飘荡的旌旗，比喻心神不定。“县”，通“悬”。“终薄”，附着。

【译文】楚王说："我的国家西面和秦国接壤，秦国有夺取巴蜀、吞并汉中的野心。秦是个像虎狼一样凶横的国家，不能和它亲近。韩、魏由于受到秦国威胁，不能和它们深深地计议，和它们谋划大事，恐怕它们反把消息泄漏给秦国，计划还没有实行，国家已处在危难之中了。我自己估计，单靠楚国的力量去抵挡秦国，不一定能打赢；在国内和群臣商量，又不可靠。我睡不好觉，吃不好饭，心神不定，不得安宁。现在您打算团结天下，拉拢诸侯，保全处在危亡中的国家，我愿竭诚地以整个国家追随您。"

于是六国从合而并力焉。苏秦为从约长，并相六国。

北报赵王，乃行过雒阳，车骑辎重，〔1〕诸侯各发使送之甚众，疑于王者。〔2〕周显王闻之恐惧，除道，〔3〕使人郊劳。〔4〕苏秦之昆弟妻嫂侧目不敢仰视，俯伏侍取食。苏秦笑谓其嫂曰："何前倨而后恭也?"嫂委蛇蒲服，〔5〕以面掩地而谢曰："见季子位高金多也。"〔6〕苏秦喟然叹〔7〕曰："此一人之身，富贵则亲戚畏惧之，贫贱则轻易之，况众人乎！且使我有雒阳负郭田二顷，〔8〕吾岂能佩六国相印乎！"于是散千金以赐宗族朋友。初，苏秦之燕，〔9〕贷人百钱为资，及得富贵，以百金偿之。遍报诸所尝见德者。其从者有一人独未得报，乃前自言。苏秦曰："我非忘子。子之与我至燕，再三欲去我易水之上，方是时，我困，故望子深，〔10〕是以后子。子今亦得矣。"

【注释】〔1〕"辎重"，器械、粮草、营帐、服装的总称。〔2〕"疑"，通"拟"，比拟。〔3〕"除道"，清扫道路。〔4〕"郊劳"，到郊外迎接慰劳。〔5〕"委蛇"，同"逶迤"，曲折前进。音 wēi yí。"蒲服"，同"匍匐"，伏地而行。〔6〕"季子"，苏秦字季子，一说为旧时嫂子对夫弟的称呼。〔7〕"喟然"，慨叹声。〔8〕"负郭"，靠近城郭。"负"，背倚，"郭"，外城。〔9〕"之"，往。〔10〕"望"，埋怨。

【译文】于是六国联合，力量集中，苏秦作了合纵盟约的领导人，兼任六国的相国。

苏秦北上向赵王报命，途经洛阳，随行的车马辎重以及各国护送的使者极多，就好像是国王出巡。周显王得悉这一消息非常害怕，赶忙派人替他清扫将要经行的道路，并派人到郊外慰劳。苏秦的兄弟妻嫂斜着眼不敢抬头正视，都俯伏在地上，侍候他进食。苏秦笑着向他的嫂嫂说："你怎么以前对我那样傲慢，现在却这么恭敬呢?"嫂嫂赶快弯曲着身子匍匐在地上，把脸贴着地面谢罪说："那是因为小叔你现在的官高而钱多啊！"苏秦深有感触地叹道："同样是我这个人，富贵了亲人就害怕我；贫贱就受到轻视，亲人尚且是这样，何况是一般人呢！假如我在洛阳城边有二顷良田，我还能佩上六国相印吗?”于是他便把千金分赐给同族的人和朋友。当初，苏秦到燕国去，曾借别人一百钱作路费，到他富贵了，就用一百金偿还他，并普遍报答了所有曾有恩于他的人。随从中有一人独独没有得到报偿，于是上前主动申明。苏秦说：“我不是忘记了你。从前你和我一起到燕国去，走到易水，你再三要想抛弃我，那时我处境艰难，因而我深深地怨恨你，所以把你放在后边。现在你也算是得到报偿了。”

苏秦既约六国从亲，归赵，赵肃侯封为武安君，乃投纵约出于秦。秦兵不敢阚函谷关十五年。

其后秦使犀首欺齐、魏，与共伐赵，欲败从约。齐、魏伐赵，赵王让苏秦。〔1〕苏秦恐，请使燕，必报齐。苏秦去赵而从约皆解。

【注释】〔1〕“让”，责备。

【译文】苏秦已经约定六国合纵相亲之后，回到赵国，赵肃侯封他为武安君。于是苏秦把合纵的盟约送到秦国，秦国有十五年不敢出函谷关。

后来秦国派犀首欺骗齐、魏两国，和他们一起攻打赵国，想破坏合纵盟约。齐、魏攻打赵国，赵王责备苏秦。苏秦害怕，请求出使燕国，说一定要报复齐国。苏秦离开赵国以后，合纵盟约随之瓦解。

秦惠王以其女为燕太子妇。是岁，文侯卒，太子立，是为燕易王。〔1〕易王初立，齐宣王因燕丧伐燕，取十城。易王谓苏秦曰：“往日先生至燕，而先王资先生见赵，遂约六国从。今齐先伐赵，次至燕，以先生之故为天下笑，先生能为燕得侵地乎?”苏秦大惭曰：“请为王取之。”

【注释】〔1〕“燕易王”，燕国君，公元前三三二年至前三二一年在位。

【译文】秦惠王把自己的女儿嫁给燕太子为妻。这一年，燕文侯去世，太子即位，称为燕易王。易王刚继位，齐宣王乘着燕国有丧事，发兵进攻燕国，夺取了十城。燕易王对苏秦说：“以前先生您到燕国，先王资助您去见赵王，于是约定六国合纵。现在齐国先进攻赵国，其次就轮到燕国，因为您的原因让天下耻笑，您能为燕国取回被侵占的土地吗?”苏秦非常惭愧地说道：“请让我为您把失地收回吧！”

苏秦见齐王，再拜，俯而庆，仰而吊〔1〕。齐王曰：“是何庆吊相随

之速也?”苏秦曰:“臣闻饥人所以饥而不食乌喙者,〔2〕为其愈充腹而与饿死同患也。〔3〕今燕虽弱小,即秦王之少壻也。大王利其十城而长与强秦为仇。今使弱燕为雁行而强秦敝其后,〔4〕以招天下之精兵,是食乌喙之类也。”齐王愀然变色曰:〔5〕“然则奈何?”苏秦曰:“臣闻古之善制事者,转祸为福,因败为功。大王诚能听臣计,即归燕之十城。燕无故而得十城,必喜;秦王知以己之故而归燕之十城,亦必喜。此所谓弃仇雠而得石交者也。〔6〕夫燕、秦俱事齐,则大王号令天下,莫敢不听。是王以虚辞附秦,以十城取天下。此霸王之业也。”王曰:“善。”于是乃归燕之十城。

【注释】〔1〕“弔”,慰问遭遇不幸的人。〔2〕“乌喙”,即乌头,毛茛科,多年生草本,含乌头碱,有剧毒。〔3〕“愈”,通“偷”,苟且,暂时。〔4〕“雁行”,飞雁的行列。比喻走在行列的前面。“敝”,通“蔽”,掩蔽。〔5〕“愀然”,神色变得严肃的样子。〔6〕“石交”,交谊像石头一样坚固。

【译文】苏秦去谒见齐王,行了再拜礼,低下头来表示庆贺,随着又抬起头表示哀悼。齐王说:“为什么你的庆贺和哀悼相继来得这么快啊?”苏秦说:“我听说饥饿的人即使很饥饿也不肯吃毒药乌头,是因为这东西虽然能暂时填饱肚子,却和饿死并没有什么两样。燕国虽然弱小,但燕王却是秦王的小女婿。大王贪图燕国十城,却长期和强大的秦国为仇。现在使弱小的燕国做先锋,秦国在后面打掩护,进而招引天下的精兵来攻击你,这和用乌头充饥实际上是一回事。”齐王忧虑地变了脸色说:“那么怎样办呢?”苏秦说:“我听说古来善于处理事情的人,能变祸事为好事,变失败为成功。大王真能听取我的建议,就把十城归还燕国。燕国无缘无故地收回十城,必然高兴;秦王知道您是因为他的原故而归还燕的十城,也一定高兴。这叫做去掉仇敌而得到磐石一样的交谊。燕、秦都接受齐国的领导,大王对天下发号施令,就没人敢不听从。这样,大王只不过表面上作了个依附秦国的姿态,实际上却是用十城取得了天下。这真是霸王的伟业啊!”齐王说:“很好。”于是把十城归还给燕国。

人有毁苏秦者曰:“左右卖国反覆之臣也,将作乱。”苏秦恐得罪归,而燕王不复官也。苏秦见燕王曰:“臣,东周之鄙人也,无有分寸之功,而王亲拜之于庙而礼之于廷。〔1〕今臣为王却齐之兵而得十城,〔2〕宜以益亲。今来而王不官臣者,人必有以不信伤臣于王者。臣之不信,王之福也。臣闻忠信者,所以自为也;进取者,所以为人也。且臣之说齐王,曾非欺之也。臣弃老母于东周,固去自为而行进取也。今有孝如曾参，[3]廉如伯夷，[4]信如尾生。[5]得此三人者以事大王，何若？”王曰：“足矣。”苏秦曰：“孝如曾参，义不离其亲一宿于外，王又安能使之步行千里而事弱燕之危王哉？廉如伯夷，义不为孤竹君之嗣，[6]不肯为武王臣，不受封侯而饿死首阳山下。[7]有廉如此，王又安能使之步行千里而行进取于齐哉？信如尾生，与女子期于梁下，女子不来，水至不去，抱柱而死。[8]有信如此，王又安能使之步行千里却齐之强兵哉？臣所谓以忠信得罪于上者也。”燕王曰：“若不忠信耳，岂有以忠信而得罪者乎？”苏秦曰：“不然。臣闻客有远为吏而其妻私于人者，[9]其夫将来，其私者忧之，妻曰：‘勿忧，吾已作药酒待之矣。’居三日，其夫果至，妻使妾举药酒进之。妾欲言酒之有药，则恐其逐主母也；欲勿言乎，则恐其杀主父也。于是乎详僵而弃酒。[10]主父大怒，笞之五十。故妾一僵而覆酒，上存主父，下存主母，然而不免于笞，恶在乎忠信之无罪也夫？臣之过，不幸而类是乎！”燕王曰：“先生复就故官。”益厚遇之。

【注释】〔1〕“庙”，宗庙，国君祭祀的地方。拜之于庙，表示郑重其事。“廷”，朝廷。〔2〕“却”，使之退却。〔3〕“曾参”，春秋后期鲁国南武城（今山东费县）人，字子舆，孔子弟子，以孝著称。〔4〕“伯夷”，商末孤竹君的长子。初，孤竹君以次子叔齐为继承人。孤竹君死，叔齐让位，伯夷不受。后二人都到周。周武王克商，二人又一起逃到首阳山，不食周粟而死。〔5〕“尾生”，古代传说中坚守信约的人。〔6〕“孤竹”，古国名，在今河北卢龙县南。〔7〕“首阳山”，即雷首山，在今山西永济县东南。〔8〕“抱”，下当有“梁”字。〔9〕“私”，私通。〔10〕“详”，通“佯”，假装。“僵”，仆倒。

【译文】有人诽谤苏秦说：“这是个左右摇摆，出卖国家，反覆无常的奸臣，他将会作乱。”苏秦恐怕得罪，赶快回到燕国，燕王不让他任职。苏秦求见燕王说：“我本是东周的一个平民，没有一点功劳，而您亲自在宗庙里接见我，在朝廷上以礼相待。现在我为您说退了齐国的军队而收复了十城，您对我应更加亲近。现在我回到燕国，而您却不让我担任官职，必然有人以说话不老实的罪名在您面前中伤我。我不守信誉，乃是您的福分啊！我听说忠信只不过是为自己，进取才是为的别人。我去游说齐王，不是欺骗了他吗？我把年老的母亲丢在东周，这本来就是抛弃只顾自己的念头而去帮助别人实行进取。现在假如有人像曾参那样孝顺，像伯夷那样廉洁，像尾生那样守信，得到这样三个人来事奉大王，您觉得怎样？”燕王说：“足够了。”苏秦说：“像曾参那样孝顺的人，按理不会离开他的父母在外住一夜，您又怎么能使他步行千里来替弱小的燕国处在危险境地中的君王效劳呢？像伯夷那样廉洁，他的行为准则是不作孤竹君的继承人，不肯作周武王的臣子，不肯接受封侯的赏赐，而饿死在首阳山下。像这样廉洁的人，您又怎么能使他步行千里，到齐

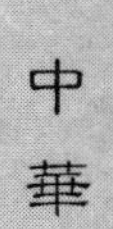

国去干一番进取的事业呢？像尾生那样守信用的人，和女子在桥下约会，女子没有来，大水来了也不肯离开，抱着柱子让水淹死。像这种守信用的人，您又怎么能够使他步行千里，去退却齐国的强兵呢？我正是那种因为忠信而得罪君王的人。”燕王说：“您本是个不忠诚的人，哪有因为忠诚而得罪的呢？”苏秦说：“话不是这么说。我听说有个到远方做官的人，他的妻子和别人私通。她的丈夫将要回来了，她的姘夫很担心。这个妻子说：‘您不要担心，我已经准备好药酒等他了。’过了三天，她的丈夫果然回家，妻子叫侍妾捧着药酒让丈夫喝。侍妾想说出酒里下了毒药，恐怕他会把女主人赶出去；想不说呢，又怕害死了男主人。于是假装跌倒而打翻了酒。男主人大怒，打了她五十鞭。所以，侍妾假装跌倒而泼了药酒，对上来说是保存了男主人，对下来说是保存了女主人，却不免遭到鞭打，怎么能说忠诚就不会得罪呢？我的罪过，不幸正和这个故事相同啊！”燕王说：“您还是担任原来的职位吧。”从此更加优待他。

易王母，文侯夫人也，与苏秦私通。燕王知之，而事之加厚。苏秦恐诛，乃说燕王曰：“臣居燕不能使燕重，而在齐则燕必重。”燕王曰：“唯先生之所为。”于是苏秦详为得罪于燕而亡走齐，〔1〕齐宣王以为客卿。〔2〕

【注释】〔1〕“亡”，逃亡。 〔2〕“客卿”，别国的人在本国做官，其位为卿，而以客礼待之，故称客卿。

【译文】燕易王的母亲是燕文侯的夫人，她和苏秦私通。燕易王知道了，对苏秦更加优待。苏秦恐怕被杀，就对燕王说：“我在燕国不能提高燕国的地位，我如在齐国，则定能使燕国受到重视。”燕王说：“您怎么办都行。”于是苏秦假装得罪了燕国而逃奔到齐国，齐宣王让他作客卿。

齐宣王卒，湣王即位，〔1〕说湣王厚葬以明孝，高宫室大苑囿以明得意，欲破敝齐而为燕。〔2〕燕易王卒，燕哙立为王。〔3〕其后齐大夫多与苏秦争宠者，而使人刺苏秦，不死，殊而走。〔4〕齐王使人求贼，不得。苏秦且死，乃谓齐王曰：“臣即死，车裂臣以徇于市，〔5〕曰‘苏秦为燕作乱于齐’，如此则臣之贼必得矣。”于是如其言，而杀苏秦者果自出，齐王因而诛之。燕闻之曰：“甚矣，齐之为苏生报仇也！”

【注释】〔1〕“湣王”，战国时齐国君，田氏，名地，齐宣王之子。约公元前三〇〇年至前二八四年在位。曾一度与秦昭王并称东、西帝，后为燕将乐毅率五国联军所破，逃奔到莒（今山东莒县)，不久被杀。〔2〕“破敝”，使之破败。〔3〕“燕哙”，即燕王哙，约公元前三二〇年至前三一四年在位。〔4〕“殊而走”，带着致命伤逃跑。“殊”，死，这里指致命伤。〔5〕“车裂”，古代的酷刑，即将人的头部和四肢分别拴在五辆车上，以马驾车，同时分驰，撕裂肢体。“徇”，示众。

【译文】齐宣王死去，湣王继位。苏秦劝说湣王隆重地安葬宣王，以表示自己的孝思，高筑宫室，扩大苑囿，以显示自己的得意，他想以此损耗齐国，为燕国提供可乘之机。燕易王死去，燕哙继立为王。后来，齐国有许多大夫和苏秦争宠，派人暗杀苏秦，苏秦受了重伤，挣扎着逃走。齐王派人去抓凶手，没有抓到。苏秦快要死了，便对齐王说：“我如果死了，请您把我车裂了而在刑场上示众，并宣布说：‘苏秦为了燕国在齐国作乱。’这样，那暗杀我的凶手就定能抓到了。”于是齐王照他的话办，暗杀苏秦的凶手果然自己露面，齐王就把他捉来处死。燕国听到这个消息说：“齐国这样为苏先生报仇，真太好啦。”

苏秦既死，其事大泄。齐后闻之，乃恨怒燕。燕甚恐。苏秦之弟曰代，代弟苏厉，见兄遂，亦皆学。及苏秦死，代乃求见燕王，欲袭故事。[1]曰：“臣，东周之鄙人也。窃闻大王义甚高，鄙人不敏，释钼耨而干大王。[2]至于邯郸，所见者绌于所闻于东周，[3]臣窃负其志。[4]及至燕廷，观王之群臣下吏，王，天下之明王也。”燕王曰：“子所谓明王者何如也？”对曰：“臣闻明王务闻其过，不欲闻其善，臣请谒王之过。[5]夫齐、赵者，燕之仇雠也；楚、魏者，燕之援国也。今王奉仇雠以伐援国，非所以利燕也。王自虑之，此则计过，无以闻者，非忠臣也。”王曰：“夫齐者固寡人之雠，所欲伐也，直患国敝力不足也。子能以燕伐齐，则寡人举国委子。”[6]对曰：“凡天下战国七，燕处弱焉。独战则不能，有所附则无不重。[7]南附楚，楚重；西附秦，秦重；中附韩、魏，韩、魏重。且苟所附之国重，此必使王重矣。今夫齐，长主而自用也。[8]南攻楚五年，[9]畜聚竭；西困秦三年，[10]士卒罢敝；[11]北与燕人战，[12]覆三军，得二将。然而以其余兵南面举五千乘之大宋，[13]而包十二诸侯。[14]此其君欲得，其民力竭，恶足取乎！[15]且臣闻之，数战则民劳，久师则兵敝矣。”[16]燕王曰：“吾闻齐有清济、浊河可以为固，长城、钜防足以为塞，诚有之乎？”对曰：“天时不与，虽有清济、浊河，[17]恶足以为固！民力罢敝，虽有长城、钜防，[18]恶足以为塞！且异日济西不师，[19]所以备赵也；河北不师，[20]所以备燕也。今济西河北尽已役矣，[21]封内敝矣。[22]夫骄君必好利，而亡国之臣必贪于财。王诚能无羞从子母弟以为质，〔23〕宝珠玉帛以事左右，彼将有德燕而轻亡宋，〔24〕则齐可亡已。”〔25〕燕王曰：“吾终以子受命于天矣。”燕乃使一子质于齐。〔26〕而苏厉因燕质子而求见齐王。齐王怨苏秦，欲囚苏厉。燕质子为谢，〔27〕已遂委质为齐臣。〔28〕

【注释】〔1〕“袭故事”，采用苏秦的老办法。〔2〕“钽”，锄头。“耨”，除草器具。“干”，求。〔3〕“绌”，屈，引申为不如。〔4〕“负”，违背。〔5〕“谒”，说明，陈述。〔6〕“举”，以。〔7〕“重”，显得重要。〔8〕“长主”，年纪大的国君。“自用”，自以为是。〔9〕“南攻楚五年”，指齐、韩、魏三国因楚背叛了合纵之约而伐楚的事，见《楚世家》，在周赧王十二年（公元前三〇三年）。两年后，秦又与齐、韩、魏共攻楚，杀楚将唐眛。又两年，孟尝君去齐相秦。攻楚之役，首尾共历五年。〔10〕“西困秦三年”，《帛书》第八章作“攻秦三年”。此指周赧王十七年至十九年（公元前二九八年至前二九六年），齐、韩、魏三国攻秦入函谷事，见《六国年表》。〔11〕“罢敝”，疲乏。“罢”，通“疲”。〔12〕“北与燕人战”三句，“北与燕人战”，指周赧王十九年（公元前二九六年）齐、燕权之战。“覆三军，得二将”，指齐国击溃燕军并擒获燕的两员将领。〔13〕“余兵”，长期从事征伐的军队。“宋”，古国名，建都商丘（今河南商丘南）。其境域包括今河南省东端及江苏、安徽的北端，兼及山东省的西端。〔14〕“包”，囊括，统括。“十二诸侯”，指淮、泗之间的邹、鲁等小国。〔15〕“恶”，何，怎么。音 wū。〔16〕“久师”，指上文所言的长期用兵。〔17〕“清济浊河”，济水清，河水浊，二水皆在齐西北境。济水发源于河南济源县，至山东利津县入海。河即黄河。〔18〕“长城、钜防”，长城即钜防。齐长城西起今山东西境平阴县，历泰山北岗，南达黄海北岸诸城县境之琅琊台入海，其建筑时代当在春秋之际。〔19〕“济西”，济水以西，指今山东聊城、高唐等县。“不师”，不征发兵役。〔20〕“河北”，指漯河以北，今天津市、河北沧县、景县一带。〔21〕“尽已役矣”，原来济西、河北不征兵，专门从事对付燕、赵，现在由于用兵不休，这两个地区的兵员都已征发。〔22〕“封内”，四境之内。〔23〕“从”，《战国策·燕策一》作“宠”，当从。“宠子”，宠爱的儿子。“母弟”，同母所生之弟。〔24〕“轻亡宋”，轻易出师以图灭宋。〔25〕“已”，语气词，表示肯定。〔26〕“燕乃使一子质于齐”，当依《燕策》作“燕王之弟质齐”，此处误记。此质子是燕昭王之弟襄安君。〔27〕“谢”，谢罪，道歉。〔28〕“已”，不久。“委质”，古代臣下向君主奉献礼物，表示确定君臣关系。“质”，通“贽”，旧时初和人见面时所送的礼物。

【译文】苏秦死后，他为燕国削弱齐国的事情充分暴露。齐国知道了，对燕国非常不满。燕国极端恐惧。苏秦的弟弟苏代，苏代的弟弟苏厉，见到兄长这样得意，也都学习纵横之术。苏秦死后，苏代就去求见燕易王，想继承苏秦的旧业，说：“我是东周一个普通的平民，听说大王的德行高尚，我不揣冒昧，放弃了耕种而来求见大王。我到了赵国的首都邯郸，所见到的和我在东周所听到的相差很远，我私下感到失望。后来到了燕国的宫廷，看到您的群臣和属吏，便知道大王您真是天下最贤明的君王啊！”燕王问道：“你所说的贤明的君主是什么样子呢？”苏代回答道："我听说一个贤明君王总是愿意听取自己的过失，不愿只听别人称道自己的好处。我愿意指出你哪些地方错了。齐、赵是燕国的仇敌，楚、魏是燕国的后援国。现在您却要事奉仇敌来攻打援国，这是对燕国不利的。请您自己考虑，这种作法显然是错的，但却没有人告诉您，这显然不是忠臣。"燕王说："齐国本来是我的敌人，我一直想要讨伐它，只是怕国家疲敝，力量不够。您要能以燕国攻打齐国，我愿把整个国家付托给您。"苏代回答说："天下有力作战的大国有七个，燕国是比较衰弱的。单独与别国作战，力量不足；倘若依附谁，谁就会提高地位。向南去依附楚，楚国的声望就会提高。向西去依附秦，秦国的威望便加重；中间去依附韩、魏，韩、魏的声威就加重。如果所依附的国家威望提高，这必然使您的威望也提高了。谈到齐国，他的国君年纪大而又一意孤行。南边攻楚五年，积蓄消耗殆尽，向西困扰秦国三年，兵士疲敝不堪，北边和燕国作战，打败燕的三军，俘虏了两员将领。并且用它残余的兵力，向南攻破拥有五千辆兵车的宋国，囊括了泗上十二诸侯。他的国君野心虽已得到相当满足，民力却已衰竭了。还能干什么呢！并且我听说：多次打仗，人民就劳累，军队长期在外，战士就很疲敝。"燕王说："齐国有清济、浊河，便于固守，有长城、钜防，可以作为要塞，真是这样吗？"苏代回答说："天时方面不能取得有利条件，虽然有清济、浊河，哪能固守呢！人民疲敝，虽然有长城、钜防，又怎能作为要塞呢！况且，齐国从前不从济水以西征兵，是为了防备赵国，不从河北征调军队，是为了防备燕国。现在济西、河北全都征兵了，全国都已经很疲敝了。骄横的君主必然贪利，亡国的臣子一定贪财。您如果不以把侄儿或弟弟送作人质感到羞愧，并以宝珠玉帛去拉拢齐王的亲信，齐国将会感激燕国而把灭亡宋国看得很容易，那么，齐国就可以被我们灭掉了。"燕王说："我决心依靠您而接受上天的安排。"燕国就派了一个公子到齐国去做人质。苏厉通过燕国质子的关系求见齐王。齐王怨恨苏秦，想把苏厉囚禁起来。燕国的质子替他谢罪，随后苏厉也就委身作了齐国的臣子。

燕相子之与苏代婚，而欲得燕权，乃使苏代侍质子于齐。齐使代报燕，燕王哙问曰："齐王其霸乎？"曰："不能。"曰："何也？"曰："不信其臣。"于是燕王专任子之，已而让位，燕大乱。齐伐燕，杀王哙、子之。燕立昭王，〔1〕而苏代、苏厉遂不敢入燕，皆终归齐，齐善待之。

【注释】〔1〕"昭王"，名职，燕王哙的庶子。公元前三一一年至前二七九年在位。原在韩，燕王哙、子之被杀，赵国派人送他回国即位。

【译文】燕国的相国子之和苏代结成婚姻关系，想要取得燕国的政权，就派苏代到齐国去侍奉质子。齐王派遣苏代回国复命，燕王哙问他道："齐王能称霸吗？"

苏代回答说："不能。"燕王问："为什么？"回答说："因为他不信任自己的臣子。"于是燕王让子之控制燕国的全权，不久又让位给他，引起了燕国大乱。齐国进攻燕国，杀掉了燕王哙和子之。燕国拥立了昭王。苏代、苏厉不敢再进入燕国，都归附了齐国，齐很优待他们。

苏代过魏，[1]魏为燕执代。齐使人谓魏王曰："齐请以宋地封泾阳君，[2]秦必不受。秦非不利有齐而得宋地也，不信齐王与苏子也。[3]今齐、魏不和如此其甚，则齐不欺秦。秦信齐，齐、秦合，泾阳君有宋地，非魏之利也。故王不如东苏子，[4]秦必疑齐而不信苏子矣。[5]齐、秦不合，天下无变，伐齐之形成矣。"于是出苏代。代之宋，宋善待之。

【注释】〔1〕"苏代过魏"二句，《战国策·魏策一》作"苏秦拘于魏，欲走而之韩，魏氏闭关而不通"。〔2〕"齐请以宋地封泾阳君"，这是齐假设此策以营救苏子。泾阳君，秦昭王母弟，名悝。泾阳，地名，在今陕西泾阳县境。〔3〕"不信齐王与苏子"，秦怀疑齐将与魏联合。〔4〕"东苏子"，使苏子回到齐国。齐在魏的东方，所以这样说。"东"，使往东。〔5〕"不信苏子"，秦疑苏子联合齐、魏。

【译文】苏代经过魏国，魏国替燕国拘留了苏代。齐国派人对魏王说："齐国提出把宋国的土地封给秦王的弟弟泾阳君，秦国一定不肯接受。秦国并非不希望拉拢齐国和取得宋地的地盘，只不过是不相信齐王和苏代罢了。现在齐、魏不和到了如此严重的程度，那么，齐国就不会欺骗秦国。秦国也会相信齐国。齐、秦联合起来，泾阳君取得宋国土地，这是不利于魏国的，所以您不如让苏代东归齐国，秦国定会怀疑齐国而不相信苏代了。齐、秦不能联合，天下局势不发生变动，讨伐齐国的局面就会逐渐形成了。"于是魏国释放了苏代。苏代到了宋国，宋国很好地接待他。

齐伐宋，[1]宋急，苏代乃遗燕昭王书曰：

【注释】〔1〕"齐伐宋"，事在公元前二八六年。

【译文】齐国进攻宋国，宋国危急，于是苏代写信给燕昭王说：

夫列在万乘而寄质于齐，[1]名卑而权轻；奉万乘助齐伐宋，民劳而实费；夫破宋，残楚淮北，肥大齐，[2]雠强而国害：此三者皆国之大败也。[3]然且王行之者，将以取信于齐也。齐加不信于王，而忌燕愈甚，是王之计过矣。夫以宋加之淮北，[4]强万乘之国也，而齐并之，是益一齐也。北夷方七百里，[5]加之以鲁、[6]卫，强万乘之国也，而齐并之，是益二齐也。夫一齐之强，燕犹狼顾而不能支，今以三齐临燕，其祸必大矣。

【注释】〔1〕“寄质于齐”，指燕昭王派遣他的弟弟襄安君到齐作人质。〔2〕“肥大齐”，使齐国强大。“肥”、“大”是同义词叠用。〔3〕“大败”，大祸。〔4〕“以宋加之淮北”二句，宋是五千乘之国，再加上淮北，则超过万乘之国。〔5〕“北夷”，族名，当为“九夷”之误。九夷之地在淮、泗之间，南与楚接境，东与泗上十二诸侯连接。〔6〕“鲁”，国名，在今山东西南部，建都曲阜。战国时国势衰弱，沦为泗上十二诸侯之一。

【译文】燕国作为一个万乘大国，却派出人质寄居在齐国，名声低下而权势卑微，以整个燕国力量帮助齐国攻打宋国，人民疲劳而财力损耗。攻破宋国，侵犯楚国的淮北，使齐国壮大，敌人强大而自己的国家受害。这三种情况都是对国家的大害啊！然而您还是愿意这样办，无非是为了取得齐国的信任罢了。但齐国却更加不相信您，对燕国更加怀恨，这表明您的策略错了。宋国再加上淮北的地盘，力量超过万乘的大国，齐国把它吞并之后，等于增加了一个齐国。北夷的土地纵横七百里，加上鲁、卫两国的地方，也胜过一个万乘的大国，齐国把它们吞并之后，等于增加了两个齐国。以一个齐国的力量，燕国还担惊受怕而不能应付，现在以三个齐国的力量压到燕国头上，那祸害就一定很大了。

虽然，智者举事，因祸为福，转败为功。齐紫，败素也，[1]而贾十倍；[2]越王勾践棲于会稽，复残强吴而霸天下：此皆因祸为福，转败为功者也。

【注释】〔1〕“齐紫，败素也”，齐国的风俗喜欢紫色，商人用质量低劣的素帛染成紫色。〔2〕“贾”，通“价”。

【译文】虽是这么说，但聪明人办事，能够变祸为福，转败为胜。比如齐国的紫色绢帛，本是用破旧的白绢染成，它们价格反而提高了十倍。越王勾践被困在会稽山，后来却击破强大的吴国而称霸天下。这都是变祸为福，转败为胜的事例啊！

今王若欲因祸为福，转败为功，则莫若挑霸齐而尊之，[1]使使盟于周室，焚秦符，曰：[2]“其大上计，破秦；其次，必长宾之。”[3]秦挟宾以待破，[4]秦王必患之。秦五世伐诸侯，[5]今为齐下，秦王之志苟得穷

齐，不惮以国为功。然则王何不使辩士以此言说秦王曰："燕、赵破宋肥齐，尊之为之下者，燕、赵非利之也。燕、赵不利而势为之者，以不信秦王也。然则王何不使可信者接收燕、赵，令泾阳君、高陵君先于燕、赵？[6]秦有变，因以为质，则燕、赵信秦。秦为西帝，燕为北帝，赵为中帝，立三帝以令于天下。韩、魏不听则秦伐之，齐不听则燕、赵伐之，天下孰敢不听？天下服听，因驱韩、魏以伐齐，曰'必反宋地，归楚淮北'。反宋地，归楚淮北，燕、赵之所利也；并立三帝，燕、赵之所愿也。夫实得所利，尊得所愿，燕、赵弃齐如脱蹝矣。[7]今不收燕、赵，齐霸必成。诸侯赞齐而王不从，是国伐也；[8]诸侯赞齐而王从之，是名卑也。今收燕、赵，国安而名尊；不收燕、赵，国危而名卑。夫去尊安而取危卑，智者不为也。"秦王闻若说，必若刺心然。则王何不使辩士以此若言说秦？[9]秦必取，齐必伐矣。

【注释】〔1〕"挑"，当依《战国策·燕策一》作"遥"。"霸齐"，推齐为诸侯之首。〔2〕"符"，两国间信使往来的凭证，通常用竹、木做成，〔3〕"大上计"，最好的计策。"大"，通"太"。"长宾之"，长期排斥。"宾"，通"摈"。〔4〕"挟宾"，遭受摈斥。〔5〕"五世"，指秦献公、孝公、惠文王、武王、昭襄王。〔6〕"高陵君"，名显，秦昭王母弟，高陵是他的封邑，在今陕西高陵县。〔7〕"蹝"，同"屣"，草鞋。〔8〕"国伐"，国家受到攻伐。〔9〕"此若言"，此言。"此"、"若"，是同义词迭用。

【译文】现在您如果想要变祸为福，转败为胜，最好是推举齐国为霸主而尊重它，让各国派遣使臣在周室结盟，烧掉秦国的符节，宣告说："最好的策略是攻破秦国，其次是永远排斥它。"秦受到排斥并时刻担心被别人攻破，秦王一定非常忧虑。秦国接连五代君主都是主动出击，现在反而屈居齐国之下，秦王的想法，只要能使齐国陷入困境，不难以全国力量相拼。既然是这样，您何不派遣一个说客用以下的话游说秦王道："燕、赵两国攻破宋国，使齐国更加强大，尊重它并屈从它，燕、赵并不想从中得利。燕、赵既得不到利益却又势必要这样做，就是因为不相信秦王的原故。那么，您为什么不派遣一个可信的人去拉拢燕、赵，派泾阳君、高陵君先到燕、赵两国去？如怕秦国的外交路线有变，就以他们二人作为人质，那么燕、赵必然相信秦国。秦国作西帝，燕作北帝，赵作中帝，树立三帝，向天下发号施令。韩、魏不服从，秦国就讨伐它；齐国不服从，燕、赵就讨伐它，天下还有谁敢不服从？天下都服从了，于是驱使韩、魏去讨伐齐国，说：'一定要交出宋国的土地，归还楚国的淮北。'交出宋国的土地，归还楚国的淮北，这是有利于燕、赵的。树立三帝，是燕、赵非常愿意的。这样，实际方面能得到利益，提高名声方面如愿以偿。燕、赵将像丢掉草鞋一样把齐国抛弃了。现在如您不拉拢燕、赵，齐国的霸业一定会成功。诸侯都拥护齐国而您不服从，国家将遭到攻伐；诸侯拥护齐国，您也一样服从，您的名声就卑下了。现在要是拉拢燕、赵，会使国家安定而名望崇高；不拉拢燕、赵，会使国家危险而名声低下。抛弃名尊国安的作法而选取国危名卑的作法，聪明人是不会这样干的。”秦王听了这个说法，心头一定感到刺痛。那么，您为什么不派说客用这番话去游说秦国？秦国定会被争取过来，齐国也定会受到讨伐了。

夫取秦，厚交也；伐齐，正利也。尊厚交，务正利，圣王之事也。

燕昭王善其书，曰：“先人尝有德苏氏，子之之乱而苏氏去燕。燕欲报仇于齐，非苏氏莫可。”乃召苏代，复善待之，与谋伐齐。竟破齐，湣王出走。

久之，秦召燕王，燕王欲往，苏代约燕王曰：[1]“楚得枳而国亡，[2]齐得宋而国亡，[3]齐、楚不得以有枳、宋而事秦者，何也？则有功者，秦之深雠也。秦取天下，非行义也，暴也。秦之行暴，正告天下。[4]

【注释】〔1〕“约”，此处作劝阻讲。〔2〕“楚得枳而国亡”，“枳”，今四川涪陵县。楚襄王攻巴得枳。“国亡”，指其后楚都鄢、郢相继被秦国攻战占。〔3〕“齐得宋而国亡”，齐灭宋在周赧王二十九年（公元前二八六年）。乐毅率五国之师破齐，在周赧王三十一年（公元前二八四年）。〔4〕“正告”，公开宣告。

【译文】争取秦国，这是重要的外交；讨伐齐国，是正当的利益。处理好重要的外交，谋求正当的利益，这是圣王的事业啊！

燕昭王认为苏代这封信写得好，说：“先王曾对苏家有过恩德，后来由于子之的乱事，使得苏家弟兄离开了燕国。燕国要想向齐国报仇，非用苏家弟兄不可。”于是召回苏代，仍然很好地待他，和他商量讨伐齐国的大计，终于攻破齐国，使得齐湣王逃奔在外。

过了很久，秦国邀请燕王，燕王想前去，苏代劝阻燕王道：“楚国因得到了枳而使国家灭亡，齐国因取得宋国而使国家灭亡，齐、楚不能占有枳、宋而终于向秦国屈服，原因何在呢？那因为只要取得成功的国家，秦国都看成它的大敌。秦国夺取天下，不是靠行义，而是靠使用暴力。秦国使用暴力，公开地向天下宣告。

“告楚曰：‘蜀地之甲，乘船浮于汶，[1]乘夏水而下江，[2]五日而至郢。汉中之甲，乘船出于巴，[3]乘夏水而下汉，[4]四日而至五渚。[5]寡人积甲宛东下随，[6]智者不及谋，勇士不及怒，寡人如射隼矣。[7]王乃欲待天下之攻函谷，不亦远乎！’楚王为是故，十七年事秦。

【注释】〔1〕“汶”，通“岷”，即岷江，长江上游支流，发源于岷山，流经今四川省西部及中部。〔2〕“夏水”，夏潦盛涨时的水。“江”，长江。〔3〕“巴”，水名，和汉水相近。〔4〕“汉”，水名，长江支流，源出今陕西宁强县，流经今陕南鄂西，在武汉市入长江。〔5〕“五渚”，地名，湘、资、沅、沣四水及洞庭湖一带。〔6〕“积甲”，聚集军队。“宛”，楚邑，今河南南阳市。“随”，邑名，在今湖北随县。〔7〕“射隼”，言必定获胜。“隼”，鹰类，猛禽。《易·解卦》爻辞，“公用射隼于高墉之上，获之无不利”。

【译文】“秦警告楚国说：‘蜀地的军队，乘船浮行于岷水之上，随着夏季的水势直入长江，五天就能到达楚的郢都。汉中的军队，乘船从巴水出来，趁夏季水势直入汉水，四天就能到达五渚。我在宛县以东聚集军队，向随县进军，楚国的智士还来不及提出对策，勇士还来不及发挥威力，我已像用飞箭射杀鹰隼一样迅速取得胜利，你还想等天下的军队攻打函谷关，不是为时过晚了吗！’楚王因为这个原故，向秦臣服了十七年。

“秦正告韩曰：‘我起乎少曲，〔1〕一日而断大行。〔2〕我起乎宜阳而触平阳，〔3〕二日而莫不尽繇。〔4〕我离两周而触郑，〔5〕五日而国举。’〔6〕韩氏以为然，故事秦。

【注释】〔1〕“少曲”，韩邑，今河南沁阳县西北，少水（今沁水）弯曲处。〔2〕“断太行”，太行，指太行山羊肠坂道。韩上党郡在太行山西侧，断太行之道就截断了上党与韩的联系。〔3〕“触”，攻击。“平阳”，韩邑，今山西临汾县，韩故都，韩王室坟墓所在。〔4〕“繇”，戍守。〔5〕“离”，经历。“两周”，指东周、西周两小国。“郑”，韩国都城，在今河南新郑县。〔6〕“国举”，国都被攻占。

【译文】“秦国警告韩国说：‘我从少曲发兵，一天就可截断太行山的通道。我从宜阳发兵，攻击平阳，两天就会使韩国全境动摇。我穿越两周攻击新郑，五天就可攻占韩国。’韩国认为确是如此，所以向秦国臣服。

“秦正告魏曰：‘我举安邑，〔1〕塞女戟，〔2〕韩氏太原卷。〔3〕我下轵，〔4〕道南阳，〔5〕封冀，〔6〕包两周。乘夏水，浮轻舟，强弩在前，锬戈在后，〔7〕决荥口，魏无大梁；〔8〕决白马之口，〔9〕魏无外黄、济阳；〔10〕决宿胥之口，〔11〕魏无虚、顿丘。〔12〕陆攻则击河内，水攻则灭大梁。’魏氏以为然，故事秦。

【注释】〔1〕“安邑”，战国初期魏国都，在今山西夏县西北。〔2〕“女戟”，地名，在太行山之西。〔3〕“韩氏太原卷”，太原当作“太行”。“卷”当为“绝”字之误。〔4〕“轵”，魏邑，在今河南济源县东南。〔5〕“道”，取道。“南阳”，地区名，属魏，当今河南济源至获嘉一带。〔6〕“封”，地名，即封陵，今山西风陵渡。“冀”，邑名，在今山西稷山县。〔7〕“锬”，通“铦”，锋利。戈，装有长柄，用于钩杀的兵器。〔8〕“决荥口魏无大梁”，“荥口”，荥泽之口。荥泽，古泽名，故址在今河南郑州市西北古荥北，魏都大梁在其东。荥之口与今汴河口通，其水深，可以灌大梁，所以说“无大梁”。“大梁”，魏都，在今河南开封市西北。〔9〕“白马之口”，即垝津，为黄河渡口之一，在今河南滑县东北。〔10〕“外黄”，魏邑，在今河南兰考东北。“济阳”，魏邑，在今河南兰考东北。〔11〕“宿胥口”，黄河津渡之一，在今河南滑县西南。〔12〕“虚、顿丘”，均魏邑。虚在今河南延津县东南。顿丘在今河南清丰县西。

【译文】“秦国警告魏国说：‘我攻下安邑，堵住女戟，韩国通往太行山的路就会被截断。我从轵出发，经过南阳、封、冀，包围东西两周。趁着夏季的水势，乘着轻便的战船，强弓劲弩在前，利戈在后，决开荥口，魏国的大梁就不复存在；决开白马渡口，魏国的外黄、济阳就不复存在。决开宿胥渡口，魏国的虚、顿丘就不复存在。从陆上进攻，可以击破河内；水路进攻，可以毁灭大梁。’魏国认为确是如此，所以向秦国臣服。

“秦欲攻安邑，恐齐救之，则以宋委于齐。[1]曰：‘宋王无道，[2]为木人以象寡人，射其面。寡人地绝兵远，不能攻也。王苟能破宋有之，寡人如自得之。’已得安邑，塞女戟，因以破宋为齐罪。

【注释】〔1〕“以宋委于齐”，《战国策》屡言齐欲攻宋，秦王非常不满，可见“以宋委齐”是夸大的说法，不是事实。〔2〕“宋王”，指宋王偃。

【译文】“秦国想攻取安邑，害怕齐国援救，就把宋地丢给齐国，说：‘宋王无道，做了一个像我的木偶，用箭射它的面孔。我的路途阻绝，军队遥远，没法去攻打他。您假如能攻破宋国并占有它，那就像我自己占有一样。’在秦国取得安邑，堵塞女戟之后，就反过来把攻破宋国作为齐国的罪过。

“秦欲攻韩，恐天下救之，则以齐委于天下。曰：‘齐王四与寡人约，[1]四欺寡人，必率天下以攻寡人者三。有齐无秦，有秦无齐，必伐之，必亡之。’已得宜阳、少曲，致蔺、离石，[2]因以破齐为天下罪。

【注释】〔1〕“齐王四与寡人约”，齐王，湣王。〔2〕“蔺”，邑名，在今山西离石县西。“离石”，邑名，今山西离石县。蔺、离石都是赵地，不属韩，此处叙述有误。

【译文】"秦国想攻打韩国，害怕天下援助，就把齐国丢给天下，说：'齐国曾四次和我订立盟约，却四次欺骗我，三次下决心要率领天下攻击我。有齐国就没有秦国，有秦国就没有齐国，一定要讨伐它，灭亡它。'等到秦国取得了韩国的宜阳、少曲，占领了蔺和离石就反过来把攻破齐国作为天下各国的罪名。

"秦欲攻魏重楚，〔1〕则以南阳委于楚。〔2〕曰：'寡人固与韩且绝矣。残均陵，〔3〕塞鄳阸，〔4〕苟利于楚，寡人如自有之。'魏弃与国而合于秦，因以塞鄳阸为楚罪。

【注释】〔1〕"重楚"，忌惮楚国。〔2〕"南阳"，地区名，当今河南西南部一带。战国时分属楚、韩，此处指韩的南阳。〔3〕"均陵"，邑名，在今湖北均县北。〔4〕"鄳阸"，楚国要塞，在今河南信阳西南平靖关。"阸"通"隘"。均陵、鄳阸并属楚，此文以为韩地。

【译文】"秦国想进攻魏国，害怕楚国援助，就把南阳丢给楚国，说：'我本来就要与韩国绝交了。攻破均陵，堵塞鄳阸，只要有利于楚国，我就会像自己占有这些地方一样高兴。'等到魏国抛弃盟国转过去和秦国联合，于是把堵塞鄳阸作为楚国的罪过。

"兵困于林中，〔1〕重燕、赵，以胶东委于燕，〔2〕以济西委于赵。已得讲于魏，〔3〕至公子延，〔4〕因犀首属行而攻赵。〔5〕

【注释】〔1〕"林中"，地名，在河南新郑县东北，又称林、林乡。前二八三年，秦曾攻林中。〔2〕"胶东"，地区名，今山东胶莱河以东，三面环海之地。〔3〕"讲"，媾和。〔4〕"至"，当作"质"。"公子延"，魏公子。〔5〕"属"，连接。"行"，军队的行列。

【译文】"秦国的军队在林中受困，怕燕、赵乘机攻击，就把胶东丢给燕国，把济水以西丢给赵国。等到与魏讲和，并以公子延作为人质之后，便用公孙衍连续攻打赵国。

"兵伤于谯石，〔1〕而遇败于阳马，〔2〕而重魏，则以叶、蔡委于魏。〔3〕已得讲于赵，则劫魏，〔4〕魏不为割。困则使太后弟穰侯为和，〔5〕嬴则兼欺舅与母。〔6〕

【注释】〔1〕"谯石"，赵地名。不是县邑。〔2〕"阳马"，赵地名。不是县邑。〔3〕

"叶"，邑名，在今河南叶县西南。"蔡"，邑名，即上蔡，在今河南上蔡西南。〔4〕"劫魏"，胁迫魏。〔5〕"穰侯"，即魏冉，秦昭王母宣太后弟，封于穰（今河南邓县）。号穰侯。详见本书《穰侯列传》。〔6〕"赢"，通"赢"，胜利。"欺舅与母"，指公元前二六六年，秦昭王采纳范雎建议，限制宣太后权力，罢穰侯相的事。

【译文】"秦军在谯石受到挫折，又在阳马被打败，怕魏国乘机攻击，就把叶、蔡丢给魏国。一到和赵国讲和，就胁迫魏国，魏国不肯割地。处在困境时，就派太后的弟弟穰侯去讲和，顺利时，连舅舅与母亲都要欺侮。

"適燕者曰'以胶东'，〔1〕適赵者曰'以济西'，適魏者曰'以叶、蔡'，適楚者曰'以塞鄳阸'，適齐者'以宋'。此必令言如循环，用兵如刺蜚，〔2〕母不能制，舅不能约。

【注释】〔1〕"適"，通"谪"，谴责。〔2〕"刺蜚"，"蜚"，《国策》作"绣"。刺绣必交错绣成花纹，此比喻交错用兵。

【译文】"秦国要责备燕国，便把攻打胶东作为罪名；责备赵国，便以夺取济西作为罪名；责备魏国，就把占领叶、蔡作为罪名；责备楚国，就把堵塞鄳阸作为罪名；责备齐国，就以攻打宋国作为罪名。它谴责各国，总会找到循环不断的借口。它把交错用兵看得像刺绣一样容易，母亲管不了，舅舅也不能约束。

"龙贾之战，〔1〕岸门之战，〔2〕封陵之战，〔3〕高商之战，〔4〕赵庄之战，〔5〕秦之所杀三晋之民数百万，〔6〕今其生者皆死秦之孤也。〔7〕西河之外，〔8〕上雒之地，〔9〕三川晋国之祸，〔10〕三晋之半，秦祸如此其大也。而燕、赵之秦者，〔11〕皆以争事秦说其主，此臣之所大患也。"

【注释】〔1〕"龙贾之战"，公元前三三〇年，秦打败魏于雕阴，擒魏将龙贾。〔2〕"岸门之战"，公元前三一四年，秦打败韩于岸门（在今河南许昌市北）。〔3〕"封陵之战"，公元前三〇二年，秦攻取魏封陵（在今山西风陵渡东）。〔4〕"高商之战"，此战事无考。〔5〕"赵庄之战"，公元前三一二年，秦将樗里疾攻赵，取蔺，擒赵将赵庄。〔6〕"三晋"，指韩、魏、赵三国。〔7〕"死秦之孤"，死于秦军者的遗孤。〔8〕"西河之外"，地区名，指黄河以西，北洛水（今陕西洛河）以东地，先为魏国所有，后归秦。〔9〕"上雒之地"，地区名，指洛水（今河南洛河）上游，今陕西洛南、商县一带，原为魏地。〔10〕"三川"，郡名，以境内有黄河、伊水、洛水三川而得名，原为韩地。〔11〕"之秦者"，亲秦的人。

【译文】"和龙贾的战斗，岸门的战役，封陵的战役，高商的战役，和赵庄的战斗，秦国前后杀掉三晋的人民有好几百万，现在那些还活着的，都是被秦国杀死的人的遗孤。西河之外，上雒之地，三川一带受到秦国的攻击，去掉了晋国的一半，秦国带来的灾祸严重到了这种程度，而燕、赵亲秦的人都争相以事奉秦国劝说他的国君，这正是我最担忧的事。”

燕昭王不行。苏代复重于燕。

燕使约诸侯从亲如苏秦时，或从或不，[1]而天下由此宗苏氏之从约。[2]代、厉皆以寿死，名显诸侯。

【注释】〔1〕“不”，通“否”，不然。〔2〕“宗”，尊奉。

【译文】燕昭王因此便不到秦国去了。苏代又受到燕国的重用。

燕国派苏代联络诸侯合纵抗秦，像苏秦在世时一样。有的参加，有的没有参与，天下从此推崇苏氏兄弟缔结的合纵盟约。苏代、苏厉都长寿而死，在诸侯间获得显赫的名声。

太史公曰：苏秦兄弟三人，皆游说诸侯以显名，其术长于权变。而苏秦被反间以死，[1]天下共笑之，讳学其术。[2]然世言苏秦多异，异时事有类之者皆附之苏秦。夫苏秦起闾阎，[3]连六国从亲，此其智有过人者。吾故列其行事，次其时序，毋令独蒙恶声焉。

【注释】〔1〕“被反间”，带着间谍的罪名。〔2〕“讳”，忌讳。〔3〕“闾阎”，里巷的门，借指民间。

【译文】太史公说：苏秦兄弟三人，都通过游说诸侯获得显赫的名声，他们的本领是擅长权变。苏秦蒙受间谍的罪名而被处死，天下人都耻笑他，避免公开地学习他的策略。然而，世间对苏秦事迹的传说很分歧，后来的事有和他类似的，都附会到苏秦身上。苏秦起自民间，联合六国合纵相亲，他的智慧确有超过常人的地方。所以我列出他的事迹，按时间先后加以叙述，不让他独自蒙受不好的名声。

张仪列传

张仪者，魏人也。[1]始尝与苏秦俱事鬼谷先生，[2]学术，[3]苏秦自以不及张仪。

【注释】〔1〕“魏”，国名。战国七雄之一，初都安邑（今山西夏县北），魏惠王迁都大梁（今河南开封市），其疆域包括今山西省西南部及河南省东部，以及陕西、安徽的部分地区。〔2〕“鬼谷先生”，鬼谷所在，有几种不同的说法。这是纵横家夸张苏秦、张仪的故事，故神其说。鬼谷先生是假托的人名，鬼谷所在也不必指实。〔3〕“学术”，学习游说之术。

【译文】张仪是魏国人，最初曾与苏秦一道跟从鬼谷先生学游说之术，苏秦自认为所学比不上张仪。

张仪已学而游说诸侯。尝从楚相饮，〔1〕已而楚相亡璧，〔2〕门下意张仪，〔3〕曰：“仪贫无行，必此盗相君之璧。”共执张仪，掠笞数百，〔4〕不服，醳之。〔5〕其妻曰：“嘻！〔6〕子毋读书游说，安得此辱乎？”张仪谓其妻曰：“视吾舌尚在不？”〔7〕其妻笑曰：“舌在也。”仪曰：“足矣。”

【注释】〔1〕“楚相”，指楚国令尹。〔2〕“璧”，古代行礼所用的玉器，平圆形，中间有小孔。〔3〕“意”，怀疑。〔4〕“掠笞”，拷打。〔5〕“醳”，古“释”字。〔6〕“嘻”，悲叹声。〔7〕“不”，通“否”。

【译文】张仪在学业完成以后，便去游说诸侯。一次，他在楚相那里赴宴饮酒，席散后，楚相发现自己身上佩戴的玉璧不见了，相府的幕客们都认为是张仪所为，说：“张仪这人，既贫穷又没有品德，偷相国玉璧的，一定是他！”于是众人捉住张仪，打了他几百竹板。张仪还是不承认，大家只好把他释放还家，妻子叹气说：“唉，你如果不去读书游说，又怎会遭到这般侮辱呢？”张仪对妻子说：“你看看我的舌头还在吗？”妻子禁不住笑着回答：“舌头当然还在啰。”张仪说：“这就够了。”

苏秦已说赵王而得相约从亲，〔1〕然恐秦之攻诸侯，〔2〕败约后负，念莫可使用于秦者，乃使人微感张仪曰：〔3〕“子始与苏秦善，今秦已当路，〔4〕子何不往游，以求通子之愿？”张仪于是之赵，上谒求见苏秦。〔5〕苏秦乃诫门下人不为通，〔6〕又使不得去者数日。已而见之，坐之堂下，赐仆妾之食。因而数让之曰：〔7〕“以子之材能，乃自令困辱至此。吾宁不能言而富贵子，子不足收也。”谢去之。张仪之来也，自以为故人，求益，反见辱，怒，念诸侯莫可事，独秦能苦赵，乃遂入秦。

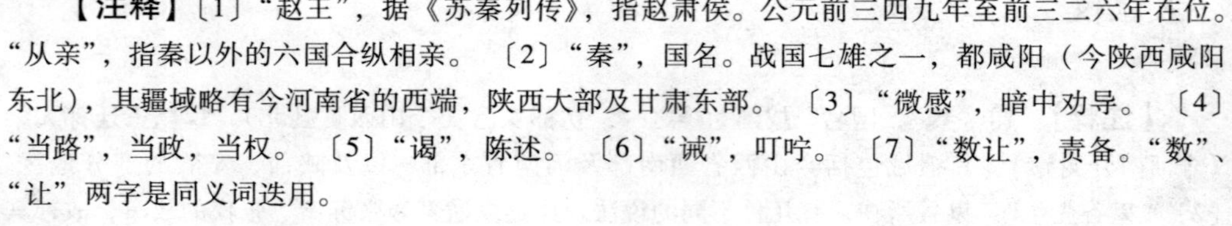

【注释】〔1〕“赵王”，据《苏秦列传》，指赵肃侯。公元前三四九年至前三二六年在位。“从亲”，指秦以外的六国合纵相亲。〔2〕“秦”，国名。战国七雄之一，都咸阳（今陕西咸阳东北），其疆域略有今河南省的西端，陕西大部及甘肃东部。〔3〕“微感”，暗中劝导。〔4〕“当路”，当政，当权。〔5〕“谒”，陈述。〔6〕“诫”，叮咛。〔7〕“数让”，责备。“数”、“让”两字是同义词迭用。

【译文】当时，苏秦已经说服赵王答应加入合纵盟约，与同盟各国结好相亲，但他又担心各国诸侯在秦的进攻下背弃盟约，从而招致盟约的破坏。他考虑再三，找不到一个能派往秦国为他工作的合适人选，于是他派人去悄悄劝说张仪：“你以前就与苏秦相好，现在他已经当权，你何不到他那里去，以谋求展现你的志愿?”张仪于是前往赵国，递上名帖请求拜见苏秦。苏秦却先已告诫手下人不替张仪禀报，又设法稳住他好几天，然后才接见他，叫他坐在堂下，赏给他的是仆人、侍女所吃的饭食，并一再奚落张仪说：“像你那么有才能的人，竟自己弄得穷愁潦倒到这种地步。我哪是不能够荐举你而使你富贵呢，只是因为你不值得收留啊!”苏秦就此推辞了张仪。张仪这次来见苏秦，本以为是旧交，可以得到好处，谁知反而受到侮辱，气愤之下，想到各国诸侯都没有可以事奉的，唯有秦国才能威胁赵国，于是便到了秦国。

苏秦已而告其舍人曰:〔1〕“张仪，天下贤士，吾殆弗如也。〔2〕今吾幸先用，而能用秦柄者，独张仪可耳。然贫，无因以进。吾恐其乐小利而不遂，故召辱之，以激其意。子为我阴奉之。”乃言赵王，发金币车马，使人微随张仪，与同宿舍，稍稍近就之，〔3〕奉以车马金钱，所欲用，为取给，而弗告。张仪遂得以见秦惠王。〔4〕惠王以为客卿，〔5〕与谋伐诸侯。

【注释】〔1〕“舍人”，战国至汉初，王公大臣的侍从宾客、亲近左右的通称。〔2〕“殆”，大约。〔3〕“稍稍”，渐渐。〔4〕“秦惠王”，名驷，秦孝公子，公元前三三七年至前三一一年在位。〔5〕“客卿”，官名，专为从别国来到秦国做官的人而设，地位尊崇，仅次于相国。

【译文】苏秦在张仪离去后，告诉自己的门客说：“张仪是天下贤士，我恐怕是比不上他的。现在我侥倖而先受到重用，但要说能够掌握秦国大权的人，那只有张仪才行了。而他目下贫穷，没有进用的机会。我怕他满足于小利而不再求进取，所以叫他来当面侮辱他，以此来激发他的意志。请你为我暗中帮助他吧。”苏秦将自己的打算禀告赵王以后，拨出钱财车马，派人一路上暗暗跟随张仪，与张仪宿于同一个旅舍，逐渐接近了他，供给他车马钱财，凡张仪有所需用，都取出来供给他，但并不告诉他实情。张仪因此而得以见到秦惠王。秦惠王用张仪为客卿，与他共商攻打各国诸侯的大计。

苏秦之舍人乃辞去。张仪曰："赖子得显，方且报德，何故去也！"舍人曰："臣非知君，知君乃苏君。苏君忧秦伐赵败从约，以为非君莫能得秦柄，故感怒君，使臣阴奉给君资，尽苏君之计谋。令君已用，请归报。"张仪曰："嗟乎，此在吾术中而不悟，〔1〕吾不及苏君明矣！吾又新用，安能谋赵乎？为吾谢苏君，苏君之时，仪何敢言。且苏君在，仪宁渠能乎！"〔2〕张仪既相秦，〔3〕为文檄告楚相曰：〔4〕"始吾从若饮，我不盗而璧，〔5〕若笞我。若善守汝国，我顾且盗而城！"〔6〕

【注释】〔1〕"此在吾术中"，指苏秦的作法在张仪所学过的方法之中。〔2〕"宁渠"，岂。"宁"、"渠"是同义词迭用。〔3〕"张仪既相秦"，张仪相秦在秦惠王十年（公元前三二八年）。〔4〕"檄"，古代发表文告的竹简。〔5〕"而"，你的。〔6〕"顾"，特，但。

【译文】苏秦的门客至此便向张仪告辞，张仪说："我靠你的帮助才得此显赫，正准备报答你的恩德，为什么你却要离开我呢？"门客回答说："我并不了解你，了解你的正是苏先生啊！苏先生担心秦国攻打赵国而破坏他的合纵盟约，认为非你不能掌握秦国大权，所以故意激怒你，然后派我暗中供给你的用费，这都是苏先生的安排。现在你已经得到重用，请让我回赵国回复苏先生。"张仪说："唉！这些计谋都是我研习过的，而我竟未能发现，我比不上苏先生是明白无疑的了！再加我新被任用，怎么可能打赵国的主意呢？请你为我答谢苏先生，只要在苏先生当权之时，我怎敢打赵国的主意呢。况且苏先生当政，我张仪哪有这个能力呢！"张仪在做了秦的相国后，写文书警告楚相说："过去我跟随你饮酒，并未盗你的玉璧，可你却责打了我。你好好守住你的国家吧，我回头将要盗取你的城池！"

苴蜀相攻击，〔1〕各来告急于秦。秦惠王欲发兵以伐蜀，以为道险狭难至，而韩又来侵秦，〔2〕秦惠王欲先伐韩，后伐蜀，恐不利，欲先伐蜀，恐韩袭秦之敝，犹豫未能决。司马错与张仪争论于惠王之前，〔3〕司马错欲伐蜀，张仪曰："不如伐韩。"王曰："请闻其说。"

【注释】〔1〕"苴蜀相攻击"，据《华阳国志》所载："蜀王别封弟葭萌于汉中，号苴侯，命其邑曰葭萌焉，（葭萌在今四川省广元老昭化。苴侯的封地则是从广元直达汉中。）苴侯与巴王为好，巴与蜀仇，故蜀王怒，伐苴侯。苴侯奔巴，求救于秦。""苴"，音jū。〔2〕"韩"，国名。战国七雄之一。初都阳翟（今河南禹县），后迁都新郑（今属河南）。疆域有今山西东南部和河南中部。〔3〕“司马错”，秦国名将，在惠王、武王、昭王朝统兵达四十年。

【译文】苴国和蜀国相互攻打，两国都向秦国告急救援。秦惠王打算派兵攻蜀，又考虑到蜀道险要、狭窄，难以通行，韩国会借机入侵；想先打韩，后攻蜀吧，又担心不能取胜；想先打蜀吧，又担心韩国乘机偷袭。惠王犹豫不决，拿不定主意。司马错与张仪在秦惠王面前展开了争论，司马错主张攻蜀，张仪说不如攻韩。秦惠王说：“请让我听一听你们各自的理由。”

仪曰：“亲魏善楚，下兵三川，〔1〕塞什谷之口，〔2〕当屯留之道，〔3〕魏绝南阳，〔4〕楚临南郑，〔5〕秦攻新城、〔6〕宜阳，〔7〕以临二周之郊，〔8〕诛周王之罪，〔9〕侵楚、魏之地。〔10〕周自知不能救，九鼎宝器必出。〔11〕据九鼎，案图籍，〔12〕挟天子以令于天下，天下莫敢不听，此王业也。今夫蜀，西僻之国而戎翟之伦也，〔13〕敝兵劳众不足以成名，得其地不足以为利。臣闻争名者于朝，争利者于市。今三川、周室，天下之朝市也，而王不争焉，顾争于戎翟，〔14〕去王业远矣。”

【注释】〔1〕“三川”，郡名，属韩，后入秦，以境内有河（黄河）、洛、伊三水而得名，辖境包括今黄河以南，河南灵宝以东，中牟以西地区。〔2〕“什谷”，韩地，在今河南成皋西。〔3〕“屯留”，地名，在今山西屯留东南十里。屯留之道指太行山羊肠坂道。〔4〕“南阳”，地区名，在今河南济源、孟县、沁阳一带，地处韩、魏之间，因在太行山南，黄河以北，故称南阳。〔5〕“南郑”，邑名，在今河南新郑县，当时是韩的国都。〔6〕“新城”，韩邑，在今河南伊川县西南。〔7〕“宜阳”，韩县，在今河南宜阳县西北的韩城镇。〔8〕“二周”，指东周、西周两个小诸侯国。西周都河南（今河南洛阳市西），东周都巩（今河南巩县）。〔9〕“诛”，讨伐。〔10〕“侵楚魏之地”，此和上文“亲魏善楚”不合，疑有误。或谓“楚魏”是“三川”之误。〔11〕“九鼎宝器必出”，这句是说周不敢爱惜它的宝物。“九鼎”，相传是夏禹所铸，是夏、商、周三代的传国重器。〔12〕“案”，据有。“图籍”，地图和户籍。〔13〕“戎翟”，古代对西部落后少数民族的泛称。“伦”，类。〔14〕“顾”，反而。

【译文】张仪说：“亲近魏国，结好楚国，派兵前往三川，阻断什谷的入口，扼守屯留的路径，让魏兵卡断去韩国南阳的道路，让楚兵直逼南郑，我们则攻打新城、宜阳，从而兵临二周的郊外，声讨周君的罪过，侵占楚、魏的地盘。周君自知局势无法挽救，必然会献出九鼎宝器。据有了九鼎宝器，掌握着天下的地图和户籍，劫持着天子向天下发号施令，天下诸侯谁敢不听？这正是称王天下的事业啊！而目下的蜀国，不过是西部偏远的国家，戎狄的同类，损军劳民，达不到名显天下的目的；取得了他们的地盘，收不到什么实际利益。我听说过这样一句话：争名的要到朝廷，争利的应去市集。现今的三川、周室就正是天下的朝廷和市集啊，大王您不去争夺，反倒去争夺戎狄那样的落后地区，这距离称王的事业太遥远了！”

司马错曰：“不然。臣闻之，欲富国者务广其地，欲强兵者务富其民，欲王者务博其德，〔1〕三资者备而王随之矣。〔2〕今王地小民贫，故臣愿先从事于易。夫蜀，西僻之国也，而戎翟之长也，有桀纣之乱。〔3〕以秦攻之，譬如使豺狼逐群羊。得其地足以广国，取其财足以富民缮兵，〔4〕不伤众而彼已服焉。拔一国而天下不以为暴，利尽西海而天下不以为贪，〔5〕是我一举而名实附也，〔6〕而又有禁暴止乱之名。今攻韩，劫天子，〔7〕恶名也，而未必利也，又有不义之名，〔8〕而攻天下所不欲，危矣。臣请谒其故：〔9〕周，天下之宗室也；〔10〕齐，韩之与国也。〔11〕周自知失九鼎，韩自知亡三川，将二国并力合谋，以因乎齐、赵而求解乎楚、魏，〔12〕以鼎与楚，以地与魏，王弗能止也。此臣之所谓危也。不如伐蜀完。”〔13〕

【注释】〔1〕“王”，指统治天下的王业。音 wàng。〔2〕“资”，条件，凭借。〔3〕“桀纣”，夏、商两代的末代国君，以昏庸、残暴著称。〔4〕“缮兵”，治兵器。〔5〕“西海”，指今川西一带古蜀国之地。〔6〕“名实”，“名”，指不贪暴。“实”，指土地财宝。〔7〕“劫”，胁迫。“天子”，指当时的周慎靓王（公元前三二〇年至前三一五年在位）。〔8〕“不义”，指韩无罪而秦国去攻打它，是不义的行为。〔9〕“谒”，陈述。〔10〕“宗室”，周室为天下所宗仰，故称宗室。〔11〕“齐，韩之与国也”，“齐”下疑脱一“赵”字，下文说：“以因乎齐赵。”“与国”，同盟国。〔12〕“因”，依靠。“求解”，求其和解。〔13〕“完”，安全。

【译文】司马错说：“不是这样。我听说过：想要使国家富强的人，必须扩充他的国土；想要军队强大的人，必须使百姓富裕；想要称王，必须推行他的德政。这三个条件具备，王业也就随着来了。目前大王您的国土狭小，百姓贫穷，所以我希望先从容易的地方做起。蜀，是西方偏远的国家，也是戎狄的领袖，国君昏暗，局势混乱。以秦国的军队去攻蜀，就好比用豺狼去驱赶着群羊一样。夺得蜀的土地，可以扩展疆土，取得蜀的财富，可使百姓富裕和军备充足，不用损伤多少人而蜀国就已经臣服了。我们灭掉了一个蜀国，但天下的人并不认为我们暴虐；占有西方的资源，天下的人并不认为我们贪婪。这样不仅一举名利双收，而且还可获得禁暴止乱的美名。现在若是攻打韩国，劫持周天子，名誉不好，而且不一定能得到实利，还会落个不义的名声，攻打天下人都不愿意攻打的国家，这是危险的。请大王允许我陈述原因：周是天下的宗室，齐是韩的盟国。周王室料到将要失去九鼎，韩国料到将要失去三川，两国势必要协力齐心，依赖齐、赵两国，并求得楚、魏的谅解，周把鼎给与楚国，韩将土地割与魏国，对此大王您是不可能禁止的。这就是我

所说的危险所在啊。还不如攻打蜀国更为稳妥。”

惠王曰：“善，寡人请听子。”卒起兵伐蜀，十月，[1]取之，遂定蜀，贬蜀王更号为侯，而使陈庄相蜀。[2]蜀既属秦，[3]秦以益强，富厚，轻诸侯。

【注释】〔1〕“十月”，指秦惠王后元九年（公元前三一六年）十月。〔2〕“陈庄”，秦臣。〔3〕“属”，归附。

【译文】 秦惠王对司马错说：“好，我就听你的意见吧。”终于起兵攻蜀。这年十月，拿下蜀国。平定蜀国后，把蜀王的王位谪贬，改称为“侯”，并派陈庄担任蜀的相国。蜀归秦以后，秦因此更加强大富裕，对各国诸侯也看不起了。

秦惠王十年，使公子华与张仪围蒲阳，[1]降之。仪因言秦复与魏，而使公子繇质于魏。[2]仪因说魏王曰：“秦王之遇魏甚厚，魏不可以无礼。”魏因入上郡、少梁，[3]谢秦惠王。惠王乃以张仪为相，更名少梁曰夏阳。[4]

【注释】〔1〕“公子华”，秦公子，世系不详。“蒲阳”，魏邑，在今山西隰县西北。〔2〕“公子繇”，秦惠王子。“质”，作人质。〔3〕“因入上郡、少梁”，据《秦本纪》、《六国年表》及《魏世家》，秦惠王十年，魏纳上郡于秦，并无少梁。少梁已于秦孝公八年（公元前三五四年）入秦。“上郡”，魏文侯所置郡，辖境包括今陕西榆林、延安一带。〔4〕“更少梁曰夏阳”，据《秦本纪》，更名在秦惠王十一年（公元前三二七年），《传》文误前一年。

【译文】 秦惠王十年，惠王派公子华与张仪率兵围困魏国的蒲阳，守军投降。张仪提出秦把蒲阳交还魏国，并派公子繇到魏国作人质。张仪劝告魏王说：“秦王对待魏国非常仁厚，魏国总不能够没有表示。”魏国于是把上郡、少梁给了秦国作为对惠王的答谢。惠王便任张仪为相国，并将少梁改为夏阳。

仪相秦四岁，立惠王为王。[1]居一岁，为秦将，取陕。[2]筑上郡塞。

【注释】〔1〕“立惠王为王”，秦惠王称王在其十三年（公元前三二五年），即周显王四十四年。惠王因此改次年为后元元年。〔2〕“陕”，魏邑，今河南陕县。

【译文】 张仪做秦的相国四年后，拥戴惠王称王。又过了一年，张仪为将，领兵攻取了陕县，同时在上郡筑塞。

其后二年，使与齐、楚之相会啮桑。〔1〕东还而免相，相魏以为秦，欲令魏先事秦而诸侯效之。魏王不肯听仪。秦王怒，伐取魏之曲沃、平周，〔2〕复阴厚张仪益甚。张仪惭，无以归报。留魏四岁而魏襄王卒，哀王立。〔3〕张仪复说哀王，哀王不听。于是张仪阴令秦伐魏。魏与秦战，败。

【注释】〔1〕“其后二年，使与齐、楚之相会啮桑”，据《秦本纪》、《六国年表》及《魏世家》、《田齐世家》，啮桑之会在张仪取陕的次年，并非“其后二年”。又，参与啮桑之会的还有魏国。“啮桑”，魏地，在今江苏沛县西南。〔2〕“曲沃”，魏邑，在今河南灵宝东北。“平周”，魏邑，在今山西介休西。〔3〕“魏襄王卒，哀王立”，据《竹书纪年》，魏并无哀王一代，此处当作“魏惠王卒，襄王立”，以下“哀王”亦当作“襄王”。

【译文】这之后两年，张仪被派到啮桑与齐、楚的相国盟会。从东边回国后，张仪被免掉秦相职位，为了秦国的利益去魏国当了相国，想让魏国先归附秦国，然后让其他各国仿效魏国的做法；但魏王不听张仪的意见。秦王愤怒之下，派兵攻取了魏国的曲沃、平周两城，同时暗中给张仪比过去更为丰厚的待遇。张仪感到惭愧，觉得没有什么作为回报。张仪在魏居留了四年后，魏襄王去世，魏哀王即位。张仪又劝哀王归秦，哀王还是不听。于是张仪暗中指使秦国攻魏。魏起兵与秦作战，被秦打败。

明年，齐又来败魏于观津。〔1〕秦复欲攻魏，先败韩申差军，斩首八万，诸侯震恐。而张仪复说魏王曰：“魏地方不至千里，卒不过三十万。地四平，诸侯四通辐凑，〔2〕无名山大川之限。〔3〕从郑至梁二百余里，〔4〕车驰人走，不待力而至。梁南与楚境，西与韩境，北与赵境，东与齐境，卒戍四方，守亭鄣者不下十万。〔5〕梁之地势，固战场也。梁南与楚而不与齐，则齐攻其东；东与齐而不与赵，则赵攻其北；不合于韩，则韩攻其西；不亲于楚，则楚攻其南：此所谓四分五裂之道也。

【注释】〔1〕“齐”，国名。战国七雄之一，都临淄（今山东淄博市东北），疆域有今山东半岛的大部分及河北省的一部。“观津”，当作“观泽”，魏邑，在今河南清丰南。〔2〕“辐凑”，好像车辐凑集到毂上，比喻这里是交通中心。〔3〕“限”，阻隔。〔4〕“从郑至梁二百余里”，此处所记的里数有误。《战国策·魏策一》载：“从郑至梁，不过百里；从陈至梁，二百余里。”“郑”，指韩国国都，今河南新郑县。“梁”，指魏国首都大梁，今河南开封市。〔5〕

“亭鄣”，边境上的军事据点，有吏士防守。

【译文】第二年，齐兵又至，在观津战败了魏兵。秦军又准备攻打魏国，首先战败了韩申差率领的军队，斩首八万，使各国诸侯为之震惊害怕。张仪于是又游说魏王道：“魏国的土地纵横不满一千里，士兵不到三十万。地势四面平坦，与各国四通八达，没有高山大河的阻隔。从新郑到大梁不过二百多里路，不论战车或者步兵，都不用花多大力气就能到达。魏国南与楚国交界，西与韩国接连，北与赵国靠近，东与齐国连界，军队戍守四方，守卫边境的兵士当在十万以上。魏国的地势，自来就是战场。如果南边与楚交好而不东与齐国交好，那齐国就会从东面进攻；和东方齐国友好而不和赵国亲善，那赵兵就会从北面进攻；与韩国不和，那韩兵就会攻魏的西面；与楚国不亲，那楚兵就会侵犯魏的南面。这正是人们所说的四分五裂的道路啊。

“且夫诸侯之为从者，将以安社稷尊主强兵显名也。[1]今从者一天下，[2]约为昆弟，[3]刑白马以盟洹水之上，[4]以相坚也。而亲昆弟同父母，尚有争钱财，而欲恃诈伪反覆苏秦之余谋，其不可成亦明矣。

【注释】〔1〕“社稷”，社是土地神，稷是谷神。古代国君都要祭社稷，所以社稷就成为国家的代称。〔2〕“从者”，主张合纵的人。〔3〕“昆弟”，兄弟。〔4〕“洹水”，水名，源出今河南林县隆虑山，迳安阳至内黄入卫水。

【译文】“再说各国诸侯之所以合纵结盟，是想求得国家安全、巩固君王地位、增强军队力量、发扬本国声威。现在各合纵国把天下当做一家，他们彼此结为兄弟，在洹水之滨杀白马立誓为盟，以坚定彼此的意志。然而同是父母所生的亲兄弟之间，尚且发生争夺钱财的事，那么合纵各国要想凭借虚伪的盟约来维持苏秦残损的谋画，它的不可能成功是明确无疑的了。

“大王不事秦，秦下兵攻河外，[1]据卷、衍、燕、酸枣，[2]劫卫取阳晋，[3]则赵不南，赵不南而梁不北，梁不北则从道绝，从道绝则大王之国欲毋危不可得也。秦折韩而攻梁，[4]韩怯于秦，秦、韩为一，梁之亡可立而须也。[5]此臣之所为大王患也。

【注释】〔1〕“河外”，地区名。战国时称潼关以东、黄河以北为河内，黄河以南为河外。此处指的即下文卷、衍、燕、酸枣等地。〔2〕“卷”，魏邑，在今河南原阳县旧原武西北。“衍”，魏邑，在今河南郑州市北。“燕”，魏邑，即南燕，故城在今河南延津东北。“酸枣”，魏邑，在今河南延津西南。〔3〕“卫”，战国时小国，为泗上十二诸侯之一。都帝丘（今河南濮阳)。“阳晋”，卫邑，在今山东郓城西。〔4〕“折”，制，控制。〔5〕“立而须”，指为时极短。“须”，等待。

【译文】“大王您要是不依附秦，秦就会出兵攻打河外，占据卷、衍、燕、酸枣等地，胁迫卫国，夺取卫国的阳晋，于是赵国不能南下援魏；赵国不能南下，那魏也就不能向北和赵呼应；魏不能连赵，那么合纵各国的交通就会断绝；合纵各国的交通一断绝，那么大王您的国家要想没有危险是不可能的了。秦国挟持韩国转而攻梁，韩国因为害怕秦国，与秦联为一体，于是梁的灭亡就近在眼前了。这就是我为大王担心的事情啊。

“为大王计，莫如事秦。事秦则楚、韩必不敢动；无楚、韩之患，〔1〕则大王高枕而卧，〔2〕国必无忧矣。

【注释】〔1〕“患”，祸。〔2〕“高枕而卧”，无忧无虑。

【译文】“现在为大王着想，还是不如依附秦国。依附了秦国就必定会使楚国、韩国不敢妄动；没有了韩、楚侵扰的祸患，大王就可以高枕而卧，国家肯定没有什么可以忧虑的事情了。

“且夫秦之所欲弱者莫如楚，而能弱楚者莫如梁。楚虽有富大之名而实空虚；其卒虽多，然而轻走易北，〔1〕不能坚战。悉梁之兵南面而伐楚，胜之必矣。割楚而益梁，亏楚而适秦，〔2〕嫁祸安国，〔3〕此善事也。大王不听臣，秦下甲士而东伐，虽欲事秦，不可得矣。

【注释】〔1〕“轻走易北”，容易被打败而逃走。“走”，逃。“北”，败退。〔2〕“适秦”，取悦于秦。“适”，悦。〔3〕“嫁祸安国”，嫁祸指“亏楚”，安国指“适秦”。

【译文】“秦最想削弱的国家是楚国，而最能削弱楚国的是魏国。楚国虽然有民富国大的名声，但实际上却很空虚；它的军队人数虽然多，但临阵会轻易败逃，不能打硬仗。我们调集魏国的全部军队南下攻打楚国，获胜是可以肯定的。割裂楚国，有利于魏国；亏损楚国，使秦国高兴，转嫁了灾祸，安定了国家，确是一件好事啊。大王如不听取我的意见，秦出兵东向攻魏，那时魏要想投秦，也就不可能了。

“且夫从人多奋辞而少可信，〔1〕说一诸侯而成封侯，是故天下之游谈

士莫不日夜搤腕瞋目切齿以言从之便，〔2〕以说人主。人主贤其辩而牵其说，岂得无眩哉。〔3〕

【注释】〔1〕“奋辞”，夸张的话。〔2〕“搤腕”，用左手抓住右手的手腕。“搤”，同“扼”。“瞋目”，张大眼睛。“切齿”，牙齿互相摩擦。以上都是合纵之士游说诸侯时激昂慷慨的表情。〔3〕“眩”，眼花，引申为迷惑。

【译文】“再说那些主张合纵的策士吧，他们大多话讲得激昂，而很少有靠得住的，只要说动了一国国君，就能够被赐封为侯，所以天下从事游说的人无不随时随地都在慷慨陈词，宣扬合纵的好处，以图打动一国的君主。君主觉得他们说得很好而受到影响，又怎么可能不被迷惑呢！

“臣闻之，积羽沉舟，群轻折轴，〔1〕众口铄金，〔2〕积毁销骨，故愿大王审定计议，且赐骸骨辟魏。”〔3〕

【注释】〔1〕“折轴”，折断车轴。〔2〕“众口铄金”，众口所毁，虽金石也可销熔。〔3〕“赐骸骨”，许其引退。“骸骨”，是对自己身体的谦称。“辟”，通“避”。

【译文】“我听说过这样的话：羽毛堆积多了能把船压沉，轻东西聚载多了能把车轴压断，众人的嘴巴可以使铁熔化，众多的坏话能把骨销毁。故此我请求大王慎重地决定国家大计，并请您让我辞职离开魏国。”

哀王于是乃倍从约而因仪请成于秦。〔1〕张仪归，复相秦。三岁而魏复背秦为从。秦攻魏，取曲沃。明年，魏复事秦。

【注释】〔1〕“倍”，通“背”，背弃。

【译文】魏哀王于是背弃合纵盟约，通过张仪，请求与秦结好。张仪回秦后，仍然做了秦国的相国。三年后，魏又背叛秦国而重新加入合纵。秦因此出兵攻魏，夺取了魏的曲沃城。次年，魏重又归附秦国。

秦欲伐齐，齐、楚从亲，于是张仪往相楚。楚怀王闻张仪来，〔1〕虚上舍而自馆之。〔2〕曰：“此僻陋之国，子何以教之？”仪说楚王曰：“大王诚能听臣，闭关绝约于齐，〔3〕臣请献商於之地六百里，〔4〕使秦女得为大王箕帚之妾，〔5〕秦楚娶妇嫁女，长为兄弟之国。此北弱齐而西益秦也，计无便此者。”楚王大说而许之。〔6〕群臣皆贺，陈轸独吊之。〔7〕楚王怒曰：“寡人不兴师发兵得六百里地，群臣皆贺，子独吊，何也？”陈轸对曰：“不然，以臣观之，商於之地不可得而齐秦合，齐秦合则患必至矣。”楚王曰：“有说乎？”陈轸对曰：“夫秦之所以重楚者，以其有齐也。今闭关绝约于齐，则楚孤。秦奚贪夫孤国，〔8〕而与之商於之地六百里？张仪至秦，必负王，〔9〕是北绝齐交，西生患于秦也，而两国之兵必俱至。善为王计者，不若阴合而阳绝于齐，使人随张仪。苟与吾地，绝齐未晚也；不与吾地，阴合谋计也。”楚王曰：“愿陈子闭口毋复言，以待寡人得地。”乃以相印授张仪，厚赂之。于是遂闭关绝约于齐，使一将军随张仪。

【注释】〔1〕“楚怀王”，楚威王子，名槐，公元前三二八年至前二九九年在位。〔2〕“上舍”，上等馆舍。“馆”，款待。〔3〕“闭关”，断绝来往。〔4〕“商於之地”，指广大的汉中地区。〔5〕“箕帚之妾”，古专指妻子。“箕”，簸箕。“帚”，扫帚。“箕帚”指作洒扫的事。〔6〕“说”，通“悦”。〔7〕“吊”，哀悼。〔8〕“奚”，为什么。“夫”，语气词。〔9〕“负”，背弃。

【译文】秦国准备攻打齐国，而齐与楚都参加合纵，两国关系密切，秦王于是派遣张仪前往楚国担任相职。楚怀王听说张仪来楚，安排他住在上等馆舍，并亲自接待张仪。怀王问张仪说：“您到我们这偏远鄙陋的楚国来，不知有什么见教？”张仪对怀王说：“大王如果真的能够听取我的意见，关闭边关与齐断绝来往，我愿献上商於地区六百里的地方与楚，使秦王的女儿成为大王的妻子，秦、楚两国娶妇嫁女，永远成为亲如兄弟的国家。这将北面削弱齐国，西面有利于秦国，找不到比它更好的策略了。”怀王非常高兴地采纳了张仪的意见。群臣都为此向怀王贺喜，唯有陈轸向怀王表示哀悼。怀王发怒道：“我不用派兵便得到六百里土地，大臣们都来庆贺，唯有你表示哀悼，这是什么缘故？”陈轸答道：“事情没有这么简单。依我的看法，商於之地大王既不可能得到，齐、秦两国还会由此联合，齐、秦一联合，那楚国的灾难就肯定会降临了。”怀王问道：“有什么根据吗？”陈轸回答说：“秦国之所以看重楚国，是因为楚国背后有齐国。现在楚国关闭边界与齐国绝交，那么楚国就会孤立无援。秦国怎会重视一个孤立的国家，而奉送它六百里商於之地呢？张仪回到秦国后，必定会背叛大王。这样，楚国北与齐绝交，西面从秦国引来灾患，那它们两国之兵必定都会犯境了。妥当地为大王考虑，不如暗中与齐修好，表面上与齐绝交，派人随同张仪到秦。如果秦给了我们土地，再与齐绝交也不晚；不给我们土地，我们与齐暗中联合再作主张。”怀王说：“希望你闭上嘴巴不要再说了，等着看我得到秦的土地吧。”于是怀王将楚国的相印授与张仪，还送了许多礼物，一面关闭边界，与齐断交，并派一员将军随同张仪前往。

张仪至秦，详失绥堕车，[1]不朝三月。楚王闻之，曰："仪以寡人绝齐未甚邪？"乃使勇士至宋，[2]借宋之符，北骂齐王。[3]齐王大怒，折节而下秦。秦齐之交合，张仪乃朝，谓楚使者曰："臣有奉邑六里，愿以献大王左右。"楚使者曰："臣受令于王，以商於之地六百里，不闻六里。"还报楚王，楚王大怒，发兵而攻秦。陈轸曰："轸可发口言乎？攻之不如割地反以赂秦，与之并兵而攻齐，是我出地于秦，取偿于齐也，王国尚可存。"楚王不听，卒发兵而使将军屈匄击秦。秦齐共攻楚，斩首八万，杀屈匄，遂取丹阳、汉中之地。[4]楚又复益发兵而袭秦，至蓝田，[5]大战，楚大败，于是楚割两城以与秦平。[6]

【注释】〔1〕"详"，通"佯"，假装。"绥"，用手拉住借以上车的绳子。〔2〕"宋"，国名。战国时是一个五千乘兵车的中等国家，都商丘（今河南商丘南）。疆域有今河南东部和山东、江苏、安徽间地。〔3〕"借宋之符，北骂齐王"，因为"闭关绝约"，齐、楚的信使不通，所以要借用宋国的符。"符"，用玉、铜、竹等制成，作为传达命令或出使时的凭证。〔4〕"丹阳"，地区名，在今陕西、河南两省间的丹江以北。"汉中"，地区名，包括今汉水中游陕西秦岭以南的盆地。秦取汉中后，公元前三一二年，在此设郡。〔5〕"蓝田"，秦县，故城在今陕西蓝田县西三十里。〔6〕"楚割两城以与秦平"，此所记恐非事实。《屈原列传》及《战国策·秦策四》记蓝田之战都不言有楚割城的事。

【译文】张仪到达秦国后，假装上车时没有拉稳绳子而从车上坠地，为此，养伤而三个月没有上朝。楚怀王听说此事后，说："张仪是因为我与齐国绝交，做得还不够坚决吧？"便派勇士前往宋国，借宋国的符节进入齐境，大骂齐王。齐王大怒，折断符节而投靠秦国。秦与齐恢复邦交后，张仪才上朝，对楚国的使臣说："我有六里封地，愿意献给你们大王。"使臣说道："我受楚王之命，来接受商於之地六百里，没有听说是六里。"使臣回国报告楚怀王，怀王大怒，发兵攻秦。陈轸说："我可以开口讲话了吗？攻打秦国，不如反过来割地贿赂秦国，再与秦国联合攻齐，这样我们向秦国割出的土地，可从齐国取得补偿，大王的国土还可以保存。"怀王不听，终于发兵派将军屈匄率领攻打秦国。秦国与齐国共同攻打楚国，杀掉楚兵八万，杀了屈匄，接着攻取了楚国的丹阳、汉中等地。楚国重又增兵袭击秦国，在蓝田与秦军大战，楚军大败，楚国于是割让两城和秦国议和，才使战事平息。

秦要楚欲得黔中地，欲以武关外易之。[1]楚王曰："不愿易地，愿得张仪而献黔中地。"秦王欲遣之，口弗忍言。张仪乃请行。惠王曰："彼楚王怒子之负以商於之地，是且甘心于子。”张仪曰：“秦强楚弱，臣善靳尚，〔2〕尚得事楚夫人郑袖，袖所言皆从。且臣奉王之节使楚，楚何敢加诛。假令诛臣而为秦得黔中之地，臣之上愿。”遂使楚。楚怀王至则囚张仪，将杀之。靳尚谓郑袖曰：“子亦知子之贱于王乎？”郑袖曰：“何也？”靳尚曰：“秦王甚爱张仪而不欲出之，〔3〕今将以上庸之地六县赂楚，〔4〕以美人聘楚，〔5〕以宫中善歌讴者为媵。〔6〕楚王重地尊秦，〔7〕秦女必贵而夫人斥矣。〔8〕不若为言而出之。”于是郑袖日夜言怀王曰：“人臣各为其主用。今地未入秦，秦使张仪来，至重王。王未有礼而杀张仪，秦必大怒攻楚。妾请子母俱迁江南，毋为秦所鱼肉也。”〔9〕怀王后悔，赦张仪，厚礼之如故。

【注释】〔1〕据《楚世家》载，丹阳战后，次年，秦打算分汉中之半与楚媾和，《屈原传》所记同，不是以武关外易黔中地。“黔中”，战国楚郡，后入秦。秦代治所在今湖南沅陵县西。辖境相当今湖南沅水、沣水流域、湖北清江流域、四川黔江流域和贵州东北部分。“武关”，关名，在今陕西丹凤县东南。〔2〕“靳尚”，楚怀王宠臣。〔3〕“而不欲出之”，“不”字当作“必”，时张仪被楚囚禁，秦王要救他出来。《战国策·楚策二》作“秦王欲出之”。〔4〕“上庸”，县名，今湖北竹山县西南。“上庸之地六县”，包括今湖北竹山、西山、保康、竹溪等县。〔5〕“聘楚”，此指嫁到楚国。〔6〕“讴”，歌。“媵”，陪嫁的女子。〔7〕“楚王重地尊秦”，这是靳尚对郑袖说话，“楚王”应作“大王”。〔8〕“斥”，受排斥。〔9〕“鱼肉”，像鱼肉一样被残害。

【译文】秦国和楚国进行联系，想用武关以外的土地换取楚国的黔中。楚王说：“我不希望换地，希望在得到张仪之后，奉献黔中地与秦王。”秦王想派张仪赴楚，但不忍说出口来。张仪自己请求到楚国去。秦惠王说：“楚王恨你背弃了给商於之地的诺言，会对你甘心吗？”张仪说：“秦强楚弱，我与楚国的靳尚相好，靳尚受楚王的夫人郑袖信任。郑袖说的话楚王都要听从。况且我是拿着大王您的符节出使，楚国怎敢杀害我呢？即便杀了我，而为秦得到黔中之地，也正是我最好的愿望啊。”张仪于是出使楚国。楚怀王待张仪一到，就把他囚禁起来准备杀掉。靳尚对郑袖说：“你知道你也会被楚王抛弃吗？”郑袖问道：“为什么呢？”靳尚说：“秦王很喜爱张仪，一定要救他出来。打算用上庸所属的六县送给楚国，把美女嫁到楚国，用秦宫中善于唱歌的女子作为陪嫁。楚王看重土地，尊敬秦国，秦国的美女肯定会得宠，而夫人您就会受到冷落了。还不如说情释放张仪。”郑袖于是日夜向怀王进言说：“做臣子的各自为他的君主效劳。现在我们的土地还没有交给秦国，秦国就派遣张仪前来，这可是非常尊重大王。大王不以礼相待，反而要杀掉张仪，秦必然会在大怒之下进攻楚国。请让妾母子二人都迁居到江南去，以免被秦兵所残害。”怀王后悔了，赦免了张仪，仍像过去那样隆重地接待他。

张仪既出，未去，闻苏秦死，[1]乃说楚王曰："秦地半天下，兵敌四国，[2]被险带河，[3]四塞以为固。虎贲之士百余万，[4]车千乘，骑万匹，积粟如丘山。法令既明，士卒安难乐死，[5]主明以严，将智以武，虽无出甲，席卷常山之险，必折天下之脊，[6]天下有后服者先亡。且夫为从者，无以异于驱群羊而攻猛虎，虎之与羊不格明矣。[7]今王不与猛虎而与群羊，臣窃以为大王之计过也。[8]

【注释】〔1〕"闻苏秦死"，此句不是事实，据《六国年表》，张仪死于公元前三〇九年。据当代学者研究，苏秦乃死于公元前二八四年。苏秦死时，张仪已先死二十五年。〔2〕"四国"，泛指各诸侯国。〔3〕"被险"，险关环抱。"带河"，黄河围绕。〔4〕"虎贲之士"，勇士。〔5〕"安难乐死"，这是说不避死亡。〔6〕"虽无出甲"，三句"虽"通"唯"。这是说只是不出甲而已，如果出甲，一定会席卷常山而折天下之脊。〔7〕"格"，敌。〔8〕"过"，错误。

【译文】张仪获释后，还没有离开楚国，听说苏秦已死，便向楚王进说道："秦国的土地占天下一半，兵力足以抵挡周围的国家，据有险要，有黄河围绕，四面都有要塞作为坚固的设防据点。拥有雄兵一百多万，战车千辆，战马万匹，储粮堆积如山。法令严明，士卒又甘愿临难赴死，国君明智威严，将帅有谋有勇，不出兵则已，一出兵就会占据险峻的常山，折断天下的脊梁。天下凡是归顺在后的国家必然先遭灭亡。再说主张合纵的人，与驱赶群羊进攻猛虎没有什么不同，虎与羊之间力量悬殊是再明白不过的了。现在大王不结交猛虎却结交群羊，臣私下认为大王的考虑错了。

"凡天下强国，非秦而楚，非楚而秦，[1]两国交争，其势不两立。大王不与秦，秦下甲据宜阳，韩之上地不通。[2]下河东，[3]取成皋，[4]韩必入臣，[5]梁则从风而动。秦攻楚之西，韩、梁攻其北，社稷安得毋危？

【注释】〔1〕"而"，则，即。〔2〕"上地"，地区名，指上党之地。上党，韩郡，辖境相当今山西和顺、榆顺以南，沁水流域以东地。〔3〕"河东"，地区名，在今山西西南部。〔4〕"成皋"，韩邑，故城在今河南荥阳汜水镇西。〔5〕"入臣"，称臣。

【译文】"总计天下的强国，不是秦就是楚，不是楚就是秦，两国你争我夺，这种形势不可能使两国并立。大王不结交秦，秦发兵占据宜阳，韩国上郡的地方就不能通行。秦再攻下河东，夺取成皋，韩国必定投降称臣，魏国也就会趁此时机行动。秦攻楚国的西面，韩、魏攻楚国的北面，国家哪能不危险呢？

“且夫从者聚群弱而攻至强，不料敌而轻战，国贫而数举兵，危亡之术也。臣闻之，兵不如者勿与挑战，粟不如者勿与持久。夫从人饰辩虚辞，[1]高主之节，言其利不言其害，卒有秦祸，[2]无及为已。是故愿大王之孰计之。[3]

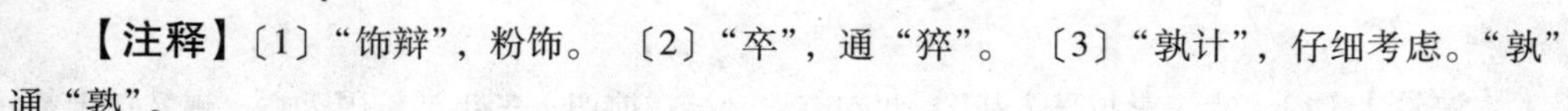

【注释】〔1〕“饰辩”，粉饰。〔2〕“卒”，通“猝”。〔3〕“孰计”，仔细考虑。“孰”，通“熟”。

【译文】“再说合纵盟约是聚集一群弱国攻打最强的国家，不估量对方便轻率作战，国家贫穷却要频繁发起战事，这是危亡的道路啊！我听说过，兵力不如对方强，就不要向对方挑起战端；粮食不比对方多，就不要同对方长期打仗。那些谈合纵的人讲的都是好听的和不切实际的言辞，拔高主上不事秦的行为，只说合纵的好处不说它的坏处，突然招来秦兵的战祸，那时挽救就来不及了！所以请大王对这事多多地考虑吧。

“秦西有巴蜀，大船积粟，起于汶山，[1]浮江已下，[2]至楚三千余里。舫船载卒，[3]一舫载五十人与三月之食，下水而浮，一日行三百余里，里数虽多，然而不费牛马之力，不至十日而距扞关。[4]扞关惊，则从境以东尽城守矣，[5]黔中、巫郡非王之有。秦举甲出武关，南面而伐，则北地绝。[6]秦兵之攻楚也，危难在三月之内，而楚待诸侯之救，在半岁之外，此其势不相及也。夫恃弱国之救，忘强秦之祸，此臣所以为大王患也。

【注释】〔1〕“汶山”，山名，即岷山，在今四川松潘北。〔2〕“已”，通“以”。〔3〕“舫船”，两船相并。“舫”，音 fǎng。〔4〕“距”，至。“扞关”，古关名，故址在今湖北长阳西。〔5〕“从境”，当从《战国策·楚策一》作“竟陵”，其地在今湖北睢江西北。“城守”，修筑防御工事。〔6〕“北地”，指楚国的北境。

【译文】“秦国西面拥有巴蜀之地，用大船装载粮食，从汶山出发，顺长江而下，到楚国三千余里。用大船运载兵士，每条大船能载五十人和三个月的粮食，船顺着江水飘浮而下，一天可行三百余里，虽然走了这么多里的行程，但并不费牛马牵引的劳力，不到十天便可抵达楚国的扞关。扞关震动，竟陵以东的城邑就都要赶忙加强战备，黔中、巫郡就不再是大王所有了。秦再挥师从武关出发，从南面进

攻，那么楚国的北境就被断绝。秦兵进攻楚国，不出三个月，楚国就会面临危难，然而楚国等待各国诸侯发兵来救，却要在半年之后，这势必赶不上。依靠弱国的救援，忘记强秦的祸患，这就是臣下替大王担心的啊！

“大王尝与吴人战，〔1〕五战而三胜，阵卒尽矣；偏守新城，〔2〕存民苦矣。臣闻功大者易危，而民敝者怨上。夫守易危之功而逆强秦之心，臣窃为大王危之。

【注释】〔1〕“大王尝与吴人战”，此句有误。吴在前四七三年被越国灭亡，越又亡于楚。怀王时，吴国早已不复存在。〔2〕“新城”，新取得的城邑。

【译文】“大王曾经与吴国人作战，战五次胜了三次，临阵的士兵死得差不多了；为了守卫新攻占的城邑，活下来的百姓也吃够苦了。我听说功业大容易招致危险，百姓穷困会产生怨恨国君的情绪。为了维持容易招致危险的功业而去违背强秦的意愿，我私下替大王感到危险。

“且夫秦之所以不出兵函谷十五年以攻齐、赵者，〔1〕阴谋有合天下之心。〔2〕楚尝与秦构难，战于汉中，楚人不胜，列侯执珪死者七十余人，〔3〕遂亡汉中。楚王大怒，〔4〕兴兵袭秦，战于蓝田。此所谓两虎相搏者也。夫秦楚相敝而韩魏以全制其后，计无危于此者矣。愿大王孰计之。

【注释】〔1〕“秦之所以不出兵函谷十五年”，这句话不合事实，秦惠王时，秦多次出函谷关，向东方用兵。“函谷”，关名，在今河南灵宝县东。〔2〕“合”，一作“吞”。〔3〕“执珪”，楚国的最高爵位。〔4〕“楚王”，当作“大王”。

【译文】“秦国所以十五年不从函谷关出兵攻打齐、赵，是因为它暗中订下了吞并天下的计划。楚国曾经与秦国发生冲突，双方在汉中交战，楚国人没有打胜，有侯爵和执珪之爵的战死了七十多人，楚国的汉中之地便由此失去。大王大怒之下，发兵袭击秦国，两军在蓝田交战。这就是常言说的两虎相争啊。秦、楚两国相互削弱而使韩、魏两国以其完整无损的兵力来对付它们的后方，没有比这更加危险的作法了。请大王对此仔细考虑吧。

“秦下甲攻卫阳晋，必大关天下之匈。〔1〕大王悉起兵以攻宋，不至数月而宋可举，举宋而东指，则泗上十二诸侯尽王之有也。〔2〕

【注释】〔1〕“攻卫阳晋，必大关天下之匈”，这是指攻取阳晋的战略意义，以常山为天下之脊，那么阳晋就是天下之胸，这里是秦、晋、齐、楚的交通要道，秦国攻下阳晋，就是扼着天下的胸脯，其他各国就都不敢动了。“匈”，同“胸”。〔2〕“泗上十二诸侯”，泗水流域的十二个小国，如邹、鲁、莒等。“泗”，水名，源出今山东泗水县东蒙山南麓。

【译文】“秦发兵攻取卫的阳晋以后，必定会使天下的交通要道断绝。大王调集全部兵力进攻宋国，不到数月就可攻下，攻占宋国再挥师东向，那么泗水之侧的十二个诸侯国就会全部属于大王所有了啊。

“凡天下而以信约从亲相坚者苏秦，封武安君，〔1〕相燕，〔2〕即阴与燕王谋伐破齐而分其地；乃详有罪出走入齐，〔3〕齐王因受而相之；居二年而觉，齐王大怒，东裂苏秦于市。〔4〕夫以一诈伪之苏秦，而欲经营天下，混一诸侯，〔5〕其不可成亦明矣。

【注释】〔1〕“武安君”，封号，武安在今河南武安县西。〔2〕“燕”，国名。战国七雄之一，都蓟（今北京市外城的西北部），疆域包括今河北北部、辽宁南部及内蒙的南部。〔3〕“乃详有罪出走入齐”，据学者研究，苏秦在周赧王九年（公元前三〇六年）受燕昭王派遣，侍燕质子于齐，因遂委质为齐臣，并非佯有罪而出亡。“详”，通“佯”。〔4〕“车裂”，俗称五马分尸。把人的头和四肢分别拴在五辆车上，用五匹马驾车分驰，把人撕裂而死。〔5〕“经营”，筹划。“混一”，统一。

【译文】“约集东方六国合纵相互坚守盟约的人是苏秦，他被封为武安君，担任燕国的相国以后，就暗中与燕王策划攻破齐国后瓜分齐国的土地；苏秦便装作有罪逃离燕国到达齐国，齐王收留他，让他做了相国；经过两年后事情被发觉，齐王大怒，把苏秦车裂于刑场。像这样用一个狡诈虚伪的苏秦，却要想控制天下，把各国诸侯连成一气，这不可能成功是很明白的。

“今秦与楚接境壤界，〔1〕固形亲之国也。〔2〕大王诚能听臣，臣请使秦太子入质于楚，楚太子入质于秦，请以秦女为大王箕帚之妾，效万室之都以为汤沐之邑，〔3〕长为昆弟之国，终身无相攻伐。臣以为计无便于此者。”

【注释】〔1〕“壤界”，疆界相连。〔2〕“形亲”，形势上应当亲善。〔3〕“汤沐之邑”，本是天子赐给诸侯来朝时斋戒沐浴的地方，后一般指收取其地的赋税作为费用。

【译文】“现在秦国与楚国国土相接，形势上，本来就是亲密的国家。大王真能听我的话，我可以请秦王派太子到楚国来作人质，大王也派太子到秦国去作人质。我并请把秦王的女儿作为大王您的妻子，再奉上拥有万户人家的大城，收取赋税作为大王的沐浴费用，秦与楚长期成为兄弟国家，永世不互相攻打。我认为没有比这更好的策略了。”

于是楚王已得张仪而重出黔中地与秦，〔1〕欲许之。屈原曰：“前大王见欺于张仪，〔2〕张仪至，臣以为大王烹之；〔3〕今纵弗忍杀之，〔4〕又听其邪说，不可。”怀王曰：“许仪而得黔中，美利也。后而倍之，〔5〕不可。”故卒许张仪，与秦亲。

【注释】〔1〕“重出”，难于割弃。“重”，难。〔2〕“前大王见欺于张仪”，指张仪以商於之地欺骗楚怀王的事。“见”，被。〔3〕“烹”，古代以鼎镬煮人的酷刑。〔4〕“纵”，释放。〔5〕“倍”，通“背”，背弃。

【译文】楚怀王在得到张仪以后，又难于割弃黔中给秦国，想要同意张仪的意见。屈原对楚王说：“前次大王受了张仪的欺骗，这次张仪来楚，臣认为大王会烹杀他；现在放了他，不忍心杀他，却还要听信他的胡言乱语，不能这样做啊！”楚怀王说：“答应了张仪可以保得黔中，这是很有利的事啊。已经答应了，过后又背弃他，不好。”怀王终究应允张仪，与秦结好。

张仪去楚，因遂之韩，说韩王曰：“韩地险恶山居，五谷所生，非菽而麦，〔1〕民之食大抵菽饭藿羹。〔2〕一岁不收，民不餍糟糠。地不过九百里，无二岁之食。料大王之卒，悉之不过三十万，而厮徒负养在其中矣。〔3〕除守徼亭鄣塞，〔4〕见卒不过二十万而已矣。〔5〕秦带甲百余万，车千乘，骑万匹，虎贲之士跿跔科头贯颐奋戟者，〔6〕至不可胜计。秦马之良，戎兵之众，〔7〕探前趹后蹄间三寻腾者，〔8〕不可胜数。山东之士被甲蒙胄以会战，〔9〕秦人捐甲徒裼以趋敌，〔10〕左挈人头，〔11〕右挟生虏。夫秦卒与山东之卒，犹孟贲之与怯夫；〔12〕以重力相压，犹乌获之与婴儿。〔13〕夫战孟贲、乌获之士以攻不服之弱国，无异垂千钧之重于鸟卵之上，必无幸矣。〔14〕

【注释】〔1〕“菽”，大豆。“而”，则，即。〔2〕“藿”，豆叶。〔3〕“厮徒负养”，担任杂役的人。〔4〕“徼亭”，徼，边界。徼有亭，以供瞭望。“鄣塞”，塞，险要之处。塞有工事，作为屏障。〔5〕“见”，通“现”。〔6〕“跿跔”，徒跣，赤足。音 tú jū。“科头”，空头，不戴头盔。“贯颐”，张弓。“贯”，读为弯弓的弯。“颐”，弓名。“奋戟”，执戟奋怒地冲入敌阵。“戟”，戈矛的合体，可钩可刺。〔7〕“戎兵之众”，此句是衍文，当删去。〔8〕“探前趹后”，马的前蹄跃向前，后蹄踢地而起，“趹”，音 jué。“寻”，古七尺或八尺为寻。〔9〕“被”，披上。“胄”，头盔。〔10〕“捐”，弃。“徒裼”，赤脚露体。〔11〕“挈”，提。“挈”，音 qiè。〔12〕“孟贲”，卫国勇士。〔13〕“乌获”，秦武王时的大力士。〔14〕“千钧”，形容极重。古代以三十斤为一钧。

【译文】张仪离开楚国，便前往韩国，对韩王说：“韩国地势险恶，生活在山陵之中，生长的五谷，不是豆类就是麦子，老百姓大都吃的是豆子，喝的是豆叶汤。一年没有收成，人们连糟糠都吃不饱。韩国纵横不到九百里，没有储存两年的粮食。估计大王手下的军队，全部不足三十万，而且其中还要包括杂役人员都在内呢。除去守卫边界亭堡的兵士外，现成的可供调动的最多不过二十万罢了。秦国的军队有一百多万，战车千辆，战马万匹，勇猛的兵士不戴头盔踊跃奔杀，弯弓射敌，持戟冲锋的，多得数不清。秦军战马的精良，士兵的众多，马的前蹄飞腾，后蹄猛蹬，速度快到前后蹄之间一跃可以跨过三寻的，同样不可胜数。山东六国的军队盔甲齐整地与秦军会战，秦军脱掉盔甲袒臂赤足来迎敌，个个左手提人头，右手挟俘虏。秦兵与山东六国的兵相比，好比勇士孟贲与懦夫；以重兵相接触，好比力士乌获和婴孩。用孟贲、乌获那样的军队作战，攻打不肯降服的弱国，与把千钧重力直接压在鸟卵上面没有什么不同，肯定没有能够幸免的了。

“夫群臣诸侯不料地之寡，而听从人之甘言好辞，比周以相饰也，〔1〕皆奋曰‘听吾计可以强霸天下’。夫不顾社稷之长利而听须臾之说，〔2〕诖误人主，无过此者。〔3〕

【注释】〔1〕“比周”，勾结。〔2〕“须臾”，短暂的时间。〔3〕“诖误”，贻误。“诖”，音 guà。

【译文】“各国的君臣们不考虑自己国土的狭小，却去听信宣传合纵的人的甜言蜜语，他们结成朋党，互相吹嘘，个个慷慨激昂地说：‘听了我的主意便可以在天下称强称霸。’像这样不顾及国家的长远利益而听信一时的谬论，贻误国君，没有比这更严重的了。

“大王不事秦，秦下甲据宜阳，断韩之上地，东取成皋、荥阳，〔1〕则鸿台之宫、桑林之苑非王之有也。〔2〕夫塞成皋，绝上地，则王之国分矣。先事秦则安，不事秦则危。夫造祸而求其福报，计浅而怨深，逆秦而顺楚，虽欲毋亡，不可得也。

【注释】〔1〕“荥阳”，韩邑，在今河南荥阳东北。〔2〕“鸿台之宫、桑林之苑”，都是韩国的宫苑名。苑，畜养鸟兽的园林，形状婉转曲折，所以称为苑。

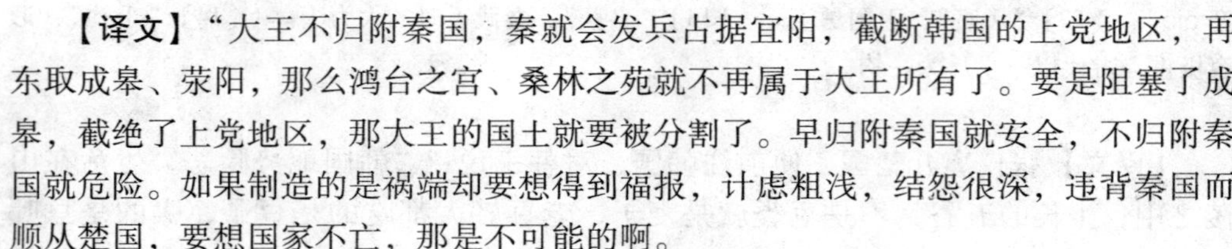
【译文】“大王不归附秦国，秦就会发兵占据宜阳，截断韩国的上党地区，再东取成皋、荥阳，那么鸿台之宫、桑林之苑就不再属于大王所有了。要是阻塞了成皋，截绝了上党地区，那大王的国土就要被分割了。早归附秦国就安全，不归附秦国就危险。如果制造的是祸端却要想得到福报，计虑粗浅，结怨很深，违背秦国而顺从楚国，要想国家不亡，那是不可能的啊。

“故为大王计，莫如为秦。〔1〕秦之所欲莫如弱楚，而能弱楚者莫如韩。非以韩能强于楚也。〔2〕其地势然也。今王西面而事秦以攻楚，秦王必喜。夫攻楚以利其地，转祸而说秦，计无便于此者。”

【注释】〔1〕“为”，《战国策·韩策一》作“事”，臣服的意思。〔2〕“以”，认为。

【译文】“所以为大王着想，还不如替秦国效劳。秦最大的希望是削弱楚国，而最能削弱楚国的就是韩国。不是因为韩国比楚国强大，而是由韩的地势所决定的。现在大王向西臣事秦国，进攻楚国，秦王必然高兴。攻打楚国有利于韩国扩大领土，转移了祸患，取悦了秦国，没有比这更好的主意了。”

韩王听仪计。张仪归报，秦惠王封仪五邑，号曰武信君。使张仪东说齐湣王曰：〔1〕“天下强国无过齐者，大臣父兄殷众富乐。然而为大王计者，皆为一时之说，不顾百世之利。从人说大王者，必曰‘齐西有强赵，南有韩与梁。齐，负海之国也，〔2〕地广民众，兵强士勇，虽有百秦，将无奈齐何’。大王贤其说而不计其实。夫从人朋党比周，〔3〕莫不以从为可。臣闻之，齐与鲁三战而鲁三胜，〔4〕国以危亡随其后，虽有战胜之名，而有亡国之实。是何也？齐大而鲁小也。今秦之与齐也，犹齐之与鲁也。秦赵战于河漳之上，再战而赵再胜秦；〔5〕战于番吾之下，再战又胜秦。〔6〕四战之后，赵之亡卒数十万，邯郸仅存，〔7〕虽有战胜之名而国已破矣。是何也？秦强而赵弱。

【注释】〔1〕“齐湣王”，名地，齐宣王之子，公元前三〇〇年至前二八四年在位。湣王即位时，张仪已死九年，此处说张仪东说齐湣王，不合事实。〔2〕“负”，背靠。〔3〕“朋党”，结成小集团。〔4〕“齐与鲁三战而鲁三胜”，这是假设的话，不是事实。〔5〕“秦赵战于河漳之上，再战而再胜秦”，这两战也不见记载，恐不可靠。“河”指黄河，“漳”指漳水。〔6〕

"战于番吾之下，再战又胜秦"，秦攻赵番吾，被赵将李牧打退，事在公元前二三二年，时张仪已死七十七年。"番吾"，赵邑，在今河北磁县境。"番"，音 pán 或 pó。〔7〕"邯郸"，赵都，公元前三八六年赵敬侯自晋阳徙都于此。故址在今河北邯郸市西南十里，俗称赵王城。

【译文】韩王听从了张仪的主意。张仪回秦作了汇报，秦惠王赐给张仪五座城邑，并封他为武信君。惠王又派遣张仪向东出使，对齐湣王说："天下的强国没有能比得上齐国的，齐国的大臣百姓尽都富裕安乐。但是为大王出谋划策的人，全都是行的一时之计，不顾及百世的利益。主张合纵的人向大王做宣传的，必定会说'齐国西面有强盛的赵国，南面有韩国与魏国。齐国是个滨海的国家，地广人多，军强兵勇，即使有一百个秦国，也将拿齐国无可奈何'。大王认为这种说法正确，但没有考虑它不合于实际。主张合纵的人拉帮结派，没有人不吹嘘合纵的好处。我听说，齐国与鲁国三次交战，鲁国三次获胜，但随着这胜利后面而来的是国家的危亡，虽然有战胜的名声，但带来的是亡国的现实。这是什么原因呢？齐国强大而鲁国弱小啊。现在的秦国对于齐国，就好比齐国对于鲁国。秦、赵两国在漳水之滨交战，赵军两战两胜；在番吾城下交战，赵军又两次胜过秦军。这四战之后，赵国阵亡的兵士有好几十万，只剩下首都邯郸还得倖存，虽然赵国有战胜的名声，然而国家已残破了。这是什么原因呢？秦国强而赵国弱啊。

"今秦楚嫁女娶妇，〔1〕为昆弟之国。韩献宜阳；〔2〕梁效河外；〔3〕赵入朝渑池，〔4〕割河间以事秦。〔5〕大王不事秦，秦驱韩梁攻齐之南地，悉赵兵渡清河，〔6〕指博关，〔7〕临菑、即墨非王之有也。〔8〕国一日见攻，虽欲事秦，不可得也。是故愿大王孰计之也。"

【注释】〔1〕"秦楚嫁女娶妇"，据《六国年表》，秦往楚迎妇在秦昭王二年（公元前三〇五年），时张仪已死五年。〔2〕"韩献宜阳"，这不合事实。秦取宜阳是用武力攻取，并非韩国所献。事在秦武王四年（公元前三〇七年），张仪已死三年。〔3〕"梁效河外"，"河外"，地区名，指曲沃（今山西闻喜东北）、平周（今山西介休西）等地。据《六国年表》，公元前三二二年，秦取曲沃、平周，可见河外入秦也是秦用武力攻取，不是魏国所献。〔4〕"赵入朝渑池"，据《六国年表》，秦、赵会渑池在周赧王三十六年（公元前二七九年），时张仪已死三十年。〔5〕"割河间以事秦"，河间，地区名，指黄河、漳水之间。秦、赵渑池之会时，赵并无割河间事。〔6〕"清河"，古河名，在齐、赵二国之间，源出今河南内黄县南。〔7〕"博关"，古关名，在今山东博平县西北。〔8〕"即墨"，齐邑，故城在今山东平度东南。

【译文】"现在秦、楚两国之间嫁女娶妇，成了兄弟国家。韩国献出宜阳，魏国献出河外，赵王到渑池朝见秦王，割让河间来臣事秦国。大王如不归附秦国，秦驱使韩、魏两国进攻齐国南部地带，全部赵国军队渡过清河直奔博关，临菑、即墨两城就不会属于大王所有了。齐国一旦被攻，那时即使想要附秦，已经不可能的

了。因此望大王好好考虑这件事吧。”

齐王曰：“齐僻陋，隐居东海之上，未尝闻社稷之长利也。”乃许张仪。

张仪去，西说赵王曰：〔1〕“敝邑秦王使使臣效愚计于大王。大王收率天下以宾秦，〔2〕秦兵不敢出函谷关十五年。大王之威行于山东，敝邑恐惧慑伏，〔3〕缮甲厉兵，〔4〕饰车骑，〔5〕习驰射，力田积粟，守四封之内，愁居慑处，不敢动摇，唯大王有意督过之也。〔6〕

【注释】〔1〕“赵王”，据《传》文，张仪说赵在秦惠王后元十四年（公元前三一一年），当赵武灵王十五年。赵武灵王名雍，公元前三二五年至前二九九年在位。〔2〕“宾”，通“摈”，排斥。〔3〕“慑伏”，因畏惧而屈服。〔4〕“缮甲厉兵”，整治军装，磨快武器。“缮”，整治。“厉”，磨砺。〔5〕“饰”，通“饬”，整饬。〔6〕“督过”，深深地责备。

【译文】齐王说：“齐国地方偏僻，处在与世隔绝的东海边上，从来没有听到过对国家的长远打算啊。”于是答应了张仪的建议。

张仪离齐，西入赵国见赵王说：“我们敝国的国君派我为使臣，向大王进献一条策略。大王为首收罗、率领天下诸侯来对付秦国，使秦兵不敢出函谷关达十五年之久。大王的声威遍播于山东，我们秦国恐惧屈服，整治武器和兵车战马，练习骑射，勤力耕作，积蓄粮食，闭守国内不出，战战兢兢，不敢有轻举妄动，只因为大王您有意和我们过不去。

“今以大王之力，举巴蜀，〔1〕并汉中，〔2〕包两周，迁九鼎，〔3〕守白马之津。〔4〕秦虽僻远，然而心忿含怒之日久矣。今秦有敝甲凋兵，〔5〕军于渑池，愿渡河逾漳，据番吾，会邯郸之下，愿以甲子合战，〔6〕以正殷纣之事，〔7〕敬使使臣先闻左右。

【注释】〔1〕“举巴蜀”，据《六国年表》，秦灭蜀在惠文王后九年（公元前三一六年），当赵武灵王十年。〔2〕“并汉中”，据《秦本纪》及《楚世家》，秦惠王后十三年（公元前三一二年），取楚汉中，当赵武灵王十四年。〔3〕“包两周，迁九鼎”，这不合事实，据《六国年表》，秦取两周在庄襄王元年（公元前二四九年），当赵孝成王十七年，这时张仪已死六十一年。〔4〕“白马之津”，古津渡名，在今河南滑县东北。〔5〕“敝甲凋兵”，这是对秦军的谦辞。“敝甲”，破旧的甲衣。“凋兵”，残缺的兵器。〔6〕“甲子合战”，甲子是周武王克商的日子。〔7〕“殷纣”，商朝最后一代君主。

【译文】“现在依靠大王的督促，秦国已攻占巴蜀，吞并汉中，囊括两周，迁移九鼎，据守白马津渡。秦国虽然偏僻边远，然而内心愤怒已有很长时间了。目下秦有一支破破烂烂的军队驻守在渑池，准备渡过漳水，进占番吾，与赵军在邯郸城下相会，希望在甲子那天会战，以此来重演周武王伐纣的旧事，特别派我作为使臣预先来恭敬地告知大王。

“凡大王之所信为从者恃苏秦。苏秦荧惑诸侯，[1]以是为非，以非为是，欲反齐国，而自令车裂于市。夫天下之不可一亦明矣。今楚与秦为昆弟之国，而韩梁称为东藩之臣，[2]齐献鱼盐之地，[3]此断赵之右臂也。夫断右臂而与人斗，失其党而孤居，求欲毋危，岂可得乎！

【注释】〔1〕“荧惑”，眩惑。〔2〕“韩梁称为东藩之臣”，这不合史实。据《秦本纪》，“韩王入朝，魏举国听命”，在秦昭襄王五十三年（公元前二五四）年，时张仪已死五十五年。又据《秦始皇本纪》，韩称臣于秦在秦始皇十三年（公元前二三四年），距张仪之死已七十五年。〔3〕“齐献鱼盐之地”，这是夸大的话，当时并无其事。

【译文】“总的说来，大王之所以相信缔结合纵盟约的原因是因为仗恃有苏秦。苏秦用漂亮话迷惑诸侯，颠倒是非，企图倾覆齐国，结果使自己在刑场上被车裂。这样，天下的不可能联合为一也就很明显了。如今楚国与秦国结成了兄弟国家，韩国与魏国自称为秦国东边的藩属，齐国向秦献出盛产鱼盐的领土，这就断了赵国的右臂。一个断掉了右臂的人与别人相争，失去了朋友的人孤居独处，想要没有危险，怎么可能呢？

“今秦发三将军：其一军塞午道，[1]告齐使兴师渡清河，军于邯郸之东；一军军成皋，驱韩梁军于河外；[2]一军军于渑池。约四国为一以攻赵，赵破，必四分其地。是故不敢匿意隐情，先以闻于左右。臣窃为大王计，莫如与秦王遇于渑池，面相见而口相结，请案兵无攻。[3]愿大王之定计。”

【注释】〔1〕“午道”，纵横交错的重要通路，在赵东齐西。〔2〕“河外”，地区名，指黄河以南，今河南郑州市至滑县一带。〔3〕“案兵”，止兵不动。“案”，通“按”。

【译文】“现在秦王派出三个将军：其中一支军队截断午道，通知齐国派兵渡过清河，驻扎在邯郸的东面；一支军队驻扎在成皋，驱使韩国和魏国的军队驻扎在河外；一支军队驻扎在渑池。这四国结为一体来进攻赵国，赵国被攻破后，它的国土必定会被四国分占。因此我不敢隐瞒这种意图，先给大王通个口信。我替大王着想，你不如与秦王在渑池相会，面对面亲口约定，请他按兵不要进攻。希望大王拿定主意。”

赵王曰：“先王之时，[1]奉阳君专权擅势，[2]蔽欺先王，独擅绾事，[3]寡人居属师傅，[4]不与国谋计。[5]先王弃群臣，[6]寡人年幼，奉祀之日新，心固窃疑焉，以为一从不事秦，非国之长利也。乃且愿变心易虑，割地谢前过以事秦。方将约车趋行，[7]适闻使者之明诏。”赵王许张仪，张仪乃去。

【注释】〔1〕“先王之时”，先王指赵武灵王父赵肃侯。〔2〕“奉阳君专权擅势”，这不合事实。奉阳君李兑专权在赵武灵王子赵惠文王时。〔3〕“擅”，揽。“绾”，控扼。〔4〕“属”，付托。〔5〕“与”，参与。〔6〕“弃群臣”，对死亡的避忌说法。〔7〕“趋”，同“趣”，趣向。

【译文】赵王说：“先王在时，奉阳君专权擅势，蒙蔽欺骗先王，独断一切政务，我的生活归师傅安排，没有参与国家的大计。先王去世时，我年龄幼小，做主治国的时间才刚刚开始，内心本来就暗自怀疑，认为一意投入合纵盟约而不依附秦国，不是赵国的长远利益。所以我准备改变主意，割让国土弥补以前的过错，归附秦国。正待安排车马启程时，恰好听到了您的英明指示。”赵王答应了张仪以后，张仪便离开了赵国。

北之燕，说燕昭王曰：[1]“大王之所亲莫如赵。昔赵襄子尝以其姊为代王妻，[2]欲并代，约与代王遇于句注之塞。[3]乃令工人作为金斗，长其尾，[4]令可以击人。与代王饮，阴告厨人曰：‘即酒酣乐，进热啜，[5]反斗以击之。’[6]于是酒酣乐，进热啜，厨人进斟，[7]因反斗以击代王，杀之，王脑涂地。其姊闻之，因摩笄以自刺，[8]故至今有摩笄之山。[9]代王之亡，天下莫不闻。

【注释】〔1〕“燕昭王”，名职，燕王哙的庶子，公元前三一一年至前二七九年在位。〔2〕“赵襄子”，赵鞅之子，名无恤，春秋末年晋国大夫，与韩、魏两家三分晋国。“代王”，代，国名，在今河北蔚县东北。其时代未称王，当作“代君”。〔3〕“句注”，山名，在今山西代县西北，即雁门山。〔4〕“金斗”，铜作的口大底小的方形器皿，有柄。〔5〕“热啜”，热羹。“啜”，音 chuò。〔6〕“反斗以击之”，指把斗底反过来击代君的头部。〔7〕“进斟”，进到席间倒羹汁。〔8〕“摩”，同“磨”。“笄”，古代妇女用来挽发的簪子。〔9〕“摩笄山”，在今河北涿鹿县东北。

【译文】张仪北行到燕国，对燕昭王说："大王所亲近的没过于赵国吧。过去赵襄子曾经让他姐姐嫁给代王作妻。后来他想要并吞代国，邀约代王在句注山的要塞相会。他先令工人制作了金斗，把金斗的尾部做得很长，使它可以用来袭击别人。赵襄子在与代王饮酒时，悄悄吩咐厨子说：'趁着酒饮得酣畅高兴的时候，你送去热汤，然后掉转金斗袭击代王。'于是在酒饮到酣畅高兴之时，上热汤了，厨子送上汤勺，随即将金斗倒转过来打死了代王，代王的脑浆流了一地。赵襄子的姐姐听到这个消息，便磨快头上的金簪自刺而死，所以到现在就有了摩笄山这个名称。代王的死因，天下人没有谁不听说的。

"夫赵王之很戾无亲，〔1〕大王之所明见，且以赵王为可亲乎？赵兴兵攻燕，〔2〕再围燕都而劫大王，大王割十城以谢。今赵王已入朝渑池，效河间以事秦。今大王不事秦，秦下甲云中、九原，〔3〕驱赵而攻燕，则易水、长城非大王之有也。〔4〕

【注释】〔1〕"很"，通"狠"，凶狠。"戾"，暴戾。〔2〕"赵兴兵攻燕"三句，此事不见于记载。〔3〕"云中"，郡名，赵武灵王所置，辖境相当于今内蒙土默特右旗以东，大青山以南，卓资县以西，长城以北。"九原"，赵邑，秦后于此置县，治所在今内蒙包头市西。〔4〕"易水"，水名，在今河北省境内，源出河北易县西，东流至定兴县西南，与拒马河合。"长城"，指燕的南长城，在今河北易县西南。

【译文】"赵王如此狠毒，连亲戚都不放过，大王您看得很清楚，又怎能把赵王当做是可以亲近的人呢？赵国起兵进攻燕国，两次围困了燕的都城要挟大王，迫使大王割让了十座城来谢罪。现在赵王已经到渑池朝见秦王，献上河间一带来事奉秦国。现在大王如不归附秦国，秦就会发兵到云中、九原，驱使赵国进攻燕国，这样一来，易水、长城就不再属于大王所有了。

"且今时赵之于秦犹郡县也，不敢妄举师以攻伐。今王事秦，秦王必喜，赵不敢妄动，是西有强秦之援，而南无齐赵之患，是故愿大王孰计之。"

【译文】"再说现在的赵国对于秦国而言，好比秦的一个郡县而已，不敢妄自兴兵打仗。目前大王如依附秦国，秦王必定高兴，赵又不敢轻举妄动，这样燕国西面有强大的秦国为援，同时南面没有齐国、赵国的侵犯，所以希望大王慎重地考虑这件事情吧。"

燕王曰："寡人蛮夷僻处，虽大男子裁如婴儿，[1]言不足以采正计。今上客幸教之，请西面而事秦，献恒山之尾五城。"[2]燕王听仪。仪归报，未至咸阳而秦惠王卒，武王立。[3]武王自为太子时不说张仪，[4]及即位，群臣多谗张仪曰："无信，左右卖国以取容。秦必复用之，恐为天下笑。"诸侯闻张仪有郤武王，[5]皆畔衡，复合从。[6]

【注释】〔1〕"裁"，通"才"，仅仅。〔2〕"恒山"，古山名，在今河北曲阳西北与山西接界处。恒山之尾，在燕的西南界。〔3〕"武王"，秦武王，名荡，惠文王子，公元前三一〇年至前三〇七年在位。〔4〕"说"，通"悦"。〔5〕"郤"，通"隙"，裂痕。〔6〕"畔"，通"叛"。"衡"，通"横"，战国后期，指东方各国与秦联合。"合从"，指六国合纵抗秦。

【译文】燕王说："我像蛮夷一样处在偏僻的地区，虽然是个大男子，实在好像一个婴儿，说的话不值得作为正确的意见看待。今天幸承贵宾指教，我愿意西向依附秦国，并献上恒山末端的五座城池。"燕王听从了张仪的意见。张仪返回秦国报告，还没有走到咸阳，秦惠王便已去世。秦武王即位。武王还在当太子的时候就不喜欢张仪，即位以后，群臣中许多人说张仪的坏话："他没有信用，行为反覆，出卖国家利益来取得君主的欢心。我们秦国如果再要重用他，恐怕会遭天下人的耻笑。"各国诸侯听说张仪与秦武王有隔阂，都背叛了连横，又恢复了合纵。

秦武王元年，群臣日夜恶张仪未已，而齐让又至。[1]张仪惧诛，乃因谓秦武王曰："仪有愚计，愿效之。"王曰："柰何？"[2]对曰："为秦社稷计者，东方有大变，然后王可以多割得地也。今闻齐王甚憎仪，仪之所在，必兴师伐之。故仪愿乞其不肖之身之梁，[3]齐必兴师而伐梁。梁齐之兵连于城下而不能相去，王以其间伐韩，入三川，出兵函谷而毋伐，以临周，祭器必出。[4]挟天子，按图籍，此王业也。"秦王以为然，乃具革车三十乘，[5]入仪之梁。[6]齐果兴师伐之。梁哀王恐。[7]张仪曰："王勿患也，请令罢齐兵。"乃使其舍人冯喜之楚，借使之齐，谓齐王曰："王甚憎张仪；虽然，亦厚矣王之托仪于秦也！"齐王曰："寡人憎仪，仪之所在，必兴师伐之，何以托仪？"对曰："是乃王之托仪也。夫仪之出也，固与秦王约曰：'为王计者，东方有大变，然后王可以多割得地。今齐王甚憎仪，仪之所在，必兴师伐之。故仪愿乞其不肖之身之梁，齐必兴师伐之。齐梁之兵连于城下而不能相去，王以其间伐韩，入三川，出兵函谷而无伐，以临周，祭器必出。挟天子，案图籍，此王业也。'秦王以为然，故具革车三十乘而入之梁也。今仪入梁，王果伐之，是王内罢国而外伐与国，[8]广邻敌以内自临，而信仪于秦王也。此臣之所谓‘托仪’也。”齐王曰：“善。”乃使解兵。[9]

【注释】〔1〕“齐让又至”，齐派使者责难秦用张仪。“让”，责备。〔2〕“柰何”，怎么样。“柰”，同“奈”。〔3〕“不肖之身”，对自己的谦称。“肖”，贤。〔4〕“祭器”，钟鼎之类的器物。〔5〕“革车”，兵车。〔6〕“入仪之梁”，“仪”字是衍文，《战国策·齐策二》作“纳之梁”。“入”，同“纳”。〔7〕“梁哀王”，应为梁襄王，公元前三一八年至前二九六年在位。〔8〕“罢”，同“疲”。“与国”，同盟国。〔9〕“解兵”，停止用兵。

【译文】秦武王元年，大臣们日日夜夜诽谤张仪的事还没有平息，齐国又派使臣责备秦国任用张仪。张仪害怕被杀，便趁机对秦武王说：“我有一条计策，愿意献给大王。”武王问道：“什么样的计划?”张仪回答说：“为秦的利益着想，要东方有了大变，然后大王才可以多割得地方。现在听说齐王非常恨我，我所在的地方，齐王必定会发兵攻打它。因此我希望让我这不才的人前往梁国，齐就一定会兴师伐梁。梁和齐的军队纠缠在大梁城下不能脱身，大王便利用这个时候攻打韩国，进入三川，出兵函谷关但并不进攻，用来威胁周室，这样周室的祭器必定会向大王献出。挟持周天子，掌握天下的地图和户籍，这是称王的大业啊。”秦武王认为张仪说得对，就准备了三十乘兵车，载上张仪前往梁国。齐国果然兴师攻打梁国。梁哀王害怕了，张仪说：“大王不要忧虑，请让我退掉齐兵。”张仪派门客冯喜前往楚国，借用楚国的使者前往齐国，对齐王说：“大王很恨张仪，虽然如此，大王却使秦国更加信赖张仪。”齐王说：“我非常痛恨张仪，只要张仪走到哪里，我就要兴兵讨伐到哪里，怎么说使他更受信任呢?”使者回答说：“这正是使张仪更受信任的作法啊。张仪离开秦国时，本来就与秦王谈好，说：‘为秦王着想，要东方有了大变，然后才可以割得更多的地方。现在齐王非常恨我，凡我所在之处，齐王必定兴兵讨伐。因此我希望让我这不才的人前往梁国，齐王必定会兴兵伐梁。齐、梁两军纠缠在城下不能脱身，大王利用这个机会攻打韩国，进军三川，出兵函谷关却并不进攻，以此来威胁周室，周室必定会献出祭器。挟持周天子，掌握天下的地图和户籍，这是称王的大业啊。’秦王认为说得对，所以准备了三十乘兵车载他入梁。现在张仪到了梁国，大王果然出兵攻梁，对内消耗国力，对外攻打盟邦，多树敌人，面临危难，这不是使张仪更加受到秦王信任吗!”齐王说：“你说得对。”就下令撤军。

张仪相魏一岁，卒于魏也。

【译文】张仪在魏做了一年相国，死于魏国。

陈轸者，游说之士。与张仪俱事秦惠王，皆贵重，争宠。张仪恶陈轸于秦王曰：[1]“轸重币轻使秦楚之间，[2]将为国交也。今楚不加善于秦而善轸者，轸自为厚而为王薄也。且轸欲去秦而之楚，王胡不听乎？”王谓陈轸曰：“吾闻子欲去秦之楚，有之乎？”轸曰：“然。”王曰：“仪之言果信矣。”轸曰：“非独仪知之也，行道之士尽知之矣。昔子胥忠于其君而天下争以为臣，[3]曾参孝于其亲而天下愿以为子。[4]故卖仆妾不出闾巷而售者，[5]良仆妾也；出妇嫁于乡曲者，[6]良妇也。今轸不忠其君，楚亦何以轸为忠乎？忠且见弃，轸不之楚何归乎？”王以其言为然，遂善待之。

【注释】〔1〕“恶”，中伤，音 wù。〔2〕“重”，厚。“币”，玉、马、皮、帛等礼物。“轻”，频繁。〔3〕“子胥”，姓伍，名员，楚人，后仕吴。吴王夫差时因劝王拒绝越国求和，被疏远。后吴王赐剑，命他自杀。〔4〕“曾参”，春秋时鲁国人，孔子弟子，以孝著称。〔5〕“闾巷”，里巷。〔6〕“出妇”，被丈夫遗弃的妇女。“乡曲”，乡里。

【译文】陈轸是个游说之士。他与张仪同为秦惠王做事，都受到重用，二人常常争宠。张仪向秦惠王讲陈轸的坏话说：“陈轸携带大量钱财随时出使于秦、楚两国之间，本应搞好两国的邦交。现在楚国并没有对秦国更亲善，却对陈轸很好，这是因为陈轸替自己打算多而替大王想得少的缘故啊。而且陈轸想要离开秦国投奔楚国，大王为何不让他离开呢？”惠王问陈轸道：“我听说你想要离秦投楚，有这回事吗？”陈轸答道：“有。”惠王说：“张仪的话果然被证实了。”陈轸说：“这件事不单是张仪知道，连路上的行人也尽都知道。过去伍子胥对他的国君忠心，因而各国诸侯争相拉他到本国为臣；曾参对他的双亲孝敬，因而各家父母都希望让他作为自己的儿子。所以被卖的仆妾不用走出家门街巷便被买去的，就是好仆妾；被丈夫抛弃的妇女能再嫁在本乡本里的，那是好妇人。现在如果我对我的国君不忠心，楚王又怎么会拿我做忠臣看待呢？忠心尚且被抛弃，我不往楚国又投奔何处呢？”秦惠王感到陈轸的话说得对，于是便很好地对待他。

居秦期年，[1]秦惠王终相张仪，而陈轸奔楚。楚未之重也，而使陈轸使于秦。过梁，欲见犀首。犀首谢弗见。轸曰：“吾为事来，公不见轸，轸将行，不得待异日。”[2]犀首见之。陈轸曰：“公何好饮也？”犀首曰：“无事也。”曰：“吾请令公厌事可乎？”[3]曰：“柰何？”曰：“田需约诸侯从亲，[4]楚王疑之，未信也。公谓于王曰：‘臣与燕、赵之王有故，数使人来，曰“无事何不相见”，愿谒行于王。’[5]王虽许公，[6]公请毋多车，以车三十乘，可陈之于庭，[7]明言之燕、赵。”燕、赵客闻之，驰车告其王，使人迎犀首。楚王闻之大怒，曰：“田需与寡人约，而犀首之燕、赵，是欺我也。”怒而不听其事。齐闻犀首之北，使人以事委焉。犀首遂行，三国相事皆断于犀首。轸遂至秦。

【注释】〔1〕“期年”，一整年。“期”，音jī。〔2〕“异日”，另外的日子。〔3〕“厌事”，形容担任的事多。“厌”通“餍”，饱。〔4〕“田需”，时为魏相。〔5〕“谒行”，请行。〔6〕“虽”，即使。〔7〕“陈”，列。

【译文】陈轸在秦国住了一年，秦惠王终究任用张仪为相国，于是陈轸投奔楚国。楚国并没有重用他，却派他出使秦国。陈轸路过魏国时，想要看望犀首。犀首推辞不见。陈轸说：“我是为要事而来，你不见我，我就要离开这里了，不能等到其它日子。”犀首便会见了陈轸。陈轸问：“你怎么喜欢饮起酒来了呢?”犀首答说：“没有事啊。”陈轸说：“请让我使你的事情多起来，行吗?”犀乎问道：“怎么办呢?”陈轸说：“魏相田需邀约各国诸侯合纵联盟结好，楚王持怀疑态度而不相信他。你去对魏王说：‘我与燕、赵两国的国君有旧交，他们多次派人来对我说“你闲着没事怎么不来见见面”，我希望到他们那里去拜见一下。’魏王即使同意你，你也不必多要车辆，只需把三十辆车子摆在庭院内，公开说要到燕、赵两国去。”燕、赵两国的在魏国作客的人听到这个消息，忙飞车禀告各自的国君，两国都派人到魏迎接犀首。楚王闻知此事大怒，说：“魏相田需来与我结约，而他们的犀首却前往燕、赵两国，这分明是欺骗我啊!”楚王愤怒之下，不理会田需的建议。齐王听说犀首去北方，也派人把国事托付给他。犀首于是启程，燕、赵、齐三国的相国事务都归犀首决定。陈轸于是到了秦国。

韩魏相攻，期年不解。秦惠王欲救之，问于左右。左右或曰救之便，〔1〕或曰勿救便，惠王未能为之决。陈轸适至秦，惠王曰：“子去寡人之楚，亦思寡人不?”陈轸对曰：“王闻夫越人庄舄乎?”王曰：“不闻。”曰：“越人庄舄仕楚执珪，有顷而病。楚王曰：‘舄故越之鄙细人也，今仕楚执珪，贵富矣，亦思越不?’〔2〕中谢对曰：〔3〕‘凡人之思故，在其病也。彼思越则越声，不思越则楚声。’使人往听之，犹尚越声也。今臣虽弃逐之楚，岂能无秦声哉!”惠王曰：“善。今韩魏相攻，期年不解，或谓寡人救之便，或曰勿救便，寡人不能决，愿子为子主计之余，为寡人计之。”陈轸对曰：“亦尝有以夫卞庄子刺虎闻于王者乎?庄子欲刺虎，馆竖子止之，曰：‘两虎方且食牛，食甘必争，争则必斗，斗则大者伤，小者死，从伤而刺之，一举必有双虎之名。’卞庄子以为然，立须之。有顷，两虎果斗，大者伤，小者死。庄子从伤者而刺之，一举果有双虎之功。今韩魏相攻，期年不解，是必大国伤，小国亡，从伤而伐之，一举必有两实。此犹庄子刺虎之类也。臣主与王何异也。”惠王曰：“善。”卒弗救。大国果伤，小国亡，[4]秦兴兵而伐，大剋之。此陈轸之计也。

【注释】〔1〕“便”，有利。〔2〕“越”，国名，都会稽（今浙江绍兴），疆域主要有今浙江北部和江苏、安徽、江西的一部分。“不”，通“否”。〔3〕“中谢”，侍从官。〔4〕“大国果伤，小国亡”，这是夸大的话，不是事实。

【译文】韩魏两国互相攻打，一年不解。秦惠王想援助一方，征求大臣们的意见。大臣们有的说援助好，有的说不援助好，秦惠王不能作出决定。恰逢陈轸到达秦国，秦惠王便问他说：“你离开我去了楚国，还想不想念我呢？”陈轸答道：“大王听说过越国的庄舄吗？”惠王说：“没有听说过。”陈轸说：“越国人庄舄在楚国担任了执珪，不久得了病。楚王问：‘庄舄在越国是个地位低贱的人，如今在楚国做官，已经富贵了，还思不思念越国呢？’一位侍御答道：‘大凡一个人怀念过去，是在他得病的时候。庄舄如果思念越国，呻吟就会是越国的口音；不思念越国，就会是楚国的口音。’楚王派人到庄舄那里偷听，他的呻吟声仍然还是越国的口音啊。现在我虽然被抛弃而去到楚国，怎么可能不发出秦国的口音呢！”秦惠王说：“你说得好。现在韩魏两国互相进攻，一年了还没有解决，有的说我解救为好，有的说不解救为好，我作不出决定，希望你能在替你的楚国君主考虑的余暇，也为我考虑这件事情。”陈轸对答说：‘有人把那卞庄子刺虎的事讲给大王听过吗？庄子准备刺杀老虎，旅舍里的小伙子劝阻他说：‘两只老虎正要吃牛，吃到味道好的地方必然会争夺，一争夺就必然会格斗，格斗就会使大虎受伤，小虎死亡，这时再刺杀受伤的老虎，一举就能获得杀死两只老虎的名声。’卞庄子认为说得对，站着等待时机。过了一会，两只老虎果然争斗起来，大的伤了，小的死了。庄子向受伤的老虎刺去，这一举果然有了杀死双虎的功劳。如今韩魏两国相攻，一年得不到解决，这就必然会使大国受损，小国残破，对受损的国家兴兵攻打，这一举必定会有击破两国的实效。这就和庄子刺虎是一类的事情啊。我为楚王和为大王您出主意有什么两样呢。”秦惠王说：“你说得好。”终究没有去解救两国。结果大国果然受了损伤，小国面临灭亡，秦王兴兵讨伐，取得大胜。这正是陈轸的计谋啊。

犀首者，魏之阴晋人也，[1]名衍，姓公孙氏。与张仪不善。

【注释】〔1〕“阴晋”，邑名，在今陕西华阴县东。

【译文】犀首是魏国阴晋人，名衍，姓公孙氏。他与张仪关系不好。

张仪为秦之魏，魏王相张仪。[1]犀首弗利，故令人谓韩公叔曰："张仪已合秦魏矣，其言曰'魏攻南阳，秦攻三川'。魏王所以贵张子者，欲得韩地也。且韩之南阳已举矣，子何不少委焉以为衍功，则秦魏之交可错矣。[2]然则魏必图秦而弃仪，收韩而相衍。"公叔以为便，因委之犀首以为功。果相魏。张仪去。

【注释】〔1〕"魏王相张仪"，这在魏惠王后元十三年（公元前三二二年）。〔2〕"错"，弃置，丢在一边。

【译文】张仪为了秦国的事前往魏国，魏王拜张仪为相国。犀首认为对己不利，因此派人对韩国的公叔说："张仪已经使秦、魏两国联合了，他提出'魏攻取韩国的南阳，秦攻取韩国的三川'。魏王之所以看重张仪，是想要得到韩国的土地。而且韩国的南阳已要被攻下了，你何不把南阳交给公孙衍作为他的功劳，那么秦、魏两国的交往就会停止了。这样一来，魏国必定会打秦国的主意从而抛弃张仪，拉拢韩国并拜公孙衍为相。"公叔认为这样很好，便把南阳交给犀首作为他的功劳。犀首果真做了魏国的相国，张仪只好离开魏国。

义渠君朝于魏。[1]犀首闻张仪复相秦，害之。犀首乃谓义渠君曰："道远不得复过，请谒事情。"[2]曰："中国无事，[3]秦得烧掇焚杅君之国；[4]有事，[5]秦将轻使重币事君之国。"其后五国伐秦。[6]会陈轸谓秦王曰："义渠君者，蛮夷之贤君也，不如赂之以抚其志。"[7]秦王曰："善。"乃以文绣千纯，[8]妇女百人遗义渠君。义渠君致群臣而谋曰："此公孙衍所谓邪？"[9]乃起兵袭秦，大败秦人李伯之下。[10]

【注释】〔1〕"义渠"，西戎部落之一，主要分布地在今甘肃庆阳、宁县一带。〔2〕"谒"，陈述。〔3〕"中国无事"，指山东六国不进攻秦国。〔4〕"烧掇焚杅"，焚烧侵略。"掇"，侵掠，音 duó。"禃"，割取，音 yú。〔5〕"有事"，指山东各诸侯国攻秦。〔6〕"五国伐秦"，指秦惠王后元七年（公元前三一八年），楚、魏、韩、齐、赵五国共攻秦。〔7〕"抚"，安定。〔8〕"纯"，匹。音 tún。〔9〕"此公孙衍所谓邪"，指上文公孙衍对义渠君所说的话。〔10〕"李伯"，秦邑。

【译文】义渠君到魏国朝拜。犀首听说张仪重新当了秦相，心里忌恨。犀首于是对义渠君说："路途遥远，你不可能再来这里相见了，请让我把秦国的情况告诉您。"犀首接着说："中原各国如果没有事变，秦国将会烧杀侵略您的国家；如果有事变，秦国将会频繁地派出使臣用厚礼事奉您的国家。”这以后，楚、魏、齐、韩、赵五国共同进攻秦国。正好陈轸对秦王说：“义渠君是蛮夷中贤能的国君，不如送他厚礼以求稳住他的心。”秦王说：“好。”于是用了一千匹锦绣，一百名美女送给义渠君。义渠君召集群臣商量说：“这就是公孙衍给我说过的那回事吧？”于是发兵偷袭秦国，在李伯这个地方大败秦兵。

张仪已卒之后，犀首入相秦。〔1〕尝佩五国之相印，为约长。〔2〕

【注释】〔1〕“犀首入相秦”，这不合史实。张仪死后，犀首并未继任秦相。〔2〕“尝佩五国之相印，为约长”，指公孙衍主持韩、赵、魏、燕、中山五国相王的事，时间在周显王四十六年（公元前三二三年）。

【译文】张仪已死之后，犀首入秦做了丞相。他曾经佩带五国的相印，当了五国盟约的约长。

太史公曰：三晋多权变之士，夫言从衡强秦者大抵皆三晋之人也。〔1〕夫张仪之行事甚于苏秦，〔2〕然世恶苏秦者，以其先死，而仪振暴其短以扶其说，〔3〕成其衡道。要之，〔4〕此两人真倾危之士哉！〔5〕

【注释】〔1〕“三晋”，春秋末期，晋国的韩、赵、魏三家大夫瓜分晋地，分别建国，史家称他们为三晋。“权变”，权谋机变。〔2〕“张仪之行事”，指诈伪的外交手段。〔3〕“振暴”，宣扬和暴露。〔4〕“要之”，总之。〔5〕“倾危”，使国家倾覆危亡。

【译文】太史公说：三晋这块地方有许多善于权变的人，倡导合纵连横，使秦国强大的，大多数都是三晋的人。张仪的行为比苏秦更坏，但世人讨厌苏秦的原因，是因为他先死，而且张仪夸张地揭露他的短处，以此来显示自己说法的正确，完成连横的策略。总之，他们两个真正称得上是倾邦覆国的人物啊！

穰侯列传

穰侯魏冉者，〔1〕秦昭王母宣太后弟也。〔2〕其先楚人，姓芈氏。〔3〕

【注释】〔1〕“穰”，音 ráng，春秋时邓国都城，战国时为韩国之穰邑，后入秦，汉于此置穰县，属南阳郡。汉以后郡制日小，隋、唐时曾改南阳郡为邓州，治穰，即今河南省南阳地区之邓县，故城在今城之东南隅。秦昭王十六年，封魏冉于此，益封陶，“为诸侯”，故曰“穰侯”（《秦本纪》）。又，《汉书·地理志八上·南阳郡》、《晋书·地理志下·义阳郡》另有“邓”，治新野。按：此“邓”，既非韩、秦之穰邑，又非后世邓州治所，然旧解皆以为“邓侯国”者，或为殷、周时古邓国都邑之所在（参见《汉书·地理志八上》应劭注、《晋书·地理志下》原注、《通志·氏族略·以国为氏条》）。《史记》卷一百三十《太史公自序》云：“苞河山，围大梁，使诸侯敛手而事秦者，穰侯之功，作《穰侯列传》第十二。”司马迁为之立传，旨在表彰他在秦国统一天下大业中的不朽功绩。〔2〕“秦昭王”，即秦昭襄王，唐司马贞《索隐》云：“名则，一名稷。”公元前三〇六至前二五一年在位，享国五十六年。他在位期间，以穰侯、范雎为相，白起、王龁为将，破诸侯，并西周，取九鼎，基本上奠定了秦国统一天下的基础。〔3〕“其先楚人，姓芈氏”，日本泷川资言《史记会注考证》引中井积德云：“其先其字（氏），盖指宣太后也，上或有脱文；若穰侯，下文明言‘魏氏’，此不当称‘姓芈氏’也。”

【译文】穰侯魏冉，是秦昭王母亲宣太后的弟弟。宣太后的祖先是楚国人，姓芈氏。

秦武王卒，〔1〕无子，立其弟为昭王。昭王母故号为芈八子，及昭王即位，芈八子号为宣太后。〔2〕宣太后非武王母，武王母号曰惠文后，先武王死。〔3〕宣太后二弟：其异父长弟曰穰侯，姓魏氏，名冉；同父弟曰芈戎，为华阳君。〔4〕而昭王同母弟曰高陵君、〔5〕泾阳君。〔6〕而魏冉最贤，自惠王、武王时任职用事。〔7〕武王卒，诸弟争立，唯魏冉力为能立昭王。昭王即位，以冉为将军，卫咸阳，诛季君之乱，〔8〕而逐武王后出之魏，〔9〕昭王诸兄弟不善者皆灭之，威振秦国。昭王少，宣太后自治，任魏冉为政。

【注释】〔1〕“秦武王”，《秦始皇本纪》作“悼武王”，《索隐》引《系本》作“武烈王”，名荡，公元前三一〇至前三〇七年在位，享国四年。〔2〕“芈八子”，昭王母宣太后为惠王妃时之封号，故曰“故号”。《秦本纪》昭王五十六年孝文王“尊唐八子为唐太后”句《集解》引徐广曰：“八子者，妾媵之号。”《正义》云：“晋灼曰：‘除皇后，自昭仪以下，秩至（自）百石，凡十四等。’《汉书·外戚传》云：‘八子视千石，比中更。’”按：《汉书·外戚传序》言秦、汉后宫后妃之称号、爵秩甚详，可参阅。〔3〕“惠文后”，武王与昭王之父惠文王之王后，宋裴骃《集解》云：“迎妇于楚者。”“先武王死”，《索隐》曰：“《秦本纪》云：‘昭王二年，庶长壮与大臣、公子为逆，皆诛，及惠文后皆不得良死。’又按：《纪年》云‘秦内乱，杀其太后（按：即惠文后）及公子雍、公子壮’是也。”“盖谓惠文后时党公子壮，欲立之；及壮诛，而太后忧死，故云‘不得良死’，亦史讳之也。”故《考证》云：“《索隐》所引，即下文‘季君之乱’也；此云惠文后‘先武王死’，误。”〔4〕“华阳”，秦邑，在今陕西省商县境。《尚书·禹贡》：“华阳、黑水惟梁州。”伪《孔传》云：“东据华山之南，西距黑水。”按：此

“华阳”即“华山之南”梁州秦国之华阳邑。《索隐》、《正义》谓为“郑州管城南三十里”、“洛州密县之韩国华阳亭”，误。韩之华阳亭，与韩都新郑近在咫尺（仅五十里），秦昭王三十四年尚为韩国所有（见后注），华阳亭之入秦，当在战国末年韩亡前夕。〔5〕“高陵君”，《索隐》云：“名显。”《秦本纪》昭王十六年《索隐》又云：“悝号高陵君。”或有二名。“高陵”，秦邑，在今陕西省高陵县，地当西安市东北、泾渭二水汇合处之北岸。〔6〕“泾阳君”，《索隐》云：“名悝。”又，《秦本纪》昭王六年“泾阳君质于齐”句，《索隐》又云：“名市。”《考证》曰：“名悝，讹也……名市，是。”按：“市”，音 fú。“泾阳”，秦邑，在今陕西省泾阳县，地当西安市北、泾水之北岸。〔7〕“而魏冉最贤”句，《考证》引徐孚远曰：“宣太后为芈八子时，魏冉已用事，能援立昭王，是冉以才进，非缘戚属也。”〔8〕“季君之乱”，“季君”，即秦公子壮，时任“庶长”。《秦本纪》载，秦武王“娶魏女为后，无子。武王卒，立异母弟，是为昭襄王”。《赵世家》云，武王死时，昭王尚为质于燕，“赵王使代相赵固迎”之而送归于秦，方得立。时昭王诸兄弟争立，国内大臣及山东诸侯亦各有向背。故昭王立之二年，秦国便发生了以公子壮为首的夺权事件，公子壮自立为“季君”，故曰“季君之乱”。〔9〕“逐武王后出之魏”，季君夺权时，惠文后、武王后皆党季君。季君失败被诛后，惠文后忧死，武王后本魏女，故逐“出之魏”。《索隐》云：“亦事势然也。”

【译文】秦武王去世，没有儿子，魏冉拥立他的弟弟为昭王。昭王母亲原来的名号为芈八子，到昭王即位后，改封芈八子的名号为宣太后。宣太后不是秦武王的母亲，武王母亲的封号为惠文后，先于武王而死。宣太后有两个弟弟：她的同母异父的大弟弟为穰侯，姓魏氏，名叫冉；同父异母的弟弟叫芈戎，封号为华阳君；而昭王的同胞弟弟为高陵君、泾阳君。其中以魏冉最贤能，从秦惠王、秦武王时起就担任官职、管理国事。武王去世时，弟弟们争继王位，只有魏冉的力量能够拥立昭王。昭王即位后，任用魏冉为将军，守卫都城咸阳，讨平季君的叛乱，驱逐其同党秦武王的王后到魏国，昭王诸兄弟中凡属行为不良者，皆统统消灭之，因而威势震动秦国。当时秦昭王年少，宣太后亲自治理国家，而任命魏冉处理具体政务。

昭王七年，樗里子死，而使泾阳君质于齐。〔1〕赵人楼缓来相秦，〔2〕赵不利，〔3〕乃使仇液之秦，〔4〕请以魏冉为秦相。〔5〕仇液将行，其客宋公谓液曰：〔6〕“秦不听公，楼缓必怨公。公不若谓楼缓曰：‘请为公毋急秦。’〔7〕秦王见赵请相魏冉之不急，且不听公。公言而事不成，以德楼子；〔8〕事成，魏冉故德公矣。”〔9〕于是仇液从之，而秦果免楼缓而魏冉相秦。

【注释】〔1〕“樗里子”，名疾，秦惠文王之异母弟，以“居渭南阴乡之樗里，故号曰樗里子”。（《索隐》）又以“滑稽多智”而号“智囊”，封于严道而号“严君”。武王时官至右丞相。昭王立，益尊重，仍为相（《樗里子甘茂列传》）。樗里子死，昭王闻孟尝君贤，“乃先使泾阳君为质于齐”，以求见之（《孟尝君列传》）。〔2〕“楼缓”，赵人，事赵武灵王。赵武灵王欲为胡服骑射，“群臣皆不欲”，缓独称“善”，其事遂行。或因政见不容于赵。秦以其贤而相之。昭王十至十二年为秦相。秦、赵长平之战后，又入赵，诱使赵王割城于秦以讲和。事载《赵世家》、《战国策·赵策四·楼缓将使伏事章》、《秦本纪》、《平原君虞卿列传》等。〔3〕“赵不利”，赵国君臣认为楼缓相秦对赵国不利。〔4〕“仇液”，赵人，事赵武灵王、惠文王。《索隐》云：“《战国策》作‘仇郝’，盖是一人而记别也。”按：《战国策·东周策·谓周最曰章》作“仇赫”，《赵策三·赵使机郝之秦章》作“机郝”，又鲍本作“仇赫”。“机”乃“杋”之假，“杋”通“仇”，“郝”、“赫”音之转，实乃一人。〔5〕“请以魏冉为丞相”，秦昭王之立，内赖魏冉之力，外有赵国之助，故赵以冉相秦为有利。〔6〕“宋公”，《索隐》云：《战国策》作“‘宋交’。”按：今本《战国策·赵策三·赵使机郝之秦章》作“宋突”。仇液门客。〔7〕“毋急秦”，不会使秦国急于用魏冉。“急”，急迫强烈。〔8〕“德楼子”，施恩德于楼缓。〔9〕“德公”，感恩德于公（仇液）。

【译文】秦昭王即位后的第七年，丞相樗里子死，（昭王听说齐国的孟尝君贤能，）就使泾阳君到齐国去作人质（以求孟尝君入秦相见）。赵国人楼缓来到秦国作丞相，赵国以为对自己不利，就派其大臣仇液来秦国，请求（免去楼缓而）以魏冉为秦国丞相。仇液从赵国将要出发时，他的门客宋公对仇液说道：“秦国如果不听从您的意见，楼缓必定会怨恨您。您不如先对楼缓讲明：‘请放心，为了您我不会使秦国急于任用魏冉。’秦王见赵国请求用魏冉任丞相的意见并不急迫，或不会听从您的话。您讲了赵国的请求而事情没有办成，可以施恩德于楼先生；事情成功了，魏冉因此会感谢您。”于是仇液就听从了宋公的建议，而秦国果然免去了楼缓而让魏冉担任了秦国的丞相。

欲诛吕礼，礼出奔齐。〔1〕昭王十四年，魏冉举白起，〔2〕使代向寿将而攻韩、魏，〔3〕败之伊阙，〔4〕斩首二十四万，虏魏将公孙喜。〔5〕明年，又取楚之宛、叶。〔6〕魏冉谢病免相，以客卿寿烛为相。〔7〕其明年，烛免，复相冉，乃封魏冉于穰，复益封陶，〔8〕号曰穰侯。

【注释】〔1〕“吕礼”，《秦本纪》云其爵为“五大夫”。职任秦将。穰侯欲诛之，奔齐，齐湣王以为相。在齐期间，他欲破坏苏代的合纵策略，连横于齐以制三晋。后秦攻齐，礼惧齐诛，复奔秦。参见《孟尝君列传》。〔2〕“白起”，秦国名将，详见下卷《白起王翦列传》。〔3〕“向寿”，昭王母宣太后之外族（娘家之族人），昭王“少与之同衣，长与之同车”，甚得其信任。穰侯以其亲韩，故举白起代之以“攻韩、魏”。后卒为秦相。详见前卷《樗里子甘茂列传》。〔4〕“伊阙”，山名，又名阙塞山、龙门山，在今河南省洛阳市南。《水经注·洛水附伊水注》云：“昔大禹凿以通水，两山相对，望之若阙，伊水历其间，北流，故谓之‘伊阙’矣，春秋之阙塞焉。”〔5〕“虏魏将公孙喜”，伊阙之战，始由韩国所发起。《韩世家》载：“（韩）釐王三年，使公孙喜率周、魏攻秦。秦败我二十四万，虏喜伊阙。”《魏世家》亦云：“（魏昭王）三年，佐韩攻秦，秦将白起败我军伊阙二十四万。”〔6〕“宛”，楚邑，在今河南省南阳县。“叶”，亦楚邑，在今河南省叶县。〔7〕“客卿”，在秦国做官的外国人。“寿烛”，事迹不详。

〔8〕“陶”，《索隐》：“陶，即定陶也……王劭按：定陶现有魏冉冢。”按：故城在今山东省定陶县城西北四里。

【译文】魏冉想杀吕礼，吕礼逃亡到了齐国。秦昭王十四年，魏冉举荐白起，使他代替向寿领兵攻打韩国、魏国，在伊阙山打败了他们，斩首二十四万，并俘虏了魏国的将军公孙喜。第二年，又攻取了楚国的宛邑、叶邑。魏冉托病请求免去了丞相的职务，秦国任客卿寿烛为丞相。此后的第二年，又免去了寿烛，再次以魏冉为丞相，于是就封魏冉于穰邑，又加封陶邑，号为穰侯。

穰侯封四岁，为秦将攻魏，魏献河东方四百里；〔1〕拔魏之河内，〔2〕取城大小六十余。昭王十九年，秦称西帝，齐称东帝。月余，吕礼来，而齐、秦各复归帝为王。魏冉复相秦，六岁而免。免二岁，复相秦。四岁，而使白起拔楚之郢，秦置南郡，〔3〕乃封白起为武安君。白起者，穰侯之所任举也，相善。于是，穰侯之富，富于王室。

【注释】〔1〕“河东”，地区名。黄河流经山西省，流向为自北而南，故通称山西境内黄河以东之地区曰河东，战国时属魏。《孟子·梁惠王上》：梁惠王曰：“寡人之于国也，尽心焉耳矣。河内凶，则移其民于河东，移其粟于河内。河东凶亦然。” 〔2〕“河内”，地区名。黄河流经河南省，又成自西而东之流向，故通称河南省黄河以北之地区曰河内，战国时亦属魏。战国前期，魏建都安邑（今山西省夏县北），以安邑为中心视之，故云“河内”，而以黄河以南地区为“河外”（《左传》僖公十五年杜预注）。 〔3〕“南郡”，秦建郡名，包括今湖北省武汉、襄阳、黄州、江陵在内的鄂中北部之广大地区，治郢（原楚国都城，今江陵市东）。

【译文】穰侯受封的第四年，又改任秦国将军，领兵攻打魏国，迫使魏国献出了河东地区纵横四百里的土地；又攻下了魏国的河内地区，夺取大小城邑六十有余。秦昭王十九年，秦王称“西帝”，齐王称“东帝”。一个多月后，吕礼又来到秦国，而齐王、秦王又各自都取消帝号而仍称王。魏冉再次被任命为秦国丞相。六年后又被免职，免职后的第二年，再次被任命为秦国丞相。就在这次担任丞相的第四年，他使白起领兵攻占了楚国的郢都，秦国便在那里设置了南郡，于是封白起为武安君。秦将白起，本是穰侯所举荐委任的，因而二人相互友善。这时，穰侯富有的程度，超过了王室。

昭王三十二年，穰侯为相国，将兵攻魏，走芒卯，〔1〕入北宅，〔2〕遂围大梁。〔3〕梁大夫须贾说穰侯曰：〔4〕“臣闻魏之长吏谓魏王曰：‘昔梁惠王伐赵，战胜三梁，〔5〕拔邯郸；〔6〕赵氏不割，而邯郸复归。齐人攻卫，〔7〕

拔故国，[8]杀子良；[9]卫人不割，而故地复反。卫、赵之所以国全、兵劲而地不并于诸侯者，以其能忍难而重出地也。[10]宋、中山数伐割地，[11]而国随以亡。[12]臣以为卫、赵可法，而宋、中山可为戒也。秦，贪戾之国也，而毋亲。蚕食魏氏，又尽晋国，[13]战胜暴子，[14]割八县，[15]地未毕入，兵复出矣。夫秦何厌之有哉！[16]今又走芒卯，入北宅，此非敢攻梁也，且劫王以求多割地，[17]王必勿听也。今王背楚、赵而讲秦，[18]楚、赵怒而去王，与王争事秦，秦必受之。秦挟楚、赵之兵以复攻梁，则国求无亡，不可得也。愿王之必无讲也。王若欲讲，少割而有质，[19]不然，必见欺。'此臣之所闻于魏也，愿君之以是虑事也。《周书》曰：'惟命不于常。'此言幸之不可数也。[20]夫战胜暴子，割八县，此非兵力之精也，又非计之工也，天幸为多矣。今又走芒卯，入北宅，以攻大梁，是以天幸自为常也，智者不然。臣闻魏氏悉其百县胜甲，[21]以上戍大梁，臣以为不下三十万。以三十万之众，守梁七仞之城，臣以为汤、武复生，[22]不易攻也。夫轻背楚、赵之兵，陵七仞之城，战三十万之众，而志必举之，臣以为自天地始分以至于今，未尝有者也。攻而不拔，秦兵必罢，[23]陶邑必亡，[24]则前功必弃矣！今魏氏方疑，[25]可以少割收也。[26]愿君逮楚、赵之兵未至于梁，亟以少割收魏。魏方疑而得以少割为利，必欲之，则君得所欲矣。楚、赵怒于魏之先己也，[27]必争事秦，从以此散，而君后择焉。[28]且君之得地，岂必以兵哉？割晋国，秦兵不攻，而魏必效绛、安邑。[29]又为陶开两道，[30]几尽故宋，[31]卫必效单父。[32]秦兵可全，而君制之，何索而不得，何为而不成！愿君熟虑之而无行危。"[33]穰侯曰："善。"乃罢梁围。[34]

【注释】〔1〕"芒卯"，《战国纵横家书》十五作"孟卯"，高诱《淮南子》卷十三《汜论训》注："孟卯，齐人也。及为魏臣，能安其危，解其患也。"秦昭王将他与孟尝君并举而称其"贤"（《魏世家》安厘王十一年），"以智诈见重于魏"（《魏世家》昭王元年《索隐》）。〔2〕"北宅"，唐张守节《正义》曰："《竹书》云：'宅阳，一名北宅。'《括地志》云：'宅阳故城在郑州荥阳西南十七里。'" 〔3〕"大梁"，魏原都安邑，魏惠王三十一年迁都大梁，即今河南省开封市，故魏又称梁，魏惠王又称梁惠王，魏大夫又称梁大夫。《魏世家》："秦用商君，东地至河，而齐、赵数破我，安邑近秦，于是徙治大梁。" 〔4〕"梁大夫须贾"，即魏国之中大夫（官名）须贾。按："须贾"，即曾诬陷范雎者，详后卷七十九《范雎蔡泽列传》。〔5〕"三梁"，《索隐》："三梁即南梁也。"《正义》云："《晋太康地记》云'战国时谓南梁者，别于大梁、少梁也'，古蛮子邑也。"又，《战国策·魏策三·秦败魏于华、走芒卯而围大梁章》高诱注："陈留、浚仪、大梁为三，皆魏地。"按：所谓"蛮子邑"，在河南省临汝县西南；而高诱说在大梁一带，皆与"梁惠王伐赵"之进军路线无涉。郭人民《战国策校注系年》引张琦说，以为“三梁”为“曲梁（今邯郸北永年县）”之讹，此说近之。〔6〕“邯郸”，赵国都城，在今河北省邯郸市西南十里，俗称“赵王城”。按：《吕氏春秋·审应览·不屈篇》载：“当惠王之时……围邯郸三年而弗能取，士民罢潞。”所记与此不同。〔7〕“卫”，魏大夫须贾这篇说辞，司马迁转抄自《战国策·魏策三·秦败魏于华、走芒卯而围大梁章》，而将“齐人攻燕”，改为“齐人攻卫”。“齐人攻燕”，指燕易王死后，燕君哙让国于燕相子之，国人不服，国内大乱，齐乘机以伐燕之事。时燕国“士卒不战，城门不闭，燕君哙死，齐大胜”（《燕召公世家》）；然燕太子平即位，是为昭王，“卑身厚币以招贤者”，终于复兴燕国而报齐仇。而“齐人攻卫”之事，史书阙载，惟《田敬仲完世家》言，齐宣公四十八年（《六国年表》作四十九年），“宣公与郑人会西城，伐卫，取毋丘（按：古贯国，亦作“贯丘”，即今河南省商丘市东北之故蒙城）”。不载“拔”其“故国”及卫复国之事。〔8〕“故国”，卫故都楚丘，即山东省曹县东南之楚丘亭。〔9〕“子良”，其人不详；《战国策》作“子之”。〔10〕“重出地”，不轻易将国土割让于人。〔11〕“宋”，周成王时，纣子武庚叛乱被诛，乃更封微子于宋，以奉殷祀，故城在今河南省商丘市南。“中山”，春秋时鲜虞国，战国时称中山国，都于顾，在今河北省定县。〔12〕“国随以亡”，郭人民《战国策校注系年》：“齐闵王三次伐宋，前两次皆割地以和，最后于齐闵王五十五年灭宋。赵武灵王十九年、二十年、二十一年、二十三年、二十六年数攻中山，至赵惠文王三年灭中山。”〔13〕“尽晋国”，全部占据魏国原来所分晋国之土地。按：韩、赵、魏三家分晋，魏得晋之河东、河西、河内之地。故《索隐》云：“河东、河西、河内并是魏地，即故晋国。今言秦蚕食魏氏，尽晋国之地也。”〔14〕“暴子”，《集解》引徐广曰：“韩将暴鸢。”《六国年表》载：韩釐王咎二十一年，“暴鸢救魏，为秦所败，走开封。”《韩世家》作“暴䳒”。二字通用，皆音 yuán。〔15〕“割八县”，《魏世家》载：安釐王“二年，又拔我二城，军大梁下，韩来救，予秦温以和。”故《秦本纪》云：“（昭王）三十二年，相穰侯攻魏，至大梁，破暴鸢，斩首四万，鸢走，魏入三县请和。”“三县”，先拔之二城加温。“八县”无考。〔16〕“厌”，通“餍”，满足。〔17〕“劫”，威胁，胁迫。〔18〕“讲”，和，和好；又通“媾”，媾和。按：魏同楚、赵、韩等国合纵以抗御秦国，魏若单独同秦讲和，就等于背弃了合纵盟国，故曰“背楚、赵而讲秦”。〔19〕“质”，人质。〔20〕“《周书》”，《尚书·周书》。“惟命不于常”，语出《周书·康诰篇》，意谓天命无常。“幸”，侥幸，偶然性。下文“天幸”，徼天之幸，非人力所为，意略同。“数”，多次遇到，常例，规律性；与下文“是以天幸自为常也”句中的“常”意同。〔21〕“胜甲”，精兵。“胜”，优秀、出众。〔22〕“汤、武”，商朝开国之君商汤王、周朝开国之君周武王。〔23〕“罢”，通“疲”，弊也。〔24〕“陶邑必亡”，《正义》云：“定陶近大梁，穰侯攻梁兵疲，定陶必为魏伐。”“亡”，丢失。〔25〕“疑”，犹豫不决；此指“魏之长吏”劝说魏王“必无讲”或“少割而有质”，魏王对此二说尚在犹豫未决中。〔26〕“少割”，以让魏少割土地给秦而秦兵解大梁之围的办法。“收”，即下文的“收魏”，指将魏国从合纵联盟中分化、争取过来，以瓦解其纵约。〔27〕“魏之先己”，魏国事前不同楚、赵协商而抢先单独同秦国和好。“先己”，先于己（楚、赵）。〔28〕“从以此散”以下二句，合纵抗秦联盟因此被拆散，而您就可以根据此后的形势来选择需要联合和应该打击的国家了。〔29〕“割晋国”以下三句，与史实有所出入。本文所言事理，多有时序失误，逻辑失据或不可考者，此又一例。从语法角度考之，此三句所言，乃未然之理。意思是说，楚、赵、韩、魏诸国之纵约被拆散之后，秦国要想割去魏国之晋地，不需用兵，魏国必然就会效纳其距秦最近、受威胁最大的绛邑、安邑，以讨好秦国，免受打击。然从史实之角度考之，魏献其河东之安邑等地，却是已然之事。据《秦本纪》、《六国年表》与《魏世家》载，秦昭王十七年，魏已“入河东四百里”于秦；十八年，秦又取魏“城大小六十一”；二十一年，魏又“纳安邑与河内（一部）”于秦（以上引文，皆据《年表》）。故《考证》云：“效绛、安邑，既往之事；‘必’字疑衍，《（战国）策》无。”今姑存疑。〔30〕“两道”，《索隐》承上文云：“穰侯封陶，魏效绛与安邑，是得河东地；言从秦适陶，开河西（按：已有）、河东之两道。”《正义》连下文言：“穰（侯）故封定陶，故宋及单父是陶之南道也，魏之安邑及绛是陶北道。”二说皆通。〔31〕“故宋”，时宋已为齐所灭，故云。〔32〕“单父”，春秋时鲁邑，何时入卫不详，故城在今山东省单县南。按：本句所言，《考证》也认为是“既往之事”。〔33〕“无行危”，《索隐》：“莫行围梁之危事。”“行危”，做冒险之事。〔34〕“乃罢梁围”，《六国年表》、《魏世家》皆云：“与秦温以和。”《考证》指出：“‘遂围大梁’以下，本《魏策》，但末段‘且君之得地，岂必以兵哉’以下，与《策》颇异，文盖有讹误。”

【译文】秦昭王三十二年，穰侯被尊为相国，领兵攻魏，击溃芒卯，占领北宅，于是进军包围了魏国的都城大梁。这时梁国大夫须贾劝说穰侯道：“我听到魏国的高级官员们对魏王说：‘以前梁惠王讨伐赵国时，曾战胜赵军于三梁，并攻下了赵国的都城邯郸；但是赵国（坚持抗战，）不肯割地以求和，因而邯郸又被赵国收复。齐国人进攻卫国时，也曾攻下了卫国的故都楚丘，并杀死了卫将子良；可是卫国也是（坚持抵抗，）不肯割让土地以求和，因而故都也被收回。卫国、赵国之所以能使国家保全、军队强劲而土地不被诸侯所兼并，就是因为它们能够忍辱负重而又不肯割让土地的缘故。宋国、中山国多次被伐而割让土地，国家随之也就灭亡。我们认为卫、赵两国可以效法，而宋和中山应该引以为戒。秦国是一个贪婪而又暴虐无情的国家，不可以亲近。它像蚕吃桑叶那样一块块地吞食魏国的领土，现又大范围地全部吞并了魏国所属晋地，战胜了前来增援我国的韩将暴鸢，并又割让给它八个县，这些土地它还没有完全接收，发动新的进攻的军队就又出动了。秦国有什么满足！现在它又击溃了芒卯，占领了北宅，并非真敢进攻大梁，而是将以此来劫迫大王，借以达其多割地的目的。大王千万不要听从它的要求。现在如果大王背弃与楚、赵的合纵盟约而单独同秦国讲和，楚、赵必然恼怒而抛弃大王，同大王争着去事奉秦国，秦国必然会接受它们。秦国带领着楚、赵的军队再来进攻梁国，那时梁国想不灭亡，就不可能了。希望大王一定不要讲和。大王如想讲和，也要少割地且有秦国的人质，不然的话，必定被欺骗。’这就是我在魏国听到的情况，希望您根据这些情况来考虑战事的去从。《周书》上说：‘天命不是固定不变的。’这说的就是侥幸的机会不可能多次遇到。战胜暴鸢，割去八县，这并不是兵力的精锐，计谋的巧妙，偶然的机遇占了很大的成分。现在又击溃了芒卯，占领了北宅，而且进攻大梁，这分明是把偶然的机遇自认为规律，聪明的人是不这样看待的。我听说魏国全部调动它上百个县的精兵，来进守国都大梁，我认为不会少于三十万。用三十万人的众多兵力，守卫梁国国都五六丈的高城，我认为即使商汤王、周武王再生，也是不容易攻下的。轻视背后楚国、赵国的援兵，攀登五六丈的高城，迎战三十万之多的守军，而且还立志要一定将它攻下，我以为这是自从天地开辟以至于今，未曾有过的事。攻而不下，秦军必然疲弊败退，距大梁很近的陶邑也一定会丢失，那么前功就必定尽弃了。现在魏国正在犹豫，可以用少割土地的甜头来收服它。希望您趁楚、赵二国的援兵尚未到达大梁的时机，赶快用少割土地的办法收服魏国。魏国正在犹豫之中，能把少割让土地视为有利条件，一定会愿意的，那么您的愿望就实现了。楚国、赵国对魏国抢先单独同秦国讲和的作法感到恼火，必然争着事奉秦国，合纵联盟因此而瓦解，而您随后就可以选择您所要打击的对象。况且您想得到土地，难道一定要用兵吗？譬如过去秦国割去了魏国所属大部分晋地后，秦兵不用进攻，而魏国就必然地献出了绛邑和安邑两座孤城。这样一来又为陶邑开辟了河东、河西两条通道，又几乎全部占有了原来宋国的土地，所以卫国也必然地献出了受威胁的孤城单父。（这种威慑的策略）可以使秦军完整无损，而您节制统帅着它，何求而不得，何为而不成！希望您仔细地考虑进攻大梁之事而不要采取冒险的行动。”穰侯说：“好。”于是就解除了对大梁的包围。

明年，魏背秦，与齐从亲。秦使穰侯伐魏，斩首四万，走魏将暴鸢，〔1〕得魏三县。穰侯益封。

【注释】〔1〕“魏将暴鸢”，《考证》引梁玉绳曰：“魏将乃韩将之误。”按：《六国年表》谓其被秦兵败后“走开封”，或此后为魏将耶？

【译文】第二年，魏国背弃了秦国，而与齐国合纵相亲。秦国使穰侯讨伐魏国，斩首四万，击溃了魏将暴鸢，夺得了魏国三个县。穰侯因而增加了封地。

明年，穰侯与白起、客卿胡阳复攻赵、韩、魏，〔1〕破芒卯于华阳下，〔2〕斩首十万，取魏之卷、蔡阳、长社，〔3〕赵氏观津。〔4〕且与赵观津，益赵以兵，伐齐。齐襄王惧，使苏代为齐阴遗穰侯书曰：“臣闻往来者言曰‘秦将益赵甲四万以伐齐。’〔5〕臣窃必之敝邑之王曰：〔6〕‘秦王明而熟于计，穰侯智而习于事，必不益赵甲四万以伐齐’。是何也？夫三晋之相与也，秦之深雠也。百相背也，百相欺也，不为不信，不为无行。〔7〕今破齐以肥赵，赵，秦之深雠，不利于秦。此一也。秦之谋者必曰：‘破齐，弊晋、楚，〔8〕而后制晋、楚之胜。’夫齐，罢国也，以天下攻齐，如以千钧之弩决溃痈也，必死，安能弊晋、楚？此二也。秦少出兵，则晋、楚不信也；多出兵，则晋、楚为制于秦。齐恐，不走秦，〔9〕必走晋、楚。此三也。秦割齐以啖晋、楚，〔10〕晋、楚案之以兵，〔11〕秦反受敌。此四也。是晋、楚以秦谋齐，以齐谋秦也，何晋、楚之智而秦、齐之愚？此五也。故得安邑以善事之，亦必无患矣。秦有安邑，韩氏必无上党矣。〔12〕取天下之肠胃，〔13〕与出兵而惧其不反也，孰利？臣故曰秦王明而熟于计，穰侯智而习于事，必不益赵甲四万以伐齐矣。”于是穰侯不行，引兵而归。

【注释】〔1〕“胡阳”，又作“胡易”、“胡伤”，本卫人，仕秦为中更（官名）。《战国策·赵策三·秦攻赵蔺离石祁拔章》：“（秦王）令卫胡易伐赵，攻阏与。”《秦本纪》秦昭王三十八年，“中更胡伤攻赵阏与。”黄丕烈以为：“‘易’当作‘昜’，‘昜’、‘伤’同字”。按：“昜”，《说文》段玉裁注以为：“此阴阳正字也。” 〔2〕“华阳”，此指韩之华阳亭。〔3〕“卷”，即今河南省原阳县西南之原武故城，原为魏之卷邑，汉置卷县，隋时移置原武县于此。“蔡阳”，《正义》曰：“《括地志》云：‘蔡阳，今豫州（河南禹县）上蔡水之阳，古城在豫州北七十里。’”“长社”，魏邑，后置县，故城在今河南省长葛市老城西。〔4〕“观津”，赵邑，汉置县，故城在今河北省武邑县东南二十五里。〔5〕“往来者”，路人，亦指使者。〔6〕“必之敝邑之王曰”，预断于我们齐国的国王说。“必”，《考证》云：“豫决也。”“之”，相当于“于”。“王”，齐襄王法章。〔7〕二“为”字，作“算是”讲。〔8〕“弊晋、楚”，苏代这篇遗穰侯书，司马迁抄自《战国策·秦策二·陉山之事章》，本无“楚”字。然从下文苏代所说秦“以天下攻齐”句看，秦国准备发动的这场攻齐的战争，除秦、赵参加之外，应该还有别的国家，司马迁添上“楚”，似有所据。“晋”，即“三晋”，下同。〔9〕“走”，投奔，投靠。高诱注：“齐畏秦，故不趋秦；而与晋、楚同患，故趋晋、楚。”〔10〕“啖”，给吃，食。《战国策》作“实”，充实，加强。“啖”作“食”解，是打比方，亦充实、增强之意。〔11〕“案”，《战国策》作“举”。“案”，通“按”，按兵即举兵加之。本句《战国策》作“齐举兵而为之顿剑”。〔12〕“上党”，郡名，治今山西省长治县西，原辖有今山西省东南地区之“城市邑十七”（《韩世家》）。战国时本属韩，后因秦军逼而降赵，终为秦所取。《韩世家》载：韩桓惠王“十年，秦击我于太行，我上党郡守以上党郡降赵。十四年，秦拔赵上党，杀马服子卒四十余万于长平”。按：韩都新郑，在今河南中部；上党郡在今山西东南。秦昭王二十一年占有魏之安邑，恰在二者中间。上党与新郑，原有“太行”道相通，秦占太行后，“中绝不令相通”（《韩世家》），断绝其一切增援、供养，故上党陷入绝境而降赵。苏代此言，在秦昭王三十四年；秦拔上党，在四十七年，其间仅十三年耳。〔13〕“肠胃”，高诱注：“喻腹心也。”秦居西鄙，齐处东鄙，上党与之相比，犹天下之腹心，极言其地位之重要。

【译文】此后的第二年，穰侯与白起、客卿胡阳再次进攻赵国、韩国和魏国，在韩国的华阳城下打败了魏将芒卯，斩首十万，夺取了魏国的卷邑、蔡阳、长社和赵国的观津。而且随即又把观津交还给了赵国，并增援赵国兵力，让它（联合各国的军队）去讨伐（曾经与魏国合纵相亲的）齐国。齐襄王很害怕，就使苏代替齐国秘密地送给穰侯一封信说：“我听到道路上南来北往的人说‘秦国将要增援赵国兵力四万来讨伐齐国’。我给我们敝国的国王猜度判断说：‘秦王英明而长于谋划，

穰侯多智而善于处事，一定不会增援赵国兵力四万来讨伐齐国。’这是为什么呢？因为三晋（赵、韩、魏）的团结，就是秦国的深仇大敌。对于它们就是百次背弃，百般欺骗，都不算是不讲信用，都不算是不讲道义。现在却用击破齐国的办法来壮大赵国，赵国是秦国的深仇大敌，这不利于秦国。这是一。秦国的谋士们一定会说：‘击破齐国，疲弊晋、楚，然后制取晋、楚的胜利。’而齐国已经是一个疲困不堪的国家，用天下各国的兵力攻打齐国，就像是用有千钧之力的强弩去穿破一个即将溃烂的疮包一样，它必亡无疑，又怎能疲弊晋、楚？这是二。秦国少出兵，那么就取不得晋、楚的信任（以为是叫自己去为秦国卖命）；多出兵，那么晋、楚又会认为自己是被秦国所挟制。齐国害怕，不会投奔秦国，必将投靠晋、楚。这是三。秦国割让齐国来饱食壮大晋、楚，晋、楚调转矛头以兵相加，秦国反而受敌。这是四。这实际上是晋、楚在利用秦国来算计齐国，又利用齐国来算计秦国，为什么晋、楚如此的聪明而秦、齐如此的愚蠢？这是五。所以得到安邑而很好地治理它，也就没有祸患了。秦国有了安邑，韩国就必然要失去上党。取上党这个天下腹心要害之地，同出兵伐齐而又担心它不能返回，哪一个有利？我因此说秦王英明而长于谋划，穰侯多智而善于处事，一定不会增援赵国兵力四万来讨伐齐国的。”于是穰侯中止了伐齐之事，领兵而回。

昭王三十六年，相国穰侯言客卿灶，〔1〕欲伐齐取刚、寿，〔2〕以广其陶邑。于是魏人范睢自谓张禄先生，〔3〕讥穰侯之伐齐，〔4〕乃越三晋以攻齐也，以此时奸说秦昭王〔5〕。昭王于是用范睢。范睢言宣太后专制，穰侯擅权于诸侯，泾阳君、高陵君之属太侈，富于王室。于是秦昭王悟，乃免相国，〔6〕令泾阳之属皆出关，就封邑。〔7〕穰侯出关，辎车千乘有余。

【注释】〔1〕“言”，建言任用，举荐。“灶”，《战国策·秦策三·秦客卿造谓穰侯章》作“秦客卿造”。按：“灶”、“造”，音近相假。穰侯建言在秦昭王三十六年，而“伐齐”之事在三十七年，故《六国年表》载：秦昭王三十七年，“秦、楚击”齐之“刚、寿”。《秦本纪》作昭王“三十六年，客卿灶攻齐，取刚、寿，予穰侯”，时间有误。〔2〕“刚”，齐邑，汉置刚县，故城在今山东省宁阳县东北。“寿”，齐邑，汉置须昌县，故城在今山东省东平县西南。按：穰侯益封之定陶在齐即今山东省之西南边陲，而刚、寿二邑在定陶东北，故下句曰“以广其陶邑”。〔3〕“范睢”，字叔，初以家贫事魏中大夫须贾，后被贾诬陷，遭魏相魏齐笞击，“折胁摺齿”，裹以苇簿，弃置厕中，更溺僇辱，几致于死。乃更名张禄，逃至秦国，说秦昭王。他先以“穰侯越韩、魏而攻齐刚、寿”，即得地秦也不能保有，反而劳民伤财，带来严重后果；“不如远交近攻，得寸则王之寸也，得尺则王之尺也”之说，取信昭王，拜为客卿，参“谋兵事”。继以宣太后、穰侯、华阳君、高陵君、泾阳君专权太侈，昭王孤立，“万世之后，有秦国者，非王之子孙也”之说，使“昭王闻之大惧”，终于“废太后，逐穰侯、高陵、华阳、泾阳于关外”，代穰侯而为秦相（《范睢蔡泽列传》）。〔4〕“讥”，非议，抨击。〔5〕“奸说”，请求进说。“奸”，通“干”，求。〔6〕“免相国”，免去穰侯相国之官职。《秦本纪》云，秦昭王四十二年“九月，穰侯出之陶”。“十月，宣太后薨，葬芷阳郦山”。太后已死，故此不言太后。〔7〕“令泾阳之属皆出关，就封邑”，《秦本纪》载，秦昭王十六年，又加“封公子市（按：即泾阳君）宛、公子悝（按：指高陵君）邓、魏冉陶为诸侯”。“宛”，在今河南省南阳县；“邓”，在河南省新野县；“陶”，即今山东省定陶县。此皆三人原封“泾阳”、“高陵”、“穰邑”之外的加封之地，且都在秦函谷关外，“出关，就封邑”指此。

【译文】秦昭王三十六年，相国穰侯建议任用客卿灶为秦将，想叫他讨伐齐国夺取刚、寿二邑，以扩大自己的陶邑。于是魏国人范雎自称为张禄先生，抨击穰侯讨伐齐国，是越过三晋而进攻齐国，（犯了战略上的错误，）趁这个机会请求进说秦昭王。昭王于是任用范雎为客卿。范雎又说宣太后专制于朝政，穰侯擅权于外交，泾阳君、高陵君之辈奢侈过度，比王室还富足。于是昭王省悟，就免去了穰侯相国的职务，命令泾阳君之辈都迁出关外，回到各自的封地去。穰侯迁出关外的时候，运载货物的车子就有一千多辆。

穰侯卒于陶，而因葬焉，〔1〕秦复收陶为郡。〔2〕

【注释】〔1〕“葬焉”，埋葬于此地（陶邑），言其至死未被赦罪。〔2〕“收陶为郡”，言其人死国除，子孙不得袭其封号、封地。“为郡”，意为归属于后来的“薛郡”（治曲阜），非以定陶为郡。

【译文】穰侯后来死在陶邑，因而就埋葬在那里。秦国又收回陶邑而改设为郡（的一部分）。

太史公曰：穰侯，昭王亲舅也；而秦所以东益地，弱诸侯，尝称帝于天下，〔1〕天下皆西乡稽首者，〔2〕穰侯之功也。及其贵极富溢，一夫开说，〔3〕身折势夺而以忧死，况于羁旅之臣乎？〔4〕

【注释】〔1〕“称帝”，即前文“昭王十九年，秦称西帝，齐称东帝”之事。〔2〕“乡”，通“向”。〔3〕“一夫”，指范雎，犹言一个一般的人。又指某件事情的发难者、首倡者。“开说”，对秦昭王开导讲说其利害。〔4〕“羁旅之臣”，寄居于他国做官的人，客卿。

【译文】太史公评论说：穰侯是秦昭王的亲舅父，而且秦国之所以能够向东扩大土地，削弱诸侯，并曾称帝天下，使天下之君都西向叩头朝拜，又是穰侯的功劳。到他尊贵达到极点、富足超过限度的时候，一个普通人向秦昭王一开陈其利害，即刻就身遭屈辱、权势削夺，以至于忧愤而死，何况是那些寄居别国、无亲无

故的外来之臣呢！

白起王翦列传

白起者，郿人也。[1]善用兵，事秦昭王。[2]昭王十三年，而白起为左庶长，[3]将而击韩之新城。[4]是岁，穰侯相秦，[5]举任鄙以为汉中守。[6]其明年，[7]白起为左更，攻韩、魏于伊阙，[8]斩首二十四万，又虏其将公孙喜，[9]拔五城。起迁为国尉。[10]涉河取韩安邑以东，[11]到乾河。[12]明年，[13]白起为大良造，[14]攻魏，拔之，取城大小六十一。[15]明年，[16]起与客卿错攻垣城，[17]拔之。后五年，白起攻赵，拔光狼城。[18]后七年，白起攻楚，拔鄢、邓五城。[19]其明年，[20]攻楚，拔郢，[21]烧夷陵，[22]遂东至竟陵。[23]楚王亡去郢，[24]东走徙陈。[25]秦以郢为南郡。[26]白起迁为武安君。[27]武安君因取楚，定巫、黔中郡。[28]昭王三十四年，白起攻魏，拔华阳，走芒卯，而虏三晋将，斩首十三万。[29]与赵将贾偃战，沉其卒二万人于河中。昭王四十三年，白起攻韩陉城，[30]拔五城，斩首五万。四十四年，白起攻南阳太行道，[31]绝之。

【注释】〔1〕“郿”，在今陕西眉县东。〔2〕“秦昭王”，即秦昭襄王嬴稷，公元前三〇六年至前二五一年在位。〔3〕“昭王十三年，而白起为左庶长”，据《秦本纪》，昭王十三年，起为左更。按秦爵制，左庶长为二十等爵的第十级。左更为二十等爵的第十二级。起为左更在昭王十四年，下文可证。《秦本纪》误为昭王十三年。〔4〕“将”，带兵。“新城”，地望不明，疑在今山西境。〔5〕“穰侯”，魏冉，秦昭王舅，封于穰，史称“穰侯”。〔6〕“任鄙”，传为大力士。“汉中”，秦惠文王十三年置汉中郡，故地在今陕西汉中市。〔7〕“其明年”，为昭王十四年。〔8〕“伊阙”，在今河南省洛阳市南，伊水经其间北流，谓之伊阙。阙口断崖，有南北朝以来佛教窟龛二千一百多，通称龙门石窟。〔9〕“公孙喜”，魏将。〔10〕“国尉”，武官名。至秦始皇兼并天下，立百官之职，改称太尉，见杜佑《通典·职官一》。〔11〕“涉河”，渡黄河。“安邑”，在今山西夏县西北。安邑本魏首邑，秦既渡河，当已先取安邑。〔12〕“乾河”，郭璞曰：“今河东闻喜县东北有乾河口。”安邑以东到乾河本韩故地。〔13〕“明年”，秦昭王十五年。《秦本纪》亦有“十五年，大良造白起攻魏取垣”的记载。关于系年，《史记》记载紊乱，前辈史家多有论述。本篇记其大要，不作详考。〔14〕“大良造”，即大上造，是二十等军功爵的第十六级。〔15〕“攻魏，拔之，取城大小六十一”，《秦本纪》作“攻魏，取垣”。《六国年表》魏表记“取城大小六十一”于魏昭王七年，即秦昭王十八年。秦表同年亦记“取城大小六十一”，惟主将是客卿错，不是白起。〔16〕“明年”，于本传当为秦昭王十六年，《秦本纪》则记在昭王十八年。〔17〕“垣城”，在今山西垣曲县。〔18〕“后五年，白起攻赵，拔光狼城"，白起攻赵，拔光狼城，《秦本纪》记在秦昭王二十七年。光狼旧邑，据《括地志》，在山西高平县西。〔19〕"七年，白起攻楚，拔鄢、邓五城"，《秦本纪》："二十八年，大良造白起攻楚，取鄢、邓。"据本《传》推算，"后七年"，亦为秦昭王二十八年。"拔鄢、邓五城"，梁玉绳《史记志疑》云："乃拔鄢、邓、西陵三城之误。"《通鉴》正作"鄢、邓、西陵"三城。"鄢"，在今湖北宜城县西南。"邓"，在今河南邓县。〔20〕"其明年"，为秦昭王二十九年。这一年，秦王封白起为武安君。〔21〕"郢"，楚都。楚昭王迁都于鄀，即名鄀曰"鄀郢"，以别于原来郢都。〔22〕"夷陵"，在今湖北宜昌市东南。〔23〕"竟陵"，在今湖北省潜江县境。〔24〕"楚王"，谓楚顷襄王熊横。公元前二九八年至前二六三年在位。"郢"，谓鄢郢。〔25〕"陈"，在今河南省淮阳县及安徽省亳县一带。楚王去郢徙陈，在楚顷襄王二十一年。〔26〕"南郡"，治所在今湖北省江陵县。辖地东至武昌，西至巫山，北到襄阳，南到恩施。〔27〕"白起迁为武安君"，白起为武安君，本《传》及《穰侯列传》皆在秦昭襄王二十九年，《表》误在三十年。〔28〕"武安君因取楚，定巫、黔中郡"，殿本《秦本纪考证》："蜀守若伐取巫郡及江南，为黔中郡。"按：《春申君列传》亦言起取之。疑武安君与蜀守若共伐取。"巫郡"，今四川巫山县东有巫县故城，即巫郡治所。"黔中郡"，治所在临沅，今湖南常德市。〔29〕"昭王三十四年，白起攻魏，拔华阳，走芒卯，而虏三晋将，斩首十三万"，按：此处多误，梁玉绳《史记志疑》有考，此不具述。"华阳"，在今河南新郑东南。"芒卯"，魏将，亦作"孟卯"。〔30〕"白起攻韩"，在韩桓惠王九年。"陉"，在今山西曲沃境。白起攻韩仅拔陉城。下作"拔五城"者误。梁玉绳、王叔珉皆有说。〔31〕"南阳"，在今河南济源县一带。"太行道"，谓太行山羊肠阪道，皆韩地。

【译文】白起，秦昭王的臣子，郿邑人，善于用兵。昭王十三年，白起被任命为左庶长，率军进攻韩国新城。这年穰侯为秦相，提拔任鄙为汉中郡守。明年，白起升任左更，率军进攻韩、魏军于伊阙，斩获二十四万，俘魏将公孙喜，攻陷五座城池，白起升为国尉。他率军渡过黄河，攻取韩国安邑以东，到达乾河一带。第二年，白起任大良造，进兵攻魏，打败魏军，夺取大小城邑六十一座。明年，白起与客卿错攻陷垣城。五年之后，白起攻赵，攻克光狼城。七年后，白起攻楚，克鄢、邓五城。又二年，攻陷楚国郢都，烧毁夷陵，东进军竟陵。楚王逃离郢都，东迁国于陈邑。秦改郢城为南郡郡治，封白起为武安君。白起乘胜攻楚，平定巫郡、黔中。昭王三十四年，白起攻魏，陷华阳，魏将芒卯败逃，俘魏将三员，斩获十三万。白起与赵将贾偃战，溺毙赵兵两万于黄河。昭王四十三年，白起进攻韩国陉城，攻克五座城池，斩获五万。四十四年，白起进攻南阳太行道，切断韩对外联系的通道。

四十五年，伐韩之野王。〔1〕野王降秦，上党道绝。〔2〕其守冯亭与民谋曰：〔3〕"郑道已绝，韩必不可得为民。秦兵日进，韩不能应，不如以上党归赵。赵若受我，秦怒，必攻赵。赵被兵，必亲韩。韩、赵为一，则可以当秦。"因使人报赵。赵孝成王与平阳君、平原君计之。〔4〕平阳君曰："不如勿受。受之，祸大于所得。"〔5〕平原君曰："无故得一郡，受

之便。"[6]赵受之，因封冯亭为华阳君。[7]

【注释】〔1〕"野王"，在今河南沁阳县。〔2〕"上党"，战国韩地，后归赵。秦置上党郡，治所在壶关，即今山西长治市地。〔3〕"冯亭"，《汉书·冯奉世传》云："其先冯亭，为韩上党守。秦攻上党，绝太行道，韩不能守。冯亭乃入上党城守于赵。赵封冯亭为华阳君，与赵将括拒秦，战死于长平。"按：《战国策》言冯亭辞赵封入韩，似未参加长平之战。〔4〕"赵孝成王"，名丹，赵惠文王子。公元前二六五年至前二四五年在位。"平阳君"，赵豹，赵惠文王弟，封于平阳。"平原君"，赵胜，封于东武城。《战国策·赵策》引谅毅曰："平原君，亲寡君之母弟。""母弟"谓同母弟，故知平原君赵胜与惠文王同为惠后孟姚子。赵豹、赵胜皆赵孝成王叔父行。〔5〕"平阳君曰：不如勿受，受之，祸大于所得"，《赵世家》引平阳君豹对曰："圣人甚祸无故之利。"又曰："……韩氏所以不入于秦者，欲嫁其祸于赵也。秦服其劳而赵受其利，虽强大不能得之于小弱，小弱顾能得之于强大乎？岂可谓非无故之利哉！……必勿受也。"〔6〕"平原君曰：无故得一郡，受之便"，《赵世家》云："赵豹出，王召平原君与赵禹而告之。对曰：'发百万之军而攻，逾岁未得一城。今坐受城市邑十七，此大利，不可失也。'"〔7〕"因封冯亭为华阳君"，《赵世家》谓赵胜受地，以三万户都封太守，冯亭垂涕不见使者。《赵策》亦云："冯亭辞封入韩。"因知赵虽颁封，而冯亭不受。

【译文】秦昭王四十五年，白起进攻韩国野王。野王降秦，上党对外联系的通道断绝。上党郡守冯亭跟百姓商量道："通往郑都的道路已断绝，韩国一定不再把我们看作臣民。秦军日益进逼，韩国招架不住，不如把上党归附赵国。赵国如果接受我们，秦一恼火，必定进攻赵国。赵国遭受战祸，必定和韩国修好。韩、赵两国联成一体，就可以抵挡秦国。"冯亭派人向赵国通报。赵孝成王请来平阳君、平原君共商此事。平阳君说："还是不接受的好。如果接受，招来的祸患将大于所得。"平原君说："平白无故得到一个郡，有什么不好，还是接受吧！"赵国接受上党的归附，封冯亭为华阳君。

四十六年，秦攻韩缑氏、蔺，拔之。[1]

【注释】〔1〕"秦攻韩缑氏、蔺，拔之"，秦攻韩缑氏、蔺，在韩桓惠王十二年。韩桓惠王三年，秦、韩即启战端。桓惠王九年，秦攻取韩陉。十年，秦击韩于太行。《战国策·韩策》有"今韩受兵三年"语。十一年，韩上党郡守以郡降赵。韩桓惠王十二年，赵使廉颇拒秦于长平。缑氏，春秋时滑国，今河南偃师东南。"蔺"，在今山西离石县西。秦攻缑氏、蔺，《韩世家》缺载。

【译文】秦昭王四十六年，秦攻陷韩国的缑氏和蔺邑。

四十七年，秦使左庶长王龁攻韩，[1]取上党。[2]上党民走赵。赵军长平，[3]以按据上党民。[4]四月，龁因攻赵。赵使廉颇将。[5]赵军士卒犯秦斥兵，秦斥兵斩赵裨将茄。[6]六月，陷赵军，取二鄣四尉。[7]七月，赵军筑垒壁而守之。秦又攻其垒，取二尉，败其阵，夺西垒壁。[8]廉颇坚壁以待秦。[9]秦数挑战，赵兵不出。赵王数以为让。[10]而秦相应侯又使人行千金于赵为反间，[11]曰："秦之所恶，[12]独畏马服子赵括将耳，[13]廉颇易与，[14]且降矣。"赵王既怒廉颇军多失亡，军数败，又反坚壁不敢战，而又闻秦反间之言，因使赵括代廉颇将以击秦。[15]秦闻马服子将，乃阴使武安君白起为上将军，[16]而王龁为尉裨将，令军中有敢泄武安君将者斩。赵括至，则出兵击秦军。秦军详败而走，[17]张二奇兵以劫之。[18]赵军逐胜，[19]追造秦壁。[20]壁坚拒不得入，[21]而秦奇兵二万五千人绝赵军后，又一军五千骑绝赵壁间，赵军分而为二，粮道绝。而秦出轻兵击之。赵战不利，因筑壁坚守，以待救至。秦王闻赵食道绝，王自之河内，[22]赐民爵各一级，发年十五以上悉诣长平，[23]遮绝赵救及粮食。

【注释】〔1〕"秦使左庶长王龁攻韩"，"左庶长"为秦二十等爵的第十级。王龁屡代武安君为将，至秦庄襄王三年，王龁犹统军击上党，秦始皇时为将军。始皇帝二年，王龁死。〔2〕"取上党"，据《赵世家》，上党辖城市邑十七。"取上党"谓秦所攻取者，仅上党一城，其余广大地区，均随其守冯亭降赵。〔3〕"赵军长平"，谓赵陈兵长平。"长平"，在今山西高平县西北。〔4〕"按据"，复语，义并同"抑"。控制的意思。〔5〕"廉颇"，赵惠文王时良将，始见于赵惠文王十六年（见《赵世家》）。里居不详。〔6〕"斥兵"，侦察兵。"裨将"，副将。〔7〕"鄣"，边境险要处戍守的城堡。"尉"，职位低于将军的武官。〔8〕"西垒壁"，《正义》云："赵西垒在泽州高平县北六里是也。即廉颇坚壁以待秦，王龁夺赵西垒壁者。"〔9〕"坚壁"，坚守垒壁。〔10〕"赵王数以为让"，《记纂渊海》卷七二引作"赵王数让颇"。"让"，责备。〔11〕"应侯"，魏人范雎任秦相，封为应侯。"反间"，离间敌人，促其内讧。《范雎列传》云："昭王用应侯谋，纵反间卖赵。赵以其故令马服子代廉颇将。"〔12〕"恶"，与下句"畏"互文。"恶"犹"畏"。《通鉴》"恶"正作"畏"。〔13〕"赵括"，赵击秦名将赵奢子。赵惠文王赐奢号为马服君，因称括为马服子。〔14〕"易与"，犹"易取"。〔15〕"因使赵括代廉颇将以击秦"，《廉颇蔺相如列传》云：及括将行，其母上书言于王曰："括不可使将。"又曰："父子异心，愿王勿遣。"〔16〕"阴"，义同"密"。《水经注》引"阴"作"密"。"上将军"，位在大将军上。〔17〕"详"，《太平御览》、《通鉴》并作"佯"，二字通。〔18〕《通鉴》注云："劫，势胁也。《说文》：人欲去，以力胁止曰劫。"〔19〕"逐胜"，乘胜追击。〔20〕《通鉴》注："造，诣也。"〔21〕"壁坚拒不得入"，《太平御览》引《秦策》作"秦壁坚距"。"拒"、"距"古今字。〔22〕"自"，义为"即"。《韩非子·说林篇上》："韩、魏反之外，赵氏应之内，智氏自亡。""自"为"即"义之例。"河内"，黄河以北地。〔23〕"发年十五以上悉诣长平"，上党地区已为秦所有，故征发其民从军。年十五是应征入伍的年龄。

【译文】秦昭王四十七年，秦派左庶长王龁进攻韩国，攻占上党郡。上党的百姓逃往赵国。赵军进驻长平，以镇抚上党的百姓。四月，王龁据此为由以攻赵。赵国派廉颇为将。赵军与秦侦察兵遭遇，秦侦察兵斩杀赵副将茄。六月，秦进攻赵军阵地，攻占两个要塞，斩杀都尉四人。七月，赵军修建防御工事固守，秦再次进攻赵军营垒，俘获都尉二人，打败赵军，攻占赵军西营盘。廉颇加固营垒的防御工程以抵御秦军的进攻，秦兵多次挑战，赵兵固守不出。赵王不止一次责备廉颇不肯应战。秦相应侯派人携带千金到赵国施行反间计。扬言说："秦国谁也不怕，就怕马服君的儿子赵括带兵，廉颇好对付，快战败投降啦！"赵王早就为廉颇几次战败，部队伤亡很重而生气，加上他又坚守营垒不肯应战，这回又听到秦国反间散布的流言蜚语，于是派赵括代替廉颇为将以攻秦。秦国探听到马服君儿子果真代替廉颇为将的消息，暗地里委派武安君白起为上将军，王龁为副将，下令全军：有敢泄漏武安君为将的这一军中机密者斩。赵括来到军中，立即下令出击，秦军伪装战败逃跑，另派两部奇兵准备偷袭赵营。赵军乘胜追逐，直抵秦营。秦军防守坚固，难以攻破；而秦派出的奇兵二万五千人已经切断赵军的退路。另一路五千人的轻骑兵部队，又把赵军固守的阵地包围起来。赵军被切断为二，粮道断绝。秦轻骑部队袭击赵军。战局对赵军不利，只好构筑工事，固守待援。得知赵向前线运送给养的通道已被堵死，秦王立即来到河内，赏赐百姓各晋爵一级。征发年满十五岁的适龄壮丁全部开赴长平。赵军的粮草供应和救兵的来源全被切断。

至九月，赵卒不得食四十六日，皆内阴相杀食。来攻秦垒，欲出。为四队，四五复之，不能出。其将军赵括出锐卒自搏战，秦军射杀赵括。〔1〕括军败，卒四十万人降武安君。武安君计曰："前秦已拔上党，上党民不乐为秦而归赵。〔2〕赵卒反覆，非尽杀之，恐为乱。"乃挟诈而尽坑杀之，遗其小者二百四十人归赵。前后斩首虏四十五万人。〔3〕赵人大震。

【注释】〔1〕"秦军射杀赵括"，《廉颇列传》亦曰："秦军射杀赵括。"《赵世家》云："秦人围赵括，赵括以军降。"据史传，赵括固非降将。〔2〕"上党民不乐为秦而归赵"，谓上党民不乐变成秦的子民。"为"，变成。〔3〕"首虏"，所获敌人的首级。

【译文】到九月，赵兵断粮已四十六天，暗中互相残杀充饥。赵军袭击秦营，意欲突围。赵军分成四队，轮番冲锋者四五次，未能冲杀出去。赵军统帅赵括亲率精锐部队与秦军搏战，秦军射杀赵括，赵括军战败，所部四十万人全部投降武安君。武安君想："秦军本已攻克上党，上党老百姓不乐意归顺秦国，反而投奔赵国。赵兵反覆无常，不全部杀掉，必遗后患。"于是使用欺骗手段，将赵降卒全部活埋。剩下不够岁数的儿童兵二百四十人，遣返归赵。赵兵前后阵亡和被坑杀的计四十五万人。赵国上下闻讯十分震骇。

四十八年十月，[1]秦复定上党郡。秦分军为二：[2]王龁攻皮牢，[3]拔之；司马梗定太原。[4]韩、赵恐，[5]使苏代厚币说秦相应侯曰：[6]“武安君禽马服子乎？”[7]曰：“然。”又曰：“即围邯郸乎？”[8]曰：“然。”“赵亡则秦王王矣，[9]武安君为三公。[10]武安君所为秦战胜攻取者七十余城，南定鄢、郢、汉中，[11]北禽赵括之军，虽周、召、吕望之功不益于此矣。[12]今赵亡，秦王王，则武安君必为三公，君能为之下乎？虽无欲为之下，固不得已矣。秦尝攻韩，围邢丘，[13]困上党，上党之民皆反为赵，天下不乐为秦民之日久矣。今亡赵，北地入燕，东地入齐，南地入韩、魏，[14]则君之所得民亡几何人。[15]故不如因而割之，无以为武安君功也。”于是应侯言于秦王曰：“秦兵劳，请许韩、赵之割地以和，且休士卒。”[16]王听之，割韩垣雍、赵六城以和。[17]正月，皆罢兵。武安君闻之，由是与应侯有隙。[18]

【注释】〔1〕“十月”，梁玉绳《史记志疑》谓为衍文。王叔珉《史记斠证》云：“十月疑本作十月，即七月。”〔2〕“秦分军为二”，梁玉绳云：“《秦纪》云分军为三。此只言王龁、司马梗二军者，不数武安君先归之一军也。”按：《通鉴》亦云“分军为三”。〔3〕“皮牢”，韩邑，在今山西翼城县东。或曰在今山西河津县境。〔4〕“太原”，赵邑，在今山西太原。〔5〕“赵”，《通鉴·周纪五》作“魏”。〔6〕“苏代”，东周洛阳人，纵横家。“应侯”，魏人范雎。〔7〕“禽”，杀。〔8〕“邯郸”，赵都，在今河北省邯郸市西南。〔9〕“赵亡则秦王王矣”，《通鉴》注：“秦之称王自王其国耳，今破赵国则将王天下也。”〔10〕“三公”，《春秋公羊传》谓为天子之相。秦在习惯上称中央最高官吏为三公。《李斯列传》亦有“诮让斯居三公位”语。〔11〕“汉中”，在今陕西省南郑市。〔12〕“周”，周公姬旦，周武王弟。“召”，召公姬奭，文王庶子，为成王营洛邑。“吕望”，姜姓吕氏，名尚，号太公望，辅周武王灭商有功。〔13〕“邢”，“陉”之借字。“丘”，衍文。陉城在今山西曲沃县附近。《韩世家》曰“桓惠王九年，秦拔我陉，城汾旁。十年，秦击我于太行，我上党郡守以上党降赵”，即本文“秦尝攻韩，围邢丘，困上党，上党之民皆反赵”所指。〔14〕“韩”，疑误，《战国策·秦策》作“楚”。〔15〕“亡几何人”，“亡”，与“无”通。《汉书·赵充国传》：“亡虑万二千人。”裴学海曰：“亡虑与无虑同。”王叔珉曰：“几何下不必有人字。《秦策》无人字。”〔16〕“且”，犹“并”。“且”训“并”，“并”亦训“且”。《论衡·非韩篇》“此所谓文武张设，德力且足者也”，是其例。〔17〕“垣雍”，《秦本纪》云：“四十八年十月，韩献垣雍。”《集解》引司马彪曰：“河南卷县有垣雍城。”按：垣雍在今河南原阳县境。〔18〕“武安君闻之，由是与应侯有隙”，施之勉引《邹阳传集解》：“苏林曰：白起为秦伐赵，破长平军，欲遂灭赵，遣卫先生说昭王益兵粮，乃为应侯所害，事用不成。”可证白起、应侯构隙之深。

【译文】四十八年十月，秦再次平定了上党郡。秦兵分二路：一路王龁进攻皮牢，打下了皮牢。一路司马梗平定了太原。韩、赵恐惧，派遣苏代带着厚礼游说秦相应侯说："武安君已擒杀马服君儿子了么?"答："是的。"问："说话就要围攻邯郸了么?"答："是的。"苏代说："赵国亡，秦王称王于天下，武安君位列三公。武安君为秦攻城略地，下七十余城，南平定鄢、郢、汉中，北消灭赵括之军，周公、召公、吕望的功勋，也不过如此。赵国亡，秦王称王于天下，武安君肯定位列三公，阁下能听他的指挥么？到那时哟！不想听他的指挥，已经由不得你自己了！秦过去进攻韩国，包围邢丘，围困上党，上党老百姓纷纷归附赵国，天下之民不愿意当秦国的百姓为时已久。如果灭赵，它北方的疆土将落入燕国，东方的疆土将落入齐国，南方的疆土将落入韩、魏，那么，归顺秦国的子民，就为数无多了。不如趁此机会，割占其土地，不要再给武安君以加功晋爵的机会了！"于是，应侯向秦王进言曰："秦兵苦战疲劳，请允许韩、赵割地求和，士卒也可得以休整训练。"秦王采纳应侯的意见，割取韩垣雍、赵六城言和。正月，双方停战。武安君了解到秦与韩赵言和的经过，从此与应侯不和。

其九月，秦复发兵，使五大夫王陵攻赵邯郸。〔1〕是时武安君病，不任行。〔2〕四十九年正月，陵攻邯郸，少利，〔3〕秦益发兵佐陵，陵兵亡五校。〔4〕武安君病愈，秦王欲使武安君代陵将。武安君言曰："邯郸实未易攻也。且诸侯救日至，彼诸侯怨秦之日久矣。今秦虽破长平军，而秦卒死者过半，国内空。远绝河山而争人国都，〔5〕赵应其内，诸侯攻其外，破秦军必矣。不可。"秦王自命，不行，乃使应侯请之，武安君终辞不肯行，〔6〕遂称病。

【注释】〔1〕"使五大夫王陵攻赵邯郸"，《秦本纪》："其十月，五大夫陵攻赵邯郸。""五大夫"，爵位名。秦制二十等爵的第九级。〔2〕《正义》："任，人针反，堪也。""不任行"，谓不能行。成公三年《左传》："臣不任受怨，君亦不任受德。"刘淇云："任犹能也。"〔3〕"陵攻邯郸，少利"，《群书治要》引此作"陵战少利"。《战国策·中山策》作"陵战失利"。〔4〕"陵兵亡五校"，《通鉴》注："校，犹部队也。"又云："立军之法，二部为校，校八百人，立尉。"故云"亡五校"者，亡其军四千人。〔5〕"远绝河山而争人国都"，《通鉴》注："自秦而攻邯郸，有大河及王屋、太行诸山之阻。横度曰绝。"〔6〕"武安君终辞不肯行"，武安君辞不肯行，秦王使王龁代王陵为将。

【译文】这年九月，秦又发兵，派五大夫王陵进攻赵都邯郸。这时，武安君有病，行动不便。秦昭王四十九年正月，王陵进攻邯郸，战果不显著，秦派增援部队以加强王陵的攻势。王陵部队在战争中被消灭五个营。武安君病好了，秦王想派武安君代替王陵统兵。武安君说："邯郸实在不容易攻取。各国救兵正纷纷来到。诸侯们怨恨秦国由来已久。眼下秦虽然消灭了长平军，可是秦兵也死伤过半，国力空虚。长途跋涉而去夺取别人的国都，赵国固守接应，各路诸侯从外部进攻。秦军必败无疑。我不能代替王陵为将。”秦王亲自下命令，武安君也不肯奉命启程。又派应侯前往敦促，武安君依然辞谢，不肯启程，就托言生病。

秦王使王龁代陵将，八九月围邯郸，不能拔。楚使春申君及魏公子将兵数十万攻秦军，〔1〕秦军多失亡。武安君言曰：“秦不听臣计，今如何矣！”〔2〕秦王闻之，怒，强起武安君，武安君遂称病笃。应侯请之，不起。于是免武安君为士伍，〔3〕迁之阴密。〔4〕武安君病，未能行。居三月，诸侯攻秦军急，秦军数却，使者日至。秦王乃使人遣白起，〔5〕不得留咸阳中。武安君既行，出咸阳西门十里，至杜邮。〔6〕秦昭王与应侯群臣议曰：“白起之迁，其意尚怏怏不服，有余言。”〔7〕秦王乃使使者赐之剑，自裁。〔8〕武安君引剑将自刭，〔9〕曰：“我何罪于天而至此哉？”〔10〕良久曰：“我固当死。〔11〕长平之战，赵卒降者数十万人，我诈而尽坑之，是足以死。”遂自杀。武安君之死也，以秦昭王五十年十一月。〔12〕死而非其罪，秦人怜之，乡邑皆祭祀焉。

【注释】〔1〕“春申君”，谓楚国贵族黄歇，封于吴，号春申君。“魏公子”，谓信陵君魏无忌，封于信陵，号信陵君。春申、信陵，《史记》皆有传。〔2〕“秦不听臣计，今如何矣”，《通鉴》作“王不听吾计，今何如矣”。注：“白起以为邯郸未易攻，而王龁军果不利，故以为言。”〔3〕“免武安君为士伍”，据《秦纪》，武安君免为士伍在秦昭襄王五十年十月。如淳曰：“《律》，有罪失官爵称士伍。”〔4〕“阴密”，秦邑，在今甘肃灵台县境。〔5〕“遣”，遣送。〔6〕“杜邮”，《正义》曰：“今咸阳城，本秦时杜邮也。”〔7〕“有余言”，有怨言。〔8〕“秦王乃使使者赐之剑，自裁”，《通鉴》作“王乃使使者赐之剑，武安君遂自杀”。“自裁”，自杀。〔9〕“自刭”，刎颈。〔10〕“我何罪于天而至此哉”，《蒙恬列传》云：“我何罪于天，无过而死乎？”与此句法同。〔11〕“我固当死”，《蒙恬列传》云：“恬罪固当死矣。”与此句法同。〔12〕“武安君之死也，以秦昭王五十年十一月”，据《秦纪》，武安君之死在秦昭王五十年十二月。《通鉴》亦在十二月。

【译文】秦王派王龁取代王陵为将，邯郸被围已有八九个月，未能攻下。楚派春申君及魏公子信陵君共数十万人进攻秦军，秦军多有伤亡。武安君扬言说：“秦王不听我话，现在怎么样！”秦王闻言大怒，强令武安君执行王命。武安君声称病情恶化。应侯去请他，也不肯应命。于是秦王免去武安君的官爵，贬与士卒同伍，流放到阴密。武安君病了，未能上路。过了三个月，诸侯军加紧进攻秦军，秦军节节败退，每天都有前方告急的使者来到。秦王派人驱逐白起，不得再在咸阳逗留。武安君离开咸阳，出咸阳西门十里，来至杜邮。秦昭王与应侯及群臣商量道："流放白起，他的内心还很不服气，说了许多不该说的话。"秦王派人赐白起以剑，让他自杀。武安君拿起剑行将自刎时说："我什么时候得罪老天的呀？闹到这步田地！"举剑良久，才说："我本就该死。长平那一仗，赵卒投降的有几十万人，被我使用诈术，全都活埋。凭这一条就应该死。"于是自杀。武安君死于秦昭王五十年十一月。白起死的冤枉，秦国百姓哀怜他，乡邑都为他设祭。

王翦者，频阳东乡人也。〔1〕少而好兵，事秦始皇。〔2〕始皇十一年，翦将攻赵阏与，〔3〕破之，拔九城。十八年，翦将攻赵。〔4〕岁余，遂拔赵，赵王降。〔5〕尽定赵地为郡。明年，燕使荆轲为贼于秦，〔6〕秦王使王翦攻燕，〔7〕燕王喜走辽东，〔8〕翦遂定燕蓟而还。秦使翦子王贲击荆，〔9〕荆兵败。还击魏，魏王降，〔10〕遂定魏地。

【注释】〔1〕"频阳"，陕西频山之阳，今地在陕西富平县美原镇古城村。〔2〕"秦始皇"，嬴政，秦庄襄王子，公元前二四六年至前二一〇年在位。〔3〕"始皇十一年，翦将攻赵阏与"，《赵世家》：悼襄王九年，"秦攻邺，拔之"。即书王翦攻阏与事。"阏与"，亦作"阏舆"，在今山西和顺县。〔4〕"十八年，翦将攻赵"，《秦始皇本纪》："十八年，大兴兵攻赵。王翦将上地下井陉。"〔5〕"岁余，遂拔赵，赵王降"，《秦始皇本纪》："十九年，王翦、羌瘣尽定取赵地东阳，得赵王。"《通鉴》："王翦击赵军，大破之，杀赵葱，颜聚亡，遂克邯郸，虏赵王迁。"〔6〕"荆轲"，卫人。为燕太子丹入秦刺秦王，不中而死。〔7〕"秦王使王翦攻燕"，《通鉴》云："王于是大怒，益发兵诣赵，就王翦以伐燕，与燕师、代师战于易水之西，大破之。"〔8〕"燕王"，姬喜，公元前二五四年至前二二二年在位。"辽东"，今辽宁大凌河以东，治所在襄平，即今辽宁辽阳市。〔9〕"秦使翦子王贲击荆"，事在始皇二十一年。贲为翦子。据《赵世家》，武灵王二十年，"王贲之楚"，此另一王贲，为赵人。"荆"，楚国别称。〔10〕"魏王"，名假，公元前二二七年至前二二五年在位。

【译文】王翦，频阳东乡人，年轻时喜爱兵法，后为秦始皇臣。始皇十一年，王翦带兵进攻赵国阏与，打败赵军，攻陷九个城邑。十八年，王翦又率军攻赵，一年有余，攻陷赵国，赵王投降，全部平定了赵地，改设为郡。第二年，燕派荆轲到秦行刺秦王，秦王派王翦攻燕，燕王喜逃到辽东，王翦平定燕蓟地区后班师。秦派王翦的儿子王贲进攻楚国，打败楚兵。挥师击魏，魏王投降，平定了魏地。

秦始皇既灭三晋，〔1〕走燕王，〔2〕而数破荆师。〔3〕秦将李信者，年少壮勇，尝以兵数千逐燕太子丹至于衍水中，卒破得丹，〔4〕始皇以为贤勇。于是始皇问李信："吾欲攻取荆，于将军度用几何人而足？"李信曰："不过用二十万人。"〔5〕始皇问王翦，王翦曰：〔6〕"非六十万人不可。"始皇曰：

“王将军老矣，何怯也！李将军果势壮勇，[7]其言是也。”遂使李信及蒙恬将二十万南伐荆。[8]王翦言不用，因谢病，归老于频阳。李信攻平与，[9]蒙恬攻寝，[10]大破荆军。信又攻鄢、郢，破之，于是引兵而西，与蒙恬会城父。[11]荆人因随之，三日三夜不顿舍，[12]大破李信军，入两壁，杀七都尉，[13]秦军走。

【注释】〔1〕“秦始皇既灭三晋”，始皇二十五年灭赵，始皇二十二年灭魏，始皇十七年灭韩。“三晋”，谓赵、魏、韩。〔2〕“走燕王”，始皇二十一年徙燕王辽东，二十五年秦灭燕。〔3〕“而数破荆师”，始皇二十一年击楚，二十三年王翦、蒙武击荆，二十四年王翦、蒙武攻荆灭楚，二十五年王翦定荆江南地。〔4〕“秦将李信者，年少壮勇，尝以兵数千逐燕太子丹至于衍水中，卒破得丹”，《通鉴》曰：“冬十月，王翦拔蓟，燕王及太子率其精兵东保辽东，李信急追之。代王嘉遗燕王书，令杀太子丹以献，丹匿衍水中。”“衍水”，今辽宁太子河。〔5〕“李信曰：不过用二十万人”，《北堂书钞》卷一一五引作“信曰：不过三十万”。〔6〕“始皇问王翦，王翦曰”，《北堂书钞》引作“始皇又问王翦，翦曰”。《通鉴》“问”上有“以”字。“以”犹“又”也。《老子》五十二章“既得其母，以知其子”。是“以”训作“又”之例。〔7〕“果势壮勇”，张文虎曰：“《御鉴》引势作断，义长。”〔8〕“遂使李信及蒙恬将二十万南伐荆”，“蒙恬”，秦名将。据《蒙恬列传》，恬于始皇二十六年始为将。李信、蒙恬伐荆在始皇二十二年。蒙恬大父骜、父武三代为秦将。二十二年伐荆之役当是蒙武而非蒙恬。〔9〕“平与”，《通鉴》作“平舆”，“与”、“舆”古通。平与在今河南省平舆县。〔10〕“蒙恬”，应是“蒙武”之误。“寝”，在今安徽省临泉县。〔11〕“城父”，在今河南省宝丰县。〔12〕“顿舍”，《汉书·李广传》：“就善水草顿舍。”颜师古曰：“顿，止也。舍，息也。”按：今曰宿营。〔13〕“七都尉”，胡三省曰：“此郡都尉将兵从伐楚者也。”又曰：“然秦、汉之制，行军亦自有都尉。”

【译文】秦始皇灭掉韩、赵、魏三国之后，赶跑了燕王，又多次打败楚国的军队。秦国将军李信，年轻勇敢，曾率兵数千追击燕太子丹直到衍水地区，最后击破燕师，俘获太子丹，秦始皇欣赏李信的智勇。于是始皇问李信：“我想攻取楚国，在将军看来须用多少兵马才够？”李信说：“不超过二十万人。”始皇问王翦。王翦说：“至少六十万人。”始皇说：“王将军老啦！胆儿小啦！李将军果断壮勇，他的话是对的。”于是派遣李信和蒙恬率兵二十万南伐楚国。王翦的意见没有被采纳，便托病辞职，告老回到频阳。李信攻平与，蒙恬攻寝，大败楚军。李信又进攻鄢郢，打败楚军，随即挥师西进，和蒙恬会师于城父。楚军就势尾追其后，咬住不放，三天三夜没有宿营，大败李信军，攻占两座城堡，杀死都尉七人，秦军战败逃跑。

始皇闻之，大怒，自驰如频阳，[1]见谢王翦曰：“寡人以不用将军计，[2]李信果辱秦军。今闻荆兵日进而西，将军虽病，独忍弃寡人乎！”王翦谢曰：“老臣罢病悖乱，[3]唯大王更择贤将。”[4]始皇谢曰：“已矣，

将军勿复言！”王翦曰：“大王必不得已用臣，非六十万人不可。”始皇曰：“为听将军计耳。”[5]于是王翦将兵六十万人，始皇自送至灞上。[6]王翦行，请美田宅园池甚众。始皇曰：“将军行矣，何忧贫乎？”王翦曰：“为大王将，有功终不得封侯，故及大王之向臣，臣亦及时以请园池为子孙业耳。”始皇大笑。王翦既至关，[7]使使还请善田者五辈。[8]或曰：“将军之乞贷，亦已甚矣。”王翦曰：“不然。夫秦王怚而不信人。[9]今空秦国甲士而专委于我，我不多请田宅为子孙业以自坚，顾令秦王坐而疑我邪？”

【注释】〔1〕“自驰如频阳”，《通鉴》作“自至频阳”。“如”，往，到。〔2〕“将军”，《北堂书钞》卷一一五引作“卿”。〔3〕“罢”，通“疲”。“悖乱”，不明事理。〔4〕“唯”，表示希望。〔5〕“为”，《册府元龟》卷一九九引作“唯”。按：“唯”与“惟”同，“为”、“惟”同义。〔6〕“灞上”，在今陕西西安市东。〔7〕“关”，武关，在今陕西省商南县西北，战国时秦之南关。秦用兵三晋，东出函谷关。伐荆，则南出武关。〔8〕“善田”，即美田，良田。〔9〕“秦王怚而不信人”，《集解》：“怚音麄。徐广曰：一作粗。”秦王诚多疑，然非粗心人。《说文》有“怚”、“媎”，皆训作“骄”。义为“骄”者是。

【译文】始皇听到前方战败的消息，大大生气，自驾轻车奔赴频阳，见到王翦道歉说：“寡人没有采纳将军的意见，李信果然战败，使秦军蒙羞受辱。现在楚军一天天向西挺进，将军虽然有病，难道忍心扔下寡人不管么？”王翦推辞说：“老臣体弱多病，脑子糊涂，请大王另选良将。”始皇又深情地说：“好啦！好啦！将军不必多说啦！”王翦说：“大王一定不得已而用我，非六十万人不可。”始皇说：“没有别的，听你的。”于是王翦率领六十万人马出征，始皇亲自来到灞上送行。王翦临行，请求始皇赐给大批良田美池和园林广厦。始皇说：“将军放心走吧！没有必要为日后的贫困而担心呀！”王翦说：“为大王带兵打仗，有功也得不到封侯。趁现时大王信用我，我便及时多请赐园池，为子孙打算罢了。”秦始皇哈哈大笑。王翦来到边关，接连五次派人回到咸阳请求赏赐良田。有人议论说：“王将军乞求颁赏，实在有点过分！”王翦说：“不然。秦王为人，骄横多疑，现在调集全国兵力交给我一人指挥，我如不多请颁赐田池美宅为子孙创业以祛其疑，难道反而让秦王平白无故地猜忌我吗？”

王翦果代李信击荆。[1]荆闻王翦益军而来，乃悉国中兵以拒秦。[2]王翦至，坚壁而守之，不肯战。荆兵数出挑战，终不出。王翦日休士洗沐，[3]而善饮食抚循之，[4]亲与士卒同食。久之，王翦使人问：“军中戏乎？”对曰：“方投石超距。”[5]于是王翦曰：“士卒可用矣。”荆数挑战而秦不出，乃引而东。翦因举兵追之，令壮士击，大破荆军。至蕲南，[6]杀其将军项燕,[7]荆兵遂败走。秦因乘胜略定荆地城邑。岁余，虏荆王负刍,[8]竟平荆地为郡县。因南征百越之君。[9]而王翦子王贲，与李信破定燕、齐地。[10]

【注释】〔1〕“王翦果代李信击荆”，王翦代李信击荆，在秦始皇二十三年。殿本“果”作“东”。《史记会注考证》引枫山、三条本、《御览》，“果”均作“东”，可从。〔2〕“悉”，动词，“悉发”之省。“悉国中兵”，谓征发全国之兵。〔3〕“洗”，洗脚。“沐”，洗头。“洗沐”，俗曰洗澡。〔4〕“抚”，《御览》卷三三〇引作“拊”。《说文》：“拊，揗也。”段玉裁注：“揗者摩也。古作‘拊揗’，今作‘抚循’。古今字也。”“善饮食抚循之”，谓改善伙食来安抚他们。〔5〕“方投石超距”，《广雅》：“鏝，投也。石，鏝也。”“鏝”，通“掷”。“投石”，义同“投掷”。“距”亦“超”，“超”亦“拔”。故“投、石、超、距”四字平列，亦如“奔、跑、跳、跃”四字平列然。《管子·轻重丁篇》“戏、笑、超、距”，亦四字平列。〔6〕“蕲”，楚邑名，在今安徽省宿县境。〔7〕“项燕”，项梁父。〔8〕“负刍”，公元前二二七年至前二二三年在位。〔9〕“百越”，又作“百粤”，泛指长江以南地区。〔10〕“而王翦子王贲，与李信破定燕、齐地”，秦始皇二十五年，王贲攻辽东，虏燕王喜。二十六年，王贲从燕南攻齐，虏齐王建。

【译文】王翦挥师东进，取代李信攻打楚国。楚国听说王翦率增援部队来攻，于是动员全国兵力抗击秦军。王翦到达前线，构筑防御工事坚守阵地，不肯出战。楚军多次挑战，秦军始终不肯出壁应战。王翦每天让战士休息、洗澡，改善伙食安抚他们，与战士同吃住。过些时候，王翦派人了解部队情况，问道：“军中玩什么游戏？”回报说：“战士们奔、跑、跳、跃，玩得可欢哩！”这时王翦说：“好啦！士兵们可以用来打仗啦！”楚军几次挑战而秦兵不出壁应战，便向东方转移，王翦趁势挥军进逼，挑选精壮突击队进击，大破楚军，直追到蕲县以南，杀楚将项燕，楚军战败溃逃。秦军乘胜追击，平定了楚国的一些城邑。一年以后，俘虏楚王负刍，全部削平楚地，设置郡县。接着南征百越地区君长，与此同时，王翦儿子王贲也和李信一道，攻取并平定燕、齐地方。

秦始皇二十六年，尽并天下，王氏、蒙氏功为多,[1]名施于后世。[2]

【注释】〔1〕“王氏”，王翦、王贲、王离祖孙。“蒙氏”，蒙骜、蒙武、蒙恬祖孙。〔2〕“施”，延续。

【译文】秦始皇二十六年，秦兼并天下，王、蒙二家族建功最多，声名流传后世。

秦二世之时，[1]王翦及其子贲皆已死，[2]而又灭蒙氏。[3]陈胜之反秦，[4]秦使王翦之孙王离击赵，围赵王及张耳巨鹿城。[5]或曰："王离，秦之名将也。今将强秦之兵，攻新造之赵，举之必矣。"[6]客曰："不然。夫为将三世者必败。必败者何也？必其所杀伐多矣，[7]其后受其不祥。今王离已三世将矣。"居无何，[8]项羽救赵，击秦军，果虏王离，王离军遂降诸侯。

【注释】〔1〕"秦二世"，即胡亥，公元前二一〇年至前二〇七年在位。〔2〕"王翦及其子贲皆已死"，王翦死年不详，惟始皇二十八年《琅邪颂》列名有王贲、王离，而无王翦，王翦已前死。王贲死在秦二世时。至二世时，父子皆已死。〔3〕"灭蒙氏"，蒙恬、蒙毅兄弟为秦二世所诛杀。〔4〕"陈胜"，公元前二〇八年卒，秦阳城人，字涉。秦二世元年七月与吴广率戍卒在蕲县大泽乡揭竿起义。〔5〕"赵王"，赵歇，定赵后，张耳、陈余立为赵王。"张耳"，大梁人，与陈余略定赵地，项羽封之为常山王，后从刘邦，封为赵王。"巨鹿"，在今河北省平乡县境。〔6〕"王离，秦之名将也。今将强秦之兵，攻新造之赵，举之必矣"，《项羽本纪》亦云："章邯令王离、涉间围巨鹿。项羽曰：'夫以秦之强，攻新造之赵，其势必举赵。'""新造"，犹新建。"举"，攻克。〔7〕"杀伐"，复语。"伐"亦"杀"也。〔8〕"居无何"，过不久。

【译文】秦二世之时，王翦及其子王贲早已死去，又诛灭了蒙氏。陈胜起义抗秦的时候，秦派遣王翦孙王离攻赵，把赵王和张耳围困在巨鹿城。有人说："王离乃秦国名将。他率领强秦的部队，进攻新成立的赵国，打败赵国不成问题。"另一人说："不然，须知为将的到了第三代必然衰败。为什么呢？因为先代杀伐太多，后代自然要食其不祥之果。现在王离已经三世为将了呀！"过了不久，项羽救赵，进击秦军，果然俘虏了王离。王离所部终于投降。

太史公曰：鄙语云："尺有所短，寸有所长。"白起料敌合变，[1]出奇无穷，声震天下，然不能救患于应侯。王翦为秦将，夷六国，[2]当是时，翦为宿将，始皇师之，然不能辅秦建德，固其根本，偷合取容，[3]以至圽身。[4]及孙王离为项羽所虏，不亦宜乎！彼各有所短也。

【注释】〔1〕"料敌合变"，了解敌情，随机应变。〔2〕"夷六国"，夷平六国。〔3〕"偷合取容"，取巧迎合，苟且偷生。〔4〕"圽"，音 mò，终也，埋也。

【译文】太史公说：俗话说："尺有所短，寸有所长。"白起料敌如神，随机应变，奇计层出不穷，声威震动天下。但对付不了应侯的阴谋陷害。王翦身为秦将，削平六国，在那时，王翦是一位老谋深算的将领，始皇尊之为师，却未能以仁义道德辅助秦王，巩固立国的根基。他只是投机苟且，迎合求安，直到死去。王翦孙子王离为项羽所俘，不也是应该的吗？白起、王翦，各有各的短处。

孟子荀卿列传

太史公曰：余读《孟子书》，〔1〕至梁惠王问“何以利吾国”，〔2〕未尝不废书而叹也。〔3〕曰：嗟乎，〔4〕利诚乱之始也！〔5〕夫子罕言利者，〔6〕常防其原也。〔7〕故曰“放于利而行，〔8〕多怨”。自天子至于庶人，〔9〕好利之弊何以异哉！

【注释】〔1〕“孟子书”，指《孟子》一书（七篇），孟轲及其弟子所撰。此书反映了孟子的活动及其政治、社会思想。〔2〕“梁惠王”，即魏惠王，名魏罃，公元前三七〇年——三三五年在位。因魏惠王于公元前三六二年迁都大梁（今河南开封市），故魏又称为梁。“何以利吾国”，见《孟子》第一篇《梁惠王章句上》。〔3〕“未尝”，不曾。“废书”，弃书，犹言掩卷。〔4〕“嗟乎”，感叹词。“嗟”音 jiē。〔5〕“诚”，确是。“始”，起始，根源。〔6〕“夫子”，指孔夫子，孔丘。“罕”，极少。“夫子罕言利”句，见于《论语》第九《子罕》，原文作“子罕言利”。〔7〕“原”，根源。〔8〕“放”，音 fǎng，同仿，根据。〔9〕“庶人”，平民百姓。

【译文】太史公说：我读《孟子》一书，读至梁惠王问道“怎样有利于我的国家”时，不免掩卷感叹。心想：可叹啊，功利确实是一切祸乱的根源。孔夫子之所以极少说到功利，是为了时刻对祸乱的根源加以防范。因此，他老先生说：“一味根据自己的利益行事，会招致多方面的怨恨。”从天子到普通百姓，追求功利所带来的恶果，有什么不同呢！

孟轲，驺人也。〔1〕受业子思之门人。〔2〕道既通，〔3〕游事齐宣王，〔4〕宣王不能用。适梁，〔5〕梁惠王不果所言，〔6〕则见以为迂远而阔于事情。〔7〕当是之时，秦用商君，〔8〕富国强兵；楚、魏用吴起，〔9〕战胜弱敌；〔10〕齐威王、宣王用孙子、田忌之徒，〔11〕而诸侯东面朝齐。〔12〕天下方务于合从连衡，〔13〕以攻伐为贤，而孟轲乃述唐、虞、三代之德，〔14〕是以所如者不合。〔15〕退而与万章之徒序《诗》、《书》，〔16〕述仲尼之意，〔17〕作《孟子》七篇。其后有驺子之属。〔18〕

【注释】〔1〕“驺”，音 zōu，同“邹”。古小国名，国都在今山东邹县东南。战国时被楚国所灭。〔2〕“子思”，孔丘之孙，名伋，约生于公元前四八三年，卒于公元前四〇二年。著有《子思》二十三篇。〔3〕“道既通”，通晓了儒家的学术思想。〔4〕“游事”，游说服侍。“齐宣王”，名田辟疆，齐威王之子。约公元前三一九——公元前三〇一年在位。〔5〕“适”，至。〔6〕“不果”，不相信。〔7〕“见以为”，被认为。“迂远”，迂曲难行。“阔”，疏阔，不切实际。〔8〕“商君”，即公孙鞅，卫国人。因封于商（今陕西商县东南），故号商君，也称商鞅。他辅佐秦孝公，实行变法，推行富国强兵之术，使秦国逐渐强大。著有《商君书》。详见本书《商君列传》。〔9〕“吴起”，战国时军事家，卫国左氏（今山东曹县北）人。初任鲁将、魏将，屡建战功，后奔楚，辅佐楚悼王变法，力主强兵，使楚国逐渐富强。详见本书《孙子吴起列传》。〔10〕“战胜弱敌”，战胜敌军，削弱敌国。〔11〕“齐威王”，名因齐，一作婴齐。公元前三五六年——三二〇年在位。任用田忌、孙膑，改革政治，国力渐强。大败魏军，迫魏互尊为王。“孙子”，此指孙膑，战国时军事家，齐国阿（今山东阳谷东北）人，著名军事家孙武的后代。因被庞涓嫉妒，被处以膑刑，因称孙膑。后任齐威王军师，用计大败魏军于桂陵、马陵，擒获庞涓。孙膑的著作久已失传，七十年代在山东银雀山发现大批秦代竹简，内有孙子兵书，定名为《孙膑兵法》。“田忌”，一作田期、田期思，战国初期齐将，曾与孙膑率兵大败魏军。后被忌害，出奔楚。〔12〕“东面朝齐”，东来朝拜齐国。〔13〕“方”，正在。“务”，致力于。“合从”，六国联合抗秦的统一战线。“从”，音 zòng。“连衡”，即连横，秦国针对合纵采取的联合甲乙进攻丙最后各个击破的策略。〔14〕“唐”，即陶唐氏，传说中的远古部落名，居于平阳（今山西临汾西南），尧为部落领袖。“虞”，即有虞氏，传说中远古部落名，居于蒲坂（今山西永济西蒲州镇），舜为部落领袖。“三代”，指夏、商、周三代。“德”，指德政。〔15〕“是以”，所以。“如”，至。〔16〕“万章”，孟子的学生。《孟子》一书中，有孟子与万章论学问答，见《孟子·万章篇》。序，论列、阐述。“《诗》、《书》”，即《诗经》、《尚书》，为儒家基本经典。〔17〕“仲尼”，孔丘字仲尼。孔丘，生于公元前五五一年，卒于公元前四七九年，鲁国陬邑（今山东曲阜市东南）人。儒家学派的创始人。详见本书《孔子世家》。〔18〕“驺”，同“邹”，姓氏。“属”，辈。

【译文】孟轲，邹国人，跟孔伋的学生求学。在通晓了儒家学说以后，去游说服事齐宣王，宣王没有任用他。他前往魏国，魏惠王不信他那一套，认为他的话迂曲玄远，空疏而不切实际。在当时，秦国任用商鞅，国富兵强；楚国、魏国任用吴起，战胜敌军，削弱了敌国；齐威王、齐宣王任用孙膑、田忌等人，致使各诸侯国都东来朝见齐王。天下各国正致力于合纵连横，以争战为贤能，但孟轲却称述唐尧、虞舜和夏商周三代的德政，因此他所到之国，都合不来。于是退身，与万章等人编订《诗经》和《书经》，阐述孔子的学说，撰述《孟子》七篇。他以后又有邹先生等学者。

齐有三驺子。其前驺忌，〔1〕以鼓琴干威王，〔2〕因及国政，封为成侯而受相印，先孟子。〔3〕

【注释】〔1〕“驺忌”，即邹忌，战国时人，以弹琴游说齐威王，被任为相国，封于下邳（今江苏邳州市西南），称成侯。劝齐威王鼓励吏民进谏，主张修订法律，监督官吏，选贤任能，坚守四境，因而齐国渐强。〔2〕“干”，谒见。〔3〕“先孟子”，先于孟子。

【译文】齐国有三位邹先生。在先的是邹忌，他借弹琴之机游说齐威王，因而得以参预国政，被封为成侯，执掌丞相大印。他生活的年代先于孟子。

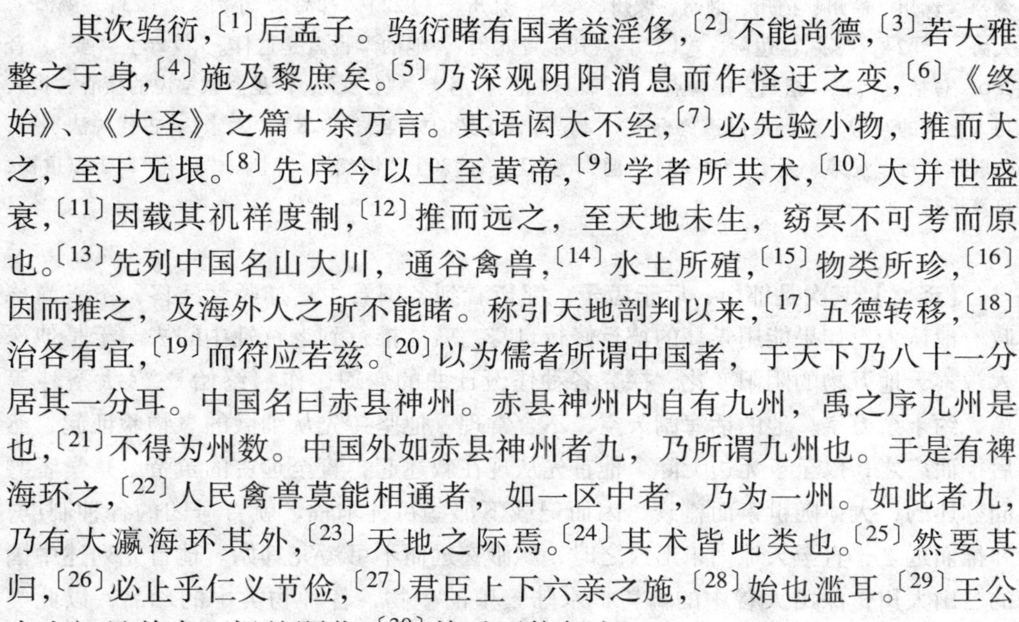

其次驺衍，〔1〕后孟子。驺衍睹有国者益淫侈，〔2〕不能尚德，〔3〕若大雅整之于身，〔4〕施及黎庶矣。〔5〕乃深观阴阳消息而作怪迂之变，〔6〕《终始》、《大圣》之篇十余万言。其语闳大不经，〔7〕必先验小物，推而大之，至于无垠。〔8〕先序今以上至黄帝，〔9〕学者所共术，〔10〕大并世盛衰，〔11〕因载其机祥度制，〔12〕推而远之，至天地未生，窈冥不可考而原也。〔13〕先列中国名山大川，通谷禽兽，〔14〕水土所殖，〔15〕物类所珍，〔16〕因而推之，及海外人之所不能睹。称引天地剖判以来，〔17〕五德转移，〔18〕治各有宜，〔19〕而符应若兹。〔20〕以为儒者所谓中国者，于天下乃八十一分居其一分耳。中国名曰赤县神州。赤县神州内自有九州，禹之序九州是也，〔21〕不得为州数。中国外如赤县神州者九，乃所谓九州也。于是有裨海环之，〔22〕人民禽兽莫能相通者，如一区中者，乃为一州。如此者九，乃有大瀛海环其外，〔23〕天地之际焉。〔24〕其术皆此类也。〔25〕然要其归，〔26〕必止乎仁义节俭，〔27〕君臣上下六亲之施，〔28〕始也滥耳。〔29〕王公大人初见其术，惧然顾化，〔30〕其后不能行之。

【注释】〔1〕“驺衍”，即邹衍，齐国临淄人，战国时阴阳家的代表人物。他创立“五德终始”说，用五德与五行附会时代的变迁和王朝的更替。著有《邹子》和《邹子终始》，已佚。〔2〕“有国者”，指握有政权的国君。〔3〕“不能尚德”，不崇尚德政。〔4〕“若”，如果。“大雅”，高尚的才德。“整之于身”，用来治理身心。〔5〕“施”，推行。“黎庶”，黎民百姓。〔6〕“阴阳”，中国古代哲学的一对范畴。古代阴阳学说以为，凡天地、日月、昼夜、男女，以至腑脏气血，分属阴阳，彼此消长，来解释物质世界的运动。阴阳家又将这一认识附会到对社会的认识上，以为阴阳变化与社会人事变化互相感应。“怪迂”，荒诞迂曲。〔7〕“闳大不经”，荒远疏阔，不合常情。〔8〕“无垠”，无边无际。〔9〕“黄帝”，传说为中原各族的共同祖先，姬姓，号轩辕氏。相传炎帝扰乱各部落，他得到各部的拥戴，在阪泉（今河北涿鹿东南）打败炎帝。后蚩尤扰乱，他又率各部落在涿鹿击杀蚩尤。从此成为各部落联盟领袖。传说他有很多创造发明，如养蚕、舟车、文字、音律、算数、医学等。〔10〕“术”，通“述”，称道。〔11〕“大”，大体。“并世盛衰”，随世事而盛衰。〔12〕“机祥”，祈鬼神显示吉凶之兆。“度制”，制度、法度。〔13〕“窈冥”，神秘玄远。“原”，用作动词，溯源。〔14〕“通谷”，深谷。〔15〕“水土所殖”，水陆所繁殖的物类。〔16〕“物类所珍”，物类中之珍品。

〔17〕“剖判”，分离，开辟。传说认为，宇宙之初是一团混沌，后来天地分开，产生人类世界。〔18〕“五德”，阴阳家以金、木、水、火、土五种物质相生相克的理论，附会到王朝更替、政权转移上来，彼此相生相克，周而复始。〔19〕“治各有宜”，各有一套相适宜的政治制度。〔20〕“符应”，阴阳家认为，自然界出现某种征兆，或吉或凶，必然人世社会也出现某种变化，与之相应，即天人感应。“若兹”，就像这样。〔21〕“禹”，传说中古代部落联盟领袖，姒姓，也称大禹、夏禹。原为夏后氏部落领袖，奉舜命治理洪水，开垦田地。因治水有功，继舜为部落联盟领袖。详见本书《夏本纪》。“序”，划分。“九州”，九个行政区，计有：冀州、兖州、青州、徐州、扬州、荆州、豫州、梁州、雍州。〔22〕“裨海”，小海。〔23〕“瀛海”，大海。〔24〕“际”，边际。〔25〕“其术皆此类”，他的学说就是这样。〔26〕“要”，音yāo，总括。“归”，指归，落脚点。〔27〕“止”，落实。“仁义”，仁是儒家学说的核心，指人与人之间的互敬互爱的最高道德标准。义是符合正义的标准。〔28〕“六亲”，古代说法不一，一般指父母、兄弟、妻子。〔29〕“滥”，空泛。〔30〕“惧然”，惊惧。“顾化”，予以重视，打算推行。

【译文】其次是邹衍，后于孟子。邹衍看到各国君主更加骄奢淫侈，不崇尚德政。他认为，如果能用崇高的德行修行自身，就能推行到老百姓中间去。于是他深入观察天地万物的阴阳变化，探究各种怪诞迂曲的变幻，作《终始》、《大圣》等篇，约十余万字。他的话海阔天空，不合常理。他坚持先从细微的事物验证起，然后推而广之，以至于无边无际。他首先从现在叙述起，直至远古的黄帝，是学者共同称述的，大体随世事而盛衰，因而记载下那些祈神求福、就吉避凶的各种制度，并推而远之，直至天地尚未形成之时，飘渺玄远而不可考究其始。他首先列述中国的名山大川，深山大谷中的禽兽，水陆繁殖的生物，各种物类中的珍品，以此类推，论及海外异域人们所看不到的东西。据称天地分剖以来，五种德行相生相克，循环往复，每个时代都应采取与五德相应的政治制度，天命和人事互相感应就是这样。他以为儒者所说的中国，仅占天下的八十一分之一罢了。中国称为赤县神州。赤县神州内又有九州，就是大禹所分定的九州，但这种州不能列入大州之数。中国以外像赤县神州的州有九个，这才是所谓九州。在这块土地上，有小海四周环绕，人们和禽兽与外界不相通，像在一区之内，这就是一州。像这样的州有九个，九州之外有大海环绕，就是天地的边际。他的学说就是这样。但总括他的学说宗旨，一定归结到仁义节俭上来。这种学说用在君臣、上下、六亲关系上，就显得空泛了。那些王公大人最初接触他的学说，感到惊奇，并想身体力行，但过后却不能实行。

是以驺子重于齐。适梁，惠王郊迎，〔1〕执宾主之礼。〔2〕适赵，平原君侧行撇席。〔3〕如燕，昭王拥彗先驱，〔4〕请列弟子之座而受业，筑碣石宫，〔5〕身亲往师之。〔6〕作《主运》。其游诸侯见尊礼如此，〔7〕岂与仲尼菜色陈蔡，〔8〕孟轲困于齐梁同乎哉！〔9〕故武王以仁义伐纣而王，〔10〕伯夷饿不食周粟；[11]卫灵公问陈，[12]而孔子不答；梁惠王谋欲攻赵，孟轲称大王去邠[13]。此岂有意阿世俗苟合而已哉！[14]持方枘欲内圜凿，[15]其能入乎？或曰，[16]伊尹负鼎而勉汤以王，[17]百里奚饭牛车下而缪公用霸，[18]作先合，[19]然后引之大道。[20]驺衍其言虽不轨，[21]傥亦有牛鼎之意乎？[22]

【注释】〔1〕“郊迎”，到郊外迎接。在古代，君主出郊相迎，是接待贵宾的隆重礼节。〔2〕“执宾主之礼”，行主客之礼。君主对臣下行宾主礼，而不行君臣之礼，表示君主礼贤。〔3〕“平原君”，名赵胜，赵国贵族，赵惠文王之弟，封于东武城（今山东武城西北），号平原君。任赵国丞相，有食客数千人。详见本书《平原君列传》。“侧行”，侧身而行，表示谦恭。“撇席”，为客人拂拭坐席。〔4〕“昭王”，燕昭王，名姬职。公元前三一一年——公元前二七九年在位。在位期间，改革政治，广括人才，曾联合五国攻齐，占领齐国七十余城。是燕国最强盛时期。“拥彗先驱”，手持扫帚在前为客人清扫道路。〔5〕“碣石宫”，旧址在今北京市西郊。〔6〕“师之”，拜其为师。〔7〕“见尊礼”，被尊重礼敬。〔8〕“仲尼菜色陈蔡”，孔丘曾周游列国，到处向国君游说，在陈国、蔡国，他的主张不被国君采纳，反遭陈、蔡大臣的围困。孔丘忍饥挨饿，脸色像干菜叶那样憔悴。〔9〕“孟轲困于齐梁”，指上文所说孟子在齐、魏不得行其志，退而与万章之徒序《诗》、《书》的境遇。〔10〕“武王”，即周武王姬发。继承其父文王的遗志，率兵讨伐昏庸暴虐的商纣王，灭商，建立了西周王朝。详见本书《周本纪》。“王”，音 wàng，动词，成就王业。〔11〕“伯夷不食周粟”，伯夷是商末孤竹君长子，孤竹君以次子叔齐为继承人，孤竹君死后，叔齐让位，他不受，后两人都投奔周，反对周武王讨伐商纣王。武王灭商，他们逃往首阳山，不食周粟而死。〔12〕“卫灵公问陈”，“卫灵公”，名姬元，公元前五三四年——公元前四九二年在位。“陈”，同“阵”，军阵，即军事。《论语·卫灵公》：“卫灵公问陈于孔子，孔子对曰：‘俎豆之事，则尝闻之也；军旅之事，未之学也。’”孔子避而不答。〔13〕“梁惠王谋欲攻赵，孟轲称大王去邠”。据《孟子·梁惠王下》：“滕文公问曰：‘滕，小国也；竭力以事大国，则不得免焉，如之何则可？’孟子对曰：‘昔者大王居邠，狄人侵之……去邠，逾梁山，邑于岐山之下居焉。’”则是孟子回答滕文公的问话，与“梁惠王谋欲攻赵”无涉。〔14〕“阿世俗”，迎合世俗。〔15〕“枘”，音 ruì，木榫。“圜”，即“圆”。“内”，音 nà，即“纳”，楔入。“凿”，榫眼。〔16〕“或”，有人。〔17〕“伊尹”，商初大臣。传说是奴隶出身，原为有莘氏女的陪嫁之臣，汤任以国政。他帮助汤攻灭夏桀。历佐二王，后太甲继位，不理国政，被伊尹放逐。太甲悔过，伊尹把他接回复位。“负鼎”，背着食鼎。传说伊尹无由晋见汤王，于是他身背鼎俎，借烹调食品之机，劝说汤王实行王道。〔18〕“百里奚”，春秋时秦国大夫，原为虞国大夫，虞亡时被晋国俘去，作为陪嫁之臣送入秦国。后出走入楚，被秦穆公以五张羊皮赎回，因称五羖大夫。他与蹇叔、由余等共同帮助秦穆公成就霸业。“饭牛”，饲养牲口。“缪公”，即秦穆公，其在位时，致力于富国强兵，成为春秋五霸之一。“用霸”，因而成就霸业。〔19〕“作先合”，先事迎合。〔20〕“大道”，先王之道。〔21〕“不轨”，不合常规。〔22〕“傥”，通“倘”，倘或，或者。“牛鼎”，即上文伊尹负鼎、百里奚饭牛的合称。

【译文】因此邹衍在齐国受到重视 。前往魏国，魏惠王亲自到郊外迎接，并用

贵宾之礼来接待他。前往赵国，平原君侧身而行，并为他擦拭坐席。来到燕国，燕昭王手持扫帚在前为他清路，并请求坐在学生中间，向他求教，为他修筑碣石宫，亲自前往请教。这时他撰写了《主运》篇。他游说诸国，是如此被尊敬，难道能和孔子在陈国、蔡国忍饥挨饿，孟子在齐国、梁国受困厄同日而语吗！所以周武王以推行仁义讨伐商纣而成就王业，伯夷饿死不吃周朝的粮食；卫灵公向孔子请教军事，孔子避而不答；魏惠王谋图进攻赵国，孟子以周太王避敌离邠来作答。这些难道有奉迎世俗、苟且求合之意吗！拿方榫对着圆孔，能放进去吗？有人说，伊尹凭他的烹饪术接近商汤，鼓励他成就王业；百里奚在秦国车下喂牛，秦穆公任用他成就了霸业，先事迎合，然后引导对方实行王道。邹衍的言论虽然越出常轨，或许也有百里奚饭牛、伊尹烹饪的用意吧！

自驺衍与齐之稷下先生，〔1〕如淳于髡、慎到、环渊、接子、田骈、驺奭之徒，〔2〕各著书言治乱之事，以干世主，〔3〕岂可胜道哉！

【注释】〔1〕“稷下”，地名，即齐国都城临淄（今山东淄博市东北）稷门一带地方，是战国时各学派荟萃的中心。齐宣王继其祖桓公、父威王，曾在这里广置学宫，招揽文学游说之士数千人，任其讲学论辩。对当时的学术繁荣起了很大作用。　〔2〕“淳于髡”，音 kūn，战国时齐国学者，以博学著称，齐威王任其为大夫。他多次讽谏威王和邹忌改革内政。楚攻齐，他赴赵国求援，楚军因而撤退。“慎到”，赵国人，法家。其学说主张循自然而立法，行法赖于统治者的威势，有威势才能令行禁止，达于至治。其重势之说，为韩非所吸收继承。著有《慎子》四十二篇，已佚。“环渊”，又名蜎渊，楚国人，道家。著有《蜎子》十三篇，已佚。“接子”，齐国人，道家。著有《接子》二篇，已佚。“田骈”，齐国人，道家。著有《田子》二十五篇，已佚。“驺奭”，齐国人，阴阳家。著有《驺奭子》十二篇，已佚。“奭”，音 shì。　〔3〕“世主”，当世之君主。

【译文】从邹衍以至齐国稷下学宫的诸位学者，像淳于髡、慎到、环渊、接子、田骈、邹奭等人，各自著书立说，探求治乱的原因，以此游说当世的国君，这些怎能记述得尽！

淳于髡，齐人也。博闻强记，〔1〕学无所主。〔2〕其谏说，〔3〕慕晏婴之为人也，〔4〕然而承意观色为务。〔5〕客有见髡于梁惠王，〔6〕惠王屏左右，〔7〕独坐而再见之，终无言也。惠王怪之，以让客曰：〔8〕“子之称淳于先生，管、晏不及，〔9〕及见寡人，〔10〕寡人未有得也。岂寡人不足为言邪？何故哉？”客以谓髡。髡曰：“固也。〔11〕吾前见王，王志在驱逐，〔12〕后复见王，王志在音声，〔13〕吾是以默然。”客具以报王，王大骇，曰：“嗟乎，淳于先生诚圣人也！前淳于先生之来，人有献善马者，寡人未及视，会先生至。〔14〕后先生之来，人有献讴者，〔15〕未及试，亦会先生来。寡人虽屏人，然私心在彼，有之。”后淳于髡见，壹语连三日三夜无倦。〔16〕惠王欲以卿相位待之，髡因谢去。于是送以安车驾驷，〔17〕束帛加璧，〔18〕黄金百镒。〔19〕终身不仕。

【注释】〔1〕“强记”，记忆力强。〔2〕“学无所主”，言其学问广收博采，不主一家。〔3〕“谏说”，讽谏劝说。〔4〕“慕”，仰慕。“晏婴”，字平仲，春秋时齐国大臣，夷维（今山东高密）人。他继其父晏弱为齐卿，历仕灵公、庄公、景公三朝。他曾预言齐国政权将为田氏取代。今传《晏子春秋》，是战国时人搜集编辑而成。〔5〕“承意观色”，迎合对方的意向、看着对方的脸色行事。“务”，致力。〔6〕“见”，引见。〔7〕“屏”，音 bǐng，斥退。〔8〕“让”，责备。〔9〕“称”，称道。“管”，即管仲，名夷吾，字仲，颍上人，齐桓公时大臣。他助齐桓公实行改革，使齐国走上富强。又提出“尊王攘夷”的口号，使齐国成为春秋时第一个霸主。今传《管子》一书，系后人伪托。“晏”，指晏婴。均详见本书《管晏列传》。〔10〕“寡人”，犹言寡德之人。古代王侯或士大夫自谦之词。〔11〕“固也”，本应如此。〔12〕“驱逐”，骑乘游猎。〔13〕“音声”，指音乐女伎。〔14〕“会”，适逢。〔15〕“讴”，歌唱。〔16〕“壹语”，犹一语，一谈起来。〔17〕“安车”，古时可以坐乘的小车。“驾驷”，一车驾四马。〔18〕“束帛”，帛五匹为束。“加璧”，厚重的玉璧。〔19〕“镒”，音 yì，古时重量单位，一镒二十两。一说二十四两。

【译文】淳于髡，是齐国人，他见闻广博，记忆力强，学术上不专主一家。他对君主的讽谏劝说，很仰慕晏婴的为人行事，但他把注意力集中在对君主的察言观色、揣度对方的想法上。有个客人把淳于髡引见给魏惠王，惠王斥退左右侍奉的人，独自一人两次召见他，但他始终没说一句话。惠王感到奇怪，以此责备引见的客人，说道：“您称许淳于髡先生，说是管仲、晏婴都比不上他，可是见到我，我什么也没有得到。难道说我不配和他谈话吗？是什么原因？”客人转告淳于髡。淳于髡说道：“本来就应如此。我前次见到君王，王的心思在车马游猎上；后来再见君王，王的心里在声色女伎上，我因此默然以对。”客人把淳于髡的话原原本本告诉惠王，惠王听了大为惊骇，说道：“哎呀，淳于先生真是圣人哪！前次淳于先生来见我，有人给我进献了一匹好马，我还没来得及过目，恰逢先生来到。后一次先生来见我，有人给我进献歌舞伎，没来得及面试，恰逢淳于先生来到。我虽然斥退左右服侍的人，但内心在想马和歌舞伎，确实是这么回事。”后来淳于髡晋见，一谈起来连着三天三夜毫无倦意。魏惠王想任用他为卿相，淳于髡谢绝而离开魏国。于是魏惠王赠送给他四马驾的轿车，成捆的丝织品，厚重的玉璧，黄金一百镒。淳于髡终身没出来做官。

慎到，赵人。田骈、接子，齐人。环渊，楚人。皆学黄老道德之术，〔1〕因发明序其指意。〔2〕故慎到著十二论，环渊著上下篇，而田骈、

接子皆有所论焉。

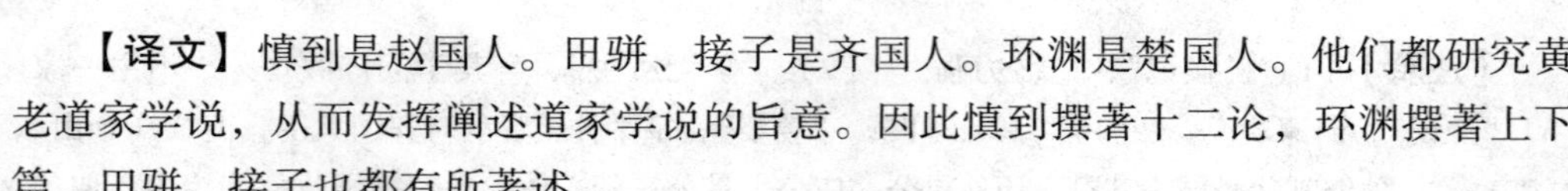

【注释】〔1〕“黄老道德之术”,道家学说。道家以黄帝、老子为始祖,故称黄老。〔2〕“序”,阐述。“指意”,即旨意,学术思想。

【译文】慎到是赵国人。田骈、接子是齐国人。环渊是楚国人。他们都研究黄老道家学说,从而发挥阐述道家学说的旨意。因此慎到撰著十二论,环渊撰著上下篇,田骈、接子也都有所著述。

驺奭者,齐诸驺子,〔1〕亦颇采驺衍之术以纪文。〔2〕

【注释】〔1〕“诸驺子”,意为驺奭为诸驺姓学者之一。〔2〕“纪文”,著述为文。

【译文】邹奭其人,是齐国众邹先生中之一,他也采纳吸收邹衍的学说撰述文章。

于是齐王嘉之,〔1〕自如淳于髡以下,〔2〕皆命曰列大夫,〔3〕为开第康庄之衢,〔4〕高门大屋,尊宠之。览天下诸侯宾客,〔5〕言齐能致天下贤士也。〔6〕

【注释】〔1〕“嘉”,称许,奖励。〔2〕“自如”,自从。〔3〕“列大夫”,众大夫。〔4〕“开第”,修建宅第。“康庄之衢”,宽阔平坦四通八达的大路。〔5〕“览”,通“揽”,招揽。〔6〕“致”,招致。

【译文】于是齐王嘉许诸位学者,从淳于髡以下诸人,都任命为列大夫,为他们在四通八达的街市旁修建宅第,高门大屋,以此来尊宠他们,也以此向各国的宾客显示,表示齐国能招致天下的贤能之士。

荀卿,〔1〕赵人。年五十始来游学于齐。驺衍之术迂大而闳辩;奭也文具难施;〔2〕淳于髡久与处,时有得善言。故齐人颂曰:“谈天衍,雕龙奭,炙毂过髡。”〔3〕田骈之属皆已死。齐襄王时,〔4〕而荀卿最为老师。齐尚修列大夫之缺,〔5〕而荀卿三为祭酒焉。〔6〕齐人或谗荀卿,〔7〕荀卿乃适楚,而春申君以为兰陵令。〔8〕春申君死而荀卿废,因家兰陵。李斯尝为弟子,〔9〕已而相秦。〔10〕荀卿嫉浊世之政,〔11〕亡国乱君相属,〔12〕不遂大道而营于巫祝，[13]信禨祥，鄙儒小拘，[14]如庄周等又猾稽乱俗，[15]于是推儒、墨、道德之行事兴坏，[16]序列著数万言而卒。[17]因葬兰陵。

【注释】〔1〕“荀卿”，名荀况，当时人尊称为荀卿。他批判和总结了先秦诸子的学术思想，对古代唯物主义思想有所发展，他提出“制天命而用之”的人定胜天的思想。韩非、李斯都是他的学生。著有《荀子》一书。〔2〕“文具”，犹具文，没有实际内容的空文。〔3〕“雕龙”，修饰文字。“炙毂过”，此盖当时俗语，难以索解。旧注谓：“过”为盛车油的器皿，通“锅”；“炙毂”，用油润泽车轴。意为油虽尽犹有余泽，以喻淳于髡智慧不尽。供参考。〔4〕“齐襄王”，名法章，公元前二八三年——公元前二六五年在位。〔5〕“修”，修治，补充。〔6〕“祭酒”，古代宴会，长者学富洒酒祭神，故称年长位尊者为祭酒。汉代学官之长为博士祭酒，后世国子监之长为国子祭酒。〔7〕“谗”，诋毁。〔8〕“春申君”，名黄歇，楚国贵族，战国四公子之一。曾任楚国令尹，封于吴（今江苏苏州），号春申君。曾派兵救赵攻秦，后又灭鲁。“兰陵”，战国楚置县，治所在今山东苍山县西南兰陵镇。〔9〕“李斯”，楚国上蔡（今河南上蔡县西南）人。曾任秦始皇的丞相，助秦始皇实行中央集权，后为赵高所害。〔10〕“相秦”，任秦国丞相。〔11〕“嫉”，憎恨。“浊世”，昏暗时代。〔12〕“亡国乱君”，国家灭亡，君主遭乱离。“相属”，接连不断。〔13〕“遂”，遵从。“营”，通“荧”，迷乱。“巫祝”，祈神弄鬼。〔14〕“陋儒”，鄙陋的儒生。“小拘”，拘泥于细枝末节。〔15〕“庄周”，战国时哲学家、文学家，宋国蒙（今河南商丘东北）人。他继承发展了老子“道法自然”的观点，主张清静无为，幻想“天地与我并生，万物与我为一”的主观精神境界。著有《庄子》一书。“猾稽”，能言善辩，言词流畅。〔16〕“儒”，儒家，孔子创始的学派。“墨”，墨家，墨翟创始的学派，主张兼爱、非攻、尚贤等。“道德”，道家，以老子庄周为代表的学派。〔17〕“序列”，论述整理。

【译文】荀卿是赵国人。五十岁时来齐国讲学。邹衍的学说迂曲浮夸，而富于雄辩精神；邹奭的著述徒具空文，难以实施；淳于髡呢，如果和他相处久了，往往能听到一些有益的言论。因此齐国人颂扬说：“谈天说地数邹衍，锦绣文章数邹奭，智慧过人数淳于髡。”当时田骈等人都已去世。齐襄王时，荀卿是当时资格最老的师长。齐国正在补充列大夫的缺额，荀卿曾三次任学术领袖。齐国人有的诋毁荀卿，荀卿于是前往楚国，春申君任他为兰陵县令。春申君死后，荀卿被废黜，就在兰陵安家。李斯曾是荀卿的学生，后来在秦国当了丞相。荀卿嫉恨昏乱世道的政治，国家被灭亡，君主遭乱离，接连不断，不遵循王政大道，而被神鬼所迷惑，迷信吉凶之兆。鄙陋的儒生拘泥于细枝末节，如庄周等人以其能言善辩淆乱世俗，于是他考察儒家、墨家、道家的所作所为及成败得失，加以整理论述，著作数万言而去世。因而葬在兰陵。

而赵亦有公孙龙为坚白同异之辩，[1]剧子之言；[2]魏有李悝，[3]尽地力之教；[4]楚有尸子、长卢；[5]阿之吁子焉。[6]自如孟子至于吁子，世多有其书，故不论其传云。[7]

【注释】〔1〕“公孙龙”，名家的代表人物。坚白同异之辩，指名家关于“坚白”、“同异”两个范畴的争辩。公孙龙派认为白石的坚硬、白色两种属性可以脱离石头这个实体而单独存在。惠施学派提出了“合同异”的论点，认为一切事物的差别、对立是相对的，并用“天与地卑，山与泽平”，来论证。公孙龙派夸大了事物的差别性，否认它的统一性，惠施学派夸大统一性，抹煞差别，都陷入形而上学的诡辩。〔2〕“剧子”，著有《剧子》九篇，已佚。〔3〕“李悝”，战国时法家。曾任魏文侯相，主持变法，使魏国成为战国初期的强国。他汇集当时各国的法律，编成《法经》，是我国古代第一部比较完整的法典。已佚。“悝”，音 kuī。〔4〕“尽地力之教”，李悝引导农民精耕细作，充分利用地力，增加产量。〔5〕“尸子”，名尸佼，著《尸子》二十篇，已佚。“长卢”，著有《长卢子》九篇，已佚。〔6〕“阿”，齐城邑，在今山东省阳谷县东北。“吁子”，名吁婴，著有《吁子》十八篇。〔7〕“传”，著述。

【译文】赵国又有公孙龙，挑起“离坚白”、“合同异”的争论，还有剧子的有关言论。魏国有李悝，倡导充分发挥土地的潜力。楚国有尸子、长卢，齐国的阿邑又有吁婴。自从孟子以至于吁婴，世间广泛流传他们的著作，所以这里不论及他们的学说内容。

盖墨翟，〔1〕宋之大夫，〔2〕善守御，为节用。〔3〕或曰并孔子时，或曰在其后。

【注释】〔1〕“盖”，发语词，无义。“墨翟”，宋国人，墨家学派的创始人。主张“兼相爱，交相利”，为天下“摩顶放踵”，讲究艰苦实践。著有《墨子》五十三篇。“翟”，音 dí。〔2〕“宋”，古小国，都城在今河南商丘，有今河南、山东、江苏、安徽之一部。后被齐所灭。〔3〕“善守御，为节用”，墨家主张非攻，很讲究防御，提倡节用。“非攻”、“节用”是《墨子》一书的主要篇章。

【译文】墨翟是宋国的大夫，精通防守御敌的战术，提倡节约用度。有人说他和孔子同时，有人说他在孔子之后。

孟尝君列传

孟尝君名文，姓田氏。文之父曰靖郭君田婴。田婴者，齐威王少子而齐宣王庶弟也。〔1〕田婴自威王时任职用事，与成侯邹忌及田忌将而救韩伐魏。〔2〕成侯与田忌争宠，成侯卖田忌。〔3〕田忌惧，袭齐之边邑，不胜，亡走。会威王卒，宣王立，知成侯卖田忌，乃复召田忌以为将。宣王二年，田忌与孙膑、田婴俱伐魏，〔4〕败之马陵，〔5〕虏魏太子申而杀魏将庞涓。〔6〕宣王七年，田婴使于韩、魏，韩、魏服于齐。婴与韩昭侯、魏惠王会齐宣王东阿南，〔7〕盟而去。明年，复与梁惠王会甄。〔8〕是岁，梁惠王卒。〔9〕宣王九年，田婴相齐。齐宣王与魏襄王会徐州而相王也。〔10〕楚威王闻之，〔11〕怒田婴。明年，楚伐败齐师于徐州，而使人逐田婴。田婴使张丑说楚威王，〔12〕威王乃止。田婴相齐十一年，宣王卒，湣王即位。〔13〕即位三年，而封田婴于薛。〔14〕

【注释】〔1〕"齐威王"，即田因齐，齐桓公田午之子，在位三十七年（公元前三五六年至前三二〇年）。"齐宣王"，即田辟彊，齐威王之子，在位十九年（公元前三一九年至前三〇一年）。"庶"，姬妾所生之子女。〔2〕"成侯邹忌"，齐国大臣。齐威王时，邹忌以鼓琴见王，得到威王的信任，三月后为相。第二年封在下邳（今江苏睢宁西北），号曰成侯。"田忌"，齐国有名的将领，曾向威王举荐孙膑，从而在桂陵之战与马陵之战中大败魏军。"救韩伐魏"，清梁玉绳在《史记志疑》中认为："此指齐威王二十六年桂陵之役，是救赵非救韩也。且成侯不与田忌同将，《田完世家》甚明，当是田婴与田忌将而救赵伐魏耳，此误。"桂陵，在今河南长垣西北。〔3〕"卖"，诬陷。〔4〕"孙膑"，齐国人，战国著名军事家，孙武的后代。他曾与庞涓同学兵法，庞涓后为魏惠王将军，嫉妒孙膑的才能，把他骗到魏国，借故处以膑刑（去膝盖骨）。孙膑在齐国使者的帮助下回到齐国，经田忌的举荐，得到齐威王信任，命为军师。他为齐设谋，先后大败魏军于桂陵和马陵，由是显名天下，世传其兵法。详见本书《孙子吴起列传》。一九七二年在山东临沂银雀山汉墓发现了书写在竹简上的《孙膑兵法》。〔5〕"马陵"，邑名，在今河南范县西南。一说在今河北大名东南。〔6〕"魏太子申"，魏惠王太子。"庞涓"，魏惠王将军，在马陵之战中智穷兵败，自刭而死。〔7〕"韩昭侯"，即韩武，韩懿侯之子，在位三十年（公元前三六二年至前三三三年）。"魏惠王"，即魏罃，魏武侯之子，在位五十一年（公元前三六九年至前三一九年）。惠王九年，魏都自安邑（今山西夏县西北）迁至大梁（今河南开封市西北），故魏惠王又称梁惠王。"东阿"，邑名，在今山东东阿西南。〔8〕"甄"，邑名，在今山东鄄城县北。"甄"，音 juàn。〔9〕"梁惠王卒"，按梁惠王三十六年改元，继续统治魏国十六年。此云"梁惠王卒"，误。下文"徐州相王"事即在梁惠王后元元年，本书记作"魏襄王"，亦误。〔10〕"魏襄王"，即魏嗣，魏惠王之子，在位二十三年（公元前三一八年至前二九六年）。"徐州"，邑名，在今山东滕县南。"相王"，相互推尊承认王号。〔11〕"楚威王"，即熊商，楚宣王熊良夫之子，在位十一年（公元前三三九至前三二九年）。〔12〕"张丑"，战国谋士，曾在齐、魏为臣，据《战国策·齐策一》及本书《楚世家》所记，张丑谓楚威王曰："王所以战胜于徐州者，田盼子不用也……今王逐婴子，婴子逐，盼子必用矣。复搏其士卒以与王遇，必不便于王矣。"楚王因不逐田婴。〔13〕"湣王"，即田地（一说名遂），齐宣王之子，在位十七年（公元前三〇〇年至前二八四年）。〔14〕"薛"，邑名，在今山东滕县南。《索隐》称"《纪年》以为梁惠王后元十三年四月，齐威王封田婴于薛。十月，齐城薛。十四年，薛子婴来朝。十五年，齐威王薨"，则田婴封薛，不当在湣王三年。按《史记》所载战国各国国君的世次年数有很多错误，战国史事的系年也常常有混乱不清的地方，如马陵之战在齐威王时而《史记》误属齐

宣王；“徐州相王”为齐威王与梁惠王，而《史记》误属齐宣王与魏襄王；等等。近人作过不少考订，今不再在注释中一一说明。

【译文】孟尝君名文，姓田。他的父亲为靖郭君田婴。田婴是齐威王的小儿子，齐宣王的庶弟。田婴从威王时就已任职当权，曾和成侯邹忌及田忌领兵救韩伐魏。成侯和田忌争着想得到威王的宠信，成侯诬陷田忌。田忌害怕了，袭击齐的边境城邑，打不赢，逃亡在外。恰逢威王去世，宣王即位，了解到成侯诬陷田忌，便又召回田忌为将。宣王二年，田忌和孙膑、田婴一起伐魏，在马陵大败魏军，俘虏魏太子申，杀了魏将庞涓。宣王七年，田婴出使韩、魏，韩、魏都顺服于齐国。田婴与韩昭侯、魏惠王和齐宣王在东阿南面相会，结盟之后离去。第二年，又与梁惠王在甄相会。就在这一年，梁惠王去世了。宣王九年，田婴任齐相。齐宣王与魏襄王相会于徐州，相互推尊为王。楚威王听到这消息，对田婴很生气。第二年，楚在徐州击败齐军，派人让齐国驱逐田婴。田婴派张丑去游说楚威王，威王这才罢休。田婴任齐相十一年，宣王去世，湣王即位。即位的第三年，封田婴于薛。

初，田婴有子四十余人，其贱妾有子名文，文以五月五日生。婴告其母曰：“勿举也。”〔1〕其母窃举生之。〔2〕及长，其母因兄弟而见其子文于田婴。田婴怒其母曰：“吾令若去此子，〔3〕而敢生之，何也？”文顿首，〔4〕因曰：“君所以不举五月子者，何故？”婴曰：“五月子者，长与户齐，将不利其父母。”文曰：“人生受命于天乎？将受命于户邪？”婴默然。文曰：“必受命于天，君何忧焉。必受命于户，则可高其户耳，谁能至者！”婴曰：“子休矣。”

【注释】〔1〕“举”，养育成人。〔2〕“窃”，私下。“生”，抚育。〔3〕“若”，你。〔4〕“顿首”，头叩地而拜。

【译文】当初，田婴有儿子四十余人，他的贱妾有个儿子名文，田文是在五月五日出生的。田婴对田文的母亲说：“不要养大这孩子。”田文的母亲却偷偷把田文抚养大了。孩子长大后，他母亲乘他的兄弟晋见田婴的机会，让她的儿子田文出现在田婴面前。田婴对田文的母亲很生气，说道：“我让你抛弃这孩子，而你竟敢抚养他，这是为什么？”田文向父亲叩头，乘机问道：“您不养育五月里生的孩子，是什么原因呢？”田婴说：“五月里生的孩子，长到和门户一样高的时候，将对他的父母不利。”田文说：“人的命运是受之于天呢？还是受之于门户呢？”田婴默然无言。田文接着说道：“如果受命于天，那您忧虑什么！如果受命于门户，那您可以把门户增高，谁能长到那么高！”田婴说：“你不要再说下去了。”

久之，文承间问其父婴曰：[1]“子之子为何？”曰：“为孙。”“孙之孙为何？”曰：“为玄孙。”“玄孙之孙为何？”曰：“不能知也。”文曰：“君用事相齐，至今三王矣，齐不加广而君私家富累万金，门下不见一贤者。文闻将门必有将，相门必有相。今君后宫蹈绮縠而士不得裋褐，[2]仆妾余粱肉而士不厌糟糠。[3]今君又尚厚积余藏，[4]欲以遗所不知何人，而忘公家之事日损，文窃怪之。”于是婴乃礼文，使主家待宾客。宾客日进，名声闻于诸侯。诸侯皆使人请薛公田婴以文为太子，[5]婴许之。婴卒，谥为靖郭君。[6]而文果代立于薛，是为孟尝君。

【注释】〔1〕“承间”，趁机会。“间”，音 jiàn，空隙。〔2〕“后宫”，宫中姬妾所居之处，在宫院的后半部。此用为姬妾的代称。“蹈”，踩。衣服长大，故可踩及。“绮”，音 qǐ，素地织纹起花的丝织品。“縠”，音 hú，绉纱一类轻薄精美的丝织品。“裋”，音 shù，僮仆所穿 的粗陋衣服。“褐”，音 hè，粗毛或粗蔴织成的短衣，贫贱者所服。〔3〕“粱肉”，泛指美食佳肴。“粱”为古代粟类的优良品种。“厌”，通“餍”，饱。“糟糠”，酒渣糠皮，泛指粗劣的食物。〔4〕“尚”，喜爱，追求。〔5〕“太子”，先秦时天子、诸侯或封君预定嗣位之子皆可称太子。〔6〕“谥”，音 shì，帝王、贵族、大臣等死后，依其生前事迹给予称号。

【译文】隔了好久之后，田文利用某个机会问他父亲田婴道：“儿子的儿子是什么？”回答说：“是孙子。”“孙子的孙子是什么？”“是玄孙。”“玄孙的孙子是什么？”田婴回答说：“那就不能知道了。”田文说：“您当政为齐相，至今经历了三位君王，齐国的土地未见扩大而您私家的财富积累已达万金，门下却看不到一位贤能的人。我听说，将门必有将，相门必有相。现在您后宫姬妾脚下踩着绮縠，可是士人却穿不上一件粗布衣服；您家的仆妾有吃不完的美味佳肴，可是士人连糟糠都吃不饱。现在您还在热衷于增加积蓄，扩充贮藏，想要传给您所不知道是谁的人，却忘记了公家的事业在一天天地受到损害，我私下对此实在觉得不可理解。”于是田婴对田文大加礼遇，让他主持家事，接待宾客。从此宾客一天天地多起来，田文的名声传扬到了诸侯中间。诸侯都派人来请薛公田婴立田文为太子，田婴答应了。田婴去世，谥为靖郭君，而田文果真在薛代立，他就是孟尝君。

孟尝君在薛，招致诸侯宾客及亡人有罪者，[1]皆归孟尝君。孟尝君舍业厚遇之，[2]以故倾天下之士。[3]食客数千人，无贵贱一与文等。孟尝君待客坐语，而屏风后常有侍史，[4]主记君所与客语，问亲戚居处。客去，孟尝君已使使存问，[5]献遗其亲戚。[6]孟尝君曾待客夜食，有一人蔽火光。客怒，以饭不等，[7]辍食辞去。孟尝君起，自持其饭比之。

客愬，自刭。士以此多归孟尝君。孟尝君客无所择，皆善遇之。人人各自以为孟尝君亲己。

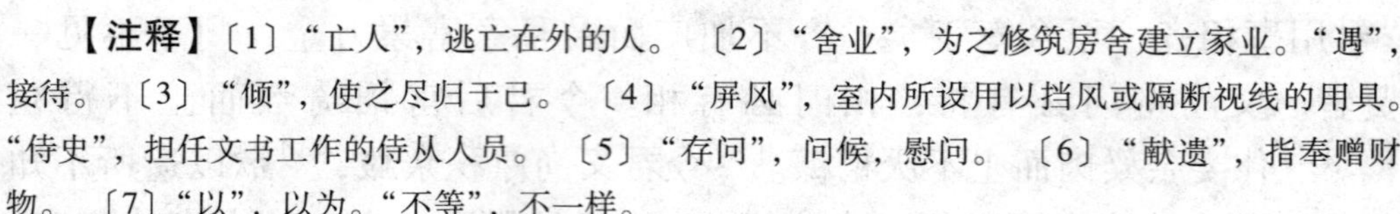

【注释】〔1〕“亡人”，逃亡在外的人。〔2〕“舍业”，为之修筑房舍建立家业。“遇”，接待。〔3〕“倾”，使之尽归于己。〔4〕“屏风”，室内所设用以挡风或隔断视线的用具。“侍史”，担任文书工作的侍从人员。〔5〕“存问”，问候，慰问。〔6〕“献遗”，指奉赠财物。〔7〕“以”，以为。“不等”，不一样。

【译文】孟尝君在薛时，招纳诸侯宾客以及流亡在外的人。为他们修建房屋，建立家业，因此天下之士皆归附他。食客达数千人，不管出身高贵及低贱，都与孟尝君平等。孟尝君与客人谈话时，屏风后常有侍从人员，主要记载与孟尝君谈话的宾客亲戚的住所。客人离开后，孟尝君已经派人带着礼物慰问过他的亲戚了。有一晚孟尝君招待客人，有一客吃饭处无灯光。客人很生气，以为饭不一样，不吃饭就要告辞离开。孟堂君站起来，端起自己的饭与客人比对，客人很惭愧，自杀了。宾客因此多归附孟尝君。孟尝君不选择客人，对每个人都很好。在宾客心中，也自以为孟尝君对自己最好。

秦昭王闻其贤，[1]乃先使泾阳君为质于齐，[2]以求见孟尝君。孟尝君将入秦，宾客莫欲其行，谏，不听。苏代谓曰：[3]“今旦代从外来，见木禺人与土禺人相与语。[4]木禺人曰：‘天雨，子将败矣。’[5]土禺人曰：‘我生于土，败则归土。今天雨，流子而行，未知所止息也。’今秦，虎狼之国也，而君欲往，如有不得还，[6]君得无为土禺人所笑乎？”孟尝君乃止。

【注释】〔1〕“秦昭王”，即嬴稷（一作“则”），秦武王异母弟，在位五十六年（公元前三〇六年至前二五一年）。〔2〕“泾阳君”，即公子市，秦昭王同母弟，封于泾阳（今陕西泾阳西北），故称。“质”，留作保证的人，人质。〔3〕“苏代”，洛阳（今河南洛阳市东）人，苏秦之弟。按《战国策·齐策三》，设喻劝阻孟尝君入秦者乃苏秦。〔4〕“木禺人”，木制的偶人。“禺”，音 ǒu，通“偶”。〔5〕“败”，毁坏。〔6〕“如有”，如或，如果。

【译文】秦昭王听说孟尝君贤能，便先派泾阳君到齐国作人质，以便能请孟尝君到秦国相见。孟尝君准备入秦，门下宾客没有一个愿他成行，纷纷劝阻，孟尝君不听。苏代对孟尝君说：“今天早晨我从外面来，看见木偶人和土偶人相互在谈话。木偶人说：‘天一下雨，你就全毁了。’土偶人说：‘我从泥里生，毁了就回到泥里去。如果天下雨，冲着你四处飘流，还不知道流到哪里为止呢。’当今秦国，是个像虎狼般凶恶的国家，而您却想到那里去，万一不能回来，您岂不是要被土偶人所讥笑吗?”孟尝君这才打消了入秦的念头。

齐湣王二十五年，复卒使孟尝君入秦，昭王即以孟尝君为秦相。人或说秦昭王曰：“孟尝君贤，而又齐族也，今相秦，必先齐而后秦，秦其危矣。”于是秦昭王乃止。囚孟尝君，谋欲杀之。孟尝君使人抵昭王幸姬求解。〔1〕幸姬曰:“妾愿得君狐白裘。”〔2〕此时孟尝君有一狐白裘，直千金，〔3〕天下无双，入秦献之昭王，更无他裘。孟尝君患之，遍问客，莫能对。最下坐有能为狗盗者，曰：“臣能得狐白裘。”乃夜为狗，以入秦宫臧中，〔4〕取所献狐白裘至，以献秦王幸姬。幸姬为言昭王，昭王释孟尝君。孟尝君得出，即驰去，更封传，〔5〕变名姓以出关。夜半至函谷关。〔6〕秦昭王后悔出孟尝君，求之已去，即使人驰传逐之。〔7〕孟尝君至关，关法鸡鸣而出客，孟尝君恐追至，客之居下坐者有能为鸡鸣，而鸡齐鸣，遂发传出。〔8〕出如食顷，〔9〕秦追果至关，已后孟尝君出，乃还。始孟尝君列此二人于宾客，宾客尽羞之，及孟尝君有秦难，卒此二人拔之。〔10〕自是之后，客皆服。

【注释】〔1〕“抵”，拜访。“幸姬”，受宠爱的侍妾。〔2〕“狐白裘”，以狐腋下之白色皮毛制成的皮服，精美难得。〔3〕“直”，通“值”，价值。〔4〕“臧”，音 zàng，仓库。〔5〕“封传”，官府所发的过关及投宿驿站的凭证。“传”，音 zhuàn。〔6〕“函谷关”，在今河南灵宝东北。〔7〕“驰传”，驾乘传车急行。传车，古代驿站的专用车辆。“传”，音 zhuàn。〔8〕“发传”，出示封传。〔9〕“食顷”，吃一顿饭的工夫，形容时间很短。〔10〕“拔”，解救。

【译文】齐湣王二十五年，最终还是派孟尝君到了秦国，秦昭王立即拜孟尝君为秦相。有人劝说秦昭王道：“孟尝君贤能，又是齐国王族，现在作秦相，必然先考虑齐国的利益而后才想到秦国，秦国恐怕要遭到危险了。”于是秦昭王便免除了孟尝君的相位。他把孟尝君囚禁起来，想要杀害他。孟尝君派人去进见昭王的宠姬求救，宠姬说：“我想得到孟尝君的狐白裘。”其时孟尝君确有一件狐白裘，价值千金，天下无双，只是入秦时已经献给昭王，再没有第二件了。孟尝君十分为难，遍问宾客，无人能有对策。客座最下边有一位能像狗那样进行偷盗的宾客，他说：“我能得到那件狐白裘。”于是在夜晚像狗那样潜入秦宫仓库里，把那件献给昭王的狐白裘取了回来，孟尝君拿去献给秦王宠姬。宠姬在昭王面前为孟尝君说情，昭王便释放了他。孟尝君获释后，立即快马离去，更换封传，改变姓名，以便出关。夜半时分，终于抵达函谷关。秦昭王后悔释放了孟尝君，派人找他，可他已经离开，便立即派人驰传去追。孟尝君到了函谷关，不料关法规定，要鸡鸣之后才放人出

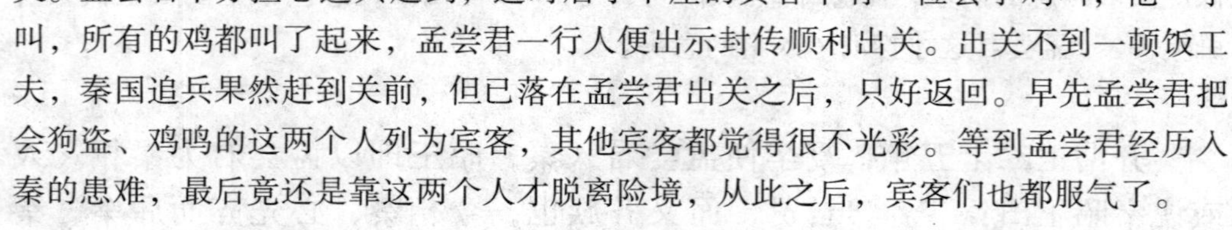
关。孟尝君十分担心追兵赶到，这时居于下座的宾客中有一位会学鸡叫，他一学叫，所有的鸡都叫了起来，孟尝君一行人便出示封传顺利出关。出关不到一顿饭工夫，秦国追兵果然赶到关前，但已落在孟尝君出关之后，只好返回。早先孟尝君把会狗盗、鸡鸣的这两个人列为宾客，其他宾客都觉得很不光彩。等到孟尝君经历入秦的患难，最后竟还是靠这两个人才脱离险境，从此之后，宾客们也都服气了。

孟尝君过赵，赵平原君客之。〔1〕赵人闻孟尝君贤，出观之，皆笑曰："始以薛公为魁然也，〔2〕今视之，乃眇小丈夫耳。"〔3〕孟尝君闻之，怒。客与俱者下，斫击杀数百人，遂灭一县以去。

【注释】〔1〕"平原君"，即赵胜，赵武灵王子，惠文王弟，封于东武城（今山东武城西北），号平原君。曾任赵相，有食客数千人，与齐孟尝君、魏信陵君（魏无忌）、楚春申君（黄歇）为战国四公子。详见本书《平原君虞卿列传》。〔2〕"魁然"，高大，魁伟。〔3〕"眇小"，矮小。"丈夫"，成年男子的通称。

【译文】孟尝君经过赵国，赵平原君以客礼相待。赵国人听说孟尝君贤能，都出来观看，不禁笑道："原先以为薛公身材魁伟，今天看到了，却不过是个矮小的汉子罢了。"孟尝君听到后，非常愤怒。和他一起到赵国的宾客便出来砍杀了数百人，灭掉了一县才离去。

齐湣王不自得，〔1〕以其遣孟尝君。孟尝君至，则以为齐相，任政。

【注释】〔1〕"不自得"，心中不安，内疚。

【译文】齐湣王因为派遣孟尝君入秦而内疚不安。等孟尝君一回来，就任命他为齐相，让他处理国政。

孟尝君怨秦，将以齐为韩、魏攻楚，因与韩、魏攻秦，而借兵食于西周。〔1〕苏代为西周谓曰："君以齐为韩、魏攻楚九年，取宛、叶以北以强韩、魏，〔2〕今复攻秦以益之。韩、魏南无楚忧，西无秦患，则齐危矣。韩、魏必轻齐畏秦，臣为君危之。君不如令敝邑深合于秦，〔3〕而君无攻，又无借兵食。君临函谷而无攻，令敝邑以君之情谓秦昭王曰'薛公必不破秦以强韩、魏。其攻秦也，欲王之令楚王割东国以与齐，〔4〕而秦出楚怀王以为和'。〔5〕君令敝邑以此惠秦，秦得无破而以东国自免也，秦必欲之。楚王得出，必德齐。齐得东国益强，而薛世世无患矣。秦不大弱，而处三晋之西,[6]三晋必重齐。”薛公曰:“善。”因令韩、魏贺秦,[7]使三国无攻,而不借兵食于西周矣。是时,楚怀王入秦,秦留之,故欲必出之。秦不果出楚怀王。

【注释】〔1〕“西周”,周考王所封诸侯国名,开国君主西周桓公名揭,周考王弟,治河南(今河南洛阳市西)。因其在王都洛阳(今河南洛阳市东)之西,故称西周。它是战国时的小国,秦昭王五十一年(公元前二五六年)为秦所灭。〔2〕“宛”,音 yuān,邑名,在今河南南阳市。“叶”,旧读 shè,邑名,在今河南叶县南。〔3〕“敝邑”,对自己国家的谦称。“合”,交好。〔4〕“楚王”,指楚顷襄王熊横,楚怀王之子,在位三十六年(公元前二九八年至前二六三年)。“东国”,指楚国东部地区,与齐南境相邻。〔5〕“楚怀王”,即熊槐,楚威王熊商之子,在位三十年(公元前三二八年至前二九九年)。怀王三十年,受骗入秦,被秦扣留,于楚顷襄王三年死在秦国。〔6〕“三晋”,指韩、赵、魏三国,它们是三分晋国而建立起来的,故称“三晋”。〔7〕“因令韩、魏贺秦”,“贺秦”之举,于理难通。此段文字又见《战国策·西周策》,《西周策》作“因令韩庆入秦”,且为西周游说薛公者亦韩庆,而非苏代,则《史记》此处似文字有误。

【译文】孟尝君怨恨秦国,因为齐国曾经帮助韩、魏攻伐过楚国,便准备要求韩、魏一起来攻秦,并向西周商借武器、食粮。苏代为西周向孟尝君进言道:“您以齐国之力帮助韩、魏攻楚九年,夺取了宛、叶以北的土地从而增强了韩、魏的力量,现在还要通过攻秦去进一步加强他们。韩、魏南面不忧虑楚国,西面不担心秦国,那么齐国就危险了。韩、魏必然会轻视齐国而畏惧秦国,我为您感到危险。您不如让敝邑和秦国深深结交,您不要去攻秦,也不要来借武器、食粮。您兵临函谷关而不发起攻击,让敝邑把您的意图告诉秦昭王说:‘薛公一定不会击破秦国去增强韩、魏力量的。他来进攻秦国,无非希望您能让楚王把东部领土割给齐国,而您则释放楚怀王,与楚国重归于好。’您让敝邑以此给秦国一点好处,秦能不被击破而通过牺牲楚国的东部领土来自免于难,秦国一定愿意。楚王能获释放,一定对齐感恩戴德。齐得到了楚国东部领土,必将更加强大,薛也就世世无所忧虑了。由于秦国没有受到大的削弱,又处在三晋之西,三晋就必然会借重齐国。”薛公说:“好。”于是让韩、魏贺秦,使三国不发动攻击,也不向西周商借武器、食粮了。当时楚怀王入秦,秦国把他扣留了下来,所以总想一定要让怀王离开秦国。但秦国最终还是没有释放楚怀王。

孟尝君相齐,其舍人魏子为孟尝君收邑入,[1]三反而不致一入。[2]孟尝君问之,对曰:“有贤者,窃假与之,[3]以故不致入。”孟尝君怒而退魏子。[4]居数年,人或毁孟尝君于齐湣王曰:[5]“孟尝君将为乱。”及田甲劫湣王,[6]湣王意疑孟尝君,孟尝君乃奔。[7]魏子所与粟贤者闻之,

乃上书言孟尝君不作乱，请以身为盟，[8]遂自到宫门以明孟尝君。湣王乃惊，而踪迹验问，[9]孟尝君果无反谋，乃复召孟尝君。孟尝君因谢病，[10]归老于薛。湣王许之。

【注释】〔1〕“舍人”，在身边侍从的亲近的门客。“魏子”，姓魏，史略其名。“子”为对人的泛称。“邑入”，封邑的租税收入。〔2〕“反”，通“返”。〔3〕“假”，借。〔4〕“退”，辞退。〔5〕“毁”，诽谤。〔6〕“田甲”，齐国大臣，余不详。“劫”，用暴力威胁，强逼。〔7〕“奔”，逃亡。〔8〕“盟”，在神前立誓。古代盟誓，需杀牲取血，以示诚信。“以身为盟”，指杀身立誓。〔9〕“踪迹”，追踪。“验问”，考察调查。〔10〕“谢病”，推托有病而引退。

【译文】孟尝君任齐相时，他的舍人魏子为他收取封邑的租税，往返三次而没有交来一笔收入。孟尝君问他，他回答说：“碰到一位贤者，我把收到的粟米私自作主借给了他，所以没能把收入交给您。”孟尝君很生气，辞退了魏子。几年之后，有人在齐湣王面前诽谤孟尝君说：“孟尝君将要作乱。”等到田甲威逼齐湣王，湣王怀疑是出于孟尝君的指使，孟尝君只得出走。这时魏子曾借粟给他的那位贤者听到这消息，便上书说明孟尝君不会作乱，请以自己的生命立誓，于是在宫门之前自刎而死，以证明孟尝君的无辜。湣王大吃一惊，再根据线索查验了解，孟尝君果真没有反叛的阴谋，于是重新召回孟尝君。孟尝君就此机会托病请求解职回薛养老，湣王答应了。

其后，秦亡将吕礼相齐，[1]欲困苏代。[2]代乃谓孟尝君曰：“周最于齐，[3]至厚也，而齐王逐之，而听亲弗相吕礼者，[4]欲取秦也。[5]齐、秦合，则亲弗与吕礼重矣。有用，[6]齐、秦必轻君。君不如急北兵，[7]趋赵以和秦、魏，[8]收周最以厚行，[9]且反齐王之信，[10]又禁天下之变。齐无秦，则天下集齐，亲弗必走，则齐王孰与为其国也！”[11]于是孟尝君从其计，而吕礼嫉害于孟尝君。[12]

【注释】〔1〕“吕礼”，秦之五大夫，秦昭王十三年离秦至魏，后又至齐，任齐相。昭王十九年归秦。五大夫为秦爵第九级。〔2〕“困”，使处于困境。〔3〕“周最”，周之公子，曾于齐、魏为臣。〔4〕“亲弗”，姓亲名弗。《战国策》作“祝弗”。〔5〕“取秦”，结好于秦。〔6〕“有用”，受到重用。〔7〕“急北兵”，急速向北方出兵。〔8〕“趋”，音 cù，促使。〔9〕“厚行”，提高声誉。〔10〕“反齐王之信”，齐王逐周最，相吕礼，以结好于秦。今收留周最，使齐王不得取信于秦，故云“反齐王之信”。〔11〕“孰与”，与哪一个人。〔12〕“嫉害”，憎恨，认为于己有害。

【译文】其后，从秦国逃亡出来的将军吕礼做了齐相，想使苏代陷入困境。苏代便对孟尝君说："周最对于齐国，感情很深，但齐王赶走了他，反而听信亲弗的话，以吕礼为相，目的是想结好于秦国。齐、秦联合，亲弗和吕礼的地位就重要了。他们一得势，齐、秦必然轻视您。您不如急速调兵北上，促使赵国去跟秦、魏和好，同时您收留周最以提高您的声誉，并可使齐王失信于秦，又能制止天下形势发生不利于您的变化。齐国离开了秦国，东方各国就会靠拢齐国，亲弗必然在齐国难以立足而出走，那么齐王靠谁来治理他的国家呢！"孟尝君听从了他的计谋，而吕礼从此对孟尝君十分憎恨。

孟尝君惧，乃遗秦相穰侯魏冉书曰：〔1〕"吾闻秦欲以吕礼收齐，〔2〕齐，天下之强国也，子必轻矣。齐秦相取以临三晋，〔3〕吕礼必并相矣，是子通齐以重吕礼也。若齐免于天下之兵，其雠子必深矣。子不如劝秦王伐齐。齐破，吾请以所得封子。齐破，秦畏晋之彊，〔4〕秦必重子以取晋。晋国敝于齐而畏秦，〔5〕晋必重子以取秦。是子破齐以为功，挟晋以为重；是子破齐定封，秦、晋交重子。〔6〕若齐不破，吕礼复用，子必大穷。"〔7〕于是穰侯言于秦昭王伐齐，而吕礼亡。

【注释】〔1〕"穰侯魏冉"，秦昭王母宣太后之异父弟，自秦惠王、秦武王时任职用事，后又拥立昭王。昭王年幼，宣太后当权，任魏冉为政，多次任秦相，封于穰（今河南邓县），又益封陶（今山东定陶西北），号穰侯。他举白起为将，攻伐魏、韩、楚、赵、齐等国，秦益强，魏冉权倾一国。昭王四十一年，改用范雎为相。魏冉免相，出关回到陶邑，卒于陶。详见本书《穰侯列传》。"穰"，音 rǎng。〔2〕"收齐"，拉拢、结交齐国。〔3〕"临"，此指以武力逼迫，威胁。〔4〕"晋"，此指三晋。〔5〕"敝于齐"，在与齐交战中受损困顿。〔6〕"交"，交相，都。〔7〕"穷"，困窘。

【译文】孟尝君很害怕，于是他给秦国丞相穰侯魏冉写了一封信说："我听说秦国想通过吕礼结交齐国，齐国是天下的强国，如果事情成功的话，您必定受轻视。齐秦联合而与三晋交兵，吕礼必定受重视而担任两国的丞相，这是您结交齐国而使吕礼受重用啊。如果齐国不参与这场战争，国君必定会深怪你。您不如劝秦王攻打齐国。齐国被攻破之后，我会为你请封地。齐国被攻破之后，秦国害怕三晋之强，必定会重用你伐取晋国。晋国在与齐国交战中受困而害怕秦国，必定会重用您来讨好秦国。这样您就可以破齐作为自己的功劳，挟晋以使自己受重用；是您将破齐国定封号，秦国、晋国交相重用您。如果齐国不被攻破，吕礼复受重用，您必受大困。"于是穰侯向秦昭王进言攻打齐国，吕礼知道后逃亡了。

后齐湣王灭宋，[1]益骄，欲去孟尝君。孟尝君恐，乃如魏。魏昭王以为相，[2]西合于秦、赵，与燕共伐破齐。[3]齐湣王亡在莒，[4]遂死焉。[5]齐襄王立，[6]而孟尝君中立于诸侯，无所属。齐襄王新立，畏孟尝君，与连和，复亲薛公。文卒，谥为孟尝君。诸子争立，而齐魏共灭薛。孟尝绝嗣无后也。

【注释】〔1〕"齐湣王灭宋"，时在公元前二八六年，宋王名偃。〔2〕"魏昭王"，即魏遬，魏襄王子，在位十九年（公元前二九五年至前二七七年）。〔3〕"与燕共伐破齐"，时在公元前二八四年，主帅为燕将乐毅。〔4〕"莒"，邑名，在今山东莒县。〔5〕"遂死焉"，楚国派淖齿率军救齐，淖齿被任为齐相，欲与燕人瓜分齐国，便杀死了齐湣王。〔6〕"齐襄王"，即田法章，齐湣王子，在位十九年（公元前二八三年至前二六五年）。

【译文】后来齐湣王灭了宋国，更加骄傲，想除去孟尝君。孟尝君害怕起来，便到了魏国。魏昭王命他为相，西面联合秦、赵，和燕国一起击破齐国。齐湣王逃亡到莒，死在那里。齐襄王即位，这时孟尝君在诸侯中间保持中立，不依附于谁。齐襄王新即位，畏惧孟尝君，跟他连和，重新亲近这位薛公。田文死后，谥为孟尝君。他的几个儿子你争我夺，都想立为薛公，齐、魏联合起来把薛灭了。孟尝君绝了继承者，没有后代。

初，冯驩闻孟尝君好客，[1]蹑蹻而见之。[2]孟尝君曰："先生远辱，[3]何以教文也？"冯驩曰："闻君好士，以贫身归于君。"孟尝君置传舍十日，[4]孟尝君问传舍长曰：[5]"客何所为？"答曰："冯先生甚贫，犹有一剑耳，又蒯缑。[6]弹其剑而歌曰'长铗归来乎，[7]食无鱼'。"孟尝君迁之幸舍，食有鱼矣。五日，又问传舍长。答曰："客复弹剑而歌曰'长铗归来乎，出无舆'。"[8]孟尝君迁之代舍，出入乘舆车矣。五日，孟尝君复问传舍长。舍长答曰："先生又尝弹剑而歌曰'长铗归来乎，无以为家'。"孟尝君不悦。

【注释】〔1〕"驩"，音 huān。《战国策》作"谖"，音 xuān。〔2〕"蹑"，音 niè，踩，此指穿着。"蹻"，音 jué，草鞋。〔3〕"远辱"，承蒙您远道而来。"辱"，谦词。〔4〕"传舍"，此指供一般食客住宿的客舍。待遇高的食客居"幸舍"，待遇更高的居"代舍"。"传"，音 zhuàn。〔5〕"传舍长"，客舍的总管。〔6〕"蒯"，草名，其茎可供编织。"缑"，音 gōu，缠在剑柄上的丝绳。"蒯缑"，以蒯为绳，缠绕剑柄。〔7〕"铗"，剑。一说剑把。"来"，语气助词。〔8〕"舆"，车箱，此泛指车。

【译文】当初，冯驩听说孟尝君好客，穿着草鞋，长途跋涉来见他。孟尝君说："先生远道光临，可有什么开导我的吗？"冯驩说："听说您好士，我因家贫，特来投奔。"孟尝君把他安置在传舍，十天后，孟尝君问传舍长道："这位客人干些什么？"回答说："冯先生穷得很，随身只还剩一柄剑而已，可又是用草绳缠的剑把。他弹剑唱道：'长剑啊，归去吧，我在这里吃饭没有鱼。'"孟尝君让他迁入幸舍，吃饭有鱼了。五天后，又问传舍长。传舍长回答说："这位客人又弹剑唱道：'长剑啊，归去吧，我在这里出门没有车。'"孟尝君再把他迁到代舍，进出乘上车了。五天后，孟尝君又问传舍长。传舍长回答道："冯先生又曾弹剑唱道：'长剑啊，归去吧，我在这里没有钱养家。'"孟尝君听了很不高兴。

居期年，〔1〕冯驩无所言。孟尝君时相齐，封万户于薛。其食客三千人，邑入不足以奉客，〔2〕使人出钱于薛。〔3〕岁余不入，贷钱者多不能与其息，客奉将不给。〔4〕孟尝君忧之，问左右："何人可使收债于薛者？"传舍长曰："代舍客冯公形容状貌甚辩，〔5〕长者，〔6〕无他伎能，宜可令收债。"孟尝君乃进冯驩而请之曰："宾客不知文不肖，〔7〕幸临文者三千余人，邑入不足以奉宾客，故出息钱于薛。〔8〕薛岁不入，民颇不与其息。今客食恐不给，愿先生责之。"〔9〕冯驩曰："诺。"辞行，至薛，召取孟尝君钱者皆会，得息钱十万。乃多酿酒，买肥牛，召诸取钱者，能与息者皆来，不能与息者亦来，皆持取钱之券书合之。〔10〕齐为会，日杀牛置酒。酒酣，乃持券如前合之，能与息者，与为期；〔11〕贫不能与息者，取其券而烧之。曰："孟尝君所以贷钱者，为民之无者以为本业也；〔12〕所以求息者，为无以奉客也。今富给者以要期，〔13〕贫穷者燔券书以捐之。〔14〕诸君强饮食。〔15〕有君如此，岂可负哉！"〔16〕坐者皆起，再拜。

【注释】〔1〕"期年"，周年，一年。"期"，音 jī。〔2〕"奉客"，招待客人。〔3〕"出钱"，指放债。〔4〕"不给"，供给不上。"给"，音 jǐ。〔5〕"形容"，形状容貌。"辩"，能言善道，口才好。〔6〕"长者"，稳重厚道的人。"长"，音 zhǎng。〔7〕"不肖"，不贤，不才。"肖"，音 xiào。〔8〕"出息钱"，指放债。债可生息，故称。〔9〕"责"，索取。〔10〕"券书"，此指借据。古代券书分为两半，债权人和债务人各执其一作为凭证。"合之"，将此两半相合，以当面验证。〔11〕"为期"，确定（交钱的）日期。〔12〕"本业"，指农桑之事，农业。一说本句"者"字疑是衍文，"为民之无以为本业也"与下句"为无以奉客也"相对为文。〔13〕"富给"，富裕。"要期"，约定日期。"要"，音 yāo。〔14〕"捐"，舍弃，废弃。〔15〕"强"，音 qiǎng，勉力，努力。〔16〕"负"，背弃，辜负。

【译文】住了一年，冯驩没有再说什么。孟尝君当时为齐相，封于薛，有万户

人家。孟尝君有食客三千人，封邑的收入不足以招待这些客人，便派人到薛放债。一年多没有收入，借钱的人多数连利息也付不出，对客人的招待将难以为继。孟尝君很为忧虑，问身边的人："哪一位客人可以派到薛去收债？"传舍长说："代舍客人冯公，看他的相貌举止，似乎能言善辩，是个厚道人，没有别的本领，派他去收债倒是合适的。"孟尝君便请来冯驩，对他说道："宾客不知我不贤，光临我这里的有三千多人，我封邑的收入不足以招待宾客，所以在薛放了些债。一年来薛地的债款一无所入，百姓很多连利息都不付。如今宾客的饭食恐怕要难以供应，所以想请先生去收回这些欠款。"冯驩答应道："是。"告辞出发，来到薛邑，召集借了孟尝君债的人都来相会，收得债款十万。于是多多地备了美酒，买了肥牛，召集借过债的人，能付利息的都来，不能付利息的也来，都拿借据来对证核实。大家一起相会，天天杀牛备酒。酒喝到兴头上，冯驩拿出借据像上次那样对证核实，对能付利息的，和他约定付息的日期；穷得连利息都付不出的，拿过借据来当场烧毁。冯驩说："孟尝君所以借钱给你们，是因为无钱的百姓可以借此来从事生产；所以要收取利息，是因为他没钱来招待宾客。现在对家境富裕些的，约期付息还债；对无力付息的穷人，烧掉借据，取消债务。诸位多喝多吃一些。有这样一位主人，怎么能辜负他的美意呢！"在座的人全都站了起来，再拜致谢。

孟尝君闻冯驩烧券书，怒而使使召驩。驩至，孟尝君曰："文食客三千人，故贷钱于薛。文奉邑少，〔1〕而民尚多不以时与其息，客食恐不足，故请先生收责之。闻先生得钱，即以多具牛酒而烧券书，何？"冯驩曰："然。不多具牛酒即不能毕会，〔2〕无以知其有余不足。有余者，为要期。不足者，虽守而责之十年，息愈多，急，即以逃亡自捐之。若急，终无以偿，上则为君好利不爱士民，下则有离上抵负之名，〔3〕非所以厉士民彰君声也。〔4〕焚无用虚债之券，〔5〕捐不可得之虚计，〔6〕令薛民亲君而彰君之善声也，君有何疑焉！"孟尝君乃拊手而谢之。〔7〕

【注释】〔1〕"奉邑"，食邑。封君收其邑之赋税以为俸禄，故称"奉邑"。"奉"，通"俸"。〔2〕"毕会"，全来聚会。〔3〕"离上"，背弃上司。"抵负"，赖债不还。〔4〕"厉"，鼓励。"彰"，显扬。〔5〕"虚债"，虚有其名而实际上不可能收回的债务。〔6〕"计"，账册。〔7〕"拊手"，拍手。形容孟尝君醒悟后，对冯驩的做法极为赞赏。"拊"，音fǔ。

【译文】孟尝君听说冯驩烧掉借据，十分生气，派使者召回冯驩。冯驩来到后，孟尝君说道："我有食客三千人，所以在薛放债。我封邑收入少，而百姓还多不按时付息，我生怕宾客的供应不足，所以请先生去收债。听说先生收到钱后，就拿去多多地备下肥牛美酒，还烧掉了借据，这是为什么？”冯驩说：“正是如此。不多备牛、酒，就不能使债户都来，也就无法了解他们中谁有钱谁缺钱。有钱的，我替您约定了付息还债的日期。缺钱的，即使我守在那里讨债十年，也只能使他欠的利息越积越多，他穷急了，就只能用逃亡的办法来自己废弃债务了。如果人们穷急了，最终还是无力偿还，那时从在上位的人来看，则以为您好利而不爱士民，从在下面的百姓来说，则背了个叛离主人、抵赖债务的恶名，这可不是勉励士民、宣扬您名声的好办法啊。现在烧掉无用的虚有其名的债据，取消不可能收回的虚有其名的账目，使薛地的百姓亲近您，宣扬您的美名，您有什么可疑惑不解的呢！”孟尝君于是拍手称好，向冯驩道谢。

齐王惑于秦、楚之毁，以为孟尝君名高其主而擅齐国之权，遂废孟尝君。诸客见孟尝君废，皆去。冯驩曰：“借臣车一乘，〔1〕可以入秦者，必令君重于国而奉邑益广，可乎？”孟尝君乃约车币而遣之。〔2〕冯驩乃西说秦王曰：“天下之游士冯轼结靷西入秦者，〔3〕无不欲强秦而弱齐；冯轼结靷东入齐者，无不欲彊齐而弱秦。此雄雌之国也，〔4〕势不两立为雄，〔5〕雄者得天下矣。”秦王跽而问之曰：〔6〕“何以使秦无为雌而可？”〔7〕冯驩曰：“王亦知齐之废孟尝君乎？”秦王曰：“闻之。”冯驩曰：“使齐重于天下者，孟尝君也。今齐王以毁废之，其心怨，必背齐；背齐入秦，则齐国之情，人事之诚，〔8〕尽委之秦，〔9〕齐地可得也，岂直为雄也！〔10〕君急使使载币阴迎孟尝君，不可失时也。如有齐觉悟，复用孟尝君，则雌雄之所在未可知也。”秦王大悦，乃遣车十乘黄金百镒以迎孟尝君。〔11〕冯驩辞以先行，至齐，说齐王曰：“天下之游士冯轼结靷东入齐者，无不欲强齐而弱秦者；冯轼结靷西入秦者，无不欲强秦而弱齐者。夫秦齐雄雌之国，秦强则齐弱矣，此势不两雄。今臣窃闻秦遣使车十乘载黄金百镒以迎孟尝君。孟尝君不西则已，西入相秦则天下归之，秦为雄而齐为雌，雌则临淄、即墨危矣。〔12〕王何不先秦使之未到，复孟尝君，〔13〕而益与之邑以谢之？〔14〕孟尝君必喜而受之。秦虽强国，岂可以请人相而迎之哉！折秦之谋，而绝其霸强之略。”〔15〕齐王曰：“善。”乃使人至境候秦使。秦使车适入齐境，使还驰告之，王召孟尝君而复其相位，而与其故邑之地，又益以千户。秦之使者闻孟尝君复相齐，还车而去矣。

【注释】〔1〕“一乘”，一辆。“乘”，音 shèng。〔2〕“约”，备办。“币”，本为缯帛，古人常以束帛为赠送的礼物，故亦以币为礼物的通称。〔3〕“游士”，周游各国，向君主宣扬自己的政见主张以求采纳的人。“冯”，音 píng，倚靠。“轼”，车厢前部供人扶手凭倚的横木。“靷”，音 yǐn，引车前行的皮带，一端系在车轴上，一端系在马胸的皮套上。“冯轼结靷”，表示驾车奔走。〔4〕“雄雌之国”，对立的国家，此强则彼弱，彼强则此弱。〔5〕“雄”，指国力强大，称雄。〔6〕“跽”，古人席地而坐，坐时以两膝着地，臀部坐于脚跟之上。臀部离开脚跟，挺身直腰为跽。秦王“跽而问”，表示他听了冯骦的话后难以安坐。〔7〕“雌”，指国力弱小，处于不利地位。〔8〕“诚”，真实情况。〔9〕“委”，交给，致送。〔10〕“岂直”，岂只，难道仅仅。〔11〕“镒”，古代重量单位，二十两为一镒。一说二十四两为一镒。〔12〕“临淄”，战国时齐国都城，在今山东淄博市东旧临淄。“即墨”，邑名，在今山东平度东南。〔13〕“复”，指恢复其职位。〔14〕“谢”，道歉。〔15〕“略”，谋略，计划。

【译文】齐王被秦、楚对孟尝君的诽谤所迷惑，认为孟尝君的名声比自己还高，还独揽齐国大权，便废掉了孟尝君的相位和封邑。许多宾客见到孟尝君被废，都离他而去。冯骦说：“借给我一辆车，使我得以入秦，我一定让您在齐国受到尊重，而且封邑扩大，可以吗？”孟尝君于是备好车辆、礼物，派他入秦。冯骦西至秦国，向秦王游说道：“天下的游说之士乘车奔走西来秦国的，无不想使秦国强大而使齐国削弱；乘车奔走东到齐国的，又无不想使齐国强大而使秦国削弱。秦、齐是雄雌对立的国家，势不两立，谁称雄谁就能得天下。”秦王听后，难以安坐，不禁挺身直腰问道：“怎么做才能使秦国不处在下风呢？”冯骦说：“大王也知道齐国废掉孟尝君的事吗？”秦王道：“听说过的。”冯骦说：“使齐国被天下看重的，正是孟尝君。现在齐王因听信诽谤而废了他，他心里怨恨，必然背离齐国；如果背齐而入秦，那么就会把齐国的内情，人事的真实状况等，统统告诉秦国，齐国的土地尚且可以得到，岂只称雄而已！您赶快派使者带了礼物悄悄地去迎接孟尝君，不可失去时机。如果齐国觉悟了，重新起用孟尝君，那么谁强谁弱就难以逆料了。”秦王大喜，派出车十辆，带了黄金百镒去迎接孟尝君。冯骦辞别秦王，赶在秦国使者之前动身，来到齐国，向齐王游说道：“天下的游说之士乘车奔走东来齐国的，无不想使齐国强大而使秦国削弱；乘车奔走西到秦国的，又无不想使秦国强大而使齐国削弱。秦、齐是雄雌对立的国家，秦强则齐弱，其形势不可能两国都来称雄。现在我私下听说秦国派遣使者，以车十辆装载黄金百镒来迎接孟尝君。孟尝君如不西行，倒也罢了；如果西行入秦为相，天下便会归附秦国，秦国称雄则齐国处于下风，齐国一处下风，临淄、即墨便危险了。大王何不在秦使没到之前就恢复孟尝君的相位，再加给他封邑以表示歉意呢？孟尝君一定会高兴地接受下来。尽管秦是强国，怎么可以聘请人家的相国而派车来迎接呢！这样便挫败了秦国的计划，破坏了它称霸争强的谋略。”齐王说：“好。”于是派人到边境等候秦使。秦使的车辆刚进齐境，齐使便赶回去报告，齐王立刻召来孟尝君恢复其相位，发还他原来的封邑土地，还加封一千户。秦国的使者听到孟尝君重又作了齐相，便调转车头离开了齐国。

自齐王毁废孟尝君，诸客皆去。后召而复之，冯驩迎之。未到，孟尝君太息叹曰：[1]“文常好客，[2]遇客无所敢失，食客三千有余人，先生所知也。客见文一日废，[3]皆背文而去，莫顾文者。今赖先生得复其位，客亦有何面目复见文乎？如复见文者，必唾其面而大辱之。”冯驩结辔下拜。孟尝君下车接之，曰：“先生为客谢乎？”冯驩曰：“非为客谢也，为君之言失。夫物有必至，事有固然，[4]君知之乎？”孟尝君曰：“愚不知所谓也。”曰：“生者必有死，物之必至也；富贵多士，贫贱寡友，事之固然也。君独不见夫趣市朝者乎？[5]明旦，[6]侧肩争门而入；日暮之后，过市朝者掉臂而不顾。[7]非好朝而恶暮，所期物忘其中。[8]今君失位，宾客皆去，不足以怨士而徒绝宾客之路。愿君遇客如故。”孟尝君再拜曰：“敬从命矣。闻先生之言，敢不奉教焉。”

【注释】〔1〕“太息”，出声长叹。〔2〕“常”，通“尝”，曾经。〔3〕“一日”，一旦，忽然有一天。〔4〕“固然”，本来如此。〔5〕“趣”，音 qū，奔向。“市朝”，市集。〔6〕“明旦”，清晨，天明时。〔7〕“掉臂”，摆动着手臂，形容走路时漫不经心的样子。〔8〕“所期物”，指所期望得到的货物或利益。“忘”，通“亡”，无。“其中”，指市朝之中。

【译文】 自从齐王听信诽谤而废掉孟尝君后，宾客们便都离开了他。后来齐王召回孟尝君，恢复他的相位和封邑，冯驩去迎接他。还没到朝廷时，孟尝君长叹一声道：“我一向好客，待客总不敢有半点差失，所以食客有三千余人，这是先生所知道的。可是宾客们见我一朝废位，都离我而去，没有人再看我一眼。现在靠托先生得以恢复相位，宾客们还有什么脸面再来见我呢？如果再来见我，我一定要唾他的脸，大大地羞辱他一番。”冯驩听后，结好缰绳，离车下拜，孟尝君连忙下车接住他，说：“先生是为宾客道歉吗？”冯驩答道：“我并非为宾客道歉，而是因为您刚才失言了。物有必然会这样的规律，事有原本如此的道理，您知道吗？”孟尝君说：“我很愚钝，不知道你说的意思。”冯驩说：“活着的必然有死，这是物的必然会这样的规律。富贵了，宾客多贫贱了，朋友少，这是事情原本如此的道理。您难道没有见过那些到市集上去的人吗？天一亮，大家侧肩争门地挤进去；黄昏之后，经过市集的人却甩着胳膊走过，连看都不看一下。他们并不是喜好早晨而厌恶黄昏，而是因为黄昏的市集上已经没有他们所期望的货物和利益了。现在您失了相位，宾客都离开了，这种情况您不必去怨恨他们，否则只会白白地阻塞他们前来投奔您的道路。我愿您像从前一样地接待他们。”孟尝君再拜说道：“一定遵从您的嘱咐。听了先生的话，怎么能不领教呢。”

太史公曰：吾尝过薛，其俗闾里率多暴桀子弟，[1]与邹、鲁殊。[2]

问其故，曰："孟尝君招致天下任侠，[3]奸人入薛中盖六万余家矣。"[4]世之传孟尝君好客自喜，名不虚矣。

【注释】〔1〕"闾里"，古代居民的聚居单位，旧说二十五家为闾、里。此泛指民间。"率"，大抵，大都。"暴桀"，凶暴倔强，不驯顺。〔2〕"邹"，古国名，本作邾，曹姓，都邾（今山东曲阜东南），后迁都绎（今山东邹县东南），辖境约相当于今山东费、邹、滕、济宁、金乡等县地。战国时为楚所灭。孟子即邹人。"鲁"，周公旦子伯禽所建之国，姬姓，都曲阜（今山东曲阜西北），辖境约相当于今山东西南部。战国时为楚所灭。孔子即鲁陬邑（今山东曲阜东南）人。邹、鲁文教昌盛，其人温文知礼。〔3〕"任侠"，仗义行侠。〔4〕"奸人"，指不守规矩、好惹是生非之人。

【译文】太史公说：我曾经路过薛邑，那里的风俗是在乡里中一般总有好多凶横粗暴的年轻人，和邹、鲁两地的情况不同。打听其原因，据说："当年孟尝君招来天下仗义行侠之士，那些不安本分、喜好惹是生非的人搬来薛邑的差不多有六万多家了。"世上传说孟尝君好客自喜，可以说是名不虚传的了。

平原君虞卿列传

平原君赵胜者，[1]赵之诸公子也。[2]诸子中胜最贤，喜宾客，宾客盖至者数千人。[3]平原君相赵惠文王及孝成王，[4]三去相，三复位，封于东武城。[5]

【注释】〔1〕"平原君赵胜"，赵武灵王子，惠文王弟。〔2〕"诸公子"，除太子以外国君的其他儿子。〔3〕"盖"，大概，差不多。〔4〕"赵惠文王"，名何，赵武灵王子，在位三十三年（公元前二九八年至前二六六年）。"孝成王"，名丹，赵惠文王子，在位二十一年（公元前二六五年—前二四五年）。〔5〕"东武城"，邑名，在今山东武城西北。

【译文】平原君赵胜，是赵国的公子。众公子中赵胜最贤能，他喜好宾客，宾客投奔到他那里的差不多有几千人。平原君担任赵惠文王和孝成王的国相，曾三次离开相位，又三次复职，封在东武城。

平原君家楼临民家。[1]民家有躄者，[2]盘散行汲。[3]平原君美人居楼上，[4]临见，大笑之。明日，躄者至平原君门，请曰："臣闻君之喜士，士不远千里而至者，以君能贵士而贱妾也。臣不幸有罢癃之病，[5]而君之后宫临而笑臣，[6]臣愿得笑臣者头。”平原君笑应曰：“诺。”躄者去，平原君笑曰：“观此竖子，[7]乃欲以一笑之故杀吾美人，不亦甚乎！”终不杀。居岁余，宾客门下舍人稍稍引去者过半。[8]平原君怪之，曰：“胜所以待诸君者未尝敢失礼，而去者何多也？”门下一人前对曰：“以君之不杀笑躄者，以君为爱色而贱士，士即去耳。”于是平原君乃斩笑躄者美人头，自造门进躄者，[9]因谢焉。[10]其后门下乃复稍稍来。是时齐有孟尝，[11]魏有信陵，[12]楚有春申，[13]故争相倾以待士。[14]

【注释】〔1〕“临”，居高俯视。〔2〕“躄”，音 bì，腿瘸。〔3〕“盘散”，通“蹒跚”，行步不稳、一瘸一拐的样子。〔4〕“美人”，指姬妾。〔5〕“罢癃”，音 pí lóng，残废不能做事。〔6〕“后宫”，宫中姬妾所居之处，在宫院的后半部。此用为姬妾的代称。〔7〕“竖子”，对人的鄙称，犹言“小子”。〔8〕“门下舍人”，特指在平原君身边侍从当差的食客，与以客礼相待、并无固定职事的“宾客”不同。“稍稍”，逐渐。“引去”，退走，离开。〔9〕“造门”，登门。“造”往，到。“进”，呈上，献给。〔10〕“谢”，道歉，谢罪。〔11〕“孟尝”，孟尝君田文，战国时齐国贵族，承继其父靖郭君田婴的封爵，封于薛（今山东滕县南），称薛公。以好客著称，有食客数千人。曾先后相秦、相齐、相魏，卒谥为孟尝君。详见本书《孟尝君列传》。〔12〕“信陵”，信陵君魏无忌，战国时魏昭王少子、魏安釐王之异母弟，封于信陵（今河南宁陵），号信陵君。有食客三千人。当时诸侯因信陵君贤，食客众多，不敢加兵谋魏十余年。魏安釐王二十年，信陵君窃得兵符，救赵胜秦。魏安釐王三十年，为上将军，率五国诸侯之兵，大破秦军。秦行反间计，信陵君遂为魏王所忌，乃谢病不朝，病酒而卒。详见本书《魏公子列传》。〔13〕“春申”，春申君黄歇，战国时楚国贵族。楚顷襄王时，出使于秦，止秦攻楚。后随楚太子完入质于秦。太子完立为楚考烈王，以歇为相，封为春申君，赐淮北地十二县，后改封于江东，筑城于故吴墟（今江苏苏州市）。歇为楚相二十五年，有食客三千余人。曾率军救赵胜秦，后又攻灭鲁国。考烈王死，歇为李园所杀。详见本书《春申君列传》。〔14〕“倾”，延揽而使之归己。

【译文】平原君家楼房俯视着民家。民家有位跛子，一瘸一拐地去打水。平原君的一位美人住在楼上，见到下面这一情景，不禁大笑。第二天，跛子到平原君家，请求道：“我听说您好客喜士，士人所以不远千里来投奔您，是因为您能尊重士人而轻贱姬妾。我不幸有残疾，而您的后宫姬妾却在楼上见了笑我，我希望得到笑我的人的脑袋。”平原君笑着答应道：“好的。”跛子离去后，平原君笑道：“瞧这小子，竟想因为一笑之故杀我美人，不也太过分了吗！”他始终没有杀那美人。过了一年多，宾客、门下舍人渐渐离开平原君的有一半还多。平原君感到奇怪，说道：“我赵胜在接待诸君方面未尝敢失礼，而离开的人为什么那么多呢？”门下一位士人上前回答说：“因为您没有杀那笑跛子的美人，大家认为您喜爱美色而轻贱士

人，士人就离您而去了。”于是平原君便斩了笑跛子的美人的头，亲自登门献给跛子，同时向他谢罪。从此以后，门下宾客才又渐渐回来。这时候齐国有孟尝君，魏国有信陵君，楚国有春申君，所以各方相互争着延揽士人。

秦之围邯郸，〔1〕赵使平原君求救，合从于楚，〔2〕约与食客门下有勇力文武备具者二十人偕。平原君曰：“使文能取胜，〔3〕则善矣。文不能取胜，则歃血于华屋之下，〔4〕必得定从而还。士不外索，取于食客门下足矣。”得十九人，余无可取者，无以满二十人。门下有毛遂者，前，自赞于平原君曰：〔5〕“遂闻君将合从于楚，约与食客门下二十人偕，不外索。今少一人，愿君即以遂备员而行矣。”〔6〕平原君曰：“先生处胜之门下几年于此矣？”毛遂曰：“三年于此矣。”平原君曰：“夫贤士之处世也，譬若锥之处囊中，其末立见。〔7〕今先生处胜之门下三年于此矣，左右未有所称诵，胜未有所闻，是先生无所有也。先生不能，先生留。”毛遂曰：“臣乃今日请处囊中耳。使遂蚤得处囊中，〔8〕乃颖脱而出，〔9〕非特其末见而已。”平原君竟与毛遂偕。十九人相与目笑之而未废也。〔10〕

【注释】〔1〕“秦之围邯郸”，事在秦昭襄王四十八年（公元前二五九年）。“邯郸”，赵都，在今河北邯郸市。〔2〕“合从”，战国时，六国在秦国之东，土地南北相连，他们联合抗秦称为“合从”。“从”，通“纵”。〔3〕“文”，指和平的方式。〔4〕“歃血”，古代盟誓时，杀牲取血，盛于盘中，双方微吮牲血（一说以指蘸血，涂于口旁），表示信誓。这种仪式称为“歃血”。“歃”，音 shà。“华屋”，装饰华美的堂宇，指与楚王相会之所。〔5〕“自赞”，自我告荐。〔6〕“备员”，充数，凑足人员的数额。此为谦词。〔7〕“末”，末梢，此指锥尖。“见”，音 xiàn，显现，显露。〔8〕“蚤”，通“早”。〔9〕“颖脱”，指整个锥锋显现出来，不仅露尖而已。“颖”，本指带芒的禾穗，此喻锥锋。〔10〕“目笑之”，用目示意，暗暗讥笑他。“废”，王念孙认为“废”即“发”之假借字。“发”，指把轻视毛遂的意思说出口来。

【译文】秦军围困邯郸时，赵国派平原君出去求救，和楚国合纵抗秦，商定平原君带他的食客门下之士中有勇力、文武兼备的二十人同行。平原君说：“如果用文的方式能够完成使命，那就好了。否则的话，便将在华美的堂宇之下和楚王歃血为盟，一定要定下合纵盟约才回赵国来。带去的士人不向外物色，在食客门下之士中挑选便足够了。”平原君选得十九人，其余的都无可取，无法选足二十人之数。这时门下有位叫毛遂的，走上前来，向平原君自我推荐道：“我听说您将和楚国合纵，商定带食客门下之士二十人同行，不向外物色人员。如今还少一人，希望您就用我毛遂凑足名额出发吧。”平原君说：“先生在我门下迄今几年了？”毛遂说：“迄今三年了。”平原君说：“一个贤士生活在世上，就像一把锥子装在袋子里，锥尖立刻会显露出来。现在先生在我门下迄今已经三年了，我身边的人没有称诵过你什么，我也没有听到过你什么，这可见先生没有什么值得称诵的才能。先生不能胜任，先生留下。”毛遂说：“我今天才请求装在袋子里罢了。如果我毛遂早一点能装在袋子里，便会连整个锥锋都脱露出来，不只是露出个锥尖而已。”平原君最终还是带着毛遂同行了。其他十九个人相互用目光示意，讥笑毛遂，只是没有说出口来。

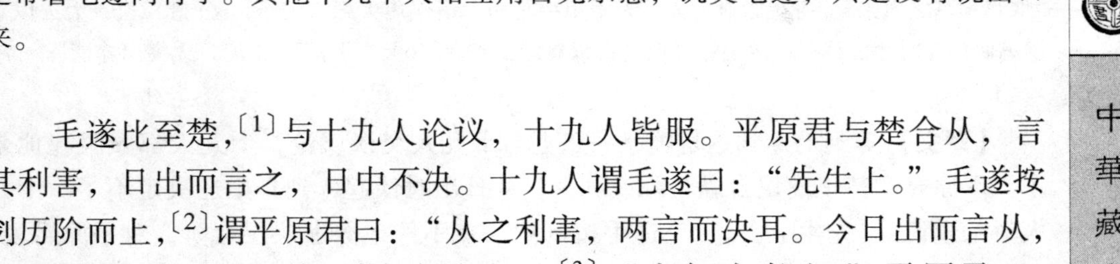

毛遂比至楚，[1]与十九人论议，十九人皆服。平原君与楚合从，言其利害，日出而言之，日中不决。十九人谓毛遂曰：“先生上。”毛遂按剑历阶而上，[2]谓平原君曰：“从之利害，两言而决耳。今日出而言从，日中不决，何也?”楚王谓平原君曰：[3]“客何为者也?”平原君曰：“是胜之舍人也。”楚王叱曰：“胡不下！吾乃与而君言，[4]汝何为者也！”毛遂按剑而前曰：“王之所以叱遂者，以楚国之众也。今十步之内，王不得恃楚国之众也，王之命县于遂手。[5]吾君在前，叱者何也?且遂闻汤以七十里之地王天下，[6]文王以百里之壤而臣诸侯，[7]岂其士卒众多哉，诚能据其势而奋其威。今楚地方五千里，持戟百万，[8]此霸王之资也。以楚之强，天下弗能当。白起，[9]小竖子耳，率数万之众，兴师以与楚战，一战而举鄢郢，[10]再战而烧夷陵，[11]三战而辱王之先人。[12]此百世之怨而赵之所羞，而王弗知恶焉。合从者为楚，非为赵也。吾君在前，叱者何也?”楚王曰：“唯唯，[13]诚若先生之言，谨奉社稷而以从。”[14]毛遂曰：“从定乎?”楚王曰：“定矣。”毛遂谓楚王之左右曰：“取鸡狗马之血来。”[15]毛遂奉铜盘而跪进之楚王曰：“王当歃血而定从，次者吾君，次者遂。”遂定从于殿上。毛遂左手持盘血而右手招十九人曰：“公相与歃此血于堂下。公等录录，[16]所谓因人成事者也。”

【注释】〔1〕“比”，等到。〔2〕“历阶”，一步不停地顺阶而行。〔3〕“楚王”，指楚考烈王熊完，楚顷襄王子，在位二十五年（公元前二六二年至前二三八年）。〔4〕“而君”，你的主人。“而”，人称代词，你。〔5〕“县”，“悬”的本字。〔6〕“汤”，即商汤，商代的开国君主。“王”，音 wàng，用作动词，称王。〔7〕“文王”，即周文王姬昌，殷商时诸侯。在他统治期间，周国势强盛。其子武王姬发灭殷而建立周王朝。“臣诸侯”，使诸侯为臣。〔8〕“持戟”，指持戟之士卒。“戟”，古代一种既能直刺又能横击的兵器。〔9〕“白起”，战国时秦国大将，郿（今陕西眉县东）人。秦昭王时由左庶长官至大良造，封武安君。善用兵，出奇无穷，屡战获胜。后因与秦相应侯范雎有隙，又与秦王意见不合，被逼自杀。详见本书《白起王翦列传》。〔10〕“鄢”，邑名，在今湖北宜城东南。“郢”，楚都名，在今湖北江陵西北。〔11〕

"夷陵"，邑名，楚先王陵墓所在地，在今湖北宜昌市东南。〔12〕"辱王之先人"，即承上句"烧夷陵"而言。毛遂所以要分言"二战"、"三战"，是为了加重语气。案《秦本纪》及《白起王翦列传》，白起取鄢在秦昭王二十八年（公元前二七九年），拔郢、烧夷陵在昭王二十九年，"举鄢郢"并非同一战役。〔13〕"唯唯"，表示连声答应。〔14〕"社稷"，君王祭奉的土神和谷神。土地和粮食是立国的根本，所以把社稷当作国家的象征，也用为国家的代称。〔15〕"取鸡狗马之血来"，古代歃血定盟，天子用牛马血，诸侯用犬豭（音 jiā，公猪）血，大夫以下用鸡血。此时楚已称王，故毛遂呼取马血以尊楚王。〔16〕"录录"，平庸，无突出才能。

【译文】等到毛遂到达楚国，一路上与十九人交谈议论，十九人都佩服起他来了。平原君和楚王商议合纵，陈说利害，从日出时谈起，到日中还决定不了。十九人对毛遂说："先生上去。"毛遂手按剑把一步不停地登上层层台阶，对平原君说："合纵的利害，不过两句话便可决定。今天从日出谈起，到日中还决定不了，这是为什么？"楚王问平原君道："这位客人是做什么的？"平原君说："他是我的门下舍人。"楚王呵斥毛遂道："为什么还不退下！我是在和你主人谈话，你是干什么的！"毛遂手按剑把逼上前去说道："大王您所以敢呵斥我毛遂，无非倚仗楚国人多。现在你我相距不过十步，王无法倚仗楚国人多了，王的性命就操在我毛遂手里。我的主人就在面前，你呵斥我做什么？再者我听说商汤以七十里之地最终统治天下，周文王以百里之地而使诸侯称臣，难道他们士卒众多吗，实在是因为他们能利用形势，从而奋扬了自己的威权。现在楚地广袤五千里，持戟战士百万，这是称霸争王的好资本。以楚国的强大，天下无法抵挡。白起，不过是个鄙贱的家伙罢了，领了几万人，兴兵来和楚国交战，一战而攻下鄢、郢，再战而烧了夷陵，三战而羞辱大王的祖先。这是百世不解的怨仇，连我们赵国也感到羞耻，而大王却不知羞恶。合纵是为了楚国，不是为赵国。我的主人就在面前，你呵斥我做什么？"楚王连声说："对，对，确实像先生所说的，我谨倾全国之力来和赵合纵抗秦。"毛遂问道："合纵之盟定下来了吗？"楚王说："定下来了。"毛遂对楚王身边的人说："拿鸡、狗、马的血来。"毛遂手捧铜盘，跪着进献给楚王，说道："大王应当歃血以确定合纵之盟，接下来是我的主人，再下来是我毛遂。"于是就在殿上定下合纵之盟。毛遂左手拿着铜盘里的血，右手招呼十九人说："你们一起在堂下歃这盘里的血。你们庸庸碌碌，都是所谓靠着别人才办成事情的人啊。"

平原君已定从而归，归至于赵，曰："胜不敢复相士。胜相士多者千人，寡者百数，自以为不失天下之士，今乃于毛先生而失之也。毛先生一至楚，而使赵重于九鼎大吕。[1]毛先生以三寸之舌，强于百万之师。胜不敢复相士。"遂以为上客。

【注释】〔1〕"九鼎"，相传夏禹铸九鼎，象九州，夏、商、周三代为传国之宝。"大吕"，周代宗庙中的大钟，也是当时贵重的宝物。

【译文】平原君定下合纵之盟后回去，回到赵国，说道："我赵胜不敢再观察评价士人了。我观察评价过的士人，多说已有千人，少说也数以百计，自以为不会漏过一个天下难得的人才，可现在竟在毛先生身上看漏了。毛先生一到楚国，便使赵国的地位重于九鼎、大吕。毛先生以三寸之舌胜过百万大军。我赵胜不敢再来观察评价士人了。"便把毛遂列为上客。

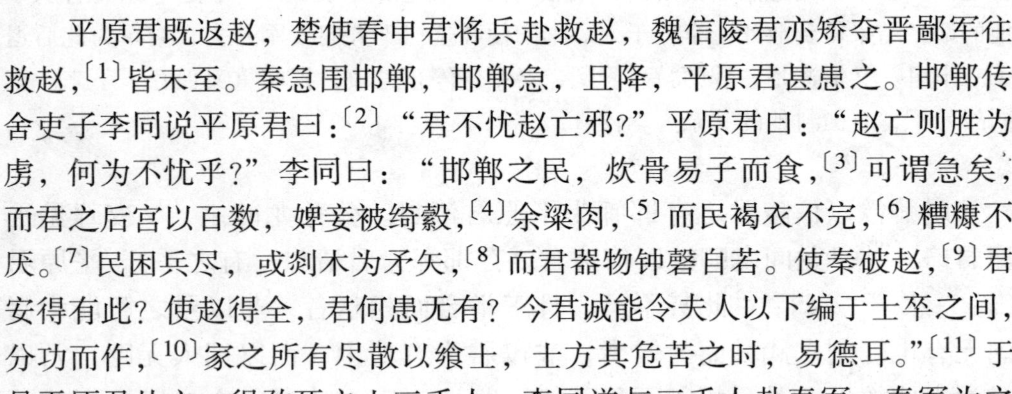

平原君既返赵，楚使春申君将兵赴救赵，魏信陵君亦矫夺晋鄙军往救赵，〔1〕皆未至。秦急围邯郸，邯郸急，且降，平原君甚患之。邯郸传舍吏子李同说平原君曰：〔2〕"君不忧赵亡邪？"平原君曰："赵亡则胜为虏，何为不忧乎？"李同曰："邯郸之民，炊骨易子而食，〔3〕可谓急矣，而君之后宫以百数，婢妾被绮縠，〔4〕余粱肉，〔5〕而民褐衣不完，〔6〕糟糠不厌。〔7〕民困兵尽，或剡木为矛矢，〔8〕而君器物钟磬自若。使秦破赵，〔9〕君安得有此？使赵得全，君何患无有？今君诚能令夫人以下编于士卒之间，分功而作，〔10〕家之所有尽散以飨士，士方其危苦之时，易德耳。"〔11〕于是平原君从之，得敢死之士三千人。李同遂与三千人赴秦军，秦军为之却三十里。亦会楚、魏救至，秦兵遂罢，邯郸复存。李同战死，封其父为李侯。〔12〕

【注释】〔1〕"矫"，假借名义，诈称。"晋鄙"，战国魏大将。秦围赵邯郸，晋鄙奉命率军十万救赵。魏王畏秦，令晋鄙止军观望。信陵君通过如姬窃得魏王兵符，诈称魏王之令代晋鄙为将。晋鄙疑之，被信陵君门客朱亥以铁椎击杀。信陵君夺得兵权，救赵胜秦。〔2〕"传舍"，古时官府所设供过客居住的房舍。"传"，音 zhuàn。"李同"，《说苑》作"李谈"，因与司马迁之父司马谈同名，故司马迁避讳改"谈"为"同"。〔3〕"炊骨"，用死人的枯骨当柴烧。"易子而食"，人们饥饿已甚，然不忍自食其子，故互换子女而食之。此极言围城中人们饥饿困顿之状。〔4〕"被"，音 pī，通"披"，穿着。"绮"，音 qǐ，素地织纹起花的丝织品。"縠"，音 hú，绉纱一类轻薄精美的丝织品。〔5〕"粱肉"，泛指美食佳肴。"粱"为古代粟类的优良品种。〔6〕"褐衣"，粗毛或粗麻织成的短衣，亦泛指贫贱者的衣服。"完"，完好。〔7〕"糟糠"，酒渣糠皮，亦泛指粗劣的食物。"厌"，通"餍"，饱。〔8〕"剡"，音 yǎn，削。〔9〕"使"，假使。〔10〕"功"，事，工作。〔11〕"德"，指感受恩德。〔12〕"李侯"，封邑在李。《史记正义》认为怀州温县（今河南温县），本为李城，即李同父所封。

【译文】平原君回到赵国后，楚国派春申君领兵赴赵救援，魏国信陵君也假传魏王之命夺了晋鄙的军权前往救赵，但都还没有赶到。秦军加紧围困邯郸，邯郸危急，即将投降，平原君忧急万分。邯郸传舍吏的儿子李同向平原君进言道："您不

忧虑赵国灭亡吗?”平原君说:“赵国灭亡,我赵胜就要当俘虏,怎么能不忧虑呢?”李同说:“邯郸的老百姓饿得用人骨当柴烧,交换儿子杀来食用,可以说是危急极了,但您的后宫人员数以百计,宫女穿着绮縠,粱肉多得吃不完,然而老百姓连粗布短衣都不完好,连糟糠都吃不饱。百姓困苦,兵器耗尽,有的已在削尖木头做矛矢了,可是您所享用的器物钟磬却依然如常。一旦秦国攻破赵国,您怎么能保有这些?如果赵国得以保全,您又何必担心没有这些?现在您如果能把夫人以下的后宫人员编到士卒中间,分配事情给她们做,把家中所有的财物尽数散给士卒,犒赏他们,士卒正当危急困苦之际,是很容易感受您的恩德的。”于是平原君听从了他的话,结果得到敢死士卒三千人。李同便和这三千人向秦军开去,秦军为此后退了三十里。又恰逢楚、魏的救兵赶到,秦军便停止进攻,邯郸重又保存了下来。李同战死了,赵国封他的父亲为李侯。

虞卿欲以信陵君之存邯郸为平原君请封。公孙龙闻之,〔1〕夜驾见平原君曰:〔2〕“龙闻虞卿欲以信陵君之存邯郸为君请封,有之乎?”平原君曰:“然。”龙曰:“此甚不可。且王举君而相赵者,非以君之智能为赵国无有也。割东武城而封君者,非以君为有功也,而以国人无勋,乃以君为亲戚故也。君受相印不辞无能,割地不言无功者,亦自以为亲戚故也。今信陵君存邯郸而请封,是亲戚受城而国人计功也。〔3〕此甚不可。且虞卿操其两权,〔4〕事成,操右券以责;〔5〕事不成,以虚名德君。君必勿听也。”平原君遂不听虞卿。

【注释】〔1〕“公孙龙”,赵国人,字子秉,战国时名家的代表人物。其著作后人辑为《公孙龙子》。 〔2〕“夜驾”,连夜驾车而出,表示事情紧急。 〔3〕“国人计功”,像国内普通百姓那样论功求赏。 〔4〕“权”,权变,变通。“两权”,指虞卿在出现不同情况时随机应变的办法。 〔5〕“右券”,券指契约。古代契约中分为二,双方各执其一,以为凭信。左半称左券,右半称右券。“责”,要求,索取。此指要求平原君报答。

【译文】虞卿想借信陵君保住邯郸这件事为平原君请求加封爵邑。公孙龙听到这消息,当夜驾车去见平原君,说道:“我听说虞卿想借信陵君保住邯郸来为您请求加封爵邑,有这样的事吗?”平原君说:“是这样的。”公孙龙说:“这样做万万不可。再说赵王推举您做赵国的相,并不是认为您的才智能力是赵国独一无二的。赵王割东武城封您,也并不是认为您有功而认为国内一般人无功,而是出于您是他的亲戚的缘故。您接受了相印,并不因自己无能而推辞;您接受了封地,并不说自己无功;这也是您自以为是王的亲戚的缘故。现在借信陵君保住邯郸这件事而请求加封爵邑,这是以亲戚的身份接受封邑而又要像国内一般人那样计功请赏。这样做万万不可。再说虞卿脚踏两只船，事情办成了，他会像债主拿着契约讨债那样来向您索取报答；事情办不成，也可以用曾经为您请封的虚名使您感激。您一定不要听他的。”平原君便没有听从虞卿的主意。

平原君以赵孝成王十五年卒。〔1〕子孙代，后竟与赵俱亡。

【注释】〔1〕“赵孝成王十五年”，即公元前二五一年。案《史记·六国年表》所记同。《赵世家》则记平原君卒在赵孝成王十四年。

【译文】平原君在赵孝成王十五年去世。其封爵子孙相传，后来最终随着赵国一起被秦所灭。

平原君厚待公孙龙。公孙龙善为坚白之辩，〔1〕及邹衍过赵言至道，〔2〕乃绌公孙龙。〔3〕

【注释】〔1〕“坚白之辩”，公孙龙认为，一块白色而坚硬的石头，当我们用眼看它的时候，只见其白而不见其坚；当我们用手摸它的时候，只知其坚而不知其白；因此他认为石头的“坚”和“白”这两种属性是可以互相分离的，它们不能同时联系在一个具体事物之中。我们只能称这块石头为“坚石”或“白石”，却不能称之为“坚白石”。他的这种观点也称为“离坚白”。〔2〕“邹衍”，齐国人，战国时阴阳家的代表人物。他提出“大九州说”，认为儒者所谓的中国，名曰赤县神州，不过是天下的八十一分之一。中国之外像赤县神州那样的地区还有八个，这就是所谓的九州，九州之外有海包围，形成一大州。像这样被海包围的大州又有九个，外面有大海包围，这就是天地的边缘。他又提出“五德终始说”，用土木金火水五行相胜的说法来解释时世的盛衰和朝代的兴替。邹衍在齐很受重视，在魏、赵、燕也受到当权者的礼遇。事见《史记·孟子荀卿列传》，“邹”作“驺”。“至道”，正确的道理。〔3〕“绌”，通“黜”，罢斥，疏远。

【译文】平原君厚待公孙龙。公孙龙善于辩论坚白问题，等邹衍来到赵国谈论至道时，平原君才疏远了公孙龙。

虞卿者，游说之士也。〔1〕蹑跻檐簦说赵孝成王。〔2〕一见，赐黄金百镒，〔3〕白璧一双；再见，〔4〕为赵上卿，〔5〕故号为虞卿。

【注释】〔1〕“游说”，周游各国，向君主陈说自己的政见、主张，以求采纳。“说”，音shuì。〔2〕“蹑”，踩。此指穿着。“跻”，音jué，草鞋。“檐”，音dàn，通“担”，扛，背负。“簦”，音dēng，古代有柄的笠。跻和簦都是远行用具，蹑跻檐簦表示走了很远的路。〔3〕

"镒"，古代重量单位，二十两为一镒。一说二十四两为一镒。〔4〕"再见"，第二次相见。〔5〕"上卿"，官名，上品之卿，地位极尊贵。

【译文】 虞卿，是位游说之士。他脚穿草鞋，肩背长柄笠，远道来游说赵孝成王。一见之下，赵王赐他黄金百镒，白璧一双；第二次接见后，即任为赵国上卿，所以称为虞卿。

秦赵战于长平，[1]赵不胜，亡一都尉。[2]赵王召楼昌与虞卿曰：[3]"军战不胜，尉复死，寡人使束甲而趋之，[4]何如？"楼昌曰："无益也，不如发重使为媾。"[5]虞卿曰："昌言媾者，以为不媾军必破也。而制媾者在秦。[6]且王之论秦也，欲破赵之军乎，不邪？"王曰："秦不遗余力矣，必且欲破赵军。"虞卿曰："王听臣，发使出重宝以附楚、魏，楚、魏欲得王之重宝，必内吾使。[7]赵使入楚、魏，秦必疑天下之合从，且必恐。如此，则媾乃可为也。"赵王不听，与平阳君为媾，[8]发郑朱入秦。[9]秦内之。赵王召虞卿曰："寡人使平阳君为媾于秦，秦已内郑朱矣，卿以为奚如？"[10]虞卿对曰："王不得媾，军必破矣。天下贺战胜者皆在秦矣。郑朱，贵人也，入秦，秦王与应侯必显重以示天下。[11]楚、魏以赵为媾，必不救王。秦知天下不救王，则媾不可得成也。"应侯果显郑朱以示天下贺战胜者，终不肯媾。长平大败，[12]遂围邯郸，为天下笑。

【注释】〔1〕"长平"，邑名，在今山西高平西北。〔2〕"都尉"，比将军略低的武官。〔3〕"楼昌"，赵国将领，惠文王二十三年曾率军攻魏。〔4〕"寡人"，寡德之人。此为赵王自谦之词。"束甲"，把护身的甲衣卷起捆好，表示要轻装向前，与敌决战。〔5〕"重使"，重要的使臣。"媾"，音 gòu，讲和。〔6〕"制媾"，控制讲和，在讲和中起决定作用。〔7〕"内"，音 nà，"纳"的本字。〔8〕"平阳君"，即赵豹，赵惠文王之弟。〔9〕"郑朱"，赵臣，余不详。《史记》仅见此《传》。〔10〕"奚如"，如何。〔11〕"秦王"，即秦昭襄王，名稷（一作"则"），在位五十六年（公元前三〇六年至前二五一年）。"应侯"，即范雎，战国时魏国人，字叔。初事魏中大夫须贾，后因受辱而化名张禄入秦，拜为秦相。秦昭襄王四十一年封范雎于应（今河南鲁山县东），号应侯。详见本书《范雎蔡泽列传》。"应"，音 yìng。〔12〕"长平大败"，指秦昭襄王四十七年（公元前二六〇年），秦将白起率军在长平大败赵军，射杀赵军统帅赵括，赵军四十万人降秦，尽被坑杀。

【译文】 秦赵在长平交战，赵国不胜，死了一名都尉。赵王召楼昌和虞卿商议道："军队交战不胜，都尉又死了，寡人想让军队卷甲轻装，赴敌决战，你们看如何？”楼昌说：“没有什么益处，还不如派遣重要使臣去议和为好。”虞卿说：“楼昌提出议和，是因他认为不议和，赵军一定会被击破。但议和的主动权操在秦国手里。再说君王分析秦国的情况，它是想击破赵军，还是不想如此呢？”赵王说：“秦国已经不遗余力了，肯定想要击破赵军。”虞卿说：“请君王依从我的建议，派遣使臣拿出一批珍宝去联合楚、魏，楚、魏想得到王的珍宝，必定接纳我国使臣。赵国使臣进入楚、魏，秦国必然怀疑各国在进行联合以与它对抗，心里定会恐慌。在这种情况下，议和才可进行。”赵王不听，和平阳君决定议和，派郑朱先行入秦。秦国接纳了他。赵王召来虞卿，说道：“寡人派平阳君跟秦国议和，秦已接纳郑朱了，您以为怎样？”虞卿回答说：“王去议和不可能成功，但赵军是必破无疑的了。各国祝贺战争胜利的人都已到秦国了。郑朱，是位显贵人物。他进入秦国，秦王和应侯必然会宣扬他、看重他，以向各国显示。楚、魏认为赵国在议和，必定不来救王。秦国知道各国不来救王，议和就不可能成功。”应侯果然宣扬郑朱以向各国来秦祝贺战争胜利的人显示，最终还是不肯议和。赵军在长平大败之后，秦军便围住了邯郸，（赵王的这一失策）被天下人所讥笑。

秦既解邯郸围，而赵王入朝，使赵郝约事于秦，[1]割六县而媾。虞卿谓赵王曰：“秦之攻王也，倦而归乎？王以其力尚能进，爱王而弗攻乎？”王曰：“秦之攻我也，不遗余力矣，必以倦而归也。”虞卿曰：“秦以其力攻其所不能取，倦而归，王又以其力之所不能取以送之，是助秦自攻也。来年秦复攻王，王无救矣。”王以虞卿之言告赵郝。赵郝曰：“虞卿诚能尽秦力之所至乎？诚知秦力之所不能进，此弹丸之地弗予，[2]令秦来年复攻王，[3]王得无割其内而媾乎？”[4]王曰：“请听子割矣，子能必使来年秦之不复攻我乎？”赵郝对曰：“此非臣之所敢任也。[5]他日三晋之交于秦，[6]相善也。今秦善韩、魏而攻王，王之所以事秦必不如韩、魏也。今臣为足下解负亲之攻，[7]开关通币，[8]齐交韩、魏，[9]至来年而王独取攻于秦，此王之所以事秦必在韩、魏之后也。此非臣之所敢任也。”

【注释】〔1〕“赵郝”，赵臣，余不详。《史记》仅见此《传》。〔2〕“弹丸”，弹弓射击所用的圆弹。“弹丸之地”，比喻地方狭小。〔3〕“令”，如果。〔4〕“内”，指比六县更深入赵境的土地。〔5〕“任”，担保。〔6〕“他日”，往昔，过去。“三晋”，指韩、赵、魏三国。它们是三分晋国而建立起来的，故称。〔7〕“足下”，古代下称上或同辈相称的敬词。“负亲之攻”，背弃亲善之国而招致的进攻。赵孝成王四年（公元前二六二年）秦蚕食韩地，欲夺韩上党，上党守冯亭以地入赵，从而引起秦赵之战，先有长平之祸，继则为邯郸之围。〔8〕“通币”，使者来往，赠送礼物。“币”，本为缯帛，古人常用作馈赠的礼物，故亦为礼物的通称。

〔9〕“齐”，等同，一样。“齐交韩魏”，和韩、魏一样地与秦国交善。

【译文】秦军解了邯郸之围后，赵王准备入秦朝见，派赵郝前去相约侍秦之事，愿意割献六县议和。虞卿对赵王说：“秦军攻王，是因为疲倦了才退回去的呢，还是君王认为它的力量尚能继续进攻，因为爱护您才不再进攻的呢？”赵王说：“秦军攻我，已经不遗余力了，肯定是因为疲倦了才退回去的。”虞卿说：“秦军用其全力攻打它所不能取得的东西，打得疲倦了才退回去，君王您却又把它力所不能取得的东西送给它，这是在帮助秦军进攻自己啊。来年秦军再来攻王，王就没有救了。”赵王把虞卿这番话告诉赵郝。赵郝说：“虞卿果真能摸透秦军的力量能达到哪里吗？他果真知道秦军的力量不能进到哪里，（照他说的去做，自然未尝不可，否则的话）连这弹丸之地都不给，如果秦军来年再来攻王，王岂不是要割献比六县更加靠里的内地城邑去议和了吗？”赵王说：“那就请依你的建议割献六县，你能有把握使秦军来年不再攻我吗？”赵郝回答说：“这不是我所敢担保的。当年三晋和秦结交，彼此相好。现在秦和韩、魏相善而攻王，王侍奉秦国一定不如韩、魏好。现在我为足下解除了因为您背弃亲善而招致的进攻，开放边关，使者来往，互赠礼物，使您和秦国的关系，与韩、魏一样，到了来年如果王独独招来秦国的进攻，这一定是王侍奉秦国落在了韩、魏的后面。这不是我所敢担保的。”

王以告虞卿。虞卿对曰：“郝言‘不媾，来年秦复攻王，王得无割其内而媾乎’。今媾，郝又以不能必秦之不复攻也。今虽割六城，何益！来年复攻，又割其力之所不能取而媾，此自尽之术也，不如无媾。秦虽善攻，不能取六县；赵虽不能守，终不失六城。秦倦而归，兵必罢。〔1〕我以六城收天下以攻罢秦，〔2〕是我失之于天下而取偿于秦也。吾国尚利，孰与坐而割地，〔3〕自弱以强秦哉？今郝曰‘秦善韩、魏而攻赵者，必王之事秦不如韩、魏也’，是使王岁以六城事秦也，即坐而城尽。来年秦复求割地，王将与之乎？弗与，是弃前功而挑秦祸也；与之，则无地而给之。语曰：‘强者善攻，弱者不能守。’今坐而听秦，秦兵不趀獘而多得地，〔4〕是强秦而弱赵也。以益强之秦而割愈弱之赵，其计故不止矣。〔5〕且王之地有尽而秦之求无已，以有尽之地而给无已之求，其势必无赵矣。”

【注释】〔1〕“罢”，音 pí，通“疲”，疲困。〔2〕“以六城收天下”，指拿出六个城来拉拢各诸侯国，以取得它们的支持。〔3〕“坐而割地”，指自己无所作为地把土地割出去。〔4〕“趀”，音 bì，仆倒。此指力量削弱，受损失。〔5〕“故”，自然，当然。

【译文】赵王把赵郝这番话告诉虞卿。虞卿回答说："赵郝说'不议和，来年秦军再来攻王，王岂不是要割献比六县更加靠里的内地城邑去议和了吗'。现在去议和了，赵郝又认为不能肯定秦军今后不再进攻。这样，现在即使割了六城，又有什么益处呢！来年再来进攻，又要割秦国力量所不能取得的地方去议和，这是自我毁灭的道路啊，不如不要议和。秦国即使善攻，也不能夺取六县；赵国即使不能防守，最终也不致于失去六城。秦军疲倦而回，兵卒一定困惫。如果我用六城笼络天下各国，去攻击困惫的秦军，这样我在天下各国那里失去的土地，可以从秦国获得补偿，我国还算有利可图，这与无所作为地割献土地，削弱自己去增强秦国相比，哪个好呢？现在赵郝说'秦和韩、魏相善而攻赵，一定是王侍奉秦国不如韩、魏好'，这是要王年年用六城去侍奉秦国，很快白白地把城邑割献完了。来年秦再要求王割地，王准备给它吗？不给吧，前功尽弃，将挑起秦国为祸；给吧，已经没有土地可给了。常言道：'强的人善于进攻，弱的人不能防守。'现在无所作为地听命于秦，秦兵不受损失而多得土地，这是增强秦国而削弱赵国的做法。以越来越强大的秦国来割占越来越弱小的赵国，秦国对赵国的算计自然不会终止的了。再说王的土地有限而秦的要求没完没了，用有限的土地去满足没完没了的要求，其势必然不再有赵国存在了。"

赵王计未定，楼缓从秦来，〔1〕赵王与楼缓计之，曰："予秦地如毋予，〔2〕孰吉？"缓辞让曰："此非臣之所能知也。"王曰："虽然，〔3〕试言公之私。"〔4〕楼缓对曰："王亦闻夫公甫文伯母乎？〔5〕公甫文伯仕于鲁，病死，女子为自杀于房中者二人。〔6〕其母闻之，弗哭也。其相室曰：〔7〕'焉有子死而弗哭者乎？'其母曰：'孔子，贤人也，逐于鲁，而是人不随也。今死而妇人为之自杀者二人，若是者必其于长者薄而于妇人厚也。'〔8〕故从母言之，是为贤母；从妻言之，是必不免为妒妻。故其言一也，言者异则人心变矣。今臣新从秦来而言勿予，则非计也；言予之，恐王以臣为为秦也：故不敢对。使臣得为大王计，不如予之。"王曰："诺。"

【注释】〔1〕"楼缓"，赵臣，曾入秦为相，秦昭襄王十二年（公元前二九五年）被免职。〔2〕"如"，与，和。〔3〕"虽然"，尽管如此。〔4〕"私"，个人意见。〔5〕"公甫文伯"，名歜（音 chù），鲁定公、哀公时大夫。〔6〕"女子"，指姬妾之类。〔7〕"相室"，协助处理家事的妇女。一说指赞礼之人。"相"，音 xiàng。〔8〕"长者"，贤良忠厚者之称。"长"，音 zhǎng。

【译文】赵王决策未定，楼缓从秦国回来，赵王和楼缓商议，说道："割给秦国土地和不割给土地，哪个有利？”楼缓推辞说：“这不是我所能知道的。”赵王说：“虽然如此，不妨试着说说你个人的想法。”楼缓回答说：“君王也听说过那位公甫文伯的母亲吗？公甫文伯在鲁国做官，生病死了，为他的死而在房里自杀的女子有二人。他母亲听说此事，并不哭泣。他的相室说：‘哪有儿子死了而母亲不哭的呢？’他母亲说：‘孔子，是位贤人，被逼离开鲁国，这个人却不跟着走。现在他死了，妇人为此自杀的却有二人。这种情况表明一定是他对于长者感情不深而对于妇人感情深厚。’所以从母亲的角度来说，她是位贤良的母亲；如果从妻子的角度来说，她肯定不免是个妒忌的妻子。所以同样一句话，说的人不同，那它表明的心迹也就变了。现在我新从秦国回来而说不给，那不是个办法；说给它吧，又怕王以为我是为了秦国的利益：所以我不敢回答。如果我能为大王出主意，我认为不如割给它好。”赵王说：“是的。”

虞卿闻之，入见王曰：“此饰说也，〔1〕王昚勿予！”〔2〕楼缓闻之，往见王。王又以虞卿之言告楼缓。楼缓对曰：“不然。虞卿得其一，不得其二。夫秦赵构难而天下皆说，〔3〕何也？曰‘吾且因强而乘弱矣’。〔4〕今赵兵困于秦，天下之贺战胜者则必尽在于秦矣。故不如亟割地为和，〔5〕以疑天下而慰秦之心。不然，天下将因秦之怒，〔6〕乘赵之敝，瓜分之。赵且亡，何秦之图乎？故曰虞卿得其一，不得其二。愿王以此决之，勿复计也。”

【注释】〔1〕“饰说”，经过文饰的话，花言巧语。〔2〕“昚”，同“慎”。〔3〕“构难”，结成仇怨。“难”，音 nàn。“说”，通“悦”。〔4〕“乘”，欺凌，欺侮。〔5〕“亟”，音 jí，赶快，急速。〔6〕“怒”，气势强盛，强大。

【译文】虞卿听到这消息，进宫谒见赵王说：“这是一种表面上动听的话语，大王千万不要割城给秦！”楼缓听说后，去见赵王。赵王又把虞卿的话告诉楼缓。楼缓回答说：“不是这样的。虞卿只知其一，不知其二。现在秦赵结怨相斗，天下各国都很高兴，这是为什么？他们在心里说‘我可趁机依靠强的一方来欺侮弱的一方了’。现在赵国军队受困于秦，各国祝贺战争胜利的人肯定都到秦国了。所以不如快快割地议和，以使天下各国疑惑踌躇起来，而使秦王内心得到安慰。不然的话，天下各国将要利用秦国的强大，欺侮赵国的疲弱，瓜分赵国。赵国就要灭亡了，还谈什么对付秦国呢？所以我说虞卿只知其一，不知其二。愿大王即此决策，不要再作其他考虑了。”

虞卿闻之，往见王曰：“危哉楼子之所以为秦者，是愈疑天下，而何慰秦之心哉？独不言其示天下弱乎？且臣言勿予者，非固勿予而已也。秦索六城于王，而王以六城赂齐。齐，秦之深仇也，得王之六城，并力西击秦，齐之听王，不待辞之毕也。则是王失之于齐而取偿于秦也。而齐、赵之深仇可以报矣，而示天下有能为也。[1]王以此发声，[2]兵未窥于境，[3]臣见秦之重赂至赵而反媾于王也。从秦为媾，韩、魏闻之，必尽重王；重王，必出重宝以先于王。[4]则是王一举而结三国之亲，而与秦易道也。"[5]赵王曰："善。"则使虞卿东见齐王，[6]与之谋秦。虞卿未返，秦使者已在赵矣。楼缓闻之，亡去。赵于是封虞卿以一城。

【注释】〔1〕"有能为"，有能力有作为。〔2〕"发声"，声张，宣扬。〔3〕"窥"，窥探侦察，指开始行动。〔4〕"先"，先行致意。〔5〕"易道"，指从赵向秦献赂求和变为秦向赵献赂求和，双方的位置更换了。〔6〕"齐王"，指齐王建，齐襄王子，在位四十四年（公元前二六四年至前二二一年）。

【译文】虞卿听到这消息，又去见赵王，说道："楼子这种为秦国打算的言论危险得很哪！这样做会使天下各国更加疑惑，而秦王内心又怎么会得到安慰呢？他为什么独独不说这样做是在向天下各国暴露赵国的软弱呢？再者我说不给，并不是一定不要给出去。秦向大王索要六城，而大王可以把六城送给齐国。齐国，是与秦国结下深仇的国家，它得到大王的六城后，要求它和赵国合力向西击秦，也许不等您把话说完，齐王就会同意的。这样大王在齐国失去的东西可以从秦国那里取得补偿，而齐赵两国的深仇也可就此报了，并向天下各国显示赵国是有能力敢作为的。大王将此事稍加声张，齐赵的兵马还没到达边境开始行动，我就能见到秦国的贵重财物已经送到赵国，反而来向大王求和了。大王同意与秦议和，韩、魏两国听到后，必然都看重大王；他们看重大王，必然会拿出贵重的宝物来先向您致意。这样大王一举而可以和三个国家结好，议和中秦赵两国的地位便完全颠倒过来了。"赵王说："好。"便派虞卿到东方去见齐王，和他商议对付秦国。虞卿还没回来，秦国的使者已经到赵国了。楼缓听到这消息，便逃走了。赵国于是封给虞卿一个城邑。

居顷之，[1]而魏请为从。赵孝成王召虞卿谋。过平原君，[2]平原君曰："愿卿之论从也。"[3]虞卿入见王。王曰："魏请为从。"对曰："魏过。"[4]王曰："寡人固未之许。"对曰："王过。"王曰："魏请从，卿曰魏过，寡人未之许，又曰寡人过，然则从终不可乎？"对曰："臣闻小国之与大国从事也，有利则大国受其福，有败则小国受其祸。今魏以小国请其祸，而王以大国辞其福，臣故曰王过，魏亦过。窃以为从便。"[5]王曰："善。"乃合魏为从。

【注释】〔1〕"顷之"，不久。〔2〕"过"，前往拜访。〔3〕"论从"，论述合纵的好处，赞成合纵。〔4〕"过"，错。〔5〕"窃"，谦指自己，犹言"私下"。

【译文】过了不久，魏国请求和赵国合纵。赵孝成王召虞卿来商议。虞卿拜访平原君，平原君说："希望您赞成合纵。"虞卿进宫见王，赵王说："魏国请求合纵。"虞卿回答说："魏国错了。"赵王说："寡人原本没有答应。"虞卿回答说："大王错了。"赵王说："魏国请求合纵，您说魏国错了，寡人没有答应，您又说寡人错了，这样说来，合纵到底是不可行的吗？"虞卿回答说："我听说小国和大国联合，有利则大国得其福，不利则小国受其祸。现在魏国以小国的地位请受其祸，而大王以大国的身份推辞其福，我所以说大王错了，魏国也错了。我个人认为合纵是有利的。"赵王说："好。"于是和魏国合纵。

虞卿既以魏齐之故，〔1〕不重万户侯卿相之印，〔2〕与魏齐间行，〔3〕卒去赵，困于梁。〔4〕魏齐已死，不得意，〔5〕乃著书，上采《春秋》，下观近世，曰《节义》、《称号》、《揣摩》、《政谋》，凡八篇。以刺讥国家得失，世传之曰《虞氏春秋》。〔6〕

【注释】〔1〕"魏齐"，魏国贵族，魏昭王时为相，因怀疑范雎有私通齐国的行为，毒打侮辱范雎。范雎化名逃到秦国，游说秦昭王，拜为秦相，要泄愤报仇。魏齐被迫逃到赵国，藏在平原君家。秦国逼索甚急，赵王发兵围平原君家，魏齐连夜出逃，去见赵相虞卿，虞卿和他一起逃回魏都大梁，想通过信陵君南走楚国。信陵君畏秦，犹豫未见，魏齐怒而自杀。事见本书《范雎蔡泽列传》。〔2〕"万户侯"，食邑万户之侯。虞卿封万户侯事，本《传》没有记载。《范雎蔡泽列传》记侯嬴之言，道及此事，谓虞卿"一见赵王，赐白璧一双，黄金百镒；再见，拜为上卿；三见，卒受相印，封万户侯"。〔3〕"间行"，从偏僻的小路走。"间"，音 jiàn。〔4〕"梁"，指魏都大梁，在今河南开封市西北。〔5〕"不得意"，精神不舒畅。此未必指名位方面的损失。魏齐之死在秦昭襄王四十二年（公元前二六五年），后五年，赵有长平之祸，继则有邯郸之围，其时虞卿依然出入赵王左右，且受封一城。〔6〕"《虞氏春秋》"，《汉书·艺文志》列入儒家，云有十五篇，与《本》传不合。此书久已亡佚，清马国翰有《虞氏春秋》辑佚一卷。

【译文】虞卿既然因为魏齐的缘故，毫不看重万户侯卿相的官位，和魏齐从小路悄悄出逃，最后离开了赵国，来到大梁，处境艰难。魏齐死了以后，虞卿更不得意，便著书立说，上采《春秋》的资料，下观近世的史实，分为《节义》、《称号》、《揣摩》、《政谋》等，共八篇，用来讥刺国家的得失，以《虞氏春秋》的名称流传世间。

太史公曰：平原君，翩翩浊世之佳公子也，〔1〕然未睹大体。〔2〕鄙语曰“利令智昏”，〔3〕平原君贪冯亭邪说，〔4〕使赵陷长平兵四十余万众，邯郸几亡。〔5〕虞卿料事揣情，〔6〕为赵画策，〔7〕何其工也！〔8〕及不忍魏齐，卒困于大梁，庸夫且知其不可，〔9〕况贤人乎？然虞卿非穷愁，〔10〕亦不能著书以自见于后世云。

【注释】〔1〕“翩翩”，形容举止风度美好出众。“浊世”，混乱的时世。〔2〕“大体”，有关大局的道理。〔3〕“鄙语”，俗语。“利令智昏”，因贪利而使头脑发昏，失去理智。〔4〕“贪冯亭邪说”，冯亭是韩上党郡守。秦昭襄王四十五年（韩桓惠王十一年，赵孝成王四年，公元前二六二年），秦欲夺取韩上党，冯亭以上党十七城邑归赵，其使者谓赵王曰：“韩不能守上党，入之于秦。其吏民皆安为赵，不欲为秦。有城市邑十七，愿再拜入之赵，财王所以赐吏民。”平阳君赵豹反对受地，认为这是“无故之利”，韩氏“欲嫁其祸于赵”。平原君却认为“此大利，不可失也”。于是赵王派平原君前往受地，占领上党，并命廉颇率军驻守长平，秦赵遂成交战之势。“贪冯亭邪说”即指此。〔5〕“几”，音 jī，几乎。〔6〕“揣情”，揣摩情理。〔7〕“画策”，筹谋计策。〔8〕“工”，精密，周到。〔9〕“庸夫”，才能平常的人，不高明的人。〔10〕“穷愁”，不得意而忧伤。

【译文】太史公说：平原君，风度翩翩，是一位混乱时世中的佳公子，然而没能顾及大体。俗语说“利令智昏”，平原君偏听冯亭的邪说，使赵兵陷在长平的达四十余万，邯郸几乎失守。虞卿预测事情，揣摩情理，为赵出谋划策，何其精密周到！到后来因不忍舍弃魏齐，最终受困于大梁。这样做，即使一个不高明的人尚且知道是行不通的，何况是位贤能的人呢？然而虞卿要不是穷愁不得意，也不会著书把自己的想法留传给后世。

魏公子列传

魏公子无忌者，魏昭王少子而魏安釐王异母弟也。〔1〕昭王薨，〔2〕安釐王即位，封公子为信陵君。〔3〕是时范雎亡魏相秦，〔4〕以怨魏齐故，秦兵围大梁，〔5〕破魏华阳下军，〔6〕走芒卯。〔7〕魏王及公子患之。

【注释】〔1〕“魏昭王”，名遬，魏国第五代君，公元前二九五年至前二七七年在位。“魏安釐王”，名圉，魏国第六代君，公元前二七六年至前二四三年在位。昭王、安釐王事详见本书《魏世家》。〔2〕“薨”，音 hōng。周代诸侯死去称薨。〔3〕“信陵”，魏国邑名。据《水经注》记载，汲水向东流经葛城北面，葛城为旧葛伯之国。葛在六国时期属于魏国，魏襄王封给了公子无忌，号信陵君。故城在今河南省宁陵县西。《史记·六国年表》记载，魏安釐王元年封公子无忌为信陵君。〔4〕“范雎”，一作“范且”，战国时魏国人，字叔。他曾游说诸侯，欲事魏王，因家贫，乃为魏国太中大夫须贾舍人。曾随从须贾为魏昭王出使齐国，齐襄王听说范雎能说善辩，想以重金收买他，范雎辞谢不敢受。须贾知道此事以后，以为范雎私通齐国，并且将此事告诉了魏相魏齐，魏齐大怒，并使舍人毒打范雎，范雎装死被放在了厕所里，后来他乘机逃往秦国，受到秦昭王的重用，秦昭王四十一年（公元前二六六年）被任为秦相国。“范雎亡魏相秦”即指此事。详见本书《范雎蔡泽列传》。〔5〕“大梁”，魏国国都，在今河南省开封市西北。〔6〕“华阳”，山名，在今河南省密县境内。据《史记·六国年表》及《魏世家》记载，秦兵围大梁在秦昭王三十二年（魏安釐王二年，公元前二七五年），破魏华阳下军在秦昭王三十四年（魏安釐王四年，公元前二七三年）。但本书《范雎蔡泽列传》等篇记载这件事在时间上与此有所歧异。〔7〕“芒卯”，人名，魏国的将领。

【译文】魏公子无忌，是魏昭王的小儿子，魏安釐王同父异母的弟弟。昭王死后，安釐王即位，封公子为信陵君。此时，范雎从魏国逃亡到秦国，并做了秦相，因为怨恨魏齐的缘故，所以发动秦国的军队来围攻大梁，击败了驻守在华阳的魏国军队，赶跑了魏国将领芒卯。魏王和公子都为这件事情担忧。

公子为人仁而下士，士无贤不肖皆谦而礼交之，不敢以其富贵骄士。士以此方数千里争往归之，致食客三千人。〔1〕当是时，诸侯以公子贤，多客，不敢加兵谋魏十余年。

【注释】〔1〕“致”，招徕。“食客”，古代寄食于豪门贵家并为之服务的门客。

【译文】公子为人，心地慈仁，能和比自己地位低的人交往，不论才能高低，他都能够谦虚地以礼相待，决不因为自己富贵而对人傲慢。因此，周围数千里内的士人都争先恐后地归附于他，招致的门客多达三千人。在这个时候，因为公子的贤明、门客多，各诸侯国十多年来不敢用兵谋攻魏国。

公子与魏王博，〔1〕而北境传举烽，〔2〕言“赵寇至，且入界”。魏王释博，欲召大臣谋。公子止王曰：“赵王田猎耳，非为寇也。”复博如故。王恐，心不在博。居顷，复从北方来传言曰：“赵王猎耳，非为寇也。”魏王大惊，曰：“公子何以知之？”公子曰：“臣之客有能深得赵王阴事者，〔3〕赵王所为，客辄以报臣，臣以此知之。”是后魏王畏公子之贤能，不敢任公子以为国政。

【注释】〔1〕"博"，通簙。是我国古代的一种棋类游戏，可以赌赛胜负。〔2〕"烽"，指烽火，古时边境告急的一种信号。〔3〕"阴事"，指秘密的事情或者行动。

【译文】（一天，）公子和魏王正在下棋，北方国境传来了告急的警报，说："赵国出兵来犯，即将进入国境。"魏王放下了棋子，打算召集大臣们来商议对策。公子劝阻魏王说："这是赵王在打猎，不是来侵犯我国。"（于是二人）又照旧下起棋来。魏王心里有些害怕，心思不在下棋上。过了一会儿，又从北方传来报告说："是赵王在打猎，不是来侵犯我国。"魏王听了大吃一惊，说："公子是怎么知道的？"公子说："我的门客中有能探得赵王秘密事情的人，赵王的所作所为，门客都要来报告我，因此我知道他的行动。"从此以后，魏王害怕公子的贤能，不敢把国家大事委任给他。

魏有隐士曰侯嬴，年七十，家贫，为大梁夷门监者。[1]公子闻之，往请，欲厚遗之。不肯受，曰："臣修身絜行数十年，终不以监门困故而受公子财。"公子于是乃置酒大会宾客。坐定，公子从车骑，虚左，[2]自迎夷门侯生。侯生摄敝衣冠，直上载公子上坐，不让，欲以观公子。公子执辔愈恭。侯生又谓公子曰："臣有客在市屠中，愿枉车骑过之。"[3]公子引车入市，侯生下见其客朱亥，俾倪，[4]故久立与其客语，微察公子。公子颜色愈和。当是时，魏将相宗室宾客满堂，待公子举酒。市人皆观公子执辔。从骑皆窃骂侯生。侯生视公子色终不变，乃谢客就车。至家，公子引侯生坐上坐，遍赞宾客，[5]宾客皆惊。酒酣，公子起，为寿侯生前。侯生因谓公子曰："今日嬴之为公子亦足矣。嬴乃夷门抱关者也，而公子亲枉车骑自迎嬴，于众人广坐之中不宜有所过，今公子故过之。[6]然嬴欲就公子之名，故久立公子车骑市中，过客以观公子，公子愈恭。市人皆以嬴为小人，而以公子为长者能下士也。"于是罢酒，侯生遂为上客。

【注释】〔1〕"夷门"，大梁城的东门名。故址在今河南开封北门一带。《太平御览》卷一五八引《史》曰："大梁城有十二门，东门曰夷门。"本篇篇末太史公亦曰："夷门者，城之东门也。""监者"，看守城门的役吏。〔2〕"虚左"，空出左边的座位。古代乘车以左边的位置为尊位。〔3〕"枉"，冤屈，这里引申为委屈的意思。〔4〕"俾倪"，通睥睨，音 pì nì。指斜着眼睛看。〔5〕"遍赞宾客"，此句有两种不同的解释：（一）公子把侯生的情况一一向宾客作了介绍，并盛称他的贤德（见《史记索隐》）。（二）公子把宾客的情况一一向侯生作了介绍（见洪亮吉《四史发伏》）。前者义较长。〔6〕"故"，通固，这里是"既"、"已"的意思。

【译文】魏国有个隐士叫侯嬴，七十岁了，家境贫寒，是大梁城夷门的守门小吏。公子听说此人以后，便前往拜访，并准备了厚礼相送给他。侯嬴不肯接受，说："我几十年来修身洁行，决不会因为看守城门而家庭贫困的缘故就接受公子的厚礼。"于是公子置办了酒宴，大会宾客。等到大家坐定以后，公子带着随从车马，空出车上左边的座位，亲自去迎接守夷门的侯生。侯生整理了一下他的破衣旧帽，径行上车，坐在了公子空出的左边尊位，毫不谦让，想借此来观察一下公子的诚意。公子拉着驾车的缰绳，态度十分恭敬。侯嬴又告诉公子说："我有个朋友在市场屠宰坊，希望能委屈一下您的车马随从，路过那里拜访他一下。"公子听了便引车入市，侯生下车去见了他的朋友朱亥，（侯生在那里）斜着眼睛窥察（公子），并故意拖长时间站在那里和朱亥谈话，暗中观察公子的反应。公子的脸色更加和悦。就在这个时候，（前来参加公子宴会的）魏国的将相、宗室诸宾客已坐满了宴厅，只等公子回来举杯开宴。市场上的人们（感到好奇）都来看公子（为侯生）驾车，（公子的）随从们也都在暗骂侯生。侯生见公子的脸始终没变，才向朋友告辞登车。到了公子家中，公子领侯生坐到上席，一一向宾客介绍了侯生，客人们听了都感到惊讶。酒饮得正畅快时，公子站起来到侯生席前敬酒。侯生便向公子说："今天我侯嬴难为您了，我侯嬴只是个夷门的守门人，而公子却亲自驾车迎我侯嬴，在大庭广众之中公子本不应对我有过分的表示，而今天公子对我却过分客气。但我侯嬴为了成就您的爱士之名，所以故意让公子的车马在市中停了好久，又去拜访了朋友，以此来观察公子的态度，而公子却更显得恭敬。市中的人都以我侯嬴为小人，而以公子为能礼贤下士的长者。"酒席散了，侯生从此便成了公子的座上宾。

侯生谓公子曰："臣所过屠者朱亥，此子贤者，世莫能知，故隐屠间耳。"公子往数请之，朱亥故不复谢，公子怪之。

魏安王鳌二十年，〔1〕秦昭王已破赵长平军，〔2〕又进兵围邯郸。〔3〕公子姊为赵惠文王弟平原君夫人，〔4〕数遗魏王及公子书，请救于魏。魏王使将军晋鄙将十万众救赵。〔5〕秦王使使者告魏王曰："吾攻赵旦暮且下，而诸侯敢救者，已拔赵，必移兵先击之。"魏王恐，使人止晋鄙，留军壁邺，〔6〕名为救赵，实持两端以观望。平原君使者冠盖相属于魏，让魏公子曰："胜所以自附为婚姻者，以公子之高义，为能急人之困。今邯郸旦暮降秦而魏救不至，安在公子能急人之困也！且公子纵轻胜，弃之降秦，独不怜公子姊邪？"公子患之，数请魏王，及宾客辩士说王万端。魏王畏秦，终不听公子。公子自度终不能得之于王，计不独生而令赵亡，乃请宾客，约车骑百余乘，欲以客往赴秦军，与赵俱死。

【注释】〔1〕"魏安鳌王二十年"，即公元前二五七年，秦昭襄王五十年，赵孝成王九年。

〔2〕“长平”，古地名，故址在今山西省高平县西北。“秦昭王”，即“秦昭襄王”。名稷（一作侧）。秦武王异母弟。初出奔在燕，后由燕送回即位。公元前三〇六年至前二五一年在位。先后任樗里疾、魏冉、范雎为相。在位时取得魏的河东，联合各国攻破齐国，攻取楚都，设立南郡，在长平大胜赵军，创立了秦统一的有利条件。事详本书《秦本纪》。秦昭王破赵长平军在公元前二六〇年（秦昭王四十七年），在这次战役中，秦将白起大败赵将赵括，坑杀赵卒四十余万。事详见本书《白起王翦列传》、《廉颇蔺相如列传》等篇。〔3〕“邯郸”，赵国国都，故址在今河北省邯郸县。据《史记·六国年表》记载，这一年秦将王龁、郑安平围邯郸。〔4〕“赵惠文王”，名何，赵武灵王之子，赵国第七代君，在位三十三年（公元前二九八年至前二六六年）。“平原君”，名胜，战国时赵国贵族，曾任赵相。“平原”，本齐国西境的一个邑，战国时属赵，故址在今山东省平原县南。赵胜初封于此，故称平原君。事详见本书《平原君虞卿列传》。〔5〕“晋鄙”，魏国将领。〔6〕“邺”，魏地名，在今河北省临漳县西南。

【译文】侯生对公子说：“我所拜访的屠夫朱亥，这是个有贤才的人，大家不了解他，所以他隐身于屠户之中。”公子（听了之后曾）多次亲自去拜访他，朱亥却不去回拜，公子感到很奇怪。

魏安釐王二十年，秦昭王打败了赵国驻守在长平的军队，又继续进兵包围了邯郸。公子无忌的姊姊是赵惠文王弟弟平原君（赵胜）的夫人，曾多次派人给魏安釐王和公子送信，向魏王请求救兵。魏王派将军晋鄙率领十万士兵前往救赵。秦昭王（知道后）就派使臣告魏王说：“我攻打赵国早晚将要攻下，如果在诸侯国中有敢来援救赵国的，在占领赵国以后一定先移兵打击它。”魏王听了心中害怕，（于是）派人通知晋鄙停止进军，把军队驻扎在邺地。名义上是出兵救赵，实际上却采取了两面手法以观望形势的变化。平原君的使者络绎不绝地来到魏国，责难魏公子说：“我赵胜所以自愿和魏国结为婚姻，是因为公子有崇高的道义，能够急别人所急，想别人所想。现在邯郸很快就要被秦军攻破，而魏国的援军一直不来，公子解急救患的崇高道义在哪里呢？即使公子轻看我赵胜，抛弃了赵国，使赵国降服于秦国，难道你就不怜念你的姊姊吗？”公子面对此事深感忧愁，曾数次亲自请求魏王出兵救赵，而且请宾客辩士用种种办法去劝说魏王，终因魏王畏惧秦国而没有听从公子的主张。公子猜想（自己的主张）终久不会得到魏王的允许，决计不愿一人苟活而让赵国灭亡，于是请他的宾客们凑集了一百多辆车马，打算率领宾客们去与秦军决一死战，和赵国共存亡。

行过夷门，见侯生，具告所以欲死秦军状。〔1〕辞决而行，〔2〕侯生曰：“公子勉之矣，老臣不能从。”公子行数里，心不快，曰：“吾所以待侯生者备矣，天下莫不闻，今吾且死而侯生曾无一言半辞送我，我岂有所失哉？”复引车还，问侯生。侯生笑曰：“臣固知公子之还也。”曰：“公子喜士，名闻天下。今有难，无他端而欲赴秦军，譬若以肉投馁虎，何

功之有哉？尚安事客？然公子遇臣厚，公子往而臣不送，以是知公子恨之复返也。”公子再拜，因问。侯生乃屏人间语，〔3〕曰：“嬴闻晋鄙之兵符常在王卧内，〔4〕而如姬最幸，〔5〕出入王卧内，力能窃之。嬴闻如姬父为人所杀，如姬资之三年，〔6〕自王以下欲求报其父仇，莫能得。如姬为公子泣，公子使客斩其仇头，敬进如姬。如姬之欲为公子死，无所辞，顾未有路耳。公子诚一开口请如姬，如姬必许诺，则得虎符夺晋鄙军，北救赵而西却秦，此五霸之伐也。”〔7〕公子从其计，请如姬。如姬果盗晋鄙兵符与公子。

【注释】〔1〕“具”，同俱。〔2〕“决”，同诀。〔3〕“屏人”，“屏”同摒，即排退旁边的人。“间语”，私语。〔4〕“兵符”，亦称虎符，古代调兵遣将的一种凭证，多以铜制成虎形，中剖为二，可分可合。左半交给统军的将领，右半留在国君手中，如果国家有了战事或新的命令，则派使者持右半虎符前往传达，左右符合，方可生效。〔5〕“如姬”，魏安釐王的侍妾。“最幸”，最得宠爱。〔6〕“资之三年”，积恨三年。“资”，积蓄。“之”，指杀父之仇。一说“资”犹今言“悬赏”，顾炎武说：“谓以资财求客报仇。”“之”指杀死如姬父亲的人。〔7〕“五霸”，指春秋时先后称霸的五个诸侯，但历来说法不一，通常指齐桓公、晋文公、楚庄王、秦穆公、宋襄公。“伐”，指功业、勋绩。

【译文】路过夷门时，见到了侯生，公子将他所以要和秦军决一死战的情况原原本本地告诉了侯生。说完了就辞别继续前进，侯生说：“公子努力干吧，老臣不能相从了。”公子走了几里路之后，心中感到不甚愉快，说：“我对待侯生是十分周到的，天下的人没有不听说的，现在我将要去死了，而侯生却无一言半语来送我，难道我还有什么过失的地方吗？”于是又带着车马返回去问侯生。侯生笑着说：“我早就知道公子会回来的。”接着又说：“公子仁厚待士的品德天下闻名。今天你有了困难，没有别的好办法才准备去与秦军决一死战，这就好像拿肉投给饿虎一般，这会有什么好处呢？像这样厚养宾客还有什么用呢？公子待我很厚，你去决一死战而臣下竟不去送行，因此我知道公子会恨我而且一定会回来的。”公子向侯生再拜，并向他请教，于是侯生支开旁边的人，悄悄地和公子说：“我听说晋鄙的兵符常放在魏王的卧室内，而侍妾如姬最得魏王宠爱，经常出入于魏王的卧室，她能够偷到兵符。我还听说如姬的父亲被人杀害，如姬怀恨三年，除国王以外，她想寻求一个能为她报杀父之仇的人，但未能找到。如姬曾对公子哭诉此事，公子若能派人去斩下她仇人的头献给如姬，如姬一定愿为公子效死，决不推辞，只是没有机会罢了。公子如果真的开口请如姬帮忙，如姬一定会许诺此事，那么就能得到虎符夺取晋鄙的军队，这样北面就可以救了赵国而且西面又可以打退秦兵，此举如同春秋五霸一般的功业。”公子听从了侯生的计谋，去请如姬帮忙。如姬果然偷到了晋鄙的兵符，并送交给公子。

公子行，侯生曰："将在外，主令有所不受，〔1〕以便国家。公子即合符，而晋鄙不授公子兵而复请之，事必危矣。臣客屠者朱亥可与俱，此人力士。晋鄙听，大善；不听，可使击之。"于是公子泣。侯生曰："公子畏死邪？何泣也？"公子曰："晋鄙嚄唶宿将，〔2〕往恐不听，必当杀之，是以泣耳，岂畏死哉？"于是公子请朱亥。朱亥笑曰："臣乃市井鼓刀屠者，而公子亲数存之，〔3〕所以不报谢者，以为小礼无所用。今公子有急，此乃臣效命之秋也。"〔4〕遂与公子俱。公子过谢侯生。侯生曰："臣宜从，老不能。请数公子行日，以至晋鄙军之日，北乡自刭，〔5〕以送公子。"公子遂行。

【注释】〔1〕"将在外，主令有所不受"，语出《孙子·九变篇》，意思是：国君身居朝内，对前方作战的具体情况不甚了解，在前方亲自指挥作战的将领可以不完全接受国君的命令。〔2〕"嚄唶宿将"，叱咤风云的老将。"嚄"，音 huò，大笑。"唶"，音 zè，大呼。〔3〕"存"，指慰问，恤助。〔4〕"秋"，指时机。〔5〕"乡"，同向。"北乡"，面向北方。邺在魏国的北境，所以侯生说面向北方。"刭"，音 jǐng，自刎。

【译文】公子将要出发了，侯生说："将军在外作战，为了国家的利益，君主的命令有时可以不接受。公子即使合了兵符，如果晋鄙不交给公子兵权，而要重新请示魏王，那么事情就会危险。我的朋友屠户朱亥可以和你一起去，此人力量过人。晋鄙听从了你，当然最好，若不听从你，就可以让朱亥打死他。"公子听了流下泪来。侯生说："难道公子是怕死吗？为什么哭呢？"公子说："晋鄙是叱咤风云的老将，我去了恐怕他不会听从我意，必定会杀死他，因此流下了眼泪，我哪里是怕死呢？"于是公子去请朱亥同行。朱亥笑着说："我是市井间操刀宰杀的屠夫，而公子曾多次亲自来看我，我所以没有回拜的缘故，是认为这些小礼节没什么用处，现在公子有了急事，这正是我报答恩惠为你效命的时候到了。"于是和公子一同前往。公子又去辞谢侯生，侯生说："我本来应随从你一同前往，因为年岁老了不能陪同，我愿计算公子的行程和日期，在你到达晋鄙军中的那天，我定面向北方自刎，以此来送行公子。"公子于是出发了。

至邺，矫魏王令代晋鄙。晋鄙合符，疑之，举手视公子曰：〔1〕"今吾拥十万之众，屯于境上，国之重任，今单车来代之，何如哉？"欲无听。朱亥袖四十斤铁椎，〔2〕椎杀晋鄙，公子遂将晋鄙军，勒兵，下令军中曰："父子俱在军中，父归；兄弟俱在军中，兄归；独子无兄弟，归养。"得选兵八万人，进兵击秦军。秦军解去，遂救邯郸，存赵。赵王

及平原君自迎公子于界，平原君负韊矢为公子先引。[3]赵王再拜曰："自古贤人未有及公子者也。"当此之时，平原君不敢自比于人。公子与侯生决，至军，侯生果北乡自刭。

【注释】〔1〕"举手"，一说当为"举首"之误。意谓昂首视公子。可备一说。〔2〕"椎"，通锤。"铁椎"，是古代一种形状如瓜，带柄的击杀武器。〔3〕"韊"，音 lán，古代盛箭的袋子。

【译文】到了邺城，公子假传魏王的命令来代替晋鄙的军职。晋鄙合过兵符，却（对此事）表示怀疑，抬起头来望着公子说："现在我拥有十万大军驻守在边境上，担负着保卫国家的重大任务，现在你单身匹马来接替我的重任，这是怎么一回事呢?"想不听从公子。朱亥用藏在袖中的四十斤重的铁锤击杀了晋鄙，于是公子统率了晋鄙的军队，并进行了整顿，下令军中说："父子都在军中服役的父亲回去，兄弟皆在军中服役的哥哥回去，没有兄弟的独生子回去奉养父母。"经过挑选留下精兵八万，进兵攻击秦军。秦军被击退以后，于是又去援救邯郸，这样才保全了赵国。赵王和平原君亲自去郊界处迎接公子无忌，平原君背着箭袋在前面为公子引路。赵王向公子行了再拜礼后说："自古以来的贤者没有一个能比得上公子。"这时，平原君也自惭不敢跟公子相比了。公子和侯生诀别以后，在公子到达晋鄙军中的时候，侯生果然向着北方自刎而死。

魏王怒公子之盗其兵符，矫杀晋鄙，公子亦自知也。已却秦存赵，使将将其军归魏，而公子独与客留赵。赵孝成王德公子之矫夺晋鄙兵而存赵，[1]乃与平原君计，以五城封公子。公子闻之，意骄矜而有自功之色。客有说公子曰："物有不可忘，或有不可不忘。夫人有德于公子，公子不可忘也；公子有德于人，愿公子忘之也。且矫魏王令，夺晋鄙兵以救赵，于赵则有功矣，于魏则未为忠臣也。公子乃自骄而功之，窃为公子不取也。"于是公子立自责，似若无所容者。赵王埽除自迎，执主人之礼，引公子就西阶。[2]公子侧行辞让，从东阶上。[3]自言罪过，以负于魏，无功于赵。赵王侍酒至暮，口不忍献五城，以公子退让也。公子竟留赵。赵王以鄗为公子汤沐邑，[4]魏亦复以信陵奉公子。公子留赵。

【注释】〔1〕"赵孝成王"，名丹，赵惠文王之子，赵国第八代君，在位二十一年（公元前二六五年至前二四五年）。"德"，感激。〔2〕"引公子就西阶"，据《礼记·曲礼上》记载："凡与客人者……主人就东阶，客就西阶。"这是古代升堂的礼节，古人以西边为尊，所以请客人就西阶而上。这里是赵王执主人之礼，所以引公子从西阶而上。〔3〕"从东阶上"，据《礼记·曲礼上》记载："客若降等则就主人之阶。"这里是指公子自谦，所以降等随主人从东阶而上。〔4〕"鄗"，音 hào，古地名，战国时属赵，故址在今河北省高邑县境。"汤沐邑"，周代各诸侯都要按时朝见天子，所以天子在其京郊附近赐给各诸侯一块领地，以供他们住宿和斋戒沐浴开销之用，此地称为汤沐邑。后来皇后、公主等收取赋税的私邑也称作汤沐邑，名义虽存，实际上已变成了供给他们生活所需的封邑。

【译文】魏王对公子偷走他的兵符很生气，假传命令杀死晋鄙，（这些负国的罪过）公子自己心里也很清楚。在打退秦兵保全了赵国以后，公子便派了一名将军率领着队伍回到了魏国，而公子本人和他的宾客们却留在了赵国。赵孝成王很感激公子假传命令夺取了晋鄙的军队从而保全了赵国，于是和平原君商量，打算把五个城邑封给公子。公子听说此事以后，心里有了骄傲的念头，脸上也显露出自以为有功的神色。门客中有人劝公子说："事情有不可忘记的，也有不可不忘记的。别人有恩于公子，公子是不能忘记的；公子有恩于别人，希望公子能忘掉它。况且假传魏王的命令，夺取晋鄙的军队来保全赵国，这对赵国来讲是有功的，而对于魏国来讲却不能说是忠臣。公子以此事为骄傲、有功，我认为这一点公子是不可取的。"于是公子立刻自己责备自己，好像无地自容似的。赵王打扫庭前台阶亲自迎接公子，依照主人迎接贵宾的礼节，引导公子从西阶而上，公子却侧身谦让，从东阶而上。公子自称有罪过，即有负于魏国，对赵国来讲也没有什么功劳。赵王陪公子饮酒一直到了天黑，嘴里不好意思说出封赠公子五城的事，因为公子一直很谦让。公子终于留在了赵国，赵王把鄗地作为公子的汤沐邑，魏国也仍把信陵封给了公子。公子留在了赵国。

公子闻赵有处士毛公藏于博徒，薛公藏于卖浆家，〔1〕公子欲见两人，两人自匿不肯见公子。公子闻所在，乃间步往从此两人游，甚欢。平原君闻之，谓其夫人曰："始吾闻夫人弟公子天下无双，今吾闻之，乃妄从博徒卖浆者游，公子妄人耳。"夫人以告公子。公子乃谢夫人去，曰："始吾闻平原君贤，故负魏王而救赵，以称平原君。平原君之游，徒豪举耳，〔2〕不求士也。无忌自在大梁时，当闻此两人贤，至赵，恐不得见。以无忌从之游，尚恐其不我欲也，今平原君乃以为羞，其不足从游。"乃装为去。夫人具以语平原君。平原君乃免冠谢，〔3〕固留公子。平原君门下闻之，半去平原君归公子，天下士复往归公子，公子倾平原君客。

【注释】〔1〕"处士"，古代有才德而隐居不做官的人。"毛公"、"薛公"，史佚其名。《汉书·艺文志》名家有《毛公九篇》，注云："赵人，与公孙龙等并游平原君赵胜家。"师古注云："此盖《史记》所云'藏于博徒'者。"疑即此人。"博徒"，即赌徒。〔2〕"豪举"，旧注有两说：（一）一时高兴的举动（《史记旧注平议》）。（二）“豪者举之，不论德行。”（《史记会注考证》引刘伯庄说）似前说可从。〔3〕“免冠谢”，摘下帽子前往谢罪。古人免冠赔礼表示自己认罪。

【译文】公子听说赵国有个名叫毛公的处士隐藏在赌徒当中，有个叫薛公的隐藏在卖酒的人家，公子想见这两个人，而这两个人却躲藏起来不肯见公子。后来公子打听到了他俩躲藏的地方，就悄悄地前往和这两个人交往，相处的很融洽。平原君听到这件事后便对他的夫人说：“当初我听说夫人的弟弟公子是天下没有人能和他相提并论的人才，现在我听说他竟和赌徒、卖酒的人胡乱交往，公子不过是个荒唐的人罢了。”平原君的夫人把这些话告诉了公子。公子便辞别了平原君的夫人准备离开赵国，说：“当初我听说平原君很贤明，所以背负了魏王来援救赵国，以满足平原君的心愿。看来平原君的交往朋友只是一时的举动为装门面罢了，不是在真诚地寻求人才。我无忌还在大梁的时候就经常听说这两个人贤能，来到了赵国唯恐见不到他们。以我无忌这样的人和他们交往尚且担心他们不愿理我，现在平原君认为和他们交往是羞耻，可见像平原君这样的人是不值得交往啊。”于是整理行装准备离开赵国。夫人又把（公子的这番）话全部告诉了平原君。平原君于是摘去帽子前往谢罪，并坚决地挽留公子。平原君门下的宾客听了这事以后，有一半离开了平原君而归附于公子，天下的贤士们也都纷纷来到公子的门下，公子门下的宾客大大超过了平原君。

公子留赵十年不归。〔1〕秦闻公子在赵，日夜出兵东伐魏。〔2〕魏王患之，使使往请公子。公子恐其怒之，乃诫门下：“有敢为魏王使通者，死。”宾客皆背魏之赵，莫敢劝公子归。毛公、薛公两人往见公子曰：“公子所以重于赵，名闻诸侯者，徒以有魏也。今秦攻魏，魏急而公子不恤，使秦破大梁而夷先王之宗庙，公子当何面目立天下乎？”语未及卒，公子立变色，告车趣驾归救魏。

【注释】〔1〕“公子留赵十年不归”，“十年”指魏安釐王二十年（公元前二五七年）至魏安釐王三十年（公元前二四七年）。〔2〕“秦闻公子在赵，日夜出兵东伐魏”，《史记·魏世家》及《六国年表》均无记载。《史记·秦本纪》记载秦昭襄王四十九年（魏安釐王十九年，公元前二五八年）使将军张唐攻魏；五十年（魏安釐王二十年，公元前二五七年）拔魏宁新中，更名安阳城，五十三年（魏安釐王二十三年，公元前二五四年）使摎伐魏，取吴城。秦庄襄王三年（魏安釐王三十年，公元前二四七年）使蒙骜攻取了魏高都、汲二城。余无记载。

【译文】公子留在赵国住了十年，一直没回魏国。秦国听说公子在赵国，日夜向东出兵攻打魏国。魏王为此事十分担心，于是派使者去请公子回国，公子害怕魏王对他还怀恨在心，于是告诫门下诸客说："有敢为魏王使者通报的处死刑。"宾客们都是（跟随公子）背弃魏国来到赵国的，所以没有人敢去劝公子回国的。毛公、薛公二人前往见公子说："公子所以受到赵国的尊重、闻名于各诸侯国的原因，只是因为有魏国的存在。现在秦国攻打魏国，魏国危急而公子却无动于衷，假使秦国攻破了大梁，把先王的宗庙毁为平地，公子将以什么样的面目立足于天下呢？"话还没有讲完，公子的脸上立刻变了颜色，（于是马上）告诉管车的人套起车马回国救魏。

魏王见公子，相与泣，而以上将军印授公子，[1]公子遂将。魏安釐王三十年，[2]公子使使遍告诸侯。诸侯闻公子将，各遣将将兵救魏。公子率五国之兵破秦军于河外，[3]走蒙骜。[4]遂乘胜逐秦军至函谷关，[5]抑秦兵，秦兵不敢出。当是时，公子威振天下，诸侯之客进兵法，公子皆名之，故世俗称《魏公子兵法》。[6]

【注释】〔1〕"上将军"，官名，统率军队的最高将领。〔2〕"魏安釐王三十年"，即公元前二四七年。〔3〕"五国"，据《史记·秦本纪》《正义》，指齐、楚、燕、韩、赵。"河外"，《史记·秦本纪》《正义》谓"陕、华二州"，即现在河南省陕县一段的黄河以南地区。《史记·秦本纪》记载秦庄襄王三年（魏安釐王三十年）"魏将无忌率五国兵击秦，秦却于河外"。《魏世家》记载魏安釐王三十年"无忌归魏，率五国兵攻秦，败之河内"。对于魏国来说黄河以南地区则为河内。〔4〕"蒙骜"，秦将，秦始皇时大将蒙恬的祖父。〔5〕"函谷关"，秦时故关在今河南省灵宝县东北，因关在谷中，深险如函得名。〔6〕"《魏公子兵法》"，《史记集解》云："刘歆《七略》有《魏公子兵法》二十一篇，图七卷。"《汉书·艺文志》兵家类有《魏公子》二十一篇，图十卷。自注云"今亡"。

【译文】魏王见到公子以后，两人相对哭泣，魏王把上将军的印信交给公子，公子做了魏国军队的最高将领，统率了魏国的军队。魏安釐王三十年，公子派遣使者（把自己做了魏军将领的消息）告知各诸侯国。各诸侯听说公子亲自统率魏军，便纷纷派了将军领兵前来救魏。公子于是率领五国兵马在河外击败了秦军，打跑了秦将蒙骜。接着乘胜追击秦军到函谷关，压住了秦军，迫使秦军不敢出函谷关。在这个时候，公子威震天下，各诸侯国的宾客都来呈献兵法著作，公子都给这些著作编了名目，所以世上一般都称之为《魏公子兵法》。

秦王患之，乃行金万斤于魏，求晋鄙客，令毁公子于魏王曰："公子亡在外十年矣，今为魏将，诸侯将皆属，诸侯徒闻魏公子，不闻魏王。公子亦欲因此时定南面而王，[1]诸侯畏公子之威，方欲共立之。"秦数使

反间，伪贺公子得立为魏王未也。魏王日闻其毁，不能不信，后果使人代公子将。公子自知再以毁废，乃谢病不朝，与宾客为长夜饮，饮醇酒，多近妇女。日夜为乐饮者四岁，竟病酒而卒。其岁，魏安釐王亦薨。

【注释】〔1〕"南面而王"，古代帝王的座位是坐北向南。"南面"即面向南。

【译文】 秦王对公子的威武感到忧患，于是不惜万金在魏国寻求晋鄙的门客，使他们在魏王面前诋毁公子说："公子逃亡在国外十年之久，现在做了魏国的将军，各诸侯国都将隶属于公子的麾下，各诸侯也将只知道有魏公子而不知道有魏王，公子也想趁机南面而王，各诸侯也因公子威震天下而感到害怕，正打算共同拥立他为魏国国王。"秦国多次利用反间计策派人前往假贺公子，刺探是否立为魏王。魏王天天听到有人诋毁公子，不能不信，后来果然派人代替了公子将军职务。公子自己也知道是因为多次被人诋毁而被废置不用，于是假托有病不去朝见魏王，与宾客们酣饮达旦，常饮浓郁的美酒，经常亲近妇女。这样日日夜夜饮酒寻乐生活了四年，终因饮酒过度而患病致死。就在这一年里，魏安釐王也死了。

秦闻公子死，使蒙骜攻魏，拔二十城，〔1〕初置东郡。〔2〕其后秦稍蚕食魏，十八岁而虏魏王，〔3〕屠大梁。〔4〕

【注释】〔1〕"拔二十城"，据《史记·魏世家》记载：（魏）景湣王元年（公元前二四二年），秦拔二十城，以为秦东郡。《六国年表》同《魏世家》。〔2〕"东郡"，秦郡名，在今河北省东南和山东省西部一带地区。其郡治在今河南省濮阳县西南。〔3〕"魏王"，名假，魏景湣王之子，在位三年（公元前二二七年至前二二五年）。据《史记·魏世家》记载："（王假）三年，秦灌大梁，虏王假，遂灭魏以为郡县。"《六国年表》亦记载秦王政二十二年，"王贲击魏，得其王假，尽取其地"。〔4〕"屠大梁"，据《魏世家》篇末司马迁赞曰："吾适故大梁之墟，墟中人曰：'秦之破梁，引河沟而灌大梁，三月城坏，王请降，遂灭魏。'"屠大梁当指此事。

【译文】 秦国听说公子死了，便派蒙骜率兵攻魏，攻取了二十个城邑，开始（在这里）设立为（秦国的）东郡。从此以后秦国逐渐蚕食魏国的土地，经过十八年，秦国俘虏了魏王，攻破了魏国的都城大梁。

高祖始微少时，〔1〕数闻公子贤。及即天子位，每过大梁，常祠公子。高祖十二年，〔2〕从击黥布还，〔3〕为公子置守冢五家，世世岁以四时奉祠公子。

【注释】〔1〕"高祖"，即汉高祖刘邦。事详《高祖本纪》。〔2〕"高祖十二年"，即公元前一九五年。〔3〕"黥布"，原名英布，六安（今安徽省六安县）人。因受黥刑（古代在脸上刺字的一种刑罚），所以当时人也称之为黥布。黥布是秦末起义军将领之一，始从项羽，后归刘邦，因作战有功，曾封为淮南王。后因谋反，于高祖十二年（公元前一九五年）被刘邦击败逃往江南，为长沙王（吴芮子成王臣）诱杀。事详本书《黥布列传》。

【译文】汉高祖刘邦还处于贫寒微贱的时候，经常听人说公子很贤能。到做了皇帝以后，每次经过大梁时总要去祭祀公子。高祖十二年，在击破黥布之后回京路过大梁时，安置了五户人家专为公子守冢，希望后世每年四季按时祭祀公子。

太史公曰：〔1〕吾过大梁之墟，〔2〕求问其所谓夷门。夷门者，城之东门也。天下诸公子亦有喜士者矣，〔3〕然信陵君之接岩穴隐者，不耻下交，有以也。名冠诸侯，不虚耳。高祖每过之而令民奉祠不绝也。

【注释】〔1〕"太史公"，即太史令，作者当时做太史令，所以自称太史公。以下这段文字是司马迁对魏公子无忌的论赞。〔2〕"大梁之墟"，大梁自魏亡时被秦所屠，至司马迁时已百有余年，犹未恢复，所以司马迁经过其地时仍然可以看到其残破毁损的遗迹。〔3〕"诸公子"，当指信陵君以外的孟尝君、平原君、春申君。

【译文】太史公说："我经过大梁的旧址时，曾向人打听过所谓的夷门，夷门就是城的东门。天下诸公子也有好客喜士的，然而能像信陵君那样结交各个角落的隐士，礼贤下士，不以为耻，是很有道理的。公子的名声远在各诸侯之上，并非虚传。汉高祖每次经过这里时总要让百姓们不断地去祭祀他。"

春申君列传

春申君者，楚人也，名歇，姓黄氏。游学博闻，〔1〕事楚顷襄王。〔2〕顷襄王以歇为辩，〔3〕使于秦。秦昭王使白起攻韩、魏，败之于华阳，〔4〕禽魏将芒卯，〔5〕韩、魏服而事秦。秦昭王方令白起与韩、魏共伐楚，未行，而楚使黄歇适至于秦，闻秦之计。当是之时，秦已前使白起攻楚，取巫、黔中之郡，〔6〕拔鄢、郢，〔7〕东至竟陵。〔8〕楚顷襄王东徙治于陈县。〔9〕黄歇见楚怀王之为秦所诱而入朝，〔10〕遂见欺，留死于秦。顷襄王，其子也，秦轻之，恐壹举兵而灭楚。〔11〕歇乃上书说秦昭王曰：〔12〕

【注释】〔1〕“游学”，周游各地，拜师求学。“博闻”，见多识广，知识渊博。〔2〕“顷襄王”，即熊横，公元前四九六年至前二六三年在位。〔3〕“辩”，善于辩论，有口才。〔4〕“秦昭王”，即秦襄昭王嬴稷，公元前三〇六年至前二五一年在位。“白起”，又名公孙起，秦国名将。秦昭王时多次带兵作战，夺得韩、魏、赵、楚的很多土地，累官至大良造。秦昭王二十九年（公元前二七八年）攻克楚都郢（今湖北江陵县北），因功封武安君。后为相国范睢所忌，被逼自杀。“华阳”，县名。在今河南省新郑市北。〔5〕“禽”，同“擒”。按：“禽魏将芒卯”句在《战国策·魏三》、《史记·穰侯列传》均作“走芒卯”。疑此处所载有误。〔6〕“巫”，县名。地在今四川省东部。秦置巫县，隋改为巫山县。“黔中”，郡名，战国时楚置，地在今湖南省西北部，包括湖北、四川、贵州三省与湖南交界接壤的部分地区。〔7〕“鄢”，地名。楚别都，楚惠王即位（公元前四八八年）之初曾从郢迁都于此，但不久又迁回郢。地在今湖北省宜城县东南。“郢”，楚都城，在今湖北江陵县北。按：或说鄢郢为一城名，即楚别都鄢城，不确，应为两地。〔8〕“竟陵”，县名。治所在今湖北潜江县西北。〔9〕“陈县”，县名。地在今河南省信阳县长台关乡。〔10〕“楚怀王之为秦所诱而入朝”，指公元前二九九年秦昭王以邀请盟会的形式，欺骗楚怀王熊槐入秦而被扣留一事。“楚怀王”，即熊槐，公元前三二八年至前二九九年在位。〔11〕“壹”，通“一”。〔12〕“说”，用话劝说别人使听从自己的意见。

【译文】春申君是楚国人，名叫歇，姓黄。他曾周游各地拜师求学，见多识广，知识渊博，事奉于楚顷襄王。顷襄王认为黄歇善于辩论有口才，就派遣他出使秦国。此前，秦昭王派白起攻打韩、魏两国联军，在华阳将他们打败，活捉了魏国将领芒卯，韩国、魏国只得侍奉臣服于秦。秦昭王刚刚命令白起同韩国、魏国一起出兵进攻楚国，军队尚未开拔，正在这时楚国使臣黄歇恰好来到秦国，听到了秦国的这个计谋。当时的形势是，秦国在此之前就已经派白起进攻过楚国，夺取了巫郡、黔中郡，攻占了别都鄢城和都城郢，向东一直打到竟陵。楚顷襄王只好把都城向东迁到陈县。黄歇曾见到楚怀王被秦国引诱到那里去访问。结果被欺骗受辱，为秦国扣留并死在那里。现在的楚顷襄王是楚怀王的儿子，秦国根本不把他放在眼里，恐怕秦国这次一旦出兵，就会去灭掉楚国。黄歇于是就上书劝说秦昭王道：

天下莫强于秦、楚。今闻大王欲伐楚，此犹两虎相与斗。两虎相与斗而驽犬受其弊，〔1〕不如善楚。臣请言其说：臣闻物至则反，冬夏是也；〔2〕致至则危，累棋是也。〔3〕今大国之地，遍天下有其二垂，〔4〕此从生民已来，〔5〕万乘之地未尝有也。〔6〕先帝文王、庄王之身，〔7〕三世不妄接地于齐，〔8〕以绝从亲之要。〔9〕今王使盛桥守事于韩，〔10〕盛桥以其地入秦，是王不用甲，〔11〕不信威，〔12〕而得百里之地。王可谓能矣。王又举甲而攻魏，杜大梁之门，〔13〕举河内，〔14〕拔燕、酸枣、虚、桃，〔15〕入邢，〔16〕魏之兵云翔而不敢捄。〔17〕王之功亦多矣。王休甲息众，〔18〕二年而后复之；

又并蒲、衍、首、垣,[19]以临仁、平丘,[20]黄、济阳婴城而魏氏服;[21]王又割濮、磨之北,[22]注齐、秦之要,[23]绝楚、赵之脊,[24]天下五合六聚而不敢救。[25]王之威亦单矣。[26]

【注释】〔1〕"驽",才能低劣。"弊",疲困,困顿。〔2〕"至",极点。"冬夏是也",冬天和夏天的转换变化就是这样。〔3〕"致至",发展到极点。"致",发展。"累棋",高叠的棋子。〔4〕"垂",通"陲",边境。"二垂",指西部和北部的边地。〔5〕"已",通"以"。〔6〕"万乘",万辆兵车。周制,王畿方千里,能出兵车万乘,故"万乘"在这里指代天子。战国时大国也称"万乘"。"乘",音 shèng。〔7〕"先帝文王、庄王之身",此句有误。《战国策·秦策》作"文王、武王、王之身三世",当是。秦国在秦昭王之前没有庄王,后来有秦庄襄王,是昭王的孙子,所以这里的"庄王"肯定不对。又"庄王"后脱漏一"王"字,否则"文王、庄王之身"就只有二世而不是下文所称的三世了。〔8〕"妄",梁玉绳《史记志疑》云:"妄"应作"忘",当是。〔9〕"从亲",合纵亲善。"从",同"纵",合纵。"要",同"腰",这里指纽带、关键之处。〔10〕"盛桥",人名。"守事于韩",在韩国驻守任职,而从事有利于秦国的活动。〔11〕"甲",指披甲的士兵。〔12〕"信",通"伸",伸展,伸张。〔13〕"杜",堵塞。"大梁",魏都城,在今河南省开封市。〔14〕"河内",地区名,指今河南省黄河以北地区。〔15〕"燕、酸枣、虚、桃",均为地名,在今河南省延津县、长垣县一带。〔16〕"邢",地名,即邢丘,在今河南省温县东。〔17〕"云翔",指如白云飘飞似地逸散而去。"捄",通"救"。〔18〕"休甲息众",停止征战,让百姓休养生息。〔19〕"蒲、衍、首、垣",均为邑名。"蒲",在今河南省长垣县。"衍",在今河南省郑州市北。"首",在今河南省睢县东南。"垣",在今山西省垣曲县东南。〔20〕"仁",古地名,在今河南省境内。"平丘",县名,在今河南省封丘县东。〔21〕"黄",古邑名,在今河南省兰考县西。"济阳",县名,在今河南省兰考县东北。"婴城",环城自守,《战国策·秦四》鲍彪注:"婴,犹萦也。盖二邑(指黄、济阳)环兵自守。"〔22〕"濮",县名,即今河南封丘县。"磨",地名,靠近濮县。〔23〕"注",打通,贯通。"要",同"腰"。〔24〕"脊",脊梁,这里指要害之处。〔25〕"五合六聚",指天下诸侯多次聚集联合。〔26〕"单",通"殚",尽的意思。

【译文】天底下没有谁比秦国、楚国更强大了。现在听说大王想要进攻楚国,这就如同两只猛虎互相争斗。两虎相斗,即使是劣狗也能从中趁机得到好处,如此,您不如和楚国亲善。请允许我陈述我的意见:我听说物极必反,冬季与夏季的更迭变化就是这样,事物发展到极点就危险,高叠起来的棋子就是这样。如今大王您贵国的领土,占有天下西、北两大边,这是有人类以来,即使是天子的领地,也不曾有过的事啊!先帝文王、庄(武)王及大王您,三代都没有忘记使秦国的土地与齐国接壤,借以切断东方各国合纵的纽带。现在大王您派盛桥到韩国驻守任职,盛桥就将他管辖的地盘归入秦国。这样做大王您不动用武力,不伸张威势,而一下就得到了百里之地。您这可称得上是有才能啦。您又发兵攻打魏国,围堵了魏国都城大梁的出入通道,拿下了河内,攻克了燕、酸枣、虚、桃等地,进入了邢地,魏

国的军队如风吹白云，四处逃散而不敢彼此相救。大王您的功劳也够多的了。随后，大王您停止了用兵，使广大民众休养生息，两年之后再次举兵，又夺取了蒲、衍、首、垣等地，进而兵临仁地、平丘，包围黄、济阳，这两地只能退缩自守，结果魏国臣服事秦；大王又割取了濮、磨以北的地区，打通了秦国和齐国的通道，截断了楚国和赵国联系的要道。天下诸侯经过五次联合而相聚的合纵六国，却不敢互相救援。大王的威风可以说是发挥得淋漓尽致了。

王若能持功守威，[1]绌攻取之心而肥仁义之地，[2]使无后患，三王不足四，[3]五伯不足六也。[4]王若负人徒之众，[5]仗兵革之强，乘毁魏之威，而欲以力臣天下之主，[6]臣恐其有后患也。《诗》曰："靡不有初，鲜克有终。"[7]《易》曰："狐涉水，濡其尾。"[8]此言始之易，终之难也。何以知其然也？昔智氏见伐赵之利而不知榆次之祸，[9]吴见伐齐之便而不知干隧之败。[10]此二国者，非无大功也，没利于前而易患于后也。[11]吴之信越也，[12]从而伐齐，既胜齐人于艾陵，[13]还为越王禽三渚之浦。[14]智氏之信韩、魏也，从而伐赵，攻晋阳城，[15]胜有日矣，韩、魏叛之，杀智伯瑶于凿台之下。[16]今王妒楚之不毁也，而忘毁楚之强韩、魏也，臣为王虑而不取也。

【注释】〔1〕"持功"，保持功绩。守威，把守住威势。〔2〕"绌"，减损，排除。"肥"，这里是使动用法，意思是使肥沃、敦厚。"地"，心地，见地。〔3〕"三王不足四"，指夏禹、商汤、周文周武三代开国君王犹显得不足，而应该为四王，意思是谓秦昭王的功绩可与三王并驾齐驱，竞相媲美。〔4〕"五伯不足六"，意思与上句相同。"五伯"，即五霸，指春秋诸侯中称霸一时的五个诸侯盟主，一般谓齐桓公、晋文公、秦穆公、楚庄王、宋襄公。〔5〕"负"，依恃，凭借。"人徒"，泛指人民。〔6〕"臣"，这里是使动用法，意谓使臣服。"主"，指别国的诸侯。〔7〕"《诗》"，即《诗经》，我国最早的诗歌总集，编成于春秋时代。"靡不有初，鲜克有终"，出自《大雅·荡》。"靡"，无。"鲜"，少。"克"，能够。〔8〕"《易》"，指《周易》，是古人占卜用的书，相传系周人所作。"狐涉水，濡其尾"，出自《未济》卦。"濡"，浸湿。〔9〕"榆次之祸"，指春秋末期晋国四卿互相兼并中，知（智）伯率韩、魏围攻赵襄子，韩、魏恐赵亡后会殃及自身，反与赵合谋攻灭知伯于榆次，知氏遂亡。"榆次"，县名，在今山西省太原市东南。〔10〕"便"，利益。"乾隧之败"，指吴王夫差被越王勾践战败后在乾隧自杀。"干隧"，地名，在今江苏省苏州市。〔11〕"没"，沉溺，贪恋。〔12〕"吴之信越"，指吴王夫差准备伐齐时，越王勾践率君臣去朝见夫差并厚赠财物以示支持，使夫差放弃了对勾践的戒备。〔13〕"艾陵"，地名，在今山东省莱芜县附近。〔14〕"禽"，同"擒"。"三渚之浦"，又作"三江之浦"（见《战国策》）。"浦"，水边。〔15〕"晋阳"，邑名，当时为赵襄子所据。在今山西省太原市西南。〔16〕"凿台"，台名，在今山西省榆次市南。

【译文】大王如果能保持住已有的功绩和威望，减少攻取征伐的念头而让自己的心境充满仁义，使以后再没有祸患，那么您真可以和三王媲美，与五霸并举了。大王如果凭借人口众多，倚仗军队强大，并借趁攻灭魏国的威势，而想以武力使天下的诸侯都臣服于自己，我恐怕这对您以后会有祸患啊！《诗经》说："凡事无不有好的开头，但很少有好的结局。"《易经》上说："狐狸渡水的时候，最终会浸湿尾巴。"这些话都是说开头容易，结尾难。怎么知道将是这样呢？从前智伯只看到了进攻赵国的好处，却没料到自己反在榆次遭到赵国与韩、魏两国的合谋暗算而丧身的灾祸，吴王夫差只看到进攻齐国的好处，却没想到因此放松了对越国的警惕而最后在干隧被越王勾践战败。这两个国家，不是没有建树过巨大的功绩，只是都贪图了眼前的利益而换来了后来的祸患。吴王夫差相信了越国的恭维，所以才去攻打齐国，在艾陵战胜了齐军以后，在返回时被越王勾践在三江水边活捉。智伯相信了韩氏和魏氏，所以才去进攻赵氏，围攻赵国重镇晋阳城，眼看胜利在望了，不料韩氏、魏氏背叛了他，将智伯瑶杀死在凿台之下。如今大王您忌恨楚国的存在，而忘记了一旦毁灭了楚国就会使韩国和魏国更加强大。我替大王考虑，还是不要这样做。

《诗》曰："大武远宅而不涉。"〔1〕从此观之，楚国，援也；邻国，敌也。《诗》云："趯趯毚兔，〔2〕遇犬获之。他人有心，余忖度之。"〔3〕今王中道而信韩、魏之善王也，〔4〕此正吴之信越也。臣闻之，敌不可假，〔5〕时不可失。臣恐韩、魏卑辞除患而实欲欺大国也。何则？王无重世之德于韩、魏，〔6〕而有累世之怨焉。夫韩、魏父子兄弟接踵而死于秦者将十世矣。本国残，社稷坏，宗庙毁。刳腹绝肠，〔7〕折颈摺颐，〔8〕首身份离，暴骸骨于草泽，头颅僵仆，〔9〕相望于境，父子老弱系脰束手为群虏者相及于路。〔10〕鬼神孤伤，无所血食。〔11〕人民不聊生，族类离散，流亡为仆妾者，盈满海内矣。故韩、魏之不亡，秦社稷之忧也，今王资之与攻楚，〔12〕不亦过乎？〔13〕

【注释】〔1〕"大武远宅而不涉"，张守节《史记正义》："言大军不远跋涉攻伐。""宅"，住地。〔2〕"趯趯趯兔"，句见《诗·小雅·巧言》："他人有人，余忖度之；跃跃毚兔，遇犬获之。""趯趯"，同"跃跃"，跳跃的样子。"毚兔"，狡兔，一说大兔。"毚"，音 chán。〔3〕"度"，揣度。〔4〕"中道"，中途。〔5〕"假"，宽容。〔6〕"重世"，数世，累世，长时间的意思。〔7〕"刳"，剖开而挖空。"绝"，割断。〔8〕"摺"，通"折"，折断损毁。"颐"，面颊。〔9〕"僵仆"，仆倒。〔10〕"脰"，脖子。〔11〕"血食"，指鬼神接受祭祀。古时祭祀时杀牲取血用来敬神，故称血食。〔12〕"资"，凭借，依赖。〔13〕"过"，错误。

【译文】《诗经》说："大规模的军队是不应该远离自家的住地去征战的。"从这个观点看，楚国应该是朋友，邻国才是敌人。《诗经》又说："狡兔又蹦又跳，遇到猎犬还是跑不掉；别人有心思，我则要认真揣摩。"现在大王您中途相信韩、魏两国与您亲善，这正如当初吴国相信越国一样啊！我听说，对敌人不能宽容，时机不能错过。我担心韩国、魏国现在装着谦卑恭敬的样子，劝说您去消除所谓的祸患，实际是想欺骗贵国。怎么见得呢？大王对韩、魏没有多大的恩德，却有几代的怨仇啊！韩、魏两国国君的父子兄弟接连死于秦国的刀下，已经快有十代了。他们的领土残缺，政权受到破坏，宗庙被焚毁。两国的黎民百姓被剖腹挖肠，折断颈项，毁损面颊，身首分离，尸首暴露在荒野水泽之中，头颅僵挺，横尸遍野，境内到处可见。父亲、儿子、老人和病弱者，被绳索系住脖子捆住手而成为一群一群俘虏的，在路上接连不断。鬼神也孤苦悲伤，因为没有人再去祭祀它们。百姓们无法生活，家族亲人分离走散，流亡而沦为奴仆婢妾的，四海之内各地各处都有人在。所以韩、魏两国不灭亡，这将是秦国最大的忧患。如今大王您却想借用他们来一起攻打楚国，岂非也错了吗？

且王攻楚将恶出兵？[1]王将借路于仇雠之韩、魏乎？[2]兵出之日而王忧其不返也，是王以兵资于仇雠之韩、魏也。[3]王若不借路于仇雠之韩、魏，必攻随水右壤。[4]随水右壤，此皆广川大水，山林溪谷，不食之地也。[5]王虽有之，不为得地。是王有毁楚之名而无得地之实也。

【注释】〔1〕"恶"，哪里，怎么。〔2〕"仇雠"，仇敌。"雠"，同"仇"。〔3〕"资"，帮助，资助。〔4〕"随水"，水名，指涢水流经湖北随县的那一段。"右壤"，右边区域。这里指随州以西的地区。〔5〕"不食之地"，指不能耕种、生长庄稼的地方。

【译文】再说大王进攻楚国又将怎么出兵呢？您想向仇敌韩国、魏国借路吗？如果您这样做，那么从出兵之日起，您就要担心这支部队还能不能回来的问题。这是您把自己的军队去借给仇敌韩国、魏国啊！大王如果不向仇敌韩国、魏国借路，那就必定要去攻打随水右边的地区。而随水右边的那块地方，都是大川大水，高山密林，深溪幽谷，是不能生长庄稼的旷野啊。大王即使占有了它，也不能算是有所得。而这样做后，大王您只能落得个破坏楚国的坏名声，而没有真正得到土地的实惠啊！

且王攻楚之日，四国必悉起兵以应王。[1]秦、楚之兵构而不离，[2]魏氏将出而攻留、方与、铚、湖陵、砀、萧、相，[3]故宋必尽。[4]齐人南面攻楚，泗上必举。[5]此皆平原四达，膏腴之地，而使独攻。王破楚以肥韩、魏于中国而劲齐。[6]韩、魏之强，足以校于秦。[7]齐南以泗水为境，东负海，北倚河，而无后患，天下之国莫强于齐、魏，齐、魏得地葆利而详事下吏，[8]一年之后，为帝未能，其于禁王之为帝有余矣。[9]

【注释】〔1〕“四国”，指齐、赵、韩、魏。“应”，响应。〔2〕“构而不离”，两军交战后形成拉锯状态，攻战不休。“构”，交战。〔3〕“留”，邑名，在今江苏省沛县东南。“方与”，邑名，在今山东省南部鱼台县西。“与”，音 yǔ。“铚”，地名，在今安徽省宿州市西。“湖陵”，又作“胡陵”，地名，与方与相邻，在今山东省鱼台县东南。“砀”，音 dàng，邑名，在今安徽砀山县南面。“萧”，国名，即今安徽省萧县一带。“相”，地名，在今安徽省淮北市西北。〔4〕“故宋”，指原来宋国的地盘，大体在今河南省东部和山东、江苏、安徽三省交界处一带。〔5〕“泗”，泗水，这里指山东南部、江苏西北部地区。“举”，攻占，攻克。〔6〕“中国”，指中原地区。“劲齐”，使齐国强大、强劲的意思。〔7〕“校”，通“较”，较量，对抗。〔8〕“葆”，通“保”，保持，维护。“详”，通“佯”，假装。“事”，指事奉。“下吏”，下级官吏。〔9〕“禁”，制止，阻挠。

【译文】再说大王进攻楚国的时候，齐国、韩国、魏国、赵国一定也都会起兵响应大王。秦、楚两国的军队交锋后，形成拉锯战，互相牵制住，那么魏国必将出兵攻打留、方与、铚、湖陵、砀、萧、相等城邑和地方，原来宋国的地盘一定会全部被魏拿去。齐国军队向南进攻楚国，那么泗水流域也必定会给齐国占领。这些都是平坦开阔、四通八达的平原，肥沃富饶、物产丰茂的地方，是您让他们各自单独地占领了。因此，大王击败楚国，就将使韩、魏两国在中原地区壮大起来，使齐国更加强劲。韩国、魏国的强大，就足以与您秦国抗衡较量了。齐国在南以泗水为界，东边背靠大海，北则俯恃黄河，因此它没有后方受敌的危险，天下的国家没有能比齐国、魏国更强大的了。齐、魏两国一旦在战争中得到了土地，就一定会保住这些既得利益，同时又假装成事奉秦国的下级官吏的样子，谨小慎微。这样，一年之后，他们虽不一定能使自己称帝于天下，但阻止大王您称帝却已经绰绰有余了。

夫以王壤土之博，人徒之众，兵革之强，壹举事而树怨于楚，迟令韩、魏归帝重于齐，[1]是王失计也。臣为王虑，莫若善楚。秦、楚合而为一以临韩，[2]韩必敛手。[3]王施以东山之险，[4]带以曲河之利，[5]韩必为关内之侯。[6]若是而王以十万戍郑，[7]梁氏寒心，[8]许、鄢陵婴城，[9]而上蔡、召陵不往来也，[10]如此而魏亦关内侯矣。王壹善楚，而关内两万乘之主注地于齐，[11]齐右壤可拱手而取也。[12]王之地一经两海，[13]要约天下，[14]是燕、赵无齐、楚，齐、楚无燕、赵也。然后危动燕、

赵，[15]直摇齐、楚，此四国者不待痛而服矣。[16]

【注释】〔1〕“迟”，音zhí，当，乃。这句话的意思是：这就会让韩、魏尊齐称帝。〔2〕“为一”，统一行动。“临”，面临，面对。〔3〕“敛手”，缩手，不敢有所行动。〔4〕“施”，设置，安排。〔5〕“曲河”，黄河弯曲环绕。〔6〕“关内之侯”，即关内侯。秦国的封爵之一，居京郊，有爵位而无封邑。这里指韩将降于秦，而秦可封其为关内侯，使其臣服于秦。〔7〕“戍”，派军队驻防。“郑”，国名，在今河南省中部。公元前三七五年被韩国所灭，之后韩有时也称郑。这里的郑即是指韩国。〔8〕“梁氏”，指魏国，因魏建都大梁（今河南省开封市），故别称梁国。〔9〕“许”，邑名，在今河南省许昌市。“鄢陵”，地名，在今河南省鄢陵县西北。〔10〕“上蔡”，邑名，在今河南省上蔡县。“召陵”，邑名，在今河南省郾城县。〔11〕“关内两万乘之主”，关内韩、魏两位大君主。“万乘”，拥有万辆战车，这里指大国。“注”，用武力割取。〔12〕“齐右壤”，指齐国的西部，在今山东省西北和河南省东南部。〔13〕“一经”，指横贯。“两海”，西海和东海，这里指从东到西。〔14〕“要约”，约束，管束。〔15〕“危动”，指以危亡震慑。〔16〕“痛”，急攻，痛击。

【译文】凭着大王广博的土地，众多的人口，强大的武装，一旦发兵攻楚而招来楚国的仇恨，这就会使韩、魏两国将帝王的重号归送给齐国，这是大王的失策啊！我为大王考虑，您不如与楚国亲善友好。如果秦、楚两国联合起来结成一体，对付韩国，韩国一定缩手而不敢妄动。大王设置东山的险阻关隘，利用黄河曲折环绕的有利地形，这样韩国就必定成为您的臣属。如果造成了这样的形势，那么大王再派十万军队去镇守郑地，魏国就会恐惧，许地、鄢陵将闭门固守，而上蔡、召陵则不敢互相往来，这样一来，魏国也就会成为您的臣属了。大王一经与楚国亲善友好，那么关内的两个大国——韩与魏就会去向齐国索取土地，齐国右边的大片土地便可轻而易举地得到了。大王的土地横贯东西两海，约束天下诸侯，这样就能使燕国、赵国不能依靠齐国、楚国，齐国、楚国也不能借助燕国、赵国为依傍。然后您以生死存亡去震慑燕国、赵国，就会直接动摇齐国和楚国，如此，这四个国家不需痛击便可制服了。

昭王曰：“善。”于是乃止白起而谢韩、魏。[1]发使赂楚，约为与国。[2]

【注释】〔1〕“谢”，辞退，辞却。〔2〕“与国”，盟国，友好的国家。事在楚顷襄王二十七年（公元前二七二年），秦国与楚国结为盟国。

【译文】秦昭王说：“好！”于是就中止了派白起出兵的计划，同时辞谢了韩、魏两国，并且派出使者给楚国送去了厚礼，与楚国订立条约，结成了盟国。

黄歇受约归楚，楚使歇与太子完入质于秦，秦留之数年。楚顷襄王病，太子不得归。而楚太子与秦相应侯善，[1]于是黄歇乃说应侯曰："相国诚善楚太子乎？"应侯曰："然。"歇曰："今楚王恐不起疾，秦不如归其太子。太子得立，其事秦必重而德相国无穷，[2]是亲与国而得储万乘也。[3]若不归，则咸阳一布衣耳；楚更立太子，[4]必不事秦。夫失与国而绝万乘之和，非计也。愿相国孰虑之。"[5]应侯以闻秦王。[6]秦王曰："令楚太子之傅先往问楚王之疾，[7]返而后图之。"黄歇为楚太子计曰："秦之留太子也，欲以求利也。今太子力未能有以利秦也，歇忧之甚。而阳文君子二人在中，[8]王若卒大命，[9]太子不在，阳文君子必立为后，太子不得奉宗庙矣。[10]不如亡秦，[11]与使者俱出；臣请止，[12]以死当之。"楚太子因变衣服为楚使者御以出关，[13]而黄歇守舍，常为谢病。[14]度太子已远，秦不能追，歇乃自言秦昭王曰："楚太子已归，出远矣。歇当死，愿赐死。"昭王大怒，欲听其自杀也。应侯曰："歇为人臣，出身以徇其主，[15]太子立，必用歇，故不如无罪而归之，以亲楚。"秦因遣黄歇。

【注释】〔1〕"应侯"，即范雎，秦昭王四十一年（公元前二六六年）任秦相，封于应（今河南省宝丰县西南），称应侯。〔2〕"重"，尊重，恭谨。"德"，感激。〔3〕"储"，保存，蓄存。〔4〕"更"，改变，更换。〔5〕"孰"，同"熟"，仔细，周密。〔6〕"闻"，报告，让知道。〔7〕"傅"，辅佐太子的官。〔8〕"阳文君"，楚顷襄王的兄弟。"中"，指楚国国内。〔9〕"大命"，天年，寿命。〔10〕"奉"，尊奉，奉侍。"宗庙"，古代帝王诸侯祭祀祖先的处所，也常用作国家的代称。奉宗庙，即指继承王统，接管国家。〔11〕"亡"，逃跑。〔12〕"止"，留下。〔13〕"御"，驾御车马。〔14〕"谢病"，推托有病谢绝宾客和应酬。〔15〕"出身"，献身的意思。"徇"，通"殉"，为自己认为值得的事而作出牺牲。

【译文】黄歇接受盟约后返回楚国，楚王派黄歇和太子完到秦国作人质，秦国把他们扣留了好几年。楚顷襄王病了，太子完还是不能回去。但楚太子与秦国相国应侯很要好，在这样的情况下，黄歇就劝说应侯道："相国真是与楚太子很要好吗?"应侯说："是啊！"黄歇说："如今楚王恐怕是一病不起了，秦国不如让楚太子回去。太子如果能立为王，那他事奉秦国一定会非常恭谨厚重，并对您相国的恩德感激不尽。这样做，既亲近了盟国，又能够扶植一位大国的国君。如果不让他回去，那他只是秦国咸阳城里的一个普通平民而已；楚国将改立太子，新太子肯定不会事奉秦国。失去盟国，又断绝秦国与一大国国君之间的友谊，这不是上策。希望相国仔细考虑这件事。"应侯将黄歇说的意思报告了秦王。秦王说："让楚太子的辅佐官先回去探问一下楚王的病情，等他回来后再作计议。"黄歇替楚国太子谋划说：

"秦国扣留太子您，是想借此求取好处。但现在您拥有的力量还没有达到使秦国能得到这些好处的程度，因此我忧虑得很。而阳文君的两个儿子现在国内，大王如果不幸寿终，太子您又不在国内，那阳文君的儿子一定会被确立为继承人，您就不能继承王统了。不如逃离秦国，跟使臣一起出去；我请求留下来，以死来担当责任。"楚太子于是更换了衣服，扮成楚国使臣的车夫混出了关。黄歇留守在客馆，总是假托太子有病而谢绝来访的宾客。估计太子已经走远，秦国追不上了，黄歇于是自己去向秦昭王报告说："楚太子已经回去，走得很远了。我罪当该死，请求您赐我一死。"秦昭王大怒，想要让他自杀。应侯说："黄歇作为臣子，愿意献出生命来效忠他的主人。太子如果立为楚王，一定会重用黄歇，所以不如免其罪让他回国，以表示我们对楚国的亲善。"秦王听从了应侯的意见，把黄歇送回了楚国。

歇至楚三月，楚顷襄王卒，太子完立，是为考烈王。〔1〕考烈王元年，以黄歇为相，封为春申君，赐淮北地十二县。后十五岁，黄歇言之楚王曰："淮北地边齐，〔2〕其事急，请以为郡便。"〔3〕因并献淮北十二县，请封于江东。〔4〕考烈王许之。春申君因城故吴墟，〔5〕以自为都邑。

【注释】〔1〕"考烈王"，熊完，公元前二六一年至前一三八年在位。〔2〕"边"，毗邻，邻接。〔3〕"便"，适宜，有利。〔4〕"江东"，指长江下游南岸地区。因为这段江面南北流向，故江东实指江南。〔5〕"城"，筑城。"吴墟"，指吴国旧都，即今江苏省苏州市。

【译文】黄歇回到楚国后三个月，楚顷襄王去世，太子完继承王位，这就是楚考烈王。考烈王元年，任命黄歇为宰相，封为春申君，赐给他淮北地区十二个县。过了十五年，黄歇对楚王说："淮北地区和齐国为邻，那里情势很吃紧，请把那里划为郡进行治理、防务，更为合适。"于是就将淮北的十二个县一并献出，请求封到江东去。考烈王同意了他的要求。春申君于是在吴国故都修建城堡，作为自己的都邑。

春申君既相楚，是时齐有孟尝君，〔1〕赵有平原君，〔2〕魏有信陵君，〔3〕方争下士，〔4〕招致宾客，〔5〕以相倾夺，〔6〕辅国持权。

【注释】〔1〕"孟尝君"，田文，原为齐国贵族，曾任齐相国，门下有食客数千。公元前二九四年（齐湣王七年），出奔到魏，任魏相。〔2〕"平原君"，赵胜，战国时赵国贵族，任赵相，有食客数千人。〔3〕"信陵君"，魏无忌，战国时魏国贵族，魏安釐王的弟弟。有食客三千。公元前二四七年，曾联合齐、赵、楚、韩等五国击退秦将蒙骜的进攻。〔4〕"下士"，即礼贤士人。〔5〕"招致"，招引，收罗。〔6〕"倾夺"，争夺，竞争。

【译文】春申君当上楚国宰相不久，这时候齐国有孟尝君，赵国有平原君，魏国有信陵君，大家都正争着礼贤下士，招徕宾客，以此来互相竞争，辅助君王掌握国政。

春申君为楚相四年，秦破赵之长平军四十余万。[1]五年，围邯郸。[2]邯郸告急于楚，楚使春申君将兵往救之，秦兵亦去，春申君归。春申君相楚八年，为楚北伐灭鲁，[3]以荀卿为兰陵令。[4]当是时，楚复强。

【注释】〔1〕“长平”，城名，在今山西省高平县。〔2〕“邯郸”，当时为赵国都城，即今河北省邯郸市。〔3〕“鲁”，古国名。春秋时曾是大诸侯国，战国时已成为小国。公元前二五六年为楚国所灭。地在今山东省西南部。〔4〕“荀卿”，即荀况，又称荀子，战国赵国人，著名思想家、教育家。著有《荀子》三十二篇。“兰陵”，县名，在今山东省苍山县兰陵镇。“令”，官名，县的行政长官。

【译文】春申君担任楚国宰相的第四年，秦国击败了赵国驻守长平的四十多万军队。第五年，秦国包围了赵国的都城邯郸。邯郸向楚国告急求援，楚国派春申君率兵前去救援，秦国军队这时也撤退了，春申君返回。春申君担任楚国宰相的第八年，替楚国向北征伐，灭了鲁国，任用荀卿当兰陵县令。这时候，楚国又兴盛强大起来了。

赵平原君使人于春申君，春申君舍之于上舍。[1]赵使欲夸楚，[2]为玳瑁簪，刀剑室以珠玉饰之，[3]请命春申君客。春申君客三千余人，其上客皆蹑珠履以见赵使，[4]赵使大惭。

【注释】〔1〕“舍”，安置住宿。“上舍”，上等客舍。〔2〕“夸”，炫耀，显示阔气。〔3〕“玳瑁簪”，用玳瑁的角质板制成的首饰。“刀剑室”，即刀和宝剑的鞘。〔4〕“蹑”，脚穿着。“珠履”，饰有珍珠的鞋子。

【译文】赵国的平原君派使臣到春申君这里来，春申君把他们安排在上等宾馆住宿。赵国使臣想向楚国炫耀他们的富有，就在头上插着玳瑁簪子，佩带着用珍珠宝玉装饰鞘套的刀剑，请求会见春申君的门客。春申君有门客三千多人，其中的上等宾客都穿着缀有珍珠的鞋子来会见赵国使臣，赵国使臣见了十分羞惭。

春申君相十四年，秦庄襄王立，[1]以吕不韦为相，[2]封为文信侯。

取东周。[3]

【注释】〔1〕“秦庄襄王”，即嬴子楚，秦始皇嬴政的父亲。公元前二四九年至前二四七年在位。〔2〕“吕不韦”，战国卫国人，出身大商贾。为子楚（即秦庄襄王）赏识，任为秦相国。庄襄王死后，继为秦王政（即秦始皇）相国。门下有宾客三千，家僮万人。公元前二三五年因失宠忧惧而自杀。〔3〕“东周”，国名。由战国时期的小国西周分裂出来的另一小国，建都在巩，即今河南巩县西南。公元前二四九年为秦所灭。

【译文】春申君担任宰相的第十四年，秦国庄襄王即位，任命吕不韦为宰相，封为文信侯。秦国攻占了东周。

春申君相二十二年，诸侯患秦攻伐无已时，乃相与合从，[1]西伐秦，而楚王为从长，[2]春申君用事。[3]至函谷关，秦出兵攻，诸侯兵皆败走。楚考烈王以咎春申君，[4]春申君以此益疏。

【注释】〔1〕“合从”，即“合纵”，战国时弱国联合进攻强国称为合纵。到战国后期，合纵就是指齐、楚、燕、赵、韩、魏等国联合抗秦。〔2〕“从长”，即合纵六国的盟约之长。〔3〕“用事”，指具体负责，当权主事。〔4〕“咎”，归罪，责怪。

【译文】春申君担任宰相的第二十二年，各国诸侯担心秦国的进攻没完没了，就互相结盟联合起来，向西讨伐秦国，而楚国国君担任合纵六国的盟约之长，由春申君当权主事。六国联军到函谷关，秦国出兵反击，各诸侯国的军队都被击败而逃跑。楚考烈王将作战失利归罪于春申君，春申君因此渐渐被疏远了。

客有观津人朱英，[1]谓春申君曰：“人皆以楚为强而君用之弱，[2]其于英不然。先君时善秦二十年而不攻楚，何也？秦逾黾隘之塞而攻楚，[3]不便；假道于两周，[4]背韩、魏而攻楚，不可。今则不然，魏旦暮亡，不能爱许、鄢陵，[5]其许魏割以与秦。[6]秦兵去陈百六十里，臣之所观者，见秦、楚之日斗也。”楚于是去陈徙寿春；[7]而秦徙卫野王，[8]作置东郡。[9]春申君由此就封于吴，[10]行相事。

【注释】〔1〕“观津”，邑名，在今河北省武邑县东南。〔2〕“用”，治理。〔3〕“黾”，音 méng，“黾隘”，隘道名，即今河南省信阳县西南的平靖关。“逾”，越过。〔4〕“两周”，指西周和东周两个小国。〔5〕“爱”，吝惜，维护。〔6〕“其许”，也许，或许。〔7〕“寿春”，邑名，在今安徽省寿县。〔8〕“卫”，指卫国国君卫元君。当时卫国已经成为秦的附庸，其国都在濮阳（今河南省濮阳县）。“野王”，邑名，在今河南省沁阳县。〔9〕“东郡”，郡名，辖今河南省东北部和山东省西部一带，治所在濮阳，即原卫国国都。〔10〕“就封”，前往封国。

【译文】春申君门客中有位观津人叫朱英的对春申君说：“人们都认为楚国本来很强大，而您却把它弄弱了，我不这样认为。先王时我们与秦国亲善二十年而秦国不攻打我们，什么道理呢？因为秦国要越过黾隘这个要塞才能进攻楚国，这很不方便；如果向东、西两周借道，背对着韩国、魏国来进攻楚国，也不行。现在就不是这样了，魏国的灭亡是旦夕间的事，它不能再吝惜许和鄢陵了，也许魏国会割让这两地给秦国。这样秦国距离楚都陈只有一百六十里，我将看到的是，秦、楚两国间越来越频繁的争斗了。”楚国于是就离开陈迁都到寿春，而秦国则把附庸国卫国的国君卫元君迁到野王，设置了东郡。春申君从此到了封地吴，同时兼行宰相职务。

楚考烈王无子，春申君患之，求妇人宜子者进之，〔1〕甚众，卒无子。赵人李园持其女弟，〔2〕欲进之楚王，闻其不宜子，恐久毋宠。〔3〕李园求事春申君为舍人，〔4〕已而谒归，〔5〕故失期。还谒，〔6〕春申君问之状，对曰：“齐王使使求臣之女弟，〔7〕与其使者饮，故失期。”春申君曰：“娉入乎？”〔8〕对曰：“未也。”春申君曰：“可得见乎？”曰：“可。”于是李园乃进其女弟，即幸于春申君。〔9〕知其有身，〔10〕李园乃与其女弟谋。园女弟承间以说春申君曰：〔11〕“楚王之贵幸君，〔12〕虽兄弟不如也。今君相楚二十余年，而王无子，即百岁后将更立兄弟，〔13〕则楚更立君后，亦各贵其故所亲，君又安得长有宠乎？〔14〕非徒然也，〔15〕君贵用事久，〔16〕多失礼于王兄弟，兄弟诚立，〔17〕祸且及身，〔18〕何以保相印江东之封乎？今妾自知有身矣，而人莫知。妾幸君未久，诚以君之重而进妾于楚王，王必幸妾；妾赖天有子男，〔19〕则是君之子为王也，楚国尽可得，孰与身临不测之罪乎？”〔20〕春申君大然之，乃出李园女弟，谨舍而言之楚王。〔21〕楚王召入幸之，遂生子男，立为太子，以李园女弟为王后。楚王贵李园，园用事。

【注释】〔1〕“宜子”，宜于生育。“进”，进献。〔2〕“持”，带着。“女弟”，妹妹。〔3〕“毋”，无，失去。〔4〕“事”，侍奉，服事。“舍人”，家臣，王公贵族的侍从宾客。〔5〕“谒”，请假。〔6〕“谒”，进见，请求拜见的意思。〔7〕“使使”，前一“使”字作动词用，派遣；后一“使”字作名词，使者，使臣。〔8〕“娉”，通“聘”，以财礼订婚。〔9〕“幸”，受宠，宠幸。〔10〕“有身”，即怀孕。一说“身”通“娠”。〔11〕“承间”，趁机会。“间”，空隙。这里指机会、时机。〔12〕“贵幸”，尊贵，显赫，幸宠。〔13〕“即”，如果，假如。〔14〕“安”，怎能。〔15〕“徒然”，仅仅这样子。〔16〕“用事”，主事当权。〔17〕“诚”，当真，果真。〔18〕“且”，将要。〔19〕“子男”，儿子。古代说子，包括儿女，所以儿子可称子男，女儿可称子女。〔20〕“孰与身临不测之罪乎”，意思是这与身遭意外的祸患相比，哪样好呢？“孰与”，常用在比较、选择句中，意思为“哪个更……”、“比起来怎么样”；有时也用在反问句中，是“哪里比得上”的意思。〔21〕“谨舍”，谨慎严密地安排住所。

【译文】楚考烈王没有儿子，春申君为这事很担心，就寻找宜于生育的妇女进献给楚王，进献了很多，但始终还是没有儿子。赵国人李园带了自己的妹妹来，想把她进献给楚王，听说他不能生育，就担心时间长了妹妹会失去宠幸。李园便请求事奉春申君当他的家臣。不久他请假回去，故意不按期回归。回来后他去拜见春申君，春申君问他迟归的原因，李园回答说：“齐王派使者来求聘我妹妹，我陪使者喝酒，所以延误了时间。”春申君说：“订婚礼物送来了吗？”李园回答说：“没有。”春申君说：“可以让我见见你妹妹吗？”回答说：“可以。”于是李园就献上了他的妹妹，并立即受幸于春申君。李园知道妹妹怀孕后，就跟她商量进一步的打算。李园的妹妹找了个机会劝说春申君道：“楚王这样的尊重您，宠信您，即使是兄弟也比不上啊！如今您当楚国的宰相已经二十多年了，可是楚王没有儿子，这样，楚王寿终后就将由他的兄弟来继承，那么楚国改立国君后，也将重用他们各自原来的亲信，您又怎么能长久地得到宠信呢？还不仅仅如此呢，您身居高位当权执政多年，对国王的兄弟们有很多失礼的地方。楚王的兄弟如果登位，灾祸必将落在您的身上，您还怎么能保住宰相大印和江东封地呢？现在我知道自己已经怀孕了，可别人不知道。我被您宠幸的时间不长，如果凭您的尊贵身份把我进献给楚王，楚王一定会宠幸我；我仰赖上天生个儿子，那么这就是您的儿子当国王了，楚国就全为您所有了。这与您身临意想不到的灾祸相比，哪样好呢？”春申君觉得太有道理了，就把李园的妹妹送出去，安排在一个馆舍里谨慎地照护好，然后告诉楚王要进献李园的妹妹。楚王将李园的妹妹召进宫来，与她同房，于是生了个儿子，立为太子，封李园的妹妹为王后。楚王重用李园，李园当权了。

李园既入其女弟，立为王后，子为太子，恐春申君语泄而益骄，阴养死士，〔1〕欲杀春申君以灭口，而国人颇有知之者。〔2〕

【注释】〔1〕“阴”，暗中。“死士”，舍得卖命去死的武士。〔2〕“国人”，居住在国都的人，这里是指居住在都城里的公卿大夫之流。

【译文】李园把他的妹妹送进宫里被封为王后，儿子被立为太子以后，便担心春申君会说漏秘密而更加骄横，于是就暗中豢养敢死的武士，打算杀死春申君来灭口，而京城里有不少人也都知道这件事。

春申君相二十五年，楚考烈王病。朱英谓春申君曰：“世有毋望之福，〔1〕又有毋望之祸。今君处毋望之世，事毋望之主，安可以无毋望之人乎？”春申君曰：“何谓毋望之福？”曰：“君相楚二十余年矣，虽名相国，实楚王也。今楚王病，旦暮且卒，而君相少主，因而代立当国，〔2〕如伊尹、周公，〔3〕王长而反政，〔4〕不即遂南面称孤而有楚国？此所谓毋望之福也。”春申君曰：“何谓毋望之祸？”曰：“李园不治国而君之仇也，不为兵而养死士之日久矣，楚王卒，李园必先入据权而杀君以灭口。此所谓毋望之祸也。”春申君曰：“何谓毋望之人？”对曰：“君置臣郎中，〔5〕楚王卒，李园必先入，臣为君杀李园。此所谓毋望之人也。”春申君曰：“足下置之。〔6〕李园，弱人也，〔7〕仆又善之，〔8〕且又何至此！”朱英知言不用，恐祸及身，乃亡去。

【注释】〔1〕“毋望”，不期而至，忽然来到。〔2〕“代立当国”，代替、辅佐年少的君主掌握国家政权，主持国政。〔3〕“伊尹”，商初大臣，名伊，尹是官名。曾帮助汤攻灭夏桀。汤去世后，他辅佐外丙、仲壬二王。仲壬死后，太甲当立。太甲年少，伊尹篡位自主，放逐太甲。七年后太甲潜回，把他杀死。“周公”，西周初年政治家，姬姓，名旦，是周武王的弟弟，曾帮助武王灭商。武王死后，成王年少，由他摄政。他率师东征，平定了周武王其他三位兄弟管叔、蔡叔、霍叔联合武庚和东方夷族发起的叛乱，巩固了西周政权。成王成年后，周公将政权归还给成王。〔4〕“反”，通“返”，归还的意思。〔5〕“置”，安排，安置。“郎中”，官名。管理车、骑、门户等事，并在王宫内充任侍卫，君主外出则随从作战。〔6〕“置”，放弃。〔7〕“弱人”，软弱无能的人。〔8〕“仆”，对自己的谦称。

【译文】春申君担任宰相的第二十五年，楚考烈王病了。朱英对春申君说：“世上有不期而至的福，又有不期而至的祸。如今您处在不期而至的世上，事奉着不期而至的君主，那您怎么可以没有不期而至的帮手呢？”春申君问道：“什么叫不期而至的福？”朱英回答说：“您任楚国宰相二十多年了，虽然名义上是宰相，但实际是楚王啊！现在楚王病了，去世是早晚的事，您要辅佐年幼的国君，因而就要代他主持国政，如同伊尹、周公一样，等君王长大后再把大权交还给他，这不是马上满足了您南面称王而据有楚国的心愿吗？这就是我所说的不期而至的福啊！”春申君又问道：“什么叫不期而至的祸？”朱英回答说：“李园不理国事却是您的仇人，他不管兵事却豢养刺客已经有很长日子了。楚王一去世，李园一定抢先入宫夺取权力并且杀掉您来灭口。这就是所说的不期而至的灾祸啊！”春申君再问道：“那什么是不期而至的帮手呢？”朱英回答说：“您安排我做郎中，楚王去世，李园必定会抢先入宫，我来替您杀掉李园。这就是我所说的不期而至的帮手。”春申君说：“您抛开这个打算吧！李园是个软弱无能的人，我又和他很友好；况且又怎么能到这种地步呢?”朱英知道自己的进言不会被采用，恐怕灾祸殃及自身，就逃走了。

后十七日,楚考烈王卒。李园果先入,伏死士于棘门之内。[1]春申君入棘门,园死士侠刺春申君,[2]斩其头,投之棘门外。于是遂使吏尽灭春申君之家。而李园女弟初幸春申君有身而入之王所生子者遂立,是为楚幽王。[3]

【注释】〔1〕“棘门”，即宫门。棘门亦作“戟门”，古时王者外出，在野地行舍前插戟为门，后来在宫门前也插戟以示威严。〔2〕“侠”，通“夹”，从两边夹击。〔3〕“楚幽王”，即熊悍。公元前二三七年至前二二八年在位。

【译文】十七天后，楚考烈王去世。李园果然抢先进入宫廷，将刺客暗藏在宫门里面。春申君一进宫门，李园豢养的这些刺客就从两边冲出夹住春申君将他刺死，砍下头，扔到宫门之外。做完这些之后，李园又派出官吏将春申君一家满门抄斩。而李园的妹妹当初与春申君同房怀了孕献给楚王后所生的儿子便立为楚王，这就是楚幽王。

是岁也，秦始皇帝立九年矣。嫪毐亦为乱于秦,[1]觉，夷其三族,[2]而吕不韦废。[3]

【注释】〔1〕“嫪毐”，音“lào ǎi”，战国末年秦国宦官，吕不韦舍人。因得太后宠幸，权势很大。秦王政（即秦始皇）八年（公元前二三九年）封为长信侯。次年，秦王举行冠礼，准备亲政，他起兵叛乱，攻取蕲年宫，事情败露，被捕处死。〔2〕“夷”，处死，诛灭。“三族”，指父族、母族、妻族 。另说指父母、兄弟、妻子或父、子、孙三族。〔3〕“废”，废黜，罢免。

【译文】这一年，秦始皇登位已经九年了。嫪毐在秦国也与太后私乱，被发觉，夷灭三族，而吕不韦因受牵连也被废黜。

太史公曰：吾适楚,[1]观春申君故城，宫室盛矣哉![2]初，春申君之说秦昭王，及出身遣楚太子归，何其智之明也！后制于李园，旄矣。[3]语曰:[4]“当断不断，反受其乱。”[5]春申君失朱英之谓邪?[6]

【注释】〔1〕“适”，至，到达。〔2〕“盛”，规模盛大，壮观美丽。〔3〕“制”，制约，受控制。“旄”，通“耄”，年老糊涂。〔4〕“语”，指俗语。〔5〕“乱”，祸害。〔6〕

"邪"，通"耶"，表示疑问的语助词，相当于现在的"吗"、"吧"之类。

【译文】太史公说：我到楚地，观览了春申君的旧城，宫室非常宏伟啊！当初，春申君的劝说秦昭王，直到豁出自己的生命送楚太子回国，他的聪慧是何等的出众高明啊！但后来他被李园控制，真是昏聩糊涂啊！俗话说："应当决断而不决断，反过来就要遭受祸害。"春申君不听朱英的劝告，其结果不就是如这句话所说的那样吗？

范雎蔡泽列传

范雎者，〔1〕魏人也，〔2〕字叔。游说诸侯，欲事魏王，家贫无以自资，乃先事魏中大夫须贾。〔3〕

【注释】〔1〕"雎"，音 suī，从目从隹。或本作"雎"，从且从隹。或"睢"、"雎"杂用。据清人钱大昕在《武梁祠堂画象跋尾》考证说："战国、秦、汉人多以且为名，读子余切。如穰苴、豫且、夏无且、龙且皆是。且旁或加隹，如范雎、唐雎。文殊而音不殊也。"钱大昕的考证是正确的，为了谨慎起见，本文注译中仍据底本作"范雎"。〔2〕"魏"，古国名，战国时七雄之一。开国君主魏文侯（名斯）与赵、韩一起三分晋国。公元前四〇三年被周威烈王承认为诸侯，建都安邑（在今山西省夏县西北）。公元前二二五年被秦所灭。辖境约有今山西东南部和河南北部，兼有河北广平、大名，山东冠县、河南黄河以南沿河地及陕西华阴左右、韩城南部一带。〔3〕"中大夫"，官名。据《汉书·百官公卿表》记载为秦置，秦、汉时属郎中令，掌管论议。此处的"魏中大夫"非秦置，魏亦有此官。"须贾"，魏国中大夫。秦昭王三十二年，穰侯围大梁，须贾游说穰侯而解梁围，此事见本书《穰侯列传》。关于须贾的事迹本篇记述较多。《穰侯列传》中仅见一次。本书其它篇中未见记载。《史记索隐》云："须，姓；贾，名。须氏盖密须之后。"

【译文】范雎，魏国人，字叔。他常游说于诸侯之间，并打算事奉魏王，因家庭贫寒无法维持自己的生活，于是就先去事奉魏国中大夫须贾。

须贾为魏昭王使于齐，〔1〕范雎从。留数月，未得报。齐襄王闻雎辩口，〔2〕乃使人赐雎金十斤及牛酒，雎辞谢不敢受。须贾知之，大怒，以为雎持魏国阴事告齐，〔3〕故得此馈，〔4〕令雎受其牛酒，还其金。既归，心怒雎，以告魏相。魏相，魏之诸公子，曰魏齐。〔5〕魏齐大怒，使舍人笞击睢，[6]折胁摺齿。睢详死，[7]即卷以箦，[8]置厕中。宾客饮者醉，更溺睢，故明辱以惩后，令无妄言者。睢从箦中谓守者曰："公能出我，我必厚谢公。"守者乃请出弃箦中死人。魏齐醉，曰："可矣。"范睢得出。后魏齐悔，复召求之。魏人郑安平闻之，[9]乃遂操范睢亡，伏匿，更名姓曰张禄。

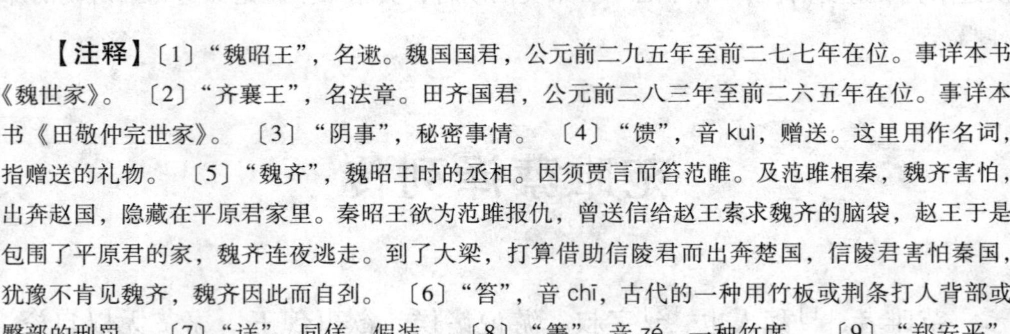

【注释】〔1〕"魏昭王"，名遬。魏国国君，公元前二九五年至前二七七年在位。事详本书《魏世家》。〔2〕"齐襄王"，名法章。田齐国君，公元前二八三年至前二六五年在位。事详本书《田敬仲完世家》。〔3〕"阴事"，秘密事情。〔4〕"馈"，音 kuì，赠送。这里用作名词，指赠送的礼物。〔5〕"魏齐"，魏昭王时的丞相。因须贾言而笞范睢。及范睢相秦，魏齐害怕，出奔赵国，隐藏在平原君家里。秦昭王欲为范睢报仇，曾送信给赵王索求魏齐的脑袋，赵王于是包围了平原君的家，魏齐连夜逃走。到了大梁，打算借助信陵君而出奔楚国，信陵君害怕秦国，犹豫不肯见魏齐，魏齐因此而自刭。〔6〕"笞"，音 chī，古代的一种用竹板或荆条打人背部或臀部的刑罚。〔7〕"详"，同佯，假装。〔8〕"箦"，音 zé，一种竹席。〔9〕"郑安平"，魏人。曾封武阳君。赵孝成王十一年（公元前二五五年）卒。

【译文】须贾为魏昭王出使齐国，范睢也随从前往。住了好几个月后，也没有什么结果回报朝廷。齐襄王听说范睢能言善辩，于是派人赏赐给范睢金十斤和一些牛酒，范睢辞谢不敢接受。须贾知道这件事后，非常生气，以为范睢把魏国的秘密事情告诉了齐国，因此才得到这些馈赠的礼物，于是命令范睢收下他们的牛酒，退还了他们的金。回国以后，须贾心中还在怨恨范睢，因此把这件事告诉了魏相。魏相是魏国诸公子之一，叫魏齐。魏齐听了之后也十分生气，就派门人用竹板抽打范睢，打断了他的筋骨，打掉了他的牙齿。范睢装死，门人用竹席把他卷起来放在厕所里。宾客们喝醉了酒后就往范睢身上撒尿，故意侮辱他以警告后来的人，使没有再敢胡说的人。范睢从草席中对看守他的人说："你能放我出去，我一定重谢你。"看守的人于是就请求把席子里的死人扔出去。魏齐也喝醉了酒，说："可以。"范睢才得以逃出。后来魏齐很后悔，又重新派人去寻找范睢。魏人郑安平听说这件事后，于是就带着范睢逃跑了，他藏起来，更换姓名叫张禄。

当此时，秦昭王使谒者王稽于魏。[1]郑安平诈为卒，侍王稽。王稽问："魏有贤人可与俱西游者乎？"郑安平曰："臣里中有张禄先生，[2]欲见君，言天下事。其人有仇，不敢昼见。"王稽曰："夜与俱来。"郑安平夜与张禄见王稽。语未究，王稽知范睢贤，谓曰："先生待我于三亭之南。"[3]与私约而去。

【注释】〔1〕"秦昭王"，即秦昭襄王，名稷（一作侧）。秦武王异母弟。初出奔燕，后由燕归国即位。公元前三〇六年至前二五一年在位，凡五十六年。初由其母宣太后当权。先后任用樗里疾、魏冉为相。四十一年（公元前二六六年）改用范雎为相。在位时曾夺取魏河东地区；后联合各国攻破齐国；攻取楚都，设立南郡；在长平（今山西省高平县西北）大胜赵军，创立了秦统一全国的有利条件。事详本书《秦本纪》。"谒者"，官名。春秋战国时为通接宾客的近侍。秦汉时属郎中令。"王稽"，秦昭王时的谒者。范雎任秦相时他曾任河东郡守。昭王五十二年（公元前二五五年）因犯罪被诛杀。〔2〕"里"，古代的民户居处。《诗经·郑风·将仲子》注云"二十五家为里"。《周礼·地官·遂人》云："五家为邻，五邻为里。"后来里所居家不一，时有变更。〔3〕"三亭"，亭名。据《史记正义》引《括地志》云在今河南省尉氏县南。

【译文】这时，秦昭王正派谒者王稽出使在魏国。郑安平就假装为小厮来服侍王稽。王稽问说："魏国有没有贤者可以和我一起向西走走?"郑安平说："臣下乡里有个张禄先生想要见见您，谈谈天下的事情。因他有仇人，不敢白天来见。"王稽说："晚上你和他一起来吧。"郑安平在晚上和张禄来见王稽。话还没说完，王稽就知道范雎很贤能，对他说："请先生在三亭的南面等我。"与他暗地里约好就走了。

王稽辞魏去，过载范雎入秦。至湖，〔1〕望见车骑从西来。范雎曰："彼来者为谁?"王稽曰："秦相穰侯东行县邑。"〔2〕范雎曰："吾闻穰侯专秦权，恶内诸侯客，〔3〕此恐辱我，我宁且匿车中。"有顷，穰侯果至，劳王稽，因立车而语曰："关东有何变?"〔4〕曰："无有。"又谓王稽曰："谒君得无与诸侯客子俱来乎?〔5〕无益，徒乱人国耳。"王稽曰："不敢。"即别去。范雎曰："吾闻穰侯智士也，其见事迟，乡者疑车中有人，〔6〕忘索之。"于是范雎下车走，曰："此必悔之。"行十余里，果使骑还索车中，无客，乃已。王稽遂与范雎入咸阳。〔7〕

【注释】〔1〕"湖"，即古湖县，故址在今河南省灵宝县西北的黄河南岸。〔2〕"穰侯"，即魏冉。战国时秦国人，秦昭王母宣太后异母弟。秦武王死后，他拥立昭王，昭王即位后因年幼，宣太后授魏冉为政，封于穰（在今河南省邓县），号穰侯。后五国合纵破齐，加封陶邑（在今山东省定陶县西北）。他曾保举白起为将，连续攻取三晋地，并攻克楚都郢（在今湖北省江陵西北）。秦昭王四十一年（公元前二六六年），昭王改用范雎为相，他被罢免。后死于陶邑。〔3〕"恶"，音 wù，憎恨。"内"，同纳。接纳。〔4〕"关东"，秦王朝定都长安，所以称函谷关或潼关以东地区为关东，亦称关外。称函谷关或潼关以西近畿之地为关内。〔5〕"谒君"，指王稽。称王稽的官名。〔6〕"乡者"，从前，早先。"乡"，通向。〔7〕"咸阳"，古都邑名。故址在今陕西省咸阳市东北二十里，位于九嵕山之南，渭水之北。因在山水之阳故名。

【译文】王稽告辞离开了魏国，经过三亭时让范雎坐上车就回到了秦国。到了湖县，看见有车马从西边来。范雎说："那边来的人是谁?"王稽说："是秦国丞相穰侯到东边巡察县邑去。"范雎说："我听说穰侯独揽秦国大权，很憎恨接纳别的诸侯食客，这次恐怕要侮辱我，我希望藏在车子里。"过了一会儿，穰侯果然来了，慰问了王稽一番，就停下车来问说："关东有什么变动吗?"王稽回答说："没有。"又对王稽说："谒君该没有和诸侯的那些食客们一起来吧？这些人无益于事，只能扰乱别人的国家。"王稽说："不敢这样做。"说完就离去了。范雎说："我听说穰侯是个聪明的人，但他看事情反应迟钝，刚才他怀疑车中有人，却忘了搜索。"于是范雎就下车走了，并说："这次他一定要后悔的。"穰侯走了十余里之后果然派骑兵返回来搜索车中，发现没有食客才作罢。王稽于是和范雎进入咸阳。

已报使，因言曰："魏有张禄先生，天下辩士也。曰'秦王之国危于累卵，得臣则安。然不可以书传也'。臣故载来。"秦王弗信，使舍食草具。〔1〕待命岁余。

【注释】〔1〕"草具"，指粗劣的食物。

【译文】王稽回报了出使情况之后，接着说："魏国有位张禄先生，是天下能言善辩的人，他曾说'秦王朝就像堆积起来的鸡蛋一样危险，能任用我就会平安。然而不可以用书信来表达'。所以我就用车把他拉来了。"秦王不相信，让他住在客舍里而且给他吃粗劣的饭菜。范雎就这样等待了一年多。

当是时，昭王已立三十六年。〔1〕南拔楚之鄢郢，〔2〕楚怀王幽死于秦。〔3〕秦东破齐。〔4〕湣王尝称帝，〔5〕后去之。数困三晋。〔6〕厌天下辩士，无所信。

【注释】〔1〕"昭王已立三十六年"，此处并非确指昭王三十六年，而是说秦昭王即位三十六年以来。下列楚、秦、齐、晋事并非都发生于秦昭王三十六年可证。 〔2〕"南拔楚之鄢郢"，据本书《秦本纪》记载，秦拔鄢在秦昭王二十八年（公元前二七九年）。"鄢"，楚都邑名，故址在今河南省鄢陵县西北，楚惠王初曾一度迁都于此。"郢"，楚都邑名，故址在今湖北省江陵西北，春秋时楚文王定都于此。据本书《秦本纪》记载，秦拔楚郢在秦昭王二十九年（公元前二七八年）。 〔3〕"楚怀王"，战国时楚国国君，楚威王子，熊氏，名槐（《诅楚文》作相）。公元前三二八年至前二九九年在位。公元前二九九年（即楚怀王三十年）楚怀王误中秦昭王计入秦被扣留。楚顷襄王三年（公元前二九六年）死于秦国。事详本书《楚世家》。 〔4〕"秦东破齐"，本书《秦本纪》作"伐齐"。事在秦昭王二十二年（公元前二八五年）。 〔5〕"湣王"，即齐湣王，或作齐闵王，或作齐愍王。战国时齐国国君，齐宣王之子。田氏，名地（一作遂）。

约公元前三〇〇年至前二八四年在位。曾一度与秦昭王并称东西帝，后湣王从苏代言又废去帝号。后因燕、秦、楚、三晋联合攻齐，燕将乐毅攻破临淄，他出走到莒（在今山东省莒县）被楚将淖齿所杀。事见本书《田敬仲完世家》。〔6〕“三晋”，指韩、赵、魏三国。春秋末年，晋国被韩、赵、魏三家卿大夫所分，各立为国，史称三晋。

【译文】这时，秦昭王已经即位三十六年。南边攻下了楚国的鄢郢，楚怀王被囚死在秦国。秦国向东打败了齐国。齐湣王曾自称东帝，后来又取消了帝号。曾多次围困三晋。秦昭王讨厌天下的辩士，无所信赖他们。

穰侯、华阳君，〔1〕昭王母宣太后之弟也；而泾阳君、高陵君皆昭王同母弟也。〔2〕穰侯相，三人者更将，有封邑，〔3〕以太后故，私家富重于王室。及穰侯为秦将，且欲越韩、魏而伐齐纲、寿，〔4〕欲以广其陶封。〔5〕范雎乃上书曰：

【注释】〔1〕“华阳君”，即芈戎，秦宣太后的同父弟弟，亦号新城君。华阳，地名，因在华山之阳而得名。故址在今陕西省商县境内。〔2〕“泾阳君”，名悝，亦称公子市。泾阳，古邑名，故址在今陕西省泾县县境。“高陵君”，名显。高陵，古县名，故址在今陕西省高陵县境。〔3〕“封邑”，指封地和食邑。〔4〕“纲”，《史记·秦本纪》作“刚”，《正义》引《括地志》云：“故刚城在兖州龚丘县界。”“寿”，齐邑。《史记·秦本纪》引《括地志》云：“寿，郓州之县。”今地不详。又《史记·穰侯列传》《集解》引徐广曰：“济北有刚县。”《正义》曰：“寿张，郓州是也。”如“寿”即指“寿张”，则故址在今山东省阳谷县和河南省范县境内。〔5〕“陶”，即定陶，穰侯魏冉的封地，故址在今山东省定陶县西北。“封”，疆界。

【译文】穰侯、华阳君是昭王的母亲宣太后的弟弟，而泾阳君、高陵君都是昭王同母的弟弟。穰侯做相的时候，他们三人更番任将领，都有封邑，因为太后的缘故，他们私家的财富比王室还要多。到穰侯任秦国将领时，曾想越过韩、魏而去攻打齐国的纲、寿，打算扩大他定陶的封地。范雎上书说：

臣闻明主立政，〔1〕有功者不得不赏，有能者不得不官，劳大者其禄厚，功多者其爵尊，能治众者其官大。故无能者不敢当职焉，有能者亦不得蔽隐。使以臣之言为可，愿行而益利其道；以臣之言为不可，久留臣无为也。语曰：“庸主赏所爱而罚所恶；明主则不然，赏必加于有功，而刑必断于有罪。”今臣之胸不足以当椹质，〔2〕而要不足以待斧钺，〔3〕岂敢以疑事尝试于王哉！虽以臣为贱人而轻辱，独不重任臣者之无反复于王邪？

【注释】〔1〕“立政”，即莅政。立、莅古音相同，可通假。莅政即到职掌管政权。〔2〕“椹质”，指斩斫锤锻所用的砧板。这里是指腰斩时所用的垫板。或作“砧锧”。椹，音 zhēn。〔3〕“要”，同腰。

【译文】我听说聪明的君主治理政事时，有功劳的人不应该不给奖励，有才能的人不应该不给官做，功劳大的人他的俸禄要优厚一些，战功多的人他的爵位应当尊贵一些，会管理人的人他的官职应该大些。所以没有才能的人就不敢去任职，有才能的人也就不会隐藏起来。假如您认为我的话可以采纳，希望能够推行而且更加有利地发挥他们的才能；如认为我的话不可以采纳，那么久留我也没有什么作为。俗话说：“不高明的君主赏赐他所喜爱的人而处罚他所讨厌的人；高明的君主却不这样，赏赐一定要赏给有功的人，处罚一定要罚有罪的人。”现在我的胸膛不足以用椹质，而腰不足以用斧钺，哪敢以犹豫不决的事情来尝试于大王呢？虽然把我当作贱人而轻易羞辱我，难道就不看重保荐我的人而不要再反复于王吗？

且臣闻周有砥砨，宋有结绿，梁有县藜，楚有和朴，〔1〕此四宝者，土之所生，良工之所失也，而为天下名器。然则圣王之所弃者，独不足以厚国家乎？

【注释】〔1〕“砥砨”、“结绿”、“县藜”、“和朴”，都是当时美玉的名称。“砥砨”，音 dǐyì。

【译文】况且我听说周有砥砨，宋有结绿，梁有县藜，楚有和朴，这四种宝玉都出于土中，良巧的工匠虽没有鉴别出来，却是天下有名的宝物。由此可知，圣王所遗弃的人难道就不能够使国家富强吗？

臣闻善厚家者取之于国，善厚国者取之于诸侯。天下有明主则诸侯不得擅厚者，何也？为其割荣也。良医知病人之死生，而圣主明于成败之事，利则行之，害则舍之，疑则少尝之，虽舜禹复生，〔1〕弗能改已。语之至者，臣不敢载之于书，其浅者又不足听也。意者臣愚而不概于王心邪？亡其言臣者贱而不可用乎？自非然者，臣愿得少赐游观之间，望见颜色。一语无效，请伏斧质。〔2〕

【注释】〔1〕“舜”，即虞舜，传说中父系氏族社会后期部落联盟领袖。“禹”，即夏禹，传说中古代夏部落联盟领袖。〔2〕“斧质”，即铁椹，古代的一种刑具。置人于椹上以斧砍之。

【译文】我听说善于使家富裕的人是他从国家那里取来的，善于使国家富裕的人是他从诸侯那里取来的。天下有贤明的君主，诸侯就不能擅自富强，为什么呢？因为他们富了就会分割权力。好的医生知道病人的生死，而贤明的君主能明察事情的成败，有利就做，无利就舍弃，有疑虑的事就稍微尝试一下，即使舜禹重新复生也不能改变。再深的话我不敢写在书面上，再浅的话又不值得听。估计臣下愚笨不能合于大王的心意，或者那个推荐我的人地位低贱而不可信用，如果不是这样的话，我希望能赏赐给一会儿您的游览观赏的时间，得见您的天颜。如果我说一句无效的话，情愿伏罪处死。

于是秦昭王大说，乃谢王稽，使以传车召范雎。[1]

【注释】〔1〕“传车”，即驿车。古代驿站的专用车辆。

【译文】于是，秦昭王感到很高兴，就向王稽致歉，派人用传车去召见范雎。

于是范雎乃得见于离宫，[1]详为不知永巷而入其中。[2]王来而宦者怒，[3]逐之，曰：“王至！”范雎缪为曰：[4]“秦安得王？秦独有太后、穰侯耳。”欲以感怒昭王。昭王至，闻其与宦者争言，遂延迎，谢曰：“寡人宜以身受命久矣，会义渠之事急，寡人旦暮自请太后；今义渠之事已，[5]寡人乃得受命。窃闵然不敏，敬执宾主之礼。”范雎辞让。是日观范雎之见者，群臣莫不洒然变色易容者。

【注释】〔1〕“离宫”，亦称行宫。古代帝王于正式宫殿之外别筑宫室，以便随时游处，谓之离宫。意谓与正式宫殿分离。〔2〕“永巷”，宫中长巷。〔3〕“宦者”，宫中执事的太监。〔4〕“缪”，通谬。“为”，王念孙云：“犹谓也，谓、为一声之转。”据此“缪为”当读为“谬谓”，意谓随便乱说。〔5〕“义渠”，亦作仪渠，古西戎国名。故址在今甘肃省合水、正宁、环县、宁县、泾川等县地区。战国时为秦所灭。“义渠之事”，疑指《汉书·匈奴传》记载的“秦昭王时，义渠戎王与宣太后乱，有二子。宣太后诈而杀义渠戎王于甘泉，遂起兵伐灭义渠”事。

【译文】这样范雎才得以在离宫见到秦昭王，他假装不知道通往宫内的道路一直走了进去。这时昭王正来到这里，宦者很生气，赶他离开，说：“昭王来了。”范雎胡乱说：“秦国哪里有王？秦国只有太后、穰侯罢了。”打算用这话来激怒昭王。昭王来后，听到他和宦者在争吵，于是就迎接他，道歉地说：“我早就应该亲自来接受你的指教，正巧遇上义渠的事情紧急，我早晚都要亲自请示太后。现在义渠的事情已经了结，我才有空来接受教诲。我愚昧迟钝，向您恭恭敬敬地行宾主相见之

礼。”范雎辞让了一番。这天看到范雎见昭王的大臣们无不肃然变色。

秦王屏左右，宫中虚无人。秦王跽而请曰：[1]“先生何以幸教寡人？”范雎曰：“唯唯。”有间，秦王复跽而请曰：“先生何以幸教寡人？”范雎曰：“唯唯。”若是者三。秦王跽曰：“先生卒不幸教寡人邪？”范雎曰：“非敢然也。臣闻昔者吕尚之遇文王也，[2]身为渔父而钓于渭滨耳。[3]若是者，交疏也。已说而立为太师，[4]载与俱归者，其言深也。故文王遂收功于吕尚而卒王天下。乡使文王疏吕尚而不与深言，是周无天子之德，而文武无与成其王业也。今臣羁旅之臣也，[5]交疏于王，而所愿陈者皆匡君之事，处人骨肉之间，愿效愚忠而未知王之心也。此所以王三问而不敢对者也。臣非有畏而不敢言也。臣知今日言之于前而明日伏诛于后，然臣不敢避也。大王信行臣之言，死不足以为臣患，亡不足以为臣忧，漆身为厉被发为狂不足以为臣耻。[6]且以五帝之圣焉而死，[7]三王之仁焉而死，[8]五伯之贤焉而死，[9]乌获、任鄙之力焉而死，[10]成荆、孟贲、王庆忌、夏育之勇焉而死。[11]死者，人之所必不免也。处必然之势，可以少有补于秦，此臣之所大愿也，臣又何患哉！伍子胥橐载而出昭关，[12]夜行昼伏，至于陵水，[13]无以糊其口，膝行蒲伏，[14]稽首肉袒，鼓腹吹篪，[15]乞食于吴市，卒兴吴国，阖闾为伯。[16]使臣得尽谋如伍子胥，加之以幽囚，终身不复见，是臣之说行也，臣又何忧？箕子、接舆漆身为厉，[17]被发为狂，无益于主。假使臣得同行于箕子，可以有补于所贤之主，是臣之大荣也，臣有何耻？臣之所恐者，独恐臣死之后，天下见臣之尽忠而身死，因以是杜口裹足，莫肯乡秦耳。足下上畏太后之严，下惑于奸臣之态，居深宫之中，不离阿保之手，[18]终身迷惑，无与昭奸。大者宗庙灭覆，小者身以孤危，此臣之所恐耳。若夫穷辱之事，死亡之患，臣不敢畏也。臣死而秦治，是臣死贤于生。”秦王跽曰：“先生是何言也！夫秦国辟远，寡人愚不肖，先生乃幸辱至于此，是天以寡人慁先生而存先王之宗庙也。[19]寡人得受命于先生，是天所以幸先王，而不弃其孤也。先生奈何而言若是！事无小大，上及太后，下至大臣，愿先生悉以教寡人，无疑寡人也。”范雎拜，秦王亦拜。

【注释】〔1〕“跽”，音 jì。古人席地而坐，以两膝着地，两股贴于两脚跟上。股不着脚跟为跪，跪而耸身直腰为跽。〔2〕“吕尚”，即太公望，姜姓，吕氏，名尚。俗称姜太公。周初人。相传他在渭水河边钓鱼时与周文王出猎相遇，通过交谈，周文王很赏识吕尚，于是同车而归，说："吾太公望子久矣。"因号为"太公望"，立为师。武王即位，尊为师尚父。曾辅佐武王灭殷。周朝建立后，封于齐，为齐国始祖。事详本书《齐太公世家》。"文王"，即周文王，姓姬名昌，周武王的父亲。殷时为诸侯，居于岐山之下，受到诸侯的拥护。曾被纣囚于羑里，后获释，为西方诸侯之长，称为西伯。后子武王起兵伐纣灭殷，建立周王朝。事详本书《周本纪》。〔3〕"渭"，即渭河，黄河最大的支流，在今陕西省中部。〔4〕"说"，同悦，悦服。〔5〕"羁旅"，寄居作客。〔6〕"厉"，通疠，一种恶疮。"被"，通披。〔7〕"五帝"，传说中古代的五个帝王，有以下几种说法：①伏羲（太皞）、神农（炎帝）、黄帝、尧、舜。以上见《易·系辞下》。②黄帝、颛顼、帝喾、尧、舜。以上见《世本·五帝谱》、《大戴礼·五帝德》、《史记·五帝本纪》。③少昊、颛顼（高阳）、高辛、尧、舜。以上见《帝王世纪》。〔8〕"三王"，指夏禹、商汤、周文王。〔9〕"五伯"，即五霸，一般指齐桓、晋文、秦穆、宋襄、楚庄。一说指齐桓、晋文、秦穆、楚庄、吴阖闾。或说指齐桓、晋文、楚庄、吴阖闾、越勾践。还有的说指昆吾、大彭、豕韦、齐桓、晋文。〔10〕"乌获、任鄙"，相传为古代的力士。〔11〕"成荆、孟贲、王庆忌、夏育"，相传为古代的勇士。〔12〕"伍子胥"，春秋时楚国人，名员，字子胥，楚大夫伍奢次子。其父伍奢及兄尚都被楚平王杀害，他经过宋、郑等国投奔吴国。后帮助阖闾刺杀吴王僚夺取王位。又帮助吴王整军经武，国势日强，不久又攻破楚国，子胥以功封于申，故又称申胥。吴王夫差时，曾劝吴王拒绝赵国求和并停止伐齐，渐被吴王疏远。后吴王赐命他自杀。事详《国语·吴语》、本书《伍子胥列传》。"昭关"，关名，故址在今安徽省含山县北小岘山，两山对峙，其口可守。春秋时位于楚国东部边境，是吴楚两国的交通要冲。〔13〕"陵水"，据《中国古今地名大辞典》云即溧水，或称濑水、永阳江、九阳江、颍阳江。即《汉书·地理志》的所谓中江。在今江苏省溧阳县南。〔14〕"蒲伏"，同匍匐。〔15〕"篪"，古代的一种竹制管状的乐器。据《尔雅·释乐》注说，篪长一尺四寸，围三寸，一孔上出一寸三分，名翘，横吹之。小者一尺二寸。据《广雅》记载篪有八孔。〔16〕"阖闾"，春秋末年吴国国君，名光。一作阖卢。吴王诸樊之子（一说为夷末之子）。他用专诸刺杀吴王僚而自立。公元前五一四年至前四九六年在位。曾灭徐国，攻破楚国，曾占领楚都郢（在今湖北省江陵西北），因秦兵来救及其弟夫概反叛而一度受挫。后在槜李（故址在今浙江省嘉兴市西南）被越王勾践打败，伤重而死。事详本书《吴太伯世家》。〔17〕"箕子"，纣王的诸父，官太师，曾封于箕（故址在今山西省太谷县东北），故称箕子。纣暴虐，他曾劝谏纣王，纣王不听，于是他披发装疯为奴，纣王把他囚禁起来。周武王灭商后才被释放。事详本书《殷本纪》。"接舆"，传说为春秋时楚国隐士，曾装疯避世。因他迎孔子的车而歌，故称接舆。〔18〕"阿保"，近幸之臣。〔19〕"慁"，音 hùn，惊动，打扰。

【译文】秦王屏退了左右大臣，宫中就没有别人了。秦王跪着请求说："先生用什么来指教我呢？"范雎说："是是。"过了一会儿，秦王又跪下请求说："先生用什么来指教我呢？"范雎说："是是。"像这样请求了三次。秦王跪下说："先生终于不肯指点我吗？"范雎说："不敢这样做。我听说从前吕尚遇到文王时，他身为渔父而在渭水河边钓鱼为生。像这样，是平素交往不密切。到已经悦服后立他为太师，并同车偕归，他们谈的话就更深切了。因此文王就得功于吕尚而终于称王于天下。早先假使文王疏远吕尚而不和他深谈，这就是周朝没有天子之德，而且文王、

武王也无法成就他们帝王的事业。现在我是寄居于别国的臣子，和大王的交情疏远，而我所讲的都是纠正君主的事，身处别人骨肉之间，愿效愚忠而又不知大王的心意。这就是大王三次问我而不敢回答的原因。我并不是害怕而不敢说。我也知道今天在你面前说了而明天也许会被诛杀，就是这样我也不敢逃避。大王如能相信并实行了我的话，就是死了也不足以让我顾虑了，流亡了也不足以让我忧患了，漆身成癞、披发装疯也不足以让我觉得羞耻了。况且像五帝那样的圣明君主都免不了死，像三王那样的仁慈君主也免不了死，像五伯那样的贤能诸侯也免不了死，像乌获、任鄙那样的力士也免不了死，像成荆、孟贲、王庆忌、夏育那样的勇士也免不了死。死亡是每个人都绝不能避免的。处在这必然的形势下，若对秦国少有些补益，这是我最大的愿望，我又有什么可忧患的呢？伍子胥装在口袋中才混出昭关，晚上行走，白天藏起来，到了陵水以后，没有东西来糊口，用手和膝在地上爬行，到处磕头，赤着身子，鼓着肚子吹箎，在吴国的市场上讨饭，最后他却使吴国复兴，阖闾也成为霸主，假使我能够像伍子胥一样竭尽我的智谋，就是把我囚禁起来，一辈子不再见大王，这样我的话能够实行，我还有什么忧虑的呢？箕子、接舆他们虽漆身成癞，披发装疯，但无益于主。假使我能像箕子一样，而可以对我所崇敬的贤能君主有所补益，这也是我的莫大光荣，我有什么羞耻的呢？我所害怕的只是怕我死之后，天下的人看到我因尽忠而身死，因此而杜口裹足，没有人再肯向往秦国。您上怕太后的威严，下面蒙蔽于奸臣的谄媚丑态，住在深宫里面，离不开左右近侍之臣，终身迷惑，没有人帮您明察他们的奸恶。严重的会使国家灭亡，轻微的会使您自身孤立危险，这就是我所害怕的。像那些穷辱的事情、死亡的忧患，我是不害怕的。我死了而秦国能安定，这样我死了也胜过我活着。”秦王跪着说：“先生这是什么话，秦国偏僻遥远，我又愚笨不贤能，有幸使先生受屈辱而来到这里，是上帝让我打搅先生来保存先王的宗庙。我能接受先生的教诲，这是上帝加宠于先王而不抛弃他们的遗孤。先生怎么能说这样的话呢？事情不论大小，上至太后，下至大臣，希望先生全面来指教我，无需怀疑我。”范雎下拜，秦王也回拜。

范雎曰：“大王之国，四塞以为固，北有甘泉、谷口，〔1〕南带泾、渭，〔2〕右陇、蜀，〔3〕左关、阪，〔4〕奋击百万，战车千乘，利则出攻，不利则入守，此王者之地也。民怯于私斗而勇于公战，此王者之民也。王并此二者而有之。夫以秦卒之勇，车骑之众，以治诸侯，譬若施韩卢而搏蹇兔也，〔5〕霸王之业可致也，而群臣莫当其位。至今闭关十五年，不敢窥兵于山东者，〔6〕是穰侯为秦谋不忠，而大王之计有所失也。”秦王跽曰：“寡人愿闻失计。”

【注释】〔1〕“甘泉”，指甘泉山，在今陕西省淳化县西北。“谷口”，在今陕西省礼泉县东北。因地处泾水出山谷处而得名。〔2〕“泾”，即泾河，渭河的支流，在今陕西省中部。“渭”，即渭河，黄河最大的支流，在今陕西省中部。〔3〕“陇”，指陇山山脉，在今甘肃省境内。“蜀”，指旧蜀国（今四川省一带）境内崎岖险恶的地势。“右陇、蜀”当指西边有陇蜀地区崎岖险恶的山势。〔4〕“关”，指函谷关，在今河南省灵宝县东北。因关在谷中，深险如函而得名，号称天险。“阪”，疑指商阪山，在今陕西省商县东南。山中地势险阻，峻阪迂回。或说阪指崤阪山。〔5〕“施”，通驰。“韩卢”，古韩国良犬名。“蹇”，音jiǎn，蹇兔即跛足之兔。〔6〕“山东”，战国、秦、汉时称崤山或华山以东为山东。

【译文】范雎说：“大王的国家，四面的边塞很坚固，北面有甘泉山、谷口，南面有泾、渭环绕，右面有陇、蜀地区崎岖险恶的地势，左面有函谷关、商阪山，有勇士百万，战车千辆，有利就出击，不利就回来固守，这是王者的地方。百姓害怕私斗而对于公战却很勇敢，这是王者的百姓。在这两方面大王都兼而有之。用这样英勇的秦兵，这样多的车马，去制服诸侯，就好像放出韩卢去擒跛足的兔子一样，称霸为王的事业是可以成功的，而诸位大臣中是没有一个当得起这个位置的。到现在已闭关十五年了，不敢用兵来伺察山东诸国的原因是因为穰侯对秦国出谋画策时不能出于忠心，而大王的谋画又有失策的地方。”秦王跪着说：“我希望听一听我失策的地方。”

然左右多窃听者，范雎恐，未敢言内，先言外事，以观秦王之俯仰。〔1〕因进曰：“夫穰侯越韩、魏而攻齐纲、寿，非计也。少出师则不足以伤齐，多出师则害于秦。臣意王之计，欲少出师而悉韩、魏之兵也，则不义矣。今见与国之不亲也，越人之国而攻，可乎？其于计疏矣。且昔齐湣王南攻楚，破军杀将，再辟地千里，而齐尺寸之地无得焉者，岂不欲得地哉，形势不能有也。诸侯见齐之罢弊，君臣之不和也，兴兵而伐齐，大破之。士辱兵顿，皆咎其王，曰：‘谁为此计者乎？’王曰：‘文子为之。’〔2〕大臣作乱，文子出走。故齐所以大破者，以其伐楚而肥韩、魏也。此所谓借贼兵而赍盗粮者也。〔3〕王不如远交而近攻，得寸则王之寸也，得尺亦王之尺也。今释此而远攻，不亦缪乎！且昔者中山之国地方五百里，〔4〕赵独吞之，功成名立而利附焉，天下莫之能害也。今夫韩、魏，中国之处而天下之枢也，〔5〕王其欲霸，必亲中国以为天下枢，以威楚、赵。楚强则附赵，赵强则附楚，楚、赵皆附，齐必惧矣。齐惧，必卑辞重币以事秦。齐附而韩、魏因可虏也。”昭王曰：“吾欲亲魏久矣，而魏多变之国也，寡人不能亲。请问亲魏奈何？”对曰：“王卑词重币以事之；不可，则割地而赂之；不可，因举兵而伐之。”王曰：“寡人敬闻命矣。”乃拜范雎为客卿，〔6〕谋兵事。卒听范雎谋，使五大夫绾伐

魏，[7]拔怀。[8]后二岁，拔邢丘。[9]

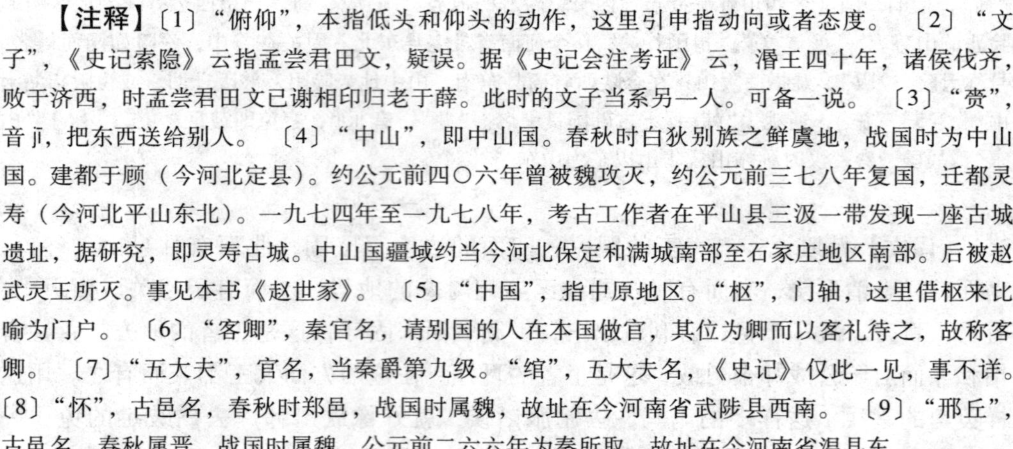

【注释】〔1〕“俯仰”，本指低头和仰头的动作，这里引申指动向或者态度。〔2〕“文子”，《史记索隐》云指孟尝君田文，疑误。据《史记会注考证》云，湣王四十年，诸侯伐齐，败于济西，时孟尝君田文已谢相印归老于薛。此时的文子当系另一人。可备一说。〔3〕“赍”，音 jī，把东西送给别人。〔4〕“中山”，即中山国。春秋时白狄别族之鲜虞地，战国时为中山国。建都于顾（今河北定县）。约公元前四〇六年曾被魏攻灭，约公元前三七八年复国，迁都灵寿（今河北平山东北）。一九七四年至一九七八年，考古工作者在平山县三汲一带发现一座古城遗址，据研究，即灵寿古城。中山国疆域约当今河北保定和满城南部至石家庄地区南部。后被赵武灵王所灭。事见本书《赵世家》。〔5〕“中国”，指中原地区。“枢”，门轴，这里借枢来比喻为门户。〔6〕“客卿”，秦官名，请别国的人在本国做官，其位为卿而以客礼待之，故称客卿。〔7〕“五大夫”，官名，当秦爵第九级。“绾”，五大夫名，《史记》仅此一见，事不详。〔8〕“怀”，古邑名，春秋时郑邑，战国时属魏，故址在今河南省武陟县西南。〔9〕“邢丘”，古邑名，春秋属晋，战国时属魏，公元前二六六年为秦所取，故址在今河南省温县东。

【译文】左右多数人都在偷听，范雎感到害怕，不敢说内部的事情，就先讲外部的事情来观察秦王的意旨所在。因此进言说：“穰侯越过韩、魏而去攻打齐国的纲、寿，这不是好计策。出兵少了不足以伤害齐国，出兵多了就对秦国有害。我想大王的计划是打算少出兵而使韩、魏派出全部的兵力，这是不合道义的。现在已看到同盟国不亲近我们了，越过别的国家去攻打另一国，这样可以吗？这在策略上太疏略了。况且从前齐湣王向南攻打楚国，破军杀将，又开辟了土地千里，而齐国却没有得到尺寸土地，难道是不想得到土地吗？是当时的形势不能使他们得到。诸侯们看到了齐国的疲敝，君臣之间又不知和睦，于是就兴兵攻打齐国，把齐国打得大败。将士兵卒都因受到折辱困顿而怨怪他们的君主，问说：‘谁出的这个计策呢？’王说：‘文子出的这个计策。’大臣们听说乱成一团，吓得文子也逃跑了。所以齐国被打得大败的原因是因为他们攻打楚国而肥了韩、魏。这就是所谓把兵器借给了盗贼，把粮食送给了盗贼。大王不如交接远的国家而攻打近的国家，得到一寸土地就是大王的一寸土地，得到一尺土地也就是大王的一尺土地。现在舍去了近国而去远攻，这不是荒谬的做法吗？况且像从前的中山国方圆五百里，而被赵国独自吞并了它，功成名立而且得到了利益，天下没有能够妨害它的。现在韩、魏二国，地处中原而且是天下的门户，大王打算称霸，一定要亲近中原的国家并作为天下的门户，以此来对付楚、赵。楚国强盛就亲附赵国，赵国强盛就亲附楚国，楚、赵都亲附了，齐国一定害怕。齐国害怕了，就一定会用低下的语言和贵重的礼物来事奉秦国。齐国亲附了，那么韩、魏因此也就可以收复了。”昭王说：“我打算亲附魏国已经好久了，而魏国是个变化多端的国家，我无法亲附它。请问怎样才能亲附魏国呢？”范雎回答说：“大王用低下的语言和贵重的礼物去事奉它，不行就割地去贿赂它，还不行就派兵去讨伐它。”昭王说：“我敬听尊教。”于是任范雎为客卿，谋画用兵打仗的事。终于听从了范雎的谋画，派五大夫绾去讨伐魏国，攻下了怀地。二年以后，又攻下了邢丘。

客卿范雎复说昭王曰："秦韩之地形，相错如绣。秦之有韩也，譬如木之有蠹也，人之有心腹之病也。天下无变则已，天下有变，其为秦患者孰大于韩乎？王不如收韩。"昭王曰："吾固欲收韩，韩不听，为之奈何？"对曰："韩安得无听乎？王下兵而攻荥阳，[1]则巩、成皋之道不通；[2]北断太行之道，[3]则上党之师不下。[4]王一兴兵而攻荥阳，则其国断而为三。夫韩见必亡，安得不听乎？若韩听，而霸事因可虑矣。"王曰："善。"且欲发使于韩。

【注释】〔1〕"荥阳"，古邑名，故址在今河南省荥阳县。〔2〕"巩"，古地名，故址在今河南省巩县。"成皋"，古地名，故址在今河南省荥阳县汜水镇。〔3〕"太行"，即太行山，在今山西高原与河北平原之间，东北至西南走向。山中因受河流切割，形成许多横谷，为东西交通孔道。〔4〕"上党"，郡名，战国时韩置，其后入赵，秦统一后仍置。治所在壶关（今山西省壶关县）。西汉时移治长子（今山西省长子县）。

【译文】客卿范雎又劝昭王说："秦国、韩国的地形就像锦绣一样犬牙交错。韩国的存在对于秦国来讲就像树木生了蠹虫、人有了心腹之病一样。天下没有变化则已，天下若有变化，构成秦国忧患的，哪个国家能比韩国大呢？大王不如先收复了韩国。"昭王说："我本来打算收复韩国，韩国不听从，该怎么办呢？"范雎回答说："韩国怎么能不听从呢？大王派兵去攻打荥阳，巩、成皋一带的道路就不通了；北面截断了太行山的道路，上党地区的军队就下不来了。大王一旦派兵去攻打荥阳，他们的国家就会一断为三。韩国看到自己一定会灭亡，怎么能不听从呢？如果韩国听从了，称霸的事业就可以考虑了。"昭王说："很好。"便打算派使者去韩国。

范雎日益亲，复说用数年矣，因请间说曰："臣居山东时，闻齐之有田文，[1]不闻其有王也；闻秦之有太后、穰侯、华阳、高陵、泾阳，不闻其有王也。夫擅国之谓王，能利害之谓王，制杀生之威之谓王。今太后擅行不顾，穰侯出使不报，华阳、泾阳等击断无讳，高陵进退不请。四贵备而国不危者，未之有也。为此四贵者下，乃所谓无王也。然则权安得不倾，令安得从王出乎？臣闻善治国者，乃内固其威而外重其权。穰侯使者操王之重，决制于诸侯，剖符于天下，[2]政適伐国，[3]莫敢不听。战胜攻取则利归于陶，国弊御于诸侯；战败则结怨于百姓，而祸归

于社稷。[4]诗曰‘木实繁者披其枝，披其枝者伤其心；大其都者危其国，尊其臣者卑其主’。[5]崔杼、淖齿管齐，[6]射王股，擢王筋，县之于庙梁，[7]宿昔而死。[8]李兑管赵，[9]囚主父于沙丘，[10]百日而饿死。今臣闻秦太后、穰侯用事，高陵、华阳、泾阳佐之，卒无秦王，此亦淖齿、李兑之类也。且夫三代所以亡国者，君专授政，纵酒驰骋弋猎，不听政事。其所授者，妒贤嫉能，御下蔽上，以成其私，不为主计，而主不觉悟，故失其国。今自有秩以上至诸大吏，[11]下及王左右，无非相国之人者。见王独立于朝，臣窃为王恐，万世之后，有秦国者非王子孙也。”昭王闻之大惧，曰：“善。”于是废太后，逐穰侯、高陵、华阳、泾阳君于关外。秦王乃拜范雎为相。收穰侯之印，使归陶，因使县官给车牛以徙，千乘有余。到关，关阅其宝器，宝器珍怪多于王室。

【注释】〔1〕“田文”，即孟尝君，他继承其父靖郭君田婴的封爵，为薛公。以好客著称，门下食客至数千人。齐湣王使孟尝君入秦，被扣留，他靠门客中鸡鸣狗盗之徒的帮助逃出秦国，归为齐相。后因受齐湣王疑忌，出奔为魏相，联合秦、燕、赵攻齐。湣王死后返回齐国。死后谥为孟尝君。事详本书《孟尝君列传》。又此处“田文”，别本作“田单”，《战国策》也作“田单”。王念孙云：“张载注《魏都赋》引《史记》作‘田单’，今本误。《策》鲍注云：‘田文去齐已十余年，不得近舍单，远论文也。’”可备一说。 〔2〕“符”，古代朝廷用以传达命令、调兵遣将的凭证。以竹木或金玉为之。上书文字，剖而为二，一存朝廷，一存所派人之手，用时相合以为征信。 〔3〕“政適”，通征敌。 〔4〕“社稷”，本指土神和谷神。古时也以社稷为国家政权的标志。 〔5〕“诗曰”，这里的引文并非《诗经》的内容，而是和《逸周书·周祝篇》里的一段文字相近。清人孙诒让曾指出，“古书引书或通称诗”，孙说在古文献中可以找到不少例证。 〔6〕“崔杼”，春秋时齐国大夫。齐棠公死后，崔杼去吊棠公，见棠公妻美，就娶以为妻。后庄公与棠公妻私通，崔杼就杀死了庄公。事详本书《齐太公世家》。“淖齿”，战国时楚国人。燕、秦、楚、三晋合谋伐齐，被齐打败。后燕将乐毅人齐攻占了临淄，湣王逃出。楚王使淖齿将兵救齐，因相齐湣王。后淖齿杀死齐湣王而与燕共分其地。事详本书《田敬仲完世家》。 〔7〕“县”，同悬。 〔8〕“昔”，通夕。 〔9〕“李兑”，战国时赵武灵王之臣。赵武灵王四年（公元前三二二年），王游沙丘，李兑及公子成围主父（即赵武灵王）宫，主父欲出不得，三月余而死于沙丘宫。事详本书《赵世家》。 〔10〕“主父”，即赵武灵王。战国时赵武灵王让国给儿子惠文王，自号主父。“沙丘”，古地名，故址在今河北省广宗县西北大平台。 〔11〕“有秩”，即职位或品级的官吏。

【译文】范雎一天天更加受到亲信，悦服信用了好几年，因此他乘机向昭王说：“我住在山东时，听说齐国有田文，没听说他们有国王；听说秦国有太后、穰侯、华阳君、高陵君、泾阳君，没听说有国王。能够独揽国家政权的才可称为国王，能够掌握国家利害大权的才可称为国王，能够掌握生杀大权的人才可称为国王。现在太后独断专行不顾一切，穰侯出使不向国王回报，华阳君、泾阳君等断罪处罚毫无顾忌，高陵君办事不向国王请示。这四贵存在而国家不发生危险是不可能的。处在这四贵的下面就是所谓的没有国王。像这样国家权力怎么能不破坏？政令怎么能从国王那里颁发呢？我听说善于治理国家的人，对内要巩固他的威力，对外要重视他的权力。穰侯的使者拿着国王的重大权力控制着诸侯，在天下发号施令，征讨敌人攻打国家，没有敢不听的。打了胜仗、攻取了地方后好处都归属陶，对国家有害的都加到诸侯身上；打了败仗就怨恨百姓，有了祸患就归属国家。古书里说'树上的果实多了树枝就会折弯了，树枝折弯了就会伤害了树的本干；都邑要扩大了就会危及国家，臣下要尊贵了就会卑弱他的君主'。崔杼、淖齿掌管齐国，结果崔杼射伤了庄公的大腿，淖齿抽掉了湣王的筋，把他挂在庙堂的屋梁上，过了一夜就死了。李兑掌管赵国，把主父囚禁在沙丘，一百天后就饿死了。现在我听说秦国太后、穰侯掌握政权，高陵君、华阳君、泾阳君协助他们，根本没有秦王的事，这也和淖齿、李兑是同一类型。三代之所以亡国的原因，是因为君主把权力授给了臣下，自己纵酒作乐、行围打猎，不过问政事，他所授给权力的人，妒贤嫉能，欺下蔽上，来成全他的私利，不为君主打算，而君主也不能觉悟，所以才丢掉他的国家。现在从有官爵起至各位大官，以及大王左右的人，没有一个不是相国的人。看到大王在朝廷里很孤立，我私下为大王担心，万世以后，拥有秦国的人就不会是大王的子孙了。"昭王听了之后大为恐惧，说："很好。"于是就废除了太后的权力，把穰侯、高陵君、华阳君、泾阳君赶出关外。秦王任范雎为秦相。收回了穰侯的相印，使他回到陶地，派县官供给他牛车一千多辆。到了关口，关口的人检查他的宝器，他的宝器珍怪的东西比王室还多。

秦封范雎以应，〔1〕号为应侯。当是时，秦昭王四十一年也。〔2〕

【注释】〔1〕"应"，古国名。姬姓。始封之君为周武王之子（一说为武王之弟）。战国时为宣太后的奉养邑，后又封给范雎。故址在今河南省鲁山县东。〔2〕"秦昭王四十一年"，即公元前二六六年。

【译文】秦国把应地封给了范雎，号为应侯。这个时候是秦昭王四十一年。

范雎既相秦，秦号曰张禄，而魏不知，以为范雎已死久矣。魏闻秦且东伐韩、魏，魏使须贾于秦。范雎闻之，为微行，敝衣间步之邸，〔1〕见须贾。须贾见之而惊曰："范叔固无恙乎！"范雎曰："然。"须贾笑曰："范叔有说于秦邪？"曰："不也。雎前日得过于魏相，故亡逃至此，安敢说乎！"须贾曰："今叔何事？"范雎曰："臣为人庸赁。"须贾意哀

之，留与坐饮食，曰："范叔一寒如此哉！"乃取其一绨袍以赐之。[2]须贾因问曰："秦相张君，[3]公知之乎？吾闻幸于王，天下之事皆决于相君。今吾事之去留在张君。孺子岂有客习于相君者哉？"范雎曰："主人翁习知之。唯睢亦得谒，[4]睢请为见君于张君。"须贾曰："吾马病，车轴折，非大车驷马，吾固不出。"范雎曰："愿为君借大车驷马于主人翁。"

【注释】〔1〕"邸"，招待宾客的馆舍。〔2〕"绨袍"，古代一种质粗厚，平滑而有光泽的丝织袍。古代相互赠送绨袍意谓不忘旧故。〔3〕"张君"，须贾不知道范雎逃出魏国到秦国任相时号曰张禄，只知道相姓张，所以这里称张君。〔4〕"唯"，有人认为此处的"唯"当读为"虽"，似可通。

【译文】范雎已经做了秦国的相国后，秦国称他为张禄，而魏国不知道，以为范雎早已经死了。魏国听说秦国将要向东讨伐韩国、魏国，魏国派须贾出使秦国。范雎听说这事以后，就私行出府，穿着破旧的衣服从小路来到馆舍，见到了须贾。须贾看见他以后惊讶地说："范叔原来安然无恙。"范雎说："是的。"须贾笑着说："范叔游说过秦王吗？"范雎说："没有。我以前得罪过魏相，所以才逃到这里来，怎么敢游说呢？"须贾问说："现在范叔做什么事呢？"范雎说："我给别人做帮佣。"须贾表现出悯怜他的样子，就留下和他一起吃饭，说："范叔竟穷困到这种地步。"于是拿出他的一件绨袍送给了范雎。须贾因此又问说："秦相张君，你知道这个人吗？我听说他很得宠于秦王，天下的大事都决定于相君。现在我的事情成功或者失败全在张君，你有没有朋友跟相君相熟习的呢？"范雎说："我的主人熟习他。我范雎可以通报求见，我请求为你向张君请见。"须贾说："我的马有病，车轴也折断了，不是大车驷马，我就不出去。"范雎说："我愿意为你向主人借大车驷马。"

范雎归取大车驷马，为须贾御之，入秦相府。府中望见，有识者皆避匿。须贾怪之。至相舍门，谓须贾曰："待我，我为君先入通于相君。"须贾待门下，持车良久，问门下曰："范叔不出，何也？"门下曰："无范叔。"须贾曰："乡者与我载而入者。"门下曰："乃吾相张君也。"须贾大惊，自知见卖，乃肉袒膝行，因门下人谢罪。于是范雎盛帷帐，侍者甚众，见之。须贾顿首言死罪，曰："贾不意君能自致于青云之上，贾不敢复读天下之书，不敢复与天下之事。贾有汤镬之罪，[1]请自屏于胡貉之地，[2]唯君死生之！"范雎曰："汝罪有几？"曰："擢贾之发以续贾之罪，尚未足。"[3]范雎曰："汝罪有三耳。昔者楚昭王时而申包胥为楚却吴军，[4]楚王封之以荆五千户，[5]包胥辞不受，为丘墓之寄于荆也。今睢之先人丘墓亦在魏，公前以睢为有外心于齐而恶睢于魏齐，公之罪一也。当魏齐辱我于厕中，公不止，罪二也。更醉而溺我，公其何忍乎？罪三矣。然公之所以得无死者，以绨袍恋恋，有故人之意，故释公。”乃谢罢。入言之昭王，罢归须贾。

【注释】〔1〕“汤镬”，古代的一种酷刑。即把人投入滚水中煮死。汤，滚水；镬，无足大鼎。〔2〕“胡貉”，我国古代泛称北方边地与西域的民族为胡貉。〔3〕“擢贾之发以续贾之罪尚未足”，意谓拔尽我须贾的头发接起来尚不能比我的罪恶长。一说“续”当作“数”解，意谓拔尽我须贾的头发用来数我的罪恶都不足用。〔4〕“申包胥”，春秋时秦国大夫，姓公孙，封于申（故址在今河南省南阳一带），故号申包胥（或作申勃苏）。或称王孙包胥、棼冒勃苏。他和伍子胥为知交。楚昭王十年（公元前五〇六年），吴用伍子胥计攻破楚国，他到秦国求救，在秦国痛哭了七天七夜，终使秦发兵救楚，打退了吴国军队。事详本书《秦本纪》、《战国策·楚策》等。〔5〕“荆”，楚国的古称。楚国原建于荆山一带，故名。

【译文】范睢回去要来大车驷马，并为须贾驾车，进入了秦相府。府中的人看到之后，有认识他的人都躲避让开。须贾对此事觉得奇怪。到了相国门口，对须贾说：“等我一下，我先为你进去通报一下相君。”须贾在门口等着，车停了好久，问门下的人说：“范叔为什么不出来呢？”门下的人说：“没有范叔这个人。”须贾说：“刚才和我同车进来的人。”门下的人说：“那是我们的国相张君。”须贾大吃一惊，自知上了当，于是就卸去衣服，露出身体，跪在地上移膝前进，托门下的人引进谢罪。于是范睢张挂起很多帐幔，侍从的人也很多，来见须贾。须贾一边叩头一边说自己该死，并说：“我须贾没想到你自己能致于青云之上，我不敢再读天下的书了，也不敢再参预天下的事了。我须贾有汤镬之罪，希望把我驱逐到北方胡貉地区，是生是死由你处置。”范睢说：“你的罪有多少？”须贾说：“拔下我须贾的头发来数我的罪过也不足数。”范睢说：“你的罪状有三。从前在楚昭王时申包胥为楚国打退了吴军，楚王封给他荆地五百户，包胥辞让不接受，是因为他先人的坟墓在荆地。现在我范睢先人的坟墓也在魏，你从前以为我范睢有外心向齐而在魏齐面前说我的坏话，这是你第一条罪状。当魏齐在厕所中侮辱我时，你不加制止，这是你第二条罪状。你酒醉后在我身上撒尿，你怎么那样忍心？这是你第三条罪状。然而你所以没有死的原因，是因为在赠送绨袍事上你有不忘故旧的情意，所以才放了你。”须贾谢罪后，范睢进去告诉了昭王，然后打发须贾回去。

须贾辞于范睢，范睢大供具，尽请诸侯使，与坐堂上，食饮甚设。而坐须贾于堂下，置莝豆其前，[1]令两黥徒夹而马食之。数曰：“为我告魏王，急持魏齐头来！不然者，我且屠大梁。”须贾归，以告魏齐。魏齐恐，亡走赵，匿平原君所。[2]

【注释】〔1〕“莝豆”，铡碎的草料。〔2〕“平原君”，即赵胜，战国时赵武灵王子，惠文王弟，封于东武城（在今山东省武城县西北），号平原君。三任赵相。相传有食客三千，与齐孟尝君（田文）、魏信陵君（魏无忌）、楚春申君（黄歇）称为四公子。惠文王九年（公元前二九〇年），秦围赵都邯郸，平原君用毛遂计与楚订立盟约，求救于魏，结果破秦存赵。事详本书《平原君列传》。

【译文】须贾向范雎辞行，范雎大张筵席，把诸侯的使节都请来，和他们共坐在堂上，饮食非常丰富。而让须贾坐在堂下，把喂马的碎草料放在他前面，派了两个黥徒夹住他像马一样给他吃。指责他说：“替我告诉魏王，赶快拿魏齐头来，不然我将血洗大梁。”须贾回去以后，把这些告诉了魏齐。魏齐感到害怕，逃跑到赵国，躲藏在平原君家里。

范雎既相，王稽谓范雎曰：“事有不可知者三，有不可奈何者亦三。宫车一日晏驾，[1]是事之不可知者一也。君卒然捐馆舍，[2]是事之不可知者二也。使臣卒然填沟壑，[3]是事之不可知者三也。宫车一日晏驾，君虽恨于臣，无可奈何。君卒然捐馆舍，君虽恨于臣，亦无可奈何。使臣卒然填沟壑，君虽恨于臣，亦无可奈何。”范雎不怿，乃入言于王曰：“非王稽之忠，莫能内臣于函谷关；[4]非大王之贤圣，莫能贵臣。今臣官至于相，爵在列侯，王稽之官尚止于谒者，非其内臣之意也。”昭王召王稽，拜为河东守，[5]三岁不上计。又任郑安平，昭王以为将军。范雎于是散家财物，尽以报所尝困厄者。[6]一饭之德必偿，睚眦之怨必报。[7]

【注释】〔1〕“晏驾”，古人以晏驾来比喻帝王的死亡。“晏”，迟，晚。“驾”，车。宫车晚出去必有事故。〔2〕“捐馆”，舍弃所居的屋舍。为死亡之婉称。〔3〕“填沟壑”，人死了之后埋在地下，是死亡的另一种婉称。〔4〕“内”，同纳。〔5〕“河东守”，即河东郡守。“河东”，郡名，秦置，辖境相当今山西沁水以西，山西、河南间黄河以北，山西、陕西间黄河以东，霍山以南地区。治所在临汾（在今山西省曲沃北）。〔6〕“厄”，困苦，灾难。〔7〕“睚眦”，怒目而视。借指小怨小忿。

【译文】范雎做了相国以后，王稽对范雎说：“有三件事情是不可预知的，有三件事是无可奈何的。某一天宫中的车突然晚出，这是第一件不可预知的事。你突然捐弃出住所，这是第二件不可预知的事。假使我突然填塞在沟壑之中，这是第三件不可预知的事。某一天宫中车突然晚出，你虽然怨恨我，但是无可奈何。你突然捐弃出住所，你虽然怨恨我，但也是无可奈何。假使我突然填塞在沟壑之中，你虽然怨恨我，仍然是无可奈何。”范雎听后很不快活，于是就回去和昭王说：“不是王稽忠诚，就不能把我带进函谷关来；不是大王的贤圣，就不能使我显贵。现在我官至相位，爵在列侯，而王稽的官位还是一个谒者，这不是他带我进来的意图。”昭王召见王稽，任他为河东郡守，三年也不向朝廷报告执政情况。后又保举郑安平，昭王任他为将军。于是范雎分散家中的财物，全部用来报答那些（曾为了自己的事而）遭到困苦的人。给吃一顿饭的恩德也一定要偿还，瞪过他一眼的小怨也一定要报复。

范雎相秦二年，秦昭王之四十二年，〔1〕东伐韩少曲、高平，〔2〕拔之。

【注释】〔1〕“秦昭王之四十二年”，即公元前二六五年。〔2〕“少曲”，战国时韩地，秦置县，故址在今河南省西部、洛河中游。“高平”，战国时韩地，今地不详。梁玉绳认为自“范雎相秦二年”至“拔之”为衍文，崔适认为此段当移至下段末尾“秦昭王乃出平原君归赵”的后面。可备一说。

【译文】范雎做了二年秦相，秦昭王四十二年时，向东讨伐韩国的少曲、高平，攻下了这两个地方。

秦昭王闻魏齐在平原君所，欲为范雎必报其仇，乃详为好书遗平原君曰：“寡人闻君之高义，愿与君为布衣之友，〔1〕君幸过寡人，寡人愿与君为十日之饮。”平原君畏秦，且以为然，而入秦见昭王。昭王与平原君饮数日，昭王谓平原君曰：“昔周文王得吕尚以为太公，齐桓公得管夷吾以为仲父，今范君亦寡人之叔父也。〔2〕范君之仇在君之家，愿使人归取其头来；不然，吾不出君于关。”平原君曰：“贵而为交者，为贱也；富而为交者，为贫也。夫魏齐者，胜之友也，在，固不出也，今又不在臣所。”昭王乃遗赵王书曰：“王之弟在秦，范君之仇魏齐在平原君之家。王使人疾持其头来；不然，吾举兵而伐赵，又不出王之弟于关。”赵孝成王乃发卒围平原君家，〔3〕急，魏齐夜亡出，见赵相虞卿。〔4〕虞卿度赵王终不可说，乃解其相印，与魏齐亡，间行，念诸侯莫可以急抵者，乃复走大梁，〔5〕欲因信陵君以走楚。〔6〕信陵君闻之，畏秦，犹豫未肯见，曰：“虞卿何如人也？”时侯嬴在旁，〔7〕曰：“人固未易知，知人亦未易也。夫虞卿蹑屩檐簦，〔8〕一见赵王，赐白璧一双，黄金百镒；〔9〕再见，拜为上卿；〔10〕三见，卒受相印，封万户侯。当此之时，天下争知之。夫魏齐穷困过虞卿，虞卿不敢重爵禄之尊，解相印，捐万户侯而间行。急士之穷而归公子，公子曰‘何如人’。人固不易知，知人亦未易也！”信陵君大惭，驾如野迎之。魏齐闻信陵君之初难见之，怒而自刭。赵王闻之，卒取其头予秦。秦昭王乃出平原君归赵。

【注释】〔1〕“布衣之友”，贫贱之交。〔2〕“太公”、“仲父”、“叔父”，都是古代帝王对宰相的尊称。“管夷吾”，即管仲。春秋时齐国颍上人，名夷吾，字仲。由鲍叔牙推荐，被齐桓公任命为卿，尊称为“仲父”。他主张通货积财，富国强兵，九合诸侯，一匡天下，使齐桓公成为春秋五霸之首。事详本书《管晏列传》。〔3〕“赵孝成王”，名丹，赵惠文王之子，赵国第八国君，公元前二六五年至前二四五年在位。〔4〕“虞卿”，战国时游说之士。因进说赵孝成王，为赵上卿，受相印，故称虞卿。他主张以赵为主合纵以抗秦。后因拯救魏相魏齐，弃相印与魏齐逃亡，困于梁。后穷愁著书，上采《春秋》，下观近世，以刺讥国家得失，世传为《虞氏春秋》，已佚，清人马国翰有辑本。事详本书《平原君虞卿列传》。〔5〕“大梁”，魏国国都，故址在今河南省开封市西北。〔6〕“信陵君”，名无忌，战国时魏安釐王异母弟。据《史记·六国年表》记载，魏安釐王元年封公子无忌为信陵君。与平原君（赵胜）、孟尝君（田文）、春申君（黄歇）称为四公子。相传有食客三千。魏安釐王二十年，秦围赵，魏使晋鄙领兵救赵，晋鄙害怕秦兵，按兵不动。信陵君使如姬从宫里窃得兵符，杀死晋鄙，夺取兵权，救赵胜秦。后为上将军，率五国兵大破秦军。因功高名盛为魏王所忌，遂称病不朝，病酒卒。事详本书《魏公子列传》。〔7〕“侯嬴”，战国时魏国隐士，亦称侯生。曾为大梁夷门的守门小吏，后被信陵君迎为上客。魏安釐王二十年（公元前二五七年），秦围赵，安釐王派将军晋鄙率兵救赵，观望不前。侯嬴献计信陵君，窃得兵符，并推荐力士朱亥，击杀晋鄙，夺得兵权，却秦救赵。事详本书《魏公子列传》〔8〕“蹑”，履，蹈。“屩”，亦作跻、绞，草鞋。“檐”，同担，用肩扛东西。“簦”，长柄雨笠。“蹑屩檐簦”意谓穿着草鞋，扛着雨具，出远门。〔9〕“镒”，或作溢，古代的重量单位名称。一说二十两为一镒，一说二十四两为一镒。〔10〕“上卿”，官名。最尊贵的诸侯臣称为上卿。

【译文】秦昭王听说魏齐在平原君家里，打算一定要为范雎报了他的仇恨，于是就假装和好，给平原君送去一封信说：“我听说你有崇高的道义，希望和你结为布衣之友，有幸你能到我这里来，我希望和你畅饮十天。”平原君害怕秦国，而且信以为真，就到秦国来见秦昭王。昭王和平原君畅饮了好几天后，昭王对平原君说：“从前周文王得到吕尚后称他为太公，齐桓公得到管夷吾后称他为仲父，现在范雎也就是我的叔父。范雎的仇人在你家，希望派人回去把他的头拿来，不这样我就不让出关。”平原君说：“人贵时交结朋友是为了贫时有依靠，人富时交结朋友是为了贫时有依靠。魏齐是我赵胜的朋友，即使在我家我也一定不能交出来，况且现在又不在我家里。”昭王于是就给赵王送了封信说：“君王的弟弟在秦国，范雎的仇人魏齐在平原君的家里。君王赶快派人拿他的头来，不这样我就兴兵讨伐赵国，而且也不放君王的弟弟出关。”赵孝成王于是就派兵包围了平原君的家，来势很急，魏齐乘晚上逃出，去见了赵相虞卿。虞卿估计赵王最终不可说服，于是解下他的相印，和魏齐偷偷地一起逃跑了。这时，他想到诸侯中没有能马上来抵抗秦国的，于是又逃到大梁，打算通过信陵君投奔到楚国。信陵君听到这件事后，害怕秦国，他犹犹豫豫不肯见他们，说：“虞卿是什么样的人呢?”这时侯嬴在旁边，说：“人本来是不容易被别人了解的，要了解人也是不容易的。虞卿穿着草鞋、背着雨笠出远门，一见赵王，赵王就赐给白璧一双，黄金百镒；第二次见时拜他为上卿；第三次见时授给他相印，封他为万户侯。正当这个时候，天下争着要了解他。魏齐穷困地到了虞卿那里，虞卿不敢用优厚的爵禄来使他尊贵，反而解下相印，舍弃万户侯的封爵而偷偷跑了。他着急魏齐的穷困而来到你这里，你却问说‘是什么样的人’。人本来是不容易了解的，要想了解人也是不容易的。”信陵君听了觉得非常惭愧，就驾车到郊外去迎接他们。魏齐听说信陵君当初不愿见他，一怒之下就自杀了。赵王听到这事后，终于拿上他的头去送给秦国。秦昭王于是才放出平原君使他回到赵国。

昭王四十三年，〔1〕秦攻韩汾陉，〔2〕拔之，因城河上广武。〔3〕

【注释】〔1〕“昭王四十三年”，即公元前二六四年。〔2〕“汾陉”，战国时韩地。《史记正义》云：“陉庭故城在绛州曲沃县（今山西省曲沃县）西北二十里汾水之阳。”一说在今河南省襄城县东北。〔3〕“河”，指黄河。“广武”，故址在今河南省荥阳县北，黄河的南岸。由此推测上条注“汾陉”的位置也当在广武附近。

【译文】秦昭王四十三年，秦国攻下了韩国的汾陉，因此就在黄河边广武山上筑城。

后五年，〔1〕昭王用应侯谋，纵反间卖赵，赵以其故，令马服子代廉颇将。〔2〕秦大破赵于长平，〔3〕遂围邯郸。〔4〕已而与武安君白起有隙，〔5〕言而杀之。任郑安平，使击赵。郑安平为赵所围，急，以兵二万人降赵。应侯席稾请罪。秦之法，任人而所任不善者，各以其罪罪之。于是应侯罪当收三族。〔6〕秦昭王恐伤应侯之意，乃下令国中：“有敢言郑安平事者，以其罪罪之。”而加赐相国应侯食物日益厚，以顺适其意。后二岁，〔7〕王稽为河东守，与诸侯通，坐法诛。而应侯日益以不怿。

【注释】〔1〕“后五年”，即秦昭王四十八年（公元前二五九年）。〔2〕“马服子”，即赵括。战国时赵国将领，马服君赵奢之子，故亦称马服子。他只会纸上谈兵，实际上不会指挥作

战。赵孝成王六年（公元前二六〇年）赵中了秦国的反间计，用他代替廉颇为将，在长平（在今山西省高平西北）被秦将白起包围，突围不成被射死。赵军四十五万士卒被俘坑死。事详本书《廉颇蔺相如列传》。“马服”，战国时赵地，故址在今河北省邯郸市西北。赵封赵括的父亲赵奢于此，称马服君，盖因马服山为号。“廉颇”，战国时赵将。赵惠文王时他曾率军破齐，夺取晋阳，拜为上卿。与蔺相如结为刎颈之交。在长平战争中他坚壁固守三年，使秦军老无功。后赵中秦反间计，以赵括代他为将，秦遂大败赵军，在长平坑杀赵卒四十五万。赵孝成王十五年（公元前二五一年）他率兵大破燕军于鄗（在今河北省柏乡县西北），封为信平君，任相国。悼襄王时获罪奔魏。后赵国多次被秦兵包围，打算重新起用廉颇，廉颇也思念赵国，因被人谗沮，未能实现。后又由魏至楚，为将无功，最后病死在寿春（在今安徽省寿县西南）。事详本书《廉颇蔺相如列传》。〔3〕“长平”，古城名，故址在今山西省高平县西北。〔4〕“邯郸”，古都邑，故址在今河北省邯郸市。〔5〕“武安君白起”，或称公孙起，战国时秦国名将，郿（在今陕西省眉县）人。秦昭王时官从左庶长升至大良造。屡战获胜，夺得韩、赵、魏、楚很多土地。秦昭王二十九年（公元前二七八年）攻克楚都郢（在今湖北省江陵西北），因功封武安君。长平之战，大胜赵军，坑杀赵卒四十五万。后被相国范雎所妒忌，意见不合，被迫自杀。事详本书《白起王翦列传》。〔6〕“三族”，古代的一种酷刑。即一人犯罪诛杀三族。据《史记·秦本纪集解》引张晏说，三族指父母、兄弟、妻子三族。如淳认为指父族、母族、妻族。《仪礼·士昏礼》注指父昆弟、己昆弟、子昆弟三族。《周礼·春官·小宗伯》注谓父、子、孙三族。各家说法不一。〔7〕“后二岁”，即指秦昭王五十年（公元前二五七年）。

【译文】五年以后，昭王采用了应侯的谋略，用反间计愚弄了赵国，赵国因为这个缘故，命令马服子代替了廉颇的将位。秦军在长平大胜赵军，接着包围了邯郸。不久和武安君白起有了怨仇，就进言昭王而杀死了白起。派郑安平去攻打赵国。郑安平被赵国所包围，非常紧急，就带着二万士兵投降了赵国。应侯坐在草席上请罪。秦法规定，任用人而用了不好的人，用人的人要按被用人的罪状来处罚。这样应侯的罪就应当拘捕他的三族。秦昭王害怕伤了应侯的心，于是给全国下令：“有敢说郑安平事情的人，就以他的罪来处罚这个人。”而给相国应侯加赐的食物一天比一天多，用这来顺从他的心意。二年以后，王稽做了河东郡守，因与诸侯私下勾结，犯法被诛杀。而应侯一天比一天不高兴。

昭王临朝叹息，应侯进曰：“臣闻‘主忧臣辱，主辱臣死’。今大王中朝而忧，臣敢请其罪。”昭王曰：“吾闻楚之铁剑利而倡优拙。[1]夫铁剑利则士勇，倡优拙则思虑远。夫以远思虑而御勇士，吾恐楚之图秦也。夫物不素具，不可以应卒，[2]今武安君既死，而郑安平等畔，[3]内无良将而外多敌国，吾是以忧。”欲以激励应侯。应侯惧，不知所出。蔡泽闻之，[4]往入秦也。

【注释】〔1〕“倡优”，倡指乐人，优指伎人，古本有别，后常并称，指歌舞杂技艺人。

〔2〕“卒”，通猝。〔3〕“畔”，通叛。〔4〕“蔡泽”，战国时燕国人，曾游说列国。后入秦说范雎，因此得见秦昭王，被用为客卿。后范雎辞退，拜他为秦相。曾献计说昭王攻灭西周，不久辞退相位，封为纲成君。在秦留居十多年。事详本传后半部分。

【译文】昭王登朝办事时常叹息，应侯进劝说：“我听说‘君主忧愁大臣就得受侮辱，君主受到侮辱大臣就得死去’。现在大王在朝中而忧愁，我应当请罪。”昭王说：“我听说楚国的铁剑很锋利而歌舞却很差。铁剑锋利士兵就会勇敢，歌舞拙劣就会深谋远虑。用深谋远虑来驾御勇敢的士兵，我担心楚国会图谋秦国。诸事平素没有准备，就不能应付突然的变化，现在武安君已经死了，郑安平等也叛变了，内无好的将领而外面敌国又多，所以我很忧愁。”打算用这些话来激励应侯。应侯听了很害怕，想不出什么办法来。蔡泽听到这件事后，就进入秦国。

蔡泽者，燕人也。游学干诸侯小大甚众，不遇。而从唐举相，[1]曰：“吾闻先生相李兑，曰‘百日之内持国秉’，有之乎？”曰：“有之。”曰：“若臣者何如？”唐举孰视而笑曰：“先生曷鼻，巨肩，魋颜，蹙齃，膝挛。吾闻圣人不相，殆先生乎？”蔡泽知唐举戏之，乃曰：“富贵吾所自有，吾所不知者寿也，愿闻之。”唐举曰：“先生之寿，从今以往者四十三岁。”蔡泽笑谢而去，谓其御者曰：“吾持粱刺齿肥，[2]跃马疾驱，怀黄金之印，结紫绶于要，[3]揖让人主之前，食肉富贵，四十三年足矣。”去之赵，见逐。之韩、魏，遇夺釜鬲于涂。[4]闻应侯任郑安平、王稽皆负重罪于秦，应侯内惭，蔡泽乃西入秦。

【注释】〔1〕“唐举”，或作“唐莒”，战国时梁人，善相术。“相”，即相术。古代观察人的相貌，预测命运的一种迷信活动。〔2〕“刺齿”，《史记集解》、《索隐》都认为是“啮”字之误。即将“齧”分写为两个字而又写错了。《太平御览》引此径作“啮”，疑当是。“啮肥”即食肥肉。〔3〕“黄金之印”、“紫绶”，《汉书·百官公卿表上》云：“相国、丞相，皆秦官，皆金印紫绶。”“紫绶”，即紫色丝带，作印组，或为服饰，是古代职位的一种标志。“要”，同腰。〔4〕“釜”，烹饪器，即无脚锅。“鬲”，古代的一种炊具。盛食用鼎，烹饪用鬲。“涂”，同途。

【译文】蔡泽是燕国人，曾游学于四方，在大大小小很多诸侯面前求官，都没有遇到机会。后到唐举那里去相面，说：“我听先生给李兑相面时说‘百日之内要执掌国家的权柄’，有这回事吗？”唐举说：“有这回事。”蔡泽说：“像我这样的人怎么样呢？”唐举仔细地看了一遍笑着说：“先生鼻子朝天，肩膀耸起，脸盘宽大，凹鼻梁，两膝蜷曲。我听说圣人是不能拘泥相貌的，大概说的是先生吧。”蔡泽知道唐举开他玩笑，于是说："富贵是我命里自有，我所不知道的是我寿命的长短，希望听你说说。"唐举说："先生的寿命，从今往后还有四十三年。"蔡泽笑着道谢完就离去了，对他驾车的人说："我吃米饭肥肉，跃马疾驰，身怀黄金大印，把紫色绶带拴在腰上，在君主面前得到尊敬，吃肉富贵，四十三年就满足了。"于是离开燕国去了赵国，被赵驱逐出来。到了韩国、魏国，在路上碰到坏人夺去了釜鬲。听说应侯保荐的郑安平、王稽都在秦国犯了重罪，应侯内心很惭愧，蔡泽于是向西进入秦国。

将见昭王，使人宣言以感怒应侯曰："燕客蔡泽，天下雄俊弘辩智士也。彼一见秦王，秦王必困君而夺君之位。"应侯闻，曰："五帝三代之事，百家之说，[1]吾既知之，众口之辩，吾皆摧之，是恶能困我而夺我位乎？"使人召蔡泽。蔡泽入，则揖应侯。[2]应侯固不快，及见之，又倨，应侯因让之曰："子尝宣言欲代我相秦，宁有之乎？"对曰："然。"应侯曰："请闻其说。"蔡泽曰："吁，君何见之晚也！夫四时之序，成功者去。夫人生百体坚强，手足便利，耳目聪明而心圣智，岂非士之愿与？"应侯曰："然。"蔡泽曰："质仁秉义，行道施德，得志于天下，天下怀乐敬爱而尊慕之，皆愿以为君王，岂不辩智之期与？"应侯曰："然。"蔡泽复曰："富贵显荣，成理万物，使各得其所；性命寿长，终其天年而不夭伤；天下继其统，守其业，传之无穷；名实纯粹，泽流千里，世世称之而无绝，与天地终始：岂道德之符而圣人所谓吉祥善事者与？"应侯曰："然。"

【注释】〔1〕"百家之说"，指春秋战国时百家学术思想。〔2〕"揖"，古时拱手之礼。

【译文】在将要见昭王的时候，派人宣言要激怒应侯，说："燕客蔡泽，是天下见识高超善于口辩的智士。他一见秦王，秦王一定会使你陷于艰难而夺取你的爵位。"应侯听说以后说："五帝三代时的事情、百家学术，我都知道，众人的辩论，我都能折服他们，这样怎么能使我陷于艰难而夺去我的爵位呢？"便派人召见蔡泽。蔡泽进来后向应侯行了长揖之礼。应侯本来心里不痛快，等见到蔡泽时又见他很傲慢，应侯因此就谴责他说："你曾宣言想要代我为秦相，难道有这件事吗？"蔡泽回答说："是这样。"应侯说："请听听你的高见。"蔡泽说："唉！你的见识为什么这样迟钝呢？四季的顺序，（是自然规律，）完成任务就要离去。人的一生能身体各部位都很健康，手脚便利，耳目聪明，心里明智，难道这不是做官人的祈望吗？"应侯说："是这样。"蔡泽说："体念仁心，执持正义，行道施德，就会得志于天下，天下的人就会感到高兴，敬爱你，尊慕你，都希望你做君王，难道这不是智辩之士的希望吗？”应侯说：“是这样。”蔡泽又说：“富贵显荣，治理万物，使它们各得其所；性命长寿，不受夭折而颐享天年；天下能继承他的道统，守住他的基业，无止境地流传下去；名副其实，恩泽远及千里之外，世世代代不断地称颂他，与天地共始终；难道这不是行道施德的效验和圣人所讲的吉祥善事吗？”应侯说：“是这样。”

蔡泽曰：“若夫秦之商君，〔1〕楚之吴起，〔2〕越之大夫种，〔3〕其卒然亦可愿与？”应侯知蔡泽之欲困己以说，复谬曰：“何为不可？夫公孙鞅之事孝公也，〔4〕极身无贰虑，尽公而不顾私；设刀锯以禁奸邪，信赏罚以致治；披腹心，示情素，蒙怨咎，欺旧友，夺魏公子卬，〔5〕安秦社稷，利百姓，卒为秦禽将破敌，〔6〕攘地千里。吴起之事悼王也，〔7〕使私不得害公，谗不得蔽忠，言不取苟合，行不取苟容，不为危易行，行义不辟难，〔8〕然为霸主强国，不辞祸凶。大夫种之事越王也，〔9〕主虽困辱，悉忠而不解，主虽绝亡，尽能而弗离，成功而弗矜，贵富而不骄怠。若此三子者，固义之至也，忠之节也。是故君子以义死难，视死如归；生而辱不如死而荣。士固有杀身以成名，唯义之所在，虽死无所恨。何为不可哉？”

【注释】〔1〕“商君”，姓公孙，名鞅，战国时卫国人。因为他封于商（在今陕西省商县东南），所以亦称商君、商鞅。初为魏相公叔痤家臣，后入秦进说秦孝公，历任秦左庶长、大良造。相秦十九年，辅佐孝公变法，主张废井田，开阡陌，奖励耕战，使秦国富强。秦孝公二十二年（公元前三四〇年），因战功封于商。秦孝公死后，公子虔等诬陷他谋反，车裂而死。事详本书《商君列传》。〔2〕“吴起”，战国时卫国左氏（在今山东省曹县北）人。曾从学于曾参，善用兵。初任鲁将，继任魏将，屡建战功，魏文侯任他为西河太守。魏文侯死后，被魏相公叔痤所忌，逃奔楚国。初为楚宛（在今河南省南阳）守，后楚悼王用为令尹，辅佐楚悼王实行变法，强迫旧贵族到边疆开荒，使楚国富强起来。楚悼王死后，被楚旧贵族所杀害，变法失败。事详本书《孙子吴起列传》。〔3〕“大夫种”，春秋末年越国大夫。字少禽，或作子禽。楚国郢（在今湖北省江陵西北）人。与范蠡同事越王勾践。吴王夫差二年（公元前四九四年）越被吴击破，困于会稽（在今浙江省绍兴），他献计越王勾践，到吴贿赂太宰嚭，得免亡国。勾践回国后授以国政，君臣刻苦图强，终于灭亡吴国。功成之后，范蠡劝他引退，他不听，后勾践听信谗言，赐剑命他自杀。事详《吴越春秋·勾践伐吴外传》。〔4〕“孝公”，即秦孝公。战国时秦国国君，名渠梁。公元前三六一年至前三三八年在位。他任用商鞅变法，使秦国日益富强。事详本书《秦本纪》、《战国策·秦策》。〔5〕“魏公子卬”，魏军将领。〔6〕“禽”，通擒。〔7〕“悼王”，即楚悼王，战国时楚国国君，名熊疑。公元前四〇一年至前三八一年在位。〔8〕“辟”，通避。〔9〕“越王”，指越王勾践。

【译文】蔡泽说："像秦国的商君，楚国的吴起，越国的大夫种，他们那样死去也值得羡慕吗？"应侯知道蔡泽想以这些话来堵自己的嘴，就又胡说道："为什么不可以呢？公孙鞅侍奉秦孝公，终身没有二心，尽心为公而不顾私；设立法律来禁止奸邪，立信赏罚来达到统治；推心置腹，坦露真诚，忍受怨恨，欺骗故友，俘虏了魏公子卬，安定了秦国政权，使百姓受到利益，最后为秦国破敌擒将，拓地千里。吴起侍奉楚悼王，使私情不得危害公事，谗言不得掩蔽忠良，不相信随声附和的语言，不采取依违两可的行为，不因为碰到困难而改变行动，执行正义决不躲避祸患，为君主称霸，为国家富强，决不躲避危难。大夫种侍奉越王，君主虽然受到艰难和羞辱，但他还尽忠诚而绝不懈怠，虽然君主要绝世亡国，还要尽自己的能力而绝不离开，事情成功后不骄傲自夸，自己富贵以后也不骄横怠慢。像这三个人，他们本来道义已经达到最高表现，忠已达到了典范。所以君子为了大义而死，就视死如归；活着受羞辱就不如死去光荣。士人本来就愿意杀身以成名，只要大义之所在，即使是死去也无所悔恨。为什么不可以呢？"

蔡泽曰："主圣臣贤，天下之盛福也；君明臣直，国之福也；父慈子孝，夫信妻贞，家之福也。故比干忠而不能存殷，〔1〕子胥智而不能完吴，申生孝而晋国乱。〔2〕是皆有忠臣孝子，而国家灭乱者，何也？无明君贤父以听之，故天下以其君父为僇辱而怜其臣子。今商君、吴起、大夫种之为人臣，是也；其君，非也。故世称三子致功而不见德，岂慕不遇世死乎？夫待死而后可以立忠成名，是微子不足仁，〔3〕孔子不足圣，〔4〕管仲不足大也。夫人之立功，岂不期于成全邪？身与名俱全者，上也。名可法而身死者，其次也。名在僇辱而身全者，下也。"于是应侯称善。

【注释】〔1〕"比干"，商纣王的叔伯父（一说为纣庶兄），官少师。传说纣淫乱，比干犯颜强谏，纣怒，剖其心而死。与微子、箕子称殷之三仁。事详《尚书·泰誓》、《武成》及本书《宋世家》。〔2〕"申生"，晋献公之子，其母为齐桓公女齐姜。献公伐骊戎得骊姬之后，献公宠骊姬，骊姬欲立其子奚齐而废太子申生。献公出去打猎，骊姬派人把毒药放在食物中，献公打猎回来，骊姬说申生想毒死献公而代之。申生听这话以后逃奔新城。申生不肯为了辩明自己的冤枉而伤献公的心，于是在新城自杀。事详本书《晋世家》。献公死后，诸子争位，晋国大乱。〔3〕"微子"，名启（或作开），商纣王的庶兄，曾封于微（在今山东省梁山西北），故称微子。曾数谏纣王，纣王不听，于是他出走。周武王灭商时他向武王求降。周公旦攻灭武庚后封他于宋。事详《尚书·微子》、本书《宋微子世家》。〔4〕"孔子不足圣"，孔子曾说过"邦有道则仕，邦无道则可卷而怀之"，又说"危邦不入，乱邦不居"，因他有保身逃死的思想，所以不足为圣。

【译文】蔡泽说："君主圣明，臣子贤能，这是天下的大福；君主明智，臣子正直，这是国家的福气；父亲慈祥，儿子孝敬，丈夫诚信，妻子贞节，这是家庭的福气。所以比干忠心而殷朝不能存在，子胥明智而吴国不能保全，申生孝敬而晋国大乱。这些国家都有忠臣孝子，而国家有的灭亡有的大乱，这是为什么呢？因为没有明智的君主和贤能的父亲去听从他们，所以天下的人把他们的君主、父亲看作是耻辱，而怜悯他们的臣、子。现在看来商君、吴起、大夫种作为人臣的所作所为是对的，他们的君主是不对的。所以世间说这三个人是尽了忠孝之功而看不到他们的恩德，难道还羡慕他们不遇明主而死吗？如果等死了以后才能立忠成名，那么微子是不足以称仁的，孔子也是不足以称圣的，管仲也是不足以称他伟大了。一个人建立功业，难道不希望他成全吗？身和名全部成全者这是上等。功名可以效法而生命失去者这是次一等。名声受到了辱骂而生命却保全者这是下等。"这时候应侯才称道蔡泽的话是对的。

蔡泽少得间，因曰："夫商君、吴起、大夫种，其为人臣尽忠致功则可愿矣，闳夭事文王，[1]周公辅成王也，[2]岂不亦忠圣乎？以君臣论之，商君、吴起、大夫种其可愿孰与闳夭、周公哉？"应侯曰："商君、吴起、大夫种弗若也。"蔡泽曰："然则君之主慈仁任忠，惇厚旧故，[3]其贤智与有道之士为胶漆，[4]义不倍功臣，[5]孰与秦孝公、楚悼王、越王乎？"应侯曰："未知何如也。"蔡泽曰："今主亲忠臣，不过秦孝公、楚悼王、越王，君之设智，能为主安危修政，治乱强兵，批患折难，广地殖谷，富国足家，强主，尊社稷，显宗庙，天下莫敢欺犯其主，主之威盖震海内，功彰万里之外，声名光辉传于千世，君孰与商君、吴起、大夫种？"应侯曰："不若。"蔡泽曰："今主之亲忠臣不忘旧故不若孝公、悼王、勾践，而君之功绩爱信亲幸又不若商君、吴起、大夫种，然而君之禄位贵盛，私家之富过于三子，而身不退者，恐患之甚于三子，窃为君危之。语曰'日中则移，月满则亏'。物盛则衰，天地之常数也。进退盈缩，与时变化，圣人之常道也。故'国有道则仕，国无道则隐'。圣人曰'飞龙在天，利见大人'。[6]'不义而富且贵，于我如浮云'。[7]今君之怨已雠而德已报，[8]意欲至矣，而无变计，窃为君不取也。且夫翠、鹄、犀、象，其处势非不远死也，而所以死者，惑于饵也。苏秦、智伯之智，[9]非不足以辟辱远死也，而所以死者，惑于贪利不止也。是以圣人制礼节欲，取于民有度，使之以时，用之有止，故志不溢，行不骄，常与道俱而不失，故天下承而不绝。昔者齐桓公九合诸侯，一匡天下，至于葵丘之会，[10]有骄矜之志，畔者九国。吴王夫差兵无敌于天下，[11]勇强以轻诸侯，陵齐晋，[12]故遂以杀身亡国。夏育、太史噭叱呼骇三军，[13]然而身死于庸夫。此皆乘至盛而不返道理，不居卑退处俭约之患也。夫商君为秦孝公明法令，禁奸本，尊爵必赏，有罪必罚，平权衡，正度量，调轻重，[14]决裂阡陌，[15]以静生民之业而一其俗，劝民耕农利土，一室无二事，力田稸积，[16]习战陈之事，[17]是以兵动而地广，兵休而国富，故秦无敌于天下，立威诸侯，成秦国之业。功已成矣，而遂以车裂。[18]楚地方数千里，持戟百万，白起率数万之师以与楚战，[19]一战举鄢郢以烧夷陵，[20]再战南并蜀汉。[21]又越韩、魏而攻强赵，北阬马服，[22]诛屠四十余万之众，尽之于长平之下，[23]流血成川，沸声若靁，[24]遂入围邯郸，使秦有帝业。楚、赵天下之强国而秦之仇敌也，自是之后，楚、赵皆慑伏不敢攻秦者，白起之势也。身所服者七十余城，功已成矣，而遂赐剑死于杜邮。[25]吴起为楚悼王立法，卑减大臣之威重，罢无能，废无用，损不急之官，塞私门之请，一楚国之俗，禁游客之民，精耕战之士，南收杨越，[26]北并陈、蔡，[27]破横散从，[28]使驰说之士无所开其口，禁朋党以励百姓，定楚国之政，兵震天下，威服诸侯。功已成矣，而卒枝解。[29]大夫种为越王深谋远计，免会稽之危，[30]以亡为存，因辱为荣，垦草入邑，辟地殖谷，率四方之士，专上下之力，辅勾践之贤，报夫差之雠，卒擒劲吴，令越成霸。功已彰而信矣，勾践终负而杀之。[31]此四子者，功成不去，祸至于此。此所谓信而不能诎，[32]往而不能返者也。范蠡知之，[33]超然辟世，[34]长为陶朱公。君独不观夫博者乎？[35]或欲大投，或欲分功，此皆君之所明知也。今君相秦，计不下席，谋不出廊庙，坐制诸侯，利施三川，[36]以实宜阳，[37]决羊肠之险，塞太行之道，又斩范、中行之涂，[38]六国不得合从，栈道千里，[39]通于蜀汉，使天下皆畏秦，秦之欲得矣，君之功极矣，此亦秦之分功之时也。如是而不退，则商君、白公、[40]吴起、大夫种是也。吾闻之，'鉴于水者见面之容，鉴于人者知吉与凶'。《书》曰'成功之下，不可久处'。四子之祸，君何居焉？君何不以此时归相印，让贤者而授之，退而岩居川观，必有伯夷之廉，[41]长为应侯，世世称孤，[42]而有许由、延陵季子之让，[43]乔松之寿，[44]孰与以祸终哉？即君何居焉？忍不能自离，疑不能自决，必有四子之祸矣。《易》曰'亢龙有悔'，[45]此言上而不能下，信而不能诎，往而不能自返者也。愿君孰计之！"应侯曰："善。吾闻'欲而不知足，失其所以欲；有而不知止，失其所以有'。先生幸教，睢敬受命。”于是乃延入坐，为上客。

【注释】〔1〕“闳夭”，西周初年大臣，与散宜生、太颠等共事周文王。文王被纣囚禁于羑里（在今河南省汤阴县北），他很担忧，于是求有莘氏之美女、骊戎之文马、有熊之九驷以及其它奇物献给纣，才使纣释放了文王。后他随武王伐灭纣。“文王”，即周文王，姬姓，名昌。商末周族首领，周武王的父亲。居于岐山之下。曾被纣囚于羑里。后获释，为西方诸侯之长，称西伯。在位期间国势强盛。他迁都丰（在今陕西省西安市西南沣水西岸）。子武王起兵伐纣灭殷，建立周王朝。事详本书《周本纪》。〔2〕“周公”，姬姓，名旦，亦称叔旦，因采邑在周（在今陕西省岐山北），所以称为周公。他是周文王的儿子，周武王的弟弟。他曾帮助武王灭商，建立周王朝。武王死后，成王年幼，由他摄政，其兄弟管叔、蔡叔、霍叔等人不服，联合武庚和东方夷族反叛。他出师东征，平定反叛，大规模分封诸侯，并营建雒邑（在今河南省洛阳）作为东都。事详本书《鲁周公世家》。“成王”，即周成王，姬姓，名诵。其父周武王死时他年幼，由叔父周公旦摄政。周公东征胜利之后，巩固了西周王朝的统治，后周公归政于他。〔3〕“惇”，通敦。〔4〕“胶漆”，比喻情投意合，亲密无间。〔5〕“倍”，通背。〔6〕“飞龙在天，利见大人”，语出《易·乾卦》。比喻大人居高贵之位，有所作为，大人则有利。〔7〕“不义而富且贵，于我如浮云”，语出《论语·述而篇》。〔8〕“雠”，通售。卖物必有代价，故引申为报答或报复的意思。〔9〕“苏秦”，字季子，战国时著名的纵横家，东周雒阳（在今河南省洛阳东）人。齐湣王末年被任命为齐相。秦昭王约齐湣王并称东西帝，他劝齐湣王取消帝号，和赵李兑一起约五国攻秦，赵封他为武安君。后燕将乐毅联合五国大举攻齐，他的反间活动暴露，被车裂而死。事详本书《苏秦列传》。一九七三年长沙马王堆汉墓中出土的《战国纵横家书》（文物出版社出版）中保存了苏秦大量的书信和游说之辞，是一份十分珍贵的有关苏秦的原始资料。资料所反映的有关苏秦的史实与《史记·苏秦列传》的记载有较大的出入，是研究苏秦的重要参考资料。“智伯”，名瑶，亦称知伯，春秋时晋国人。他曾协助韩、魏围攻赵国，韩、魏怕赵灭亡后祸及自己，反而和赵合谋共攻杀智伯。〔10〕“葵丘”，春秋时宋地，故址在今河南省兰考、民权县境内。“葵丘之会”指齐桓公建立霸权之后，在公元前六五一年在葵丘邀集鲁、宋、卫、郑、许、曹等国相会结盟，规定不可壅塞水源，不能阻碍各地粮食通道，不可改换嫡子，不可随便杀死大夫，要尊贤育才，选拔贤士，不许士世袭官职，同盟者都要言归于好。因齐桓公有骄矜之志，诸侯多叛离。〔11〕“吴王夫差”，春秋末年吴国国君，吴王阖闾之子。阖闾被越王勾践所伤而死，夫差嗣立，为报父仇，在夫椒打败越兵，乘胜攻破越都，迫使勾践求和。周敬王三十六年（公元前四八四年），吴国攻打齐国，以图向北扩展，在艾陵（在今山东省莱芜东北）大败齐兵。三十八年（公元前四八二年）在黄池（在今河南省封丘西南）和诸侯盟会，与晋争霸，越乘虚入吴都，大败吴兵。周元王三年（公元前四七三年）越再次兴兵攻灭吴国，夫差自杀。事详本书《吴世家》、《国语·吴语》、《吴越春秋·夫差内传》。〔12〕“陵齐晋”，指公元前四八四年吴救鲁伐齐，战于艾陵，大败齐师事及公元前四八二年吴、晋相会于黄池争霸事。〔13〕“太史嗷”，传说为古代的勇士，事迹不详。《史记》仅此一见。〔14〕“权衡”，称量物体轻重的器具。“度量”，测量物体长短的器具。“轻重”，我国历史上关于调节商品、货币流通和控制物价的理论，以《管子·轻重篇》的论述为最详细。〔15〕“阡陌”，或作“千百”、“仟佰”，田界。《史记·商君列传正义》说“南北曰阡，东西曰陌”。〔16〕“稸积”，即积蓄。〔17〕“陈”，同阵。〔18〕“车裂”，用车撕裂人体，是我国古代一种残酷的死刑。俗称“五马分

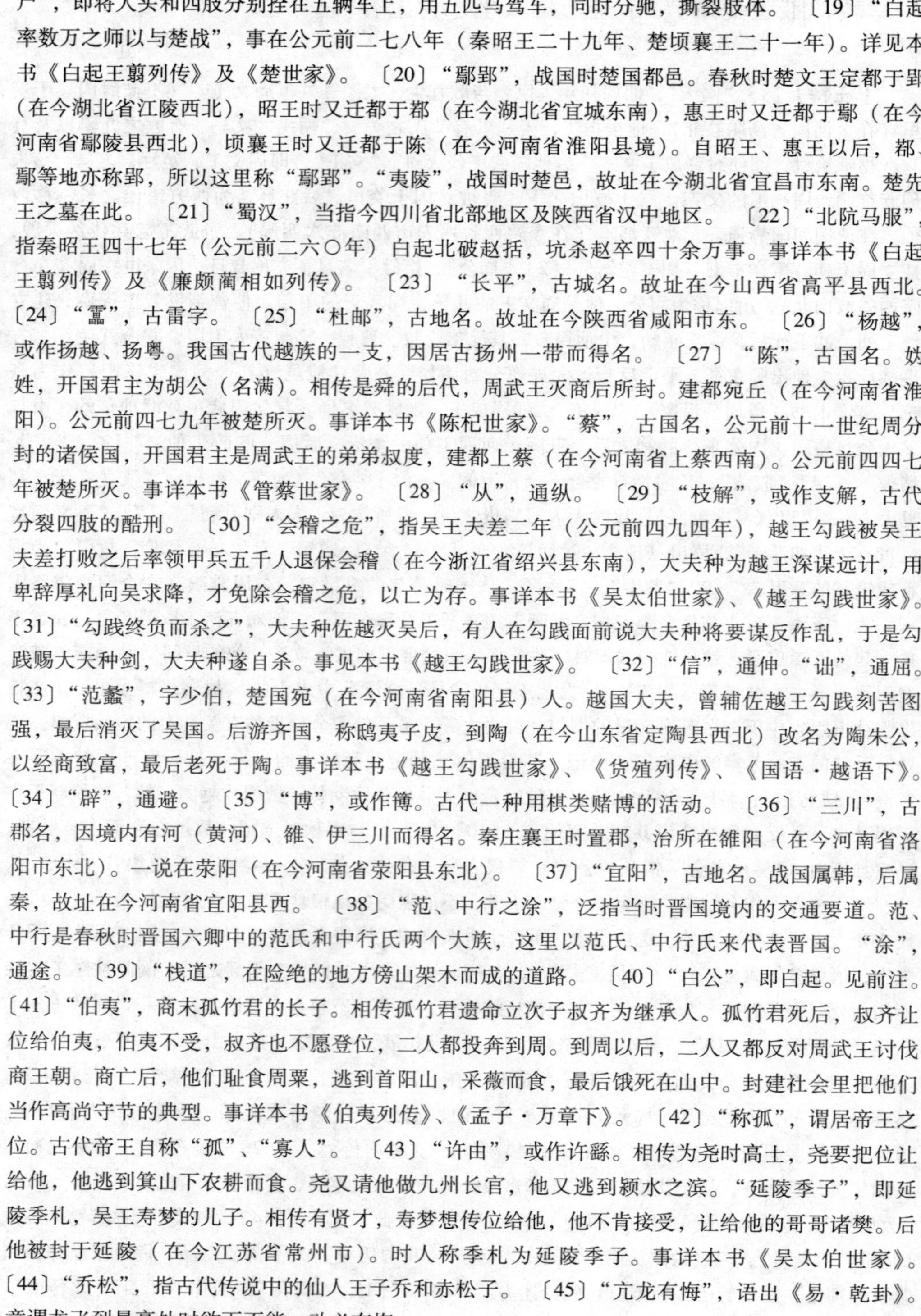

尸”，即将人头和四肢分别拴在五辆车上，用五匹马驾车，同时分驰，撕裂肢体。〔19〕“白起率数万之师以与楚战”，事在公元前二七八年（秦昭王二十九年、楚顷襄王二十一年）。详见本书《白起王翦列传》及《楚世家》。〔20〕“鄢郢”，战国时楚国都邑。春秋时楚文王定都于郢（在今湖北省江陵西北），昭王时又迁都于鄀（在今湖北省宜城东南），惠王时又迁都于鄢（在今河南省鄢陵县西北），顷襄王时又迁都于陈（在今河南省淮阳县境）。自昭王、惠王以后，鄀、鄢等地亦称郢，所以这里称“鄢郢”。“夷陵”，战国时楚邑，故址在今湖北省宜昌市东南。楚先王之墓在此。〔21〕“蜀汉”，当指今四川省北部地区及陕西省汉中地区。〔22〕“北阬马服”，指秦昭王四十七年（公元前二六〇年）白起北破赵括，坑杀赵卒四十余万事。事详本书《白起王翦列传》及《廉颇蔺相如列传》。〔23〕“长平”，古城名。故址在今山西省高平县西北。〔24〕“靁”，古雷字。〔25〕“杜邮”，古地名。故址在今陕西省咸阳市东。〔26〕“杨越”，或作扬越、扬粤。我国古代越族的一支，因居古扬州一带而得名。〔27〕“陈”，古国名。妫姓，开国君主为胡公（名满）。相传是舜的后代，周武王灭商后所封。建都宛丘（在今河南省淮阳）。公元前四七九年被楚所灭。事详本书《陈杞世家》。“蔡”，古国名，公元前十一世纪周分封的诸侯国，开国君主是周武王的弟弟叔度，建都上蔡（在今河南省上蔡西南）。公元前四四七年被楚所灭。事详本书《管蔡世家》。〔28〕“从”，通纵。〔29〕“枝解”，或作支解，古代分裂四肢的酷刑。〔30〕“会稽之危”，指吴王夫差二年（公元前四九四年），越王勾践被吴王夫差打败之后率领甲兵五千人退保会稽（在今浙江省绍兴县东南），大夫种为越王深谋远计，用卑辞厚礼向吴求降，才免除会稽之危，以亡为存。事详本书《吴太伯世家》、《越王勾践世家》。〔31〕“勾践终负而杀之”，大夫种佐越灭吴后，有人在勾践面前说大夫种将要谋反作乱，于是勾践赐大夫种剑，大夫种遂自杀。事见本书《越王勾践世家》。〔32〕“信”，通伸。“诎”，通屈。〔33〕“范蠡”，字少伯，楚国宛（在今河南省南阳县）人。越国大夫，曾辅佐越王勾践刻苦图强，最后消灭了吴国。后游齐国，称鸱夷子皮，到陶（在今山东省定陶县西北）改名为陶朱公，以经商致富，最后老死于陶。事详本书《越王勾践世家》、《货殖列传》、《国语·越语下》。〔34〕“辟”，通避。〔35〕“博”，或作簙。古代一种用棋类赌博的活动。〔36〕“三川”，古郡名，因境内有河（黄河）、雒、伊三川而得名。秦庄襄王时置郡，治所在雒阳（在今河南省洛阳市东北）。一说在荥阳（在今河南省荥阳县东北）。〔37〕“宜阳”，古地名。战国属韩，后属秦，故址在今河南省宜阳县西。〔38〕“范、中行之涂”，泛指当时晋国境内的交通要道。范、中行是春秋时晋国六卿中的范氏和中行氏两个大族，这里以范氏、中行氏来代表晋国。“涂”，通途。〔39〕“栈道”，在险绝的地方傍山架木而成的道路。〔40〕“白公”，即白起。见前注。〔41〕“伯夷”，商末孤竹君的长子。相传孤竹君遗命立次子叔齐为继承人。孤竹君死后，叔齐让位给伯夷，伯夷不受，叔齐也不愿登位，二人都投奔到周。到周以后，二人又都反对周武王讨伐商王朝。商亡后，他们耻食周粟，逃到首阳山，采薇而食，最后饿死在山中。封建社会里把他们当作高尚守节的典型。事详本书《伯夷列传》、《孟子·万章下》。〔42〕“称孤”，谓居帝王之位。古代帝王自称“孤”、“寡人”。〔43〕“许由”，或作许繇。相传为尧时高士，尧要把位让给他，他逃到箕山下农耕而食。尧又请他做九州长官，他又逃到颍水之滨。“延陵季子”，即延陵季札，吴王寿梦的儿子。相传有贤才，寿梦想传位给他，他不肯接受，让给他的哥哥诸樊。后他被封于延陵（在今江苏省常州市）。时人称季札为延陵季子。事详本书《吴太伯世家》。〔44〕“乔松”，指古代传说中的仙人王子乔和赤松子。〔45〕“亢龙有悔”，语出《易·乾卦》。意谓龙飞到最高处时欲下不能，动必有悔。

【译文】蔡泽稍稍抓到一点空子就说："商君、吴起、大夫种，他们作为人臣能尽忠建功，当然值得羡慕，像闳夭侍奉文王，周公辅佐成王，难道不也是很忠诚吗？用君臣的关系来评论，商君、吴起、大夫种和闳夭、周公你愿意像谁呢？"应侯说："商君、吴起、大夫种不如闳夭、周公。"蔡泽说："那么你的君主慈仁任忠，笃念旧情，他尊重智能，和有道德的人为深交，坚守道义，不背弃功臣，和秦孝公、楚悼王、越王相比怎么样呢？"应侯说："不知道相比结果怎么样。"蔡泽说："现在君主亲近忠臣不如秦孝公、楚悼王、越王，你发挥聪明才智，能替君主安定危局，修明政治，平定乱事，增强兵力，排除祸患，消灭灾难，拓大疆土，种植粮谷，使国家富强，百姓富足，增强君主的权威，使国家地位尊崇，宗庙名声显扬，天下没有敢欺骗侵犯你的君主，君主威震四海，功业远扬万里之外，声名光辉流传千世，你和商君、吴起、大夫种相比怎么样呢？"应侯说："不如他们。"蔡泽说："现在你的君主在亲近忠臣、不忘故旧方面不若孝公、悼王、勾践，而你在功绩和君主对你的宠信亲近方面又不若商君、吴起、大夫种，然而你官高禄盛，私家财产又富于那三个人，这时还不退隐，恐怕祸患要超过那三个人，我为你感到危险。俗话说'日中则移，月满则亏'。物盛则衰，这是天地间的必然规律。进退盈缩要随时调整以适应四时的变化，这也是圣人应遵循的常规。所以'国家有道就出来做官，国家无道就隐居起来'。圣人说过'大人居高贵之位，大人就会有利'。'不以道义而得到的富贵，对于我来讲就像天上的浮云一般'。现在你的怨恨已经报复了，恩德也已经报答了，心愿都已经达到了，但还没有变化的打算，我私下认为这是你不可取的。像翠、鹄、犀、象这些珍禽异兽，它们的处境是不大容易被人弄死的，而所以造成死亡的原因，是因为有香饵来的诱惑。苏秦、智伯的智慧，不是不能避开耻辱和远离死亡的，而所以造成死亡的原因，是因为迷惑于贪利不止的缘故。所以圣人制定了礼仪来节制人们的欲望，征取民间的财富要有限度，役使民力要不违时节，使用百姓要有止境，所以志向不要太高，行动不要骄横，经常符合规律而不要偏离了它，这样天下就能继承下来不会断绝。从前齐桓公九合诸侯，一匡天下，到了葵丘之会时，产生了骄傲自满的态度，很多国家都背叛了他。吴王夫差的军队无敌于天下，以他们的勇敢强大来轻视诸侯国，欺凌齐国和晋国，因此而身死国亡。夏育、太史噭呼喊一声就可以骇倒三军，然而他们却死在庸夫手中。这些都是乘势达到强盛却又不肯返躬的原因所致和不退居低位不节俭所带来的祸患。商君为秦孝公明制法令，禁止产生罪恶的根源。尊爵必赏，有罪必罚，统一权衡器具，校正度量器具，调整商品货币制度，消除了田间的界道，来安定百姓的事业，统一了百姓的习俗，鼓励人们去农耕，用尽土地的效益，一个家室不干两种事情，努力种田，积蓄粮食，要熟悉作战的阵法，所以只要兵动就能扩展国土，兵休就能国富民强，所以秦国才无敌于天下，在诸侯国中树立了威权，使秦国的事业得以成功。功业完成之后，就车裂处死。楚国方圆数千里，作战的士卒有百万，白起率领数万军队和楚国作战，第一次作战就攻下了鄢郢，烧毁了夷陵，第二次作战向南吞

并了蜀汉。后来又越过韩、魏去攻打强大的赵国，向北坑杀了马服子，在长平屠杀了四十余万人，流血成河，沸腾的声音就像打雷一般，于是进而包围了邯郸，使秦国完成了称帝的大业。楚、赵是天下的强国，也是秦国的仇敌，从此以后，楚、赵都畏惧屈服而不敢进攻秦国的原因，是因为有白起威势的缘故。他亲自征服了七十多个城邑，大功告成之后，却被赐剑而死于杜邮。吴起为楚昭王订立了法令，削弱了大臣的重威，罢免了没有才能的人，废除了没有用处的人，去掉了不急需设立的官吏，堵塞了徇私的请托，统一了楚国的风俗，禁止百姓游手好闲，认真训练耕战的士兵，向南收服了杨越，向北吞并了陈、蔡，粉碎了纵横家的游说，使游说之士无法开口，禁止结党营私来鼓励百姓，稳定了楚国的政权，兵震天下，用威力屈服了诸侯，大功告成之后，终于被肢解而死。大夫种为越王深谋远虑，解除了会稽的危难，转亡为存，转辱为荣，开垦荒芜来充实城邑，开垦田地来种植五谷，率领四方之士，团结上下的力量，辅佐贤能的勾践，向夫差报了仇恨，终于打败了强大的吴国，使越国称霸天下，功劳很明白而且确实可信，勾践最后忘恩负义而杀死了他。这四个人，大功告成以后却不离去，最后祸患临头。这就是所谓只能伸而不能屈，只知前进而不知后退的人。范蠡知道这个道理，他超然避世，常做陶朱公。你难道没有见过赌博的人吗？有的想押大注，有的想得寸进尺，这些都是你所明白知道的。现在你相秦，出谋划策不需离开坐席和走出廊庙，坐在那里就可以制服诸侯，开拓三川之利来充实宜阳，截断了羊肠的天险，堵塞了太行的道路，封锁了范氏、中行氏的交通，使六国不能够合纵。修筑了千里栈道，直通蜀汉，使天下都畏惧秦国，秦国的欲望达到了，你的功劳也就到了极点，这时也就是秦国分功的时候。在这个时候还不隐退，就会像商君、白公、吴起、大夫种一样。我听说‘照着水来看可以看到自己的面容，照着人来看可以知道自己的凶吉’。《书》中说‘成功之下不可久居’。像他们四人的祸患你怎么能承当了呢？你为什么不乘这个机会归还相印，让位给贤能的人去接受它，你退下来隐居在山川之中，这样一定会得到像伯夷一样的廉让美名，常作应侯，世世代代传下去，就会有许由、延陵季子廉让的称誉，乔松一样长寿，哪里能和因祸而死的相比呢？你怎么选择呢？如果你忍心也不能自己离开相位，犹犹豫豫不能自己下定决心，那一定会有那四个人的祸患。《易》经上说‘高空中的龙也有悔恨的事’，这就是说那些上去不能下来，伸出去不能屈回来，走出去不能返回的人。希望你好好地考虑一下。”应侯说：“很好。我听说‘有欲望而不知足，就会失去他的欲望所得，已经富有了而不知停止，就会失去他的富有财产’，承蒙先生指教，我范雎尊敬地接受你的意见。”于是就引蔡泽入坐，作为上等客人接待。

后数日，入朝，言于秦昭王曰：“客新有从山东来者曰蔡泽，其人辩士，明于三王之事，五伯之业，世俗之变，足以寄秦国之政。臣之见人甚众，莫及，臣不如也。臣敢以闻。”秦昭王召见，与语，大说之，〔1〕

拜为客卿。应侯因谢病请归相印。昭王强起应侯，应侯遂称病笃。范雎免相，昭王新说蔡泽计画，遂拜为秦相，东收周室。〔2〕

【注释】〔1〕“说”，同悦。 〔2〕“东收周室”，指秦灭周。秦灭周在公元前二五六年。

【译文】几天以后，范雎入朝，对秦昭王说：“客中有一个刚从山东来的叫蔡泽，他是个辩士，对于三王的事情、五霸的业绩、世俗的变化都很明白，完全可以把秦国的政事寄托给他。我见过很多的人，没有一个比得上他，我也不如他。我冒昧向您禀报。”秦昭王召见了蔡泽，并和他谈了话，非常赞赏他，任他为客卿。应侯因此也就称病请求送归相印。秦昭王坚持要挽留应侯，应侯就称病重。范雎免掉了相位，昭王刚刚对蔡泽的谋划感到满意，就任他为秦相，向东收复了周王朝。

蔡泽相秦数月，人或恶之，惧诛，乃谢病归相印，号为纲成君。〔1〕居秦十余年，事昭王、孝文王、庄襄王。〔2〕卒事始皇帝，〔3〕为秦使于燕，三年而燕使太子丹入质于秦。〔4〕

【注释】〔1〕“纲成君”，蔡泽的封号。“纲成”或作“刚成”，在今河南省许昌市东北有故纲成城。 〔2〕“孝文王”，名柱。秦国第三十四君，在位一年（公元前二五〇年）。“庄襄王”，名异人，后改名子楚。秦国第三十五国君，在位三年（公元前二四九年至前二四七年）。事详本书《秦本纪》。 〔3〕“始皇帝”，即秦始皇帝嬴政。秦庄襄王之子。中国历史上第一个统一的中央集权的封建国家——秦王朝的建立者。他确定最高统治者的称号为皇帝，自为始皇帝。在位三十七年（公元前二四六年至前二一〇年）。公元前二一〇年在巡视途中病死于沙丘平台（在今河北省广宗西北大平台）。事详本书《秦始皇本纪》。 〔4〕“太子丹”，即燕丹。战国末年燕王喜的太子。曾被作为人质送往秦国，后逃归。当时秦国强大，燕患秦军逼境，燕王喜二十八年（公元前二二七年）派荆轲入秦刺秦王不中，秦国发兵击燕。次年，秦军攻破燕国，他逃奔辽东，被燕王喜斩首献给秦国。

【译文】蔡泽做了几个月的秦相以后，有人说他的坏话，他害怕被杀掉，于是就称病归还了相印，号称纲成君。他在秦国住了十多年，事奉过昭王、孝文王、庄襄王。最后事奉秦始皇，曾为秦国出使燕国，三年以后使燕国派太子丹去秦国当了人质。

太史公曰：韩子称“长袖善舞，多钱善贾”，〔1〕信哉是言也！范雎、蔡泽世所谓一切辩士，然游说诸侯至白首无所遇者，非计策之拙，所为说力少也。及二人羁旅入秦，继踵取卿相，垂功于天下者，固彊弱之势异也。然士亦有偶合，贤者多如此二子，不得尽意，岂可胜道哉！然二子不困厄，恶能激乎？

【注释】〔1〕“韩子”，即韩非子，战国末年著名哲学家，是先秦法家学说的集大成者。他与李斯同师事荀卿。曾建议韩王变法，未被采纳。后被邀出使秦国，受到秦王政（始皇帝）的重视。后因李斯、姚贾陷害，自杀于狱中。“长袖善舞，多钱善贾”，语出《韩非子·五蠹篇》。

【译文】太史公说：韩非子说“长袖的人善于舞蹈，钱多的人善于经商”，这句话是可以相信的。范雎、蔡泽是世间所说的一般辩士，去游说诸侯一直到白了头也没有什么机会，并非他们计策拙劣，进行游说用力太小。等到这两个人旅居在秦国时，相继取得了卿相的地位，功名永垂天下，本来是和国家势力的强弱不同有关。然而士人中也有偶然的巧合，贤能的人多数和这两个人一样，但不能全部发挥才能，哪能够一一数尽呢？若这两个人不被困厄，又怎么能够激昂奋发呢？

乐毅列传

乐毅者，其先祖曰乐羊。乐羊为魏文侯将，〔1〕伐取中山，〔2〕魏文侯封乐羊以灵寿。〔3〕乐羊死，葬于灵寿，其后子孙因家焉。〔4〕中山复国，〔5〕至赵武灵王时复灭中山，〔6〕而乐氏后有乐毅。

【注释】〔1〕“魏文侯”，战国初期魏国的国君，魏桓子之孙，名都（《六国年表》作“斯”），公元前四二五年至三八七年在位。事迹详本书《魏世家》。〔2〕“中山”，战国时期的诸侯国，本为北方民族白狄建立的国家，春秋时称鲜虞。中山武公都于顾，在今河北定县；桓公迁于灵寿，在今河北平山三汲一带。魏文侯伐取中山，时在公元前四〇八年。可参看《文物》一九七九年第一期有关战国中山王墓发掘的文章。〔3〕“灵寿”，故地在今河北平山三汲一带。〔4〕“因”，从而，于是。〔5〕“中山复国”，魏文侯灭中山后，曾分封其子于中山。据《魏世家》，魏武侯九年（公元前三七八年），“翟（狄）败我浍”；《赵世家》，赵敬侯十年（公元前三七七年），“与中山战于房子”，则中山复国，约在此时。〔6〕“赵武灵王”，赵肃侯之子，名雍，公元前三二五年即位，公元前二九九年退位传国，自号主父，立王子何为王。事迹详本书《赵世家》。“复灭中山”，赵武灵王二十年（公元前三〇六年）起，赵屡次攻打中山，夺取了大部分土地，至惠文王四年（公元前二九五年）才最终灭掉中山，将其国君放逐。

【译文】乐毅，他的先祖是乐羊。乐羊是魏文侯的将军，攻占了中山国之后，魏文侯把灵寿封给他。乐羊去世后，就埋葬在灵寿，他的后世子孙也就从此在这里安了家。后来中山国曾一度复国，到了赵武灵王的时候，再次灭掉了中山国，而乐氏的后人中就有一个乐毅。

乐毅贤，好兵，赵人举之。〔1〕及武灵王有沙丘之乱，〔2〕乃去赵适魏。闻燕昭王以子之之乱而齐大败燕，〔3〕燕昭王怨齐，未尝一日而忘报齐也。燕国小，辟远，〔4〕力不能制，于是屈身下士，先礼郭隗〔5〕以招贤者。乐毅于是为魏昭王使于燕，〔6〕燕王以客礼待之。乐毅辞让，遂委质为臣，〔7〕燕昭王以为亚卿，〔8〕久之。

【注释】〔1〕“举”，推荐，选拔。〔2〕“沙丘之乱”，赵武灵王传位于惠文王而自号主父，四年（公元前二九五年），主父游沙丘，其长子公子章作乱，公子成等发兵平乱，公子章逃入主父所居沙丘离宫中，公子成围困沙丘宫三月余，公子章及主父皆死于宫中。“沙丘”，故地在今河北广宗西北之太平台。〔3〕“燕昭王”，燕王哙之子，名职（或作平），公元前三一一年至二七九年在位。“子之之乱”，燕王哙三年（公元前三一八年），禅让王位于国相子之，致使国内大乱。齐湣王乘机发兵攻燕，哙及子之皆死，齐人大胜。〔4〕“辟”，通“僻”。〔5〕“先礼郭隗”，燕昭王求贤，请郭隗推荐，郭隗说，大王想招纳贤士，就先从我做起，那比我更有才能的人就会不远千里纷纷而来。于是，燕昭王为郭隗改建宫室而以师长之礼事之，天下贤士争相趋燕。“隗”，音 wěi。〔6〕“魏昭王”，魏哀王之子，名遬（音 sù），公元前二九五年至二七七年在位。〔7〕“委质为臣”，指屈膝委体于地而行臣子拜见君主之礼。一说，古时初出仕，必先书名于策，“委死之质于君”（如“宣誓就职”之礼仪），表示愿为其君效死，然后为臣。参见本书《仲尼弟子列传索隐》引服虔注《左传》。〔8〕“亚卿”，官名，职位仅次于正卿。

【译文】乐毅很贤能，喜好军事，赵国人把他推举出来准备起用。由于遇上赵武灵王让位，国内发生“沙丘之乱”，他便离开赵国到了魏国。他听说燕国因为“子之之乱”，政局动荡；齐国乘机进攻，把燕国打得大败，燕昭王即位后非常怨恨齐国，没有一天不在考虑报复齐国。燕国幅员狭小，地处偏僻，燕昭王感到力不从心，于是谦恭屈尊，礼贤下士，首先以师长之礼待郭隗，广招天下贤士。乐毅便在这个时候为魏昭王出使燕国，燕王以待客的礼节厚待他，争取他。乐毅先是推辞，但终于同意委身为臣，燕昭王任命他为亚卿，过了很长的时间。

当是时，齐湣王彊，〔1〕南败楚相唐眛于重丘，〔2〕西摧三晋于观津，〔3〕遂与三晋击秦，〔4〕助赵灭中山，〔5〕破宋，〔6〕广地千余里。与秦昭王争重为帝，已而复归之。〔7〕诸侯皆欲背秦而服于齐。湣王自矜，〔8〕百姓弗堪。于是燕昭王问伐齐之事。乐毅对曰：“齐，霸国之余业也，〔9〕地大人众，未易独攻也。王必欲伐之，莫如与赵及楚、魏。”〔10〕于是使乐毅约赵惠文王，别使连楚、魏，〔11〕令赵啗说秦以伐齐之利。〔12〕诸侯害齐湣王之骄暴，〔13〕皆争合从与燕伐齐。〔14〕乐毅还报，燕昭王悉起兵，使乐毅为上将军，〔15〕赵惠文王以相国印授乐毅。〔16〕乐毅于是并护赵、楚、韩、魏、燕之兵以伐齐，〔17〕破之济西。〔18〕诸侯兵罢归，而燕军乐毅独追，至于临菑。〔19〕齐湣王之败济西，亡走，保于莒。〔20〕乐毅独留徇齐，〔21〕齐皆城守。〔22〕乐毅攻入临菑，尽取齐宝财物祭器输之燕。〔23〕燕昭王大说，〔24〕亲至济上劳军，行赏飨士，〔25〕封乐毅于昌国，〔26〕号为昌国君。于是燕昭王收齐卤获以归，〔27〕而使乐毅复以兵平齐城之不下者。

【注释】〔1〕“齐湣王”，齐宣王之子田地，公元前三二三年至二八四年在位。〔2〕“南败楚相唐眛于重丘”，齐湣王二十三年（公元前三〇一年），齐、秦、韩、魏联合攻楚，杀楚相唐眛，攻占重丘（在今河南泌阳东北）。〔3〕“西摧三晋于观津”，“三晋”，春秋末韩、赵、魏三家分晋，各自立国，史称“三晋”。《六国年表》及《田敬仲完世家》等载，齐湣王七年（公元前三一七年），曾在观津击败魏、赵军。此“观津”应是“观泽”之误，“观泽”，在今河南清丰南。〔4〕“遂与三晋击秦”，齐湣王二十六年（公元前二九八年），齐、韩、魏联合攻秦，在函谷关击败秦军。〔5〕“助赵灭中山”，齐湣王二十九年（公元前二九五年），齐出兵佐助赵国灭中山。〔6〕“破宋”，齐湣王三十八年（公元前二八六年）齐与魏、楚共灭宋。“宋”，是西周初年所建诸侯国，始封之君为商纣王之兄微子启，都商丘（今河南商丘）。〔7〕“与秦昭王争重为帝，已而复归之”，齐湣王三十六年（秦昭王十九年，公元前二八八年），齐、秦同时称帝，齐为东帝，秦为西帝，两个月后复改为王。〔8〕“自矜”，自尊自大。“矜”，音jīn。〔9〕“霸国之余业”，指战国以来，齐威王、宣王、湣王三世相继称霸天下，余威犹存。〔10〕“与”，联合，结交。〔11〕“连”，交结，联合。〔12〕“令赵啗说秦以伐齐之利”，齐湣王三十九年（赵惠文王十四年，秦昭襄王二十二年，公元前二八五年），赵王与秦王会于中阳（今山西中阳），次年即有五国联军的伐齐行动。啗，同“啗”，音dàn，劝诱，利诱。〔13〕“害”，忧虑，担忧。〔14〕“合从”，南北联合称“合纵”，与东西协作称“连横”相对，燕、赵、魏、楚等国南北而处，故谓之“合纵”。“从”，同“纵”。〔15〕“上将军”，为当时的最高军事指挥官。〔16〕“赵惠文王”，赵武灵王之庶子，名何，公元前二九八年至二六六年在位。“相国”，为当时赵国的最高行政长官，取辅佐国君治理国家之意。〔17〕“并护赵、楚、韩、魏、燕之兵以伐齐”，时在燕昭王二十八年，赵惠文王十五年，韩釐王十二年，魏昭王十二年，公元前二四八年。当时参加伐齐的还有秦军。“护”，统率。〔18〕“济”，济水，为古代河流之名，源出今河南济源县西王屋山中，河道分别流经黄河古道南北，自今山东博昌以北注入渤海，今已堙灭。〔19〕“临菑”，齐国都，以城临菑水而得名，故地在今山东临淄附近。“菑”，一作“淄”。〔20〕“齐湣王之败济西，亡走，保于莒”，齐湣王兵败后逃到卫，因不逊被逐；又去邹、鲁，有骄色而不为邹、鲁接纳，只得逃入莒城。后被楚国派去救援他的淖齿杀死。“保”，守住，保住。“莒”，邑名，故地在今山东莒县。〔21〕“徇”，攻占土地。〔22〕“城守”，据城固守。〔23〕“尽取齐宝财物祭器输之燕”，“宝”，珍宝。“祭器”，宗庙祭祀供奉先祖所使用的器具，是宗族、国家的象征，古礼有“祭器不出境”之说，故战争中都很重视抢掠敌国的祭器。当时燕军烧毁了临菑的宫殿神庙，将其中的财宝祭器劫掠一空。〔24〕“说”，同

“悦”。〔25〕“飨士”，以酒食招待士卒。“飨”，音 xiǎng。〔26〕“昌国”，齐地名，故地在今山东淄博一带。〔27〕“卤获”，掳掠所得。

【译文】那个时候，齐湣王势力最强大，南边在重丘打败楚相唐眛，西边在观津挫败三晋，于是又和三晋联合攻秦，还协助赵国灭了中山，并出兵击败了宋国，拓展疆土千余里。齐湣王与秦昭王争霸称帝，不久以后又放弃了帝号。各国诸侯都想背离秦国而与齐国结盟。齐湣王因此骄矜自大，百姓们不堪其苦。于是，燕昭王便向乐毅请教讨伐齐国的问题，乐毅回答道：“齐国，至今仍保有称霸大国的余威，地广人多，要独自对它发动进攻很不容易。大王如果一定要讨伐它，最好同赵国、楚国、魏国联合起来。”这样，燕昭王就派乐毅与赵惠文王订约攻齐，另派使者去联合楚国、魏国，并请赵国向秦国说明伐齐的好处。各国诸侯深受齐湣王骄横凶暴之害，都争着与燕国联合起来讨伐齐国。乐毅回到燕国作了汇报，燕昭王便把全国的军队都动员起来，任命乐毅为上将军，赵惠文王也把相国的大印授予乐毅。于是，乐毅就总领赵、楚、韩、魏、燕国的大军去讨伐齐国，在济水之西击败齐军。诸侯各国收兵撤回，而独有乐毅率领燕军追击不舍，一直打到临菑。齐湣王自济水之西失利，败退而逃，退入莒城固守。乐毅独自率军在齐地扫荡抢掠，齐军都据城固守。后来，乐毅攻入临菑，将齐国的珍宝、财物、祭器等劫掠一空，统统运回燕国。燕昭王大为高兴，亲自到济水之滨慰劳燕军，赏赐并宴飨全军将士，把昌国封给乐毅，号称昌国君。燕昭王带着掳获于齐国的战利品回国，而命令乐毅继续带领军队攻打齐国那些尚未攻克的城池。

乐毅留徇齐五岁，下齐七十余城，皆为郡县以属燕，唯独莒、即墨未服。〔1〕会燕昭王死，子立为燕惠王。〔2〕惠王自为太子时尝不快于乐毅，及即位，齐之田单闻之，〔3〕乃纵反间于燕，〔4〕曰：“齐城不下者两城耳。然所以不早拔者，闻乐毅与燕新王有隙，〔5〕欲连兵且留齐，〔6〕南面而王齐。齐之所患，唯恐他将之来。”于是燕惠王固已疑乐毅，得齐反间，乃使骑劫〔7〕代将，而召乐毅。乐毅知燕惠王之不善代之，〔8〕畏诛，遂西降赵。赵封乐毅于观津，〔9〕号曰望诸君。〔10〕尊宠乐毅以警动于燕、齐。

【注释】〔1〕“即墨”，故地在今山东平度东。〔2〕“燕惠王”，公元前二七八年至二七二年在位。〔3〕“田单”，齐国名将，为齐王远亲，当时率众坚守即墨，与燕军对峙。后以破燕有功，封为安平君（安平故地在今山东临淄东北）。事迹详本书本传。〔4〕“反间”，利用敌人的间谍，提供假情报，使敌人造成判断与决策的错误。“间”，通“间”。〔5〕“隙”，隔阂，裂痕。〔6〕“连兵”，指与齐军联合。〔7〕“骑劫”，燕将，代乐毅为将军后不久，被齐军击败身死。〔8〕“不善”，不认为他好，即认为他有过错。〔9〕“观津”，故地在今河北武邑东南。“观”，音 guàn。〔10〕“望诸”，泽名，用为封号名。

【译文】乐毅留在齐国打了五年仗，攻克了齐国七十多个城，都把它们改为郡县而归属于燕，只剩下莒和即墨两城尚未攻克。这时，燕昭王去世，他的儿子燕惠王继位。惠王当太子的时候曾经与乐毅有矛盾而不高兴乐毅，等到他即位，齐国的田单听说了这件事，就在燕国施反间之计，放出风说："齐国没有被攻占的城邑只剩下两座了，而之所以不尽快地攻占它们，听说是乐毅与燕国的新国王有矛盾，他想率领军队与齐军联合，就留在齐国，在齐国自立为王。现在齐国最担忧的，就只怕燕国派别的将领来。"这个时候，燕惠王本来就已经在怀疑乐毅了，现在又中了齐国的反间之计，就派骑劫去替代乐毅为将，而召乐毅回国。乐毅知道燕惠王是在怀疑他而派人替代他，害怕回国遭杀害，就西去投奔了赵国。赵国把观津封给乐毅，号称望诸君。赵国采用尊宠乐毅的办法，用以震慑燕国和齐国。

齐田单后与骑劫战，果设诈诳燕军，〔1〕遂破骑劫于即墨下，而转战逐燕，北至河上，〔2〕尽复得齐城，而迎襄王于莒，〔3〕入于临淄。

【注释】〔1〕"设诈诳燕军"，指田单设计使燕军虐待齐军战俘，挖掘齐人坟墓，使齐军坚定决战信念，并以诈降瓦解燕军斗志，后以火牛阵一举击败燕军。〔2〕"北至河上"，向北一直打到黄河边上。当时黄河流经今山东德州、河北沧州一带，向东北入渤海，比现在的黄河靠北得多。〔3〕"襄王"，齐湣王之子，名法章。湣王被杀后，他在莒城隐姓埋名，为人做工，过了很久才说出是湣王之子，被立为齐王，公元前二八三年至二六五年在位。

【译文】齐将田单后来与骑劫作战，果然设了一套巧计骗了燕军，结果在即墨城下大败骑劫，进而全线进攻追逐燕军，向北一直打到燕齐交界的黄河边上，全部收复了失地，而从莒城迎接襄王，重返临菑。

燕惠王后悔使骑劫代乐毅，以故破军亡将失齐；又怨乐毅之降赵，恐赵用乐毅而乘燕之獘以伐燕。〔1〕燕惠王乃使人让乐毅，且谢之曰：〔2〕"先王举国而委将军，〔3〕将军为燕破齐，报先王之雠，〔4〕天下莫不震动，寡人岂敢一日而忘将军之功哉！〔5〕会先王弃群臣，〔6〕寡人新即位，左右误寡人。寡人之使骑劫代将军，为将军久暴露于外，〔7〕故召将军且休，计事。将军过听，〔8〕以与寡人有隙，遂捐燕归赵。〔9〕将军自为计则可矣，而亦何以报先王之所以遇将军之意乎？"乐毅报遗燕惠王书曰：〔10〕

【注释】〔1〕"獘"，今通作"弊"，困顿，疲惫。〔2〕"让"，责备。"谢"，道歉。燕王既"悔"又"恐"，故既"让"且"谢"。〔3〕"举国"，总取全国。"委"，托付，委托。

〔4〕“雠”，通“仇”。〔5〕“寡人”，君主自称，意即“寡德之人”。〔6〕“先王弃群臣”，隐言先王死去。〔7〕“暴露”，露天而处，无所遮蔽。“暴”，音 pù。〔8〕“过听”，误听。〔9〕“捐”，抛弃。〔10〕“报”，答复，给回信。“遗”，送交，音 wèi。

【译文】 燕惠王很后悔让骑劫代替乐毅，因而兵败将亡丢掉了齐国；同时又怨恨乐毅去投奔赵国，害怕赵国任用乐毅，乘燕国吃败仗的机会来攻打燕国。燕惠王就派人去责怪乐毅，并且又表示道歉，说：“先王把全国的军队都委交给将军，将军为燕国大败齐国，替先王报了仇，天下无不为之震动，而我本人也没有一天敢忘记将军的功绩啊！适逢先王不幸去世，我刚刚即位，是我左右的那些人耽误了我。我之所以派骑劫去接替将军，是因为将军长年累月地在外辛劳，因此召回将军作一休整，并且商议国事。可是，将军却听信谣言，以为是同我有隔阂，便抛下燕国投奔了赵国，将军为自己打算而这样做当然也是可以的，但是又如何报答先王对将军的知遇之恩呢？”乐毅便给燕惠王复信写道：

臣不佞，〔1〕不能奉承王命，〔2〕以顺左右之心，恐伤先王之明，〔3〕有害足下之义，〔4〕故遁逃走赵。今足下使人数之以罪，〔5〕臣恐侍御者不察先王之所以畜幸臣之理，〔6〕又不白臣之所以事先王之心，〔7〕故敢以书对。〔8〕

【注释】〔1〕“不佞”，不才，是自谦之词。〔2〕“奉承”，接受，遵照。〔3〕“明”，英明。〔4〕“足下”，当时对君王等的敬称，后亦用于上辈、上级及友人。“义”，仁义。〔5〕“数”，一一列举，音 shǔ。〔6〕“侍御者”，随从，侍者。为了对对方表示尊敬，言谈不敢直指对方，只敢请对方的左右随从转告尊长，与“陛下”、“阁下”等表敬之意相似。“察”，看清楚。“畜”，养。“幸”，宠信。〔7〕“白”，清楚，明了。〔8〕“敢”，谦词，有冒昧的意思。

【译文】 臣无才无能，没有能接受大王的命令，顺从您的谋士们的心意，我唯恐（回到燕国会被杀掉，从而）影响了先王有知人之明的声誉，也连累您陷于不义，所以才逃跑到了赵国。现在，您派人来数落我的罪过，我深恐您并不了解先王之所以信任我重用我的道理，又不明白我之所以侍奉先王的用心，因此才冒昧地写这封信回复您。

臣闻贤圣之君不以禄私亲，〔1〕其功多者赏之，其能当者处之。〔2〕故察能而授官者，成功之君也；〔3〕论行而结交者，〔4〕立名之士也。臣窃观先王之举也，〔5〕见有高世主之心，〔6〕故假节于魏，〔7〕以身得察于燕。先王过举，〔8〕厕之宾客之中，立之群臣之上，不谋父兄，〔9〕以为亚卿。臣窃不自知，自以为奉令承教，〔10〕可幸无罪，故受令而不辞。

【注释】〔1〕“禄”，俸禄，官员的薪金。“私亲”，偏向自己的亲属。〔2〕“其能当者处之”，《战国策》此前有“不以官随其爱”，与上文“不以禄私其亲”相呼应。“能”，才能，能力。“当”，适当，得当，音 dàng。“处”，指居官，做官。〔3〕“成功”，建树功绩，成就功业。〔4〕“论”，衡量，品评。〔5〕“窃”，谦词，有私下、私自的意思。“举”，行为，行动。〔6〕“高世主”，超越世上其他的君主。〔7〕“假节”，“假”，借用。“节”，符节，是一种证明身份及出入关卡的凭据。此指利用出使的机会。因当时诸侯割据，关塞不通，只有持专门的符节才能出境。〔8〕“过举”，“过”，误；“举”，提拔；这是自谦的说法。〔9〕“父兄”，指大臣中的同姓的长辈。〔10〕“奉令承教”，接受命令。“教”，训令。

【译文】我听说，贤圣的君主不拿国家的禄位徇私情授予自己的亲属，只有立功多的人才能够得到赏赐，能力相当的人才能够授予官职。所以善于考察一个人的能力而后委任以官职的君主，才是能够成就功业的君主；善于估量审察对方的品行而后与之结交的士，才是能够扬名后世的俊士。我私下里观察先王的举止行为，觉得他有超越世上各国君主的雄心，所以就藉用为魏国出使的机会来到燕国，以便亲自察看。承蒙先王错爱，安排我于宾客之中，提拔我位居群臣之上，也不和宗室长辈们商议，就任命我做了亚卿。我恐怕是缺少自知之明罢，自以为只要一切遵从先王的命令，听从先王的指挥，可以幸而无罪，所以也就接受了任命而未加推辞。

先王命之曰：“我有积怨深怒于齐，不量轻弱，而欲以齐为事。”〔1〕臣曰：“夫齐，霸国之余业而最胜之遗事也。〔2〕练于兵甲，习于战攻。〔3〕王若欲伐之，必与天下图之。与天下图之，莫若结于赵。且又淮北、宋地，〔4〕楚魏之所欲也，〔5〕赵若许而约四国攻之，〔6〕齐可大破也。”先王以为然，具符节南使臣于赵。〔7〕顾反命，〔8〕起兵击齐。以天之道，先王之灵，河北之地随先王而举之济上。〔9〕济上之军受命击齐，大败齐人。轻卒锐兵，长驱至国。〔10〕齐王遁而走莒，仅以身免；珠玉财宝车甲珍器尽收入于燕。齐器设于宁台，〔11〕大吕陈于元英，〔12〕故鼎反乎磿室，〔13〕蓟丘之植植于汶篁，〔14〕自五伯已来，〔15〕功未有及先王者也。先王以为慊于志，〔16〕故裂地而封之，〔17〕使得比小国诸侯。臣窃不自知，自以为奉命承教，可幸无罪，是以受命不辞。

【注释】〔1〕“以齐为事”，把伐齐作为自己的任务、工作。〔2〕“最胜之遗事”，“最”，《战国策》作“骤”，是“最胜”应读为“骤胜”，数胜，屡胜。“遗事”，意同“余业”，指齐国屡战屡胜，雄风长存。〔3〕“练”，熟练，熟悉。“习”，习惯，熟练。〔4〕“淮北”，淮河以北，包括今江苏北端，山东南端及安徽东北部。〔5〕“楚魏之所欲也”，淮北与宋地当时皆由齐人控制，因地与楚、魏毗连，故楚、魏想占据之。〔6〕“四国”，除前言赵、楚、魏外，还有韩国。〔7〕“具”，准备，备办。“使臣”，委任我为使节，派我出使。〔8〕“顾反命”，回来以后汇报交差。“反”，通“返”。〔9〕“河北之地随先王而举之济上”，燕国全国动员，随先王举兵伐齐，大军挺进到济上。“举”，发动，行动。〔10〕“国”，国都，此指齐都临淄。〔11〕“齐器”，指齐国的宗庙祭祀之器。“宁台”，燕国宫廷中的台观名，故地在今北京城西南。“设”，陈列。〔12〕“大吕”，本是乐律之名，此泛指齐国的乐器——编钟。“元英”，燕国宫殿名，在宁台附近。〔13〕“故鼎”，指子之之乱时被入侵的齐军抢去的燕国的鼎彝。“鼎”，本是一种烹饪器，但古人又视为传国之重器。“磿室”，燕国宫殿名。“磿”，音 lì，亦作“历”、“曆”。〔14〕“蓟丘之植植于汶篁”，蓟丘的植物，有移植自汶水之滨的篁竹。一说云，汶水之滨的竹田种植了来自蓟丘的植物。义亦通，但与前数句不承接。“蓟丘”，地名，故地在今北京市一带。或说即“蓟门”，相传在北京德胜门外。“汶”，汶水，今名大汶河，源出山东莱芜北，西南流经大汶口、东平南，入古济水。“篁”，竹。〔15〕“五伯”，即“五霸”，指春秋时期称霸中国的五个国君：齐桓公、晋文公、秦穆公、宋襄公、楚庄王。另有几种说法，一说是齐桓公、晋文公、秦穆公、楚庄王、吴王阖庐。〔16〕“慊”，同“惬”，满意，满足，音 qiè。〔17〕“裂地”，分封土地。

【译文】先王曾命令我说：“我对齐国有深仇大恨，不管我国国力怎样的虚弱，我都决心要把讨伐齐国作为我的目标去实现。”我说：“那齐国，数代称霸，强国的雄风犹存；屡战屡胜，大国的余威仍在。齐人惯于习武，精于攻战。大王如果想要讨伐它，那么一定要联合天下诸侯共同对付它。而联合天下的诸侯共同对付它，又首先要同赵国结盟。况且，（齐国控制的）淮北及宋国，正是楚国和魏国所想占有的地方，赵国如果能许诺满足他们，与他们这四个国家联合起来讨伐齐国，那就可以大败齐国了。”先王认为我的意见很对，授予我使臣的符节派我出使赵国，等我回到燕国作了汇报，就起兵攻打齐国。由于合乎天道，凭藉先王的神灵，燕国全国总动员举兵伐齐，大军跟随先王挺进到济上。大军自济上奉命发动进攻，把齐军打得大败。轻装的兵士，精锐的军队，长驱直入，一直打到齐国的国都，齐王遁逃，跑到了莒城，仅仅保住了自己一条命；而珠玉、财宝、车辆、兵器和珍奇的器物，全都被燕军缴获，载运回国。如今宁台上陈设着齐国传国的宝器；元英殿里安放着齐国的大吕之钟；被齐人劫掠去的燕国的鼎彝失而复得，重返磿室；原本生长于汶水之滨的篁竹，现在在蓟丘栽种，自从五霸以来，没有什么人的功业能够比得上先王了。先王认为他壮志已酬，因此划出一块土地分封给我，使我也像个小国诸侯。我恐怕是缺少自知之明罢，自以为只要一切遵从先王的命令，听从先王的指挥，可以幸而无罪，所以也就接受了分封而未加推辞。

臣闻贤圣之君，功立而不废，〔1〕故著于《春秋》；〔2〕蚤知之士，〔3〕名成而不毁，故称于后世。〔4〕若先王之报怨雪耻，夷万乘之彊国，〔5〕收八百岁之蓄积，〔6〕及至弃群臣之日，余教未衰，执政任事之臣，修法令，慎庶孽，施及乎萌隶，皆可以教后世。〔7〕

【注释】〔1〕“废”，衰败。〔2〕“《春秋》”，原是孔子根据鲁国的编年史而整理修订的史书。此泛指史书，史册。〔3〕“蚤知”，有先见之明，有远见、预见。“蚤”，同“早”。〔4〕“称”，被称赞。〔5〕“夷”，铲平，消灭。“万乘”，指拥有一万辆兵车。古代国家以疆域广狭配置军队，拥有一万辆兵车，本指周天子，但战国时已用以指诸侯大国了。“彊”，同“强”。〔6〕“收八百岁之蓄积”，齐国自西周初封姜太公吕尚（约在公元前十一世纪）至齐湣王济西兵败（公元前二八四年），约八百年。按，战国时期的齐国实为田氏，公元前三八四年，田氏立为齐侯，公元前三七九年田氏并齐，太公望绝祀。〔7〕“及至弃群臣之日，余教未衰，执政任事之臣，修法令，慎庶孽，施及乎萌隶，皆可以教后世”，此数句《战国策》作：“及至弃群臣之日，余令诏后嗣之遗义，执政任事之臣，所以能循法令，顺庶孽者，施及萌隶，皆可以教于后世。”这是指先王对“后嗣”（即惠王）留下“余教”，即掌权执政的人，要“修法令，慎庶孽”，并且“施及”贱民、奴隶，这都是可以“教于后世”的。“庶孽”，非正妻所生之子。“施”，延展，扩大，音 yì。“萌”，通“氓”，即“民”。“民”、“隶”，当时都指贱民、奴隶。

【译文】我听说，贤能圣明的君主，建树了功业，能够让它不要衰败，因而名垂史册；远见卓识之士，获得了荣誉，能够让它不要毁坏，因而扬名后世。像先王那样报仇雪耻，征服最强大的诸侯国，缴获它（自开国以来）蓄积八百年的珍宝，直到辞世之日，还留下谆谆教诲，要执政理事的大臣，整修法律条令，审慎地处理宗室内部的关系，恩惠遍及小民奴仆，这些都是后世应当永远牢记的遗训。

臣闻之，善作者不必善成，善始者不必善终。昔伍子胥说听于阖闾，而吴王远迹至郢；[1]夫差弗是也，赐之鸱夷而浮之江。[2]吴王不寤先论之可以立功，[3]故沈子胥而不悔；子胥不蚤见主之不同量，[4]是以至于入江而不化。[5]

【注释】〔1〕“伍子胥”，名员，春秋时楚人。楚平王听信谗言，杀其父兄，伍子胥逃亡吴国，后辅佐阖闾兴师伐楚，攻克郢都。“阖闾”，名光，公元前五一五年，杀吴王僚而自立为吴王，任用伍子胥、孙武而称雄。公元前四九六年，被越王勾践军击伤身死。“郢”，楚国都，当时的郢都在今湖北江陵纪南城。〔2〕“夫差”，阖闾之子，公元前四九五年即位，曾击破越国，为父报仇，因信从太宰伯嚭谗言，赐剑伍子胥令其自杀，并取“鸱夷革”盛其尸体，浮于长江。公元前四七七年，越王勾践灭吴，夫差自刭身死。“弗是”，不以其说为是，即不听伍子胥的意见。“鸱夷”，本是一种盛酒的皮袋，以马革制成，形如鸱鸟。此指用皮革盛放伍子胥的尸体，并投入江中。〔3〕“寤”，同“悟”。“先论”，先见之论。〔4〕“量”，器量，度量，指器量及品德的水准。〔5〕“不化”，至死而仍然僵硬不知变化，这是说伍子胥太死心眼。《战国策》作“不改”。

【译文】我听说，善于创造的人不一定善于取得成功，开始很好的人不一定终结也很好。以前伍子胥的话被阖闾所采纳，因而吴王得以远征楚国踏入郢都；而继位的夫差却不是如此，赐给伍子胥一把宝剑叫他自杀，把尸体装进皮袋丢入长江听任漂流。吴王夫差根本不理解伍子胥的远见卓识可以建树功业，所以把他抛入江中而毫不后悔；伍子胥则没有预料到两位君主气量全然不同，所以直至被投入江中仍然不知改变。

夫免身立功，〔1〕以明先王之迹，臣之上计也。离毁辱之诽谤，〔2〕堕先王之名，〔3〕臣之所大恐也。临不测之罪，以幸为利，〔4〕义之所不敢出也。〔5〕

【注释】〔1〕“免身”，使自身免遭灾祸。〔2〕“离”，同“罹”，遭遇。〔3〕“堕”，通“隳”，毁坏，败坏，音 huī。〔4〕“以幸为利”，能够幸免灾祸就很好了。〔5〕“义之不敢出”，言由于前述原因，所以，虽然不能忘怀先王之恩，深有情义，但是不敢（即无法）表达出来。

【译文】我要保全性命，免遭灾祸，成全功业，让先王的功绩彰明较著，就我来说，这是最为理想的；如果我遭到污辱，受到诽谤，因而败坏了先王的名誉，那是我最为惶恐的。由于我被加上了意想不到的罪名，现在得以侥幸保全性命就很满足，处于这种情形，我虽然义不容辞应当报答先王，却实在不敢表示出来啊！

臣闻古之君子，交绝不出恶声；〔1〕忠臣去国，不絜其名。〔2〕臣虽不佞，数奉教于君子矣。〔3〕恐侍御者之亲左右之说，〔4〕不察疏远之行，〔5〕故敢献书以闻，唯君王之留意焉。〔6〕

【注释】〔1〕“恶声”，中伤对方的话。“恶”，音 wù。〔2〕“不絜其名”，不为自己的名声辩白，指不怪罪君王。“絜”，同“洁”。〔3〕“数”，屡次，音 shuò。〔4〕“亲”，听信。〔5〕“疏远”，疏远者，此为乐毅自指。〔6〕“唯”，句首语气词，表示希望。

【译文】我听说，古时候的君子，虽然与人绝交，但决不说人坏话；忠臣虽然被迫离开国家，但决不为自己的行为辩白。我虽然无才无能，但也常常受教于君子。我担心的是您只听得进左右亲信的说法，不能理解我的出走，所以冒昧地写信说明，恳请您留意读一读吧！

于是燕王复以乐毅子乐间为昌国君；〔1〕而乐毅往来复通燕，〔2〕燕、赵以为客卿。〔3〕乐毅卒于赵。

【注释】〔1〕“间”，音 jiān。〔2〕“通”，交通，友好往来。〔3〕“客卿”，请他国之人在本国为卿，以客礼相待，称为“客卿”。

【译文】于是燕王又封乐毅之子乐间为昌国君，而乐毅也重新恢复了与燕国的往来，燕国、赵国都把他作为客卿。后来，乐毅在赵国逝世。

乐间居燕三十余年，燕王喜用其相栗腹之计，欲攻赵，〔1〕而问昌国君乐间。乐间曰：“赵，四战之国也，〔2〕其民习兵，伐之不可。”燕王不听，遂伐赵。赵使廉颇击之，〔3〕大破栗腹之军于鄗，〔4〕禽栗腹、乐乘。乐乘者，乐间之宗也。于是乐间奔赵，赵遂围燕。燕重割地以与赵和，〔5〕赵乃解而去。

【注释】〔1〕“燕王喜”，燕国末代国王，公元前二五四年即位；公元前二二二年，秦军虏燕王喜，灭燕。“栗腹”，燕相，燕王喜四年（公元前二五一年）栗腹为燕王献计说，赵国青壮年皆死于长平之战，可以乘机侵伐。后率军攻赵，兵败被俘。〔2〕“四战之国”，赵国东邻燕、齐，西接秦境，南连韩、魏，北界匈奴。〔3〕“廉颇”，赵国名将，事迹详本书本传。〔4〕“鄗”，音 hào。赵地名，故地在今河北省柏乡县北。〔5〕“燕重割地以与赵和”，《史记·廉颇传》记，燕割五城以请和。“重”，音 zhòng。

【译文】乐间在燕国三十多年，燕王喜采纳了他的丞相栗腹的计谋，准备攻打赵国，又来询问昌国君乐间的意见。乐间说：“赵国这个国家，东南西北四面都是常要打仗的国家，它的人民很有作战经验，要攻打它怕不行吧！”燕王不听，便派兵去攻打赵国。赵国派廉颇迎击，在鄗地把栗腹的军队打得大败，活捉了栗腹和乐乘。乐乘，是乐间的族人。于是乐间投奔了赵国，赵军便包围了燕都。燕国割让了大片的土地向赵国求和，赵国才解围而去。

燕王恨不用乐间，乐间既在赵，乃遗乐间书曰：“纣之时，箕子不用，犯谏不怠，〔1〕以冀其听；商容不达，〔2〕身祇辱焉，〔3〕以冀其变。及民志不入，〔4〕狱囚自出，〔5〕然后二子退隐。故纣负桀暴之累，〔6〕二子不失忠圣之名。何者？其忧患之尽矣。今寡人虽愚，不若纣之暴也；燕民虽乱，不若殷民之甚也。室有语，不相尽以告邻里。〔7〕二者，〔8〕寡人不为君取也。”〔9〕

【注释】〔1〕“纣”，商的末代君王，以暴虐著称，被周武王击败后自焚身死。“箕子”，为纣王亲戚，封于箕，故称箕子，纣王无道，箕子劝谏不听，乃披发佯狂为奴，又被纣王囚禁。武王灭商后，封箕子于朝鲜。“犯谏”，犯颜直谏，即不顾冒犯君王，让君王不高兴，仍率直劝谏。〔2〕“商容”，相传是商纣王时司乐之官，被贬退隐。“达”，显贵。此处“不达”，亦是“不用”之意。〔3〕“衹”，仅只，音 zhǐ。〔4〕“民志不入”，指人民的愿望不能上达。“人”，入于宫廷之内。〔5〕“狱囚自出”，罪犯从牢狱中自行脱出，指国家法制破坏殆尽。〔6〕“负”，承担。“桀暴”，凶暴。“累”，过失，罪过。〔7〕“室有语，不相尽以告邻里”，《战国策》此数语作：“国之有封疆，犹家之有垣墙。室不能相和，出语邻家，未为通计也。”是说家庭内部有纷争之语，不能张扬于外，告诉邻居。〔8〕“二者”，《战国策》此处云：“明寡人之薄，而君不得厚；扬寡人之辱，而君不得荣，此一举而两失也。”这里的“二者”，即燕王蒙受耻辱，而乐间也有不义之名。〔9〕“不为君取”，意即“你的作法是不可取的”，这是委婉的说法。

【译文】燕王悔恨没有任用乐间，但乐间已经去了赵国，燕王便派人送给乐间一封信，说：“商纣王的时候，箕子不被重用，而他却不懈地犯颜直谏，只希望纣王能够听从。商容虽然被废黜，不顾身受屈辱，只希望纣王能够改变。直到了人民的意见全然不被纣王接纳，国家法制荡然，囚徒从牢狱中随意逃出，形势如此，箕子与商容才退而隐居。所以，虽然商纣王落了个残忍凶暴的恶名，但他们两位还是得到了忠诚与贤圣的美誉。为什么会这样呢？是因为他们竭诚尽忠，饱经忧患啊！现在的情形是，我虽然愚笨，却并不像纣王那么凶暴；燕国的人民虽然混乱，却并不像殷商时那样厉害。何况家里讲的话，也不必全都去告诉邻里。（你使我蒙受羞辱，自己也落得个不义的名声，）从这两方面而言，我觉得你的作法实在不可取呀！”

乐间、乐乘怨燕不听其计，二人卒留赵。赵封乐乘为武襄君。〔1〕

【注释】〔1〕“赵封乐乘为武襄君”，时在赵孝成王十六年，公元前二五〇年。

【译文】乐间、乐乘怨恨燕国不肯采纳自己的计谋，二人终于留在了赵国。赵国封乐乘为武襄君。

其明年，〔1〕乐乘、廉颇为赵围燕，燕重礼以和，乃解。后五岁，〔2〕赵孝成王卒。襄王使乐乘代廉颇。〔3〕廉颇攻乐乘，乐乘走，廉颇亡入魏。其后十六年而秦灭赵。〔4〕

【注释】〔1〕“其明年”，时在赵孝成王十七年，公元前二四九年。〔2〕“后五岁”，公元前二四五年。〔3〕“襄王”，即赵悼襄王，名偃，公元前二四四年至二三六年在位。〔4〕“其后十六年而秦灭赵”，公元前二二八年，秦军攻陷邯郸，虏赵王迁，灭赵。

【译文】第二年，乐乘、廉颇为赵国围攻燕国，燕国备了厚礼求和，赵军才解了围。五年以后，赵孝成王去世。襄王派乐乘接替廉颇为主帅。廉颇攻打乐乘，乐乘出走，廉颇也继而逃亡，到了魏国。这以后又过了十六年，秦灭掉了赵国。

其后二十余年，高帝过赵，〔1〕问："乐毅有后世乎？"对曰："有乐叔。"高帝封之乐卿，〔2〕号曰华成君。华成君，乐毅之孙也。而乐氏之族有乐瑕公、乐臣公，〔3〕赵且为秦所灭，亡之齐高密。〔4〕乐臣公善修黄帝、老子之言，〔5〕显闻于齐，称贤师。

【注释】〔1〕"其后二十余年，高帝过赵"，汉高祖七年（公元前二〇〇年），高祖因征伐匈奴及赵地反叛，经过赵。"赵"，汉高祖四年（公元前二〇三年），改邯郸郡为赵国，都邯郸（今河北邯郸市西南），辖境相当于今河北邯郸、邢台、沙河及隆尧、永年二县西部地区。〔2〕"乐卿"，《史记正义》说即《汉书地理志》之"乐乡"，县名，属信都国（国都在今河北冀县）。〔3〕"乐臣公"，"臣"为"巨"字之误，本书《田叔列传》作"巨"，《汉书·田叔传》作"钜"。〔4〕"高密"，县名，故地在今山东高密县西南。〔5〕"黄帝、老子之言"，"黄帝"，姓公孙，名轩辕，是远古著名的帝王。"老子"，姓李，名耳，春秋时著名的思想家。相传为黄帝的著作及老子的著作，是道家的基本经典，故将道家学说称为"黄帝、老子之言"。

【译文】赵亡国后二十多年，汉高祖皇帝经过赵国故地，问道："乐毅还有后人在吗？"有人回答说："有个叫乐叔的是乐毅的后人。"高祖皇帝便把乐卿封给他，号称华成君。华成君，是乐毅的孙子。而乐氏家族中还有乐瑕公、乐臣公等，他们在赵国将要被秦国灭亡之时，逃到了齐国的高密。乐臣公精心研究黄帝、老子等道家学说，在齐国很有名气，被人们称为贤师。

太史公曰：始齐之蒯通及主父偃读乐毅之报燕王书，〔1〕未尝不废书而泣也。〔2〕乐臣公学黄帝、老子，其本师号曰河上丈人，〔3〕不知其所出。河上丈人教安期生，安期生教毛翕公，毛翕公教乐瑕公，乐瑕公教乐臣公，乐臣公教盖公。〔4〕盖公教于齐高密、胶西，〔5〕为曹相国师。〔6〕

【注释】〔1〕"齐"，秦、汉之际诸侯王国名，公元前二〇三年，韩信击杀齐王田广，汉立韩信为齐王，都临淄（今山东临淄北）。"蒯通"，本名彻，汉代因避武帝讳，改为"通"，范阳（今河北定兴县固城镇）人，著名的辩士。"主父偃"，姓主父，名偃，临淄人。为游士四十余年穷困潦倒，汉武帝元光初以上书得重用，元朔二年（公元前一二七年）因受贿事发被诛。事迹详本书本传。〔2〕"废"，放置，舍弃。〔3〕"本师"，宗师，祖师。〔4〕"盖公"，盖，姓，音gě。〔5〕"齐"，汉初诸侯王国，汉高祖六年（公元前二〇一年）封子刘肥为齐王，都临淄，辖七十城，包括今山东省除西部、南部之外的大部分地区。"胶西"，郡名，郡治在高密

（今山东高密西南）。此处“高密”、“胶西”重出，或有一衍。〔6〕“曹相国”，曹参，沛（今江苏沛县）人，随高祖起兵反秦，以军功封侯，号平阳侯。当时为齐相国，故得受教于盖公。惠帝二年（公元前一九三年）萧何死后，继任汉相国，惠帝五年卒。事迹详本书本传。

【译文】太史公说：当初齐国的蒯通以及主父偃每读到乐毅回复燕王的信的时候，就感动得读不下去，放下书信热泪夺眶而出。乐臣公学黄帝、老子的学说，他的老师号“河上丈人”，不知道来历是怎样的。河上丈人传授给安期生，安期生传授给毛翕公，毛翕公传授给乐瑕公，乐瑕公传授给乐臣公，乐臣公传授给盖公。盖公在齐国的高密、胶西等地教授学生，是相国曹参的老师。

廉颇蔺相如列传

廉颇者，赵之良将也。〔1〕赵惠文王十六年，〔2〕廉颇为赵将伐齐，大破之，取阳晋，〔3〕拜为上卿，〔4〕以勇气闻于诸侯。蔺相如者，〔5〕赵人也，为赵宦者令缪贤舍人。〔6〕

【注释】〔1〕“赵”，战国七雄之一，开国之君赵烈侯为晋大夫赵衰之后。赵、韩、魏三家分晋，赵于公元前四〇三年立为诸侯，初都晋阳（今山西太原），后迁都邯郸（今河北邯郸），疆域有今山西中部、北部，陕西北部及河北西部、南部。〔2〕“赵惠文王”，名何，武灵王之子，公元前二九九年至二六六年在位。“十六年”，当为公元前二八三年。〔3〕“阳晋”，本卫邑，后属齐，此时为赵所攻取，故地在今山东省郓城县西。〔4〕“上卿”，诸侯的大臣叫“卿”，“上卿”是地位最高的大臣。〔5〕“蔺”，音 lìn。〔6〕“宦者令”，官名，王宫中的宦官长。“舍人”，官僚与贵族家的食客中派有差使的人。

【译文】廉颇是赵国一位优秀的将领。赵惠文王十六年，廉颇率领赵军攻打齐国，大败齐军，攻占阳晋，以军功官拜上卿。他也就以勇敢无畏而闻名于诸侯各国。蔺相如是赵国人，他是赵国宦者令缪贤的舍人。

赵惠文王时，得楚和氏璧。〔1〕秦昭王闻之，〔2〕使人遗赵王书，〔3〕愿以十五城请易璧。赵王与大将军廉颇诸大臣谋：欲予秦，秦城恐不可得，徒见欺；〔4〕欲勿予，即患秦兵之来。〔5〕计未定，求人可使报秦者，未得。宦者令缪贤曰：“臣舍人蔺相如可使。”王问：“何以知之？”对曰：“臣尝有罪，窃计欲亡走燕，臣舍人相如止臣，曰：‘君何以知燕王？’臣语曰：'臣尝从大王与燕王会境上，燕王私握臣手，曰"愿结友"。以此知之，故欲往。'相如谓臣曰：'夫赵强而燕弱，而君幸于赵王，故燕王欲结于君。今君乃亡赵走燕，燕畏赵，其势必不敢留君，而束君归赵矣。〔6〕君不如肉袒伏斧质请罪，〔7〕则幸得脱矣。'〔8〕臣从其计，大王亦幸赦臣。臣窃以为其人勇士，有智谋，宜可使。"于是王召见，问蔺相如曰："秦王以十五城请易寡人之璧，〔9〕可予不？"相如曰："秦强而赵弱，不可不许。"王曰："取吾璧，不予我城，奈何？"相如曰："秦以城求璧而赵不许，曲在赵。赵予璧而秦不予赵城，曲在秦。均之二策，〔10〕宁许以负秦曲。"王曰："谁可使者？"相如曰："王必无人，臣愿奉璧往使。城入赵而璧留秦；城不入，臣请完璧归赵。"赵王于是遂遣相如奉璧西入秦。

【注释】〔1〕"和氏璧"，《韩非子·和氏篇》说，楚人和氏得玉璞（含有玉的石头叫"璞"）于楚山中，拿去献给厉王，厉王的玉匠却说是石头，厉王以欺诳之罪刖（断足之刑）其左足。到武王即位，和氏又拿去献给武王，武王的玉匠又说是石头，武王又以欺诳之罪刖其右足。到文王即位，和氏抱着玉璞痛哭于楚山之下，三天三夜，泪尽出血，文王听说后派玉匠加以雕琢，果然得到宝玉，遂命名为"和氏之璧"。"和氏"，一说叫卞和。"璧"，是一种中心有孔的圆形的玉片。〔2〕"秦昭王"，即昭襄王，为秦武公之异母弟，公元前三〇六年至二五一年在位。〔3〕"遗"，送给，音 wèi。〔4〕"见"，表示被动的助动词，可解作"被"、"受"。〔5〕"即"，立即，马上。〔6〕"束"，捆缚。〔7〕"斧质"，古代施腰斩之刑的刑具。"斧"是斧钺，如后代铡刀的刀片；"质"又作"锧"、"椹"，是在下承接斧刃的底座，如铡刀的刀座。〔8〕"脱"，豁免，赦免。〔9〕"寡人"，诸侯的谦称，意思是"寡德之人"。〔10〕"均"，衡量，比较。

【译文】赵惠文王的时候，赵国得到了著名的楚国和氏璧。秦昭王听到这件事，派人送信给赵王，表示愿意用十五座城邑与赵国交换和氏璧。赵王同大将军廉颇等诸大臣商议：假如把和氏璧给了秦国，恐怕未必能得到秦国的十五个城邑，白白地受他们的欺骗；假如不给的话，又怕由此招惹秦军来犯。谋议没有能作出决定；要物色一个回复秦王的使者，也未能找到。宦者令缪贤说："我的舍人蔺相如可以充任使者。"赵王问道："你怎么知道呢？"缪贤回答说："我曾经犯罪，私下盘算要逃到燕国去，我的舍人蔺相如劝阻我，说：'您怎么了解燕王呢？'我告诉他说：'我曾经跟随大王与燕王在边境上相会，燕王私下里握着我的手说过"非常希望和你交个朋友"。我是由此而了解燕王的，所以想到燕国去。'相如对我说：'赵国强大，燕国弱小，而您深受赵王的宠信，所以燕王才想同您交朋友。现在您要逃离赵国到燕国去，燕国害怕赵国，势必不敢收留您，反而会把您捆绑了还给赵国。您不如赤膊去见赵王，伏在铡刀旁请罪，那倒很可能侥幸获得赦免。'我听从了他的劝告，大王也幸好赦免了我。我个人认为，这个人真是位勇士，足智多谋，应该是可以充任使者的。”于是，赵王召见蔺相如，问道：“秦王要用十五座城邑来换我的和氏璧，能不能换给他？”相如说：“秦国强而赵国弱，不能不答应。”赵王说：“如果他拿到了我的和氏璧，却不给我城，那怎么办？”相如说：“秦国要求以城邑换取和氏璧，如果赵国不答应，赵国显得理屈；如果赵国把和氏璧给了秦国，而秦国不把城邑交给赵国，那么就是秦国理屈了。衡量这两种情况，宁肯让秦国去承担屈理的责任。”赵王问：“谁能够充当使者呢？”相如说：“大王如果实在没有合适的人，我愿意带着和氏璧出使秦国。秦国把十五个城邑交给赵国，就把和氏璧留给秦国；秦国不把十五个城邑交出来，我负责和氏璧完好地回到赵国。”于是，赵王就派蔺相如带着和氏璧，西去秦国。

秦王坐章台见相如，〔1〕相如奉璧奏秦王。〔2〕秦王大喜，传以示美人及左右，左右皆呼万岁。相如视秦王无意偿赵城，〔3〕乃前曰：“璧有瑕，〔4〕请指示王。”王授璧，相如因持璧却立，倚柱，怒发上冲冠，谓秦王曰：“大王欲得璧，使人发书至赵王，赵王悉召群臣议，皆曰‘秦贪，负其强，以空言求璧，偿城恐不可得’。议不欲予秦璧。臣以为布衣之交尚不相欺，〔5〕况大国乎！且以一璧之故逆强秦之欢，〔6〕不可。于是赵王乃斋戒五日，〔7〕使臣奉璧，拜送书于庭。〔8〕何者？严大国之威以修敬也。〔9〕今臣至，大王见臣列观，〔10〕礼节甚倨；〔11〕得璧，传之美人，以戏弄臣。臣观大王无意偿赵王城邑，故臣复取璧。大王必欲急臣，〔12〕臣头今与璧俱碎于柱矣！”相如持其璧睨柱，〔13〕欲以击柱。秦王恐其破璧，乃辞谢固请，召有司案图，〔14〕指从此以往十五都予赵。相如度秦王特以诈详为予赵城，〔15〕实不可得，乃谓秦王曰：“和氏璧，天下所共传宝也，赵王恐，不敢不献。赵王送璧时，斋戒五日，今大王亦宜斋戒五日，设九宾于廷，〔16〕臣乃敢上璧。”秦王度之，终不可强夺，遂许斋五日，舍相如广成传。〔17〕相如度秦王虽斋，决负约不偿城，乃使其从者衣褐，〔18〕怀其璧，从径道亡，〔19〕归璧于赵。

【注释】〔1〕“章台”，秦宫中的台观之一，故址在今陕西省咸阳市故城西南隅。〔2〕“奏”，呈献。〔3〕“偿”，抵偿。〔4〕“瑕”，玉上的斑点。音 xiá。〔5〕“布衣”，本指庶民百姓穿的衣服，后来便成为庶民的代称。〔6〕“逆强秦之欢”，损害与强大的秦国的友好关系和感情。“逆”，抵触，挫伤。“欢”，欢心。〔7〕“斋戒”，古代礼仪之一，“斋”是指礼仪活动前沐浴更衣，独宿净室，使心地诚敬纯真。“戒”是指戒酒，戒荤，戒女色等。〔8〕“庭”，通“廷”，朝廷，这里是指正殿，表示赵王郑重其事，与下文“列观”形成对比。〔9〕“严大国之威”，尊重大国的威望。“严”，尊敬。〔10〕“列观”，一般的台观。“观”，指高台楼阁建筑。音 guàn。〔11〕“倨”，傲慢。音 jù。〔12〕“急”，逼迫。〔13〕“睨”，斜着眼睛看。音 nì。〔14〕“有司”，负责的官吏。官吏各有职司，故通称“有司”。“案图”，查阅地图。〔15〕“度”，衡量，估计，音 duó。“详”，同“佯”。〔16〕“设九宾于廷”，“设”，是备置的意思；“九宾”即《周礼·秋官·大行人》所说的“九仪”，本是周天子接待来朝诸侯宾客的礼仪，如上公之礼，包括执圭九寸，冕服九章（“章”是纹饰），建常（旗帜）九斿（“斿”是旗上的飘带类饰物），贰车九乘，介九人，礼九牢，飨礼九献，食礼九举等内容，是当时接待宾客的最高规格的礼仪。〔17〕“舍”，宾馆，这里用为动词，是“留宿”的意思。“广成”，传舍的名字。“传”，传舍，即宾馆，音 zhuàn。〔18〕“衣褐”，穿着褐衣。褐衣是贫贱之人所穿的粗麻布服装，这里是指化装出逃。〔19〕“径”，小路。

【译文】秦王坐在章台接见蔺相如，相如双手捧着和氏璧献给秦王。秦王非常高兴，把和氏璧传给嫔妃和臣子们观赏，他们一齐欢呼起来，高喊“万岁”。蔺相如看出秦王并没有用城邑交换和氏璧的诚意，就走上前去说：“这玉璧上有些疵点，请让我指给大王看。”秦王把璧交还给他，相如便捧着璧往后倒退，靠着一根柱子，站定了，怒发冲冠，对着秦王说道：“大王想要得到和氏璧，派人送信给赵王，赵王把群臣召集到一起商议，大家都说‘秦国贪得无厌，仗恃着自己的强大，只不过是想用空话骗取和氏璧，所谓用以交换和氏璧的城邑，恐怕是得不到的’。议定不能把和氏璧给秦国。而我认为，即使是平民百姓之间的交往，尚且不能相互欺骗，何况是大国之间的交往呢！再说，既然是强大的秦国所喜欢的东西，不能够为了这一块和氏璧而损伤了同秦国的感情。于是赵王就斋戒了五天，派我出使秦国，郑重地把和氏璧交给了我，在朝廷上恭恭敬敬的行拜礼送国书。为什么要这样呢？这是对大国的威望的尊重，表示敬意。今天我来到这里，大王却只在一般的台观接见我，礼节很是简慢；拿到了玉璧，又传给嫔妃们去观赏，这简直是在戏弄我。我看出大王您并无用城邑与赵国交换和氏璧的诚意，所以我又拿回了玉璧。大王要是逼迫我，把我逼急了，今天我的头就和玉璧一齐撞碎在这柱子上！”相如捧着那玉璧，两眼斜瞅着柱子，像是就要撞到柱子上去似的。秦王惟恐他会撞碎了玉璧，就连连道歉，请他千万不要那样做，并召来负责的官吏，打开地图查看，指着地图说从这里起的十五座城邑划给赵国。相如思忖着秦王说把城邑给赵国只不过是做样子骗骗人，其实赵国是得不到的，于是就对秦王说：“和氏璧是天下闻名的珍宝，赵王畏惧秦国，不敢不答应秦国的要求，把玉璧献给秦国。赵王要把和氏璧送来秦国之时，斋戒了五天，现在大王您也应当斋戒五天，在王宫正殿安排九宾迎接之典礼，我才好奉献上这玉璧。”秦王估计这情形，要强行夺取和氏璧不大可能，便同意斋戒五天，把蔺相如先安顿在广成宾馆住下。相如揣度，秦王虽然答应了斋戒，还是一定要背约的，决不会以城换璧，便派遣他的随从换上了粗布衣裳，打扮成平民百姓模样，把玉璧藏在怀中，抄小道逃走，将和氏璧送回了赵国。

秦王斋五日后，乃设九宾礼于廷，引赵使者蔺相如。[1]相如至，谓秦王曰："秦自缪公以来二十余君，[2]未尝有坚明约束者也。臣诚恐见欺于王而负赵，故令人持璧归，间至赵矣。[3]且秦强而赵弱，大王遣一介之使至赵，[4]赵立奉璧来。今以秦之强而先割十五都予赵，赵岂敢留璧而得罪于大王乎？臣知欺大王之罪当诛，臣请就汤镬，[5]唯大王与群臣孰计议之。"[6]秦王与群臣相视而嘻。[7]左右或欲引相如去，[8]秦王因曰："今杀相如，终不能得璧也，而绝秦赵之欢，不如因而厚遇之，[9]使归赵，赵王岂以一璧之故欺秦邪！"卒廷见相如，毕礼而归之。[10]

【注释】〔1〕"引"，带领。〔2〕"缪公"，秦国著名国君之一，名任好，公元前六五九年至六二一年在位，春秋五霸之一。"缪"，一作"穆"。按，秦自缪公至昭王凡二十君，此处说"二十余君"是概数。〔3〕"间"，秘密地，悄悄地。音 jiàn。〔4〕"一介"，一个。"介"有"微小"的意思。〔5〕"汤镬"，用镬盛水或油，加火烧沸，古代的烹刑即将犯人投入镬中煮死。"镬"，一种类似深腹大锅的炊具。音 huò。〔6〕"孰"，同"熟"，仔细地，周密地。〔7〕"嘻"，惊怪之声。音 xī。〔8〕"引"，拉。〔9〕"因"，顺着，趁着。〔10〕"毕礼"，完成了规定的礼仪。

【译文】秦王斋戒五天之后，果真在王宫安排了九宾迎接的隆重典礼，派人去请来赵国的使者蔺相如。相如来到王宫，对秦王说："秦国自缪公以来已有二十来位国君即位，可是还没有哪一位是毫不含糊地信守诺言的。我实在是怕受了您的欺骗而辜负了赵王的重托，所以已派人带着和氏璧回去了，他走小路现已回到了赵国。不过，秦国强大，赵国弱小，大王仅仅只派了一位使者到赵国，赵国立即就派我捧着玉璧给送来了。现在，以秦国的强大，如果真的先割让十五个城邑给赵国，赵国岂敢不交出和氏璧而得罪您大王呢？我知道，我犯有欺骗您的罪，应当杀头；我甘愿下汤锅受极刑，但这件事还请您大王与各位大臣仔细商议一下。"秦王与众大臣面面相觑，哭笑不得，发出惊怪之声。有的臣子气得要把相如捉下去，秦王便说道："如今即使杀了蔺相如，也还是得不到和氏璧了，反而破坏了秦、赵两国的友好关系，不如依然好好予以接待，送他回赵国，难道赵王会因为一块和氏璧而欺骗秦国吗！"终于按照礼节在正殿上接见了相如，典礼结束，将相如送回了赵国。

相如既归，赵王以为贤大夫使不辱于诸侯，[1]拜相如为上大夫。[2]秦亦不以城予赵，赵亦终不予秦璧。

【注释】〔1〕"贤大夫使不辱于诸侯"，贤大夫出使于国外，在诸侯前没有让赵国丢脸。蔺相如出使秦国，已有大夫身份，故称"贤大夫"。一说"大夫"二字为衍文，"贤"字从上读作

“赵王以为贤”。〔2〕“上大夫”，大夫中最高的一级，地位仅次于卿。

【译文】蔺相如回到赵国后，赵王认为由于相如的机智与才干，出使于外，在诸侯面前维护了赵国的尊严，就拜相如做了上大夫。最终秦国并没有割城给赵国，赵国也就没有把和氏璧送给秦国。

其后秦伐赵，拔石城。[1]明年，复攻赵，杀二万人。

【注释】〔1〕“拔石城”，事在赵惠文王十八年（公元前二八一年）。“石城”，故地在今河南省林县西南。

【译文】后来，秦国攻打赵国，攻占了石城。第二年，秦国再次进攻赵国，杀死了两万人。

秦王使使者告赵王，欲与王为好会于西河外渑池。[1]赵王畏秦，欲毋行。廉颇、蔺相如计曰：“王不行，示赵弱且怯也。”赵王遂行，相如从。廉颇送至境，与王诀曰：[2]“王行，度道里会遇之礼毕，还，不过三十日。三十日不还，则请立太子为王，以绝秦望。”王许之，遂与秦王会渑池。秦王饮酒酣，曰：“寡人窃闻赵王好音，请奏瑟。”[3]赵王鼓瑟。秦御史前书曰[4]“某年月日，秦王与赵王会饮，令赵王鼓瑟”。蔺相如前曰：“赵王窃闻秦王善为秦声，[5]请奏盆缻秦王，[6]以相娱乐。”秦王怒，不许。于是相如前进缻，因跪请秦王。秦王不肯击缻。相如曰：“五步之内，相如请得以颈血溅大王矣！”[7]左右欲刃相如，[8]相如张目叱之，左右皆靡。[9]于是秦王不怿，[10]为一击缻。相如顾召赵御史书曰“某年月日，秦王为赵王击缻”。秦之群臣曰：“请以赵十五城为秦王寿。”[11]蔺相如亦曰：“请以秦之咸阳为赵王寿。”[12]秦王竟酒，[13]终不能加胜于赵。赵亦盛设兵以待秦，[14]秦不敢动。

【注释】〔1〕“为好”，指讲和交好。“西河”，古代把黄河流过河套后南北流向的一段称为“西河”。此处言“西河外”，是从赵国的方位而言的。“渑池”，故地在今河南省渑池县西。〔2〕“诀”，告别。〔3〕“奏瑟”，弹瑟。“瑟”，一种丝弦的弹拨乐器，与琴相似，但器身较大，弦数较多。〔4〕“御史”，即史官，战国时御史掌管图籍文书，记录国家大事。〔5〕“秦声”，指秦地风格的歌曲。〔6〕“奏盆缻”，“奏”是呈献；“盆缻”是瓦制容器，唱歌时打节拍伴奏用。“缻”，同“缶”，音 fǒu。〔7〕“请得以颈血溅大王矣”，从字面上看，是说蔺相如自杀颈上的血都可以溅到秦王身上；但言外之意，是说他也很容易把秦王杀死（因相距不过五步）。〔8〕“刃”，本指刀锋，此处用作动词，指用刀杀。〔9〕“靡”，倒下。〔10〕“怿”，喜悦。音 yì。〔11〕“为秦王寿”，为秦王添寿而作为献礼。“为寿”，古代把送礼、敬酒等都叫“为寿”，表示祝人长寿。〔12〕“咸阳”，秦的国都，故地在今陕西省咸阳市东北。〔13〕“竟酒”，酒宴终结。“竟”，完毕，终了。〔14〕“盛”，多。“设兵”，布置好军队。

【译文】秦王派使者告诉赵王，希望与赵国修好，邀请赵王在西河之外的渑池相会。赵王畏惧秦国，不想去。廉颇、蔺相如商议道：“君王如果不去，显得赵国太虚弱与怯懦了。”赵王便前往赴会，相如随行。廉颇一直送到国境边，与赵王告别时说：“君王此行，按照路程、会见的典礼和归程推算，不应超过三十天。如果到三十天大王还不回来，请允许立太子为王，以断绝秦国对您进行要挟讹诈的念头。”赵王同意了。于是，赵王来到渑池与秦王相会。秦王喝酒喝到半醉，说：“我听说赵王喜好音乐，请给弹奏弹奏瑟吧！”赵王弹了瑟。秦国的御史走上前来，在史册上记载道：“某年某月某日，秦王会见赵王，宴会上命令赵王弹瑟。”蔺相如上前说：“赵王曾听说秦王擅长秦地的歌曲，请允许我给大王您献上盆缶，用以演奏娱乐。”秦王很生气，不肯答应。于是，相如更走上前去，进献瓦缶，并跪下相请。秦王仍然不肯击缶。相如说：“我与大王相距不过五步，（我这点请求您都不肯答应，）我的颈血将要溅到大王您的身上啦！”秦王的侍从要拿刀剑来杀相如，相如瞪大了眼睛大声地呵斥他们，吓得他们都慌忙后退。于是，秦王只得很不乐意地敲了一下缶。相如回头召来赵国的御史，说道：“某年某月某日，秦王为赵王敲缶奏乐。”秦国的大臣们说：“请赵国拿出十五座城邑来，作为给秦王祝寿的献礼。”蔺相如也说：“请拿出秦国的咸阳城来，作为给赵王祝寿的献礼。”这样一直到宴会结束，秦王终于没有能从赵王那里占到便宜。赵国已经布置了重兵戒备着，秦国也不敢在军事上轻举妄动。

既罢归国，〔1〕以相如功大，拜为上卿，位在廉颇之右。〔2〕廉颇曰：“我为赵将，有攻城野战之大功，而蔺相如徒以口舌为劳，而位居我上，且相如素贱人，〔3〕吾羞，不忍为之下。”宣言曰：“我见相如，必辱之。”相如闻，不肯与会。相如每朝时，常称病，不欲与廉颇争列。〔4〕已而相如出，望见廉颇，相如引车避匿。于是舍人相与谏曰：〔5〕“臣所以去亲戚而事君者，徒慕君之高义也。今君与廉颇同列，廉君宣恶言而君畏匿之，恐惧殊甚，〔6〕且庸人尚羞之，〔7〕况于将相乎！臣等不肖，〔8〕请辞去。”蔺相如固止之，曰：“公之视廉将军孰与秦王？”〔9〕曰：“不若也。”相如曰：“夫以秦王之威，而相如廷叱之，辱其群臣，相如虽驽，〔10〕独畏廉将军哉？顾吾念之，强秦之所以不敢加兵于赵者，徒以吾两人在也。今两虎共斗，其势不俱生。吾所以为此者，以先国家之急而后私雠

也。”[11]廉颇闻之，肉袒负荆，[12]因宾客至蔺相如门谢罪。[13]曰：“鄙贱之人，不知将军宽之至此也。”卒相与欢，为刎颈之交。[14]

【注释】〔1〕“罢”，结束，完了。〔2〕“位在廉颇之右”，蔺相如与廉颇虽同为上卿，但蔺相如的位次更排在廉颇之上。“右”，秦与汉初以前，以右为尊。〔3〕“素贱人”，一向是卑贱之人。〔4〕“争列”，争位次的先后。〔5〕“相与”，相偕，一起。〔6〕“殊甚”，太过分，特别过分。〔7〕“庸人”，常人，普通人。〔8〕“不肖”，不贤。此处是说反话，气话。“肖”，音 xiào。〔9〕“廉将军孰与秦王”，廉将军比起秦王来怎么样？“孰与”，与……比怎么样。〔10〕“驽”，愚笨。音 nú。〔11〕“雠”，同“仇”。〔12〕“肉袒”，脱衣露体。“负荆”，身背着荆木棍子。“荆”是一种灌木，用作笞杖之刑的刑具。〔13〕“因”，依。〔14〕“刎”，割。音 wěn。“刎颈之交”，指可以共生死的朋友。

【译文】渑池之会结束回国，赵王认为此行蔺相如功劳很大，便拜蔺相如为上卿，位次排在廉颇之前。廉颇说：“我身为赵国的将军，攻城野战，立下大功，而蔺相如只不过动动口舌，竟然官位比我还要高了，况且蔺相如本来只是个出身卑贱的人，让我身居其下实在不能忍受，我感到羞耻。”他扬言说：“我见到蔺相如，一定要给他点难堪！”相如听说了，不肯与廉颇会面。每当朝会的时候，相如常常藉口有病不去，避免为列次的先后与廉颇发生冲突。有一次，相如外出，远远地望见廉颇，相如即调转车头躲避。于是，相如门下的宾客们大家一齐进言道：“我们之所以离开亲属而服务于您的门下，只是为了仰慕您崇高的道义精神。现在，您与廉颇同居上卿之位，廉君散布了一些恶言恶语，而您就吓得东躲西藏，恐惧得不得了。这种事就连普通人也会觉得是羞辱，何况是身居将相高位的人呢？我们都是些缺乏修养的人，请允许我们告辞而去。”蔺相如坚决地挽留他们，说道：“诸位，你们看廉将军比秦王更强吗？”大家说：“当然比不上秦王了。”相如说：“尽管秦王是那样的威风凛凛，而我在秦国的宫廷上当众斥责他，羞辱他的大臣们，我虽然愚劣，难道单单就怕一个廉将军吗？我只不过是考虑到，强大的秦国之所以不敢对赵国发动战争，就是因为我们两个人在这里。现在如果两虎相争，势必不能同生共存。我之所以要忍辱回避，无非是把国家存亡大事放在前头，把个人的恩怨放在后头罢了！”廉颇听说了，脱衣露体，赤膊背着荆杖，由宾客介绍陪伴来到蔺相如府上请罪。他说：“我是个粗鄙浅陋的人，不料您宽容我、容让我到了这样的地步。”终于彼此和好，成为生死与共的朋友。

是岁，廉颇东攻齐，破其一军。居二年，[1]廉颇复伐齐几，[2]拔之。后二年，[3]廉颇攻魏之防陵、[4]安阳，[5]拔之。后四年，[6]蔺相如将而攻齐，至平邑而罢。[7]其明年，赵奢破秦军阏与下。[8]

【注释】〔1〕“居二年”，赵惠文王二十三年，齐襄王八年，公元前二七六年。〔2〕“几”，邑名，故地在今河北省大名县东南。《赵世家》载廉颇于惠文王二十三年攻取魏国几邑。为同一事而将几邑分系两国，应有一误。或以为几邑介齐、魏之间，时或属魏，时或属齐，也成一说。〔3〕“后二年”，据《赵世家》等，此应是“后一年”，即在赵惠文王二十四年，公元前二七五年。〔4〕“防陵”，故地在今河南省安阳市西南，因防水而得名。〔5〕“安阳”，在魏本名宁新中，秦昭王五十年（公元前二五七年）秦军攻占后改名安阳，故地在今河南省安阳市东南。〔6〕“后四年”，赵惠文王二十八年，齐襄王十三年，公元前二七一年。〔7〕“平邑”，故地在今河南省南乐县东北。〔8〕“阏与”，故地在今山西省和顺县。“阏”，音 yù。《赵世家》载，赵惠文王二十九年，秦、韩相攻，而围阏与。赵使赵奢将，击秦，大破秦军阏与下。

【译文】这一年，廉颇率军东进攻打齐国，歼灭了一支齐军。过了两年，廉颇再次攻打齐国，攻占了几邑。二年之后，廉颇攻打魏国，攻占了防陵、安阳。四年之后，蔺相如率军攻打齐国，攻到平邑而休战。第二年，赵奢在阏与城下击败了秦军。

赵奢者，赵之田部吏也。〔1〕收租税而平原君家不肯出租，〔2〕奢以法治之，杀平原君用事者九人。〔3〕平原君怒，将杀奢。奢因说曰：〔4〕“君于赵为贵公子，今纵君家而不奉公则法削，〔5〕法削则国弱，国弱则诸侯加兵，〔6〕诸侯加兵是无赵也，君安得有此富乎？以君之贵，奉公如法则上下平，〔7〕上下平则国强，国强则赵固，而君为贵戚，岂轻于天下邪？”〔8〕平原君以为贤，言之于王。王用之治国赋，国赋大平，民富而府库实。

【注释】〔1〕“田部”，负责农田生产管理及田赋租税征收事务的部门。〔2〕“平原君”，名赵胜，赵武灵王之子，惠文王之弟，封于东武城（今山东武城西北），号平原君。事迹详本书本传。〔3〕“用事者”，当权管事的人。〔4〕“因说”，趁着辩解的时候劝谏平原君。“说”，音 shuì。〔5〕“纵”，放任。〔6〕“加兵”，指用武力来侵夺。〔7〕“上下平”，指政局稳定，上下同心。〔8〕“岂轻于天下邪”，哪里能被天下人轻视呢？指平原君会因为赵国的强大而受到天下诸侯的尊重。

【译文】赵奢，是赵国田部的官吏。他负责征收租税的工作，但平原君家不肯按规定缴租。赵奢便执法惩治，将平原君家管事的人杀了九个。平原君大怒，要杀掉赵奢，赵奢于是进言说：“您是赵国的贵公子，现在如果放任您家不交租税，不遵从国家的规定，这样一来就会削弱法律的效力，法律失去了效力，就会导致国家衰弱；国家衰弱，就会引来诸侯入侵；诸侯入侵，就会灭掉赵国，到那时，您又怎么可能保有您的财富呢？反之，像您这样身居高位的人，维护国家利益，遵守国家

法律，就会使全国上下一心；上下一心，就会使国家富强；国家富强了，赵氏的地位就会巩固，而您贵为国戚，难道还会被天下诸侯轻视吗？”平原君认为赵奢是个有才能的人，把他推荐给赵王。赵王让他管理全国的财政赋税。他果然将全国的财政赋税管理得井井有条，收支平衡，国民富足而国库充盈。

秦伐韩，军于阏与。王召廉颇而问曰：“可救不？”对曰：“道远险狭，难救。”又召乐乘而问焉，〔1〕乐乘对如廉颇言。又召问赵奢，奢对曰：“其道远险狭，譬之犹两鼠斗于穴中，将勇者胜。”王乃令赵奢将，救之。

【注释】〔1〕“乐乘”，本燕将，系名将乐毅族人，后来赵国封他为武襄君。

【译文】秦国攻打韩国，军队驻扎在阏与。赵王召见廉颇问道：“可以不可以去救援呢？”廉颇回答说：“到阏与去的这段路，既远而又险峻狭小，难救了。”赵王又召见乐乘来问这件事，乐乘回答的话跟廉颇一样。赵王又召见赵奢来问，赵奢说：“那条路的确是既远而又险峻狭小，这就好比两只老鼠在洞中相斗一样，由骁勇的将领统帅的军队能够获胜。”赵王就命令赵奢为统帅，前去救援。

兵去邯郸三十里，而令军中曰：“有以军事谏者死。”秦军军武安西，〔1〕秦军鼓噪勒兵，〔2〕武安屋瓦尽振。军中候有一人言急救武安，〔3〕赵奢立斩之。坚壁，〔4〕留二十八日不行，复益增垒。秦间来入，〔5〕赵奢善食而遣之。间以报秦将，秦将大喜曰：“夫去国三十里而军不行，乃增垒，阏与非赵地也。”赵奢既已遣秦间，乃卷甲而趋之，〔6〕二日一夜至，令善射者去阏与五十里而军。军垒成，秦人闻之，悉甲而至。军士许历请以军事谏，赵奢曰：“内之。”〔7〕许历曰：“秦人不意赵师至此，其来气盛，将军必厚集其阵以待之。不然，必败。”赵奢曰：“请受令。”〔8〕许历曰：“请就𫓧质之诛。”〔9〕赵奢曰：“胥后令邯郸。”〔10〕许历复请谏，曰：“先据北山上者胜，后至者败。”赵奢许诺，即发万人趋之。秦兵后至，争山不得上，赵奢纵兵击之，大破秦军。秦军解而走，〔11〕遂解阏与之围而归。

【注释】〔1〕“军武安西”，“军”，是动词，军队驻扎。“武安”，故地在今河北省武安县西南。〔2〕“鼓噪”，擂鼓呐喊。“勒兵”，本指治军，统率军队，此指操练兵马。〔3〕“候”，负责侦察敌情的军吏。〔4〕“坚壁”，加固军营的壁垒。下文“增垒”意同。〔5〕

“间”，间谍。〔6〕“卷甲”，将甲胄收卷起来。“趋”，疾走。军队不着甲胄是为了行动便捷，迅速挺进。〔7〕“内之”，“内”，通“纳”，意即“放他进来”。〔8〕“请受令”，请允许我接受你的指教。《资治通鉴》改“令”作“教”。〔9〕“𫓧”，同“斧”。〔10〕“胥后令邯郸”，“胥”，通“须”，等待，“胥后令”，是说等待以后的命令。“邯郸”二字，有人认为是讹文，钱大昕说，赵都邯郸，意谓当待赵王之令。〔11〕“解而走”，溃散而败逃。

【译文】大军离开邯郸三十里，赵奢在军中下达命令说：“有敢对军事行动进言的处死刑。”秦军驻扎在武安城西，当秦军擂鼓呐喊，演习兵马的时候，武安城里房屋上的瓦片都在振动。军中一个侦察员请求赶紧去救援武安，赵奢立即将他斩首。他加固军营的壁垒，一直驻守了二十八天而没有向前推进，还继续修筑营垒。秦国派了间谍混入军营，赵奢用好菜好饭招待他，然后把他送出军营。间谍把看到的情况向秦国的将军作了报告，秦将大为高兴，说：“离开都城不过三十里就屯驻大军不敢前行，只是一味地加固营垒，这一下阏与不再是赵国的地盘了。”赵奢把秦国的间谍送走之后，命令全军换下甲胄，轻装全速挺进，两天一夜赶到阏与，布置了一批好射手在距阏与五十里的地方扎营。营垒构筑完毕，秦人也得知了消息，全军悉数赶来。军士许历请求对战事发表意见。赵奢说：“放他进来。”许历说：“秦人没有料到赵国的军队突然来到这里，被激怒的秦军来进攻的气势必然旺盛，将军一定要集中兵力严阵以待，不然的话，会吃败仗的。”赵奢说：“这个意见可以采纳。”许历说：“请照军令把我处以死刑好了。”赵奢说：“等以后回到邯郸再说吧！”许历请求再发表意见，说：“能够先控制阏与北面的山头的一方必定能获得胜利，后去的一方必定要遭到失败。”赵奢表示同意，立即发兵万人快速占领了北山。秦军后来赶到，与赵军争夺北山而终于未能上山，赵奢指挥大军发动攻击，把秦军打得大败。秦军溃散而去，对阏与的包围被解除了，赵军胜利而归。

赵惠文王赐奢号为马服君，〔1〕以许历为国尉。〔2〕赵奢于是与廉颇、蔺相如同位。〔3〕

后四年，〔4〕赵惠文王卒，子孝成王立。〔5〕七年，〔6〕秦与赵兵相距长平，〔7〕时赵奢已死，而蔺相如病笃，〔8〕赵使廉颇将攻秦，秦数败赵军，赵军固壁不战。秦数挑战，廉颇不肯。赵王信秦之间。秦之间言曰：“秦之所恶，独畏马服君赵奢之子赵括为将耳。”赵王因以括为将，代廉颇。蔺相如曰：“王以名使括，若胶柱而鼓瑟耳。〔9〕括徒能读其父书传，〔10〕不知合变也。”〔11〕赵王不听，遂将之。

【注释】〔1〕“马服君”，因马服山而为号。马服山，在今河北省邯郸市西北。〔2〕“国尉”，官名，职掌军事的武官，职位仅次于将军。〔3〕“同位”，即“同列”，指级别相同。

〔4〕“后四年”，指赵惠文王三十三年，公元前二六六年。〔5〕“孝成王”，名丹，公元前二六五年至二四五年在位。〔6〕“七年”，《六国年表》等载，长平之战在孝成王六年（公元前二六〇年），此云“七年”，或自惠文王卒计起第七年。〔7〕“长平”，故地在今山西省高平县西北。〔8〕“笃”，指病势沉重。音 dǔ。〔9〕“胶柱而鼓瑟”，弹奏琴瑟，音调的高低要靠调节弦柱的松紧，柱将弦转紧，则音急调高；柱将弦调松，则音缓调低。如果用胶把柱粘牢了，就无法调节丝弦松紧，只能弹出一种调门。比喻僵化不变，单调死板。〔10〕“书传”，书籍和传述。“传”，音 zhuàn。〔11〕“合变”，应变，指灵活地对付变化着的情况。

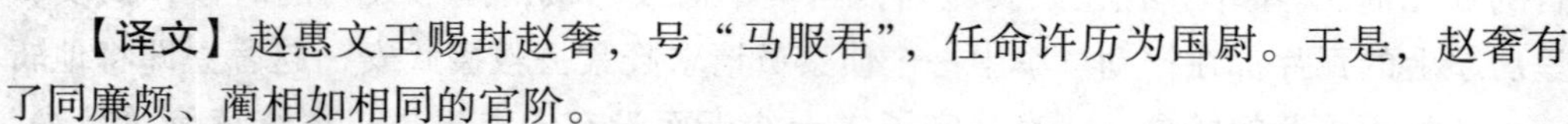

【译文】赵惠文王赐封赵奢，号“马服君”，任命许历为国尉。于是，赵奢有了同廉颇、蔺相如相同的官阶。

四年以后，赵惠文王去世，他的儿子孝成王即位。七年后，秦军与赵军在长平对峙。当时赵奢已死，而蔺相如也病势沉重。赵国派廉颇率军抗击秦兵，秦军接连打败赵军，赵军坚壁不出战。秦军屡次挑战，廉颇都不予理会。这时，赵王却听信了秦国的间谍的话。秦国的间谍故意放风说：“秦国所畏惧的，就只有马服君的儿子赵括统帅赵军！”赵王便真的任命赵括为将军，取代廉颇，蔺相如说：“大王只听赵括的名声就起用他，简直就像胶住了瑟的弦柱来弹瑟一样。（真是只知其一，不知其二。）赵括只不过会念念他父亲留下的书本，根本不懂得活用应变啊！”赵王不听，还是让他当了将军。

赵括自少时学兵法，言兵事，以天下莫能当。尝与其父奢言兵事，奢不能难，〔1〕然不谓善。括母问奢其故，奢曰：“兵，死地也，〔2〕而括易言之。使赵不将括即已，〔3〕若必将之，破赵军者必括也。”及括将行，其母上书言于王曰：“括不可使将。”王曰：“何以？”对曰：“始妾事其父，时为将，身所奉饭饮而进食者以十数，〔4〕所友者以百数，大王及宗室所赏赐者尽以予军吏士大夫，〔5〕受命之日，不问家事。今括一旦为将，东向而朝，〔6〕军吏无敢仰视之者，王所赐金帛，归藏于家，而日视便利田宅可买者买之。王以为何如其父？父子异心，〔7〕愿王勿遣。”王曰：“母置之，吾已决矣。”括母因曰：“王终遣之，即有如不称，〔8〕妾得无随坐乎？”〔9〕王许诺。

【注释】〔1〕“难”，反驳，提出不同意见。〔2〕“兵，死地也”，《孙子兵法》说：“兵者，国之大事，死生之地，存亡之道，不可不察也。”（战争是国家的大事，关系到军民的死生，国家的存亡，不能不审慎地研究。）与本句意同。〔3〕“不将括”，不以赵括为将。“将”是使动用法。〔4〕“身所奉饭饮而进食者”，亲自侍奉饮食，以师长之礼对待的人。〔5〕“军吏”，指属下军官。“士大夫”，指幕僚。〔6〕“东向而朝”，赵括面向东而坐，接受部下的朝见。当时以面向东的座位为尊。〔7〕“异心”，指思想作风全然不同。〔8〕“不称”，不称职。“称”，音 chèn。〔9〕“随坐”，即连坐，一人犯法，他人一起受罚。

【译文】赵括自小就学习兵法，谈论军事，自以为天下没有人能比得上他。有一次，他与父亲赵奢谈论起军事来，赵奢也难不倒他，但赵奢却并不认为他好。赵括的母亲问赵奢是什么缘故，赵奢说：“战争，是关系到生死存亡的大事，而赵括说起来竟那么轻巧松快。将来赵国不以赵括为将便罢了，如果真让赵括当了将军，使赵军吃败仗的，必定是赵括。”等到赵括将要出发上前线的时候，赵括的母亲给赵王上书说道：“不能够让赵括当将军。”赵王说：“为什么呢?”赵括的母亲回答说：“当初我嫁给赵括的父亲的时候，那时赵括的父亲正做着将军，在军中由他亲自捧着饮食进献到面前，以长者之礼对待的人数以十计，他的朋友数以百计，大王及王室所赏赐的财物，他全部分给军吏和士大夫。从接受了出征命令的那天起，便再不过问家里的私事。如今赵括一下当上了将军，自己坐在官邸朝东的尊位，（摆出架子，）接受部下的朝见，部下军吏们没有一个敢抬头正眼看他的；大王赏赐的钱财，他都拿回家收了起来，天天注意着有没有合适的田产房屋，可以买的就买下来。大王看看，他的所作所为怎么可以和他父亲相比呢?他们父子两人心思完全不同，希望大王就不要派他去了吧！”赵王说：“老夫人，你就别说了，我已经决定了。”于是赵括的母亲便说道：“大王一定要派他去，那么倘若他有不称职之处，我能免去连坐之罪吗?”赵王答应了她的要求。

赵括既代廉颇，悉更约束，易置军吏。秦将白起闻之，[1]纵奇兵，详败走，而绝其粮道，分断其军为二，士卒离心。四十余日，军饿，[2]赵括出锐卒自博战，秦军射杀赵括。括军败，数十万之众遂降秦，秦悉阬之。[3]赵前后所亡凡四十五万。明年，[4]秦兵遂围邯郸，岁余，几不得脱。赖楚、魏诸侯来救，[5]迺得解邯郸之围。[6]赵王亦以括母先言，竟不诛也。

【注释】〔1〕“白起”，秦国名将，郿（今陕西眉县东）人，以军功封为武安君，为秦国攻破敌国七十余城。长平之战后，因与秦相应侯范睢有矛盾，遭猜忌，终于被秦王赐死。事迹详本书本传。〔2〕“四十余日，军饿”，《白起王翦列传》载，“赵卒不得食四十六日，皆内阴相杀食”。（皆在内部暗地里彼此残杀，以死尸为食。）可以参见。“饿”，是严重的饥饿。〔3〕“阬”，同“坑”，活埋。〔4〕“明年”，赵孝成王八年，公元前二五八年。〔5〕“赖楚、魏诸侯来救”，平原君偕毛遂赴楚求援，楚有春申君率军救赵；魏有信陵君窃符救赵。〔6〕“迺”，同“乃”。

【译文】赵括取代了廉颇之后，全面更改规章，撤换军吏。秦将白起得到了这一情报，立即将部队作了出人意料的调遣，佯装败走，却偷袭截断了赵军运输军粮

的道路，并将赵军切割为两部，顿使赵军军心涣散。四十多天后，赵军断粮饿饭，赵括亲自带着精锐的部队冲出，与秦军肉搏拼杀。秦军将赵括射死，赵军溃败，数十万大军只好投降，秦军把投降的赵军全都给活埋了。在这一战役中，赵国前后损失的兵员共计四十五万人。第二年，秦军乘胜包围了邯郸，长达一年有余，几乎不能脱险。后来幸亏有楚国、魏国等诸侯来救援，方才解除了秦军对邯郸的包围。因为赵括的母亲曾经有言在先，所以赵王也没有加罪于她。

自邯郸围解五年，〔1〕而燕用栗腹之谋，〔2〕曰"赵壮者尽于长平，其孤未壮"，举兵击赵。赵使廉颇将，击，大破燕军于鄗，〔3〕杀栗腹，遂围燕。燕割五城请和，乃听之。〔4〕赵以尉文封廉颇为信平君，〔5〕为假相国。〔6〕

【注释】〔1〕"自邯郸围解五年"，邯郸解围在赵孝成王九年（公元前二五七年），据《六国年表》及《燕召公世家》，栗腹攻赵在燕王喜四年，即赵孝成王十五年（公元前二五一年），中间相距不止五年。梁玉绳等认为"五年"是"七年"之误，王伯祥认为不计解围当年及谋赵当年，恰为五年。〔2〕"栗腹"，燕丞相。燕王喜命栗腹与赵结好，赠赵王五百金，栗腹自赵归燕，为燕王图谋击赵。〔3〕"鄗"，故地在今河北省柏乡县北。音 hào。〔4〕"乃听之"，《燕世家》载，当时赵国提出要求由主张与赵友好的大夫将渠担任燕相，方允讲和。燕王任命将渠为相，燕、赵媾和。〔5〕"尉文"，邑名，故地今已不可详考。"信平君"，封号。〔6〕"假相国"，代理相国。有人推测其时蔺相如当已死去，故以廉颇代为相国。

【译文】邯郸解围之后五年，燕国的国相栗腹说："赵国的壮丁全都死于长平之战了，而他们遗留的孤儿还没有长大成人（可以乘机攻赵）。"便派出军队攻打赵国。赵国任命廉颇率军抗击，在鄗地将燕军打得大败，杀死了栗腹，并趁势包围了燕国的国都。燕国愿意割让五座城邑来求和，赵国答应了。赵王把尉文封给廉颇作食邑，封号"信平君"，并任命他为假相国。

廉颇之免长平归也，失势之时，故客尽去。〔1〕及复用为将，客又复至。廉颇曰："客退矣！"客曰："吁！君何见之晚也？〔2〕夫天下以市道交，〔3〕君有势，我则从君，君无势则去，此固其理也，有何怨乎！"居六年，〔4〕赵使廉颇伐魏之繁阳，〔5〕拔之。

【注释】〔1〕"故客"，旧时门下的食客。〔2〕"君何见之晚也"，犹言"君见之何晚也"。"见之"，看问题；"晚"，指迟钝，不合时宜，落后于形势。〔3〕"市道"，市场上做交易的办法。〔4〕"居六年"，按，自赵孝成王十五年破燕军，杀栗腹算起，过六年是赵孝成王二十一年（公元前二四五年），魏安釐王三十二年。〔5〕"繁阳"，故地在今河南省内黄县东北。

【译文】廉颇从长平免官而归，失去权势的时候，旧时门下的宾客都走光了。等到他再次被任命为将军的时候，那些宾客又都找上门来。廉颇说："诸位都请回去吧！"那些宾客却说："哎，您怎么还抱着那陈腐过时的见解呀？现在天下交友之道，都跟市场做交易一般，您有了权势，我们就跟您走；您没了权势，我们就离去，这本来是很自然的道理，您又何必怨恨呢！"过了六年，赵王派廉颇攻打魏国的繁阳，占领了该城。

赵孝成王卒，子悼襄王立，〔1〕使乐乘代廉颇。廉颇怒，攻乐乘，乐乘走。廉颇遂奔魏之大梁。〔2〕其明年，〔3〕赵乃以李牧为将而攻燕，拔武遂、方城。〔4〕

【注释】〔1〕"悼襄王"，名偃，公元前二四四年至二三六年在位。〔2〕"大梁"，魏国都，故地在今河南省开封市。〔3〕"其明年"，赵悼襄王二年，即燕王喜十二年，公元前二四三年。〔4〕"武遂"，故地在今河北省徐水县西遂城镇。"方城"，故地在今河北省固安县南。

【译文】赵孝成王去世后，他的儿子悼襄王即位，让乐乘接替廉颇。廉颇很生气，要杀掉乐乘，乐乘出走，廉颇也逃到魏国的大梁。第二年，赵国任用李牧为将军进攻燕国，攻克了武遂、方城两个城邑。

廉颇居梁久之，魏不能信用。赵以数困于秦兵，赵王思复得廉颇，廉颇亦思复用于赵。赵王使使者视廉颇尚可用否。廉颇之仇郭开多与使者金，令毁之。〔1〕赵使者既见廉颇，廉颇为之一饭斗米，肉十斤，〔2〕被甲上马，〔3〕以示尚可用。赵使还报王曰："廉将军虽老，尚善饭，然与臣坐，顷之三遗矢矣。"〔4〕赵王以为老，遂不召。

【注释】〔1〕"毁"，诋毁，诽谤。〔2〕"一饭斗米，肉十斤"，战国时各国度量衡制度不同，如按秦制折算（汉初沿用），一斗大约为今二千毫升，一斤大约为今二百五十克。〔3〕"被"，通"披"，穿着。〔4〕"顷之三遗矢"，一会儿工夫就大便了三次。"矢"，通"屎"。这是说廉颇的生理机能已老化，消化系统的器官功能已衰退。是使者诋毁之辞。

【译文】廉颇在大梁住了很长时间，魏国并不任用他。而赵国这时屡屡受挫于秦军，赵王打算再次起用廉颇，廉颇也希望再为赵国效力。赵王派遣使者去看望廉颇，观察一下廉颇是否尚可任用。与廉颇有私仇的郭开，给使者送了许多金钱，叫他诋毁廉颇。赵国的使者与廉颇见了面，廉颇特地一顿饭吃了一斗米，十斤肉，披甲上马，表示自己身体健壮尚可任用。使者回国后向赵王报告说："廉将军虽然老了，饭量还好，不过和我坐在那里，一会儿就拉了三次屎。"赵王觉得廉颇已经老而无用了，便不再召他回国。

楚闻廉颇在魏，阴使人迎之。廉颇一为楚将，〔1〕无功，曰："我思用赵人。"廉颇卒死于寿春。〔2〕

【注释】〔1〕"一为楚将"，"一"是语助词，无义。〔2〕"寿春"，故地在今安徽省寿县。楚考烈王二十二年（公元前二四一年），即秦王政六年，楚为避秦威逼，迁都寿春，仍称之为郢。

【译文】楚国听说廉颇在魏国，暗地里派人把他接去。廉颇当了楚国的将军，却没有能建树什么战功，他说："我真希望还能够指挥赵国的战士啊！"廉颇终于死在楚国的寿春。

李牧者，〔1〕赵之北边良将也。常居代雁门，〔2〕备匈奴。以便宜置吏，〔3〕市租皆输入莫府，〔4〕为士卒费。日击数牛飨士，〔5〕习射骑，谨烽火，〔6〕多间谍，厚遇战士。为约曰："匈奴即入盗，急入收保，〔7〕有敢捕虏者斩。"匈奴每入，烽火谨，辄入收保，不敢战。如是数岁，亦不亡失。然匈奴以李牧为怯，虽赵边兵亦以为吾将怯。赵王让李牧，〔8〕李牧如故。赵王怒，召之，使他人代将。

【注释】〔1〕"李牧"，《战国策·赵策》及《秦策》云，李牧一名缲（音 zuò）。〔2〕"代雁门"，代地的雁门郡。"代"是古国之名，在今河北省蔚县一带，代国为赵所灭。"雁门郡"，辖地相当于今山西省宁武、五寨、河曲等县以北，恒山以西，内蒙古黄旗海、岱海以南地区。〔3〕"便宜"，指不按照规定章程，而根据实际需要灵活处理。"便"，音 biàn。〔4〕"莫"，通"幕"，指军队屯驻在外时将帅的营帐，因为以帐幕作为办公理事的府署，故称"幕府"。〔5〕"飨"，以食物供给、招待。〔6〕"谨"，慎。"烽火"，古代用以传递敌军进犯情报的设施，每相隔一定距离筑一高台，台上树立高木，有桔槔一类的举高装置，一头有容器可安放薪柴，敌寇入侵，则高高举起，白日举烟，夜晚举火。〔7〕"保"，通"堡"，堡垒。〔8〕"让"，责备，批评。

【译文】李牧，是赵国北部边境的优秀将领。曾驻守在代地雁门郡一带，防御匈奴。他因地制宜地设置官吏，把征收的租税运送到军营，充作军队的口粮和费用。李牧让每天宰杀几头牛供给士兵们食用，让士兵们练习射箭和骑马，特别注重通报敌情的烽火设施，增加了许多侦探、间谍，对战士们很关心优待。他制订的规章是："匈奴即使侵入边境来抢掠，我军应迅速退入堡垒中固守，有敢于逞能捉捕匈奴的斩首处死。"每当匈奴入侵，烽火台及时地发出警报，李牧的军队就立即退入堡垒，不敢同匈奴作战。像这样一连好几年，倒也没有什么损失。而匈奴则认为李牧怯懦，就连赵国守边的兵士也都以为自己的将军胆小。赵王为此责备李牧，李牧依然如故，我行我素。赵王很生气，把他召回国都，改派他人接替他担任将军。

岁余，匈奴每来，出战。出战，数不利，失亡多，边不得田畜。〔1〕复请李牧。牧杜门不出，固称疾。〔2〕赵王乃复强起使将兵。牧曰："王必用臣，臣如前，〔3〕乃敢奉令。"王许之。

【注释】〔1〕"边不得田畜"，边境地区不能种田和畜牧。"田"，耕作。"畜"，放牧。〔2〕"固称疾"，坚决地托言有病。〔3〕"臣如前"，我仍照从前的办法。

【译文】这以后一年多，每次匈奴一来，赵军就出而迎战。但出战屡屡失利，损失严重，边境不安，无法正常耕作和放牧。赵王只好再请李牧去负责边防。李牧闭门不出，坚持说自己有病。赵王再三强令李牧，非让他统帅军队不可。李牧说："大王一定要任用我，就得答应我还是照我从前的老办法做，这样我才敢接受任命。"赵王同意了。

李牧至，如故约。匈奴数岁无所得。终以为怯。边士日得赏赐而不用，皆愿一战。于是乃具选车得千三百乘，〔1〕选骑得万三千匹，百金之士五万人，〔2〕彀者十万人，〔3〕悉勒习战。〔4〕大纵畜牧，人民满野。匈奴小入，详北不胜，〔5〕以数千人委之。单于闻之，〔6〕大率众来入。李牧多为奇陈，〔7〕张左右翼击之，大破杀匈奴十余万骑。灭襜褴，〔8〕破东胡，〔9〕降林胡，〔10〕单于奔走。其后十余岁，匈奴不敢近赵边城。

【注释】〔1〕"具"，准备。"具"的内容，包括下列"选车"、"选骑"、选"百金之士"和"彀者"数项。〔2〕"百金之士"，《集解》引《管子》："能破敌擒将者赏百金。"意指骁勇善战敢死之士。〔3〕"彀者"，优秀的射手。"彀"，指拉满强弓，音 gòu。〔4〕"悉勒习战"，都组织起来练习作战。"勒"，统率。"习战"，指进行作战训练。〔5〕"详北"，佯败。"北"，败走。〔6〕"单于"，匈奴君王的称号。"单"，音 chán。〔7〕"陈"，通"阵"。〔8〕"襜褴"，胡国名，在代地北方，音 dān lán。〔9〕"东胡"，北方民族名称，为乌丸（一称"乌桓"）之祖，其别派即后世的鲜卑，因在匈奴之东，故称为"东胡"。〔10〕"林胡"，北方民族名称，活动于今河北省张家口市以北及内蒙古自治区呼和浩特一带。

【译文】李牧回到军中，恢复规定一如从前。一连几年，匈奴一无所获。他们总以为是李牧胆怯。边防上的士兵们每天受到赏赐而无用武之地，都希望有机会打仗。于是，李牧进行准备，挑选了战车一千三百辆，战马一万三千匹，骁勇善战之士五万名，弓箭优秀射手十万名，全部都组织起来，严格地进行作战训练。他让百姓们四出放牧，原野上到处都是赵国的人。匈奴发动了小规模的入侵，李牧佯装打不赢而败退，任匈奴掠走数千人。单于听到了这个消息，率领大军大举进犯。李牧设置了许多迷离变幻的战阵，以左右两翼包抄突袭，一举杀掉匈奴骑兵十余万，大获全胜。这一仗，消灭了襜褴，打败了东胡，并使林胡投降，单于遁逃远方。在这次战役后的十多年里，匈奴再也不敢接近赵国的边境了。

赵悼襄王元年，廉颇既亡入魏，赵使李牧攻燕，拔武遂、方城。居二年，〔1〕庞煖破燕军，〔2〕杀剧辛。〔3〕后七年，〔4〕秦破杀赵将扈辄于武遂，〔5〕斩首十万。赵乃以李牧为大将军，击秦军于宜安，〔6〕大破秦军，走秦将桓齮。〔7〕封李牧为武安君。〔8〕居三年，秦攻番吾，〔9〕李牧击破秦军，南距韩、魏。〔10〕

【注释】〔1〕“居二年”，赵悼襄王三年，燕王喜十三年，公元前二四二年。〔2〕“庞煖破燕军”，庞煖，赵将，素与剧辛交好。燕欲乘赵疲弱击之，命剧辛率军攻赵，赵使庞昫击之，取燕军二万，杀剧辛。〔3〕“剧辛”，本赵人，后仕燕为将。〔4〕“后七年”，赵王迁二年，秦王政十三年，公元前二三四年。〔5〕“扈辄”，赵将。汉初彭越属将亦有名“扈辄”的，不是一人。“武遂”，《赵世家》作“武城”，故地在今河北省磁县南，不是上文李牧所取燕武遂。〔6〕“宜安”，故地在今河北省藁城县西南。〔7〕“桓齮”，秦王政十年（公元前二三七年）为将军，攻城野战，军功甚多。“齮”，音 yǐ。〔8〕“武安君”，封号名，“武安”，邑名，故地在今河北省武安县一带。〔9〕“番吾”，故地在今河北省磁县一带。〔10〕“南距韩、魏”，当时韩已向秦称臣，魏则献地于秦，皆听命于秦，故李牧需同时抵御韩、魏。《赵世家》系此事于赵王迁四年（公元前二三二年）。

【译文】赵悼襄王元年，廉颇已出逃到了魏国，赵王派李牧攻打燕国，攻陷了武遂和方城。过了两年，庞煖率军击败燕军，杀燕将剧辛。七年以后，秦军在武遂打败赵军，杀赵将扈辄，斩首十万。赵王任命李牧为大将军，在宜安抗击秦军，把秦军打得大败，赶走了秦将桓齮。于是，赵王封李牧为武安君。过了三年，秦军进攻番吾，李牧再次击败秦军，并在南线抗御韩、魏两国。

赵王迁七年，〔1〕秦使王翦攻赵，〔2〕赵使李牧、司马尚御之。〔3〕秦多与赵王宠臣郭开金，为反间，〔4〕言李牧、司马尚欲反。赵王乃使赵葱及齐将颜聚代李牧。〔5〕李牧不受命，赵使人微捕得李牧，〔6〕斩之。〔7〕废司马尚。后三月，王翦因急击赵，大破杀赵葱，虏赵王迁及其将颜聚，[8]遂灭赵。

【注释】〔1〕“赵王迁七年”，即秦王政十八年，公元前二二九年。“迁”，悼襄王庶子，在位八年，赵灭于秦。〔2〕“王翦”，秦名将，频阳（今陕西省富平县）东乡人。曾率秦军灭赵、燕、魏、楚等国，在秦统一天下的战争中军功最多。事迹详本书本传。〔3〕“司马尚”，赵将军。〔4〕“反间”，利用伪造的情报调动敌方。〔5〕“葱”，即“葱”。〔6〕“微”，秘密地，不公开地。〔7〕“斩之”，李牧之死，《战国策·秦策》谓赵王赐死，李牧自杀身死；刘向《列女传》卷七谓赵王迁之母倡后，淫佚不正，多受秦贿，而使王诛其良将武安君李牧。说法不尽相同。〔8〕“虏赵王迁及其将颜聚”，《赵世家》载，赵葱军破，颜聚亡去，以王迁降。

【译文】赵王迁七年，秦国派王翦率军攻赵，赵王派李牧和司马尚带兵抵抗。秦国用大笔金钱贿赂赵王的宠臣郭开，让他向赵王提供假情报，说李牧和司马尚企图反叛。赵王便改派赵葱及齐将颜聚取代李牧。李牧不肯服从命令，赵王叫人暗中逮捕了李牧，将他处死。又罢免了司马尚。三个月之后，王翦趁势向赵国发动猛烈进攻，大败赵军，杀了赵葱，俘虏了赵王迁及将军颜聚，终于灭掉了赵国。

太史公曰：知死必勇，非死者难也，处死者难。[1]方蔺相如引璧睨柱，及叱秦王左右，势不过诛，然士或怯懦而不敢发。[2]相如一奋其气，[3]威信敌国，[4]退而让颇，名重太山，[5]其处智勇，可谓兼之矣！

【注释】〔1〕“处死者难”，死得其所才是真正的难。“处死”指要死得是地方，死得有价值，不是无谓地去死。参看《季布栾布列传》太史公语。〔2〕“发”，发作，表现出来。〔3〕“一奋其气”，“一”是表示程度的副词，类似今天口语中“一……就……”的句式；“奋”，奋发扬厉。“气”，气概，精神。〔4〕“信”，通“伸”，伸张。“威伸敌国”，是指蔺相如在敌国威风凛然，令敌震慑。〔5〕“太山”，即泰山。

【译文】太史公说：既知自己将要死去而依然神色从容，必是大勇之人。并不是“死”本身有多难，真正要死得其所，死得有价值，才是一件难事。当蔺相如捧起和氏璧，斜视着柱子的时候，以及当他叱责秦王的左右侍从的时候，大不了也就是一死而已，然而有的人却由于怯懦而不敢这样去做。蔺相如（就这样做了，）正气凛然，威震敌国；而对廉颇却能忍辱退让。他的英名重于泰山，他在关键时刻的表现，真可以说是大智大勇，智勇双全了！

吕不韦列传

吕不韦者，阳翟大贾人也。[1]往来贩贱卖贵，[2]家累千金。[3]

【注释】〔1〕“阳翟”，韩国邑名，韩景侯（公元前四〇八年至前四〇〇年在位）时迁都于此，公元前三七五年韩哀侯自此迁都于郑（今河南新郑），在今河南禹县。按：《战国策·秦策五》谓吕不韦为濮阳（今河南濮阳西南）人。《战国策》所载吕不韦行事与本传颇多歧异，盖司马迁别有所本。“贾”，音gǔ，商人。〔2〕“贩”，买货出卖。〔3〕“金”，秦国货币单位，以黄金一镒为一金。一镒等于二十两，或谓二十四两。一两约合十六点二二克。

【译文】吕不韦是阳翟的大商人。往来各地低价收货高价出手，家产积累达到千金。

秦昭王四十年，[1]太子死。[2]其四十二年，以其次子安国君为太子。[3]安国君有子二十余人。安国君有所甚爱姬，立以为正夫人，号曰华阳夫人。华阳夫人无子。安国君中男名子楚，[4]子楚母曰夏姬，毋爱。子楚为秦质子于赵。[5]秦数攻赵，[6]赵不甚礼子楚。

【注释】〔1〕“秦昭王”，亦称秦昭襄王，名稷，一名侧，秦惠王之子，秦武王之异母弟，公元前三〇六年至前二五一年在位。详见本书《秦本纪》。“秦昭王四十年”，即公元前二七六年。〔2〕“太子”，即悼太子。此年死于魏国。〔3〕“安国君”，即秦孝文王，初封安国君，名柱，母唐八子，公元前二五〇年在位。详见本书《秦本纪》。〔4〕“子楚”，即秦庄襄王，初名异人，或谓子楚系其见华阳夫人求立为嗣子所改，公元前二四九年至前二四七年在位。详见本书《秦本纪》。〔5〕“质子”，人质。春秋战国时代，各国诸侯出于政治需要，常将子弟作为人质派住别国，以取信对方。〔6〕“数”，音shuò，屡次，频繁。

【译文】秦昭王四十年，太子死去。四十二年，秦昭王将他的次子安国君立为太子。安国君有儿子二十多个。安国君有位非常宠爱的姬妾，便立她为正夫人，号称华阳夫人。华阳夫人没有儿子。安国君中间的一个儿子名叫子楚，子楚的母亲叫夏姬，不受安国君宠爱。子楚作为秦国的人质到赵国。秦军多次进攻赵国，所以赵国对子楚不很礼貌。

子楚，秦诸庶孽孙，[1]质于诸侯，车乘进用不饶，[2]居处困，不得意。吕不韦贾邯郸，[3]见而怜之，曰“此奇货可居”。[4]乃往见子楚，说曰：“吾能大子之门。”[5]子楚笑曰：“且自大君之门，而乃大吾门！”吕不韦曰：“子不知也，吾门待子门而大。”子楚心知所谓，乃引与坐，[6]深语。吕不韦曰：“秦王老矣，安国君得为太子。窃闻安国君爱幸华阳夫人，华阳夫人无子，能立適嗣者独华阳夫人耳。[7]今子兄弟二十余人，子又居中，不甚见幸，久质诸侯。即大王薨，[8]安国君立为王，则子毋几得与长子及诸子旦暮在前者争为太子矣。”[9]子楚曰：“然。为之奈何？”吕不韦曰：“子贫，客于此，非有以奉献于亲及结宾客也。不韦虽贫，请以千金为子西游，事安国君及华阳夫人，立子为適嗣。”子楚乃顿首曰：[10]“必如君策，[11]请得分秦国与君共之。”

【注释】〔1〕“庶孽”，嫡长子之外的庶出旁支。〔2〕“进用”，费用。一说“进”通“赆”。“饶”，富饶，富裕。〔3〕“邯郸”，赵国国郡，在今河北邯郸。〔4〕“奇”，稀奇，罕见。“居”，囤居，积存。“奇货可居”，罕见的货物可以积存着卖大价钱。这是吕不韦借用商人行话，比喻子楚是个可以谋取巨大利益的人物。〔5〕“大”，扩大，光大。“门”，门庭，门第。“大子之门”，此为双关语，表面上讲扩大门庭，改变“居处困”的现状，实指提高地位，改换身份。〔6〕“引”，引进，招致。〔7〕“適”，通“嫡”，嫡子。“嗣”，继嗣，继承人。〔8〕“即”，倘若，如果。“薨”，音 hōng，古代对诸侯之死的专称。〔9〕“毋”，无，没有。“几”，通“机”，机会。或谓通“冀”，期望，希望。“长子”，指安国君的长子。据《战国策·秦策五》，叫子傒。〔10〕“顿首”，叩头，头叩地而拜。为古代九拜之一。〔11〕“必”，果真，果然。“如”，依照，顺遂。

【译文】子楚是秦国公室庶出别支的孙子，作为人质在诸侯国家，所以车辆马匹、费用开销都不富裕，居所处境相当窘困，很不得志。吕不韦到邯郸做生意，看见子楚而怜惜他，说“这真是稀罕的宝货，可以存积着卖大价钱”。于是前往会见子楚，说道：“我能够光大您的门庭。”子楚笑着说：“暂且先光大您的门庭，而后再来光大我的门庭。”吕不韦说：“您不知道啊，我的门庭要等待您的门庭光大才能光大。”子楚心中领会吕不韦所说的意思，于是请进去一起坐下，推心置腹深入交谈。吕不韦说：“秦王已经老了，安国君得机会立为太子。鄙人听说安国君宠幸喜爱华阳夫人，华阳夫人没有儿子，但能够决定选立谁为嫡子继承人的只有华阳夫人。如今您兄弟二十多人，您又排行居中，不太受宠爱，所以长时间当人质住在诸侯国家。一旦大王去世，安国君继立为王，您就没有机会能够跟长子及其余儿子早晚在父王面前争夺当太子了。”子楚说：“是这样。对这怎么办？”吕不韦说：“您资财贫乏，客居在此，没有什么可以拿来奉献给双亲和结交宾客。我吕不韦虽然也

资财贫乏，但请让我用千金作资本为您西游秦国，孝敬安国君和华阳夫人，促成他们立您为嫡子继承人。”子楚立即叩头而拜说：“您的计策果真如愿，就请让我与您共同分享秦国。”

吕不韦乃以五百金与子楚，为进用，结宾客；而复以五百金买奇物玩好，自奉而西游秦，求见华阳夫人姊，而皆以其物献华阳夫人。因言子楚贤智，结诸侯宾客遍天下，常曰“楚也以夫人为天”，日夜泣思太子及夫人。夫人大喜。不韦因使其姊说夫人曰：“吾闻之，以色事人者，色衰而爱弛。今夫人事太子，甚爱而无子，不以此时蚤自结于诸子中贤孝者，〔1〕举立以为適而子之。夫在则重尊，夫百岁之后，〔2〕所子者为王，终不失势。此所谓一言而万世之利也。不以繁华时树本，〔3〕即色衰爱弛后，虽欲开一语，尚可得乎？今子楚贤，而自知中男也，次不得为適，其母又不得幸，自附夫人。夫人诚以此时拔以为適，夫人则竟世有宠于秦矣。”华阳夫人以为然，承太子间，〔4〕从容言子楚质于赵者绝贤，〔5〕来往者皆称誉之。乃因涕泣曰：“妾幸得充后宫，不幸无子，愿得子楚立以为適嗣，以托妾身。”安国君许之，乃与夫人刻玉符，约以为適嗣。安国君及夫人因厚馈遗子楚，〔6〕而请吕不韦傅之，子楚以此名誉益盛于诸侯。

【注释】〔1〕“蚤”，通“早”。〔2〕“百岁之后”，即百年之后，对人死的委婉说法。古以百年为人寿之期。〔3〕“繁华”，繁花，花朵盛开。比喻年轻貌美、风华正茂。“本”，根，根基。〔4〕“承”，承奉，趁着。〔5〕“从容”，舒缓，随意，随便。〔6〕“馈”，馈赠。此用作名词，指馈赠的礼品。“遗”，音 wèi，赠予，致送。

【译文】吕不韦于是拿出五百金给子楚，作为开销费用，去结交宾客；同时又拿出五百金购置珍奇宝物、玩赏佳品，自己带着西进游说秦国，请求谒见华阳夫人的姐姐，把他带来的物品全部进献给华阳夫人。借机称说子楚贤能聪明，结交诸侯宾客遍布天下，还常常念叨“我子楚把华阳夫人当作自己的天”，日夜悲泣思念着太子安国君和夫人。华阳夫人极为高兴。吕不韦就让她的姐姐劝说华阳夫人道：“我听说这样的话，凭色相事奉人的，容颜衰老便会宠爱减退。如今夫人事奉太子，深受宠爱但没有儿子，何不趁这时机早早从诸子中物色一位贤能孝顺的，推举立他为嫡正而认作自己的儿子。（那样的话，）夫君健在就权重位尊；夫君倘若过世，所认的儿子登立为王，终身不会丧失权势。这就是人们所说的一句话而千秋万代受益啊。不趁着现在风华正茂的时候树立根基，如果待到容颜衰老宠爱减退之后，即使想只开口说上一句话，还有可能吗？如今子楚贤能，明知自己是排行居中的儿子，按次序不能做嫡子，他的母亲又不受宠幸，所以自愿依附夫人。夫人果真能乘此时机选拔他为嫡子，夫人就一辈子在秦国享有荣华富贵了。”华阳夫人认为确实如此，趁着太子空闲的时候，装着随意的样子说子楚当作人质在赵国极有才能，来来往往的人全都交口称赞他。于是就流着眼泪说：“贱妾有幸充列后宫，不幸没有儿子，希望将子楚扶立为嫡子继承人，来寄托贱妾的后半生。”安国君答应此事，便和华阳夫人刻玉石符节为信物，相约以子楚作嫡子继承人。安国君和华阳夫人就备了厚礼送给子楚，同时请吕不韦辅助他。子楚的名望声誉因此在诸侯中越来越大。

吕不韦取邯郸诸姬绝好善舞者与居，〔1〕知有身。〔2〕子楚从不韦饮，见而说之，因起为寿，〔3〕请之。吕不韦怒，念业已破家为子楚，〔4〕欲以钓奇，〔5〕乃遂献其姬。姬自匿有身，至大期时，〔6〕生子政。〔7〕子楚遂立姬为夫人。

【注释】〔1〕“取”，选取。或谓通“娶”。“绝好”，绝色，容貌出众。〔2〕“有身”，有娠，有身孕。〔3〕“寿”，祝寿，祝福，祝酒。〔4〕“业已”，既已，已经。〔5〕“钓奇”，引诱奇货上钩。“奇”，即上文“奇货可居”之“奇货”，指子楚。〔6〕“大期”，期年，一年，指分娩超过产期。或谓正常产期，即十月。〔7〕“政”，即秦始皇。

【译文】吕不韦从邯郸女子中选取一个容貌出众、能歌善舞的，与她同居，不久知她怀有身孕。子楚跟着吕不韦来喝酒，见着那女子并喜欢上她，便在席间起身为吕不韦敬酒祝福，请求要那女子。吕不韦很恼怒，但转念已经为子楚倾家荡产，目的是要猎获他这个宝货，于是便献出了他的那位姬妾。那女人隐瞒自已怀有身孕，到十二个月时，生下儿子政。子楚就立她为夫人。

秦昭王五十年，使王齮围邯郸，〔1〕急，赵欲杀子楚。子楚与吕不韦谋，行金六百斤予守者吏，〔2〕得脱，亡赴秦军，遂以得归。赵欲杀子楚妻子，子楚夫人赵豪家女也，得匿，以故母子竟得活。秦昭王五十六年，薨，太子安国君立为王，华阳夫人为王后，子楚为太子。赵亦奉子楚夫人及子政归秦。

【注释】〔1〕“王齮”，亦称“王龁”，秦国将军，曾任左庶长，死于公元前二四四年。“齮”，音 yǐ。〔2〕“行”，赐，给予。

【译文】秦昭王五十年，秦派遣王齮领兵围攻邯郸，情况紧急，赵国准备杀死子楚。子楚与吕不韦商量，送黄金六百斤给看守的官吏，得以脱身，逃亡投奔秦国

军队，于是得到机会返回祖国。赵国又准备杀死子楚的妻儿，子楚夫人是赵国豪门大家的女儿，得到藏匿，因此母子最后保全了性命。秦昭王五十六年，昭王去世，太子安国君即位为王，华阳夫人立为王后，子楚立为太子。赵国也就送子楚的夫人和儿子政回归秦国。

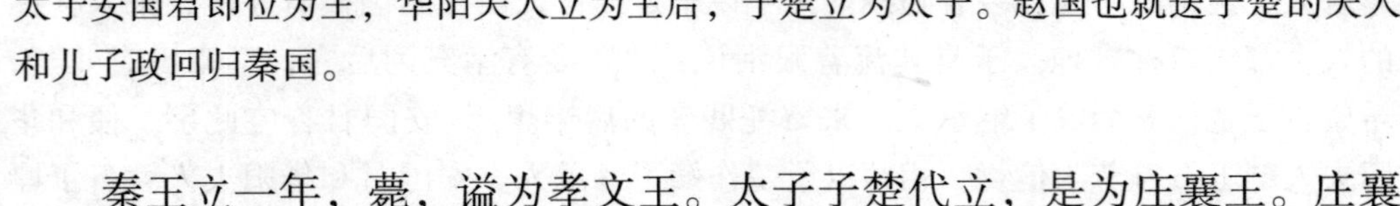

秦王立一年，薨，谥为孝文王。太子子楚代立，是为庄襄王。庄襄王所母华阳后为华阳太后，[1]真母夏姬尊以为夏太后。[2]庄襄王元年，以吕不韦为丞相，[3]封为文信侯，食河南、雒阳十万户。[4]

【注释】〔1〕“所母”，拜认的母亲，养母。〔2〕“真母”，生身母亲。〔3〕“丞相”，官名，秦国辅佐国君的高级行政长官。〔4〕“河南”，秦国县名，属三川郡，在今河南洛阳西。“雒阳”，秦国县名，三川郡治所，在今河南洛阳东北。按：或以“河南雒阳”连读，以汉河南郡治雒阳当之。

【译文】秦王在位一年去世，谥号为孝文王。太子子楚继代即位，这就是庄襄王。庄襄王所认养母华阳后为华阳太后，生母夏姬尊奉为夏太后。庄襄王元年，任命吕不韦为丞相，封为文信侯，食邑河南、雒阳十万户。

庄襄王即位三年，薨，太子政立为王，尊吕不韦为相国，[1]号称“仲父”。[2]秦王年少，太后时时窃私通吕不韦。不韦家僮万人。

【注释】〔1〕“相国”，官名，即相邦。“邦”作“国”，系汉人避高祖刘邦名讳。为秦国最高政务长官。〔2〕“仲父”，叔父。

【译文】庄襄王即位三年去世，太子政继立为王，尊奉吕不韦为相国，号称“仲父”。秦王年纪还小，太后常常暗中与吕不韦私通。吕不韦家中僮仆有万人。

当是时，魏有信陵君，[1]楚有春申君，[2]赵有平原君，[3]齐有孟尝君，[4]皆下士喜宾客以相倾。吕不韦以秦之强，羞不如，亦招致士，厚遇之，至食客三千人。是时诸侯多辩士，如荀卿之徒，[5]著书布天下。吕不韦乃使其客人人著所闻，集论以为八览、六论、十二纪，[6]二十余万言。以为备天地万物古今之事，号曰《吕氏春秋》。布咸阳市门，[7]悬千金其上，延诸侯游士宾客有能增损一字者予千金。

【注释】〔1〕“信陵君”，名无忌（或作“毋忌”），亦称公子无忌，魏昭王之子，魏安釐王异母弟，公元前二六七年被封为信陵君，死于公元前二四三年。详见本书《魏公子列传》。〔2〕“春申君”，名歇，氏黄，楚人，曾任楚顷襄王左徒、楚考烈王令尹，公元前二六二年被封为春申君，死于公元前二三八年。详见本书《春申君列传》。〔3〕“平原君”，名胜，亦称公子胜，赵武灵王之子，赵惠文王之弟，曾任赵惠文王、赵孝成王之相，公元前二九八年被封为平原君，死于公元前二五一年。详见本书《平原君虞卿列传》。〔4〕“孟尝君”，名文，氏田，齐国公族，靖郭君田婴之子，被封为孟尝君，袭父封邑薛（在今山东滕县南），故亦称薛文、薛公，先后曾任秦昭王相、齐湣王相、魏昭王相。详见本书《孟尝君列传》。〔5〕“荀卿”，名况，或谓时人尊而号为“卿”，赵国人，游学齐国，三为祭酒，后至楚，任兰陵（在今山东苍山兰陵镇）令，晚年潜心撰著，终老其地。有《荀子》一书流传于世。其生卒年约为公元前三一三年至前二三八年。详见本书《孟子荀卿列传》。〔6〕“八览”，指《有始》、《孝行》、《慎人》、《先识》、《审分》、《审应》、《离俗》、《恃君》。“六论”，指《开春》、《慎行》、《贵直》、《不苟》、《似顺》、《士容》。“十二纪”，指《孟春》、《仲春》、《季春》、《孟夏》、《仲夏》、《季夏》、《孟秋》、《仲秋》、《季秋》、《孟冬》、《仲冬》、《季冬》。〔7〕“咸阳”，秦国国都，在今陕西咸阳东北。

【译文】在这时期，魏国有信陵君，楚国有春申君，赵国有平原君，齐国有孟尝君，都礼贤下士喜好招募宾客来互相夸耀倾轧。吕不韦因为秦国强大，却在这方面不如他们而感到羞耻，所以也招徕士人，给予优厚待遇，门下食客达到三千来人。这时诸侯各国有许多工辞善辩的文人学士，如荀卿一类人，著书立说传布天下。吕不韦便让他的门客各人著录所见所闻，辑集纂论编为八览、六论、十二纪，有二十多万字。吕不韦认为其中详尽论述了天上地下世间万物从古至今的事情，称之为《吕氏春秋》。公布在咸阳市朝的大门，并悬挂千金在上面，聘请诸侯各国的游士宾客，如有能够增添减少一个字的就赏给千金。

始皇帝益壮，太后淫不止。吕不韦恐觉祸及己，乃私求大阴人嫪毐以为舍人，〔1〕时纵倡乐，〔2〕使毐以其阴关桐轮而行，〔3〕令太后闻之，以啖太后。〔4〕太后闻，果欲私得之。吕不韦乃进嫪毐，诈令人以腐罪告之。〔5〕不韦又阴谓太后曰：“可事诈腐，则得给事中。”太后乃阴厚赐主腐者吏，诈论之，〔6〕拔其须眉为宦者，〔7〕遂得侍太后。太后私与通，绝爱之。有身，太后恐人知之，诈卜当避时，徙宫居雍。〔8〕嫪毐常从，赏赐甚厚，事皆决于嫪毐。嫪毐家僮数千人，诸客求宦为嫪毐舍人千余人。〔9〕

【注释】〔1〕“阴”，生殖器。此指男性阴茎。“大阴人”，阴茎粗大坚挺之人。“嫪毐”，音 lào ǎi。“舍人”，官名，亦可泛指王公显贵的侍从及门客。〔2〕“倡”，表演歌舞的艺人。

〔3〕“关”，贯通，贯穿。“桐轮”，桐木制成的车轮。〔4〕“啖”，音 dàn，引诱。〔5〕“腐”，指腐刑，即宫刑，一种破坏生殖器的肉刑。〔6〕“论”，论决，定罪。〔7〕“须眉”，胡须眉毛，此专指胡须。“宦者”，宦人。此特指受过宫刑的宫中宦侍，即阉宦。〔8〕“雍”，秦国旧都，在今陕西凤翔南。〔9〕“宦”，官，官吏。

【译文】秦始皇渐渐长大成人，而太后却淫乱没有止息。吕不韦害怕觉察而祸殃连及自身，就暗中访求到一个生殖器特别发达的人叫嫪毐，作为门下舍人，时常放纵倡优尽情取乐，让嫪毐把他的阴茎套上桐木轮子而行走，故意叫太后闻知此事，来引诱太后。太后听说后，果真想私下得到嫪毐。吕不韦便送进嫪毐，派人编造该判腐刑的罪名告发他。吕不韦又暗中对太后说：“可做手脚假施腐刑，就能得到他在宫中供事。”太后于是暗中给主持执行腐刑的官吏丰厚的赏赐，假装对嫪毐处以腐刑的罪，拔去胡须眉毛让他做了宦官，嫪毐于是得到机会侍候太后。太后私下与他通奸，非常喜爱他。不久有了身孕，太后恐怕别人知道，假称占卜结果说应当回避一段时间，就从宫中迁居到雍。嫪毐经常随从太后，得到赏赐非常丰厚，凡事都取决于嫪毐。嫪毐家中僮仆数千人，各处来客为谋求当官而做嫪毐门下舍人的有千余人。

始皇七年，庄襄王母夏太后薨。孝文王后曰华阳太后，与孝文王会葬寿陵。〔1〕夏太后子庄襄王葬芷阳，〔2〕故夏太后独别葬杜东，〔3〕曰“东望吾子，西望吾夫。后百年，旁当有万家邑”。

【注释】〔1〕“寿陵”，陵名，在今陕西西安东北。〔2〕“芷阳”，秦国县名，属秦京都内史，在今陕西西安东北。〔3〕“杜”，秦国县名，属秦京都内史，在今陕西西安东南。

【译文】秦始皇七年，庄襄王的母亲夏太后去世。孝文王后也称华阳太后，与孝文王合葬在寿陵。夏太后的儿子庄襄王葬在芷阳，所以夏太后单独另外葬在杜县东，（夏太后生前）曾说：“东面可以望见我的儿子，西面可以望见我的夫君。百年以后，旁边必定会有人口万家的城邑。”

始皇九年，有告嫪毐实非宦者，常与太后私乱，生子二人，皆匿之。与太后谋曰“王即薨，以子为后”。于是秦王下吏治，具得情实，事连相国吕不韦。九月，夷嫪毐三族，〔1〕杀太后所生两子，而遂迁太后于雍。诸嫪毐舍人皆没其家而迁之蜀。〔2〕王欲诛相国，为其奉先王功大，及宾客辩士为游说者众，王不忍致法。

【注释】〔1〕“夷”，夷灭，诛灭。“三族”，指父母、兄弟、妻子。或谓父、子、孙，或谓父族、母族、妻族，或谓父昆弟、己昆弟、子昆弟。〔2〕“蜀”，秦国郡名，公元前二八五年建置，郡治成都（今四川成都）。

【译文】秦始皇九年，有人告发嫪毐其实并不是受过腐刑的宦官，经常与太后私下淫乱，生下儿子两个，都隐藏着。嫪毐还与太后密谋说“秦王倘若去世，就以这孩子为继承人”。于是秦王交付有关官吏办理此案，取得全部真情实据，事情牵连相国吕不韦。九月，诛灭嫪毐三族，杀死太后所生的两个儿子，同时就将太后迁居到雍。所有嫪毐的门下舍人都抄没全家迁徙到蜀郡。秦王本想诛杀相国，但因为吕不韦事奉先王功劳很大，以及宾客辩士为之说情的人很多，秦王便不忍心对他执法。

秦王十年十月，免相国吕不韦。及齐人茅焦说秦王，〔1〕秦王乃迎太后于雍，归复咸阳，而出文信侯就国河南。

【注释】〔1〕“茅焦”，齐国游士。据《说苑·正谏》，后受爵上卿。

【译文】秦王十年十月，罢免相国吕不韦的职务。直到齐国人茅焦劝说秦王，秦王才从雍接回太后，返归咸阳，而下令文信侯吕不韦迁出国都到他的封地河南。

岁余，诸侯宾客使者相望于道，请文信侯。〔1〕秦王恐其为变，乃赐文信侯书曰：“君何功于秦？秦封君河南，食十万户。君何亲于秦？号称仲父。其与家属徙处蜀！”吕不韦自度稍侵，〔2〕恐诛，乃饮鸩而死。〔3〕秦王所加怒吕不韦、嫪毐皆已死，乃皆复归嫪毐舍人迁蜀者。

【注释】〔1〕“请”，请谒，请求谒见。〔2〕“稍”，逐渐。“侵”，侵削，迫害。〔3〕“鸩”，音 zhèn，毒酒。用鸩鸟羽毛浸泡而制成的一种毒酒。

【译文】（吕不韦在河南）一年多的时间里，诸侯各国的宾客使者在道路上前后相望络绎不绝，请求谒见文信侯。秦王担心其中会发生意外事变，就给文信侯书信说：“你对秦国有什么功劳？但秦国封给你河南，食邑十万户。你同秦君有什么姻亲？竟号称仲父。你还是和家眷一起迁居到蜀郡去！”吕不韦自我思量地位日益受到侵削，害怕被杀，就喝毒酒而死。秦王所恼怒的吕不韦、嫪毐都已死去，便又全部遣返迁徙到蜀郡的嫪毐门下舍人。

始皇十九年，太后薨，谥为帝太后，与庄襄王会葬茝阳。〔1〕

【注释】〔1〕“茝阳”，即芷阳。“茝”，音 zhǐ，同“芷”。

【译文】秦始皇十九年，太后去世，谥号为帝太后，与庄襄王合葬在茝阳。

太史公曰：不韦及嫪毐贵，封号文信侯。人之告嫪毐，毐闻之。秦王验左右，未发。上之雍郊，〔1〕毐恐祸起，乃与党谋，矫太后玺发卒以反蕲年宫。〔2〕发吏攻毐，毐败亡走，追斩之好畤，〔3〕遂灭其宗。而吕不韦由此绌矣。孔子之所谓“闻”者，〔4〕其吕子乎？

【注释】〔1〕“上之雍郊”，按本书《秦始皇本纪》，指秦王政到雍举行冠礼。〔2〕“矫”，诈称，假托。“玺”，音 xǐ，印。自秦始皇称帝后成为皇印专称。“蕲年宫”，秦旧都雍城宫殿名，在今陕西凤翔南。〔3〕“好畤”，秦国县名，属秦京都内史，在今陕西乾县东。“畤”，音 zhì。〔4〕“孔子之所谓‘闻’者”，按《论语·颜渊》，孔子曰：“夫闻也者，色取仁而行违，居之不疑。在邦必闻，在家必闻。”即此所本。“孔子之所谓‘闻’者”，指口是心非、善于钻营而极易出名的人。

【译文】太史公说：吕不韦以及嫪毐显赫一时，封号为文信侯。有人告发嫪毐，嫪毐得知此事。秦王让左右的人进行核实，不马上发作。秦王到雍城郊外，嫪毐害怕灾祸发生，就与同党密谋，假托太后玺印调动军队在蕲年宫举行反叛。秦王派官吏领兵攻击嫪毐，嫪毐兵败逃奔，在好畤被追上斩首，于是诛灭他的宗族。而吕不韦也由此被贬黜了。孔子所说的那种“闻”者，难道不是指吕不韦吗？

李斯列传

李斯者，楚上蔡人也。〔1〕年少时，为郡小吏，〔2〕见吏舍厕中鼠食不絜，〔3〕近人犬，数惊恐之。〔4〕斯入仓，观仓中鼠，食积粟，居大庑之下，〔5〕不见人犬之忧。于是李斯乃叹曰：“人之贤不肖譬如鼠矣，〔6〕在所自处耳！”

【注释】〔1〕“楚”，国名，芈姓，相传为祝融的后裔。西周时立国于荆山（今湖北西部武当山东南、汉江西岸）一带。周成王时，熊绎正式受封，建都丹阳（今湖北秭归县东南）。春秋初，迁都于郢（今湖北江陵市西北纪南城）。战国时，成为疆域最大的诸侯国，有今四川东部、湖北全部、湖南东北部、江西北部、安徽北部、陕西东南角、河南南部、江苏淮北的中部等地。公元前二二三年被秦国所灭。"上蔡"，楚国邑名，在今河南上蔡县西南。〔2〕"郡"，司马贞《史记索隐》所据本、日本枫山本、《太平御览》卷一八八引作"乡"。〔3〕"絜"，同"洁"。"不絜"，不洁。此用作名词，指不洁之物，即粪便。〔4〕"数"，音 shuò，多次，经常。〔5〕"庑"，音 wǔ，堂周的走廊。此指仓库四周的走廊。〔6〕"不肖"，不似，不才，不贤。

【译文】李斯是楚国上蔡人。年轻时，做过郡的小官吏，看到官吏宿舍厕所中的老鼠吃粪便，一见人或狗接近，总是惊恐万状。李斯进入粮仓，观察仓库中的老鼠，吃着囤积的粮食，住在周围宽大的廊檐底下，不见有人或狗接近的骚扰。对此李斯不禁感叹道："人的有出息没出息，犹如老鼠啊，只在于自己所处的环境罢了。"

乃从荀卿学帝王之术。〔1〕学已成，度楚王不足事，〔2〕而六国皆弱，〔3〕无可为建功者，欲西入秦。〔4〕辞于荀卿曰："斯闻得时无怠，〔5〕今万乘方争时，〔6〕游者主事。〔7〕今秦王欲吞天下，〔8〕称帝而治，〔9〕此布衣驰骛之时而游说者之秋也。〔10〕处卑贱之位而计不为者，〔11〕此禽鹿视肉，〔12〕人面而能彊行者耳。〔13〕故诟莫大于卑贱，〔14〕而悲莫甚于穷困。久处卑贱之位，困苦之地，非世而恶利，〔15〕自托于无为，〔16〕此非士之情也。故斯将西说秦王矣。"

【注释】〔1〕"荀卿"，约生于公元前三一三年，卒于前二三八年，名况，时人尊而号为"卿"，赵国人，游学齐国，三为稷下学宫祭酒，后至楚国，任兰陵（今山东苍山县兰陵镇）令，晚年潜心撰著。有《荀子》一书传世。是战国后期著名的思想家、教育家。详见本书《荀卿列传》。"帝王之术"，关于取得、统治天下的理论学说。内容上多假托五帝（黄帝、颛顼、帝喾、尧、舜）、三王（夏禹、商汤、周文）为说。〔2〕"度"，音 duó，忖度，估量。"楚王"，指楚考烈王，于公元前二六二年至前二三八年在位。详见本书《楚世家》。〔3〕"六国"，指秦以外的齐、楚、燕、韩、赵、魏六国。〔4〕"秦"，国名，嬴姓，相传是伯益的后裔。原为西方游牧部族。周平王东迁，秦襄公因护送有功而被封为诸侯。春秋时期，建都于雍（今陕西凤翔县东南），约有今陕西中部、甘肃东南部之地。其后疆域逐渐向东拓展。战国中期，秦孝公起用商鞅变法，国力大盛，迁都咸阳（今陕西咸阳市东北）。公元前二二一年，秦王政统一六国，建立秦朝。公元前二〇六年，被刘邦率领的起义军推翻。〔5〕"怠"，懈怠，放过。〔6〕"乘"，音 shèng，当时以一车四马为一乘，即一辆战车，并包括一定数量的车上甲士和车下步兵，是车战时代军队最基本的编制单位。"万乘"，万辆战车，此指拥有万辆兵车的各国诸侯。〔7〕"游者"，游说之士，指以自己政治主张游说各国诸侯的人。"主事"，主持政事，执掌国政。〔8〕"秦王"，据下言"称帝而治"，当指秦昭王（公元前三〇六年至前二五一年在位）。〔9〕"称帝而治”，公元前二八八年十月秦昭王自称为西帝。〔10〕“布衣”，布制衣服，是当时贫民的服装，此指没有地位的平民士人。“骛”，音 wù，奔驰。“驰骛”，奔走，趋赴。比喻积极活动施展才能。“说”，音 shuì，劝说。“秋”，春秋，时代。〔11〕“计”，计划，打算。“不为”，不做，即下文“无为”，无所作为。〔12〕“禽鹿”，指麋鹿类食草动物。《大戴礼记·易本命》云：“六主律，律主禽鹿，故禽鹿六月而生也。”卢辩《注》：“麋鹿角长短大小似律，麞鹿之属皆以六月生也。”《易本命》又云：“食草者善走而愚。”卢辩《注》：“食草，麋鹿之类。”〔13〕“彊”，同“强”，勉强。〔14〕“诟”，音 gòu，耻辱。〔15〕“非世”，非议世道，愤世嫉俗。“恶”，音 wù，憎恶，厌恶。〔16〕“无为”，指道家消极自守，无所作为的处世哲学。

【译文】李斯于是跟从荀卿学习帝王之道。学业已经完成，他忖度楚王不值得事奉，而且东方六国都很衰弱，没有可以为之建功立业的君主，便准备西行进入秦国。李斯向荀卿辞行说：“我听说这样的话：遇得时机不能放过。当今是各国诸侯拼力相争的时代，游说之士主宰政事。现在秦王企图吞并天下，自己称帝来统治天下，这正是布衣寒士奔走活动的时机，游说之士大显身手的年代啊。处于卑贱的地位而不设法有所作为，这就好像只会吃草的麋鹿看着肥肉（既不能吃也不想吃），空有一张人的面孔而勉强行走罢了。所以，耻辱没有比身份卑贱更大的，悲哀没有比处境穷困更甚的。长久处在卑贱的地位、穷困的环境，却愤世嫉俗而厌恶名利，将自身寄托在无为自守的人生之道上，这不是士人应有的情怀啊。所以我将要西行去游说秦王了。”

至秦，会庄襄王卒，〔1〕李斯乃求为秦相文信侯吕不韦舍人；〔2〕不韦贤之，任以为郎。〔3〕李斯因以得说，说秦王曰：〔4〕“胥人者，〔5〕去其几也。〔6〕成大功者，在因瑕衅而遂忍之。〔7〕昔者秦穆公之霸，〔8〕终不东并六国者，〔9〕何也？诸侯尚众，周德未衰，故五伯迭兴，〔10〕更尊周室。自秦孝公以来，〔11〕周室卑微，诸侯相兼，关东为六国，〔12〕秦之乘胜役诸侯，盖六世矣。〔13〕今诸侯服秦，譬若郡县。〔14〕夫以秦之彊，大王之贤，由灶上骚除，〔15〕足以灭诸侯，成帝业，为天下一统，此万世之一时也。今怠而不急就，〔16〕诸侯复强，相聚约从，〔17〕虽有黄帝之贤，〔18〕不能并也。”秦王乃拜斯为长史，〔19〕听其计，阴遣谋士赍持金玉以游说诸侯。〔20〕诸侯名士可下以财者，〔21〕厚遗结之；〔22〕不肯者，利剑刺之。离其君臣之计，秦王乃使其良将随其后。秦王拜斯为客卿。〔23〕

【注释】〔1〕“会”，逢，遇。“庄襄王”，原名异人，后改名子楚，秦孝文王之子，秦始皇之父，公元前二四九年至前二四七年在位。详见本书《秦本纪》。〔2〕“吕不韦”，卫国濮阳（今河南濮阳县西南）人，原为阳翟（今河南禹县）巨商，因扶立秦庄襄王有功，任秦相，封文信侯。秦王政即位，继任相职，号“仲父”。后获罪免职，放逐蜀地，于公元前二三五年自杀。

曾召集门下学士编撰《吕氏春秋》二十六卷，今存。详见本书《吕不韦列传》。“舍人”，门客，食客，权贵之家的私人侍从。〔3〕“任”，保举。“郎”，官名，亦称郎中，为国君近身侍从，负有护卫陪从、应对咨询等责。〔4〕“秦王”，指秦王政，即日后的秦始皇。〔5〕“胥”，通“须”，等待。〔6〕“去”，离开，失去。“几”，通“机”，机会。〔7〕“瑕”，音 xiá，罅隙，缝隙。“衅”，音 xìn，间隙，空子。“瑕衅”，空隙，破绽。此指可乘之机。“忍”，忍心，残忍。〔8〕“秦穆公”，亦作“秦缪公”，名竹好，秦德公之子，任用贤人，攻灭西戎十二国，建立霸业，公元前六五九年至前六二一年在位。详见本书《秦本纪》。〔9〕“六国”，这里是李斯依据当时情势追述往事，实泛指秦穆公时东方各诸侯国。〔10〕“五伯”，即“五霸”，春秋时代五个著名霸主。具体所指，说法不一。战国之人一般指齐桓公、晋文公、楚庄王、吴王阖闾、越王勾践。“迭”，更迭，轮流。“兴”，兴起。〔11〕“秦孝公”，名渠梁，秦献公之子，任用商鞅进行变法，促使秦国迅速强盛。公元前三六一年至前三三八年在位。详见本书《秦本纪》。〔12〕“关东”，函谷关（今河南灵宝县东北）以东，泛指秦以东的地区。〔13〕“六世”，指秦孝公、秦惠文王、秦武王、秦昭王、秦孝文王、秦庄襄王、秦王政。其中秦昭王为秦武王异母弟，故七位国君实系六世。〔14〕“郡县”，当时直接由国家中央政权管辖的两级地方行政机构。郡上辖中央，下设县。〔15〕“由”，通“犹”，犹如。“骚”，通“扫”，打扫。〔16〕“就”，成就，完成。〔17〕“从”，通“纵”，合纵，指关东六国联合抗秦。“约从”，缔结合纵的盟约。〔18〕“黄帝”，号轩辕氏、有熊氏，少典之子，传说中华夏民族的祖先，能征善战，先后击败炎帝、蚩尤，被拥戴为各部族的领袖。详见本书《五帝本纪》。“黄帝之贤”，黄帝那样的才干。〔19〕“长史”，官名，为诸史之长，执掌文书机要。或谓相府幕僚之长。〔20〕“赍”，音 jī，携带。〔21〕“下”，降服，收买。〔22〕“遗”，音 wèi，馈赠，赠送。〔23〕“客卿”，指由别国人担任的卿大夫。

【译文】李斯到达秦国，遇上秦庄襄王去世。李斯于是请求做秦国相国文信侯吕不韦的舍人，吕不韦赏识他，保举他进宫为郎。李斯因此得到接近秦王进说的机会，劝说秦王道：“一味等待的人，会坐失良机。要建立伟大功业，就在于利用机会而敢于下手。从前秦穆公建立霸业，但最后没有东进吞并如今的六国之地，什么缘故呢？因为当时诸侯还很多，周王室的声望没有丧失，所以五霸轮番兴起，相继尊奉周王室。自从秦孝公以来，周王室日益卑贱衰微，诸侯相互兼并，关东形成六国，秦国凭借优势役使六国，已有六代了。现在诸侯服从秦国，好像郡县隶属于中央一样。凭着秦国的强盛，大王的贤明，犹如灶上扫除灰尘那样，足以消灭诸侯，成就帝业，实现天下的统一，这是千载难逢的好时机啊。现在如果懈怠而不抓紧时机成就大事，诸侯就会再度强盛，相互联合缔结合纵的盟约，（到那时）即使有黄帝的才干，也不能吞并六国了。”秦王于是任命李斯为长史，听从他的计谋，暗中派遣谋士携带金子宝玉去游说诸侯。诸侯各国当政的名士可以用财宝收买的，就馈赠厚礼结交他；不肯听命的，就用利剑暗杀他。离间诸侯君臣的计划（一旦奏效），秦王随后就派他的良将率领军队前去攻伐。秦王任命李斯为客卿。

会韩人郑国来间秦，[1]以作注溉渠，[2]已而觉。[3]秦宗室大臣皆言秦王曰："诸侯人来事秦者，大抵为其主游间于秦耳，请一切逐客。"[4]李斯议亦在逐中。斯乃上书曰：

【注释】〔1〕"韩"，国名，始封君韩景侯，原系晋国世卿之一，于公元前四〇三年与赵烈侯、魏文侯联合瓜分晋国，被周威烈王封为诸侯，建都阳翟（今河南禹县），公元前三七五年灭郑迁都于郑（今河南新郑县），故亦称"郑"，约有今山西东南和河南中部之地，公元前二三〇年被秦国所灭。"郑国"，韩国水利家。秦王政十年（公元前二三七年）受命赴秦，劝说秦王兴修水利，以期达到消耗秦的国力而减轻对韩国军事压力的目的。秦王政采纳他的建议，花费巨大人力、财力，修成著名的水利工程——郑国渠。"间"，音 jiàn，离间，间谍。〔2〕"注"，灌。"注溉渠"，灌溉渠。即郑国渠，西起中山西瓠口（今陕西泾阳县西北），引泾水东流，经今陕西省三原县、富平县、蒲城县流入洛水，全长三百多里，使关中成为沃野。〔3〕"已而"，不久。〔4〕"一切"，一律，全部。"客"，客人，侨民。此指在秦国任职的他国侨民。

【译文】恰好碰上韩国人郑国来秦国进行间谍活动，以修筑灌溉渠为名，不久被发觉。秦国宗室大臣都对秦王说："各国诸侯的士人前来秦国谋事，大多只是为他们的君主在秦国进行游说间谍活动罢了，请把外来的客卿一律驱逐出境。"李斯经讨论也在被驱逐之列。李斯于是上书说：

臣闻吏议逐客，窃以为过矣。昔缪公求士，西取由余于戎，[1]东得百里奚于宛，[2]迎蹇叔于宋，[3]来丕豹、公孙支于晋。[4]此五子者，不产于秦，[5]而缪公用之，并国二十，遂霸西戎。[6]孝公用商鞅之法，[7]移风易俗，民以殷盛，[8]国以富强，百姓乐用，诸侯亲服，获楚、魏之师，[9]举地千里，至今治强。惠王用张仪之计，[10]拔三川之地，[11]西并巴、蜀，[12]北收上郡，[13]南取汉中，[14]包九夷，[15]制鄢、郢，[16]东据成皋之险，[17]割膏腴之壤，遂散六国之从，使之西面事秦，功施到今。[18]昭王得范雎，[19]废穰侯，[20]逐华阳，[21]强公室，杜私门，蚕食诸侯，[22]使秦成帝业。此四君者，皆以客之功。由此观之，客何负于秦哉！向使四君却客而不内，[23]疏士而不用，是使国无富利之实而秦无强大之名也。

【注释】〔1〕"由余"，亦作"繇余"，戎王的臣子，是晋人的后裔，入秦后，受到秦缪公重用，帮助秦国攻灭西戎众多小国，称霸西戎。"戎"，古代中原人多称西方少数部族为戎。此指秦国西北部的西戎，活动范围约在今陕西西南、甘肃东部、宁夏南部一带。〔2〕"百里奚"，原为虞国大夫。晋灭虞被俘，后作为秦缪公夫人的陪嫁臣妾之一送往秦国。逃亡到宛，被楚人所执。秦缪公用五张黑公羊皮赎出，用为大夫，故称“五羖大夫”。是辅佐秦缪公称霸的重臣。“宛”，楚国邑名，在今河南安阳市。〔3〕“蹇叔”，百里奚的好友，经百里奚推荐，秦缪公把他从宋国请来，委任为上大夫。“宋”，国名，或称“商”、“殷”，子姓，始封君为商纣王庶兄微子启，西周初周公平定武庚叛乱后将商旧都周围地区封给微子启，都于商丘（今河南商丘县南），约有今河南东南部及所邻山东、江苏、安徽接界之地。公元前三世纪中叶，大臣剔成箅（即司城子罕）逐杀宋桓侯，戴氏代宋。公元前二八六年被齐国所灭。〔4〕“来”，招徕。别本或作“求”。“丕豹”，晋国大夫丕郑之子，丕郑被晋惠公杀死后，丕豹投奔秦国，秦缪公任为大夫。“公孙支”，“支”或作“枝”，字子桑，秦人，曾游晋，后返秦任大夫。“晋”，国名，姬姓，始封君为周成王之弟叔虞，建都于唐（今陕西翼城县西），约有今山西西南部之地。春秋时，晋献公迁都于绛，亦称“翼”（今山西翼城县东南），陆续攻灭周围小国；晋文公成为继齐桓公之后的霸主；晋景公迁都新田（今山西侯马市西），亦称“新绛”，兼并赤狄，疆域扩展到今山西大部、河北西南部、河南北部和陕西一角。春秋后期，公室衰微，六卿强大。战国初，被执政的韩、赵、魏三家所瓜分。公元前三六九年，最后一位国君晋桓公被废为庶人，国灭祀绝。〔5〕“产”，生，出生。〔6〕“并国二十，遂霸西戎”，《秦本纪》云秦缪公“益国十二，开地千里，遂霸西戎”。这里的“二十”当是约数。〔7〕“孝公”，即秦孝公。“商鞅”，卫国公族，氏公孙，亦称公孙鞅，初为魏相公叔座家臣，公叔座死后入秦，受到秦孝公重用，任左庶长、大良造，因功封于商（今山西商县东南）十五邑，号称商君。于公元前三五六年和前三五〇年两次实行变法，奠定秦国富强的基础。公元前三三八年，秦孝公去世，被车裂身死。详见本书《商君列传》。〔8〕“殷”，多，众多。“殷盛”，指百姓众多而且富裕。〔9〕“魏”，国名，始封君魏文侯，系晋国大夫毕万后裔，于公元前四〇三年与韩景侯、赵烈侯联合瓜分晋国，被周威烈王封为诸侯，建都安邑（今山西夏县西北）。魏文侯任用李悝改革内政，成为强国。梁惠王时迁都大梁（今河南开封市），因亦称“梁”。后国势衰败，公元前二二五年被秦国所灭。“获楚、魏之师”，指战胜楚国、魏国的军队。公元前三四〇年，商鞅设计诱杀魏军主将公子卬，大败魏军。同年又与楚战，战况不详，据此，当也是秦军获胜。〔10〕“惠王”，即秦惠王，名驷，秦孝公之子，公元前三三七年至前三一一年在位。于公元前三二五年称王。详见本书《秦本纪》。“张仪”，魏人，秦惠王时数次任秦相，鼓吹“连横”，游说各国诸侯事奉秦国，辅佐秦惠文君称王，封武信君。秦武王即位，入魏为相。于公元前三一〇年去世。详见本书《张仪列传》。〔11〕“三川之地”，指黄河、雒水、伊水三川之地，在今河南西北部黄河以南的洛水、伊水流域。韩宣王在此设三川郡。公元前三〇八年秦武王派兵攻取三川大县宜阳（今河南宜阳县西）。公元前二四九年秦灭东周，取得韩三川全郡，重设三川郡。〔12〕“巴”，国名，周武王灭商后被封为子国，称巴子国，在今四川东部、湖北西部一带。战国中期建都于巴（今四川重庆市）。公元前三一六年秦惠王派张仪、司马错等领兵攻灭巴国，在其地设置巴郡。“蜀”，国名，周武王时曾参加灭商的盟会，有今四川中部偏西地区。战国中期建都于成都（今四川成都市）。公元前三一六年秦惠文王派张仪、司马错等领兵灭蜀，在其地设置蜀郡。〔13〕“上郡”，郡名，魏文侯时置，辖境有今陕西洛河以东，黄梁河以北，东北到子长县、延安市一带。公元前三二八年魏割上郡十五县给秦，前三一二年又将整个上郡献秦。秦国于公元前三〇四年于此设置上郡。〔14〕“汉中”，郡名，楚怀王时置，辖境有陕西东南和湖北西北的汉水流域。公元前三一二年，被秦将魏章领兵攻取，秦于此重置汉中郡。〔15〕“九夷”，此指楚国境内西北部的少数部族，在今陕西、湖北、四川三省交界地区。〔16〕“鄢”，音 yān，楚国别都，在今湖北宜城县东南。春

秋时楚惠王曾都于此。“郢”，楚国都城，在今湖北江陵市西北纪南城。公元前二七九年秦将白起攻取鄢，翌年又攻取郢。〔17〕“成皋”，邑名，在今河南荥阳县汜水镇，地势险要，是著名的军事重地。春秋时属郑国称虎牢，公元前三七五年韩国灭郑属韩，公元前二四九年被秦军攻取。〔18〕“施”，音 yì，蔓延，延续。〔19〕“昭王”，即秦昭王，名稷，一作侧或则，秦惠王之子，秦武王异母弟，公元前三〇六年至前二五一年在位。详见本书《秦本纪》。“范雎”，一作“范且”，亦称范叔，魏人，入秦后改名张禄，受到秦昭王信任，为秦相，对内力主废除外戚专权，对外采取远交近攻策略，封于应（今河南宝丰县西南），亦称应侯，死于公元前二五五年。详见本书《范雎列传》。〔20〕“穰”，音 ráng。“穰侯”，即魏冉，楚人后裔，秦昭王母宣太后之异父弟，秦武王去世，拥立秦昭王，任将军，多次为相，受封于穰（今河南邓县），故称穰侯，后又加封陶（今山东定陶县西北）。因秦昭王听用范雎之言，被免去相职，终老于陶。详见本书《穰侯列传》。〔21〕“华阳”，即华阳君芈戎，楚昭王母宣太后之同父弟，曾任将军等职，与魏冉同掌国政，先受封于华阳（今河南新郑县北），故称华阳君，后封于新城（今河南密县东南），故又称新城君。公元前二六六年，与魏冉同被免职遣归封地。〔22〕“蚕食”，比喻像蚕吃桑叶那样逐渐吞食侵占。〔23〕“向使”，假使，倘若。“内”，通“纳”，接纳。

【译文】我听说官吏在商议驱逐客卿之事，私下认为是搞错了。从前秦缪公寻求贤士，西边从西戎取得由余，东边从宛地得到百里奚，又从宋国迎来蹇叔，还从晋国招来丕豹、公孙支。这五位贤人，不生在秦国，而秦缪公重用他们，吞并国家二十多个，于是称霸西戎。秦孝公采用商鞅的新法，移风易俗，人民因此众多，国家因此富强，百姓乐意为国效力，诸侯亲附归服，战胜楚国、魏国的军队，攻取土地上千里，至今政治安定，国力强盛。秦惠王采纳张仪的计策，攻下三川地区，西进兼并巴、蜀两国，北上收得上郡，南下攻取汉中，席卷九夷各部，控制鄢、郢之地，东面占据成皋天险，割取肥田沃土，于是拆散山东六国的合纵同盟，使他们朝西事奉秦国，功烈延续到今天。昭王得到范雎，废黜穰侯，驱逐华阳君，加强国君公室，杜绝外戚私门，蚕食诸侯领土，使秦国成就帝王大业。这四位君主，都依靠了客卿的功劳。由此看来，客卿哪有什么对不住秦国的地方呢！倘若四位君主拒绝远客而不予接纳，疏远贤士而不加任用，这就会使国家没有丰厚的实力，而让秦国没有强大的名声了。

今陛下致昆山之玉，〔1〕有随、和之宝，〔2〕垂明月之珠，〔3〕服太阿之剑，〔4〕乘纤离之马，〔5〕建翠凤之旗，〔6〕树灵鼍之鼓。〔7〕此数宝者，秦不生一焉，而陛下说之，〔8〕何也？必秦国之所生然后可，则是夜光之璧不饰朝廷，犀象之器不为玩好，〔9〕郑、卫之女不充后宫，〔10〕而骏良駃騠不实外厩，〔11〕江南金锡不为用，〔12〕西蜀丹青不为采。〔13〕所以饰后宫充下陈娱心意说耳目者，〔14〕必出于秦然后可，则是宛珠之簪，〔15〕傅玑之珥，〔16〕阿缟之衣，〔17〕锦绣之饰不进于前，而随俗雅化佳冶窈窕赵女不立于侧也。[18]夫击瓮叩缶弹筝搏髀，[19]而歌呼呜呜快耳者，真秦之声也；《郑》、《卫》、《桑间》、《昭》、《虞》、《武》、《象》者，[20]异国之乐也。今弃击瓮叩缶而就《郑》、《卫》，退弹筝而取《昭》、《虞》，若是者何也？快意当前，适观而已矣。今取人则不然。不问可否，不论曲直，非秦者去，为客者逐。然则是所重者在乎色乐珠玉，而所轻者在乎人民也。此非所以跨海内制诸侯之术也。

【注释】〔1〕“陛下”，对帝王的尊称。“致”，达，得。“昆山”，即昆仑山。〔2〕“随、和之宝”，即所谓“随侯珠”和“和氏璧”，传说中春秋时随侯所得的夜明珠和楚人卞和采得的美玉。〔3〕“明月”，宝珠名。〔4〕“太阿”，亦称“泰阿”，宝剑名，相传为春秋著名工匠欧冶子、干将所铸。〔5〕“纤离”，骏马名。〔6〕“翠凤之旗”，用翠凤羽毛作为装饰的旗帜。〔7〕“鼍”，音 tuó，亦称扬子鳄，俗称猪龙婆，皮可蒙鼓。〔8〕“说”，通“悦”，喜悦，喜爱。〔9〕“犀象之器”，指用犀牛角和象牙制成的器具。〔10〕“郑”，国名，姬姓，始封君为周宣王弟友，公元前八〇六年分封于郑（今陕西华县东）。春秋时建都新郑（今河南新郑县），有今河南中部之地，公元前三七五年被韩国所灭。“卫”，国名，姬姓，始封君为周武王弟康叔，初都朝歌（今河南淇县），后迁都楚丘（今河南滑县）、帝丘（今河南濮阳县），有今河南北部、山东西部之地。公元前二五四年被魏国所灭。“郑、卫之女”，此时郑、卫已亡，当指郑、卫故地的女子。“后宫”，嫔妃所居的宫室，也可用作嫔妃的代称。〔11〕“駃騠”，音 jué tí，骏马名。“外厩”，宫外的马圈。〔12〕“江南”，长江以南地区。此指长江以南的楚地，素以出产金、锡著名。本书《货殖列传》云：“豫章出黄金，长沙出连、锡。”〔13〕“丹”，丹砂，可以制成红色颜料。“青”，青雘，可以制成青黑色颜料。“西蜀丹青”，蜀地素以出产丹青矿石出名。本书《货殖列传》云：“巴蜀亦沃野，地饶卮、姜、丹沙、石……”“采”，彩色，彩绘。〔14〕“下陈”，殿堂下陈放礼器、站立傧从的地方。“充下陈”，此泛指将财物、美女充实府库后宫。〔15〕“宛”，宛转，缠绕。“宛珠之簪”，缀绕珍珠的发簪。或以“宛”为地名，指用宛（今河南南阳市）地出产的珍珠所作装饰的发簪。〔16〕“傅”，附着，镶嵌。“玑”，不圆的珠子。此泛指珠子。“珥”，音 ěr，耳饰。〔17〕“阿”，细缯，一种轻细的丝织物。或以“阿”为地名，指齐国东阿（今山东东阿县）。“缟”，音 gǎo，未经染色的绢。〔18〕“随俗雅化”，随合时俗而雅致不凡。“佳”，美好，美丽。“冶”，妖冶，艳丽。“窈窕”，音 yǎo tiǎo，美好的样子。“赵”，国名，始封君赵烈侯，系晋国大夫赵衰后裔，于公元前四〇三年与魏文侯、韩景侯联合瓜分晋国，被周威烈王封为诸侯，建都晋阳（今山西太原市东南），有今山西中部、陕西东北角、河北西南部。公元前三八六年迁都邯郸（今河北邯郸市）。公元前二二二年被秦国所灭。古人多以燕、赵为出美女之地。〔19〕“瓮”，音 wèng，陶制的容器，古人用来打水。“缶”，音 fǒu，一种口小腹大的陶器。秦人将瓮、缶作为打击乐器。“搏”，击打，拍打。“髀”，音 bì，大腿。“搏髀”，拍打大腿，以此掌握音乐唱歌的节奏。〔20〕“《郑》”，指郑国故地的音乐。“《卫》”，指卫国故地的音乐。“《桑间》”，桑间为卫国濮水边上地名，在今河南濮阳县南，有男女聚会唱歌的风俗。此指桑间的音乐，即本书《乐书》的“桑间濮上之音”。“《昭》”，通“韶”，《史记集解》引徐广曰：“昭，一作‘韶’。”歌颂虞舜的舞乐。“《虞》”，按《史记会注考证校补》引南化本、枫山本、三条本等作“护”，当为歌颂商汤的舞乐。“《武》”，歌颂周武王的舞乐。“《象》”，歌颂周文王的舞乐。

【译文】如今陛下得到昆山的美玉，拥有随侯珠、和氏璧之类宝物，悬挂明月珠，佩带太阿剑，驾乘纤离马，建置翠凤旗，树立灵鼍鼓。这么多的宝贝，秦国不出产一样，而陛下却喜欢它们，是什么缘故呢？倘若一定要秦国出产的东西才可以用，那么就该是夜光玉璧不能装饰宫廷，犀角、象牙制成的器具不能作为玩物，郑、卫之地的美女不能进入后宫，而駃騠好马不能充实宫外的马圈，江南的金锡不能使用，西蜀的丹青不能绘画。倘若用来装饰后宫、充任姬妾、赏心快意、怡目悦耳的一切，必须是出产于秦国的才可以，那么缀绕珍珠的发簪、镶嵌珠子的耳环、细缯素绢的衣裳、织锦刺绣的服饰就不能进呈到大王面前，而时髦优雅、艳丽多姿的赵国女子就不能侍立在身旁。那击瓮敲缶，弹筝拍腿，同时歌唱呼喊发出呜呜之声来快活耳朵听觉的，才是真正地道秦国的声乐，而《郑》、《卫》、《桑间》、《昭》、《虞》、《武》、《象》之类，则是异国它邦的音乐。现在舍弃击瓮敲缶而追求《郑》、《卫》之音，撤下弹筝奏曲而采取《昭》、《虞》之乐，像这样做为什么呢？只不过是图眼前称心如意，适合观赏罢了。现在用人却不这样。不问青红皂白，不论是非曲直，不是秦人就得离去，是侨民就得驱逐。这样做，所重的是女色、声乐、珍珠、美玉，而所轻的是人啊。这不是统一天下，制服诸侯的办法啊。

臣闻地广者粟多，国大者人众，兵强则士勇。是以太山不让土壤，〔1〕故能成其大；河海不择细流，〔2〕故能就其深；王者不却众庶，〔3〕故能明其德。是以地无四方，民无异国，四时充美，鬼神降福，此五帝、三王之所以无敌也。〔4〕今乃弃黔首以资敌国，〔5〕却宾客以业诸侯，〔6〕使天下之士退而不敢西向，裹足不入秦，此所谓“借寇兵而赍盗粮”者也。〔7〕

【注释】〔1〕“太山”，即泰山。“让”，辞让，拒绝。〔2〕“择”，通“释”，舍弃，抛弃。〔3〕“却”，推却，拒绝。〔4〕“五帝”，指黄帝、颛顼、帝喾、尧、舜。“三王”，指夏、商、周三代开国君主，即夏禹、商汤、周文王和周武王。〔5〕“黔首”，无爵平民不能服冠，只能以黑巾裹头，故称黔首。此泛指百姓。秦始皇统一六国后正式称百姓为黔首。“资”，资助，供给。〔6〕“业”，从业，从事，事奉。〔7〕“赍”，音 jī，送，送给。

【译文】我听说田地广就粮食多，国家大就人口众，军队强就将士勇。因此，泰山不拒绝泥土，所以能成为那样高大；江河湖海不舍弃细流，所以能变得那样深邃；有志建立王业的人不嫌弃民众，所以能彰明他的德行。因此，土地不分东西南北，百姓不论异国它邦，那样便会一年四季富裕美好，天地鬼神降赐福运，这就是五帝、三王无可匹敌的缘故。现在却抛弃百姓使之去帮助敌国，拒绝宾客使之去事奉诸侯，使天下的贤士退却而不敢西进，裹足止步不入秦国，这就叫做“借武器给敌寇，送粮食给盗贼”啊。

夫物不产于秦，可宝者多；士不产于秦，而愿忠者众。今逐客以资敌国，损民以益雠，〔1〕内自虚而外树怨于诸侯，〔2〕求国无危，不可得也。

【注释】〔1〕“益”，增益，增多。“雠”，通“仇”，仇敌。〔2〕“外树怨于诸侯”，指宾客被驱逐出外必投奔其它诸侯，从而构树新怨。

【译文】物品中不出产在秦国，而可值得宝贵的很多；贤士中不生长于秦，却愿意效忠的成群。如今驱逐宾客来资助敌国，减损百姓来充实对手，内部自己造成空虚而外部在诸侯中构筑怨恨，那要谋求国家没有危难，是不可能的啊。

秦王乃除逐客之令，复李斯官，卒用其计谋。官至廷尉。〔1〕二十余年，〔2〕竟并天下，尊主为皇帝，〔3〕以斯为丞相。〔4〕夷郡县城，〔5〕销其兵刃，〔6〕示不复用。使秦无尺土之封，〔7〕不立子弟为王、功臣为诸侯者，使后无战攻之患。

【注释】〔1〕“廷尉”，官名，执掌刑法，为秦国九卿之一。〔2〕“二十余年”，指李斯入秦（约公元前二四七年）至秦始皇于公元前二二一年统一六国这段时间。〔3〕“主”，《史记会注考证校补》引枫山本、三条本等作“王”，当是，指秦王政。“皇帝”，秦统一六国后议定“皇帝”作为秦王尊号，从此成为历代君主的专称。〔4〕“丞相”，官名，辅佐皇帝的最高行政长官，一般分设左、右丞相，与太尉、御史大夫合称“三公”。〔5〕“夷”，夷平，拆除。〔6〕“销”，销熔，熔化金属。“兵刃”，兵器。“销其兵刃”，销毁金属武器。据《秦始皇本纪》载，当时“收天下兵，聚之咸阳，销以为钟鐻，金人十二，重各千石，置廷宫中”。〔7〕“土”，《史记会注考证校补》引游明大昇校本作“寸”。

【译文】秦王于是取消驱逐客卿的命令，恢复李斯的官职，结果采用他的计谋。李斯官做到了廷尉。（李斯入秦）经过二十多年，秦国最终吞并天下，尊奉秦王为皇帝，秦始皇任命李斯为丞相。铲平郡县的城池，销毁地方的武器，表示不再用兵。让秦国没有一尺土地分封下去，不立宗室子弟为王、不封元勋功臣为诸侯，为的是使今后没有战争的祸患。

始皇三十四年，〔1〕置酒咸阳宫，博士仆射周青臣等颂称始皇威德。[2]齐人淳于越进谏曰:[3]“臣闻之，殷、周之王千余岁，封子弟功臣自为支辅。[4]今陛下有海内，而子弟为匹夫，[5]卒有田常、六卿之患臣，[6]无辅弼，何以相救哉？事不师古而能长久者，[7]非所闻也。今青臣等又面谀以重陛下过，[8]非忠臣也。”始皇下其议丞相。丞相谬其说，[9]绌其辞，[10]乃上书曰：“古者天下散乱，莫能相一，是以诸侯并作，语皆道古以害今，饰虚言以乱实。人善其所私学，[11]以非上所建立。[12]今陛下并有天下，别白黑而定一尊；[13]而私学乃相与非法教之制，闻令下，即各以其私学议之，入则心非，出则巷议，非主以为名，异趣以为高，[14]率群下以造谤。如此不禁，则主势降乎上，党与成乎下。[15]禁之便。[16]臣请诸有文学、《诗》、《书》、百家语者，[17]蠲除去之。[18]令到满三十日弗去，黥为城旦。[19]所不去者，医药、卜筮、种树之书。[20]若有欲学者，[21]以吏为师。”始皇可其议，收去《诗》、《书》、百家之语以愚百姓，使天下无以古非今。明法度，定律令，皆以始皇起。同文书。[22]治离宫别馆，[23]周遍天下。明年，又巡狩，[24]外攘四夷。[25]斯皆有力焉。

【注释】〔1〕“始皇三十四年”，即公元前二一三年。〔2〕“博士”，学官名，通晓历史、典章制度，以备应对皇帝的咨询，参议典礼政事，掌管有关典籍的研究、解释。秦始皇时有博士七十人，六艺、诸子、诗赋、术数、方伎、占梦等皆立博士。“射”，音 yè。“博士仆射”，博士之长。“颂称始皇威德”，颂词内容详见本书《秦始皇本纪》。〔3〕“齐”，国名，姜姓，始封君为西周开国元勋吕尚（即姜太公，亦称吕望），建都营丘（后称临淄，在今山东淄博市东北），有今山东北部，以后疆域逐步拓展有山东偏北大部和河北东南部。春秋时齐桓公成为著名霸主。公元前三八六年大臣田和取代齐姜公室正式列为诸侯，世称“田齐”。公元前二二一年被秦国所灭。“淳于越”，氏淳于，名越，秦博士。或谓淳于髡之后。〔4〕“支”，通“枝”，枝干。“支辅”，枝干辅翼。义同下“辅弼”。〔5〕“匹夫”，平民。〔6〕“卒”，通“猝”，音 cù，突然。“田常”，即田恒，亦称陈恒，“田”、“陈”古音同通假，“恒”系汉人避文帝刘恒名讳。谥成。齐国执政大臣，于公元前四八一年杀死齐简公，立简公弟平公，专擅国政。公元前三八六年，田氏正式列为诸侯取代姜氏。“六卿”，指春秋后期晋国执掌政权的六家世卿：范氏、中行氏、知氏、韩氏、魏氏、赵氏。在互相倾轧兼并中，范氏、中行氏、知氏被灭。战国初，韩氏、魏氏、赵氏三家瓜分晋国正式列为诸侯。“患臣”，为患作乱的臣子。〔7〕“师”，师法，效法。〔8〕“谀”，音 yú，奉承，谄媚。“重”，加重，增添。〔9〕“谬”，荒谬，认为荒谬。意动用法。〔10〕“绌”，通“黜”，贬黜，废弃。〔11〕“私学”，相对“官学”而言，指民间流行的各种学派及其学说，即诸子百家。〔12〕“非”，非议，否定。〔13〕“别”，它本多作“辨”，辨别。“白黑”，是非曲直。“尊”，法度，法令。“定一尊”，确定统一的法令。或谓规定统一尊奉的皇帝。〔14〕“趣”，旨趣，主张。“异趣”，不同的主张，此指标新立异。〔15〕“党与”，帮派，团伙。〔16〕“便”，利，便利，有利。〔17〕“文学”，文献典籍。“《诗》”，

《诗经》，被儒家奉为经典。“《书》”，《尚书》，被儒家奉为经典。“百家语”，百家之言，指诸子百家的著作。〔18〕“蠲”，音 juān，通“捐”，捐弃，除去。〔19〕“黥”，音 qíng，肉刑名，亦称墨刑，先用刀刺刻脸部，然后涂上墨。“城旦”，男性刑徒名，被罚从事修筑城墙等苦役。〔20〕“卜筮”，占卜吉凶，用龟甲称卜，用蓍草称筮。“种树”，种植，泛指树木庄稼的栽种养植。〔21〕“若有欲学者”，本书《秦始皇本纪》作“若欲有学法令”，则所学内容指法令。〔22〕“文书”，文字。“同文书”，统一文字。战国时代，六国文字与秦国文字有明显差异，六国之间文字也各有不同。秦始皇将秦国文字作为统一使用的文字。〔23〕“离宫别馆”，指正式宫殿以外临时居住的宫室馆舍。〔24〕“巡狩”，即“巡守”，指天子出外巡行视察。〔25〕“攘”，排斥，抗击。“四夷”，泛指秦国周围的其他少数部族。

【译文】秦始皇三十四年，在咸阳宫中设置酒宴，博士仆射周青臣等称颂秦始皇的武威德政。齐人淳于越进言劝谏说：“我听说，殷代、周代的王位传续了一千多年，都将土地分封给子弟功臣作为自己的辅翼。如今陛下拥有海内之地，而子弟却为平民，一旦有齐国田常、晋国六卿那样的乱臣，没有子弟的辅佑卫护，用什么来救援呢？做事不效法古代而能长治久安的，没有听说过。如今青臣等人又当面奉承来加重陛下的过失，不是忠臣啊。”秦始皇把淳于越的建议交付丞相处理。丞相李斯认为淳于越的言论荒谬，驳斥其说，于是上书说：“以前天下离散纷乱，没有人能统一，因此诸侯并比兴起，百家之语都称道古代来诋毁当今，搬弄空话来搅乱现实。人人认为自己私下学来的那套好，用来否定君上建立的制度。如今陛下兼并占有天下，辨别是非而确定统一的法度；然而民间私学却相互勾结攻击法治教育的制度，一听得法令下达，就各用自己的那套学说议论它，入门居家心怀不满，出门聚众街谈巷议，抨击君主来博取名声，标新立异来显示高明，率领徒众群小制造谤言。如果这种情况不加禁止，君主的权势就会从上面降低，而各种帮派朋党就会在下面形成。禁止这种情况有利。臣下请求凡是拥有文献典籍、《诗》、《书》、诸子百家著述的，都要销毁清除掉。命令下达超过三十天还不清除，就处以黥刑罚为城旦。属于不废弃的，有医药、卜筮和种植方面的书籍。倘若有想学习法令的，就拜官吏为老师。”秦始皇批准李斯的建议，没收废弃《诗》、《书》、诸子百家的书籍来愚弄百姓，使天下没有人能用古代来否定当今。彰明法度，制定律令，全部从秦始皇重新开始。统一原来各国文字。建造离宫别馆遍布全国各地。第二年，秦始皇又出去巡视，抵御外部的四方夷狄。（上述种种，）李斯都出了力。

斯长男由为三川守，〔1〕诸男皆尚秦公主，〔2〕女悉嫁秦诸公子。三川守李由告归咸阳，〔3〕李斯置酒于家，百官长皆前为寿，〔4〕门廷车骑以千数。〔5〕李斯喟然而叹曰：〔6〕“嗟乎！吾闻之荀卿曰‘物禁大盛’。〔7〕夫斯乃上蔡布衣，〔8〕闾巷之黔首，〔9〕上不知其驽下，〔10〕遂擢至此。〔11〕当今人臣之位无居臣上者，可谓富贵极矣。物极则衰，吾未知所税驾也！”〔12〕

【注释】〔1〕“三川”，郡名，郡治雒阳，在今河南洛阳市东北。“守”，郡守，一郡最高的行政长官。〔2〕“尚”，指娶皇帝的女儿为妻。从门第、身份来说是高攀，故称“尚”。〔3〕“告”，古时官员休假称“告”。〔4〕“百官长”，各部门机构的长官，泛指文武百官。“为寿”，祝寿，祝福，祝贺。〔5〕“廷”，通“庭”。“门廷”，即门庭。〔6〕“喟”，音 kuì，叹息声。〔7〕“大”，通“太”。〔8〕“夫”，语首助词。“乃”，是。〔9〕“闾”，音 lǘ，里巷的大门。“闾巷”，里弄，乡里。〔10〕“驽”，音 nú，劣马，引喻为材力低下。〔11〕“擢”，音 zhuó，提升，提拔。〔12〕“税”，通“脱”。“税驾”，脱驾，解驾，把马从车辕上解下来，指停车休止，比喻归宿。

【译文】李斯的长子李由任三川郡郡守，其余儿子都娶秦皇室公主为妻，女儿全嫁给秦皇室各位公子。三川郡郡守李由休假返回咸阳，李斯在家摆设酒宴，百官之长都前来祝贺，门庭过往的车马数以千计。李斯叹息道：“唉！我听荀卿说过‘事物禁忌过分盛大’。我李斯原是上蔡的平民，乡里的百姓，皇上不知我才能低下，竟把我提拔到这样的高位。当今群臣官位没有居于我之上的，可以说是富贵达到了极点。事物发展到极点就会衰落，我不知道自己的归宿在哪里啊！”

始皇三十七年十月，行出游会稽，〔1〕并海上，〔2〕北抵琅邪。〔3〕丞相斯、中车府令赵高兼行符玺令事，〔4〕皆从。始皇有二十余子，长子扶苏以数直谏上，〔5〕上使监兵上郡，〔6〕蒙恬为将。〔7〕少子胡亥爱，〔8〕请从，上许之。余子莫从。

【注释】〔1〕“会”，音 guì。“会稽”，山名，在今浙江绍兴市东南。〔2〕“并”，音 bàng，通“傍”，《史记会注考证校补》引南化本、三条本、枫山本正作“傍”，挨着，沿着。“海”，即今东海。〔3〕“琅邪”，山名，在今山东胶南县南。〔4〕“中车府令”，官名，太常的属官，负责管理皇帝乘坐的车马。“赵高”，宦官，赵人，入秦宫中执事二十余年。秦始皇死后，扶立胡亥即位，任郎中令，控制朝政，杀害李斯。后又杀死胡亥，立子婴为秦王。于公元前二〇七年被子婴所杀。“行”，执掌，掌管。“符玺令”，官名，掌管皇帝的符节玺印。〔5〕“数”，音 shuò，屡次，多次。“上”，皇上，指秦始皇。〔6〕“监”，监临，监督。“上郡”，郡治肤施，在今陕西榆林县东南，有今陕西北部和内蒙古乌审旗、伊金霍洛旗、准格尔旗等地。〔7〕“蒙恬”，祖先为齐人，自祖父蒙骜起世代为秦名将，时领兵镇守北方边境。公元前二一〇年受胡亥逼迫而自杀。详本书《蒙恬列传》。〔8〕“爱”，本书《秦始皇本纪》作“爱慕”，则此“爱”指对父母的爱恋、依恋之情。

【译文】秦始皇三十七年十月，巡行出游会稽山，（然后）沿海而上，北行抵达琅琊山。丞相李斯、中车府令赵高兼任符玺令职事，一同随从。秦始皇有二十几个儿子。长子扶苏因为多次直言劝谏秦始皇，秦始皇便派他到上郡监督军队，蒙恬是军队将领。小儿子胡亥最依恋秦始皇，请求随从，秦始皇答应他。其余儿子没有一个随行。

其年七月，〔1〕始皇帝至沙丘，〔2〕病甚，令赵高为书赐公子扶苏曰：〔3〕“以兵属蒙恬，〔4〕与丧会咸阳而葬。”〔5〕书已封，未授使者，始皇崩。书及玺皆在赵高所，独子胡亥、丞相李斯、赵高及幸宦者五六人知始皇崩，〔6〕余群臣皆莫知也。李斯以为上在外崩，无真太子，〔7〕故秘之。置始皇居辒辌车中，〔8〕百官奏事上食如故，〔9〕宦者辄从辒辌车中可诸奏事。〔10〕

【注释】〔1〕“其年七月”，指秦始皇三十七年七月。秦国采用所谓颛顼历，以十月为岁首，故前云“秦始皇三十七年十月”，此又云“其年七月”。〔2〕“沙丘”，地名，在今河北广宗县西北。〔3〕“书”，书信，诏书。〔4〕“属”，音 zhǔ，托付，交给。〔5〕“与”，音 yù，参与，参加。〔6〕“幸宦者”，受到宠幸的宦官。〔7〕“真太子”，正式册立的太子。〔8〕“辒辌”，音 wēn liáng。“辒辌车”，一种可以卧息的车。有窗户，打开可通风取凉，关上可挡风保温。〔9〕“上食”，进上食物。〔10〕“可”，准可，批复。

【译文】这年七月，秦始皇到达沙丘，病得很重，命令赵高起草诏书给公子扶苏说：“把兵权交付给蒙恬，即来治理丧事，到咸阳会合而举行葬礼。”书已封缄，还没交给信使，秦始皇就去世了。诏书以及玺印都在赵高处，只有儿子胡亥、丞相李斯、赵高以及宠幸的宦官五六人知道秦始皇去世，其余群臣都不知道。李斯因为皇上死在外地，没有正式册立太子，所以对此加以保密。将秦始皇尸体安放在辒辌车里，群臣奏事、侍者进食如同旧日，宦官就从辒辌车中（假托秦始皇）批复处理各种奏呈的事务。

赵高因留所赐扶苏玺书，〔1〕而谓公子胡亥曰：“上崩，无诏封王诸子而独赐长子书。长子至，即立为皇帝，而子无尺寸之地，为之奈何？”胡亥曰：“固也。〔2〕吾闻之，明君知臣，明父知子。父捐命，〔3〕不封诸子，何可言者！”赵高曰：“不然。方今天下之权，存亡在子与高及丞相耳，愿子图之。且夫臣人与见臣于人，〔4〕制人与见制于人，〔5〕岂可同日道哉！”胡亥曰：“废兄而立弟，是不义也；不奉父诏而畏死，〔6〕是不孝也；能薄而材谫，〔7〕强因人之功，〔8〕是不能也。三者逆德，〔9〕天下不服，身殆倾危，〔10〕社稷不血食。”〔11〕高曰：“臣闻汤、武杀其主，〔12〕天下称义焉，不为不忠。卫君杀其父，〔13〕而卫国载其德，孔子著之，不为不孝。夫大行不小谨，盛德不辞让，乡曲各有宜而百官不同功。[14]故顾小而忘大，后必有害；狐疑犹豫，[15]后必有悔。断而敢行，鬼神避之，后有成功。愿子遂之！"[16]胡亥喟然叹曰："今大行未发，[17]丧礼未终，岂宜以此事干丞相哉！"[18]赵高曰："时乎时乎，间不及谋！[19]赢粮跃马，[20]唯恐后时！"

【注释】〔1〕"因"，因此，乘机。"留"，留下，扣留。"玺书"，指加盖皇帝玺印的书信。〔2〕"固"，本来，原来。〔3〕"捐命"，弃命，丧命。〔4〕"臣人"，以人为臣，使别人为臣。"见"，被，表示被动。"见臣于人"，被别人当作臣子，做别人的臣子。〔5〕"制人"，控制别人。"见制于人"，被别人控制。〔6〕"畏死"，怕死。指如果扶苏继位，胡亥担心自己失去昔日宠恃而被杀。〔7〕"谫"，音 jiǎn，浅薄，浅陋。〔8〕"强"，强硬，勉强。〔9〕"逆"，违逆，违背。〔10〕"殆"，通"迨"，及。〔11〕"社稷"，社为土地神，稷为谷神，当时唯帝王才有资格主持祭祀。社稷合言，常指代国家。"血食"，指祭祀。因祭祀必要宰杀牺牲作为供品，故以血食代称祭祀。"社稷不血食"，社稷之神不能祭祀，言国家灭亡。〔12〕"汤、武杀其主"，指商汤王、周武王杀死其君主夏桀、商纣王。〔13〕"卫君杀其父"，此事不详。或谓赵高妄言。或谓指公元前四九三年卫人拒蒯聩入国事。据本书《卫康叔世家》及《左传》载，卫灵公太子蒯聩因与夫人南子构恶，出奔宋国；卫灵公死，卫人立蒯聩子辄（即卫出公）；晋人送返蒯聩，卫人发兵攻击。然未见辄杀其父蒯聩记载。又《春秋》哀公三年云："春，齐国夏、卫石曼姑帅师围戚。"或即下文所谓"孔子著之"。按《汉书·隽不疑传》云："昔蒯聩违命出奔，辄距而不纳，《春秋》是之。"亦未见辄杀蒯聩。〔14〕"乡曲"，乡里。〔15〕"狐疑"，相传狐性多疑，因喻人遇事多疑而乏决断。"犹豫"，迟疑不决。〔16〕"遂"，成就，完成。〔17〕"大行"，即"大行皇帝"，指去世的皇帝。〔18〕"干"，求。〔19〕"间"，间隙，瞬间。〔20〕"赢"，担负，携带。

【译文】赵高乘机扣留秦始皇赐给扶苏加盖玺印的书信，并对公子胡亥说："皇上去世，没有诏令封立其他儿子为王，唯独赐给长子书信。长子一到，马上即位为皇帝，而您却没有尺寸封地，对这该怎么办？"胡亥说："本该如此啊。我听说这样的话，明哲的君主了解自己的臣属，明哲的父亲了解自己的儿子。父皇去世，不封其余儿子为王，还有什么可说的呢！"赵高说："并非如此。当今天下的权柄，存亡予夺就在于您和我以及丞相罢了，希望您考虑此事。再说以人为臣与被人当作臣，控制别人与被别人所控制，哪能同日而语呢？"胡亥说："废黜长兄而立幼弟，这是不义；不遵奉父皇诏令而贪生怕死，这是不孝；能力浅薄，材质低劣，勉强依仗他人取得成功，这是无能。三者都违背道德，天下不会服从，自身将会倾覆危亡，宗庙社稷也将无人祭祀供奉。"赵高说："我听说商汤王、周武王杀死他的君主，天下称为义举，不算不忠。卫君杀死他的父亲，卫国记为德行，孔子在《春秋》中载录此事，不算不孝。干大事不必谨小慎微，行大德无需推辞谦让。地方乡里各有自己的事宜，而朝廷百官各有不同的功能（凡事不能一概而论）。所以说只顾及细微末节就会忘记当务之急，事后必然会有祸患；生性多疑、犹豫不决，以后必然会有悔恨。当机立断而敢作敢为，连鬼神都要回避，最后必能成功。希望您完成此事。”胡亥叹息说：“如今先皇丧事未发，丧礼没了，怎么能用这事来要求丞相呢！”赵高说：“时机啊时机，一过瞬间片刻就来不及再筹划了。（该像那赶路人，）装足干粮、扬鞭跃马，唯恐耽误了时间！”

胡亥既然高之言，〔1〕高曰：“不与丞相谋，恐事不能成，臣请为子与丞相谋之。”高乃谓丞相斯曰：“上崩，赐长子书，与丧会咸阳而立为嗣。书未行，今上崩，未有知者也。所赐长子书及符玺皆在胡亥所，〔2〕定太子在君侯与高之口耳。〔3〕事将何如？”斯曰：“安得亡国之言！此非人臣所当议也！”高曰：“君侯自料能孰与蒙恬？〔4〕功高孰与蒙恬？谋远不失孰与蒙恬？无怨于天下孰与蒙恬？长子旧而信之孰与蒙恬？”斯曰：“此五者皆不及蒙恬，而君责之何深也？”高曰：“高固内官之厮役也，〔5〕幸得以刀笔之文进入秦宫，〔6〕管事二十余年，未尝见秦免罢丞相功臣有封及二世者也，卒皆以诛亡。皇帝二十余子，皆君之所知。长子刚毅而武勇，信人而奋士，〔7〕即位必用蒙恬为丞相，君侯终不怀通侯之印归于乡里，〔8〕明矣。高受诏教习胡亥，使学以法事数年矣，〔9〕未尝见过失。慈仁笃厚，轻财重士，辩于心而诎于口，〔10〕尽礼敬士，秦之诸子未有及此者，可以为嗣。君计而定之。”斯曰：“君其反位！〔11〕斯奉主之诏，听天之命，何虑之可定也？”高曰：“安可危也，危可安也。安危不定，何以贵圣？”〔12〕斯曰：“斯，上蔡闾巷布衣也，上幸擢为丞相，〔13〕封为通侯，子孙皆至尊位重禄者，故将以存亡安危属臣也。〔14〕岂可负哉！夫忠臣不避死而庶几，〔15〕孝子不勤劳而见危，〔16〕人臣各守其职而已矣。君其勿复言，将令斯得罪。”高曰：“盖闻圣人迁徙无常，就变而从时，见末而知本，观指而睹归。〔17〕物固有之，安得常法哉！方今天下之权命悬于胡亥，高能得志焉。且夫从外制中谓之惑，〔18〕从下制上谓之贼。〔19〕故秋霜降者草花落，水摇动者万物作，〔20〕此必然之效也。〔21〕君何见之晚？”斯曰：“吾闻晋易太子，三世不安；〔22〕齐桓兄弟争位，身死为戮；〔23〕纣杀亲戚，〔24〕不听谏者，国为丘墟，〔25〕遂危社稷：三者逆天，宗庙不血食。斯其犹人哉，〔26〕安足为谋！”〔27〕高曰：“上下合同，〔28〕可以长久；中外若一，〔29〕事无表里。〔30〕君听臣之计，即长有封侯，世世称孤，〔31〕必有乔、松之寿，〔32〕孔、墨之智。〔33〕今释此而不从，祸及子孙，足以为寒心。善者因祸为福，君何处焉？”斯乃仰天而叹，垂泪太息

曰：[34]“嗟呼！独遭乱世，既以不能死，[35]安托命哉！”于是斯乃听高。高乃报胡亥曰：“臣请奉太子之明命以报丞相，[36]丞相斯敢不奉令！”

【注释】〔1〕“既”，已，已经。“然”，是，同意。〔2〕“所赐长子书及符玺皆在胡亥所”，前记“书及玺皆在赵高所”，可知赵高此所说不实，借谎言以要挟李斯。〔3〕“君侯”，对李斯的尊称。李斯官为丞相，爵至彻侯，故有此称。〔4〕“能”，《史记探源》认为“能”下脱落“多”字，应作“能多”，方与下文“功高”、“谋远”相对仗。可备一说。“孰”，谁，哪一个。“孰与”，与某某比谁怎么样。〔5〕“固”，《史记会注考证校补》引别本或作“故”。“内官”，内廷，宫中。“厮役”，仆役，奴仆。〔6〕“刀笔”，刀和毛笔，当时的书写用具。古代曾以竹木为书写材料，用笔书写，用刀削改。“刀笔之文”，即竹木文书，因当时的刑狱文书多写在竹木上，故又可指称刑狱文书。“幸得以刀笔之文进入秦宫”，按本书《蒙恬列传》云赵高“通于狱法”，可参看。〔7〕“信人”，对人信任，此指信用旧人。“奋士”，使士人奋发，激励士人。〔8〕“通侯”，即“彻侯”，爵名，是秦国二十等爵制中最高的一级。此改“彻”为“通”，系避汉武帝刘彻名讳所改。〔9〕“法事”，法律事务。按本书《秦始皇本纪》云：“赵高故尝教胡亥书及狱律令、法事。”〔10〕“辩”，通“辨”，明辨，明察。“诎”，通“拙”，钝拙，笨拙。〔11〕“其”，语助词，表示祈使、命令。“反位”，返回原来的职位。意即恪守官位，不超越职权。〔12〕“贵圣”，尊贵圣明。或谓以圣哲为可贵。〔13〕“幸”，宠幸。“擢”，音 zhuó，选拔，提升。〔14〕“故”，通“固”，《史记会注考证校补》引枫山本、三条本作“固”，原本，本意。〔15〕“庶几”，差不多，侥幸。此为苟且偷生的意思。〔16〕“孝子不勤劳而见危”，孝子不过分勤苦操劳而遭逢危难。儒家认为人的身体，受之父母，避开危难使之不受损伤，是孝子的职责。〔17〕“指”，通“旨”，意旨，动向。“归”，归宿。〔18〕“从外制中”，从外部制约内部。公子扶苏在外，胡亥在内；李斯为外朝官，赵高为内朝官，“从外制中”兼指这两种关系。〔19〕“从下制上”，从下面制约上面。赵高伪托秦始皇遗诏立胡亥，则胡亥为上，公子扶苏、李斯为下。〔20〕“水摇动者”，流水摇动。指春天来到冰雪消融。“作”，兴，兴起，生长。〔21〕“效”，效应，效验。这里指自然规律。〔22〕“晋易太子，三世不安”，指晋献公废黜太子申生，立宠妾骊姬之子奚齐为太子，因而酿成晋献公、晋惠公、晋怀公三代的晋国内乱。〔23〕“齐桓”，即齐桓公，名小白，齐釐公之子，齐襄公之弟，任用管仲改革内政，国力富强，成为著名霸主，公元前六八五年至前六四三年在位。详见本书《齐太公世家》。“齐桓兄弟争位，身死为戮”，指齐襄公死后，其弟公子小白与公子纠争夺君位，结果公子小白继位，公子纠被杀身死。〔24〕“纣杀亲戚”，指商纣王杀死劝谏他的叔父比干。〔25〕“国为丘墟”，国都变为荒丘废墟，言国家灭亡。〔26〕“犹人”，还是人。此指还是明白事理的人。〔27〕“安”，哪里，怎么。〔28〕“上下合同”，君臣上下合力同心。上指胡亥，下指李斯。〔29〕“中外若一”，宫廷内外一致。中，指宫廷内，即赵高；外，指宫廷外，即李斯。〔30〕“表里”，表面和里子。此引申为参差，差错。〔31〕“孤”，侯王的自称。“称孤”，指封为侯。〔32〕“乔、松”，王子乔和赤松子，传说中长生不老的仙人。或以“乔松”指高大的松树。〔33〕“孔、墨”，孔丘和墨翟，分别是儒家和墨家学派的创始人，被视为智慧的代表。〔34〕“太息”，大声叹气，深深地叹息。〔35〕“以”，通“已”，已经。〔36〕“明命”，大命。

【译文】胡亥同意赵高的话后，赵高又说："不与丞相谋划，恐怕事情不能成功，臣下请求为您去与丞相谋划此事。"赵高于是对丞相李斯说："皇上去世前，赐给长子遗书，命他即来治理丧事，到咸阳会合，立他为继承人。遗书尚未发出，如今皇上去世，没有知道这事的人。赐给长子的遗书以及符节玺印都在胡亥处，确定太子就在于您和我赵高的嘴如何说了。这事该怎么办？"李斯说："哪来这派亡国之言！这不是我们做臣子所应当议论的啊！"赵高说："您自己估量与蒙恬比谁的能力强？与蒙恬比谁的功劳大？与蒙恬比谁深谋远略没有失误？与蒙恬比谁不被天下的人怨恨？与蒙恬比谁是长子扶苏的旧交而受到信任？"李斯说："这五件我都比不上蒙恬，您对我的责求为什么这样苛刻呢？"赵高说："我本是宫中的仆役，有幸能以熟悉刑狱文书进入秦皇宫廷，管理有关事务二十多年，未曾见过秦皇罢免的丞相功臣有受封及于第二代的，他们最后都遭杀戮身亡。皇帝的二十多个儿子，都是您所知道的。长子扶苏刚强坚毅而威武勇敢，信用贤人而激励士子，登上皇位的话必定任用蒙恬为丞相，那您就终究不能怀揣通侯大印衣锦还乡，是很明白的了。我接受诏令教授训练胡亥，让他学习法律政事多年了，未曾见他有过失。他为人慈善仁爱，笃诚厚道，看轻财物尊重士人，内心明白而不善言辞，恪守礼法尊敬士人，秦国的其他公子没有比得上他的，可以作为皇位继承人。您考虑一下把事定下来。"李斯说："您还是安守本分吧！我李斯遵奉皇帝的诏令，听从上天的旨意，还有其它什么可考虑决定的呢？"赵高说："平安可以转化为危险，危险可以转化为平安。连平安和危险都把握不定，凭什么算是尊贵圣哲呢？"李斯说："我本是上蔡乡里的平民，皇上宠幸提拔我为丞相，封为通侯，子孙也都得到显赫的职位、丰厚的俸禄，原本是要将国家存亡安危的重任托付给臣下。我岂能辜负皇上期望呢！忠臣不避死亡而苟且偷生，孝子不过分勤劳而遭逢危难，做人臣的各守其职就是了。您不要再说了，（否则，）将要叫我犯禁获罪。"赵高说："我听说圣人迁徙流动没有固定的常法，趋合变化而顺应时势，看到细微末节能知事物本源，观察征兆动向能知结果归宿。事物原本各有不同，哪里找得到固定不变的常法呢？当今天下的权柄握在胡亥手中，我能因此得志。况且从外部制约内部叫做惑，从下面制约上面叫做贼。所以秋天的霜露降下便草木枯萎花朵凋落，春天冰雪消融水流荡漾便万物萌生，这是必然的效应啊！您为什么迟迟看不透？"李斯说："我听说晋献公改立太子，结果三代不得安宁；齐桓公兄弟争夺君位，结果公子纠身败名裂；商纣王杀死叔父比干，不听劝谏，都城化为荒丘废墟，结果危及国家：这三人违逆天道，祖宗神庙断绝了祭祀。我李斯还是个明白事理的人，哪能参与谋划这种事！"赵高说："君臣上下同心合力，国家就可以长治久安；朝廷内外浑然一体，事情便能够无懈可击。您听从我的计划，就可以永久享有通侯封爵，世代称孤道寡，必定会有王子乔、赤松子那样的寿命，孔丘、墨翟那样的智慧。如今放着这条路而不走，必将祸及子孙，实在令人为之寒心。聪明人能因祸得福，您到底如何处置此事呢？"李斯于是仰天长叹，流着眼泪大声喘息着说：“唉！偏偏碰上这混乱世道，既然不能以死相许，还能到哪里去托付身家性命呢！”于是李斯便听从赵高的安排。赵高就禀报胡亥说：“臣下得请奉您太子的大命去通报丞相，丞相岂敢不接受命令！”

于是乃相与谋，诈为受始皇诏丞相，立子胡亥为太子。更为书赐长子扶苏曰：[1]“朕巡天下，祷祠名山诸神以延寿命。今扶苏与将军蒙恬将师数十万以屯边，十有余年矣，不能进而前，士卒多秏，无尺寸之功，乃反数上书直言诽谤我所为，以不得罢归为太子，日夜怨望。[2]扶苏为人子不孝，其赐剑以自裁！[3]将军恬与扶苏居外，不匡正，宜知其谋。为人臣不忠，其赐死，以兵属裨将王离。”[4]封其书以皇帝玺，遣胡亥客奉书赐扶苏于上郡。[5]

【注释】〔1〕“更”，更换，偷换。〔2〕“怨望”，怨恨。〔3〕“自裁”，自己裁决，即自杀。〔4〕“裨”，音 pí。“裨将”，副将。“王离”，秦将王翦之孙，王贲之子，三代名将，后被项羽军队所俘获。〔5〕“胡亥客”，胡亥的门客。

【译文】于是三人共同谋划，假称接受秦始皇给丞相的诏令，立儿子胡亥为太子。偷换假造给长子扶苏的书信说：“我巡行天下，祈祷祭祀名山众神来延年益寿。如今你扶苏和将军蒙恬领兵几十万驻守边境，已经十几年了，不能进兵向前，士卒多有损伤，仍无建立点滴功绩，却反而屡次上书，直言不讳地诽谤我的所作所为，因为不能卸任归来做太子，日夜怨恨不已。扶苏作为儿子不孝，就赐剑用以自杀吧！将军蒙恬和扶苏居住塞外，不加规劝纠正，自然知道他的阴谋。做人臣的不忠，也赐剑自杀，把军队交给副将王离。”盖上皇帝玺印封好诏书，派遣胡亥的门客携带诏书到上郡赐给扶苏。

使者至，发书，扶苏泣，入内舍，[1]欲自杀。蒙恬止扶苏曰：“陛下居外，未立太子，使臣将三十万众守边，公子为监，此天下重任也。今一使者来，即自杀，安知其非诈？请复请，复请而后死，未暮也。”[2]使者数趣之。[3]扶苏为人仁，谓蒙恬曰：“父而赐子死，尚安复请！”即自杀。蒙恬不肯死，使者即以属吏，系于阳周。[4]

【注释】〔1〕“内舍”，内屋，寝室。〔2〕“暮”，晚，迟。〔3〕“趣”，音 cù，催促。〔4〕“系”，拴缚，拘禁，关押。“阳周”，县名，属上郡，在今陕西子长县西北。

【译文】使者到达上郡，打开书信，扶苏哭泣起来，进入内屋，准备自杀。蒙恬制止扶苏说："陛下身居在外，没有选立太子，派我率领三十万军队守卫边疆，公子担任监军，这是关系天下的重任啊！如今就凭一个使者前来，立即自杀，岂知其中肯定无诈？望再请示一次，再请示证实后去死，也不算晚啊。"使者在旁再三催促。扶苏为人仁厚，对蒙恬说："当父亲的命令儿子去死，还能上哪里再请示呢！"立即自杀了。蒙恬不肯当即死，使者立刻把他交给狱吏，囚禁在阳周。

使者还报，胡亥、斯、高大喜。至咸阳，发丧。太子立为二世皇帝，以赵高为郎中令，[1]常侍中用事。[2]

【注释】〔1〕"郎中令"，官名，秦九卿之一，职掌皇宫门户的守护警卫，属官有大夫、郎、谒者等。〔2〕"侍中"，在宫中侍奉皇帝，即在宫中供职。"用事"，理事，处理政务。

【译文】使者返回禀报，胡亥、李斯、赵高皆大欢喜。到达咸阳，发布丧事。太子胡亥立为二世皇帝，任命赵高为郎中令，赵高从此常在宫中供职处理政务。

二世燕居，[1]乃召高与谋事，谓曰："夫人生居世间也，譬犹骋六骥过决隙也。[2]吾既已临天下矣，[3]欲悉耳目之所好，[4]穷心志之所乐，[5]以安宗庙而乐万姓，[6]长有天下，终吾年寿，其道可乎？"高曰："此贤主之所能行也，而昏乱主之所禁也。臣请言之，不敢避斧钺之诛，愿陛下少留意焉。[7]夫沙丘之谋，诸公子及大臣皆疑焉，而诸公子尽帝兄，大臣又先帝之所置也。今陛下初立，此其属意怏怏皆不服，[8]恐为变。且蒙恬已死，蒙毅将兵居外，[9]臣战战栗栗，[10]唯恐不终。[11]且陛下安得为此乐乎？"二世曰："为之奈何？"赵高曰："严法而刻刑，[12]令有罪者相坐诛，[13]至收族，[14]灭大臣而远骨肉；贫者富之，贱者贵之。尽除去先帝之故臣，更置陛下之所亲信者近之。此则阴德归陛下，[15]害除而奸谋塞，群臣莫不被润泽，蒙厚德，陛下则高枕肆志宠乐矣。[16]计莫出于此。"[17]二世然高之言，乃更为法律。[18]于是群臣诸公子有罪，辄下高，令鞠治之。[19]杀大臣蒙毅等，公子十二人僇死咸阳市，[20]十公主矺死于杜，[21]财物入于县官，[22]相连坐者不可胜数。[23]

【注释】〔1〕"燕"，通"宴"，安闲，空闲。"燕居"，闲居。〔2〕"骥"，骏马，千里马。"决"，通"缺"，缺口。"譬犹骋六骥决隙也"，犹如驾驭套着六匹骏马的车子驰越缺口缝隙。极言时间的短暂。〔3〕"临天下"，君临天下，统治天下。〔4〕"悉"，尽，竭尽。

〔5〕“穷”，极，穷极。〔6〕“万姓”，万民，百姓。〔7〕“少”，稍，稍微。〔8〕“此其属”，这帮人，这些人。指上文所云“诸公子及大臣”。“怏怏”，怨恨不满的样子。〔9〕“蒙毅”，蒙恬之弟，秦卿。“且蒙恬已死，蒙毅将兵居外”，按上文已云蒙恬赐死，“以兵属裨将王离”。又本书《蒙恬列传》云，蒙恬在外领兵而蒙毅在朝为卿，蒙毅先于蒙恬被杀。则此所云有误。〔10〕“战”，通“颤”，发抖。“栗”，通“慄”，打颤，发抖。“战战栗栗”，寒冷发抖的样子。常用以形容胆战心惊的样子。〔11〕“不终”，没有结果。此指没有好的结局。〔12〕“刻”，苛刻，残酷。〔13〕“相坐”，连坐，相互株连而判罪。〔14〕“收族”，将犯人的家属没入官府为奴婢。〔15〕“阴”，暗，暗中，私下。〔16〕“肆志”，肆意，任意，随心所欲。“宠”，宠光，荣耀。〔17〕“计莫出于此”，计谋没有超出这个的，即没有比这更好的计策。〔18〕“更为法律”，改立法律，重新制定法律。〔19〕“鞠”，音 jū，通“鞫”，审讯。〔20〕“僇”，通“戮”，杀戮。“市”，市场，街市。〔21〕“矺”，音 zhé，通“磔”，一种分裂肢体的酷刑。“杜”，秦县名，属内史，在今陕西西安市西南。〔22〕“县官”，朝廷，官府。〔23〕“胜”，音 shēng，尽。

【译文】秦二世闲居时，召见赵高商量事情，说：“人生活在世间，就像驾驭套着六匹骏马拉的车驰越缺口裂缝那样短暂。我既已君临天下了，想要领略一切声色的快活，享受所有神往的乐趣，以此来安定宗庙而且娱乐百姓，永久保有天下，度过我的一生。这个道理可行吗？”赵高说：“这是贤明君主才能实行的，而被昏聩君主所禁止。臣下请求进言，不敢躲避斧钺的惩罚诛戮，希望陛下稍加留意。沙丘的密谋，各位公子以及大臣都有察觉怀疑，而各位公子都是您皇帝的兄长，大臣又都是先帝所封置的。当今陛下新近即位，这些人心怀怨恨全都不服，恐怕会酿成变乱。况且蒙恬虽然已经死去，但蒙毅还带兵在外，臣下心惊胆战，唯恐没有好结局。那么陛下哪能享受这欢乐呢？”秦二世说：“对这怎么办？”赵高说：“法律要严峻而刑罚要残酷，让有罪的人互相株连判罪受戮，直至收捕他们的家族，诛灭先帝大臣而疏远同胞骨肉，贫穷的人使他富有起来，卑贱的人使他尊贵起来。统统剪除先帝的旧臣，另外安置陛下的亲信在身旁。这样他们就会暗中感恩戴德归附陛下，祸害消除而阴谋根绝，朝廷群臣没有人不得到您的恩泽，蒙受您的大德，陛下就可以高枕无忧，随心所欲地荣耀享乐了。没有比这更好的办法了。”秦二世首肯赵高的进言，便重新制定法律。于是朝廷群臣、各位公子稍一有罪，二世就下令交给赵高，让赵高审讯处置他们。杀死大臣蒙毅等人，公子中有十二人被处死在咸阳街市，十位公主遭受分尸酷刑死在杜县，家中财物都被抄没收入官府，互相株连判罪的人不计其数。

公子高欲奔，[1]恐收族，乃上书曰：“先帝无恙时，[2]臣入则赐食，出则乘舆。御府之衣，[3]臣得赐之；中厩之宝马，[4]臣得赐之。臣当从死而不能，[5]为人子不孝，为人臣不忠。不忠者无名以立于世，臣请从死，愿葬郦山之足。[6]唯上幸哀怜之。”书上，胡亥大说，召赵高而示之，曰：“此可谓急乎？”〔7〕赵高曰：“人臣当忧死而不暇，〔8〕何变之得谋！”胡亥可其书，赐钱十万以葬。

【注释】〔1〕“公子高”，秦始皇之子，胡亥兄长。〔2〕“无恙”，无病，健康，健在。〔3〕“御府”，收藏保管宫中各种用品的机构，隶属于少府。〔4〕“中厩”，宫中马房。〔5〕“从死”，跟着死，指陪葬、殉葬。〔6〕“郦山”，亦称“骊山”，在今陕西临潼县东南，秦始皇陵在郦山北麓。〔7〕“急”，急迫，窘迫。〔8〕“当”，方，正在。

【译文】公子高打算出奔外逃，但又怕因此收捕全族，就上书说：“先帝健在的时候，臣下入宫便赐予食品，出宫便赐给马车。御府的衣服，臣下得到赏赐；中厩的宝马，臣下也得到赏赐。臣下应当随从先帝同死则没能做到，作为父亲的儿子是不孝，作为皇帝的臣子是不忠。不忠的人没有理由活在世上，臣下请求追随先帝死去，希望埋葬在郦山脚下。愿皇上赐恩可怜我的请求。”奏书呈上，胡亥看后非常高兴，召见赵高而把公子高的奏书拿给他看，说：“这可谓急得走投无路了吧。”赵高说：“人臣正在担忧送命去死而没有空闲，怎么还能谋划变乱呢！”胡亥批准公子高的奏书，赏赐十万钱来供安葬。

法令诛罚日益刻深，〔1〕群臣人人自危，欲畔者众。〔2〕又作阿房之宫，〔3〕治直道、驰道，〔4〕赋敛愈重，戍傜无已。〔5〕于是楚戍卒陈胜、吴广等乃作乱，〔6〕起于山东，〔7〕杰俊相立，自置为侯王，叛秦，兵至鸿门而却。〔8〕李斯数欲请闲谏，〔9〕二世不许。而二世责问李斯曰：“吾有私议而有所闻于韩子也，曰：‘尧之有天下也，〔10〕堂高三尺，采椽不斲，〔11〕茅茨不翦，〔12〕虽逆旅之宿不勤于此矣。〔13〕冬日鹿裘，夏日葛衣，〔14〕粢粝之食，〔15〕藜藿之羹，〔16〕饭土匦，〔17〕啜土铏，〔18〕虽监门之养不觳于此矣。〔19〕禹凿龙门，〔20〕通大夏，〔21〕疏九河，〔22〕曲九防，〔23〕决渟水致之海，〔24〕而股无胈，〔25〕胫无毛，〔26〕手足胼胝，〔27〕面目黎黑，〔28〕遂以死于外，葬于会稽，臣虏之劳不烈于此矣。’〔29〕然则夫所贵于有天下者，岂欲苦形劳神，身处逆旅之宿，口食监门之养，手持臣虏之作哉？此不肖人之所勉也，〔30〕非贤者之所务也。彼贤人之有天下也，专用天下适己而已矣，此所以贵于有天下也。夫所谓贤人者，必能安天下而治万民，今身且不能利，将恶能治天下哉！〔31〕故吾愿赐志广欲，〔32〕长享天下而无害，为之奈何？”李斯子由为三川守，群盗吴广等西略地，〔33〕过去弗能禁。〔34〕章邯以破逐广等兵，〔35〕使者覆案三川相属，〔36〕诮让斯居三公位，〔37〕如何令盗如此。李斯恐惧，重爵禄，不知所出，乃阿二世意，〔38〕

欲求容，[39]以书对曰：

【注释】 〔1〕“刻深”，苛刻深重，残酷严厉。〔2〕“畔”，通“叛”，背叛，叛变。〔3〕“阿房”，音 ē páng，地名，在今陕西西安市西北阿房村。“阿房之宫”，始建于秦始皇三十五年（公元前二一二年），因工程浩大，秦始皇生前未能完成，秦二世继续建造。宫殿遗址今存。〔4〕“直、驰道”，即直道、驰道。直道，指可供车马直达的道路。本书《秦始皇本纪》云：“三十五年，除道，道九原，抵云阳，堑山堙谷，直通之。”驰道，指专供皇帝车马行驰的道路。《汉书·贾山傅》云：秦“为驰道于天下，东穷燕、齐，南极吴、楚，江湖之上，濒海之观毕至。道广五十步，三丈而树，厚筑其外，隐以金椎，树以青松”。〔5〕“戍”，戍边，此指戍边之役，兵役。“傜”，通“徭”，《史记会注考证校补》引别本作“徭”，徭役，劳役。“已”，止，止息。〔6〕“楚”，此指楚国旧地。“陈胜”，字涉，阳城人（今河南登封县东南）人，曾做过雇工，公元前二〇九年被征发戍边，与吴广等在蕲县大泽乡（今安徽宿州市东南刘村集）发动起义，随即建立政权，号张楚，被推举为王。次年，作战失利，在下城父（今安徽涡阳县东南）被叛徒庄贾杀害。详见本书《陈涉世家》。“吴广”，字叔，阳夏（今河南太康县）人，出身贫苦农民。公元前二〇九年被征发戍边，与陈胜发动起义，任假王，领兵西征。次年，被部将田臧假称陈胜命令杀死。详见本书《陈涉世家》。〔7〕“山东”，指崤山以东的地区，即秦统一以前的六国之地。〔8〕“鸿门”，地名，在今陕西临潼县东北的项王营。“却”，退却。“兵至鸿门而却”，指秦二世二年（公元前二〇八年）冬，陈涉部将周文领兵到达鸿门附近戏地，被秦军击溃而退却。详见本书《秦始皇本纪》和《陈涉世家》。〔9〕“闲”，闲暇，空闲。“请闲”，请求闲暇。此指要求在闲暇之时单独言事。〔10〕“私议”，私自评议，个人见解。“韩子”，即韩非，韩国公族，曾师事荀卿，向韩王建议变法图强，未被采纳，后出使秦国，于公元前二三三年受李斯、姚贾陷害而死。今有《韩非子》五十五篇传世，是研究韩非和法家的重要资料。按以下所引韩非语，见于《韩非子·五蠹》，文字略有出入。“尧”，传说中的远古帝王，名放勋，陶唐氏，亦称唐尧。详见本书《五帝本纪》。〔11〕“采”，通“棌”，树名，即柞树。“椽”，音 chuán，架安在梁上支撑屋面的木条。“斲”，音 zhuó，同“斫”，砍削。这里是修整的意思。〔12〕“茨”，音 cí，用植物茎叶盖的屋顶。“翦”，同“剪”，修剪。〔13〕“逆旅”，迎接旅客，此指客栈接待旅客的徒役。“勤”，艰苦，简陋。〔14〕“葛”，植物名，茎皮纤维可以织成葛布。“葛衣”，葛布衣服，是贫民的着装。〔15〕“粢”，音 zī，谷物。“粝”，音 lì，只经初步加工的粗粮。〔16〕“藜”，音 lí，又称“灰藋”、“灰菜”，一种叶子可以食用的野菜。“藿”，音 huò，豆叶。〔17〕“饭”，吃饭。“匭”，音 guǐ，通“簋”，古代食用器。〔18〕“啜”，音 chuò，喝，饮。“铏”，音 xíng，古代饮用器。〔19〕“监门”，看守里门或城门的人，是一种社会地位很低的徒役。“觳”，音 què，俭薄，节俭。〔20〕“禹”，传说中的远古帝王，姒姓，以治水著名，其子启为夏朝开国君主。详见本书《五帝本纪》。“龙门”，山名，在今山西河津县西北、陕西韩城县东北，横跨黄河两岸。传说大禹治水，凿开此山，疏通黄河。〔21〕“大夏”，地区名，指龙门以下的黄河流域。〔22〕“九河”，传说中古时黄河流入华北平原所派分的九条河道。据《尔雅·释水》，九河的名称是：徒骇、太史、马颊、覆釜、胡苏、简、洁、钩盘、鬲津。或谓泛指黄河下游的水系，“九”言其多。或谓九州之河。〔23〕“九防”，九河的堤防。〔24〕“决”，决开，疏导。“渟”，音 tíng，水因壅塞而积聚。〔25〕“股”，大腿。“胈”，音 bá，白肉。一说腿上的细毛。〔26〕“胫”，音 jìng，小腿。〔27〕“胼胝”，音 pián zhī，手掌、脚掌上的老茧。〔28〕“黎”，通“黧”，黑色。〔29〕“臣”，奴仆。“虏”，俘虏。俘虏是古代奴隶的基本来源。“臣虏”，泛指奴隶仆役。〔30〕“不肖”，不似，不贤，不才。〔31〕“恶”，音 wū，何，怎么。〔32〕“赐”，尽。《史记会注考证校补》引别本作“肆”。〔33〕“略”，略取，攻占。〔34〕“过”，经过，过来。“去”，离去，离开。〔35〕“章邯”，秦朝将领，秦二世时任少府，领兵镇压起义军。后投降项羽，封为雍王。公元前二〇五年被刘邦的军队战败而自杀。“以”，通“已”，已经。〔36〕“覆案”，核查，调查。“属”，音 zhǔ，接连。〔37〕“诮让”，责备，谴责。“三公”，秦国以丞相、太尉和御史大夫为三公，是朝廷的最高执政长官。〔38〕“阿”，音 ē，曲从，迎合。〔39〕“容”，容纳，宽容。

【译文】法律条令诛杀刑罚日益严厉残酷，百官群臣人人自危，打算叛变的人愈来愈多。秦二世继续建造阿房宫，修筑直道和驰道，赋税征收越发加重，兵役徭役没有止息。在这种情况下，被征发的楚地戍边士卒陈胜、吴广等人就举行暴乱，在山东地区起兵，英雄豪杰相继鼎立，自己立为侯王，反叛秦朝，军队一直打到鸿门才受阻退却。李斯多次想请求给时间单独进谏，秦二世不允许。秦二世反而责问李斯说：“我有自己的想法，而且还从韩非子那里听到这样的话，说：‘从前尧有天下，殿堂基高仅有三尺，柞木的房椽不作砍削整治，茅草铺的屋顶不加修剪处理，就是客栈仆佣的住宿也不比这简陋。冬天裹鹿皮，夏日穿葛衣，吃五谷粗粮做的食物，喝野菜豆叶熬的汤，吃饭用陶土簋，喝汤用陶土铏，就是守门徒役的供养也不比这节俭。大禹凿开龙门山，让黄河畅通于大夏，疏浚九河，沿着九河曲曲折折地筑起堤防，引导壅塞的积水流入大海，而自己却大腿瘦得没有肉，小退蹭得没有毛，手掌脚板长满厚茧，面孔墨黑，最后便这样死在野外，埋葬于会稽山，就是奴隶的劳苦也不比这厉害。’然而据有天下之所以可贵，难道为了折磨肉体耗费精神，身居客栈仆佣那样的住宿，口吃守门徒役那样的伙食，手操奴隶那样的劳作吗？这是无能之辈所该努力去做的，而不是贤能之人所应追求的。贤能之人有了天下，只不过专让天下来适合自己的意志罢了，这才是有天下的可贵之处。所谓贤能的人，必定会安抚天下而治理万民，如今自身尚且不能得利，将怎么治理天下呢！因此我希望随心所欲，长久享有天下而又没有祸害，（你说）应该怎么办？”李斯的儿子李由任三川郡郡守，可群盗吴广等部向西攻取土地，过往出入郡境李由不能加以禁止。章邯击败驱逐吴广等部以后，朝廷使者到三川郡调查的络绎不绝，责问李斯身居三公高位，为何让群盗猖狂到这个地步。李斯恐慌害怕，又十分看重高爵厚禄，不知计从何出，于是迎合秦二世的心意，企求获得宽容，上书回答说：

夫贤主者，必且能全道而行督责之术者也。[1]督责之，则臣不敢不竭能以徇其主矣。[2]此臣主之分定，[3]上下之义明，则天下贤不肖莫敢不尽力竭任以徇其君矣。[4]是故主独制于天下而无所制也，能穷乐之极矣，贤明之主也。可不察焉！

【注释】〔1〕“全道”，全面完备的治国之道。此似指韩非主张兼用商鞅之“法”、申不害之“术”、慎到之“势”来治国的理论。“督”，监督，督察。“责”，责实，核实。“督责之术”，指用严格的考核奖惩制度来管理臣吏的方法。这是申不害政治理论的重要部分。《韩非子·定法》云：“申不害言术……术者，因任而授官，循名而责实，操生杀之柄，课群臣之能者也。此人主之所执也。” 〔2〕“徇”，服从，服务，效力。 〔3〕“分”，职分，名分。 〔4〕“任”，任务，责任。

【译文】那贤能的君主，必定精通完备的治国之道而实行督察考核官吏的制度。督察考核官吏，臣子就不敢不竭其所能来效忠他的君主了。这样，君臣的名分职责确定，上下的正确关系彰明，天下无论有能无能的就没有谁敢不尽心竭力地来效忠他的国君了。因此君主独自主宰天下而不受任何制约，便能享尽人间最大的乐趣了，这才是贤明的君主啊。难道可以不明察这一点吗！

故申子曰“有天下而不恣睢，〔1〕命之曰以天下为桎梏”者，〔2〕无他焉，不能督责，而顾以其身劳于天下之民，〔3〕若尧、禹然，故谓之“桎梏”也。夫不能修申、韩之明术，〔4〕行督责之道，专以天下自适也，而徒务苦形劳神，以身徇百姓，则是黔首之役，非畜天下者也，〔5〕何足贵哉！夫以人徇己，则己贵而人贱；以己徇人，则己贱而人贵。故徇人者贱，而人所徇者贵，自古及今，未有不然者也。凡古之所为尊贤者，为其贵也；而所为恶不肖者，〔6〕为其贱也。而尧、禹以身徇天下者也，因随而尊之，则亦失所为尊贤之心矣夫！可谓大缪矣。〔7〕谓之为“桎梏”，不亦宜乎？不能督责之过也。

【注释】〔1〕“申子”，即申不害，郑国京（今河南荥阳县东南）人，曾任韩昭侯相十五年，是著名法家，尤其注重君主运用考核奖惩之术来驾驭群臣官吏。约生于公元前三八五年，死于公元前三三七年。曾有《申子》六篇传世，今存《大体》一篇及若干逸文。详见本书《老子韩非列传》。“睢”，音 suī。“恣睢”，放任不受拘束。此指尽情纵欲。 〔2〕“命”，命名，叫做。“桎梏”，音 zhì gù，桎为拘系罪人双脚的刑具，梏为拘系罪人双手的刑具，均为木制。相当于后来的脚镣手铐。 〔3〕“顾”，反，却。 〔4〕“申、韩”，指申不害、韩非。 〔5〕“畜”，牧，引申为治理、统治。 〔6〕“恶”，音 wù，憎恨，厌恶。 〔7〕“缪”，通“谬”，谬误，荒谬。

【译文】所以申子说“享有天下而不能随心所欲，叫做把天下作为自己的桎梏”，没有别的缘故，就因为不懂得如何督察考核官吏，却反而让自身来为天下民众操劳，像尧、禹那样，所以称之为“桎梏”。不能掌握申不害、韩非的高明法术，实行督察考核官吏的办法，只是让天下来适应自己的需要，却白白地费力苦身、耗神劳心，将自身服从百姓的需要，这就成了平民的百姓的仆役，而不是统治天下的君主，有什么值得尊贵的呢！让别人服从自己，那就自己尊贵而别人卑贱；让自己服从别人，那就自己卑贱而别人尊贵。所以说服从别人的卑贱，而被别人服从的尊贵，从古至今，没有不这样的。大凡古代所以要尊重贤人，只为他地位高贵；而所以要厌恶无能的人，只为他地位低贱。至于像尧、禹那样以自身服从天下需要的人，如果因循守旧追随世俗去尊崇他们，也就失去了所以尊崇贤人的原意。可以说是极大的谬误了。说他们将天下作为自己的"桎梏"，不也是很适宜的吗？那是不懂得如何督察考核臣下造成的过失。

故韩子曰"慈母有败子而严家无格虏"者，〔1〕何也？则能罚之加焉必也。故商君之法，刑弃灰于道者。〔2〕夫弃灰，薄罪也，而被刑，重罚也。彼唯明主为能深督轻罪。夫罪轻且督深，而况有重罪乎？故民不敢犯也。是故韩子曰"布帛寻常，〔3〕庸人不释，〔4〕铄金百溢，〔5〕盗跖不搏"者，〔6〕非庸人之心重，寻常之利深，而盗跖之欲浅也；又不以盗跖之行，为轻百镒之重也。搏必随手刑，则盗跖不搏百镒；而罚不必行也，则庸人不释寻常。是故城高五丈，而楼季不轻犯也；〔7〕泰山之高百仞，〔8〕而跛牂牧其上。〔9〕夫楼季也而难五丈之限，〔10〕岂跛牂也而易百仞之高哉？峭堑之势异也。〔11〕明主圣王之所以能久处尊位，长执重势，而独擅天下之利者，非有异道也，能独断而审督责，〔12〕必深罚，故天下不敢犯也。今不务所以不犯，而事慈母之所以败子也，则亦不察于圣人之论矣。夫不能行圣人之术，则舍为天下役何事哉？〔13〕可不哀邪！

【注释】〔1〕"韩子曰"，语见《韩非子·显学》。"格"，强悍，凶暴蛮横。《韩非子·显学》作"悍"。〔2〕"刑弃灰于道者"，对在路上倒灰的判刑。《韩非子·内储说上》云："殷法刑弃灰……而公孙鞅重轻罪。"《盐铁论·刑德》云："商君刑弃灰于道而秦民治。"本书《商君列传》《集解》引《新序》云："今卫鞅内刻刀锯之刑，外深铁钺之诛，步过六尺者有罚，弃灰于道者被刑。"《索隐》引《说苑》云："秦法，弃灰于道者刑。" 〔3〕"韩子曰"，语见《韩非子·五蠹》。"寻常"，八尺为寻，二寻为常。此犹言尺寸，指数量不多。〔4〕"庸人"，常人，普通人。〔5〕"铄"，音 shuò，熔化。"溢"，通"镒"，别本或作"镒"。古代重量单位。一镒为十二两，一说二十四两。一两约合今十六点一二克。〔6〕"跖"，音 zhí，或作"蹠"。"盗跖"，相传为春秋战国之际的大盗。"搏"，攫取，拾取。《韩非子·五蠹》作"掇"。〔7〕"楼季"，魏文侯之弟，善跳跃，有勇力。〔8〕"仞"，音 rèn，古代长度单位，相当于普通男子的身长，一说八尺，一说七尺。〔9〕"牂"，音 zāng，母羊。《韩非子·五蠹》作"牂"。或谓通"臧"，奴仆，指牧羊人。〔10〕"限"，阻隔，障碍。〔11〕"峭"，陡峭，峻峭。"堑"，夷，平缓。〔12〕"审"，详知，洞悉。〔13〕"舍"，舍弃，除却。

【译文】所以韩非子说“慈祥的母亲，会有败家的儿子；而严厉的家庭，没有蛮横的奴仆”，什么原因呢？就在于能够施加责罚说一不二。所以商鞅的法令，规定对在路上倒灰的人判刑。把灰弃倒在路上，是轻微的过失，而要遭受刑罚，则是重罚。只有那明哲的君主才能深究轻罪。罪过轻微尚且督责严厉，何况犯有重大罪过呢？所以民众就不敢触犯法令。因此韩非子说“几尺布帛，常人不肯放手；而熔化的百斤黄金，连盗跖都不敢拿取”，这不是说常人贪心太重，几尺帛的价值有多珍贵，而盗跖的欲望很低，也不是说盗跖的行动表示他轻视百斤黄金的重利。而是说明如果拿取的话必定随即烫伤，就连盗跖也不敢拿走百斤黄金；而惩罚不一定实行的话，即使常人也不肯放弃几尺布帛。因此城墙仅高五丈，楼季便不敢轻易冒险；泰山高几百丈，瘸腿的母羊却可以放牧到山顶上。像楼季这样的勇士对五丈的高度都感到为难，难道瘸腿的母羊攀登几百丈高的泰山反倒容易吗？原因就在于两者陡峭和平缓的形势大不相同。明哲的君主、圣睿的帝王所以能够永久地处在尊贵的地位，长远地掌握重要的权势，而且独自占有天下的利益，没有特别的窍门，只由于能够独断专行，而且洞悉督察考核之术，严刑峻法说一不二，所以天下之人不敢犯法。如今不追求没人犯法的方略，而采用慈母宠坏儿子的办法，也正因为不明白圣人的理论啊。不能实行圣人的法术，那就除去为天人下役使之外还能干什么呢？难道不可悲吗！

且夫俭节仁义之人立于朝，则荒肆之乐辍矣；[1]谏说论理之臣间于侧，[2]则流漫之志诎矣；[3]烈士死节之行显于世，则淫康之虞废矣。[4]故明主能外此三者，而独操主术以制听从之臣，而修其明法，故身尊而势重也。凡贤主者，必将能拂世磨俗，[5]而废其所恶，立其所欲，故生则有尊重之势，死则有贤明之谥也。[6]是以明君独断，故权不在臣也，然后能灭仁义之涂，[7]掩驰说之口，[8]困烈士之行。塞聪揜明，[9]内独视听，故外不可倾以仁义烈士之行，而内不可夺以谏说忿争之辩。故能荦然独行恣睢之心而莫之敢逆。[10]若此然后可谓能明申、韩之术，而修商君之法。法修术明而天下乱者，未之闻也。故曰“王道约而易操”也。[11]唯明主为能行之。若此则谓督责之诚，[12]则臣无邪，臣无邪则天下安，天下安则主严尊，主严尊则督责必，督责必则所求得，所求得则国家富，国家富则君乐丰。[13]故督责之术设，则所欲无不得矣。群臣百姓救过不给，[14]何变之敢图？若此则帝道备，而可谓能明君臣之术矣。虽申、韩复生，[15]不能加也。

【注释】〔1〕“辍”，音 chuò，停止，中止。〔2〕“间”，音 jiàn，夹，夹杂。〔3〕“流漫”，放任自流散漫无际，指不受任何拘束。“诎”，音 qū，通“屈”，穷屈，挫折。〔4〕“康”，安乐。或谓“庸”，字之讹。“虞”，通“娱”，欢娱，娱乐。〔5〕“拂”，违拂，违反。“磨”，别本或作“摩”，磨灭，改变。〔6〕“谥”，音 shì，根据生前行迹所给予死人含有褒贬意义的称号。〔7〕“涂”，通“途”，途径，道路。〔8〕“掩”，掩闭，关闭。〔9〕“揜”，同“掩”。〔10〕“荦”，音 luò。“荦然”，超然，独往独来的样子。〔11〕“约”，简约，简要。〔12〕“诚”，真实，确凿可信。〔13〕“丰”，丰盛，盛大。〔14〕“给”，及。〔15〕“虽”，即使。

【译文】况且那些俭朴节约、恪守仁义的士人跻立朝廷，荒诞恣肆的舞乐便停息了；进谏游说、讲论道理的臣子夹杂身旁，流荡浪漫的志趣便夭折了；烈士殉节的行为显赫世间，淫逸安乐的欢娱便废弃了。所以贤明的君主能排除这三种人，从而独自操持君主的权术来控制俯首听命的臣子，并且制定严明的法令，因而自身尊崇而权势威重。凡是贤明的君主，必定能扭转世风、改变习俗，从而废除他所厌恶的东西，建立他所喜好的东西，所以生前有尊贵显赫的权势，死后有贤能明哲的谥号。因此贤明的君主独断专行，所以大权不旁落在臣子手里，然后能够阻绝仁义道德的途径，封堵飞短流长的口舌，制止烈士殉节的行为。（对外界的一切）闭目塞听，只依据内心意志来视听决断，所以（君主的权力）在朝廷外不会被仁义烈士的行为所倾覆，在朝廷内不会被进谏游说、激烈争吵的辩论所削夺。从而君主能独往独来随心所欲而没有人敢于违抗。像这样然后可以称得上能够明白申不害、韩非的权术，又修行商鞅的法制。法制修行、权术彰明而天下还有动乱，不曾听说过。所以说“王道简单明了而容易掌握”。只有贤明的君主能实行它。像这样才称得上督察考核达到真实无误，那么臣子就没有邪念，臣子没有邪念就天下安定，天下安定就君主威重尊严，君主威重尊严就督察考核必行，督察考核必行就有求必得，有求必得就国家富裕，国家富裕就君主欢乐丰盛。因此督察考核的手段一旦建立，君主所想要的东西就没有得不到的了。那时群臣百姓连补救自己的过失都来不及，还敢图谋什么变乱？像这样就具备了帝王之道，而且可以说通晓君主驾驭臣子的权术了。即使申不害、韩非再生，也不能有所增加。

书奏，二世悦。于是行督责益严，税民深者为明吏。〔1〕二世曰：“若此则可谓能督责矣。”刑者相半于道，而死人日成积于市。〔2〕杀人众者为忠臣。二世曰：“若此则可谓能督责矣。”

【注释】〔1〕“税”，赋税。此用作动词，征收赋税。〔2〕“成积”，成堆。

【译文】上书进奏后，秦二世很高兴。于是实行督察考核的制度越发严厉，向

百姓征税多的称为“明吏”。秦二世说：“像这样就可以说善于督察考核了。”在路上的行人，受过刑的占了一半，而且死人遗体在市面上聚积成堆。杀人多的称为“忠臣”。秦二世说：“像这样就可以说善于督察考核了。”

初，赵高为郎中令，所杀及报私怨众多，恐大臣入朝奏事毁恶之，〔1〕乃说二世曰：“天子所以贵者，但以闻声，群臣莫得见其面，故号曰‘朕’。且陛下富于春秋，〔2〕未必尽通诸事，今坐朝廷，谴举有不当者，〔3〕则见短于大臣，非所以示神明于天下也。且陛下深拱禁中，〔4〕与臣及侍中习法者待事，〔5〕事来有以揆之。〔6〕如此则大臣不敢奏疑事，〔7〕天下称圣主矣。”二世用其计，乃不坐朝廷见大臣，居禁中。赵高常侍中用事，事皆决于赵高。

【注释】〔1〕“毁”，诽谤。“恶”，音 wù，中伤。〔2〕“春秋”，年岁，年龄。“富于春秋”，在年岁上富有，因年轻人日后岁月尚多，故用以指年纪轻。〔3〕“谴”，谴谪，惩罚。“举”，举拔，奖励。〔4〕“拱”，拱手，常用以指无所事事。“禁”，宫禁，宫殿。因皇帝宫殿为常人禁地，故名。“深拱禁中”，指深居宫中不理朝政。〔5〕“侍中”，侍奉禁中，在宫中供职。此指皇帝身边的侍从官员。“待”，对待，处理。〔6〕“揆”，音 kuí，揆度，商量。〔7〕“疑事”，疑难事务。

【译文】当初，赵高担任郎中令，被他杀害以及因私人恩怨而受到报复的人很多，因此害怕大臣入朝禀奏政事时诽谤中伤他，就劝说秦二世道：“天子尊贵的地方，就在于只让人听到声音，百官群臣没有谁能见到他的面，所以称为‘朕’。况且陛下年纪还轻，未必全都通晓各种事务，如今坐在朝廷，倘若奖惩措置有所不当，就会被大臣看轻，这不是向天下显示陛下神圣明哲的做法。陛下不妨拱手深居宫中，与臣下我以及侍从里熟悉法律的人一起处理政务，事情来了好有个商量。像这样大臣就不敢禀奏疑难事情，天下的人都会称颂陛下是圣主了。”秦二世采用赵高的计策，于是不再上朝坐廷接见大臣，而深居宫中。赵高经常在宫中侍奉秦二世处置事务，政事结果都由赵高决定。

高闻李斯以为言，乃见丞相曰：“关东群盗多，〔1〕今上急益发繇治阿房宫，〔2〕聚狗马无用之物。臣欲谏，为位贱。此真君侯之事，君何不谏？”李斯曰：“固也，吾欲言之久矣。今时上不坐朝廷，上居深宫，吾有所言者，不可传也，欲见无间。”赵高谓曰：“君诚能谏，请为君候上间语君。”于是赵高待二世方燕乐，〔3〕妇女居前，使人告丞相：“上方间，可奏事。”丞相至宫门上谒，〔4〕如此者三。二世怒曰：“吾常多间日，丞相不来。吾方燕私，[5]丞相辄来请事。丞相岂少我哉？[6]且固我哉？”[7]赵高因曰：“如此殆矣！[8]夫沙丘之谋，丞相与焉。今陛下已立为帝，而丞相贵不益，此其意亦望裂地而王矣。[9]且陛下不问臣，臣不敢言。丞相长男李由为三川守，楚盗陈胜等皆丞相傍县之子，以故楚盗公行，[10]过三川，城守不肯击。高闻其文书相往来，[11]未得其审，[12]故未敢以闻。且丞相居外，权重于陛下。”二世以为然。欲案丞相，[13]恐其不审，乃使人案验三川守与盗通状。李斯闻之。

【注释】〔1〕“关东”，函谷关（在今河南灵宝县东北）以东，即上文“山东”，此泛指旧时六国之地。〔2〕“今上”，指秦二世。“繇”，通“徭”，徭役。〔3〕“燕乐”，寝息取乐。〔4〕“上谒”，请求谒见皇上。〔5〕“燕私”，寝息私欢，意同前“燕乐”，皆指行房事取乐。〔6〕“少”，小，轻。此用作动词，小看，轻视。〔7〕“固”，固陋，鄙陋。此用作动词，让人难堪。〔8〕“殆”，危险。〔9〕“裂地”，割地，分地。〔10〕“公行”，公开横行。〔11〕“文书”，公文书信。〔12〕“审”，详实，确凿。〔13〕“案”，调查，查核。

【译文】赵高听说李斯因为秦二世不上朝之事要进言，就去见丞相说：“关东群盗那么多，而皇上却加紧增发徭役建造阿房宫，搜罗狗马这些没用的东西。臣下想进谏，但因为地位低贱（而不敢说）。这可真是您丞相分内的事，您为什么不进谏？”李斯说：“本来嘛，我想进言说这事已很久了。当今皇上不升朝坐廷，住在深宫内院，我有要说的话，没法传啊，想见面又没有机会。”赵高对李斯说：“您果真能进谏的话，请让我为您等候皇上有空告诉您。”于是赵高等待秦二世正寝息取乐，妇人上前伺候时机，派人告诉丞相：“皇上正闲着，可以进宫奏事。”丞相便到宫门前请求谒见皇上。像这样一连几次。秦二世发怒说：“我平常有很多空闲的时间，但丞相不来。一到我正要安寝取乐，丞相就来请求奏事。丞相难道是轻视我呢？还是让我难堪呢？”赵高趁机说：“像这样就危险了。沙丘的密谋，丞相参与其事。如今陛下已经即位做皇帝，而丞相的地位没有提高，这样看来他的意思是要割地封王了。而且还有一事陛下不问我，臣下不敢说。丞相长子李由任三川郡郡守，楚地盗寇陈胜等人都是丞相邻县的子弟，因此之故楚地盗寇公开横行，路过三川郡时，李由只据城自守不肯出击。我听说他们有文件书信相互来往，但没有得到详情，所以没敢将此事让您知道。况且丞相身居在外，权势已经超过陛下。”秦二世认为赵高说得对。想直接查究丞相，又怕情况不实，便先派人调查核验三川郡郡守李由与盗寇私通的情况。李斯听说了这件事。

是时二世在甘泉，[1]方作觳抵优俳之观。[2]李斯不得见，因上书言赵高之短曰：“臣闻之，臣疑其君，[3]无不危国；妾疑其夫，无不危家。

今有大臣于陛下擅利擅害，与陛下无异，此甚不便。昔者司城子罕相宋，〔4〕身行刑罚，以威行之，朞年遂劫其君。〔5〕田常为简公臣，〔6〕爵列无敌于国，〔7〕私家之富与公家均，布惠施德，下得百姓，上得群臣，阴取齐国，杀宰予于庭，〔8〕即弑简公于朝，遂有齐国。此天下所明知也。今高有邪佚之志，危反之行，〔9〕如子罕相宋也；私家之富，若田氏之于齐也。兼行田常、子罕之逆道而劫陛下之威信，其志若韩玘为韩安相也。〔10〕陛下不图，臣恐其为变也。”二世曰：“何哉？夫高，故宦人也，然不为安肆志，不以危易心，絜行修善，自使至此，以忠得进，以信守位，朕实贤之，而君疑之，何也？且朕少失先人，〔11〕无所识知，不习治民，而君又老，恐与天下绝矣。〔12〕朕非属赵君，〔13〕当谁任哉？且赵君为人精廉强力，下知人情，上能适朕，君其勿疑。”李斯曰：“不然。夫高，故贱人也，无识于理，贪欲无厌，求利不止，列势次主，求欲无穷，臣故曰殆。”二世已前信赵高，恐李斯杀之，乃私告赵高。高曰：“丞相所患者独高，高已死，丞相即欲为田常所为。”于是二世曰：“其以李斯属郎中令！”

【注释】〔1〕“甘泉”，宫名，旧址在今陕西淳化县西北甘泉山。〔2〕“觳”，音 jué，通“角”。“觳抵”，即“角抵”，当时的一种技艺表演，演员成双配对进行力量及其它技艺的对抗表演。“俳”，音 pái。“优俳”，表演舞乐戏谑的艺人。此指艺人表演的滑稽戏。〔3〕“疑”，通“拟”，比拟，匹敌。〔4〕“司城子罕”，名皇喜，字子罕，氏司城，宋戴公之后，战国中期宋国大臣，执掌刑杀大权，杀死国君宋桓公自立。〔5〕“朞”，音 jī。“朞年”，一年，一周年。“劫”，劫夺，取代。关于司城子罕篡权夺位的记载，详见《韩非子·二柄》、《淮南子·道应》。〔6〕“田常”，即陈恒，氏陈，亦作“田”，“陈”、“田”古音同通假；名恒，“常”当系汉人避汉文帝刘恒名讳所改。谥成，故又称陈成子、田成子。齐国左相，继承其父田釐子大斗出、小斗进的做法，笼络人心，于公元前四八一年杀死国君齐简公而立齐平公，任相，田氏从此专擅齐国政权。详见本书《田敬仲完世家》。“齐简公”，名壬，齐悼公之子，公元前四八四年至前四八一在年位。详见本书《齐太公世家》。〔7〕“列”，列次，位次，职位。〔8〕“宰予”，名予，字子我，氏宰，鲁人，孔子弟子。本书《田敬仲完世家》谓子我系齐简公宠臣监止（亦作“阚止”）同宗，皆被田常杀死。而本书《仲尼弟子列传》则云“宰我为临菑大夫，与田常作乱，以夷其族”，所说大异。又本书《齐太公世家》和《左传》谓被田常所杀者监止，其字子我。疑此误混同字子我之监止和宰予为一人，故记作“宰予”。当以本书《齐太公世家》和《左传》所记为是。〔9〕“危”，通“诡”，诡诈。〔10〕“玘”，音 qǐ。“韩玘”，韩国大臣，韩王安时任相。本书仅此一见。“韩安”，即韩王安，韩桓惠王之子，公元前二三八年至前二三〇年在位，被秦军俘虏而国灭。详见本书《韩世家》。〔11〕“先人”，先父，指秦始皇。〔12〕“恐与天下绝矣”，恐怕与天下断绝了，意谓恐怕不能统治天下了。〔13〕“属”，通“嘱”，托付，委托。

【译文】这时秦二世在甘泉宫，正观赏角抵杂戏。李斯无法进见，就上书陈说赵高的问题道："我听说，臣子同他的君主不相上下，没有不危害国家的；妻妾同他的丈夫不相上下，没有不危害家庭的。如今有臣子在陛下身边独揽赏罚，同陛下没有两样，这很不利。从前司城子罕任宋国之相，亲自掌管刑罚，用高压手段推行他那一套，一年后就取代了他的国君。田常为齐简公的大臣，爵禄职位在国内没人能和他相比，私家财产的富有同官府相等，布行恩惠实施德政，下面获取百姓拥戴，上面博得群臣欢心，暗中夺取齐国权柄，在庭院杀死宰予，随即在朝廷杀死齐简公，于是占有齐国。这是天下人众所周知的。如今赵高有邪恶非分的居心，诡诈反常的行为，就像司城子罕任宋国之相；他私人家产的富有，犹如田氏在齐国那样。赵高同时施用田常、子罕的叛逆手段，从而取代陛下的威信，他的居心如同韩玘为韩王安之相那样。陛下不加防范，臣下恐怕他要发动变乱。"秦二世说："什么话？赵高本是宦人，然而不因为平安而恣意妄行，也不因为危难而改变忠心，洁身自好修善行德，自从派遣到这里，靠着忠诚得到进用，凭着信义坚守官位，我实在认为他是个贤才，而你却怀疑他，什么道理呢？况且我年纪轻轻失去先父，没有什么见识，不熟习如何治理百姓，而你又年纪老了，真怕不能统治天下。朕不把事情托付给赵高，应该任用谁呢？再说赵高为人精明强干，下知世俗民情，上能满足朕身需求，您就不要怀疑了吧。"李斯说："情况不是这样。那赵高，原本是个下贱的人，不懂得理义，贪婪欲望没个满足，追求利禄没个止境，地位权势仅次于国君，但求取的欲望还是没有穷尽，臣下所以说危险。"秦二世先前就已信任赵高，害怕李斯杀他，便私下告诉赵高。赵高说："丞相所患愁的只有我赵高，我赵高一死，丞相立即要干田常所做过的事了。"于是秦二世说："把李斯交给郎中令查办！"

赵高案治李斯。李斯拘执束缚，〔1〕居囹圄中，〔2〕仰天而叹曰："嗟乎，悲夫！不道之君，何可为计哉！昔者桀杀关龙逢，〔3〕纣杀王子比干，〔4〕吴王夫差杀伍子胥。〔5〕此三臣者，岂不忠哉！然而不免于死，身死而所忠者非也。今吾智不及三子，而二世之无道过于桀、纣、夫差，吾以忠死，宜矣。且二世之治岂不乱哉！日者夷其兄弟而自立也，〔6〕杀忠臣而贵贱人，作为阿房之宫，赋敛天下。吾非不谏也，而不吾听也。〔7〕凡古圣王，饮食有节，车器有数，宫室有度，出令造事，〔8〕加费而无益于民利者禁，故能长久治安。今行逆于昆弟，不顾其咎；〔9〕侵杀忠臣，〔10〕不思其殃；大为宫室，厚赋天下，不爱其费：〔11〕三者已行，天下不听。今反者已有天下之半矣，而心尚未寤也，〔12〕而以赵高为佐，吾必见寇至咸阳，麋鹿游于朝也。"〔13〕

【注释】〔1〕“拘执”，拘捕。“束缚”，捆绑，此指戴上刑具。〔2〕“囹圄”，音 líng yǔ，监狱，牢房。〔3〕“桀”，亦称夏桀，名履癸，夏朝末代君主，被商汤军队击败，出奔南方而死。与商纣同为历史上著名暴君。详见本书《夏本纪》。“逢”，音 páng。“关龙逢”，夏朝末年大臣，因劝谏夏桀而被杀。〔4〕“纣”，一作“受”，名辛，商朝末代君主，被周武王军队击败，自焚而死。详见本书《殷本纪》。“王子比干”，商纣王叔父，任少师，因劝谏商纣而被剖心处死。〔5〕“吴王夫差”，吴国末代君主，吴王阖闾之子，公元前四九五年至前四七三年在位，后被越王勾践军队击败，自杀而死。详见本书《吴太伯世家》。“伍子胥”，名员，字子胥，氏伍。楚大夫伍奢次子，因父兄被杀出奔吴国，任吴国大夫，因多次劝谏吴王夫差而被疏远，后被吴王夫差赐剑自杀，死于公元前四八四年。详见本书《伍子胥列传》。〔6〕“日者”，往日，日前。“夷”，夷灭，杀戮。〔7〕“不吾听”，即不听吾，不听我。〔8〕“造事”，兴事，举事。〔9〕“咎”，灾祸，灾殃。〔10〕“侵杀”，滥杀，枉杀。〔11〕“爱”，爱惜，珍惜。〔12〕“寤”，音 wù，通“悟”，醒悟，觉悟。〔13〕“麋”，音 mí。“麋鹿”，鹿的一种，也称“四不像”，古时为皇家园林所放养。“麋鹿游于朝”，麋鹿在朝廷中游逛。此指国家灭亡，都城宫殿夷为废墟。

【译文】赵高负责调查处置李斯。李斯被拘捕戴上刑具，住在牢房里，仰头对天叹息说：“唉，可悲啊！无道的君主，怎么能替他出谋献策呢！从前夏桀杀死关龙逢，商纣杀死王子比干，吴王夫差杀死伍子胥。这三个臣子，难道不忠吗！然而不能免于死罪，他们的身亡是因为所忠的君主无道。如今我的智能不及这三位，而秦二世的无道超过夏桀、商纣、吴王夫差，我因为忠君而死，是活该了。况且秦二世的统治难道不昏乱吗！往日铲除他的兄弟而自立为帝，杀害忠臣而器重贱人，建造阿房宫，向天下大征赋税。我不是没有劝谏，而是他不听我啊。大凡古代的圣明君王，宴饮膳食有节制，车马器物有定数，宫殿居室有制度，颁布命令兴办事情，如果增加费用而无益于百姓之利的话就禁止，所以能长治久安。如今他对同胞兄弟行使悖逆伦常的手段，不顾及恶果；滥杀忠臣，不考虑祸殃；大建宫室，重征天下的赋税，不爱惜钱财：这三件事已经做了，天下臣民便不再俯首听命。如今反叛的人已经占有天下的一半，而秦二世的心还没有觉悟，反而仍以赵高作为辅佐，我必将会看盗寇攻到咸阳，（都城化为废墟）麋鹿在朝廷旧址上游嬉的情景。”

于是二世乃使高案丞相狱，〔1〕治罪，责斯与子由谋反状，〔2〕皆收捕宗族宾客。赵高治斯，榜掠千余，〔3〕不胜痛，〔4〕自诬服。〔5〕斯所以不死者，自负其辩，〔6〕有功，实无反心，幸得上书自陈，〔7〕幸二世之寤而赦之。李斯用从狱中上书曰：“臣为丞相，治民三十余年矣。逮秦地之狭隘。〔8〕先王之时秦地不过千里，兵数十万。臣尽薄材，谨奉法令，阴行谋臣，资之金玉，使游说诸侯，阴修甲兵，饰政教，〔9〕官斗士，〔10〕尊功臣，盛其爵禄，故终以胁韩弱魏，〔11〕破燕、赵，〔12〕夷齐、楚，〔13〕卒兼六国，[14]虏其王，立秦为天子。罪一矣。地非不广，又北逐胡貉，[15]南定百越，[16]以见秦之强。罪二矣。尊大臣，盛其爵位，以固其亲。罪三矣。立社稷，脩宗庙，以明主之贤。罪四矣。更克画，[17]平斗斛、[18]度量文章，[19]布之天下，以树秦之名。罪五矣。治驰道，兴游观，[20]以见主之得意。罪六矣。缓刑罚，薄赋敛，以遂主得众之心，万民戴主，死而不忘。罪七矣。若斯之为臣者，罪足以死固久矣。上幸尽其能力，乃得至今，愿陛下察之！”书上，赵高使吏弃去不奏，曰：“囚安得上书！”

【注释】〔1〕“狱”，讼狱，案件。　〔2〕“责”，责问，追查。〔3〕“榜掠”，用鞭、杖、竹板等刑具拷打。〔4〕“胜”，音 shèng，堪，承受，忍受。〔5〕“诬”，以无为有，冤枉。“诬服”，无辜认罪。〔6〕“负”，倚恃，倚仗。“辩”，辩给，善辩。〔7〕“幸”，希冀，希望。〔8〕“逮”，及，赶上。〔9〕“饰”，通“饬”，整饬，整顿。〔10〕“官”，此用作动词，以……为官。〔11〕“胁韩”，胁持韩国，即制服韩国。公元前二三二年韩国被迫向秦国献出残存的南阳，翌年国灭。“弱魏”，魏国于公元前二二五年被秦国所灭。〔12〕“燕”，国名，金文作“匽”、“郾”，亦称北燕，姬姓，始封君召公奭，周武王灭商后所封，有今北京、河北北部和辽宁西部，建都蓟（今北京城西南隅），战国时期又以武阳（今河北易县南）为下都。“破燕、赵”，秦军于公元前二二二年攻灭燕国和赵国。〔13〕“夷齐、楚”，秦军于公元前二二一年灭齐，于公元前二二三年灭楚。〔14〕“卒”，结果，终于。〔15〕“貉”，音 mò，通“貊”，指东北部族，也可泛指北方部族。“胡貉”，指北方部族。此指活动于今内蒙古西部的匈奴。“北逐胡貉”，指秦始皇三十二年（公元前二一五年）蒙恬领兵击败匈奴，攻占河南（今内蒙古乌拉特前旗、杭锦旗一带），翌年又攻占高阙、阳山、北假（皆在今黄河河套西北部），随即建立九原郡。〔16〕“百越”，泛指南方少数部族，其中有不少是越人的后裔。此指百越所居之地，即今岭南地区。“南定百越”，指秦始皇三十四年（公元前二一四年）秦军攻占南越和西瓯，设置桂林郡、象郡、南海郡。〔17〕“克”，音 kè，通“刻”。“克画”，刻画，指刻画在器物上的徽识、纹饰。或谓刻石立碑。〔18〕“斛”，音 hú，容量单位，十斗为一斛，约合今二十点一公升。“斗斛”，此泛指度量衡器具。〔19〕“度量”，法度，法律制度。“文章”，礼乐制度。〔20〕“游观”，供游览观赏的离宫别观馆等建筑。

【译文】于是秦二世就让赵高审理丞相的案件，定李斯的罪，追查李斯和其子李由谋划造反的情况，全部逮捕李斯的家族和宾客。赵高审讯李斯，用刑具拷打了千余下，李斯忍受不了痛楚，自己含冤认罪。李斯之所以不肯自杀，是自恃善辩能说而立有大功，又确实没有谋反的心思，因此期盼上书机会自己陈述，希望秦二世省悟而赦免他。李斯便从监狱里给秦二世上书说：“臣下担任丞相，治理百姓已三十多年了。当初赶上秦国土地狭小的时候。先王早年，秦国土地不过千里，军队只有几十万。臣下竭尽绵薄之材，谨慎地奉行法令，暗中派遣谋臣，供给金银珠玉，让他们游说各国诸侯；同时暗中操练军队，整顿政治教化，任命勇猛善战的士卒做官，尊崇有功之臣，提高他们的爵位俸禄，所以终于制服韩国、削灭魏国，攻破燕

国、赵国，铲平齐国、楚国，兼并六个国家，俘虏他们的君王，尊立秦王为天子。这是第一条罪。领土不是不广阔，又北上驱逐胡貉，南下平定百越，以此来显示秦国的强大。这是第二条罪。尊崇大臣，提高他们的爵位，来牢固君臣的亲密关系。这是第三条罪。确立社稷的祭典，修明宗庙的奉祀，来昭彰君主的贤明。这是第四条罪。改定器物徽识纹饰的款式，统一度量衡、法律礼乐制度，颁示天下，来树立秦国的名望。这是第五条罪。修筑驰道，兴建离宫别馆，来显示主上的得志。这是第六条罪。放宽刑罚，减轻赋税，来满足主上取得民众之心的要求，万民拥戴君主，至死不忘报恩。这是第七条罪。像我李斯这样做臣子的，犯的罪够得上死刑本已很久了。皇上宠幸臣下让我竭尽才力，方能活到今天，恳请陛下明察这一切。”奏书进上，赵高让官吏弃置不报，说：“囚犯哪能上书!”

赵高使其客十余辈诈为御史、谒者、侍中，〔1〕更往覆讯斯。斯更以其实对，辄使人复榜之。后二世使人验斯，斯以为如前，终不敢更言，辞服。〔2〕奏当上，〔3〕二世喜曰:“微赵君，〔4〕几为丞相所卖。”〔5〕及二世所使案三川之守至，则项梁已击杀之。〔6〕使者来，会丞相下吏，赵高皆妄为反辞。

【注释】〔1〕“辈”，班，批。“御史”，官名，执掌管理图籍文书、接受公卿奏事、弹劾纠察官吏等事务，为御史大夫属官。“谒者”，官名，执掌宫廷傧赞传达事务，为郎中令属官。〔2〕“辞”，供辞。〔3〕“当”，古代法律用语，判罪，此指判决书。〔4〕“微”，没，没有。〔5〕“卖”，出卖，欺骗。〔6〕“项梁”，楚将项燕之子，项羽叔父，下相（今江苏宿迁县西南）人，陈胜、吴广起义后，即与项羽在吴（今江苏苏州市）起兵反秦，后任张楚上柱国，自号武信君，于公元前二〇八年在定陶（今山东定陶县西北）与秦军的战斗中战死。

【译文】赵高派他的门客十几批装扮成御史、谒者、侍中，轮番前去反复审讯李斯。李斯更改口供用原来的实情回答，来者就派人再拷打他。后来秦二世派人向李斯对证，李斯以为和前几次的一样，终于不敢更改口供，供认不讳。赵高把判决书送呈上去，秦二世高兴地说：“没有赵高，我差点被丞相所欺骗。”等到秦二世派去调查三川郡郡守的使者到达郡治雒阳，项梁已在进攻中击杀李由。使者返回咸阳，正好遇上丞相已委付狱吏收监，赵高把使者调查结果全部篡改成谋反的证辞。

二世二年七月，具斯五刑，〔1〕论腰斩咸阳市。〔2〕斯出狱，与其中子俱执，顾谓其中子曰：“吾欲与若复牵黄犬俱出上蔡东门逐狡兔，岂可得乎？”遂父子相哭，而夷三族。〔3〕

【注释】〔1〕“具斯五刑”，对李斯备施五种酷刑。按《汉书·刑法志》云：“汉兴之初……尚有夷三族之令。令曰：‘当三族者，皆先黥，劓，斩左右止，笞杀之，枭其首，菹其骨肉于市。其诽谤詈诅者，又先断舌。’故谓之具五刑。”意即定李斯灭三族之罪。〔2〕“论”，古代法律用语，判决，定罪。“腰斩”，刑名，处斩时将犯人的肢体横腰截断。〔3〕“三族”，指父母、妻子、兄弟。或谓父、子、孙，或谓父族、母族、妻族，或谓父昆弟、己昆弟、子昆弟。

【译文】秦二世二年七月，定李斯灭三族之罪，判决在咸阳街市腰斩。李斯走出牢房，和他的次子一起被押解赴刑，回头对他的次子说：“我想与你再牵着黄狗，一起出上蔡城东门去逐猎野兔，难道还可能吗？”于是父子相对而哭，随后诛灭了李斯的三族。

李斯已死，二世拜赵高为中丞相，〔1〕事无大小辄决于高。高自知权重，乃献鹿，谓之马。二世问左右：“此乃鹿也？”左右皆曰“马也”。二世惊，自以为惑，乃召太卜，〔2〕令卦之。太卜曰：“陛下春秋郊祀，〔3〕奉宗庙鬼神，斋戒不明，〔4〕故至于此。可依盛德而明斋戒。”〔5〕于是乃入上林斋戒。〔6〕日游弋猎，〔7〕有行人入上林中，二世自射杀之。赵高教其女婿咸阳令阎乐劾不知何人贼杀人移上林。〔8〕高乃谏二世曰：“天子无故贼杀不辜人，此上帝之禁也，鬼神不享，〔9〕天且降殃，当远避宫以禳之。”〔10〕二世乃出居望夷之宫。〔11〕

【注释】〔1〕“中丞相”，丞相原为外朝官，自秦二世听用赵高之言，不再上朝只居禁中，赵高便在宫禁之中履行相职，故名。〔2〕“太卜”，官名，执掌占卜。〔3〕“春秋郊祀”，泛指一年四季按时对天地山川鬼神的各种祭祀。〔4〕“斋戒”，古人在祭祀之前，需沐浴更衣，戒酒吃素，停止娱乐，摒绝女色，闭门独居，修养身心，以示虔诚，称作“斋戒”。“明”，洁，纯洁，虔诚。〔5〕“依”，依照，效法。“盛德”，大德。此指有大德的先君。〔6〕“上林”，宫苑名，即上林苑，秦迁都咸阳时建造，在今陕西西安市西及周至、户县界。〔7〕“弋”，音 yì，以绳系箭而射。“弋猎”，打猎，猎取飞禽走兽。〔8〕“劾”，弹劾，揭发罪状。〔9〕“享”，享受，享用。此指鬼神享用祭品。〔10〕“禳”，音 ráng，祈祷消灾免祸。〔11〕“望夷之宫”，秦离宫名，在今陕西泾阳县东南。

【译文】李斯死后，秦二世任命赵高为中丞相，朝政事无巨细均由赵高决断。赵高自知权势太重，（有点不放心，）于是献上一头鹿，说它是马（来作试探）。秦二世问左右群臣道：“这是鹿吧？”左右群臣都说“是马”。秦二世很惊讶，自以为神志昏乱，就召来太卜，命令起卦卜问此事。太卜说：“陛下一年四季祭祀天地，供奉宗庙鬼神，斋戒不够虔诚，所以到了这个地步。可以仿效前代圣贤之君虔诚地举行斋戒。”于是秦二世就进入上林苑作斋戒。每日仍游玩射猎，有个行人步入上林苑中，秦二世亲自射杀了他。赵高唆使他的女婿咸阳令阎乐奏劾不知何人谋害杀人将尸体移入上林苑。赵高于是劝谏秦二世说："天子平白无故地杀害无辜的人，这皇天上帝禁止的事，鬼神也会不享用您的祭祀，上天将会降下灾殃，应当远远地避开皇宫来祈祷消灾免祸。"秦二世就迁出皇宫住在望夷宫。

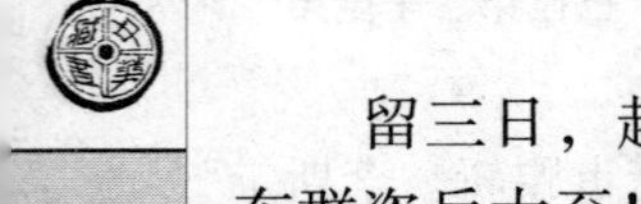

留三日，赵高诈诏卫士，令士皆素服持兵内乡，〔1〕入告二世曰："山东群盗兵大至！"二世上观而见之，〔2〕恐惧，高即因劫令自杀。〔3〕引玺而佩之，左右百官莫从；上殿，殿欲坏者三。高自知天弗与，群臣弗许，乃召始皇弟，〔4〕授之玺。

【注释】〔1〕"乡"，通"向"。"内向"，向内，向着宫内。〔2〕"观"，音 guàn，楼观，楼台。〔3〕"劫"，威胁，逼迫。〔4〕"始皇弟"，即子婴。本书《秦始皇本纪》谓子婴系秦二世之兄子。《史记索隐》引刘氏云："'弟'字误，当为'孙'。"

【译文】秦二世在望夷宫停留三日后，赵高假造诏令集合卫士，命令卫士全部穿上白色服装手持武器面向宫内，赵高先入宫告诉秦二世说："山东群盗叛军大批到达了！"秦二世登上楼台见到这情景，惊恐万状，赵高就趁机胁迫秦二世，让他自杀。赵高拿过皇帝的玺印佩带在身上，左右侍卫、群臣百官没有人相随，赵高一登宫殿，宫殿就像要倒塌下来，这样一连三次，赵高自知天意不从，群臣不许，就召来秦始皇弟弟，将玺印交给他。

子婴即位，患之，乃称疾不听事，〔1〕与宦者韩谈及其子谋杀高。高上谒，请病，〔2〕因召入，令韩谈刺杀之，夷其三族。

【注释】〔1〕"称疾"，称病，假称有病。"听事"，听政，治理朝政。〔2〕"请病"，请求探病。

【译文】子婴即皇帝位后，害怕赵高，就假托有病不上朝听政，与宦官韩谈及其儿子密谋杀死赵高。赵高前来谒见皇上，请求探病，子婴趁机召见入宫，命令韩谈刺杀赵高，并诛灭赵高的三族。

子婴立三月，沛公兵从武关入，〔1〕至咸阳，群臣百官皆畔，不适。〔2〕子婴与妻子自系其颈以组，〔3〕降轵道旁。〔4〕沛公因以属吏。项王至而斩之。〔5〕遂以亡天下。

【注释】〔1〕“沛公”，即刘邦。刘邦系沛人，故有此尊称。“武关”，关名，在今陕西丹凤县东南。〔2〕“适”，往，去到。此引申为归向。〔3〕“组”，丝带。“自系其颈以组”，用丝带拴住自己的脖子，表示投降成为俘虏。〔4〕“轵道”，亭名，在今陕西西安市东北。〔5〕“项王”，即项羽。

【译文】子婴在位三个月，沛公的军队从武关攻入，到达咸阳，秦廷群臣全部叛变，不再上朝。子婴和妻子儿女自己用丝带拴住脖子，站在轵道亭旁投降。沛公就把子婴交给下面官吏。项王到达咸阳杀死子婴。秦朝就这样丧失了天下。

太史公曰：李斯以闾阎历诸侯，〔1〕入事秦，因以瑕衅，以辅始皇，卒成帝业，斯为三公，可谓尊用矣。斯知六艺之归，〔2〕不务明政以补主上之缺，持爵禄之重，阿顺苟合，严威酷刑，听高邪说，废適立庶。〔3〕诸侯已畔，斯乃欲谏争，不亦末乎！〔4〕人皆以斯极忠而被五刑死，〔5〕察其本，〔6〕乃与俗议之异。不然，斯之功且与周、召列矣。〔7〕

【注释】〔1〕“阎”，音 yán，巷门。“闾阎”，里巷的门，亦指代里巷，此指里巷平民。“历”，算计，选择。〔2〕“六艺”，六经，指《礼》、《乐》、《书》、《诗》、《易》、《春秋》。“归”，指归，宗旨。〔3〕“適”，通“嫡”。“废適立庶”，指废除秦始皇嫡长子扶苏，拥立庶子胡亥。〔4〕“末”，后，晚。〔5〕“极”，极尽，竭尽。〔6〕“本”，本来面貌，事实真相。〔7〕“周、召”，周公和召公。周公，姬姓，名旦，周武王弟弟，周成王叔父，周武王去世后辅立成王继位，摄理朝政，平定反叛，制定礼仪典章制度。召公，姬姓，名奭，周宗室，辅助周武王灭商，被封于燕，周成王时任太保，与周公同佐成王理政。“列”，并列，等同。

【译文】太史公说：李斯作为一个普通平民选择各国诸侯，后来入关事奉秦国，乘着机会，辅佐秦始皇，终于成就帝王大业，李斯身为三公，可以说是受到重用了。李斯知晓六艺的宗旨，却不致力修明政治来弥补君主的缺陷，身负高爵厚禄的重权，阿谀奉承苟且迎合，实行严刑酷法，听从赵高的邪说奸计，废除嫡子扶苏，拥立庶子胡亥。等到诸侯已纷纷背叛，李斯才进谏争辩，不也太晚了吗！常人都以为李斯竭尽忠诚而遭受五刑死去，考察事实真相，却与世俗的议论大相径庭。不然的话，李斯的功绩可以同周公、召公并列媲美了。

黥布列传

黥布者，〔1〕六人也，〔2〕姓英氏。秦时为布衣。少年，有客相之曰：

"当刑而王。"及壮，坐法黥。布欣然笑曰："人相我当刑而王，几是乎？"〔3〕人有闻者，共俳笑之。〔4〕布已论输丽山，〔5〕丽山之徒数十万人，布皆与其徒长豪桀交通，〔6〕乃率其曹偶，〔7〕亡之江中为群盗。

【注释】〔1〕"黥布"，本姓英，因曾受黥刑，故称黥布。"黥"，音 qíng。古代肉刑之一种，又称墨刑，用刀在犯人面额刺字，涂以墨，终生去不掉。〔2〕"六"，即春秋时的六国，传说为皋陶之后，后被楚国所灭。秦置为县，治所在今安徽六安。〔3〕"几"，其。〔4〕"俳笑"，挖苦戏笑。"俳"，音 pái。〔5〕"论输"，定罪后去服劳役。"丽山"，即骊山，在今陕西临潼东南，山北有秦始皇墓。黥布及其他刑徒即罚作骊山墓。〔6〕"徒长"，刑徒的头目。"交通"，结交。〔7〕"曹偶"，同类之人。

【译文】黥布是六安县人，姓英。在秦朝时期，他还是个平民百姓。他年轻时，有人给他看相，对他说："在受刑以后会得到王位。"到了壮年，因犯法当受黥刑。英布欣然受刑，并笑道："有人给我看过相，说我受刑以后会得到王位，大概就是指此而言吧？"别人听他这样说，都挖苦戏笑他。英布受刑之后，被送往骊山去服劳役。在骊山服劳役的刑徒有数十万人，英布和其中的刑徒头目、英雄豪杰都有交往。于是英布便率领他们这帮人，逃到长江一带做了强盗。

陈胜之起也，布乃见番君，〔1〕与其众叛秦，聚兵数千人。番君以其女妻之。章邯之灭陈胜，〔2〕破吕臣军，〔3〕布乃引兵北击秦左右校，〔4〕破之清波，〔5〕引兵而东。闻项梁定江东会稽，〔6〕涉江而西。陈婴以项氏世为楚将，〔7〕乃以兵属项梁，渡淮南，英布、蒲将军亦以兵属项梁。〔8〕

【注释】〔1〕"番君"，吴芮的称号。吴芮在秦时为番阳（今江西波阳）令，与英布起兵反秦。项羽立吴芮为衡山王。项羽败后，刘邦封他为长沙王。在汉初异姓王中，吴芮传国最久。详见《汉书·吴芮传》。"番"，音 pó。同"鄱"。〔2〕"章邯之灭陈胜"，秦二世二年（公元前二〇八年），秦将章邯与陈胜等战于陈县，陈胜败走，在下城父被其御者庄贾杀害。详见本书《陈涉世家》。〔3〕"吕臣"，陈涉起义初，任他为传达事务的官员。陈涉死后，他率领苍头军起于新阳，攻下陈县，杀掉庄贾，重建张楚。后归属项梁。〔4〕"左右校"，即左校尉、右校尉。秦武官名，职位略低于将军。〔5〕"清波"，又作"清陂"，古地名，其地在今河南新蔡西南与息县交界处。〔6〕"项梁"，下相（今江苏宿迁西南）人，楚国贵族。秦末与其侄项羽起兵，后归陈涉。陈涉败后，他立楚怀王孙心为王。后在定陶与秦军作战而死。详见本书《项羽本纪》。"会稽"，秦郡名，治所在吴（今江苏苏州）。辖境约当今江苏长江以南，浙江仙霞岭、牛头山、天台山以北和安徽水阳江流域及新安江、率水流域等地区。〔7〕"陈婴"，秦末为东阳县（今安徽天长西北）令史。东阳人杀其县令，推陈婴为长，众二万余人。部下欲立陈婴为王，陈婴不肯，以兵归属项梁。〔8〕"蒲将军"，其人无考。

【译文】陈胜起义的时候，英布去见番君吴芮，和吴芮的部众一起反秦，聚集兵众好几千人。吴芮把女儿嫁给英布。秦将章邯消灭了陈胜，打败了吕臣的军队之后，英布便率军北上，进攻秦军的左右校尉，在清波大败秦军，继而率兵东进。他听说项梁平定了江东会稽郡，便渡过长江，向西进发。陈婴因为项氏家族世代都任楚国的将领，便率军归属项梁，渡淮而南，英布和蒲将军也率军归属项梁。

项梁涉淮而西，击景驹、秦嘉等，〔1〕布常冠军。项梁至薛，〔2〕闻陈王定死，乃立楚怀王。〔3〕项梁号为武信君，英布为当阳君。〔4〕项梁败死定陶，〔5〕怀王徙都彭城，〔6〕诸将英布亦皆保聚彭城。当是时，秦急围赵，〔7〕赵数使人请救。〔8〕怀王使宋义为上将，〔9〕范曾为末将，〔10〕项籍为次将，〔11〕英布、蒲将军皆为将军，〔12〕悉属宋义，北救赵。及项籍杀宋义于河上，〔13〕怀王因立籍为上将军，诸将皆属项籍。项籍使布先渡河击秦，布数有利，籍乃悉引兵涉河从之，遂破秦军，降章邯等。楚兵常胜，功冠诸侯。诸侯兵皆以服属楚者，以布数以少败众也。

【注释】〔1〕"景驹、秦嘉"，景驹是楚国贵族；秦嘉为广陵（今江苏扬州）人。当陈涉失败之后，秦嘉立景驹为楚王，与项梁对抗。项梁进攻秦嘉，嘉败死，景驹走死梁地。〔2〕"薛"，古国名，任姓，周初分封为诸侯，战国初被齐所灭，其地曾为孟尝君田文封邑。秦置为县，治所在今山东滕县东南。〔3〕"楚怀王"，熊姓，名心，战国时楚怀王之孙。秦灭楚，他在民间为人牧羊。项梁起义，立他为楚怀王，建都盱台。后项羽自立为西楚霸王，改称他为义帝。项羽将他迁至长沙，又派英布等人，杀之于湖南郴县。详见本书《项羽本纪》。〔4〕"当阳"，汉县名，治所在今湖北当阳。〔5〕"定陶"，秦县名，治所在今山东定陶西北。〔6〕"彭城"，秦县名，治所在今江苏徐州。〔7〕"秦急围赵"，指秦二世二年后九月，秦军围赵王歇、张耳于钜鹿一事。〔8〕"数"，音 shuò。屡次、多次。〔9〕"宋义"，原为楚国令尹，后参加项梁军。"上将"，即上将军，军事主帅。〔10〕"范曾"，又作"范增"，居鄛（今安徽巢县西南）人。好奇计，为项梁、项羽的谋士，项羽尊其为亚父。他多次劝项羽杀掉刘邦，项羽不能用其谋。后项羽中了刘邦的反间计，致使范增离去，病死途中。详见本书《项羽本纪》、《高祖本纪》。"末将"，武官名，职位在次将之下、别将之上。与谦称末将义别。〔11〕"次将"，职位次于上将军，军事副帅。〔12〕"将军"，此非泛指，为统领一个方面军的别将。〔13〕"项籍杀宋义于河上"，宋义率楚军北救赵，行至安阳（今山东曹县），留四十六日不进。项羽劝宋义尽快渡过黄河，进击秦军。宋义企图坐山观虎斗，收渔人之利，不听项羽劝告。项羽便杀掉宋义，自为上将，率军救赵。详见本书《项羽本纪》。

【译文】项梁渡淮西进，在与景驹、秦嘉等人的战斗中，英布的功劳常在诸将之上。项梁来到薛地，听到陈胜确死的消息，便拥立原楚怀王之孙为楚怀王，项梁被封为武信君，英布被封为当阳君。后来项梁在定陶战败被杀，楚怀王便迁都于彭城，英布等各位将领也都聚集在彭城周围，保卫国都。在这个时候，秦军以迅雷不及掩耳之势包围了赵国，赵国数次派人来，请求楚国救援。楚怀王便任命宋义为上将，范曾为末将，项羽为次将，英布、蒲将军为将军，都归宋义指挥，北上救赵。大军进至黄河边上，项羽杀死宋义，楚怀王只好任命项羽为上将军，众将领都归项羽指挥。项羽派英布先行渡河，攻击秦军。英布渡河以后，连连告捷，项羽才率领全军渡河追击秦军。于是大破秦军，章邯等人投降。楚军屡传捷报，功劳在各国援军之上，而各国的援军之所以听从楚军的号令，是因为英布常常以少胜多的缘故。

项籍之引兵西至新安，[1]又使布等夜击坑章邯秦卒二十余万人。至关，[2]不得入，又使布等先从间道破关下军，[3]遂得入，至咸阳。[4]布常为军锋。[5]项王封诸将，立布为九江王，[6]都六。

【注释】〔1〕"新安"，汉县名，治所在今河南新安。〔2〕"关"，指函谷关。〔3〕"间道"，偏僻小路。"间"，音 jiàn。〔4〕"咸阳"，秦朝都城，其地在今陕西咸阳东北。〔5〕"军锋"，行军作战的先锋部队。〔6〕"九江"，秦郡名，治所在寿春（今安徽寿县）。辖境约当今安徽淮河以南，河南竹竿河以东和江西全省。

【译文】项羽率军西进，行至新安，又派英布等人连夜袭击原来章邯所率的秦军，活埋了二十多万秦军士卒。楚军进至函谷关，受阻不能前进。项羽又派英布等人先从小路穿插到关下，消灭了关下的守军，这样大军才得以进入函谷关，从而进军咸阳。（在一路的征战中，）英布所率的军队常常作为尖刀部队。在项羽分封诸将时，英布被立为九江王，以六安城为王都。

汉元年四月，[1]诸侯皆罢戏下，[2]各就国。项氏立怀王为义帝，徙都长沙，乃阴令九江王布等行击之。其八月，布使将击义帝，追杀之郴县。[3]

【注释】〔1〕"汉元年"，当公元前二〇六年。〔2〕"戏下"，"戏"，音 huī。与"麾"通，指挥军队所用的旌旗。戏下即主帅的旌麾之下。一说"戏下"为地名，在今陕西临潼。〔3〕"郴县"，秦县名，治所在今湖南郴县。

【译文】汉元年四月，诸侯都离开项羽的帅旗，到各自的封国里去，项羽改称楚怀王为义帝，迁都长沙。秘密派九江王英布等人相机杀掉义帝。这年八月，英布派手下将领袭击义帝，追至郴县，把义帝杀死。

汉二年，[1]齐王田荣畔楚，[2]项王往击齐，征兵九江，九江王布称病不往，[3]遣将将数千人行。[4]汉之败楚彭城，[5]布又称病不佐楚。[6]项王由此怨布，数使使者诮让召布，[7]布愈恐，不敢往。项王方北忧齐、赵，西患汉，所与者独九江王，[8]又多布材，[9]欲亲用之，以故未击。

【注释】〔1〕"汉二年"，清人梁玉绳以为此三字应移至下文"汉王击楚"之上。见《史记志疑》卷三十二。〔2〕"齐王田荣畔楚"，田荣因未从项羽入关，不得封王。项羽立田都为齐王，田安为济北王，田市为胶东王。于是田荣逐走田都，杀田安、田市，自立为齐王。项羽怒，率兵伐齐。即指此事。"畔"，同"叛"。〔3〕"称病"，推说生病。〔4〕"将将"，上"将"字为名词，军事将领；下"将"字为动词，率领。〔5〕"汉之败楚彭城"，汉二年（公元前二〇五年）汉王刘邦乘项羽平定齐地之机，率兵攻下楚都彭城，大败楚军。〔6〕"佐"，助。〔7〕"诮让"，谴责。"诮"，音 qiào。〔8〕"与"，党与、同盟者。〔9〕"多"，赞许、称赏。

【译文】汉二年，齐王田荣背叛楚国，项羽率兵击齐，征调九江王的兵马。英布推说生病，自己不肯出征，只派部将率领数千人前往。汉军在彭城打败楚军，英布仍然托病不肯亲自援助楚军。项羽从此怨恨英布，屡次派人去谴责他，并召他前去。英布愈发害怕，更不敢前往。但这时项羽正担心北方齐、赵的进犯，西面担忧汉军的攻击，同盟军只有九江王英布；同时项羽很欣赏英布的才能，打算用作亲信，所以没有攻击他。

汉三年，[1]汉王击楚，大战彭城，不利，出梁地，至虞，[2]谓左右曰："如彼等者，无足与计天下事。"谒者随何进曰：[3]"不审陛下所谓。"[4]汉王曰："孰能为我使淮南，令之发兵倍楚，[5]留项王于齐数月，我之取天下可以百全。"随何曰："臣请使之。"乃与二十人俱，使淮南。至，因太宰主之，[6]三日不得见。随何因说太宰曰："王之不见何，必以楚为强，以汉为弱，此臣之所以为使。使何得见，言之而是邪，是大王所欲闻也；言之而非邪，使何等二十人伏斧质淮南市，[7]以明王倍汉而与楚也。"太宰乃言之王，王见之。随何曰："汉王使臣敬进书大王御者，[8]窃怪大王与楚何亲也。"淮南王曰：[9]"寡人北乡而臣事之。"[10]随何曰："大王与项王俱列为诸侯，北乡而臣事之，必以楚为强，可以托国也。项王伐齐，[11]身负板筑，[12]以为士卒先，大王宜悉淮南之众，身自将之，为楚军前锋，今乃发四千人以助楚。夫北面而臣事人者，固若是乎？夫汉王战于彭城，项王未出齐也，[13]大王宜骚淮南之兵渡淮，[14]日夜会战彭城下，大王抚万人之众，[15]无一人渡淮者，垂拱而观其孰胜。[16]夫托国于人者，固若是乎？大王提空名以乡楚，而欲厚自托，臣窃为大王不取也。然而大王不背楚者，以汉为弱也。夫楚兵虽强，天下负之以不义之名，[17]以其背盟约而杀义帝也。[18]然而楚王恃战胜自强，汉王收诸侯，还守成皋、荥阳，[19]下蜀、汉之粟，[20]深沟壁垒，分卒守徼乘塞，[21]楚人还兵，间以梁地，深入敌国八九百里，[22]欲战则不得，攻城则力不能，老弱转粮千里之外；楚兵至荥阳、成皋，汉坚守而不动，进则不得攻，退则不得解。故曰楚兵不足恃也。使楚胜汉，则诸侯自危惧而相救。夫楚之强，适足以致天下之兵耳。故楚不如汉，其势易见也。今大王不与万全之汉而自托于危亡之楚，臣窃为大王惑之。臣非以淮南之兵足以亡楚也。夫大王发兵而倍楚，项王必留；留数月，汉之取天下可以万全。臣请与大王提剑而归汉，汉王必裂地而封大王，又况淮南，淮南必大王有也。故汉王敬使使臣进愚计，愿大王之留意也。”淮南王曰：“请奉命。”阴许畔楚与汉，未敢泄也。

【注释】〔1〕“汉三年”，清人梁玉绳以为此三字当移至下文“淮南王至”之上。见《史记志疑》卷三十二。〔2〕“虞”，汉县名，治所在今河南虞城东北。〔3〕“谒者”，官名，春秋战国时置，秦汉沿置。汉代属郎中令，职掌宾赞礼仪、传达事务。〔4〕“不审”，不明白、不清楚。〔5〕“倍”，通“背”，叛。〔6〕“因”，由。“太宰”，秦官，汉初沿置，属奉常，掌宗庙礼仪。“主”，动词，主持其事。〔7〕“斧质”，“质”，通“锧”，即铁锧，古代刑具。将犯人置于锧上，用斧斫杀。“市”，闹市。古人常在闹市通衢行刑，以示当众弃之，并用以儆众。〔8〕“御者”，侍从。这句话是外交辞令，不言进书于王，而言进书于大王的侍从，以示尊敬。〔9〕“淮南王”，按：英布归汉后始封为淮南王，此时尚为九江王。淮南王系其最终封爵，此与韩信称淮阴侯同。〔10〕“寡人”，犹言寡德之人，古代君王自谦之词。“北乡”，“乡”通“向”。古代君主坐朝皆南面，群臣则面北奏事。〔11〕“项王伐齐”，见前注“田荣叛楚”条注释。〔12〕“板筑”，筑墙用的工具。古时修筑营垒墙壁，两侧夹板，中间填土，用筑（杵）夯实。〔13〕“夫汉王战于彭城，项王未出齐也”，按：在项羽率兵伐齐之时，汉王刘邦乘机攻下彭城。后项羽闻讯，从齐地回兵，与刘邦战于彭城，刘邦败走。〔14〕“骚”，通“埽”，悉数、全部。〔15〕“抚”，拥有。〔16〕“垂拱”，垂衣拱手。这里指按兵不动。〔17〕“天下负之以不义之名”，天下人都指责他所行不义。〔18〕“以其背盟约而杀义帝也”，“背盟约”，指秦二世三年（公元前二〇七年）楚怀王“令沛公西略地入关。与诸将约，先入定关中者王之。”刘邦首先入关，平定了关中之地。项羽后入关，违背怀王之约，将关中之地分封给章邯、司马欣、董翳，而将刘邦封为汉王。“杀义帝”，已见前文。〔19〕“成皋”，古关名，其地在今河南荥阳汜水镇。地势险要，自古为军事要地。“荥阳”，古城邑名，汉置县，治所在今河南荥阳东北。〔20〕“蜀”，秦郡名，治所在成都（今四川成都）。辖境约当今四川松潘以南，广元、南充、内江以西，宜宾、石棉以北之地。“汉”，即汉中郡、治所在南郑（今陕西汉中东）。辖境约当今陕西秦岭以南，留坝、勉县以东，乾祐河流城以西和湖北郧县、保康以西，粉青河、珍珠岭以北地。时二郡为汉王的领土。〔21〕“徼”，音 jiào，边境。“塞”，要塞。〔22〕“楚人还兵，间以梁地，深入敌国八九百里”，按：此言项羽若从齐地回兵西进，须经过梁地。而梁地此时为彭越所据，故称“深入敌国”。

【译文】汉三年，汉王进击楚军，双方大战于彭城。汉军失败，便退出梁地，来到虞县。汉王对左右的人说：“你们这些人，实在不配参与筹划天下大事。”谒者随何上前说：“不明白陛下说的是什么意思。”汉王说：“谁能为我去出使淮南，让英布发兵背叛楚国，把项羽牵制在齐地几个月，那么，我夺取天下就万无一失了。”随何说道：“我请求充当使者。”汉王便派给他二十人跟他一起出使淮南。随何等到了那里，由英布的太宰出面主持其事，一连三天没有见到九江王。于是随何便向太宰说：“大王之所以不接见我，必定是以为楚国强大、汉军弱小的缘故，我正是为此而来。让我见到大王，（面陈我的意见，）如果我说的是正确的，那正是大王想听到的；如果我说的不在理，那就把我和其余二十人杀死在淮南闹市，以表明大王背汉亲楚的心迹。”太宰把这番话转呈给英布，英布这才接见随何。随何说：“汉王之所以派我给大王您敬送书信，是因为我们对您和楚国那样亲近很感诧异。”淮南王说：“因为我臣属于楚国。”随何说：“大王您和项羽同样是诸侯，却臣属于楚，必定是以为楚国强大，可以做为靠山。但是，在项王讨伐齐国的时候，项王亲身背负修筑营垒的器具，为士卒做出表率。大王您应该动员淮南所有兵力，亲自率领，充当楚军的先锋，而您却只派了四千人去援助楚军。那么，臣属于人的人，难道应该这样吗？再者，在汉王和楚军大战于彭城时，当时项王还没有离开齐地，这时大王您应该亲率淮南兵众，倾巢而出，渡过淮河，日夜奔赴，参加彭城战斗。而大王您却坐拥万人之众，不派一兵一卒渡淮，袖手旁观，坐看谁胜谁败。自托于人的人，难道应该这样吗？大王您只是口头上臣属于楚，而还想牢牢依靠它，我以为大王您这样做是不足取的。然而大王您之所以不肯背叛楚国，无非是以为汉国弱小罢了。项王军事力量虽强，但天下的人都认为他所行不义，因为他违背盟约、杀害义帝。项王倚仗打了胜仗，自认为很强大。汉王招致诸侯的军队，带兵西还，把守住成皋、荥阳，从蜀汉运送军粮，深挖壕沟，坚筑营垒，分派士卒巡守边境，登城守寨。楚军若西进，中间隔着敌国梁地，有八、九百里之远。这样，它想战也战不成，要想攻城，则没有那么大的力量，还需要老弱残兵从千里外运送军粮。即使楚军进至成皋、荥阳，汉军则坚守不出战，楚军若想前进，攻不下关口；若后退，汉军则尾随追击。所以说楚军是不足以依靠的。假如楚胜汉败，那么，各路诸侯由于害怕被逐个消灭，也会相互援救。楚军的强大，适足以成为众矢之的。所以说楚不如汉，这种形势是显而易见的。现在大王您不亲近万无一失的汉，却自托于危亡在即的楚国，我对大王您这种做法，感到迷惑不解。当然，我并不认为淮南的兵力足以灭亡楚国，只要大王您发兵叛楚，项王必被牵制而留在齐地，牵制他几个月，汉王夺取天下可万无一失。我请求和大王您一起带兵归属汉王，汉王必定会割出土地分封给您，淮南是您的本土，当然归您所有。为此，汉王才派我敬献此计，希望大王您能仔细考虑。”淮南王说：“那就按你说的办。”秘密答应叛楚归汉，但还不敢把此事泄露出去。

楚使者在，方急责英布发兵，舍传舍。[1]随何直入，坐楚使者上坐，曰：“九江王已归汉，楚何以得发兵？”布愕然。楚使者起。何因说布曰：“事已搆，[2]可遂杀楚使者，无使归，而疾走汉并力。”[3]布曰：“如使者教，因起兵而击之耳。”于是杀使者，因起兵而攻楚。楚使项声、龙且攻淮南，[4]项王留而攻下邑。[5]数月，龙且击淮南，破布军。布欲引兵走汉，恐楚王杀之，故间行与何俱归汉。

【注释】〔1〕“舍传舍”，上“舍”字为动词，住宿之意。“传舍”，供过往公务人员休息住宿的地方。〔2〕“搆”，成为事实。〔3〕“并力”，合力、联合。〔4〕“项声、龙且”，均为项羽部将。“且”，音 jū。〔5〕“下邑”，秦县名，治所在今安徽砀山。

【译文】这时楚国的使者正在淮南王那里，正加紧督促英布发兵。使者住在驿馆里。随何便闯入他的驻地，坐在楚国使者的上首，对他说：“九江王已经归服汉王，楚国怎么能得到他的援军呢？”英布对随何这样做，感到很突然，惊慌失措。楚使便站起身来想走，随何乘机劝英布说：“事情已成这样，应当杀掉楚国的使者，不要放他回去，同时迅速投奔汉王，实现联合。”英布说：“按你说的办，就此起兵，进攻楚国。”于是杀死楚使，起兵攻楚。楚国派项声、龙且进攻淮南，项王留下进攻下邑。过了几个月之后，龙且在淮南击败英布的军队，英布想率军投奔汉王，又恐怕项王来追杀，便悄悄地抄小路同随何一起归属汉王。

淮南王至，上方踞床洗，[1]召布入见，布大怒，悔来，欲自杀。出就舍，帐御饮食从官如汉王居，布又大喜过望。于是乃使人入九江。楚已使项伯收九江兵，[2]尽杀布妻子。布使者颇得故人幸臣，将众数千人归汉。汉益分布兵而与俱北，收兵至成皋。四年七月，立布为淮南王，与击项籍。

【注释】〔1〕“上”，在上位者，古时称皇帝为“上”。“踞”，坐。〔2〕“项伯”，名缠，字伯，项羽的叔父。因他与刘邦的谋士张良友善，在鸿门宴上暗护刘邦。入汉后，被封为射阳侯，赐姓刘氏。

【译文】淮南王到了汉王那里，汉王正坐在床上洗脚，就召英布进见。英布见状，非常愤怒，后悔不该来投奔汉王，甚至想为此而自杀。从汉王那里出来，走进

为他安排的住处时，他看到这里的帷帐、衣物用具、饮食和随从官员，都和汉王的住所同样规格，英布又大喜过望。于是他便派人去九江。这时楚国已派项伯收编了九江英布的部卒，并杀尽英布的妻子儿女。英布派去的人找到不少他过去的朋友和亲近臣下，带领数千人投归汉王。汉王又给他增派士卒，一起北进，沿路招收兵员，来到成皋。汉四年七月，立英布为淮南王，参加围击项羽的战役。

汉五年，布使人入九江，得数县。六年，[1]布与刘贾入九江，[2]诱大司马周殷，周殷反楚，遂举九江兵与汉击楚，破之垓下。[3]

【注释】〔1〕“六年”，清人梁玉绳以为此二字为衍文。说详《史记志疑》卷三十二。〔2〕“刘贾”，刘邦的堂兄。汉元年（公元前二〇六年），刘邦还定三秦，刘贾率兵平定塞地。后入楚地，与彭越联合，招致楚大司马周殷，在垓下共败项羽。后又攻破临江王共尉。汉废楚王韩信，立刘贾为荆王。黥布反，贾被布所杀。详见本书《荆燕世家》。〔3〕“垓下”，古地名，其地在今安徽灵璧南沱河北岸。

【译文】汉五年，英布派人进入九江，占领了好几个县。六年，英布和刘贾率军开到九江，诱劝楚国大司马周殷，周殷叛楚归汉。于是带领九江的军队，和汉军共同攻楚，在垓下大败楚军。

项籍死，天下定，上置酒。上折随何之功，[1]谓何为腐儒，为天下安用腐儒。[2]随何跪曰：“夫陛下引兵攻彭城，楚王未去齐也，陛下发步卒五万人，骑五千，能以取淮南乎？”上曰：“不能。”随何曰：“陛下使何与二十人使淮南，至，如陛下之意，是何之功贤于步卒五万人骑五千也。然而陛下谓何腐儒，为天下安用腐儒，何也？”上曰：“吾方图子之功。”[3]乃以随何为护军中尉。[4]布遂剖符为淮南王，[5]都六，九江、庐江、衡山、豫章郡皆属布。[6]

【注释】〔1〕“折”，贬低。〔2〕“为”，治理。〔3〕“图”，衡量。〔4〕“护军中尉”，秦称护军都尉，汉初改为护军中尉，后仍称护军都尉。属大司马，职掌监护军队，调节各将领的关系。〔5〕“符”，古代帝王授予臣下封爵的一种信物。竹制，中剖为二，朝廷和受封人各执其一，以资凭证。〔6〕“九江”，郡名，治所在寿春（今安徽寿县）。楚汉之际九江郡比秦九江郡辖境大大缩小。“庐江”，郡名，分秦九江郡置，治所在舒（今安徽庐江西南）。“衡山”，郡名，分秦九江郡置，治所在邾（今湖北黄冈西北）。“豫章郡”，治所在南昌（今江西南昌）。以上诸郡，皆楚汉之际或汉初分秦九江郡置。

【译文】项羽死后，天下已定，皇帝摆设庆功酒宴。在宴会上皇帝贬低随何的功劳，说随何是迂腐的书呆子，并说治理天下哪能用迂腐的书呆子。随何便跪下申辩："在陛下率军进攻彭城时，项王还没有离开齐地，这时陛下若派步兵五万、骑兵五千，能攻下淮南吗?"皇帝说："不能。"随何接着说："陛下派我和二十人出使淮南，我到了那里，事情办得完全符合陛下的意愿。这么说来，我的作用赛过五万步兵、五千骑兵。然而陛下却斥我为迂腐的书呆子，还说治理天下哪能用迂腐的书呆子，这是从何说起呢?"皇帝说："我正在衡量你的功劳。"于是任命随何为护军中尉。英布也正式被封为淮南王，以六安为王都，九江、庐江、衡山、豫章等郡都归属英布。

七年,〔1〕朝陈。八年，朝雒阳。九年,〔2〕朝长安。

【注释】〔1〕"七年"，王先谦说当作"六年"。说见《汉书补注》。〔2〕"九年"，清人梁玉绳说"九年"下当有"十年"二字。说见《史记志疑》卷三十二。

【译文】汉七年，朝见皇帝于陈县。八年，朝见于洛阳。九年，朝见于长安。

十一年，高后诛淮阴侯,〔1〕布因心恐。夏，汉诛梁王彭越，醢之,〔2〕盛其醢遍赐诸侯。至淮南，淮南王方猎，见醢，因大恐，阴令人部聚兵，候伺旁郡警急。〔3〕

【注释】〔1〕"淮阴侯"，即韩信。〔2〕"醢"，音 hǎi。古代残酷刑罚之一种，把犯人尸体剁成肉酱。〔3〕"候伺"，侦察、刺探。

【译文】汉十一年，吕后诛杀了淮阴侯韩信，英布内心很恐慌。这年夏天，朝廷又杀掉梁王彭越，并把他的尸体剁成肉酱，遍送各诸侯。朝廷把肉酱送到淮南时，英布正在狩猎，见到人肉酱，非常恐惧，便暗自派人部署兵力，密切注视着邻郡的非常事态。

布所幸姬疾，请就医，医家与中大夫贲赫对门〔1〕，姬数如医家,〔2〕贲赫自以为侍中,〔3〕乃厚馈遗,〔4〕从姬饮医家。姬侍王，从容语次，誉赫长者也。王怒曰："汝安从知之?"具说状。王疑其与乱。赫恐，称病。王愈怒，欲捕赫。赫言变事，乘传诣长安。布使人追，不及。赫至，上变,〔5〕言布谋反有端，可先未发诛也。上读其书，语萧相国。〔6〕相国曰："布不宜有此，恐仇怨妄诬之。请系赫，使人微验淮南王。"〔7〕淮南王布见赫以罪亡，上变，固已疑其言国阴事；汉使又来，颇有所验，遂族赫家，发兵反。反书闻，上乃赦贲赫，以为将军。

【注释】〔1〕“中大夫”，官名，属郎中令。掌议论，备顾问。汉初，诸王国也设郎中令，有中大夫诸名目，为国王左右的亲近之官。〔2〕“如”，至。〔3〕“侍中”，侍奉国王于宫中之意。因贲赫为中大夫，时在国王左右，故云。〔4〕“馈遗”，音 kuì wèi。赠送。〔5〕“上变”，向朝廷告发谋反叛乱事件。〔6〕“萧相国”，即萧何，时萧何任相国。“相国”，即丞相。〔7〕“微验”，秘密查验。

【译文】英布所宠爱的宫人生了病，请求去医家就医。医家和中大夫贲赫住对门，宫人多次到医家去看病。贲赫因为在宫中任官，便送给宫人丰厚的礼物，并且陪同宫人在医家饮酒。宫人在陪伴淮南王时，闲谈中宫人称赞贲赫是位忠厚的长者。淮南王听了，妒火中烧，追问道：“你是怎么知道的？”宫人说了以上全部情况，淮南王怀疑宫人和贲赫淫乱。贲赫知道以后，很害怕，便假装生病。淮南王愈发恼怒，打算逮捕贲赫。贲赫放风说淮南国有叛乱阴谋，便乘坐传车去长安告发。英布派人追赶，没有追上。贲赫来到长安，向朝廷上书告发叛乱，说英布谋反，已有端绪，应当在他未反之前干掉他。皇帝看了告密文书，告诉萧相国，萧何说：“英布不应有此举动，恐怕是仇家诬告他。请先把贲赫拘留起来，再派人暗中查验淮南王的行动。”英布见贲赫畏罪逃走，去告发他，本来就怀疑贲赫向朝廷揭露了他的秘密部署，现在朝廷派使者来查验，而且抓到一些把柄，英布便决然杀掉贲赫的亲属，发兵造反。消息传到朝廷，皇帝便释放了贲赫，并任命他为将军。

上召诸将问曰：“布反，为之奈何？”皆曰：“发兵击之，坑竖子耳，何能为乎！”汝阴侯滕公召故楚令尹问之。〔1〕令尹曰：“是故当反。”滕公曰：“上裂地而王之，疏爵而贵之，南面而立万乘之主，〔2〕其反何也？”令尹曰：“往年杀彭越，前年杀韩信，〔3〕此三人者，同功一体之人也。自疑祸及身，故反耳。”滕公言之上曰：“臣客故楚令尹薛公者，其人有筹筴之计，〔4〕可问。”上乃召见问薛公。薛公对曰：“布反不足怪也。使布出于上计，山东非汉之有也；〔5〕出于中计，胜败之数未可知也；出于下计，陛下安枕而卧矣。”上曰：“何谓上计？”令尹对曰：“东取吴，〔6〕西取楚，〔7〕并齐取鲁，〔8〕传檄燕、赵，〔9〕固守其所，山东非汉之有也。”“何谓中计？”“东取吴，西取楚，并韩取魏，〔10〕据敖庾之粟，〔11〕塞成皋之口，胜败之数未可知也。”〔12〕“何谓下计？”“东取吴，西取下蔡，〔13〕归重于越，〔14〕身归长沙，〔15〕陛下安枕而卧，汉无事矣。”上曰：“是计将安出？”令尹对曰：“出下计。”上曰：“何谓废上中计而出下计？”令尹曰："布故丽山之徒也，自致万乘之主，此皆为身，不顾后为百姓万世虑者也，故曰出下计。"上曰："善。"封薛公千户。乃立皇子长为淮南王。〔16〕上遂发兵自将东击布。

【注释】〔1〕"滕公"，夏侯婴的爵号。婴与刘邦同乡，秦时任沛县司御，曾因事脱刘邦之罪。刘邦起义，婴相从，赐爵为滕公。汉初被封为汝阴侯。夏侯婴历事高帝、惠帝、吕后，均官太仆。详见本书《樊郦滕灌列传》。"令尹"楚国官名，为掌管军政大权的最高长官。〔2〕"万乘之主"，周制，天子地方千里，拥有兵车万辆；诸侯地方百里，拥有兵车千辆，故以万乘喻天子。这里指黥布拥有的土地和兵力可比肩天子，极言汉廷待布之厚。〔3〕按彭越、韩信之诛，均在汉十一年，杀英布也在是年，不得言"往年"、"前年"。〔4〕"筹筴"，谋略。"筴"，同"策"。〔5〕"山东"，战国秦汉时，泛指崤山或华山以东的广大地区。〔6〕"吴"，地区名，地域约当今江苏大部、安徽东部、浙江西北部。〔7〕"楚"，地区名，地域约当今湖北、湖南大部，安徽、江苏、河南、山东之一部。〔8〕"齐"，地区名，地域约当今山东泰山以北黄河流域及胶东半岛。"鲁"，地区名，地域约当今山东西部和南部。〔9〕"檄"，音 xí。晓谕或声讨的文告。"燕"，音 yān。地区名，地域约当今河北北部及辽宁西南部。"赵"，地区名，地域约当今河北西南部，山西中部、北部和河套地区。〔10〕"韩"，地区名，地域约当今山西东南部和河南西部。"魏"，地区名，地域约当今山西南部和河南大部。〔11〕"敖庾"，即敖仓，秦代所建的重要谷仓。其地在今河南荥阳北敖山上。"庾"，音 yǔ。〔12〕"数"，命运。〔13〕"下蔡"，秦县名，治所在今安徽凤台。〔14〕"越"，地区名，地域约当今浙江大部，江苏、安徽、江西之一部。〔15〕"长沙"，秦为长沙郡，汉五年置长沙国，以封吴芮。辖境约当今湖南东部、中部。都临湘（今湖南长沙）。〔16〕"长"，即刘长，刘邦的少子，赵王张敖所献美人生。文帝前元六年（公元前一七四年）谋反，被囚禁，绝食而死。详见《汉书·淮南王传》。

【译文】皇帝把诸位将领召来，问道："英布反了，怎么办呢？"将领们都说："派兵征伐，活埋了这小子，怎么能干出这种事呢！"汝阴侯滕公找来原楚国令尹，问他对此事有何看法。令尹说："英布本来应该造反。"滕公说："皇帝割出土地封他为王，授给他爵位使他尊贵，立他为大国之主，他为什么造反？"令尹说："朝廷往年杀掉彭越，去年又杀掉韩信，这三个人是同等功劳、同一类型的人，他怕杀身之祸轮到他头上，所以才造反。"滕公便向皇帝报告了这些情况，说道："我的门客中有一个原楚国令尹薛公，这个人很有韬略，可向他询问。"皇帝便召见薛公，向他询问对策。薛公回答说："英布造反，并不足怪。如果他采取上策，那么，崤山以东的地面，就不属朝廷所有了；他若采取中策，胜败的结局还不可知；他若采取下策，陛下就可以高枕无忧了。"皇帝问道："什么是上策？"令尹回答说："英布若向东攻占吴，向西攻占楚，兼并齐地和鲁地，再传令燕、赵，让他们固守本土，这样，崤山以东的地面就不属朝廷所有了。""什么是中策呢？""他向东攻占吴，向西攻占楚，兼并韩地，攻占魏地，占据敖山上的谷仓，封锁成皋关口，那么，胜败的结局还不可知。""下策又是什么呢？""他向东攻占吴，向西攻占下蔡，然后把辎重转移到越地，而他本人却前去长沙，这样，陛下您就可高枕而卧，朝廷就安然无虑了。”皇帝问道：“英布会采取哪种策略呢?”尹令回答说：“他只能采取下策。”皇帝又问：“为什么他不采取上策、中策，而出此下策呢?”令尹说：“英布原来只不过是骊山的刑徒，自己奋斗，成为大国的君主，他的全部作为，都只是为了自身，不管身后如何，更不考虑百姓的长远利益，所以我断定他只能出此下策。”皇帝说：“你分析得很好。”便封给薛公一千户作为食邑。皇帝立自己的儿子刘长为淮南王。于是皇帝发兵，亲自率领，东进讨伐英布。

布之初反，谓其将曰：“上老矣，厌兵，必不能来。使诸将，诸将独患淮阴、彭越，今皆已死，余不足畏也。”故遂反。果如薛公筹之，东击荆，荆王刘贾走死富陵。〔1〕尽劫其兵，渡淮击楚。楚发兵与战徐、僮间，〔2〕为三军，欲以相救为奇。〔3〕或说楚将曰：“布善用兵，民素畏之。且兵法，诸侯战其地为散地。〔4〕今别为三，彼败吾一军，余皆走，安能相救!”不听。布果破其一军，其二军散走。

【注释】〔1〕“富陵”，汉县名，治所在今江苏盱眙。〔2〕“徐”，汉县名，治所在今江苏泗洪。“僮”，汉县名，治所在今江苏睢宁南。〔3〕“欲以相救为奇”，《汉书》颜师古注为“出奇兵”，似不妥。按“奇”通“掎”，上文言分为三军，此正形成掎角之势，对敌可牵制，对己可互相救援。〔4〕“诸侯战其地为散地”，《孙子·九地篇》云：“诸侯自战其地者为散地。”曹操注曰：“士卒恋土，道近易散。”

【译文】英布在造反之初，曾对他的将领们说：“皇帝年岁大了，已厌倦戎马生涯，他必然不会亲自率兵前来。若派遣手下将领，其中我只怕韩信和彭越，可是这两人已被杀死，其余的人都不可怕。”所以决定造反，（英布所采取策略，）果然如薛公预料的那样，他向东攻击荆国，荆王刘贾败逃，在富陵被杀。英布劫收了刘贾的军队，渡过淮河，进击楚国。楚国派兵和英布交战于徐县、僮县之间。楚军将领把军队一分为三，企图使三军之间，互相救援，成犄角之势，有人告诫楚将说：“英布善于用兵，老百姓一向很怕他。况且兵法上说，诸侯在本土上作战，士卒由于留恋家园，容易逃散。现在分为三军，对方打败我们一军，其余二军就会不战而逃，哪能互相救援呢?”楚将不听劝告。英布果然打败其中一军，其余二军都散逃了。

遂西，与上兵遇蕲西会甀。〔1〕布兵精甚，上乃壁庸城，〔2〕望布军置陈如项籍军，〔3〕上恶之。〔4〕与布相望见，遥谓布曰：“何苦而反?”布曰：“欲为帝耳。”上怒骂之，遂大战。布军败走，渡淮，数止战，〔5〕不利，与百余人走江南。布故与番君婚，以故长沙哀王使人绐布，[6]伪与亡，诱走越，故信而随之番阳。[7]番阳人杀布兹乡民田舍，[8]遂灭黥布。

【注释】〔1〕“蕲”，音 qí。秦县名，治所在今安徽宿县。“会甀”，蕲县之乡名。“甀”，音 chuí。〔2〕“壁”，动词，修筑营垒。“庸城”，地名，不详所在。〔3〕“陈”，同“阵”。〔4〕“恶”，音 wù。厌恶。〔5〕“数”，音 shuò。屡次、多次。“止战”，在退却途中停下来再战。〔6〕“长沙哀王”，据本书《汉兴以来诸侯王年表》，长沙哀王为吴回，在惠帝元年始即位，时间不合。以时推之，当为长沙成王吴臣。〔7〕“番阳”，即鄱阳，秦县名，治所在今江西波阳。〔8〕“兹乡”，为鄡县（今江西波阳西北）之乡名。

【译文】于是英布率兵西进，与皇帝统率的军队在蕲县西边的会甀相遇。英布所率之军，精锐非常。皇帝便下令在庸城修筑营垒。皇帝看到英布摆列的军阵，与项羽的军阵如出一辙，心中十分厌恶。皇帝和英布在壁垒上遥遥相见，便对英布说：“你何苦造反呢？”英布说：“我想当皇帝。”皇帝怒骂英布，两军便投入激烈的战斗。英布战败逃走，渡过淮河。他屡次停下来再战，都遭失败，最后和百十人逃往江南。英布原来和番君有婚姻关系，因此，长沙王吴臣派人去诱骗英布，诡称要和他一起逃亡，引诱他逃向越地。英布信实了吴臣的话，便随来人一起去鄱阳。鄱阳人在兹乡百姓的田舍里把英布杀死。于是宣告英布灭亡。

立皇子长为淮南王，封贲赫为期思侯，[1]诸将率多以功封者。[2]

【注释】〔1〕“期思”，古城邑名，其地在今河南淮滨。〔2〕“率”，同“帅”。

【译文】皇帝正式封他的儿子刘长为淮南王，封贲赫为期思侯，各将帅很多因功而受封。

太史公曰：英布者，其先岂《春秋》所见楚灭英、六，皋陶之后哉？[1]身被刑法，何其拔兴之暴也！[2]项氏之所坑杀人以千万数，而布常为首虐。功冠诸侯，用此得王，[3]亦不免于身为世大僇。[4]祸之兴自爱姬殖，[5]妒娼生患，[6]竟以灭国！

【注释】〔1〕“英”，春秋时诸侯国名，传说为皋陶之后，以国为氏。公元前六四六年被楚国所灭。其地在今湖北英山。“皋陶”，又作“咎繇”，传说中东夷的领袖，偃姓，相传他曾为舜掌管刑罚。〔2〕“拔兴”，兴起。“暴”，迅速。〔3〕“用此”，因此。〔4〕“大僇”，同“大戮”，处死。“僇”，音 lù。〔5〕“殖”，生。〔6〕“妒娼”，嫉妒，俗云吃醋。“娼”，音 mào。

【译文】太史公说：英布这个人，他的祖先莫非就是《春秋》所载被楚国灭亡的英国和六国——皋陶的后代吗？他因犯罪而受黥刑，而兴起得是多么迅速呀！被项羽活埋的士卒以千万计，而英布常常带头肆虐。他的功劳超过其他将领，因此被封为王，但最终不免被天下人所诛杀。祸害起自他宠爱的宫人，由嫉妒招致杀身之祸，竟因此而亡国！

淮阴侯列传

淮阴侯韩信者，淮阴人也。〔1〕始为布衣时，贫无行，〔2〕不得推择为吏，又不能治生商贾，〔3〕常从人寄食饮，人多厌之者。常数从其下乡南昌亭长寄食，〔4〕数月，亭长妻患之，乃晨炊蓐食。〔5〕食时信往，不为具食。信亦知其意，怒，竟绝去。

【注释】〔1〕“韩信”，关于韩信的家世，史书记载不详，李慈铭《越缦堂读史札记》云：“韩信，史不言其所出，盖亦韩后也。《潜夫论》言：‘韩亡，子孙散处江、淮间，………此信所以为淮阴人，盖以国为氏者。’故漂母称之曰‘王孙’，以其为王者后也。”“淮阴”，秦县名，故址在今江苏省淮阴市西南。〔2〕“无行”，没有好品行。“行”，旧读 xìng，品行。〔3〕“商贾”，据《周礼》郑玄注说，流动贩卖为商，坐地开店为贾。这里当为商人的统称。〔4〕“常”，通尝。“下乡”，乡名，属淮阴县。“南昌”，下乡的亭名。《楚汉春秋》作“新昌”。“亭长”，乡官名。秦、汉时每十里为一亭，设一亭长，掌管治安、诉讼之事。〔5〕“蓐”，通“褥”，被褥之褥。“蓐食”，指在床上就把饭吃了。王引之《经义述闻》释“蓐食”为“饱食”、“多食”，则此句意谓亭长夫妇早早就吃饱了饭。可备一说。

【译文】淮阴侯韩信是淮阴人，当初还是平民的时候，家里贫穷又放荡不检点，未能被推选为地方官吏，他也不会经商谋生，经常依靠别人来糊口度日，人们都讨厌他。他曾多次到下乡南昌亭亭长家里去要饭吃，一吃就是几个月，亭长的妻子对这事也很头疼。于是就早早地在床上把饭给吃了。到吃饭的时候韩信来了，就不再给他准备饭了。韩信也明白他们的用意，很生气，从此就和他们断绝了关系，离开了他家。

信钓于城下，诸母漂，有一母见信饥，饭信，竟漂数十日。信喜，谓漂母曰：“吾必有以重报母。”母怒曰：“大丈夫不能自食，吾哀王孙而进食，〔1〕岂望报乎！”

【注释】〔1〕“王孙”，当时对年轻人的一种尊称，有时也称为公子。一说为韩国诸王后代。

【译文】韩信在城下钓鱼，有几位老大娘也在那里漂洗棉絮，有一个老大娘看见韩信饿了，就给他饭吃，连续漂洗了十几天，天天如此。韩信很高兴，对那位大娘说：“我将来一定要重重报答您。”大娘生气地说：“大丈夫不能自己养活自己，我是可怜你才给你饭吃的，难道是希望您报答吗？”

淮阴屠中少年有侮信者，曰：“若虽长大，好带刀剑，中情怯耳。”众辱之曰：“信能死，刺我；不能死，出我袴下。”〔1〕于是信孰视之，俛出袴下，蒲伏。〔2〕一市人皆笑信，以为怯。

【注释】〔1〕“袴”，通胯，《汉书·韩信传》作“跨”，亦通。“胯下”，指两腿之间。〔2〕“孰”，同“熟”，这里是仔细的意思。“俛”，同“俯”。“蒲伏”，同“匍匐”，俯伏在地上。

【译文】淮阴的屠户中有个年轻人侮辱韩信说：“你虽然长得高大，喜欢带刀佩剑，其实内心是很胆怯的。”并且当众侮辱韩信说：“你果真不怕死就用剑来刺我，怕死就从我的胯下爬过去。”于是韩信看了他很久，低下身子从他的胯下爬了过去。街上的人都嘲笑韩信，认为他是个胆小鬼。

及项梁渡淮，〔1〕信杖剑从之，居戏下，〔2〕无所知名。项梁败，又属项羽，〔3〕羽以为郎中。〔4〕数以策干项羽，羽不用。汉王之入蜀，〔5〕信亡楚归汉，未得知名，为连敖。〔6〕坐法当斩，其辈十三人皆已斩，次至信，信乃仰视，适见滕公，〔7〕曰：“上不欲就天下乎？何为斩壮士！”滕公奇其言，壮其貌，释而不斩。与语，大说之。〔8〕言于上，上拜以为治粟都尉，〔9〕上未之奇也。

【注释】〔1〕“项梁”，下相（今江苏省宿迁县西）人。楚国贵族的后裔，楚将项燕的儿子，项羽的叔父。秦朝末年，与项羽起兵反秦，屡败秦军。后生骄心，被秦将章邯战败，死于军中。“淮”，即淮水。〔2〕“戏下”，即麾下，部下的意思。“戏”，音 huī，通“麾”。〔3〕“项羽”，秦末农民起义军领袖，名籍，字羽，下相（今江苏省宿迁县西）人。出生于战国时楚国贵族家庭。秦二世元年（公元前二〇九年），从叔父项梁在吴（今江苏省苏州市）起义。秦亡后，他自立为西楚霸王。不久，与刘邦展开长达五年的争夺封建统治权的战争，最后在垓下（今安徽省灵璧县东南）为刘邦大败，突围到吴江（今安徽省和县东北）自杀。事详本书《项羽本纪》。〔4〕“郎中”，官名。秦、汉掌管车、骑、门户的小官。《汉书·百官公卿表》记载，郎中比三百石。〔5〕“汉王”，即汉高祖刘邦，字季，沛县（今江苏省沛县）人。少时不事生产，曾任泗水（今江苏省沛县东）亭长。秦二世元年（公元前二〇九年）陈胜起义，他起兵响应，称沛公。陈胜死后，他与项羽领导的起义军同为反秦主力。公元前二〇六年，率军攻入秦都咸阳，推翻了秦朝统治。同年，项羽入关，大封诸侯王，他被封为汉王。不久，两人展开了争夺封建统治权的战争。公元前二〇二年，打败项羽，即皇帝位，建立汉朝。事详本书《高祖本纪》。〔6〕“连敖”，楚官名，管理粮仓的小官。王骏图曰：“考‘敖’与‘廒’同。连敖者必主仓廒之官，其职甚微。及滕公言于上，乃拜以为治粟都尉，则犹据资格而推升之耳。故知连敖亦治粟之官也。”可备一说。〔7〕“滕公”，即夏侯婴，沛县（今江苏省沛县）人。与刘邦一起起兵，以功封汝阴侯，高祖至文帝时，长期任太仆（管皇帝车马的官）。早年曾为滕县（今山东省滕县）县令，故称“滕公”。事详《史记》、《汉书》本传。〔8〕“说”，同“悦”。〔9〕“治粟都尉”，官名。“都尉”本为武职，“治粟都尉”当是管理粮饷的军官。《汉书·百官公卿表》有“治粟内史”，掌谷货。可作旁证。

【译文】当项梁渡淮北上的时候，韩信带着剑投奔了项梁，做了项梁的部下，没有什么名气。项梁被战败以后，他又归属项羽，项羽任他为郎中。他曾多次向项羽献策，项羽都没有采用。汉王刘邦入蜀时，韩信又逃离楚军归附了汉王，但仍没有什么名气，只做了个管理粮仓的小官。后来他犯法当处斩刑，同伙的十三人都已处斩，轮到韩信时，他抬头仰视，正好看见了滕公，说：“汉王不是想统一天下吗？为什么要斩杀壮士呢？”滕公听了他的话后感到很惊奇，又见他相貌非凡，于是就把他释放了。和他交谈了一番，很欣赏他。并把此事告诉了汉王，汉王任命他为治粟都尉，但并没有感到他有什么与众不同的地方。

信数与萧何语，〔1〕何奇之。至南郑，〔2〕诸将行道亡者数十人，〔3〕信度何等已数言上，〔4〕上不我用，即亡。何闻信亡，不及以闻，自追之。人有言上曰：“丞相何亡。”〔5〕上大怒，如失左右手。居一二日，何来谒上，上且怒且喜，骂何曰：“若亡，何也？”何曰：“臣不敢亡也，臣追亡者。”上曰：“若所追者谁何？”曰：“韩信也。”上复骂曰：“诸将亡者以十数，公无所追；追信，诈也。”何曰：“诸将易得耳。至如信者，国士无双。王必欲长王汉中，〔6〕无所事信；必欲争天下，非信无所与计事者。顾王策安所决耳。”王曰：“吾亦欲东耳，安能郁郁久居此乎？”何曰：“王计必欲东，能用信，信即留；不能用，信终亡耳。”王曰：“吾为公以为将。”何曰：“虽为将，信必不留。”王曰：“以为大将。”何曰：“幸甚。”于是王欲召信拜之。何曰：“王素慢无礼，今拜大将如呼小儿耳，此乃信所以去也。王必欲拜之，择良日，斋戒，〔7〕设坛场，具礼，乃可

耳。”王许之。诸将皆喜，人人各自以为得大将。至拜大将，乃韩信也，一军皆惊。

【注释】〔1〕“萧何”，沛县（今江苏省沛县）人，曾为沛县吏。秦末佐刘邦起义。在楚汉战争中，荐韩信为大将，自己以丞相的身份留守关中。刘邦即帝位后，封为酂侯（今湖北省光化县西北），后又拜为相国。事详本书《萧相国世家》。〔2〕“南郑”，即秦南郑邑，汉置县。在今陕西省南郑县。〔3〕“行”，音 háng，辈，等。〔4〕“度”，音 duó，估计，推测。〔5〕“丞相”，官名。秦时为封建官僚组织中的最高官职，辅佐皇帝，综理全国政务。但也有居丞相之名而无实权者。西汉初称相国，后改丞相，与太尉、御史大夫合称为三公。〔6〕“汉中”，秦郡名，大致包括今陕西省秦岭以南及湖北省西北部，治所在南郑（今陕西省南郑县）。〔7〕“斋戒”，古人在祭祀等大典之前，必须沐浴更衣，不饮酒，不吃荤，以表示诚敬，叫做“斋戒”。

【译文】韩信曾多次与萧何谈论事情，萧何很赏识他。在去南郑的途中，将领中有数十人半途逃亡，韩信揣想萧何等人已经多次向刘邦推荐过自己，但刘邦并不想起用，于是韩信也就逃走了。萧何听说韩信逃走以后，来不及向汉王报告就亲自去追赶韩信。有人向汉王说：“丞相萧何逃跑了。”汉王听了非常生气，如同失去了左右手一样。隔了一两天，萧何来拜见汉王，汉王又生气又高兴，骂萧何说：“你为什么逃走？”萧何说：“我不敢逃走，我是去追逃跑的人的。”汉王说：“你去追的是谁？”萧何回答说：“韩信。”汉王又骂道：“将领中已逃跑了数十个你都没有去追，追韩信，这是骗人。”萧何说：“那些将领容易得到，至于像韩信这样的人，是国家中独一无二的人才。大王如果只想长期称王于汉中，那就可以不用韩信，如果决心争夺天下，除了韩信就没有能与您共计大事的人了，这就要看大王怎样决定了。”汉王说：“我也想向东扩展，怎么能愁心满结地久居于此？”萧何说：“如果大王决心向东扩展，能起用韩信，韩信就会留下来。如果不能起用韩信，韩信终归还是要逃走的。”汉王说：“我看在你的面子上就任命他为将领。”萧何说：“虽然你任命他为将领，但韩信仍然不会留下来。”汉王说：“那就任命他为大将。”萧何说：“太好了。”于是汉王就要召见韩信任命他为大将军。萧何说：“大王一向对人轻慢无礼，现在任命大将军就好像叫小孩子似的，这就是韩信所以要离去的原因。大王如决心要拜他为大将军，就要选个吉日良辰，沐浴斋戒，设置高坛、广场，准备好拜大将军的仪式才可以。”汉王同意了萧何的意见。诸位将领都很高兴，每个人都以为自己要做大将军了。等到任命大将军时，原来是韩信，全军都感到惊讶。

信拜礼毕，上坐。王曰：“丞相数言将军，将军何以教寡人计策？”信谢，因问王曰：“今东乡争权天下，[1]岂非项王邪？”汉王曰：“然。”曰：“大王自料勇悍仁强孰与项王？”汉王默然良久，曰：“不如也。”信再拜贺曰："惟信亦为大王不如也。然臣尝事之，请言项王之为人也。项王喑噁叱咤，[2]千人皆废，[3]然不能任属贤将，此特匹夫之勇耳。项王见人恭敬慈爱，言语呕呕，人有疾病，涕泣分食饮，至使人有功当封爵者，印刓敝，[4]忍不能予，此所谓妇人之仁也。项王虽霸天下而臣诸侯，不居关中而都彭城。[5]有背义帝之约，[6]而以亲爱王，诸侯不平。诸侯之见项王迁逐义帝置江南，[7]亦皆归逐其主而自王善地。项王所过无不残灭者，天下多怨，百姓不亲附，特劫于威强耳。名虽为霸，实失天下心。故曰其强易弱。今大王诚能反其道：任天下武勇，何所不诛！以天下城邑封功臣，何所不服！以义兵从思东归之士，何所不散！且三秦王为秦将，[8]将秦子弟数岁矣，所杀亡不可胜计，又欺其众降诸侯，至新安，[9]项王诈阬秦降卒二十余万，唯独邯、欣、翳得脱，秦父兄怨此三人，痛入骨髓。今楚强以威王此三人，秦民莫爱也。大王之入武关，[10]秋豪无所害，除秦苛法，与秦民约，法三章耳，[11]秦民无不欲得大王王秦者。于诸侯之约，大王当王关中，关中民咸知之。大王失职入汉中，秦民无不恨者。今大王举而东，三秦可传檄而定也。"[12]于是汉王大喜，自以为得信晚。遂听信计，部署诸将所击。

【注释】〔1〕"乡"，同"向"。〔2〕"喑噁"，音 yīn wū，发怒声。"叱咤"，音 chì zhà，咆哮呼喊。〔3〕"废"，不振，瘫痪。〔4〕"刓"，同"玩"。"敝"，通"弊"，损坏。〔5〕"关中"，古地区名。秦都咸阳，汉都长安，因称函谷关以西为关中。但《史记》所指范围大小不一，或指函谷关以西的战国末秦故地，或指今陕西关中盆地一带。这里的"关中"实指函谷关以西今陕西关中盆地一带。"彭城"，古县名。相传尧封彭祖于此，为大彭氏国。春秋时宋邑，秦置县。秦、汉之际楚怀王和项羽皆都于此。治所在今江苏省徐州市。〔6〕"义帝"，即楚怀王心。秦末农民战争中，项羽立楚怀王孙心为王，仍称楚怀王。秦亡后，项羽自立为西楚霸王，尊心为义帝。"背义帝之约"，指楚怀王心原来曾与项羽、刘邦相约"先入关中者王之"。后来刘邦首先攻入咸阳，项羽却违背了原来的约定，不让刘邦王关中，封他为汉王，王巴、蜀、汉中。而将关中分封给秦降将章邯、司马欣和董翳三人（即所谓三秦王）。〔7〕"置江南"，指项羽把义帝从彭城迁徙到江南的郴县。〔8〕"三秦王"，指章邯、司马欣、董翳。这三人原来都是秦国将领，后投降项羽。项羽封章邯为雍王，司马欣为塞王，董翳为翟王，这三个封国都在原来的秦地，所以称"三秦王"。〔9〕"新安"，秦县名，故地在今河南省渑池县东。〔10〕"武关"，故址在今陕西省丹凤县东南，是古代通往关中的重要关口。〔11〕"法三章"，据本书《高祖本纪》记载，汉元年十月，刘邦西入咸阳，与秦民相约：杀人者死，伤人及盗抵罪。"法三章"即指此。〔12〕"檄"，音 xí，古代官府用以征召、声讨的文书。《说文解字》云："檄，二尺书也。"

【译文】韩信的授职仪式结束后，汉王坐了下来，说："萧丞相曾多次赞赏将

军，将军将用什么良策来教导我呢？”韩信谦让了一番后就问汉王说：“现在要向东扩展，争夺天下霸权，您的对手岂不就是项羽吗？”汉王说：“是这样。”韩信说：“大王自己估量一下，在勇敢善战、兵力精强方面与项王相比怎么样呢？”汉王沉默了好大一会儿说：“我不如项王。”韩信行了再拜礼后赞佩地说：“我也认为大王在这几方面不如项王。然而我曾事奉过他，请让我谈谈项王的为人：项王发怒呼喊时，千百人都吓得胆战腿软，然而他不能任用有才能的将领，这只不过是匹夫之勇罢了。平素项王待人恭敬慈爱，言语温和，有人生了病，他能够同情地流下眼泪来，并把自己的食物送给他们吃。但到了别人有了功劳应当加赏封爵时，他却把加赏封爵的印信玩弄得棱角磨没了还舍不得授给人家，这就是所谓的妇人之道。项王虽然称霸了天下而且诸侯都臣服于他，但他不居守关中而以彭城为都城，违背了与义帝的约定而把自己亲信的人封为王，诸侯们对他的这种做法都愤愤不平。诸侯们看见项王把义帝驱逐到江南，也都回去驱逐他们的君主，占据了好地方而自立为王。凡是项王军队经过的地方都遭到了蹂躏和破坏，天下的人们都很怨恨他们，百姓也不愿归附他们，只不过是迫于威势，勉强服从他们罢了。名义上虽为霸王，实际上已失去了民心。所以说他的强大很容易就会削弱。现在大王果能反其道而行之，任用天下勇敢善战的人，有什么敌人能不被诛灭呢？把天下的城邑封给有功之臣，那还有什么人会不服从你呢？率领正义之师，顺从思乡东归将士的心愿向东进军，还有什么人会不被打败呢？况且分封在秦地的三个王都是秦国的旧将，他们已经率领秦国子弟出来作战好几年了，他们中间被杀死的和逃亡的人不计其数，又欺骗了他们的部下投降了诸侯，到了新安，项王用欺诈的手段坑杀了秦国的降兵二十余万，唯独章邯、司马欣、董翳三人没有被杀，秦国的父老兄弟们怨恨这三个人，而且恨之入骨。现在项羽倚仗威势强封这三人为王，秦地的百姓并不拥护他们。大王入武关时，秋毫无犯，废除了秦国的苛刻刑法，并且和秦地的百姓约法三章，秦地的百姓没有一个不希望大王在秦地做王的。根据当初众诸侯的约定，大王当在关中为王，关中的百姓也都知道这件事，可是大王失掉了应得的封爵而入汉中，秦地的百姓没有不怨恨的。现在大王举兵东进，三秦之地只要发一道檄文就可安定。”汉王听了非常高兴，自己也认为与韩信相见恨晚。于是听从了韩信的计策，部署了各位将领作战的计划。

八月，汉王举兵东出陈仓，〔1〕定三秦。汉二年，〔2〕出关，收魏、河南，〔3〕韩、殷王皆降。〔4〕合齐、赵共击楚。〔5〕四月，至彭城，汉兵败散而还。信复收兵与汉王会荥阳，〔6〕复击破楚京、索之间，〔7〕以故楚兵卒不能西。

【注释】〔1〕“八月”，指汉元年（公元前二〇六年）八月。“陈仓”，秦县名，治所在今陕西省宝鸡市东。〔2〕“汉二年”，即公元前二〇五年。〔3〕“魏”，指魏王豹，魏公子宁陵君咎之弟。陈胜攻占魏地，立咎为魏王。后咎被秦将章邯打败自杀。豹又再起，收复魏地，继立为魏王。项羽分封诸侯，自己想占有魏地，便徙封豹为西魏王，建都平阳，引起魏豹的不满，终于背楚归汉。事详《史记》、《汉书》本传。“河南”，指河南王申阳。申阳原为项羽将领，汉二年投降刘邦。申阳的封地在黄河以南，所以称“河南王”。〔4〕“韩”，指韩王郑昌。郑昌原为吴县县令，后项羽封他为韩王，以抗拒汉军。至此降汉。“殷王”，指殷王司马卬。司马卬原为赵国将领，项羽封他于殷商旧地，故名。都朝歌（今河南省淇县东北）。至此降汉。〔5〕“齐”，指齐王田广。汉二年三月，项羽北进攻打齐国，田荣（田广之父）与项羽战于城阳（今山东省鄄城县东），田荣兵败，被平原（今山东省平原县西南）的百姓所杀。后齐降服于楚，后齐又叛楚，田荣的弟弟田横立田广为齐王。事见本书《高祖本纪》。“赵”，指赵王歇。赵歇为赵国贵族的后裔，曾被张耳、陈余立为赵王。项羽封张耳为常山王，赵歇被徙封为代王。后陈余联合田荣赶走了张耳，重新立赵歇为赵王。〔6〕“荥阳”，古县名，在今河南省荥阳县东北。〔7〕“京”，古地名，在今河南省荥阳县东南。“索”，古城名，在今河南省荥阳县境。

【译文】八月，汉王起兵从陈仓出发向东进军平定了三秦之地。汉二年，出函谷关，收服了魏王豹、河南王申阳，韩王、殷王也都投降了汉王。于是汉王联合了齐、赵共同攻打楚军。四月，到了彭城，汉王被击溃而还。韩信把溃散的士兵集中起来和汉王会师荥阳，又向楚军发起进攻，在京、索之间打败了楚军，因此楚军终不能向西进攻。

汉之败却彭城，塞王欣、翟王翳亡汉降楚，齐、赵亦反汉与楚和。六月，魏王豹谒归视亲疾，[1]至国，即绝河关反汉，[2]与楚约和。汉王使郦生说豹，[3]不下。其八月，以信为左丞相，[4]击魏。魏王盛兵蒲坂，[5]塞临晋，[6]信乃益为疑兵，陈船欲度临晋，[7]而伏兵从夏阳以木罂缻渡军，[8]袭安邑。[9]魏王豹惊，引兵迎信，信遂虏豹，定魏为河东郡。[10]汉王遣张耳与信俱，[11]引兵东，北击赵、代。[12]后九月，破代兵，禽夏说阏与。[13]信之下魏破代，汉辄使人收其精兵，诣荥阳以距楚。

【注释】〔1〕“谒归”，请假回家。事详本书《高祖本纪》。〔2〕“河关”，即临晋关，在今陕西省大荔县黄河西岸，关下有黄河渡口。〔3〕“郦生”，即郦食其，高阳人。家贫好学，六十多岁始见刘邦，为刘邦赏识，于是成为刘邦的谋臣之一，常奉命出使诸侯。楚汉战争中，他游说齐王投降汉王，因韩信趁机攻击齐国，齐王以为受了他的欺骗，将他烹杀。事详本书《郦生列传》。〔4〕“左丞相”，官名，主持尚书台，监察百官。此处乃虚衔，实不任其职。〔5〕“蒲坂”，秦县名，治所在今山西省永济县西蒲州镇。〔6〕“临晋”，即临晋关，亦称河关。〔7〕“度”，通“渡”。〔8〕“夏阳”，秦县名。治所在今陕西省韩城县南。〔9〕“安邑”，在今山西省夏县西北。当时为河东重镇。〔10〕“河东郡”，秦郡名，辖境在今山西省沁水县以

西，霍山以南地区，治所安邑（今山西省夏县西北）。〔11〕“张耳”，大梁（今河南省开封市）人，曾为信陵君门客，魏亡后，参加了陈胜领导的起义军，与陈余请兵北略赵地，先后拥立武臣、赵歇为赵王，自任丞相。项羽封他为常山王，后归附刘邦，封为赵王。汉五年卒。事详《史记》、《汉书》本传。〔12〕“赵”，指赵王赵歇。“代”，指代王陈余。陈余，大梁（今河南省开封市）人，战国末与张耳同为魏国游士。陈胜起义后，他和张耳从武臣北定赵地，武臣为赵王，他任大将军。后与张耳绝交，因张耳受项羽封为常山王，他愤激不平，击走张耳，占据赵地，自立为代王。后汉军北进，他兵败，为韩信所杀。事详《史记》、《汉书》本传。〔13〕“夏说”，陈余为代王时夏说为代相。“阏与”，古地名，战国时韩邑，后属赵。在今山西省和顺县西北。

【译文】汉王在彭城被打败以后，塞王司马欣、翟王董翳叛汉降楚，齐、赵二国也反汉与楚联合。六月，魏王豹请假回家探望有病的亲人，一到自己的封国，马上就封锁了黄河渡口和临晋关的交通，反叛汉王，与楚订约讲和。汉王派郦生去劝说魏豹，魏豹没有被说服。这年八月，汉王任命韩信为左丞相并率兵攻打魏王。魏王在蒲坂布置了重兵把守，封锁了临晋关。于是韩信也布置了疑兵，故意摆开了船只，做出要渡临晋关的样子，而伏兵却从夏阳用木制的罂浮水渡过黄河，偷袭了魏都安邑。魏王豹听了大吃一惊，于是领兵迎击韩信，结果魏王豹被韩信所俘虏，从此平定了魏地，设为河东郡。汉王又派遣张耳与韩信一起领兵东进，然后又向北攻打赵国和代国。后九月，打败了代国的军队，在阏与捉住了夏说。韩信攻下魏国、打败代国之后，汉王就派人调回了他的精锐部队，又开赴荥阳去抵御楚军去了。

信与张耳以兵数万，欲东下井陉击赵。〔1〕赵王、成安君陈余闻汉且袭之也，〔2〕聚兵井陉口，号称二十万。广武君李左车说成安君曰：〔3〕“闻汉将韩信涉西河，虏魏王，禽夏说，新喋血阏与，〔4〕今乃辅以张耳，议欲下赵，此乘胜而去国远斗，其锋不可当。臣闻千里馈粮，士有饥色，樵苏后爨，〔5〕师不宿饱。今井陉之道，车不得方轨，骑不得成列，行数百里，其势粮食必在其后。愿足下假臣奇兵三万人，从间道绝其辎重；〔6〕足下深沟高垒，坚营勿与战。彼前不得斗，退不得还，吾奇兵绝其后，使野无所掠，不至十日，而两将之头可致于戏下。愿君留意臣之计。否，必为二子所禽矣。”〔7〕成安君，儒者也〔8〕，常称义兵不用诈谋奇计，曰：“吾闻兵法十则围之，倍则战。〔9〕今韩信兵号数万，其实不过数千。能千里而袭我，亦已罢极。今如此避而不击，后有大者，何以加之！则诸侯谓吾怯，而轻来伐我。”不听广武君策，广武君策不用。

【注释】〔1〕“井陉”，即井陉关，太行八隘之一，在今河北省井陉西北。〔2〕“成安君”，秦末，赵封陈余为成安君。〔3〕“广武君李左车”，赵国的谋士。姓李名左车，广武君是他的封号。〔4〕“西河”，古称西部地区南北流向的黄河为西河。这里指今山西、陕西交界处临晋以东的一段。“喋”，通“蹀”，“喋血”，形容杀人很多，流血遍地。〔5〕“樵”，指打柴。“苏”，指打草。“爨”，音 cuàn，指生火做饭。〔6〕“辎重”，泛指一切军用物资。如武器粮草等。〔7〕“禽”，通“擒”。〔8〕“儒者”，此处指迂腐不能变通的人。〔9〕“十则围之，倍则战”，语出《孙子兵法·谋攻篇》，而文稍有不同。

【译文】韩信和张耳率领了几万军队准备东下井陉关去攻打赵国。赵王、成安君陈余听说汉军将要来袭击他们，就在井陉关聚集了号称二十万的兵力。广武君李左车劝成安君说：“听说汉将韩信渡过西河俘虏了魏王，活捉了夏说，又血战阏与，现在又以张耳为帮手，企图攻下赵国，这是乘胜出国远征，其势锐不可当。我听说从千里之外运送粮饷（来供士兵食用），士兵就要有挨饿的危险，到吃饭时才去打柴烧火做饭，部队就有吃不饱的危险。现在井陉的道路车不能并行，马不能成列，在这种情况下行军几百里，粮饷必然要落在军队的后面。希望您暂时借给我精兵三万，从小道去拦截他们的武器粮饷，您在这里深挖战壕，高筑营壁，坚守阵地，不要和他们交战。这样使他们前不能进攻，后不能退还，我率领奇兵截断他们的后路，使他们在野外一点东西都抢不到，如此不出十日，两将的首级就能献到你的帐前。希望您能考虑我的计策。如果不这样做，我们必然会被他两人所捉获。”成安君是个迂腐的书生，经常说义兵不用诈谋奇计，他回答说：“我听兵法书上是这样讲的：兵力是敌人的十倍就包围他，是敌人的一倍就和他交战。现在韩信的兵号称数万，其实不过数千。他们敢涉千里来袭击我们，（等来到这里时，他们的兵力）也就精疲力竭了。像现在这样的兵力我们都避而不击，以后如有更强大的敌人前来，又用什么方法去战胜他们呢？（如果照你说的做，）各诸侯就会认为我们胆怯，而轻易地来攻打我们。”因此没有采纳广武君的计策。

韩信使人间视，[1]知其不用，还报，则大喜，乃敢引兵遂下。未至井陉口三十里，止舍。夜半传发，选轻骑二千人，人持一赤帜，从间道萆山而望赵军，[2]诫曰：“赵见我走，必空壁逐我，若疾入赵壁，拔赵帜，立汉赤帜。”令其裨将传飧，[3]曰：“今日破赵会食！”诸将皆莫信，详应曰：[4]“诺。”谓军吏曰：“赵已先据便地为壁，且彼未见吾大将旗鼓，未肯击前行，恐吾至阻险而还。”信乃使万人先行，出，背水陈。[5]赵军望见而大笑。平旦，信建大将之旗鼓，鼓行出井陉口，赵开壁击之，大战良久。于是信、张耳详弃鼓旗，走水上军。水上军开入之，复疾战。赵果空壁争汉鼓旗，逐韩信、张耳。韩信、张耳已入水上军，军皆殊死战，不可败。信所出奇兵二千骑，共候赵空壁逐利，则驰入赵壁，皆拔赵旗，立汉赤帜二千。赵军已不胜，不能得信等，欲还归壁，壁皆汉赤帜，而大惊，以为汉皆已得赵王将矣，兵遂乱，遁走，赵将虽斩之，不能禁也。于是汉兵夹击，大破虏赵军，斩成安君泜水上，[6]禽赵王歇。

【注释】〔1〕“间”，音 jiàn。“间视”，暗中监听，侦探。〔2〕“萆”，音 bì，通“蔽”。“萆山”，在山上隐蔽。〔3〕“裨将”，副将。主将的副官、助手之类。“裨”，助，副。〔4〕“详”，通“佯”。〔5〕“陈”，同阵。〔6〕“泜水”，“泜”音 chí。泜水即今槐河，源出今河北省赞皇县西南，东流经元氏县南至宁晋县南，折南入滏阳河。

【译文】韩信派人暗中去侦察，得知广武君的计策未被采用，密探回来报告韩信，韩信听了非常高兴，于是才敢率兵进入井陉狭道。在距离井陉口还有三十里的地方停下来休息。半夜，传令军中，准备出发，选出二千轻装的骑兵，每人拿一面红旗，从小道前进，隐蔽在山里窥望赵军，并告诫士兵们说：“赵军看见我们逃跑，一定会倾巢出来追赶我们，（在这个时候）你们快速冲进赵军营地，拔掉赵军的旗帜，立起汉军的红旗。”同时下令让副将先给士兵们吃点食物，说：“今日打败赵军后会餐。”各位将领都有点不大相信，只好假装答应说：“遵命。”韩信又对军官们说：“赵军已经先占据了有利的地势扎下营垒，而且在他们没有看见我军的大将旗鼓时是不会出来攻打我们的先头部队的，怕我们到了山路险狭的地方会退回来。”韩信于是派了一万人作为先遣部队，出了井陉口就背靠河水排开阵势。赵军看到以后便大笑不已。天刚亮的时候，韩信树起大将旗帜，大吹大擂地开出井陉口，此时赵军开营出击汉军，两军鏖战了很久。在这个时候，韩信、张耳假装战败，丢弃了旗鼓逃回了河边的阵地。河边的部队打开营垒让他们进去，然后又和赵军大战一场。赵军果然倾巢而出争相掠夺汉军的旗鼓，追逐韩信、张耳。韩信、张耳已经回到河边的军营里，全军将士殊死作战，赵军无法打败。韩信派出的二千奇兵在等到赵军倾巢出来争夺战利品时冲入了赵军的军营，拔掉了赵军的全部旗帜，插起了二千面汉军的红旗。赵军已无法打败汉军，也不能抓到韩信等人，想收兵回营，但发现军营里已全部插起了汉军的红旗，因此大为惊慌，认为汉军已经全部俘虏了赵军的将领，于是队伍大乱，士兵们也纷纷逃跑，赵军将领虽然斩杀了不少逃兵，但仍然阻止不了。在这时汉军两面夹攻，大破赵军，并俘虏了大批人马，在泜水上斩杀了成安君陈余，抓获了赵王歇。

信乃令军中毋杀广武君，有能生得者购千金。于是有缚广武君而致戏下者，信乃解其缚，东乡坐，西乡对，师事之。[1]

【注释】〔1〕“东乡坐，西乡对，师事之”，“乡”同“向”。古代事师之礼，师东向坐，弟子西向坐。汉初礼以东向为尊。

【译文】韩信传令军中不要杀死广武君，如果能有人活抓住广武君，重赏千金。于是有人捆着广武君送到了韩信的指挥部来，韩信解开了捆绑，请他面东而坐，自己却面西而坐，用对待老师一样的礼节来对待他。

诸将效首虏，毕贺，因问信曰："兵法右倍山陵，前左水泽，〔1〕今者将军令臣等反背水陈，曰破赵会食，臣等不服。然竟以胜，此何术也？"信曰："此在兵法，顾诸君不察耳。兵法不曰'陷之死地而后生，置之亡地而后存'？〔2〕且信非得素拊循士大夫也，〔3〕此所谓'驱市人而战之'，〔4〕其势非置之死地，使人人自为战；今予之生地，皆走，宁尚可得而用之乎！"诸将皆服曰："善。非臣所及也。"

【注释】〔1〕"右倍山陵，前左水泽"，语出《孙子兵法·行军篇》而少异。"倍"，通"背"。〔2〕"陷之死地而后生，置之亡地而后存"，语出《孙子兵法·九地篇》。〔3〕"拊"，通抚。抚慰。"循"，顺从。"拊循"，这里引申为教养、训练士兵使之服从调配。"士大夫"，这里指一般将士。〔4〕"驱市人而战之"，语亦见《吕氏春秋·简选篇》，盖为当时流行的一句成语。"市人"，本指街市上的老百姓。此处指没有受过训练的士兵。

【译文】诸将领来向韩信呈献首级和俘虏，完了之后都向韩信表示祝贺，有人因此问韩信说："兵法上说布置阵地要右背山陵，左对川泽，如今将军反而命令我们背水列阵，还说打败赵军后会餐，当时我们都不敢信服。然而竟取得了胜利，这是什么战术呢？"韩信说："这在兵法上也是有的，只是你们没有细看罢了。兵法上不是说'陷之死地而后生，置之亡地而后存'吗？我韩信没有能得到素有训练而且能服从调动的将士，这就像所说的'赶着街上的百姓去作战'一样，在这种情况下只有置之死地，使每个人都主动去奋力作战。如果今天把他们置于能死里逃生的地方，那将会全部逃走，怎么还可以用他们去作战呢？"各位将领都佩服地说："非常正确。这是我们所想不到的。"

于是信问广武君曰："仆欲北攻燕，〔1〕东伐齐，何若而有功？"广武君辞谢曰："臣闻败军之将不可以言勇，亡国之大夫不可以图存。今臣败亡之虏，何足以权大事乎！"信曰："仆闻之，百里奚居虞而虞亡，〔2〕在秦而秦霸，非愚于虞而智于秦也，用与不用，听与不听也。诚令成安君听足下计，若信者亦已为禽矣。以不用足下，故信得侍耳。"〔3〕因固问曰："仆委心归计，愿足下勿辞。"广武君曰："臣闻智者千虑，必有一失；愚者千虑，必有一得。故曰‘狂夫之言，[4]圣人择焉’。顾恐臣计未必足用，愿效愚忠。夫成安君有百战百胜之计，一旦而失之，军败鄗下，[5]身死泜上。今将军涉西河，虏魏王，禽夏说阏与，一举而下井陉，不终朝破赵二十万众，诛成安君。名闻海内，威震天下，农夫莫不辍耕释耒，褕衣甘食，[6]倾耳以待命者。若此，将军之所长也。然而众劳卒罢，其实难用。今将军欲举倦獘之兵，顿之燕坚城之下，欲战恐久力不能拔，情见势屈，[7]旷日粮竭，而弱燕不服，齐必距境以自彊也。[8]燕齐相持而不下，则刘项之权未有所分也。若此者，将军所短也。臣愚，窃以为亦过矣。故善用兵者不以短击长，而以长击短。”韩信曰：“然则何由？”广武君对曰：“方今为将军计，莫如案甲休兵，镇赵抚其孤，百里之内，牛酒日至，以飨士大夫醳兵，北首燕路，而后遣辩士奉咫尺之书，[9]暴其所长于燕，燕必不敢不听从。燕已从，使喧言者东告齐，[10]齐必从风而服，虽有智者，亦不知为齐计矣。如是，则天下事皆可图也。兵固有先声而后实者，此之谓也。”韩信曰：“善。”从其策，发使使燕，燕从风而靡。[11]乃遣使报汉，因请立张耳为赵王，以镇抚其国。汉王许之，乃立张耳为赵王。

【注释】〔1〕“仆”，第一人称代词“我”的谦称。〔2〕“百里奚”，人名，氏百里，名奚（或作傒）。一说百氏，字里，名奚。春秋时虞国人，曾任虞国大夫。虞亡时被晋俘去，作为陪嫁之臣送入秦国。后出走到楚，为楚人所执，又被秦穆公以五张羊皮赎回，任为大夫，故又称“五羖大夫”。后来与蹇叔、由余等共同帮助秦穆公建立霸业，使秦穆公成为当时的五霸之一。“虞”，古国名，周文王时建立的诸侯国，姬姓，开国君主是古公亶父之子虞仲的后代。故址在今山西省平陆县北。公元前六五五年晋国假道攻虢时被晋所灭。〔3〕“侍”，陪侍。这里韩信不说广武君被浮，反而说自己得以陪侍他，以表示对广武君的敬重。〔4〕“狂夫”，指没有见识的妄人。与圣人相对。〔5〕“鄗”，音 hào，古地名，故址在今河北省柏乡县北。〔6〕“褕”，音 yú。“褕衣”，美好的衣服。“甘食”，香甜的食物。〔7〕“见”，同“现”。〔8〕“距”，通“拒”。“彊”，同“强”。〔9〕“咫”，音 zhǐ，古代八寸为咫。〔10〕“喧言者”，指辩士或说客。〔11〕“靡”，倒下。这里引申为投降。

【译文】于是韩信问广武君说：“我准备向北攻打燕国，向东讨伐齐国，怎么做能获得成功呢？”广武君谦让地说：“我听说打了败仗的将军是没有资格来谈论勇敢作战的，亡了国的士大夫是没有资格来谈论国家的长治久安的。现在我是个兵败国亡的俘虏，怎么能配和您一起来商讨国家的大事呢？”韩信说：“我听说百里奚在虞而虞亡国，在秦而秦称霸，这并不是他在虞国时就愚蠢而在秦国时就聪明，而是在于国君能不能任用他，能不能听从他的计策。如成安君真地听了你的计策，像我韩信这样的人也早已被俘虏了。正因为成安君没能采纳你的意见，所以我韩信才能在此侍奉你。”因此韩信又坚决地问说：“我全心听从你的计策，希望你不要推辞。”广武君说：“我听说智者千虑，必有一失；愚者千虑，必有一得。所以说即使是狂人之言，圣人也可以选择采纳。只恐怕我的计策未必能用，但我愿意献出愚忠。成安君本来有百战百胜的计谋，但一次失策，全军溃败于鄗城之下，自己也死于泜水之上。如今将军渡过西河，俘虏了魏王，在阏与活捉了夏说，一举攻下井陉，不到一个上午就击破了二十万赵军，杀死了成安君。名闻海内，威震天下，农夫们都放下了农具，停止了耕作，穿好的吃好的，侧耳等候你的命令。像这些，都是将军的长处。然而民众劳苦，士卒疲乏，实在是难以继续驱使。现在将军打算用这些疲惫劳乏的士兵驻扎在燕国坚固的城池之下，想打又恐怕时间久了攻不下来，真情一暴露，形势就要被动，时间拖长了，粮草就会用完，弱小的燕国不肯降服，齐国就一定会拒守边境以图自强。与燕国、齐国僵持不下，那么刘邦、项羽的胜负就不能分明。像这些就是将军的不足之处。我见识浅薄，鄙意以为这样做是错误的。所以善用兵的人不以自己的短处去击敌人的长处，而是以自己的长处去击别人的短处。”韩信说：“那么应当怎么办呢?”广武君回答说：“现在为将军考虑，不如按兵不动，留守在赵国，抚恤阵亡将士的遗孤，这样做，百里之内的百姓就会每天拿着牛肉美酒来犒劳将士。然后你就向着北方燕国的道路布置军队，再派说客拿着书信送给燕国，把您的长处给燕国讲清楚，燕国一定不敢不听从。燕国降服了之后，您再派说客向东去告诉齐国，齐国也一定会闻风而服，虽然有再聪明的人也不知为齐国出什么计策好。这样一来，争取天下的大事就可以考虑了。用兵之道本来就有先虚而后实的，我说的就是这个道理。”韩信说：“很好。”于是听从了广武君的计策，派人出使燕国，燕国闻风而降。于是又派人报告汉王，因而请立张耳为赵王来安抚赵国。汉王同意了这个意见，立张耳为赵王。

楚数使奇兵渡河击赵，赵王耳、韩信往来救赵，因行定赵城邑，发兵诣汉。楚方急围汉王于荥阳，汉王南出，之宛、叶间，〔1〕得黥布，〔2〕走入成皋，〔3〕楚又复急围之。六月，汉王出成皋，东渡河，独与滕公俱，从张耳军修武。〔4〕至，宿传舍。晨自称汉使，驰入赵壁。张耳、韩信未起，即其卧内上夺其印符，以麾召诸将，易置之。信、耳起，乃知汉王来，大惊。汉王夺两人军，即令张耳备守赵地，拜韩信为相国，收赵兵未发者击齐。

【注释】〔1〕“宛”，音 yuān。古县名。战国时楚邑，秦昭襄王置县，治所在今河南省南阳市。“叶”，古邑名，在今河南省叶县南。春秋时为楚地，公元前五七六年楚迁许灵公于此，为楚国附庸。战国时秦昭襄王十五年（公元前二九二年）取叶后，又名叶阳。〔2〕“黥布”，本

名英布，六县（今安徽省六安县）人。曾坐法黥面，输骊山，故又称黥布。秦末，率骊山徒起义，属项羽，作战常为前锋，封九江王。楚汉战争中归汉，封淮南王，从刘邦击灭项羽于垓下（今安徽省灵璧南）。汉初，以彭越、韩信相继为刘邦所杀，因举兵反，战败逃江南，被长沙王（吴芮子成王臣）诱杀。〔3〕“成皋”，古邑名，在今河南省荥阳县汜水镇。春秋郑国虎牢，后改成皋，战国属韩。〔4〕“修武”，古地名，在今河南省获嘉县境内。

【译文】楚军曾多次派遣奇兵渡过黄河来攻打赵国，赵王张耳、韩信经常往来救赵，把所经过的赵地城邑都平定下来，又派兵支援汉王。这时楚军正在荥阳包围了汉王，汉王从南面逃出，到了宛、叶两地之间，收服了黥布，又直奔成皋，楚军又很快地包围了他。六月，汉王逃出成皋，向东渡过了黄河，只和滕公一起投奔到驻扎在修武的张耳军下。到了以后，住在传舍中。第二天早晨，他自称是汉王的使者，骑着马进入赵军的军营中。这时张耳、韩信还没有起床，就从他们的卧室里夺走了他们的印符，用军旗召集来诸将，调整了他们的职务。韩信、张耳起来以后，才得知汉王已经来过，大为吃惊。汉王夺取了两人统率的军队，并命令张耳留守赵地，任韩信为相国，召集起赵国那些没有派往荥阳的军队一起去进攻齐国。

信引兵东，未渡平原，〔1〕闻汉王使郦食其已说下齐，韩信欲止。范阳辩士蒯通说信曰：〔2〕“将军受诏击齐，而汉独发间使下齐，〔3〕宁有诏止将军乎？何以得毋行也！且郦生一士，伏轼掉三寸之舌，〔4〕下齐七十余城，将军将数万众，岁余乃下赵五十余城，为将数岁，反不如一竖儒之功乎？”〔5〕于是信然之，从其计，遂渡河。齐已听郦生，即留纵酒，罢备汉守御。信因袭齐历下军，〔6〕遂至临菑。〔7〕齐王田广以郦生卖己，乃亨之，〔8〕而走高密，〔9〕使使之楚请救。韩信已定临菑，遂东追广至高密西。楚亦使龙且将，〔10〕号称二十万，救齐。

【注释】〔1〕“平原”，指黄河平原津，在今山东省平原县南。〔2〕“范阳”，秦县名，因在范水之北面得名。治所在今河北省定兴县南固城镇。“蒯通”，范阳人，本名蒯彻，因避汉武帝讳而改“彻”为“通”，是秦、汉时有名的辩士。陈胜起义后，派武臣进取赵地，他说范阳令徐公归降，武臣不战而得赵地三十余城。后又说韩信取齐地，并劝韩信背叛刘邦自立。惠帝时为丞相曹参宾客。著有《隽永》八十一篇，《汉书·艺文志》纵横家有《蒯子》五篇，今佚。又本《传》下文称蒯通为齐人，《汉书》颜师古注认为“通本燕人，后游于齐”，据清人钱大昕、梁玉绳、王骏图等人考证，“范阳”乃齐地东郡之范县（在今山东省范县东南），可备一说。〔3〕“间使”，即离间敌人的说客。〔4〕“伏轼”，凭轼，意谓乘车。“轼”，是车前隆起的横木。“掉”，摇动，这里是摇唇鼓舌的意思。〔5〕“竖儒”，蔑视读书人的称呼。“竖”犹言“这小子”，是骂人的话。〔6〕“历下”，古邑名，春秋战国时齐地，在今山东省济南市西。因面对历山，城在山下而得名。〔7〕“临菑”，古邑名，亦作“临甾”、“临淄”，以城临菑水而得名，故址在今山东省淄博市东北旧临菑。〔8〕“亨”，通“烹”，古代的一种酷刑，即用水或油将人活活煮死。〔9〕“高密”，古邑名，故址在今山东省高密县西南。〔10〕“龙且”，齐国人，项羽的骁将，后被韩信所杀。“且”，音jū。

【译文】韩信引兵东进，还没有从平原津渡过黄河，就听说汉王已经派郦食其说服了齐王，韩信打算停止前进。范阳辩士蒯通劝韩信说：“将军是受命攻打齐国的，而汉王只是派了个密使去说服了齐王，难道有命令停止将军进军吗？怎么可以停止前进呢？况且郦生只是一个辩士，坐着车子靠摆弄三寸不烂之舌竟说下齐国七十多个城邑，将军率领着数万军队，一年多才攻下赵国五十多个城邑，做了几年的将军反不如一个小小书生的功劳？”于是韩信认为他讲得正确，听从了他的计策，继续渡过了黄河向齐国进军。这时齐王已接受了郦生的劝说，并留他开怀畅饮，撤除了防御汉军的守备。韩信乘机攻下了齐国驻扎在历下的军队，接着打到了临菑。齐王田广以为郦生出卖了自己，于是烹杀了郦生，而后逃往高密，并派使者到楚王那里请求援救。韩信平定了临菑以后，接着向东追击田广，一直追到高密的西边。这时楚王也派了龙且为将军，率领着号称二十万的大军前来救齐。

齐王广、龙且并军与信战，未合。人或说龙且曰：“汉兵远斗穷战，其锋不可当。齐、楚自居其地战，兵易败散。不如深壁，令齐王使其信臣招所亡城，亡城闻其王在，楚来救，必反汉。汉兵二千里客居，齐城皆反之，其势无所得食，可无战而降也。”龙且曰：“吾平生知韩信为人，易与耳。且夫救齐不战而降之，吾何功？今战而胜之，齐之半可得，何为止！”遂战，与信夹潍水陈。[1]韩信乃夜令人为万余囊，满盛沙，壅水上流，引军半渡，击龙且，详不胜，还走。龙且果喜曰：“固知信怯也。”遂追信渡水。信使人决壅囊，水大至。龙且军大半不得渡，即急击，杀龙且。龙且水东军散走，齐王广亡去。信遂追北至城阳，[2]皆虏楚卒。

【注释】〔1〕“潍水”，即潍河，在今山东省东部。发源于五莲县西南箕屋山，北流至昌邑县鱼儿铺入莱州湾。〔2〕“北”，通败。“城阳”，古县名，一作“成阳”，治所在今山东省鄄城县境。

【译文】齐王田广、龙且两军联合起来和韩信作战，还未交锋，有人劝龙且说：“汉军远征奋战，其锋不可阻挡。齐、楚两军在自己的国土上作战，士兵容易溃散。不如深沟高垒，让齐王派他的亲信大臣去招抚丢失的城邑，被丢失的城里官民听说自己的国王还在，又有楚军来援救，一定会反叛汉军，汉军远居二千里之外的异国他乡，齐国城邑里的百姓都反对他们，势必没有地方可以得到粮食，这样就可以使汉军不战而降。”龙且说：“我平素深知韩信的为人，是很容易对付的。况且我来救齐，不战而使汉军投降，那我还有什么功劳呢？现在我经过战斗而取胜于汉军，就可以得到齐国的一半土地，为什么要停止作战呢？”于是决定交锋，与韩信的部队隔着潍水摆开了阵势。韩信于是派人连夜做了一万多个袋子，装满了沙子，堵住了潍水的上游，然后领着一半人马渡河袭击龙且，韩信假装战败后撤。龙且果然高兴地说：“我本来就知道韩信胆子小。”于是领兵渡过潍水追击韩信。韩信派人打开了堵水的沙袋，大水一涌而至。龙且的军队大半还没有渡过潍水，韩信立即下令反击，杀死了龙且。在潍水东岸的龙且军队四处逃散，齐王田广也逃跑了。韩信于是追击败兵直至城阳，全部俘虏了楚军士卒。

汉四年，〔1〕遂皆降平齐。使人言汉王曰：“齐伪诈多变，反覆之国也，南边楚，〔2〕不为假王以镇之，〔3〕其势不定。愿为假王便。”当是时，楚方急围汉王于荥阳，韩信使者至，发书，汉王大怒，骂曰：“吾困于此，旦暮望若来佐我，乃欲自立为王！”张良、陈平蹑汉王足，〔4〕因附耳语曰：“汉方不利，宁能禁信之王乎？不如因而立，善遇之，使自为守。不然，变生。”汉王亦悟，因复骂曰：“大丈夫定诸侯，即为真王耳，〔5〕何以假为！”乃遣张良往立信为齐王，征其兵击楚。

【注释】〔1〕“汉四年”，即公元前二〇三年。〔2〕“边”，靠近，连接。〔3〕“假王”，暂署之王。〔4〕“张良”，字子房，相传为城父（今安徽省亳县东南）人，韩国贵族后裔。秦灭韩后，他曾图谋恢复韩国，结交刺客，在博浪沙（今河南省原阳县东南）狙击秦始皇未中。在秦末农民起义中，聚众归属刘邦，后成为刘邦的重要谋臣，帮助刘邦统一天下。汉立，封为留侯。事详本书《留侯世家》。“陈平”，阳武（今河南省原阳县）人。陈胜起义，他投奔魏王咎为太仆。后从项羽入关，任都尉。后归刘邦，任护军中尉，是刘邦的重要谋臣之一，帮助刘邦统一天下，被封为曲逆侯。惠帝时任左丞相，吕后时任右丞相，文帝时任丞相。事详《史记》、《汉书》本传。〔5〕“真王”，正式受封的王。对临时暂署的假王而言。

【译文】汉四年，韩信全部降服和平定了齐国，并派人向汉王上书说：“齐国伪诈多变，是个反复无常的国家，南面又和楚国接壤，如不设置一个代理国王来镇抚他们，其势不可安定。韩信希望做代理国王以便利国家。”当时，楚军正把汉王围困在荥阳，韩信的使者到达以后，呈上信件，汉王打开一看，勃然大怒，骂道：“我被围困在这里，时刻都盼望你来帮我，你却想自立为王。”张良、陈平暗暗地踩了一下汉王的脚，凑近汉王的耳边低声说：“汉军正处境不利，怎么能禁止韩信称王呢？不如因此而立他为王，好好地对待他，使他自守一方。不这样做就会发生变乱。”汉王听了之后也明白过来，因而又骂道：“大丈夫平定了诸侯，就应当立为真王，为什么要做代理国王呢？”于是派张良前往立韩信为齐王，并且征调了他的部队来攻打楚军。

楚已亡龙且，项王恐，使盱眙人武涉往说齐王信曰：[1]“天下共苦秦久矣，相与勠力击秦。秦已破，计功割地，分土而王之，以休士卒。今汉王复兴兵而东，侵人之分，夺人之地，已破三秦，[2]引兵出关，收诸侯之兵以东击楚，其意非尽吞天下者不休，其不知厌足如是甚也。且汉王不可必，身居项王掌握中数矣，项王怜而活之，然得脱，辄倍约，复击项王，其不可亲信如此。今足下虽自以与汉王为厚交，为之尽力用兵，终为之所禽矣。足下所以得须臾至今者，以项王尚存也。当今二王之事，权在足下。足下右投则汉王胜，左投则项王胜。项王今日亡，则次取足下。足下与项王有故，何不反汉与楚连和，参分天下王之？今释此时，而自必于汉以击楚，且为智者固若此乎！”韩信谢曰：“臣事项王，官不过郎中，位不过执戟，[3]言不听，画不用，故倍楚而归汉。汉王授我上将军印，予我数万众，解衣衣我，推食食我，言听计用，故吾得以至于此。夫人深亲信我，我倍之不祥，虽死不易。幸为信谢项王！”

【注释】〔1〕“盱眙”，音 xū yí，秦县名，故址在今江苏省盱眙县境。“武涉”，人名，事迹不详。〔2〕“三秦”，秦亡后，项羽三分秦故地关中，封章邯为雍王，领有今陕西省中部咸阳以西及甘肃省东部地区；司马欣为塞王，领有今陕西省咸阳以东地区；董翳为翟王，领有今陕西省北部地区，合称三秦。〔3〕“郎中”，本传《集解》云：“宿卫执戟之人也。”“执戟”也当是守卫宫禁的武官。

【译文】楚军失去了龙且，项王有些恐慌，于是就派盱眙人武涉去游说齐王韩信说：“天下人受秦王朝的苦已经好久了，大家相约并力击秦。秦王朝被推翻以后，根据功劳的大小划分土地，分立为王，使士兵得到了休息。现在汉王又兴兵东征，侵占别人的封地，攻破三秦之后，又率兵出关，收集了其他诸侯的军队向东攻打楚军，他的意图是不吞并天下不肯罢休，他如此不知满足真是太过分了。况且汉王此人也不一定可信，他的性命曾多次掌握在项王手中，项王可怜他而使他活了下来，然而他一脱险境就背弃盟约，反过来又攻击项王，他不可亲近、不可信赖到如此地步。现在您自认为和汉王交情深厚，为他尽力作战，但终究会被他抓起来的。您所以能够保存性命到今天，是因为项王还存在的缘故。现在二王争夺天下的胜负，关键就在于您。您右靠汉王，汉王就胜利，您左靠项王，项王就胜利。如果项王今日被消灭了，那么其次就轮到您了。您和项王有旧交，为什么不叛背汉朝而和楚国联合，三分天下而自立为王呢？现在您若放弃了这个时机，而一定要帮助汉王来攻打

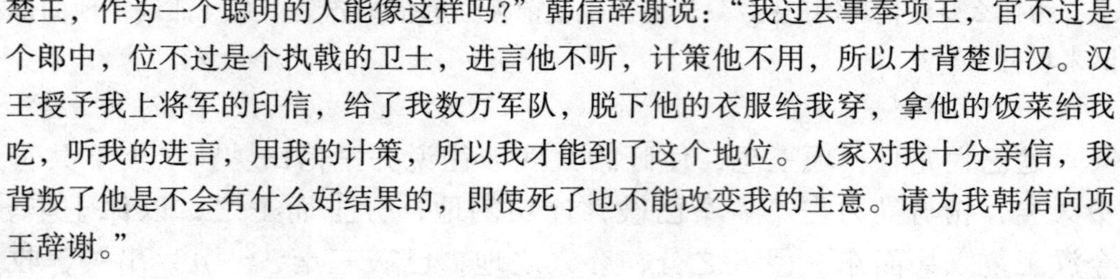
楚王，作为一个聪明的人能像这样吗？”韩信辞谢说：“我过去事奉项王，官不过是个郎中，位不过是个执戟的卫士，进言他不听，计策他不用，所以才背楚归汉。汉王授予我上将军的印信，给了我数万军队，脱下他的衣服给我穿，拿他的饭菜给我吃，听我的进言，用我的计策，所以我才能到了这个地位。人家对我十分亲信，我背叛了他是不会有什么好结果的，即使死了也不能改变我的主意。请为我韩信向项王辞谢。”

武涉已去，齐人蒯通知天下权在韩信，欲为奇策而感动之，以相人说韩信曰：〔1〕“仆尝受相人之术。”韩信曰：“先生相人何如？”对曰：“贵贱在于骨法，〔2〕忧喜在于容色，成败在于决断，以此参之，万不失一。”韩信曰：“善。先生相寡人何如？”对曰：“愿少间。”信曰：“左右去矣。”通曰：“相君之面，不过封侯，又危不安。相君之背，〔3〕贵乃不可言。”韩信曰：“何谓也？”蒯通曰：“天下初发难也，俊雄豪杰建号壹呼，天下之士云合雾集，鱼鳞杂熛，〔4〕遝至风起。〔5〕当此之时，忧在亡秦而已。今楚汉分争，使天下无罪之人肝胆涂地，父子暴骸骨于中野，不可胜数。楚人起彭城，转斗逐北，至于荥阳，乘利席卷，威震天下。然兵困于京、索之间，迫西山而不能进者，〔6〕三年于此矣。汉王将数十万之众，距巩、雒，〔7〕阻山河之险，一日数战，无尺寸之功，折北不救，〔8〕败荥阳，伤成皋，〔9〕遂走宛、叶之间，此所谓智勇俱困者也。夫锐气挫于险塞，而粮食竭于内府，〔10〕百姓罢极怨望，容容无所倚。〔11〕以臣料之，其势非天下之贤圣固不能息天下之祸。当今两主之命县于足下。〔12〕足下为汉则汉胜，与楚则楚胜。臣愿披腹心，输肝胆，效愚计，恐足下不能用也。诚能听臣之计，莫若两利而俱存之，参分天下，鼎足而居，〔13〕其势莫敢先动。夫以足下之贤圣，有甲兵之众，据强齐，从燕、赵，出空虚之地而制其后，因民之欲，西乡为百姓请命，则天下风走而响应矣，孰敢不听！割大弱强，以立诸侯，诸侯已立，天下服听而归德于齐。案齐之故，有胶、泗之地，〔14〕怀诸侯以德，深拱揖让，〔15〕则天下之君王相率而朝于齐矣。盖闻天与弗取，反受其咎；时至不行，反受其殃。愿足下孰虑之。”〔16〕

【注释】〔1〕“相人”，懂相术的人。相术是指观察人的体貌预言命运的一种方术，是古代一种反科学的迷信活动。〔2〕“骨法”，看人体骨骼长相的方术。旧时人们认为人体的骨相可以表现出他一生的贵贱。王充《论衡》有《骨相篇》。〔3〕“相君之背”，此句当是双关语。表面上是说根据韩信的背相可以看出他贵不可言，实际上是说如果韩信能背叛刘邦，其贵才是不可估量的。〔4〕“杂遝”，重集。“遝”，音 tà。〔5〕“熛”，音 biāo，火焰飞腾。楚人谓火之飞起曰熛。〔6〕“西山”，泛指京、索西面的山地。〔7〕“巩”，秦县名，在今河南省巩县西南。“雒”，指洛阳，故址在今河南省洛阳市东北。〔8〕“折北”，败北。〔9〕“伤成皋”，指汉四年（公元前二〇三年）汉王被项王伏弩射伤胸部事。事详见本书《高祖本纪》。〔10〕“内府”，皇室的仓库。〔11〕“容容”，动荡不安的样子。〔12〕“县”，同“悬”。〔13〕“鼎足”，鼎是古代煮东西的器物，有三足。“鼎足”是比喻三分天下，各占一方。〔14〕“胶”，指胶河，在今山东省东部，流经今平度、高密、胶县一带。“泗”，指泗水，在今山东省西南部，流经今泗水、曲阜、济宁一带。〔15〕“深拱揖让”，两手合拱高举，表示谦虚。〔16〕“孰”，同“熟”。

【译文】武涉走了之后，齐国人蒯通知道决定天下局势的关键在于韩信，打算用妙计来感动他，于是就用相人之术来游说韩信说：“我曾学过相人之术。”韩信说：“先生的相术怎么样呢？”蒯通回答说：“人的贵贱在于骨相，忧愁和喜悦在面色，事业的成败在于决断能力，用这三方面的情况加以参酌，万无一失。”韩信说：“好！请先生相一相我看怎么样？”蒯通回答说：“希望（请身边的人退下，）稍给一点空隙（和您单独谈谈）。”韩信说：“左右的人都走开了。”蒯通说：“相您的面，地位不过诸侯，而且还危险不安。相您的背，却贵不可言。”韩信说：“为什么这样说呢？”蒯通说：“天下最初起兵抗秦时，英雄豪杰们自立为王，一声呼唤天下的勇士们像云兴雾涌、鱼鳞一般汇集在一起，快得像火花迸发、大风疾起。在这个时候，人们的忧虑是怎样灭掉秦国罢了。现在楚、汉分争，使天下无罪的百姓惨遭杀戮，父子老小暴尸荒野，不可胜数。楚国人从彭城起兵，转战四方，追击败兵，直到荥阳，乘胜席卷广大地区，威震天下。然而部队被困在京、索之间，被阻于成皋以西的山地不能前进，这样已经三年了。汉王率领着数十万的军队，占据了巩、雒之地，依靠着山河的险要地形，虽然一天打好几仗，却得不到尺寸土地，挫败奔逃，难以自救。在荥阳打了败仗，在成皋被射伤，于是逃到了宛、叶之间，这就是所讲的智勇双全的人也有窘困之日。将士的锐气在险要处受到挫伤，供应粮食的内府空无一粒，老百姓也精疲力竭，怨声载道，动荡不安，无所依存。据我估计，这种情况除非天下的圣贤，别人是平息不了天下的祸乱的。如今两主的命运都掌握在您的手中。您为汉王出力汉王就胜，如帮助楚王楚王就胜。我愿意披肝沥胆，以效愚计，恐怕您不能采纳。如果真能听从我的计策，不如对双方都不损害而使他们共存下来，您和他们三分天下，鼎足而立，在这种形势下谁也不敢先动。凭着您的贤才圣德，又拥有众多的部队，占有强大的齐国，燕、赵的归从，出兵于刘邦、项羽的空虚之地而牵制住他们的后方，顺应老百姓的愿望，向西（阻止刘、项之争，）为百姓请命，那么天下就会闻风响应，谁敢不听！然后分割大国，削弱强国，（重新）封立诸侯，待各诸侯分土立国之后，天下就会归服听命而感恩于齐国。占据齐国的故地，拥有胶、泗一带的地域，再用德惠来安抚诸侯，拱手谦让，那么天下的君王就会相继来朝拜齐国。我听说天赐给的你不取，反会受到祸咎；时机来了你不

去实行，反会受到灾殃。希望您深思熟虑。”

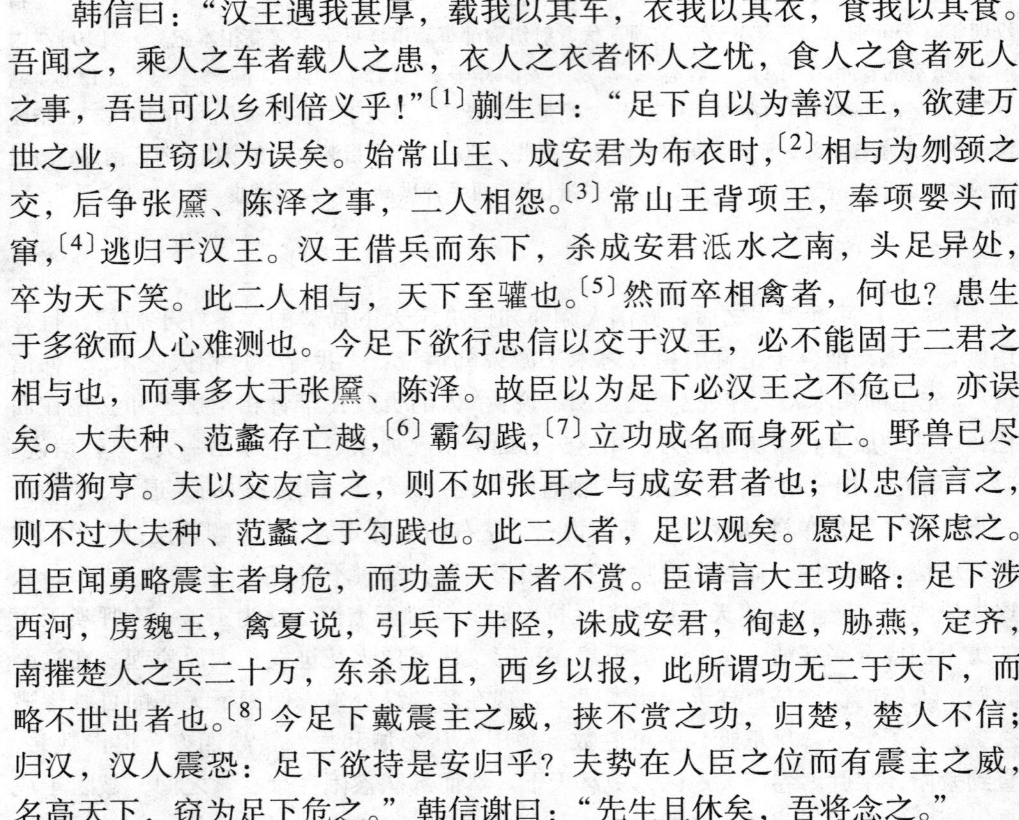

韩信曰：“汉王遇我甚厚，载我以其车，衣我以其衣，食我以其食。吾闻之，乘人之车者载人之患，衣人之衣者怀人之忧，食人之食者死人之事，吾岂可以乡利倍义乎！”〔1〕蒯生曰：“足下自以为善汉王，欲建万世之业，臣窃以为误矣。始常山王、成安君为布衣时，〔2〕相与为刎颈之交，后争张黡、陈泽之事，二人相怨。〔3〕常山王背项王，奉项婴头而窜，〔4〕逃归于汉王。汉王借兵而东下，杀成安君泜水之南，头足异处，卒为天下笑。此二人相与，天下至驩也。〔5〕然而卒相禽者，何也？患生于多欲而人心难测也。今足下欲行忠信以交于汉王，必不能固于二君之相与也，而事多大于张黡、陈泽。故臣以为足下必汉王之不危己，亦误矣。大夫种、范蠡存亡越，〔6〕霸勾践，〔7〕立功成名而身死亡。野兽已尽而猎狗亨。夫以交友言之，则不如张耳之与成安君者也；以忠信言之，则不过大夫种、范蠡之于勾践也。此二人者，足以观矣。愿足下深虑之。且臣闻勇略震主者身危，而功盖天下者不赏。臣请言大王功略：足下涉西河，虏魏王，禽夏说，引兵下井陉，诛成安君，徇赵，胁燕，定齐，南摧楚人之兵二十万，东杀龙且，西乡以报，此所谓功无二于天下，而略不世出者也。〔8〕今足下戴震主之威，挟不赏之功，归楚，楚人不信；归汉，汉人震恐：足下欲持是安归乎？夫势在人臣之位而有震主之威，名高天下，窃为足下危之。”韩信谢曰：“先生且休矣，吾将念之。”

【注释】〔1〕“乡”，通“向”。“倍”，同“背”。〔2〕“常山王”，即张耳。“成安君”，即陈余。见前“张耳”、“陈余”注。〔3〕“后争张黡、陈泽之事，二人相怨”，事见本书《张耳陈余列传》。张耳、陈余曾经结为生死之交，两人一起参加陈胜起义军，一起拥立赵歇为赵王。公元前二〇七年，秦将章邯攻赵，张耳与赵王歇逃往钜鹿城，秦将王离包围了钜鹿城。陈余率领数十万赵军驻扎在钜鹿城北，张耳多次派人催促陈余前往援救，但陈余自度寡不敌众，未敢往救。张耳即派张黡、陈泽去责备陈余，陈余才派出五千人交给张黡、陈泽，让他们去对秦军作试探性的进攻，结果全军覆没。后来项羽攻破钜鹿之后，张耳见到了陈余，责问陈余为何见死不救，并且再三追问张黡、陈泽的下落，怀疑张黡、陈泽为陈余所杀害。陈余一怒之下，交还了将印，离开了张耳，从此两人遂成仇隙。〔4〕“项婴”，项羽派到张耳处的使者，后被张耳所杀。〔5〕“驩”，通欢。〔6〕“大夫种”，姓文名种，字少禽，也作子禽，楚国郢人。大夫是他的官名。春秋时越王勾践的重要谋臣。文种与范蠡同事越王勾践，出计灭吴。后范蠡劝他引退，文种不听。后来有人在越王勾践面前谗言文种将要作乱，勾践赐文种剑，文种自杀。事见本书《越王勾践世家》及《吴越春秋·句践伐吴外传》等。“范蠡”，字少伯，春秋时楚国宛（今河南省南阳县）人。与文种同事越王勾践，越为吴所败时曾赴吴为质二年，回越后助越王勾践刻苦图强，灭亡吴国。后游齐国，称鸱夷子皮，到陶（今山东省定陶西北），改名陶朱公，以经商致富。十九年中治产三致千金，一再分散给贫交和疏远的兄弟，最后老死于陶。事见本书《越王勾践世家》、《货殖列传》。《汉书·艺文志》著录《范蠡》二篇，今佚。〔7〕“勾践”，即越王勾践。春秋时为吴王夫差所战败，困于会稽，屈膝求和。其后卧薪尝胆，发愤图强，十年生聚，十年教训，终于灭掉吴国。又渡淮水，会诸侯，受方伯之命，霸称中国。事详见本书《越王勾践世家》和《国语·越语》。〔8〕“略不出世”，谋略很高明，为世上少有。

【译文】韩信说：“汉王待我十分恩厚，把他的车子给我坐，把他的衣服给我穿，把他的饭食给我吃。我听说，乘别人车子的人要为主人分担患难，穿别人衣服的人要为主人分担忧愁，吃别人饭的人要为主人的事业效死，我怎么能够唯利是图而违背正义呢?”蒯通说：“您自以为对汉王很好，想建立流传万世的功业，我却认为是错误的。当初常山王、成安君还是百姓的时候，互相结为生死之交，后来因为张黡、陈泽的事情发生争执，两人结下怨仇。常山王背叛了项王，提着项婴的头逃跑而投降了汉王。汉王借了他的军队引兵东进，在泜水的南面杀死了成安君，使他头脚分家，终于被天下人所耻笑。这两个人的交情，可以说是天下最好的了，然而最终弄得彼此都想把对方抓获，这是为什么呢？祸患就产生在贪得无厌，而人心又变幻莫测。现在您打算以忠信与汉王交往，（但你们的交情）一定不会比常山王、成安君二人更巩固，（而你们之间的）事情却要比张黡、陈泽的事情更大。所以我认为您过分相信汉王不会危害自己也是错误的。大夫种、范蠡保存了即将灭亡的越国，使越王勾践称霸于诸侯，结果功成名立以后，一个被杀，另一个不得已而逃亡。这就是野兽打尽了猎狗也就烹杀了。以交情友谊而言，您与汉王则不如张耳和成安君；以忠信而言，您与汉王则超不过大夫种、范蠡与勾践。从这两类人的例子，足以使您看清楚了。希望您深思熟虑这个问题。况且我还听说，勇敢和谋略震动君主的人生命就有危险，而功劳超过天下人的人也就无法封赏了。请让我说一说您的功劳和谋略吧：您渡过西河俘虏了魏王，活捉了夏说，率兵攻下了井陉，杀死了成安君，夺取了赵国，迫降了燕国，平定了齐国，南面摧垮了楚国二十万大军，东面杀死了龙且，向西给刘邦报捷，这就是说你的功劳举世无双，而谋略空前绝后。现在您拥有震动君主的威势，持有无法封赏的功劳，归楚，楚人不敢相信，归汉，汉人感到震恐，您持有这样大的功劳打算往哪里归宿呢？从情势上看，您居于臣子的地位而拥有震动君主的威势，名高天下，我为您感到危险。”韩信辞谢说：“先生请不要说了，我将考虑你的意见。”

后数日，蒯通复说曰：“夫听者事之候也，〔1〕计者事之机也，听过计失而能久安者，鲜矣。听不失一二者，不可乱以言；计不失本末者，不可纷以辞。夫随厮养之役者，〔2〕失万乘之权；〔3〕守儋石之禄者，〔4〕阙卿相之位。〔5〕故知者决之断也，〔6〕疑者事之害也，审豪氂之小计，〔7〕遗天下之大数，智诚知之，决弗敢行者，百事之祸也。故曰‘猛虎之犹豫，不若蜂虿之致螫；〔8〕骐骥之跼躅，〔9〕不如驽马之安步；孟贲之狐疑，〔10〕不如庸夫之必至也；虽有舜禹之智，吟而不言，〔11〕不如瘖聋之指麾也’。〔12〕此言贵能行之。夫功者难成而易败，时者难得而易失也。时乎时，不再来。愿足下详察之。”韩信犹豫不忍倍汉，又自以为功多，汉终不夺我齐，遂谢蒯通。蒯通说不听，已详狂为巫。〔13〕

【注释】〔1〕“候”，征候。〔2〕“随”，顺从，引申为安心于。“厮养之役”，指劈柴养马之事。〔3〕“万乘之权”，指君主的权力。古代称天子地方千里，兵车万乘；诸侯地方百里，兵车千乘，故以万乘比喻天子。〔4〕“守”，留恋。“儋”，通担。古代百斤为担，百二十斤为石。“儋石之禄”，指微薄的俸禄。〔5〕“阙”，通“缺”。〔6〕“知”，同“智”。〔7〕“豪氂”，通“毫厘”。〔8〕“虿”，音 chài，蝎子一类的毒虫。“螫”，音 shì，这里指毒刺。〔9〕“跼躅”，音 jú zhú，徘徊不前。〔10〕“孟贲”，古代有名的勇士。《史记·范雎列传集解》引许慎曰：“孟贲，卫人。”《孟子·公孙丑上》注云：“勇士也。”《史记索隐》引《尸子》云：“孟贲水行不避蛟龙，陆行不避兕虎。”〔11〕“吟”，同噤。闭口不言。〔12〕“瘖”，音 yīn，哑人。“麾”，通“挥”。“指麾”，即打手势。〔13〕“巫”，指古代以装神弄鬼为人求福或为人驱病的人。

【译文】过了几天以后，蒯通又劝韩信说：“能够听取意见是事情成功的征兆，能反复考虑是事情成功的关键，听了错误的意见和打错了主意而能长久安全的是少有的。听取别人意见如果错听的不超过一二次，那么别人就不可能用花言巧语来迷惑了他，考虑问题如不会本末倒置，那么别人就不可能用闲言碎语来扰乱了他。安心于做奴仆杂役的人就会失去争取君权的机会，留恋于微薄俸禄的人就得不到公卿宰相的席位。所以聪明的人遇事当机立断，如果迟疑不决就会坏了事情，对鸡毛蒜皮的小事精打细算就会忘记了天下大事。聪明智慧足以知道事情的利害，但决定了又不敢去做，这是一切事情失败的祸根。所以说‘猛虎犹豫不决，反不如黄蜂、蝎子的毒刺厉害；骏马徘徊不前，反不如劣马稳步前进；孟贲般的勇士狐疑不决，反不如庸夫一定要到达目的的决心；虽然有舜、禹那样的智慧，如闭口不言，反不如聋哑人用手势比划’。这些话的可贵之处就是要付诸行动。功业难成而容易失败，时机难得而容易错过。机不可失，时不再来，希望您反复考虑考虑。”韩信犹豫不决，不忍心背叛汉王，又自认为功劳多，汉王不会夺去自己的齐国，于是又谢辞了蒯通。蒯通的劝说未被采纳，后来就假装疯子做巫师去了。

汉王之困固陵，〔1〕用张良计，召齐王信，遂将兵会垓下。〔2〕项羽已破，高祖袭夺齐王军。汉五年正月，〔3〕徙齐王信为楚王，都下邳。〔4〕

【注释】〔1〕“固陵”，古聚名，故址在今河南省太康县南。〔2〕“垓下”，古地名，故址在今安徽省灵璧县南。〔3〕“汉五年正月”，即公元前二〇二年的第四个月。秦历以十月为岁首。〔4〕“下邳”，秦县名，治所在今江苏省睢宁县西北。

【译文】汉王被围困在固陵时，采纳了张良的计策，招约齐王韩信，韩信率兵在垓下与汉王会师。项羽被打败以后，高祖乘齐王不备时夺去了他的军队。汉五年正月，改封齐王韩信为楚王，定都下邳。

信至国，召所从食漂母，赐千金。及下乡南昌亭长，赐百钱，曰：“公，小人也，为德不卒。”召辱己之少年令出胯下者以为楚中尉。〔1〕告诸将相曰：“此壮士也。方辱我时，我宁不能杀之邪。杀之无名，故忍而就于此。”

【注释】〔1〕“中尉”，掌巡城捕盗的武官。

【译文】韩信到了自己的封国，召见了当年给他饭吃的漂洗棉絮的大娘，赏赐给她千金。找到了下乡南昌亭长，赏赐给他百钱，并说：“你是个小人，做好事有始无终。”又召见了曾侮辱过自己，让他从胯下爬过去的那个人，任他为楚中尉。并告诉他的将相们说：“这是位壮士。当他侮辱我时，我难道不能杀了他吗？但杀了他没有什么道理，所以就忍让了他，才达到今天这样的成就。”

项王亡将钟离眜家在伊庐，〔1〕素与信善。项王死后，亡归信。汉王怨眜，闻其在楚，诏楚捕眜。信初之国，行县邑，陈兵出入。汉六年，〔2〕人有上书告楚王信反。高帝以陈平计，天子巡狩会诸侯，〔3〕南方有云梦，〔4〕发使告诸侯会陈：〔5〕“吾将游云梦。”实欲袭信，信弗知。高祖且至楚，信欲发兵反，自度无罪，〔6〕欲谒上，恐见禽。人或说信曰：“斩眜谒上，上必喜，无患。”信见计事。眜曰：“汉所以不击取楚，以眜在公所。若欲捕我以自媚于汉，吾今日死，公亦随手亡矣。”乃骂信曰：“公非长者！”卒自刭。信持其首，谒高祖于陈。上令武士缚信，载后车。信曰：“果若人言，‘狡兔死，良狗亨；高鸟尽，良弓藏；敌国破，谋臣亡’。天下已定，我固当亨！”上曰：“人告公反。”遂械系信。〔7〕至雒阳，赦信罪，以为淮阴侯。

【注释】〔1〕“钟离眜”，姓钟离，名眜，为项羽部将，项羽死后，逃归故友韩信，刘邦下令捕眛，被迫自杀。“伊庐”，古地名，在今江苏省灌云县东北。〔2〕“汉六年”，即公元前二〇一年。〔3〕“巡狩”，亦作“巡守”。古代天子到各诸侯国视察称巡狩。〔4〕“云梦”，泽薮名，在今湖北省潜江县西南地区。〔5〕“陈”，古陈国地，在今河南省淮阳县境。〔6〕“度”，音 duó，揣测。〔7〕“械”，刑具。“系”，戴。“械系”即戴上刑具。

【译文】项王的逃亡将领钟离眛家住在伊庐，一向和韩信相好。项王死后，他就投奔了韩信。汉王怨恨钟离眛。听说他在楚国，就下令让楚国捕拿钟离眛。韩信刚到楚国时，巡视了所属的县邑，出出进进都要布置好士兵保卫。汉六年，有人上书告楚王韩信谋反。高帝采纳了陈平的计策，说天子将外出巡狩会见诸侯，南方有个云梦，派使者通知各诸侯到陈地朝会，告诉他们说：“我将巡狩云梦。”其实是打算袭击韩信，韩信一点儿也不知道。高祖将要到达楚地时，韩信打算起兵造反，但又忖度自己是无罪的，想去朝见高祖，但又怕被抓起来。有人劝韩信说：“杀了钟离眛去朝见高祖，高祖一定很高兴，也就没有什么祸患了。”韩信去见钟离眛，商量此事。钟离眛说：“汉王之所以不敢来攻取楚国，是因为我钟离眛在您这里。如果想抓起我来去讨好汉王，我今天死去，您随即也就灭亡了。”于是骂韩信说：“你不是个忠厚的长者。”终于自杀了。韩信拿着钟离眛的头去陈地朝见高祖。高祖命令武士把韩信捆绑起来，放在后面的车子上。韩信说：“果然像有人说的那样，‘狡黠的兔子死了，抓兔子的猎狗也就烹杀了；高飞的鸟射完了，弓箭也就收藏起来了；敌国被攻破了，谋臣也就被杀死了’。现在天下已经平定了，我也当然该烹杀了。”高祖说：“有人告你谋反。”于是给韩信带上刑具。到了雒阳，高祖赦免了韩信的罪过，改封他为淮阴侯。

信知汉王畏恶其能，常称病不朝从。信由此日夜怨望，居常鞅鞅，[1]羞与绛、灌等列。[2]信尝过樊将军哙，[3]哙跪拜送迎，言称臣，曰：“大王乃肯临臣！”信出门，笑曰：“生乃与哙等为伍！”上常从容与信言诸将能不，[4]各有差。上问曰：“如我能将几何？”信曰：“陛下不过能将十万。”上曰：“于君何如？”曰：“臣多多而益善耳。”上笑曰：“多多益善，何为为我禽？”信曰：“陛下不能将兵，而善将将，此乃信之所以为陛下禽也。且陛下所谓天授，非人力也。”

【注释】〔1〕“鞅鞅”，通“怏怏”，愁闷失意的样子。〔2〕“绛”，即绛侯周勃。周勃，沛（今江苏省沛县）人，年轻时以编织蚕箔为生，秦末从刘邦起义，以军功授为将军，封为绛侯。汉初又从刘邦平定韩王信、陈豨和卢绾的叛乱。刘邦认为他“厚重少文，然安刘氏者必勃也”。吕后时任太尉。吕后死后，他与陈平定计，入北军号召将士拥护刘氏，诛杀企图夺取政权的吕产、吕禄等人，迎立文帝，任右丞相。事详本书《绛侯周勃世家》。“灌”，即灌婴。灌婴，睢阳（今河南省商丘县南）人，初以贩卖丝绸为业，秦末从刘邦起义，转战各地，后从韩信击破齐军，并攻杀项羽。刘邦称帝，任车骑将军，封颍阴侯。后与陈平、周勃共同平定吕氏叛乱，迎立文帝，任太尉，不久为丞相。事详《史记》、《汉书》本传。〔3〕“樊将军哙”，即樊哙。樊哙，沛（今江苏省沛县）人，少以屠狗为业，秦末随刘邦起义，为其部将，以军功封贤成君。灭秦后，项羽谋士范增拟在鸿门宴上谋杀刘邦，樊哙直入营门，斥责项羽，刘邦始得脱走。汉初，随刘邦击破臧荼、陈豨和韩王信的叛乱，任左丞相，封舞阳侯。事详《史记》、《汉书》本传。〔4〕“不”，同“否”。

【译文】韩信知道汉王害怕而且嫉妒自己的才能，经常称病不去朝见和随从出行。韩信由此日夜怨恨，在家里闷闷不乐，感到和绛侯周勃、颍阴侯灌婴处于同等地位而羞耻。韩信曾去拜访将军樊哙，樊哙用跪拜的礼节恭迎恭送，说话时也自称为臣，说：“大王竟肯光临寒舍（真是臣下的光荣。）”韩信出门后笑着说：“我这一辈子竟同樊哙等人处在同等地位。”高祖经常和韩信谈论诸将的才能高下，（韩信对他们的评论）各有不同。高祖问韩信说：“像我这样能够率领多少兵？”韩信说：“陛下不过能率领十万。”高祖说：“对于你来讲怎么样呢？”韩信回答说：“我多多益善。”高祖笑着说：“既然多多益善，那为什么还会被我抓住呢？”韩信说：“陛下不善于率兵而善于驾驭将领，这就是我韩信所以被陛下抓获的缘故。况且陛下的权力是天授予的，不是人力所能达到的。”

陈豨拜为钜鹿守，〔1〕辞于淮阴侯。淮阴侯挈其手，辟左右与之步于庭，〔2〕仰天叹曰：“子可与言乎？欲与子有言也。”豨曰：“唯将军令之。”淮阴侯曰：“公之所居，天下精兵处也；而公，陛下之信幸臣也。人言公之畔，〔3〕陛下必不信；再至，陛下乃疑矣；三至，必怒而自将。吾为公从中起，天下可图也。”陈豨素知其能也，信之，曰：“谨奉教！”汉十年，〔4〕陈豨果反。上自将而往，信病不从。阴使人至豨所，曰：“弟举兵，〔5〕吾从此助公。”信乃谋与家臣夜诈诏赦诸官徒奴，〔6〕欲发以袭吕后、〔7〕太子。部署已定，待豨报。其舍人得罪于信，〔8〕信囚，欲杀之。舍人弟上变，告信欲反状于吕后。吕后欲召，恐其党不就，乃与萧相国谋，〔9〕诈令人从上所来，言豨已得死，列侯群臣皆贺。相国绐信曰：〔10〕“虽疾，强入贺。”信入，吕后使武士缚信，斩之长乐钟室。〔11〕信方斩，曰：“吾悔不用蒯通之计，乃为儿女子所诈，岂非天哉！”遂夷信三族。〔12〕

【注释】〔1〕“陈豨”，宛朐（今山东省菏泽县西南）人。刘邦的将领。汉高祖七年（公元前二〇〇年）韩王信叛入匈奴，高祖封陈豨为列侯，以赵相国身份监领赵、代边兵，陈豨大养宾客，赵相周昌向高祖告发陈豨招致宾客，多年领兵在外，恐有兵变。高祖召见陈豨，陈豨称病不去。于是自立为代王，起兵反汉。高祖亲自带兵讨伐陈豨，陈豨战败逃跑，后被樊哙所斩。事详《史记》、《汉书·卢绾列传》所附《陈豨传》。“钜鹿”，本赵邑，秦置钜鹿县，故址在今河北省平乡县西南。〔2〕“辟”，通“避”。〔3〕“畔”，通“叛”。〔4〕“汉十年”，即公元前一九七年。〔5〕“弟”，通“第”。“仅”，只管。〔6〕“官徒奴”，在官府服劳役的罪人或奴隶。〔7〕“吕后”，秦末单父（在今山东省单县境）人，名雉。汉高祖刘邦的妻子，汉惠帝的母亲。汉惠帝死后，临朝称制，主政柄八年，排斥刘邦旧臣，立诸吕为王，以姪吕产、吕禄分掌南北军。吕后死，陈平、周勃等尽灭诸吕，拥立文帝，恢复了刘汉政权。事详《史记·吕太后本纪》及《汉书·高后纪》。〔8〕“舍人”，门客。〔9〕“萧相国”，即萧何，因为汉朝相国，故名“萧相国”。沛（今江苏省沛县）人，曾为沛吏。后佐刘邦建立汉王朝。刘邦入咸阳，何收秦律令图籍，得以确掌全国山川险要、郡县户口、社会情况。刘邦为汉王时，何为丞相。楚汉战争中，何留守关中，补兵馈饷，军得不匮。天下既定，以功封为酂侯。汉之律令典制，多为萧何所定。事详见本书《萧相国世家》及《汉书·萧何传》。〔10〕“绐”，音 dài，欺骗。〔11〕“长乐钟室”，即指长乐宫。公元前二〇〇年始建成，刘邦和吕后经常居住在这里。故址在今陕西省西安市长安故城的东南角。〔12〕“夷”，除灭。“夷三族”，古代的一种酷刑，用以镇压人民起义或王朝内部的反叛者。“三族”，一般指父族、母族、妻族。

【译文】陈豨被封为钜鹿郡守，向淮阴侯去辞行。淮阴侯拉着他的手避开了左右随从人员和他在庭院里散步，淮阴侯仰天叹曰：“你可以和我谈谈吗？我有些话想和你谈谈。”陈豨说：“将军只管吩咐。”淮阴侯说：“你所管辖的地方是天下精兵聚集之处，而你是陛下亲信得宠的臣子。如果有人说你反叛，陛下一定不会相信；再有人去告你，陛下就会产生怀疑；第三次有人去告你，陛下一定会发怒而且会亲自率兵来讨伐你。我为你从这里起兵响应，就可以夺得天下。”陈豨一向知道韩信的才能，也相信他的计谋，说：“一定听从你的指教。”汉十年，陈豨果然起兵反叛。高祖亲自带兵前往讨伐，韩信称病没有随从出征。韩信偷偷派人到陈豨的住处说：“你只管起兵，我在这里协助你。”于是韩信就和家臣谋划，乘黑夜假传诏书，准备赦免在官府服劳役的罪人和奴隶，发动他们去袭击吕后、太子。部署已定，等待陈豨的消息。他的门客得罪了韩信，韩信把他关了起来，打算把他杀掉。那个门客的弟弟上书吕后告发了韩信准备反叛的情况。吕后打算召韩信来，又怕他的党羽不肯就范，于是就和萧相国合谋，派一个人假装从高祖那里来说陈豨已被杀死，列侯群臣都要来庆贺。萧相国欺骗韩信说：“虽然你有病，但还是要勉强去庆贺一下。”韩信进了宫，吕后派武士把韩信捆绑起来，在长乐宫钟室里杀了他。韩信临斩时说：“我后悔没有采纳蒯通的计策，竟被妇人小子所欺骗，这岂不是天意吗？”于是诛灭了韩信三族。

高祖已从豨军来，至，见信死，且喜且怜之，问：“信死亦何言？”吕后曰：“信言恨不用蒯通计。”高祖曰：“是齐辩士也。”乃诏齐捕蒯通。蒯通至，上曰：“若教淮阴侯反乎？”对曰：“然，臣固教之。竖子不用臣之策，故令自夷于此。如彼竖子用臣之计，陛下安得而夷之乎!”上怒曰：“亨之。”通曰：“嗟乎，冤哉亨也!”上曰：“若教韩信反，何冤?”对曰：“秦之纲绝而维弛,〔1〕山东大扰,〔2〕异姓并起，英俊乌集。秦失其鹿,〔3〕天下共逐之，于是高材疾足者先得焉。蹠之狗吠尧,〔4〕尧非不仁，狗因吠非其主。当是时，臣唯独知韩信，非知陛下也。且天下锐精持锋欲为陛下所为者甚众，顾力不能耳。又可尽亨之邪?”高帝曰：“置之。”〔5〕乃释通之罪。

【注释】〔1〕“纲绝而维弛”，形容国家的法度废弛，政权解体。“纲”，是结网用的主要大绳。“维”，是系船的缆绳。“纲维”，连用，比喻法度、纪律。〔2〕“山东”，秦汉时称崤山或华山以东为山东。也指秦以外的六国。〔3〕“鹿”，《史记·集解》引张晏说：“以鹿喻帝位。”近人杨树达认为：“张说固是，然‘鹿’何以喻帝位，当必有固。余谓‘鹿’、‘禄’古音同，此用‘鹿’字音寓‘禄’字意也。”可备一说。此处“鹿”字引申为政权。〔4〕“蹠”，即盗跖，古代传说中的大盗。“尧”，古代传说中理想的仁君。〔5〕“置”，释放。这里是赦免的意思。

【译文】高祖从平定陈豨的战场回来以后，看到韩信已经死了，他又是高兴又是怜惜，问说：“韩信死时说了些什么?”吕后说：“韩信说他后悔没采纳蒯通的计策。”高祖说：“此人是齐国的辩士。”于是下诏齐国缉拿蒯通。蒯通抓来了，高祖问说：“是你教唆淮阴侯反叛的吗?”蒯通回答说：“是的，我的确教他反叛，小子没用我的计策，所以才自取灭亡，落得如此下场。假如那小子采纳我的计策，陛下怎么能杀了他呢?”高祖很生气地说：“烹杀了他。”蒯通说：“哎呀！烹杀我可是冤枉啊。”高祖说：“你教韩信反叛，有什么冤枉的?”蒯通回答说：“秦王朝法度废弛、政权瓦解时，山东六国大乱，各诸侯国纷纷自立，英雄豪杰们像乌鸦一样纷纷聚集。秦王朝失去了统治大权以后，天下的人都来追逐他的帝位，但只有才能高、行动快的人才能抢先得到。盗蹠的狗对着尧狂叫，并非尧不仁，因为他不是狗的主人。那个时候，我只知道韩信，并不知道陛下。况且天下养精蓄锐想要做陛下所做的事业的人很多，只是他们力所不及罢了。难道你可以把他们全部烹杀了吗?”高帝曰：“饶了他。”于是赦免了蒯通的罪过。

太史公曰：吾如淮阴，淮阴人为余言，韩信虽为布衣时，其志与众异。其母死，贫无以葬，然乃行营高敞地,〔1〕令其旁可置万家。余视其母冢，良然。假令韩信学道谦让,〔2〕不伐己功，不矜其能，则庶几哉，于汉家勋可以比周、召、太公之徒,〔3〕后世血食矣。〔4〕不务出此，而天下已集，乃谋畔逆，夷灭宗族,〔5〕不亦宜乎!

【注释】〔1〕“行营”，外出访求。〔2〕“学道”，日人泷川资言认为“道”指《老子》之“道”。《老子》通书讲“谦让之道”，泷川资言说近是。〔3〕“周”，即指周公旦。周文王子，辅助武王灭纣，建立周王朝，封于鲁。武王死后，成王年幼，周公摄政。事详本书《鲁周公世家》。“召”，即指召公奭。周武王之臣（《白虎通·王者不臣》谓为文王之子）。因封地在召，故称召公或召伯。武王灭纣后，封召公于北燕。成王时，与周公旦分陕而治。事详本书《燕召公世家》。“太公”，即指姜太公尚（吕望、姜牙）。相传太公钓于渭滨，周文王出猎相遇，与语大悦，同载而归，说“吾太公望子久矣”，因号为太公望，立为师。武王即位，尊为师尚父。辅佐武王灭殷。周朝既建，封于齐，为齐国始祖。事详本书《齐太公世家》。《汉书·艺文志》道家类有《太公》二百三十七篇，《隋书·经籍志》有《太公六韬》五卷，旧题周文王师姜望撰，当皆为后世依托之作。〔4〕“血食”，古时杀牲取血，用以祭祀，故名。〔5〕“宗族”，指父系的亲属，又指同宗的人。若宗族分言，则族亲于宗。

【译文】太史公说：我到淮阴时，淮阴人对我说，韩信还是老百姓时，他的志向就和别人不一样。他的母亲死后，穷得无法埋葬，然而仍到各处访求高敞的坟地，让他母亲坟地的旁边还可以安置下万户人家。我看过他母亲的坟地，确实是这样。假如韩信学一些道家的谦让之道，不夸耀自己的功劳，不以自己的才能骄傲，那他对汉王朝的功劳就差不多可以和周公、召公、太公这些人相比，就可以子孙后代祭祀不绝。但他没有向这方面努力，而且天下大局已定，还要谋反叛乱，诛灭他的宗族不也是应该的吗？

货殖列传〔1〕

《老子》曰〔2〕：“至治之极，邻国相望，鸡狗之声相闻，民各甘其食，美其服，安其俗，乐其业，至老死不相往来。”〔3〕必用此为务，輓近世塗民耳目，〔4〕则几无行矣。〔5〕

【注释】〔1〕“货殖”，居积并经营财货以增值生利，也就是经商的意思。〔2〕“《老子》”，春秋（一说战国）时哲学家、道家学说创始人老子所著书，又称《道德经》。〔3〕以上引文见《老子》第八十章。今传本《老子》文字与此小有出入，作“甘其食，美其服，安其居，乐其俗。邻国相望，鸡犬之声相闻，民至老死不相往来”。〔4〕“輓”，通“晚”。“輓近世”即近世、近代。“塗”，堵塞。〔5〕“几”，音 jī，近于。

【译文】《老子》中有段话说：“大治之世的最高标准，（是国小民少，）邻国的百姓能相互望见，鸡鸣狗叫的声音也相互传闻，人们各自认为所吃的食物是美味，所穿的衣服极美观，本地的风俗最适宜，自己的工作很快乐，直至老死，互不来往。”一定照这种说法去做，在近代除非先去堵塞了人们的耳目，否则简直就是无法办到的。

太史公曰：夫神农以前，[1]吾不知已。至若《诗》《书》所述虞夏以来，[2]耳目欲极声色之好，[3]口欲穷刍豢之味，[4]身安逸乐，而心夸矜势能之荣。[5]使俗之渐民久矣，[6]虽户说以眇论，[7]终不能化。故善者因之，其次利道之，[8]其次教诲之，其次整齐之，[9]最下者与之争。

【注释】〔1〕“神农”，传说中的古帝，时在伏羲之后、黄帝之前。古史中又称之为炎帝、烈山氏。据说神农始教民制作农具，从事农业，又尝百草、为医药，以治民疾病。〔2〕“《诗》”，我国最早的一部诗歌总集，共辑录西周初期至春秋中期的诗歌三百零五篇，分为《风》、《小雅》、《大雅》、《颂》四部分，其中既有民间歌谣，也有朝堂宗庙宴飨祭祀时用的配乐歌诗。据说曾经孔子删订，为儒家经典之一，又称《诗经》。“《书》”，即《尚书》，我国现存最早的一部上古典章文献汇编，其中保存了商、周时期的一些重要历史文件和原始资料。据说曾经孔子删订，为儒家经典之一，又称《书经》。“虞”，指帝舜。传说帝舜原是古部落有虞氏的首领，后受尧禅让有天下。“夏”，有夏氏首领禹开创的朝代。据传禹治水有功，帝舜禅位给他。禹死后，其子启继位并称王，开“家天下”之始。夏代是我国历史上第一个王朝。案，《尚书》中有《虞书》、《夏书》各若干篇，所记为虞、夏时事，但据近人考证，其实是春秋、战国时人的作品。今传《诗经》中亦无虞、夏之诗。〔3〕“声色”，音乐和女色。〔4〕“刍豢”，供食用的家畜。“刍”指食草的牛羊之类，“豢”，指食谷的犬豕之类。〔5〕“夸矜”，夸耀。“势能”，权势。〔6〕“渐”，音 jiān，渐染，浸润。〔7〕“户说”，挨户劝说。“说”，音 shuì。“眇论”，精妙的言论。“眇”，通“妙”。〔8〕“道”，通“导”。〔9〕“整齐”，整顿而使之齐一。

【译文】太史公说：神农氏以前的历史，我是不了解的。至于像《诗》、《书》中提到的虞夏以来的情况，（统治者们的）耳目要极尽音乐女色的享受，口要尝尽各种肉食的美味，身体安于闲逸享乐，而心意用在夸耀权势地位的尊荣。这种（追求物质享受的）风气影响百姓，积久成习，即使用精妙的理论去挨户劝说，也不能感化改变了。所以最好的办法是顺应这种趋势，其次是掌握好时机加以引导，再其次是教诲他们，再其次是进行整顿，统一步调，最不好的办法是与民争利。

夫山西饶材、竹、榖、纑、旄、玉石；[1]山东多鱼、盐、漆、丝、声色；[2]江南出枏、梓、姜、桂、金、锡、连、丹沙、犀、瑇瑁、珠玑、齿革；[3]龙门、碣石北多马、牛、羊、旃裘、筋角；[4]铜、铁则千里往往山出棊置：[5]此其大较也。[6]皆中国人民所喜好，[7]谣俗被服饮食奉生

送死之具也。[8]故待农而食之，虞而出之，[9]工而成之，商而通之。此宁有政教发征期会哉？[10]人各任其能，竭其力，以得所欲。故物贱之征贵，贵之征贱，[11]各劝其业，[12]乐其事，若水之趋下，日夜无休时，不召而自来，不求而民出之。岂非道之所符，而自然之验邪？

【注释】〔1〕“山西”，战国秦汉时称崤山（在今河南洛宁北）或华山（在今陕西华阴南）以西地区为山西。“材”，木料。“穀”，音 gǔ，一种乔木，树皮可用来造纸。“纑”，音 lú，麻类作物，其干茎纤维可用来织布。“旄”，牦牛。〔2〕“山东”，战国秦汉时称崤山或华山以东广大地区为山东。〔3〕“江南”，此指长江以南直至南海的广大区域，比现在所说的“江南”范围要广。“枏”，音 nán，同“楠”，一种材质坚密而带芳香的名贵乔木。“梓”，音 zǐ，可用来制作乐器和建筑木材的乔木。“连”，通“链”，铅矿石。“丹沙”，即朱砂，一种红色矿物，是汞和硫黄的天然化合物，可用来提炼水银（汞），也可用作染料和药物。“瑇瑁”，或作“玳瑁”，音 dài mào，一种海龟，其甲壳可用作装饰品。“玑”，音 jī，形状不圆或颗粒较小的珍珠。“齿革”，象牙及各种野兽的皮革。〔4〕“龙门”，指龙门山，在今山西河津西北和陕西韩城东北的黄河两岸，夹河耸立，形似阙门。“碣石”，指碣石山，在今河北昌黎北。“旃”，音 zhān，通“毡”，厚重的毛织物。“筋角”，动物的筋可用作弓弦，角可用作弓上的装饰品或其他日用品。〔5〕“棊”，同“棋”。“棊置”，如同棋子布置在棋盘上。〔6〕“大较”，大略。〔7〕“中国”，此与“四夷”相对而言，指华夏民族所居的区域。〔8〕“奉生”，奉养父母于生时。“送死”，办理父母丧葬之事。〔9〕“虞”，本指掌管山泽的官吏，此处指在山泽中以采伐渔猎为生的人。〔10〕“政教”，刑赏等政事和教化。“发征期会”，征发货物，限期会集。〔11〕“征”，求。“物贱之征贵，贵之征贱”，谓某地物贱，当求物贵之地往销；某地物贵，当求物贱之地购取。〔12〕“劝”，致力于。

【译文】山西地方出产很多的木材、竹子、穀树、麻类，旄牛、玉石等；山东地方则多鱼、盐、漆、丝和乐工美女；江南地方出产楠木、梓木、姜、桂、金、锡、铅矿石、朱砂、犀牛、玳瑁、各种珍珠以及象牙兽革等；龙门和碣石以北的地方多产马、牛、羊、毡毛制成的衣服以及各种动物的筋角等；铜和铁则是不出千里就有矿山出产，如同在棋盘上放置棋子一样。以上所说的，是物产的大概情形。这些东西都是中国人民所喜爱的，俗话所说的用于穿着饮食，奉养生者，葬送死者的物品。所以人们都有待于农人种出粮食然后得食，有待于管理山泽的虞人把各种原料开发出来，有待于工匠把各种原料制为成品，有待于商人把各种物品贸易流通。这难道需要依靠下政令、行教化等手段来征发收集，限期会聚吗？人人各尽其能，各尽其力，用以满足自己的欲望。所以某一地方物价低贱，就有人寻求物价高昂的地方把东西转运过去；某一地方的物价高昂，就有人寻求物价低廉的地方把东西转运过来，大家各自致力于自己的生业，乐于从事自己的工作，就像水往低处流，日日夜夜不会停息，物品会不招自来，不去搜求而百姓们自会拿出来贸易。这难道不是遵循事物发展的规律，任其自然的效验吗？

《周书》曰：〔1〕“农不出则乏其食，工不出则乏其事，〔2〕商不出则三宝绝，〔3〕虞不出则财匮少。”财匮少而山泽不辟矣。〔4〕此四者，民所衣食之原也。〔5〕原大则饶，原小则鲜。上则富国，下则富家。贫富之道，莫之夺予，而巧者有余，拙者不足。故太公望封于营丘，〔6〕地潟卤，〔7〕人民寡，于是太公劝其女功，〔8〕极技巧，通鱼盐，则人物归之，繦至而辐凑。〔9〕故齐冠带衣履天下，〔10〕海岱之间敛袂而往朝焉。〔11〕其后齐中衰，管子修之，〔12〕设轻重九府，〔13〕则桓公以霸，〔14〕九合诸侯，〔15〕一匡天下；〔16〕而管氏亦有三归，〔17〕位在陪臣，〔18〕富于列国之君。是以齐富强至于威、宣也。〔19〕

【注释】〔1〕“《周书》”，《尚书》中所收周代文献的总称。案，下引《周书》之文不见于今传本《尚书》，当是佚文。〔2〕“事”，此指用以从事工作、方便生活的各种工具、用具。〔3〕“三宝”，三种可宝贵的事物。此处指上下文提到的“食”、“事”、“财”三项。〔4〕“辟”，开辟。〔5〕“原”，本源，根本。〔6〕“太公望”，周初人，姓姜，其氏为吕，名尚。原居东海之滨，后归附周文王，文王说“吾太公望子久矣”，因号为太公望。武王即位，尊之为师，称师尚父。其人在灭商的斗争中，起了很大的作用，周初分封诸侯，他被封于齐，是齐国的始祖。详见本书《齐太公世家》。“营丘”，古邑名，因营丘山得名，故地在今山东淄博市临淄北。〔7〕“潟卤”，盐碱地。“潟”，音 xì。〔8〕“劝”，勉励。“女功”，妇女的工作，如纺织、刺绣、缝纫之类。〔9〕“繦”，音 qiǎng，通“襁”，背婴儿用的宽带。“繦负”，谓用宽带包裹小儿负之于背。“辐凑”，车轮的辐条集中于车轴，用以比喻人物或财货归聚一处。〔10〕“冠带衣履”，四字皆用作动词。“冠带衣履天下”意谓齐地出产的冠带衣履被天下人所穿戴使用。〔11〕“海”，东海。“岱”，泰山。“敛袂”，整理衣袖，这是一种恭敬的表示。“袂”，音 mèi。〔12〕“管子”，春秋时期的政治家。名仲，字夷吾，任齐桓公相，重视工商，主张通货积财，富国强兵，并以尊奉周天子，抵御外夷为号召，辅佐齐桓公完成霸业，使齐国成为中原各国的盟主。详见本书《管晏列传》。〔13〕“轻重”，指轻重不等、币值各异的钱币。“九府”，九种掌管财货钱币的官，即大府、王府、内府、外府、泉府、天府、职内、职金、职币。在《周礼》中都是天官冢宰的属官。〔14〕“桓公”，指齐桓公，是春秋时期姜氏齐国的一代国君，为庄公孙、襄公弟，名小白，公元前六八五年即位。他任管仲为相，实行富国强兵政策，以武力为后盾，联合中原各诸侯国，遏制外夷的势力，成为春秋时期第一个霸主。管仲死后，他信用佞人，怠于政事，至公元前六四四年去世。〔15〕“九合诸侯”，“合”，指聚合会盟。“九”，形容次数之多，不是实指九次。据《春秋谷梁传》，齐桓公与诸侯会盟达十一次之多。〔16〕“匡”，匡正，纠正。〔17〕“三归”，《论语·八佾》首先提到“管氏有三归”，历来对此有不同的解释。一种意见以为女子出嫁曰归，管仲同国君一样，娶三姓之女，所以说“有三归”。另一种说法以为三归是管仲所筑的一座台的名称。第三种观点据《管子·山至数》云“则民之三有归于上矣”，指出“三归”当指官府对市场上商人所征收的常例租税。另外，还有把“三归”解释为贮藏钱币的府库或管仲采邑的名称的。其中第三种观点有《管子》书为证，似较可信。〔18〕

“陪臣”，臣之臣。齐桓公是诸侯，他对周天子来说，是臣；管仲为齐桓公相，是诸侯的臣，他对周天子来说，就是陪臣。〔19〕“威”，指齐威王，战国时期田氏齐国的国君，名因齐，公元前三七八年至前三四三年在位。“宣”，名辟疆，威王之子，公元前三四三年至前三二四年在位。

【译文】《周书》中说：“农人不拿出自己的产品，人们就会缺乏食粮；工人不拿出自己的产品，人们就会缺乏用具；商人不进行贸易，那么粮食、用具、财货这三种最可宝贵的东西就会断绝来源；（管理山泽的）虞人不拿出所产的物品，人们就会财货空乏。”财货空乏，山泽就不能开发了。这四方面，是人们衣食的本源。本源广大，物用就充裕；本源狭小，物用就缺少。（懂得这一道理，）上可以富国，下可以富家。贫富的法则，（天然存在，）不是谁能夺走或给予的，而智巧的人财物总是有余，笨拙的人财物总是不足。太公望被封于营丘，建立齐国，那里都是盐碱地，人民稀少，于是太公就勉励封地内的妇女从事纺织、缝纫、编结、刺绣等工作，这些女红制品技术高超，极其精巧，太公又利用当地出产的鱼、盐进行贸易，结果别处的人民都背负着婴儿归附齐国，货物也往那里集中，就像车辐归聚于车轴一样。所以天下人都使用齐国出产的衣服鞋帽，东海到泰山之间的人们都恭恭敬敬地整理好衣袖前去朝见，（表示归服。）后来齐国一度衰落，管仲重新整顿治理，设置掌管财物货币的九种官员，齐桓公因此得以称霸，多次纠合诸侯，主持盟会，把天下纳入正道。而管仲本人也能收取占货值十分之三的市场税归为己有，虽然居于陪臣的地位，却比各国的诸侯还富。齐国也因而保持富强直至后世威王、宣王的时代。

故曰：“仓廪实而知礼节，衣食足而知荣辱。”〔1〕礼生于有而废于无。〔2〕故君子富，好行其德；小人富，以适其力。〔3〕渊深而鱼生之，山深而兽往之，人富而仁义附焉。富者得势益彰，失势则客无所之，以而不乐。夷狄益甚。〔4〕谚曰：“千金之子，不死于市。”〔5〕此非空言也。故曰：“天下熙熙，〔6〕皆为利来；天下壤壤，〔7〕皆为利往。”夫千乘之王，〔8〕万家之侯，百室之君，尚犹患贫，而况匹夫编户之民乎！〔9〕

【注释】〔1〕“仓廪实而知礼节，衣食足而知荣辱”，这两句话见于《管子·牧民》，本书《管晏列传》中亦曾引用。〔2〕“有”，指拥有财富。“无”，指没有财富。〔3〕“适”，安适，安逸。〔4〕“夷狄”，“夷”本指东方地区少数民族，“狄”本指北方地区少数民族。此处“夷狄”用作对少数民族的通称。〔5〕“千金”，黄金千斤。汉制每斤约合今二百五十八克。“千金之子”，泛指富人之子。“市”，市场。古代死刑多在市场上执行。“不死于市”，不会被处死。谓可以贿免死，以钱赎罪。〔6〕“熙熙”，喧嚷嘈杂的样子。〔7〕“壤壤”，往来纷乱的样子。“壤”，通“攘”。〔8〕“乘”，音 shèng，指用四匹马拉的兵车。春秋时期作战以车战为主，国家的大小强弱往往用拥有兵车的数量来表示。此“千乘之王”，是指能出动兵车一千辆的中等诸侯国的君主。到战国时，“千乘之王”则是小国之君。〔9〕“匹夫”，平民百姓。“编户”，编入户籍要负担租税徭役的一般平民之家。

【译文】所以说：“粮食充实了，人们就会懂得行为要符合礼节；生活用品丰富，吃穿不愁了，人们就会懂得什么是光荣，什么是耻辱。”礼是随着财富充裕而产生的，一旦财富消失，也就不再有什么礼了。所以说君子富了，爱凭借财产广施恩德；小人富了，就能过安逸舒适的生活，不必再辛辛苦苦地劳作。水深自然产鱼，山深自然会有野兽前往繁殖生息，人富了，所谓的仁义自然就会归属于他。富人得了势，名声地位就更加显赫，一旦失势，再没有宾客上门，就会闷闷不乐。这类情况，在夷狄之区表现得尤其明显。俗话说：“只要家产有千金，儿子不会判死刑。”这并非空话。所以说：“天下人吵闹喧嚷，都是来求财；天下人奔走纷乱，都是去谋利。”那些拥有兵车千辆的国君，食邑万户的列侯，受封百家的封君，尚且都为钱财不够使用而担忧，何况编入户籍，要负担租税徭役的平民百姓呢！

昔者越王勾践困于会稽之上，〔1〕乃用范蠡、计然。〔2〕计然曰：“知斗则修备，〔3〕时用则知物，〔4〕二者形则万货之情可得而观已。〔5〕故岁在金，穰；〔6〕水，毁；〔7〕木，饥；〔8〕火，旱。〔9〕旱则资舟，水则资车，〔10〕物之理也。六岁穰，六岁旱，十二岁一大饥。夫粜，二十病农，九十病末。〔11〕末病则财不出，农病则草不辟矣。上不过八十，下不减三十，则农末俱利。平粜齐物，〔12〕关市不乏，〔13〕治国之道也。积著之理，〔14〕务完物，无息币。〔15〕以物相贸，易腐败而食之货勿留，〔16〕无敢居贵。〔17〕论其有余不足，则知贵贱。贵上极则反贱，贱下极则反贵。贵出如粪土，贱取如珠玉。财币欲其行如流水。”修之十年，国富，厚赂战士，士赴矢石，如渴得饮，遂报强吴，〔18〕观兵中国，〔19〕称号“五霸”。〔20〕

【注释】〔1〕“越王勾践”，春秋末年越国的君主，越王允常之子，公元前四九七年至前四六五年在位。越国与吴国境土相接，且为世仇，互相攻打。公元前四九四年，勾践为吴王夫差所败，屈膝求和。后来在大夫文种、范蠡等的辅佐下，卧薪尝胆，发愤图强，经过十年生聚，十年教训，终于复兴越国，在公元前四七三年灭吴雪耻，又北上与诸侯会盟，成为春秋时期的最后一个霸主。详见本书《越王勾践世家》。“句”，音 gōu，后世亦写作“勾”。“会稽”，山名，在今浙江绍兴、嵊县、诸暨、东阳间。勾践当初为吴所败，曾率众退保于此。当时越国的都城在会稽山下，亦名“会稽”，故地即今绍兴市。“会”，音 guì。〔2〕“范蠡”，楚宛（今河南南阳市）人，字少伯，后仕越为大夫。越败于吴，范蠡辅佐越王勾践忍辱发愤，设计图吴，终于消灭了吴国。他认为勾践可以同患难，不能同安乐，功成不居，离开越国变易姓名经商，三致千金。其事迹可参见本书《越王勾践世家》。“计然”，本晋国公室之后，姓辛，字文，一字研，葵丘濮上（在今山东淄博市境内）人。博学无所不通，尤善于计算，《吴越春秋》称之为“计然”，范蠡曾经师事他。一说“计然”，是范蠡所著书名。〔3〕“斗”，这里是指战争。“修备”，谓军备修整。〔4〕“时用”，指符合时世的需求。〔5〕“形”，显露，表现。〔6〕“岁”，此指太岁，古代天文学中假设的星名，与岁星对应。岁星即木星，大致十二年一周天，其运行方向是自西向东。太岁被假设为自东向西运行，其在黄道上的轨迹分为十二等分，以每年太岁所在之区纪年。“金”，金星。“岁在金”，指太岁运行到金星所在之区。“穰”，音 ráng，丰收。〔7〕“水”，水星。“毁”，毁坏，不能成事。〔8〕“木”，木星。“饥”，饥荒。〔9〕“火”，火星。案，古人迷信，以为星象与人事有关，所以有上述说法。本书《天官书》亦谓“必察太岁所在。在金，穰；水，毁；木，饥；火，旱”，可参看。〔10〕“资”，预蓄。“旱则资舟，水则资车”，谓大旱之后必多水，大水之后必有旱，所以久旱不雨时要准备好船，久雨多水时要准备好车。〔11〕“粜”，音 tiào，出售粮食。“二十”、“九十”，都是指一斗米所值的钱数。“病”，伤害。“末”，从事工商业的人。古代以农业为本业，以工商业为末业。〔12〕“平粜齐物”，官府在荒年出售存粮以平抑物价。〔13〕“关”，稽查行人货物的关卡。“市”，市场。“关市”指人员物资聚集交易之地。〔14〕“积著”，居积。“著”，通“贮”。〔15〕“无息币”，不使货币停息积压，也就是使资金周转不息，即下文“财币欲其行如流水”的意思。〔16〕“食”，通“蚀”，损耗。〔17〕“居贵”，囤积货物，以求高价出售。〔18〕“报”，报复。“强吴”，吴王夫差败越后又大败齐兵，北上与晋争霸，国势强盛，所以称之为“强吴”。〔19〕“观兵”，检阅军队，炫耀武力。〔20〕“五霸”，春秋时期势力强大、曾经称霸一时的五个诸侯。一般认为是齐桓公、晋文公、秦穆公、宋襄王、楚庄王五人，勾践不在其列。但本书《越王勾践世家》记勾践灭吴后率军北上，与齐、晋等国诸侯会盟徐州，周元王命之为伯（诸侯之长），诸侯毕贺，号称霸王。《荀子·王霸》称“齐桓、晋文、楚庄、吴阖闾、越勾践”为威动天下的“五伯”（“伯”通“霸”），则此处说勾践“号称五霸”，并非没有根据。

【译文】 从前越王勾践兵败困守在会稽山上，于是就任用了范蠡和计然。计然说：“懂得战争的人平时就得整治军备，要使货物赶上时令和风尚，被世人所用，平时就得了解货物。如果时世的需求和货物的特点，二者都明确地显露于世，那么世上成千上万货物生产和供应的规律也都能看出并掌握了。每逢太岁与金星运行到同一星次，这一年必是丰年；太岁与水星运行到同一星次，这一年必有水灾；太岁与木星运行到同一星次，这一年必有饥荒；太岁与火星运行到同一星次，这一年必有旱灾。大旱之后必多水，所以在旱年就得准备好船只，大水之后必有旱，所以在多水之年就得准备好车辆，这是事物变化的规律。（一般说来，）农业生产六年丰收，六年干旱歉收，每十二年就有一次大饥荒。出售粮食，每斗价格跌到二十钱，就会伤害农民，每斗涨到九十钱，就会伤害手工业者和商人。手工业者和商人受到伤害，财货就不能流通，农民受到伤害，土地就不能开垦。粮价每斗上不超过八十钱，下不低于三十钱，那么农民和手工业者、商人双方都能得利。官府以平价出售粮食，控制住物价，使通过关卡、进入市场的货物源源不断，这就是治理国家的方法。至于囤积货物，居奇求利的道理，则务必求取完好坚固容易贮藏的货物，并且不要久藏，使资金周转不息。如果以货换货，进行贸易，容易腐败损耗的货物切勿久留，不要囤积居奇，以求高价。能够判断某种货物是供过于求还是求大于供，就能看出价格是要上涨还是要下跌。涨价涨到一定的极限，就会下跌，跌价跌到一定的极限，就会上涨。上涨到一定的极限，就要把货物看作粪土一样毫不可惜地抛售出去，下跌到一定极限时就要把货物看作珠宝一样毫不犹豫地收购进来。钱财货币要让它们像流水一样不停地周转流动。”勾践采用计然的策略，施行了十年，越国财力富裕，能够优厚地犒赏战士，战士们冒着敌人的飞箭投石，奋勇前进，就像渴极了的人想得到饮水一样，于是终于报仇雪恨，消灭了强大的吴国。勾践率军北上，在中原地区检阅军队，显示兵威，名列“五霸”之一。

范蠡既雪会稽之耻，乃喟然而叹曰：〔1〕“计然之策七，〔2〕越用其五而得意。既已施于国，吾欲用之家。”乃乘扁舟浮于江湖，〔3〕变名易姓，适齐为鸱夷子皮，〔4〕之陶为朱公。〔5〕朱公以为陶天下之中，诸侯四通，货物所交易也。乃治产积居，与时逐而不责于人。〔6〕故善治生者，〔7〕能择人而任时。十九年之中三致千金，再分散与贫交疏昆弟。〔8〕此所谓富好行其德者也。后年衰老而听子孙，子孙脩业而息之，遂至巨万。〔9〕故言富者皆称陶朱公。

【注释】〔1〕“喟”，音 kuì，叹气的声音。〔2〕“计然之策七”，“七”，《汉书·货殖传》作“十”。案“七”字古作“十”，与“十”形近易混，当从《汉书》作“十”为是。〔3〕“扁舟”，小船，“扁”，音 piān。〔4〕“鸱夷”，原指盛酒的皮囊。皮囊多所容纳，又可卷而藏之，范蠡自号“鸱夷子皮”，有与时张弛、进退自如的意思。〔5〕“陶”，古邑名，即陶丘，本曹国都城，春秋末属宋，战国属齐，是当时著名的商业城市，故址在今山东定陶西北。〔6〕“与时逐”，与天时竞逐以求取利润。“责”，要求，督促。“不责于人”，谓范蠡知人善任，他所选择的人无需督责，自能尽心尽力为他经营。〔7〕“治生”，经营家业。〔8〕“昆弟”，兄弟。〔9〕“巨万”，万万。

【译文】范蠡洗雪了在会稽向吴军屈膝求和的国耻之后，长叹道：“计然的计策有十条，越国只用了其中五条就能消灭吴国，扬眉吐气。那些计策施用于国家已经成功，我要用来经营自己的家业了。”于是就乘坐小船飘游江湖，改名换姓，到了齐国，就自称“鸱夷子皮”，到了陶，就自称“朱公”。朱公认为陶这个地方位居天下之中，与各诸侯国四通八达，是进行货物交易的重要场所。于是就在那里经营产业，囤积货物，投机谋利。他善于掌握天时追逐利润而并不苛求所任用的人。所以说擅长经营的人，必定能选择信用靠得住的人并能得心应手地把握好时机。他在十九年之中曾三次得到千金之财，又先后两次把财产分散给贫穷的朋友和远房的同族兄弟。这就是所谓喜好凭借财产广施恩德的君子啊！后来他年老力衰，就听凭子孙去经营。他的子孙继承了产业，又不断增殖生息，以至他们的家产竟达到万万之多。因而后世人们谈到富人，都要提起陶朱公。

子赣既学于仲尼，[1]退而仕于卫，[2]废著鬻财于曹、鲁之间，[3]七十子之徒，[4]赐最为饶益。原宪不厌糟糠，[5]匿于穷巷。[6]子贡结驷连骑，[7]束帛之币以聘享诸侯，[8]所至，国君无不分庭与之抗礼。[9]夫使孔子名布扬于天下者，子贡先后之也。[10]此所谓得势而益彰者乎？

【注释】〔1〕“子赣”，孔子弟子，姓端木，名赐，字子贡，亦作子赣，春秋卫人。长于言辞，善于经商。后游说诸侯，在春秋末曾任鲁国和卫国的相，最后居齐而死。其事迹可参看本书《仲尼弟子列传》。〔2〕“卫”，诸侯国名，在今河南北部，当时都于濮阳（今河南濮阳西南）。〔3〕“废著”，也作“废居”、“废举”，囤积居奇，贱买贵卖。《汉书·货殖传》作“发贮”，字通义同。“鬻财”，转运倒卖货物。“曹”，诸侯国名，在今山东西南部，都陶丘（今山东定陶西北），春秋末为宋所灭。“鲁”，诸侯国名，在今山东中部，都曲阜（今山东曲阜）。〔4〕“七十子”，据说孔子有学生三千人，其中优秀的，《孟子·公孙丑上》说有七十人，本书《孔子世家》说有七十二人，《仲尼弟子列传》则记七十七人。此言“七十子”，当是举其约数。〔5〕“原宪”，孔子弟子，字子思，春秋鲁人（一说宋人），家贫，据说他好学不倦，蓬户褐衣蔬食而不减其乐。“厌”，饱，“餍”的古字。“糟糠”，酒渣和谷皮，此用以泛指粗劣的食物。〔6〕“穷巷”，陋巷。〔7〕“驷”，四匹马拉的车子。“骑”，音jì，鞍辔齐备供人乘坐的马。“结驷连骑”，谓出行时排场很大，车马成队，接连不断。〔8〕“束帛之币”，“币”本指缯帛，帛五匹为一束。古每以束帛作为使者聘问或朋友馈赠的礼物，称“束帛之币”。“聘”，诸侯之间互相遣使通问修好。“享”，诸侯向天子进献贡品。此言“聘享诸侯”，则专指作为使者聘问诸侯。〔9〕“分庭与之抗礼”，谓以平等的礼节与他相见。古礼主人接待客人，如身份对等，就在庭院中相对施礼，主人在东，客人在西。“抗”，相敌，对等。〔10〕“先后”，此指凭借力量，左右其事。

【译文】子赣既已从孔子那里完成了学业，就回到卫国做官，他又囤积货物，在曹、鲁一带转运倒卖，孔门弟子学业优秀的有七十人，其中数他最富有了。原宪穷得连酒糟谷皮都不能填饱肚子，藏身于陋巷之中。子赣则车马成群，以束帛为进见的礼物，出使各诸侯国通问修好，所到之处，各国的国君都与他分宾主，行平等的礼节。使孔子的名声能够传遍天下，就是靠子赣作出安排，起着支配作用。这不就是所谓富人得了势，名声地位就更加显赫吗？

白圭，周人也。[1]当魏文侯时，[2]李克务尽地力，[3]而白圭乐观时变，故人弃我取，人取我与。夫岁孰取谷，[4]予之丝漆；茧出取帛絮，予之食。太阴在卯，[5]穰；明岁衰恶。至午，旱；明岁美。至酉，穰；明岁衰恶。至子，大旱；明岁美，有水。至卯，积著率岁倍。[6]欲长钱，取下谷；长石斗，[7]取上种。能薄饮食，忍嗜欲，节衣服，与用事僮仆同苦乐，[8]趋时若猛兽挚鸟之发。[9]故曰："吾治生产，犹伊尹、吕尚之谋，[10]孙吴用兵，[11]商鞅行法是也。[12]是故其智不足与权变，勇不足以决断，仁不能以取予，彊不能有所守，虽欲学吾术，终不告之矣。"盖天下言治生祖白圭。白圭其有所试矣，能试有所长，非苟而已也。

【注释】〔1〕"周"，战国时周天子统治的地域只限于王都成周（今河南洛阳市东）及其附近一小片地方。这里的"周"，即指成周。〔2〕"魏文侯"，战国初魏国的国君。名都（一说名斯），公元前四四五年即位，在位五十年（一说三十八年）。曾尊子夏、段干木、田子方为师，以好学尊贤著称，又任用李悝（音 kuī）、吴起、西门豹等，锐意改革，使魏国成为当时最富强的国家。〔3〕"李克"，即李悝，战国初魏国人，曾任魏文侯相，在魏国实行改革，废除了贵族的世卿世禄制度，提倡勤奋耕作，发展农业，以尽地力，又编《法经》六篇，推行法治，是当时的一个杰出的政治家。关于李悝"务尽地力"的主张，可参看《汉书·食货志》的有关记载。〔4〕"孰"，"熟"的古字。〔5〕"太阴"，太岁的别称。太岁是古代天文学中假设的与岁星（木星）背道而驰的星，见前注。古有以太岁纪年的方法，即把黄道附近的一周天分为十二等分，每等分为一个星次，并由东向西配以子丑寅卯等十二支，又假设太岁即依此方向逐年运行周天的十二分之一，与十二星次相应。"太阴在卯"，指太岁运行到了属卯那个星次的一年。下文"至午"、"至酉"、"至子"，也是指太岁运行的方位。〔6〕"率"，音 shuài，大概。〔7〕"石"、"斗"，都是用来计算粮食数量的容器，此处即以"石斗"为粮食的代称。〔8〕"僮仆"，奴仆。〔9〕"挚"，通"鸷"。〔10〕"伊尹"，商汤的谋臣，名挚。曾辅佐汤灭夏，被尊为阿衡（相当后世的相）。汤死后，伊尹专国政。汤孙太甲为王，暴虐乱法，伊尹把他放逐到桐宫，自立三年（一说七年），摄政称王。后太甲改过向善，伊尹又归政太甲。据本书《殷本纪》，伊尹死于太甲之子沃丁继位为王以后，但也有一种说法认为太甲复辟后即杀死了伊尹。"吕尚"，即前文提到过的"太公望"。〔11〕"孙吴"，孙武和吴起，都是著名的军事家。孙武，春秋齐人，曾为吴王阖庐（即阖闾）之将，大破楚兵，并使齐、晋等中原大国受其威迫。所著《孙子》一书，是我国现存最早的一部军事学著作。吴起，战国卫人，曾师事孔子弟子曾参，先后为鲁将、魏将，胜敌有名。后仕魏为西河守，被魏相所忌，乃出奔楚国，楚悼王用为令尹（相）。吴起在楚变法图强，得罪了宗室贵族。悼王死后，吴起被楚国贵族杀害。孙、吴二人的事迹详见本书《孙子吴起列传》。〔12〕"商鞅"，战国卫人，本卫国公族，以公孙为氏，名鞅。后入秦，为秦孝公相，在秦国厉行变法，开阡陌，废井田，推行法治，执法严明，奖励耕战，使秦国迅速富强起来。因其被封于商，所以也称"商鞅"、"商君"。公元前三三八年孝公死后，商鞅即被其政敌陷害，车裂而死。详见本书《商君列传》。案，白圭"当魏文侯时"，而商鞅相秦，事在魏文侯死后三十多年，此言白圭以商鞅行法为喻，年代上显然矛盾不合。

【译文】白圭是成周人。正当魏文侯在位时，李克在魏国推行尽力开发土地资源、奖励农业的政策，而白圭却乐于观察估量时尚世情的变化，别人低价抛售的货物，他就收进，别人高价求取的货物，他就出售。在谷物成熟的时候，他收购粮食，出售丝、漆；在蚕茧收成时则收购缯帛和丝绵，出售粮食。每逢太岁在卯之年，农业丰收，但明年必定有灾荒。到了太岁在午之年，必遇旱灾，但明年会有好收成。到了太岁在酉之年，又是丰收，但明年又是灾荒。到了太岁在子之年，会遇到大旱，但明年收成较好，雨水偏多。这样，又回到太岁在卯之年。他囤积货物，大致每年能使财产增加一倍。想要增长拥有的货币的数目，他就收购下等的谷子；想要增长拥有的粮食的数目，他就收购上等的谷种。他生活刻苦，不讲究饮食，能抑制享受的欲望，没有嗜好，穿衣服也很节约，常年与为他经营劳作的奴仆同甘共苦，但抓紧赚钱的时机就像猛兽猛禽看到猎物突然猛扑过去似地迅猛果断。因此他曾这样说："我经营产业，就像伊尹、吕尚施行计谋，孙武、吴起用兵作战，商鞅执行法令那样。所以一个人如果他的智慧不足以随机应变，他的勇气不足以果断的作出决定，他的仁爱之心不能使他只是收取应该取得的东西而又肯付出应该付出的东西，他的意志不能使他坚持自己应有的操守，即使想学习我致富的本领，我终究不会告诉他。"（他说这番话，）是由于天下讲经营产业的人都说自己效法白圭。白圭他是试验过自己的经营之术的，能经过试验以施展自己的特长，这说明他不是随随便便就取得成功的啊！

猗顿用盬盐起。〔1〕而邯郸郭纵以铁冶成业，〔2〕与王者埒富。〔3〕

【注释】〔1〕"猗顿"，据说本是鲁国的贫士，名顿，曾经向陶朱公（范蠡）求教致富之术，后去河东猗氏（今山西临猗南）盐池煮盐，成为大富，因以"猗"为氏，称"猗顿"。"猗"，音 yī。"盬"，音 gǔ，未经煎炼的盐，一说"盬盐"专指河东猗氏盐池所产的盐。〔2〕"邯郸"，当时赵国的都城，故地在今河北邯郸市西南。〔3〕"埒"，音 liè，等同。

【译文】猗顿靠掘池晒盐发家，邯郸郭氏靠开矿冶铁致富，他们的财富都可与一国之君相比。

乌氏倮畜牧，〔1〕及众，斥卖，求奇缯物，〔2〕间献遗戎王。〔3〕戎王什倍其偿，与之畜，畜至用谷量马牛。秦始皇帝令倮比封君，〔4〕以时与列臣朝请。〔5〕而巴寡妇清，〔6〕其先得丹穴，〔7〕而擅其利数世，家亦不訾。〔8〕清，寡妇也，能守其业，用财自卫，不见侵犯。秦皇帝以为贞妇而客之，〔9〕为筑女怀清台。夫倮鄙人牧长，〔10〕清穷乡寡妇，礼抗万乘，〔11〕名显天下，岂非以富邪？

【注释】〔1〕"乌氏"，古县名，亦作"乌友"、"阏氏"、"马氏"，本乌氏戎地，战国秦惠王置县，故治在今甘肃平凉西北。"氏"，音 zhī。"倮"，音 luǒ，人名。〔2〕"缯物"，彩色的绣品。〔3〕"间"，音 jiàn，乘间，暗地里。"遗"，音 wèi，赠送。"戎王"，指西北地区少数民族的君长。与戎王交通是违反禁令的，所以要私下赠送。〔4〕"封君"，领受封邑，食其租税的贵族。〔5〕“朝请”，诸侯封君春季朝见君主叫“朝”，秋季朝见叫“请”。〔6〕“巴”，本古国名，在今四川东部，战国时被秦惠文王所灭，后秦即于其地置巴郡，汉因之；治江州，故地在今重庆市北。〔7〕“丹”，朱砂。“丹穴”指出产朱砂的矿穴。〔8〕“訾”，音 zī，通“赀”，计量。〔9〕“秦皇帝”，指秦始皇。〔10〕“鄙”，边远地区的小邑。“鄙人”，指居于边鄙地区的人。〔11〕“万乘”，指天子。“乘”，音 shèng，兵车一辆为一乘。周制天子地方千里，可出动兵车万乘，后因以“万乘”作为天子的代称。

【译文】乌氏的倮经营畜牧业，牲畜繁殖多了就变卖成钱，然后求购华美珍奇的彩绣等物，偷偷地献赠戎王，戎王则用十倍于原价的牲畜回赠给他，作为补偿。致使他拥有的牛马等牲畜多得要用山谷作单位来计量。秦始皇下令让倮比照封君的待遇，春秋二季可以按时同贵族们一起进宫谒见皇帝。巴郡有个名清的寡妇，她的祖先找到了出产朱砂的矿穴，一连几代独得其利，财富多得无法计算。清，不过是一个寡妇，能够守住祖先留下的产业，靠财产来保护自己，使自己不受人欺侮侵犯。秦始皇认为她是个有节操的贞妇而尊敬她，待她如同宾客，并为她修筑了一座女怀清台。那倮是边远地区牧民的首领，清是穷乡僻壤的寡妇，却能受到天子的礼遇，名扬天下，不就都是依靠自己的财富吗？

汉兴，海内为一，开关梁，〔1〕弛山泽之禁，〔2〕是以富商大贾周流天下，〔3〕交易之物莫不通，得其所欲，而徙豪杰诸侯强族于京师。〔4〕

【注释】〔1〕“关”，关隘的城门。“梁”，津梁（桥梁）。古每于水陆要会之地的城门及桥头设卡稽查行人和货物。〔2〕“山泽之禁”，古以山泽为国君私产，专设官吏管理经营，其收入供国君私用，禁止一般人民进入山泽从事采伐渔猎等生产活动。〔3〕“贾”，音 gǔ，商人。“商”本指贩运转售的商人，“贾”本指坐铺经营的商人，后来“商贾”，作为商人的通称，不再有区别。〔4〕“徙豪杰诸侯强族于京师”，高祖九年（公元前一九八年）刘邦听从刘敬“强本弱末”的建议，强行迁徙战国时齐、楚、燕、赵、魏、韩等国王族子孙及地方豪强大族十余万口至关中地区。其事详见本书《高祖本纪》及《刘敬叔孙通列传》。

【译文】大汉兴起，四海之内归于统一，不再在城门桥头设卡，开放了各个地区之间的封锁，解除了开发山泽的禁令，因此财力雄厚的商人们得以走遍天下，用来交易的货物到处流通，供需双方都能满足，（朝廷又决策）把地方上的领袖人物、战国时六国王族子孙和豪强大族迁徙到京师一带来。

关中自汧、雍以东至河、华，〔1〕膏壤沃野千里，自虞夏之贡以为上田，〔2〕而公刘适邠，〔3〕大王、王季在岐，〔4〕文王作丰，〔5〕武王治镐，〔6〕故其民犹有先王之遗风，好稼穑，〔7〕殖五谷，地重，〔8〕重为邪。〔9〕及秦文、德、缪居雍，〔10〕隙陇蜀之货物而多贾。〔11〕献公徙栎邑，〔12〕栎邑北却戎翟，〔13〕东通三晋，〔14〕亦多大贾。孝、昭治咸阳，〔15〕因以汉都，〔16〕长安诸陵，〔17〕四方辐凑并至而会，地小人众，故其民益玩巧而事末也。〔18〕南则巴蜀。〔19〕巴蜀亦沃野，地饶卮、〔20〕姜、丹沙、石、铜、铁、竹、木之器。南御滇僰，〔21〕僰僮。西近邛笮，〔22〕笮马、旄牛。然四塞，栈道千里，〔23〕无所不通，唯褒斜绾毂其口，〔24〕以所多易所鲜。〔25〕天水、陇西、北地、上郡与关中同俗，〔26〕然西有羌中之利，〔27〕北有戎翟之畜，畜牧为天下饶。然地亦穷险，唯京师要其道。〔28〕故关中之地，于天下三分之一，而人众不过什三；然量其富，什居其六。

【注释】〔1〕“关中”，此指函谷关（故址在今河南灵宝东北）以西以长安为中心的畿辅地区。“汧”，音 qiān，汉县名，故治在今陕西陇县南。“雍”，汉县名，故治在今陕西凤翔南。“河”，黄河。“华”，华山，在今陕西华阴南。〔2〕“虞夏之贡以为上田”，《尚书·虞夏书·禹贡》记雍州（约当今陕西大部以及甘肃东部地区，包括秦汉时的关中在内）“厥田为上上”，意谓土质最好，在九州中属第一等。〔3〕“公刘”，古代周部族的首领，相传是周人始祖后稷的曾孙。名刘，“公”是尊称。他继承后稷的传统，组织周人努力耕作。夏末遭乱，周部族在公刘的率领下由邰（音 tái，故地在今陕西武功境）迁居于豳。“邠”，音 bīn，同“豳”，古国名，故地在今陕西旬邑（郇邑）、彬县（邠县）一带。〔4〕“大王”，“大”同“太”，太王即周文王的祖父古公亶父，为公刘九世孙。相传古公亶父为了避开狄人的侵扰，率领周人由豳迁居于岐，积德行善，修造城郭，设置官吏，发展农业，周部族因而强大起来。武王时，古公亶父被追尊为“太王”。“王季”，古公亶父的少子，名季历。其兄太伯、虞仲知道古公亶父有意把周部族首领的位置传给季历，就外出逃亡，表示决不争位。季历继位后遵循古公亶父的遗教，并联络其他部族，进一步扩大了周部族的势力。武王时，季历被追尊为“王季”。“岐”，音 qí，岐山下的一片的原野，故地在今陕西岐山北。〔5〕“文王”，即季历之子姬昌，是历史上著名的圣王。商代末期，曾为西方诸侯之长。在他的领导下，周人的势力迅速扩充，为后来武王灭商奠定了基础。“丰”，邑名，故地在今陕西西安市西南沣水西岸，本是崇国领地，文王消灭崇国后迁都于此，并加以扩建。〔6〕“武王”，周文王之子姬发。他完成了灭商的事业，开创了周王朝，也是历史上著名的圣王。“镐”，音 hào，邑名，故地在今陕西西安市西南沣水东岸。周武王灭商后，建都于此。“镐”、“丰”二城隔沣水相望，同为西周国都。〔7〕“稼穑”，下种曰稼，收获曰穑，后因以稼穑泛指农业劳动。“穑”，音 sè。〔8〕“地”，此指质地，秉性。〔9〕“重”，这里是不轻易去做某事的意思。〔10〕“秦文”，指秦文公，春秋初秦国的国君，襄公之子，公元前七六五年至前七一六年在位。“德”，指秦德公，文公之孙，公元前六七七年至前六七六年在位。“缪”，同“穆”，指秦穆公，名任好，德公之子，公元前六五九年至前六二一年在位，为春秋“五霸”之一。“雍”，邑名，故地在今陕西凤翔南，后即秦汉雍县治所所在。〔11〕“隙”，孔隙。“隙陇蜀之货物”，谓地处陇蜀两地货物流通的孔道。“陇”，指今甘肃南部地区。“蜀”，指今四川境内以成都为中心的古蜀国领地。〔12〕“献公”，指秦献公，名师隰，战国时秦国的国君，灵公之子，公元前三八四年至前三六二年在位。“栎邑”，即栎阳，邑名，故地在今陕西临潼北渭水北岸。秦献公二年自雍迁都于此。“栎”，音 yuè。〔13〕“戎翟”，“戎”，指西方地区少数民族。“翟”，音 dí，通“狄”。〔14〕“三晋”，春秋末晋国的疆土被韩、赵、魏三卿瓜分，到战国时成为韩、赵、魏三国，后世称之为“三晋”，其地域大致包括今山西全省及河南、河北的部分地区。〔15〕“孝”，指秦孝公，名渠梁，战国时秦国的国君，献公之子，公元前三六一年至前三三八年在位。他任用商鞅为相，实行变法，秦国得以迅速富强起来。“昭”，指秦昭王（本书《秦本纪》称之为昭襄王），名则，一名稷，孝公之孙，公元前三〇六年至前二五一年在位。“咸阳”，邑名，故地在今陕西咸阳市东北，秦孝公十二年（公元前三五〇年）迁都于此。〔16〕“汉都”，指长安，故址在今陕西西安市西北。〔17〕“长安诸陵”，指长安附近的汉初帝后陵墓，包括高祖长陵（在今陕西咸阳市东北）、薄后南陵（在今陕西西安市东）、文帝霸陵（在今西安市东北）、景帝阳陵（在今陕西高陵西南）等。“咸阳”、“汉都”、“长安诸陵”，都在关中范围之内。〔18〕“玩巧”，玩弄巧诈，不淳朴。〔19〕“蜀”，古国名，有今四川成都市及温江地区大部分地，战国时为秦惠文王所灭，秦即于其地置蜀郡，治成都（即今成都市），汉因之。〔20〕“卮”，音 zhī，一种野生植物，花红紫色，可用以提制胭脂。〔21〕“滇”，古国名，在今云南东部滇池附近地区，战国时楚将庄跻据其地称王，汉武帝元狩二年（公元前一一九年）滇王降汉入朝，汉于其地置益州郡，治滇池，故城在今晋宁东。“僰”，音 bó，古代西南地区的少数民族之一，居住在以僰道（在今四川宜宾境）为中心的四川南部、云南东部地区。〔22〕“邛”，音 qióng，指邛都夷，古代西南地区少数民族之一，居住在今四川西昌市一带，汉于其地置邛都县。“笮”，音 zuó，通“筰”，指筰都夷，也是古代西南地区的少数民族之一，居住在今四川汉源一带，汉于其地置沈黎郡。〔23〕“栈道”，在峭崖陡壁上凿孔，然后架木铺板连成的道路。〔24〕“褒斜”，古道路口，因取道褒水、斜水两河谷得名。褒水谷口在今陕西汉中市西，斜水谷口在今陕西眉县（郿县）西南。地险道狭，是当时关中地区通向巴蜀的交通要道。“斜”，音 yé，“绾”，音 wǎn，联结，控制。“毂”，音 gǔ，车轮中间承受车辐、贯入车轴的空心圆木。此喻众多道路会聚并合之处。“绾毂”意谓控扼道口。〔25〕“鲜”，音 xiǎn，少。〔26〕“天水”，汉郡名，治所在平襄（今甘肃通渭西北），辖境约相当于今甘肃通渭、静宁、秦安、定西、清水、庄浪、甘谷、张家川等县及陇西东部、榆中东北部、天水市西北部地。“陇西”，汉郡名，治所在狄道（今甘肃临洮南），辖境约相当于今甘肃广河、临洮、渭源、漳县、卓尼、岷县、舟曲、宕昌等县以及武山南部、陇西西部、天水市东部地区。“北地”，汉郡名，治所在马岭（今甘肃庆阳西北），辖境约相当于今宁夏贺兰山、青铜峡、山水河以东及甘肃环江、马莲河流域。“上郡”，汉郡名，治所在肤施（今陕西榆林东南），辖境约相当于今陕西北部及内蒙古乌审旗等地。〔27〕“羌中”，指羌人聚居区域，约相当于今甘肃西部、青海东部一带。〔28〕“要”，音 yāo，约束，控制。

【译文】关中地区从汧县、雍县以东直到黄河、华山，平川千里，一片沃壤，自虞、夏以来，就把那里的土地列为九州之内最好的，而征收第一等的贡赋。（当初）公刘率领周人来到邠地，太王、王季又迁徙到岐山之下，文王修建了丰邑，武王又营治镐京，所以那里的人民至今还保存着先王遗留下来的风尚，乐于经营农业、种植五谷，秉性稳重厚道，不肯轻易地去做违法的事。到后来秦文公、秦德公、秦缪公定都居雍，那地方正当陇、蜀货物交流的必经之路，因而产生了许多商人。秦献公迁都栎邑，栎邑（作为国家重心所在，）挡回了北方戎狄的侵扰，向东又与三晋之地相通，也集中了许多大商人。秦孝公、秦昭公都于咸阳，加上后来的汉都长安也在那一带，附近又有（汉代开国以来）历代帝后的陵墓，关中地区成了天下四方人员物资的会聚之处，地方狭小而人口众多，因此那里的人民更加习惯于玩弄智巧，去从事工商业。关中的南面是巴蜀。巴蜀地方也是肥沃的原野，出产很多的卮草、姜、朱砂，以及用石、铜、铁、竹、木等制成的器具，南面控制着滇、僰两个国族，僰地出产奴隶；西面靠近邛都夷和笮都夷，笮都夷居地出产马和牦牛。但其地四面都被群山包围阻塞，幸而筑有千里栈道，可以四通八达，只有汉中的褒斜控扼着巴蜀通往关中的各条通路的道口，（通过褒斜输出或输入货物，）就能用本地多余的产品换来所缺乏的东西。天水、陇西、北地和上郡与关中风俗相同，但西有羌中的利源，北有戎狄的牲畜，畜牧业的繁荣可数天下第一。不过地方偏远险阻，外出的通路被京师长安所控扼。所以关中地方面积只占天下的三分之一，人口不到十分之三，但衡量那里的财富，却占十分之六之多。

昔唐人都河东，〔1〕殷人都河内，〔2〕周人都河南。〔3〕夫三河在天下之中，〔4〕若鼎足，王者所更居也，建国各数百千岁，土地小狭，民人众，都国诸侯所聚会，故其俗纤俭习事。〔5〕杨、平阳陈西贾秦、翟，〔6〕北贾种、代。〔7〕种、代，石北也，〔8〕地边胡，〔9〕数被寇。〔10〕人民矜懻忮，〔11〕好气，任侠为奸，〔12〕不事农商。然迫近北夷，师旅亟往，〔13〕中国委输时有奇羡。〔14〕其民羯羠不均，〔15〕自全晋之时固已患其慓悍，〔16〕而武灵王益厉之，〔17〕其谣俗犹有赵之风也。〔18〕故杨、平阳陈掾其间，〔19〕得所欲。温、轵西贾上党，〔20〕北贾赵、中山。〔21〕中山地薄人众，犹有沙丘纣淫地余民，〔22〕民俗懁急，〔23〕仰机利而食。〔24〕丈夫相聚游戏，〔25〕悲歌忼慨，起则相随椎剽，〔26〕休则掘冢作巧奸冶，〔27〕多美物，〔28〕为倡优。〔29〕女子则鼓鸣瑟，跕屣，〔30〕游媚贵富，入后宫，遍诸侯。

【注释】〔1〕“唐人”，指帝尧的部众。据说帝尧初居于陶，后封于唐，为唐侯，所以称陶唐氏，又称唐尧。“河东”，战国时地理上的一个习惯称呼，大致指今山西省西南部地区，因黄河经此作北南流向，这一地区正在黄河以东。后秦于其地置河东郡，汉因之。本书《五帝本纪》司马贞《索隐》引《帝王纪》言尧都平阳，故地在今山西临汾西南，正在河东范围之内。〔2〕“河内”，战国时地理上的一个习惯称呼，大致指今河南省境内黄河以北，安阳市、汤阴、淇县、汲县、新乡市以西地区。秦于其地置河内郡，汉因之。殷代自盘庚以后所都之地，在今河南安阳市，正在河内范围之内。〔3〕“河南”，战国时地理上的一个习惯称呼，大致指今河南省境内黄河以南，中牟以东，新郑、密县、登封、临汝、汝阳以北地区，也包括黄河以北的原阳在内。秦于其地置三川郡，汉改为河南郡。西周成王时营建洛邑为第二首都，称成周，平王东迁后即以之为都，故地在今河南洛阳市东郊，正在河南范围之内。〔4〕“三河”，即河东、河内、河南。〔5〕“纤俭”，琐屑吝啬。〔6〕“杨”，汉县名，属河东郡，故治在今山西洪洞东南。“平阳”，即传说中尧都所在，汉为县，属河南郡，与杨县相邻。“陈”，司马贞《索隐》原无此字，系涉下“杨、平阳陈掾其间”而衍。“秦”，指关中地区，其地在春秋战国时属秦国。“翟”，指今陕西北部、内蒙古南部及甘肃、宁夏一带，当时是翟人部落散居区域。〔7〕“种”，指今河北西北部地区。“代”，指今山西北部地区。〔8〕“石”，裴骃《集解》、司马贞《索隐》、张守节《正义》皆以为指常山郡石邑县，故治在今河北石家庄市西南。〔9〕“胡”，北方边地及西域地区少数民族的泛称，此指匈奴。〔10〕“数”，音 shuò，屡次。〔11〕“懻忮”，音 jì zhì，强直刚愎。〔12〕“奸”，指违法之事。〔13〕“亟”，音 qì，屡次。〔14〕“委输”，运送货物。“委”指置物于舟车之上，“输”指把货物转运至他处交卸。“奇羡”，赢余、积存的货物。“奇”，音 jī。〔15〕“羯羠”，音 jié yí，本皆指阉过的羊，阉羊体健，此处因用以表示健壮强悍。〔16〕“全晋之时”，指韩、赵、魏三家分晋以前，亦即春秋时期。“僄悍”，轻捷勇猛。“僄”，音 piào。〔17〕“武灵王”，战国时赵国的国君，赵肃侯之子，名雍，公元前三二五年至前二九九年在位。他不顾保守势力的反对，放弃传统的宽袍大袖的服装，提倡改用胡服，学习骑射，训练骑兵作战，使赵国的军事力量迅速强大起来。后传位其子，自称主父，公元前二九五年在内乱中被围饿死。“厉”，振奋激励。〔18〕“谣俗”，风俗。“赵”，指战国时的赵国。种、代之地在战国时都属于赵国。〔19〕“陈掾”，经营。“掾”，音 yuàn。〔20〕“温”，汉县名，属河内郡，故治在今河南温县西。“轵”，音 zhǐ，汉县名，属河内郡，故治在今河南济源东。“上党”，汉郡名，治所在长子（今山西长子西），辖境约相当于今山西和顺、榆社以南，沁水以东地。〔21〕“赵”，指今河北南部及山西中部地区，其地战国时属赵国，汉代习惯上仍把“赵”作为这一地区地理上的统称。“中山”，指今河北中部地区，其地战国时属中山国。汉代在这一地区置有郡国，亦名中山，辖境约相当于今狼牙山以南，保定市、安国以西，唐县、新乐以东和滹沱河以北地区，比战国中山之地略小。〔22〕“沙丘”，古地名，故址在今河北广宗西北大平台。“纣”，即帝辛，商代最后一个王，是历史上著名的暴君。相传他曾在沙丘筑台，畜养禽兽，淫乐不已。〔23〕“懁急”，急躁。“懁”，音 juàn。〔24〕“机利”，以智巧谋利。〔25〕“丈夫”，此泛指成年男子。〔26〕“椎剽”，以椎杀人，抢劫财物。“剽”，音 piào。〔27〕“奸冶”，指盗铸货币。〔28〕“美”，一本作“弄”，义长。《汉书·食货志》亦作“弄”。“弄物”，玩物。〔29〕“倡优”，表演歌舞杂戏以娱乐统治者的艺人。〔30〕“跕屣”，谓走路用足尖轻轻着地。“跕”，音 tiē。

【译文】从前唐尧建都于河东，殷代建都于河内，周代建都于河南。这三河地区位居天下中央，就像鼎的三足，是古代开基创业得天下而称王的君主轮流建都之处，所建立的王朝各传几百年或上千年，那里土地狭小，人口众多，是各诸侯国都邑大城所聚集的地方，所以民间的风俗琐屑而吝啬，居民气度较小，但熟悉各种事务世故。杨和平阳二地向西可与关中和狄人居地通商，向北可与种、代地区贸易。种、代在石邑以北，与匈奴接壤，经常受到侵扰劫掠。那里的人民崇尚刚直，秉性强横，喜好意气用事，以行侠为名做犯法的事情，既不从事农耕，也不经营商业。但由于地方紧靠匈奴，出征的大军屡次经此开赴前敌，中原运去的军需物资也时常有剩余而流散民间。人民体格健壮，生性好斗，不肯安宁，春秋时尚未分裂的晋国本就因为那里民风强悍难以管理而感到忧虑，到了战国，赵武灵王又进一步激励尚武的精神，所以那地方直到现在还遗留着当年赵国的风俗。所以杨和平阳的商人经营其间，都能满足自己的欲望。温、轵二地向西可与上党通商，向北可与赵和中山贸易。中山地方土地瘠薄而人口稠密，还留存着沙丘这种殷纣淫乐之地的居民的后裔，民风急躁，依靠智巧谋利为生。男子相聚游戏，慷慨激昂地唱着悲壮的歌曲，外出则成群结伙地用椎杀人，抢劫财物，事罢回来，又偷掘坟墓，制作奇巧之物，私铸钱币，拥有许多玩物，并充任以表演歌舞杂戏为业的倡优。女子则弹弄琴瑟等乐器，踮着脚轻轻地走路，（作出柔美的样子，）周游各地，向权贵富豪献媚，又进入王者后宫，遍及所有的诸侯国。

然邯郸亦漳、河之间一都会也。〔1〕北通燕、涿，〔2〕南有郑、卫。〔3〕郑、卫俗与赵相类，然近梁、鲁，〔4〕微重而矜节。〔5〕濮上之邑徙野王，〔6〕野王好气任侠，卫之风也。

【注释】〔1〕“漳”，漳水，流经邯郸附近。“河”，黄河。“都会”，大城市。〔2〕“燕”，指今河北北部，北京市及辽宁西部地区。其地战国时属燕国，汉代习惯上仍把“燕”作为这一地区地理上的统称。“涿”，汉郡名，治所在涿（今河北涿县），辖境约相当于今北京房山以南，河北易县、清苑以东，安平、河间以北，霸县、任丘以西地区。〔3〕“郑卫”，指今河南北部地区。其地春秋战国时曾属郑、卫二国，汉代习惯上仍把“郑卫”当作这一地区地理上的统称。〔4〕“梁”，指今河南中部、东部地区。其地战国时属魏国，魏国亦称梁国，汉代习惯上仍把“梁”作为这一地区地理上的统称。“鲁”，指今山东中南部地区。其地春秋战国时属鲁国，汉代习惯上仍把“鲁”作为这一地区地理上的统称。〔5〕“重”，厚重朴实。“节”，气节。〔6〕“濮上”，濮水之滨。“濮上之邑”，指战国时卫国的都城濮阳（在今河南濮阳南）。“野王”，邑名，故址在今河南沁阳。秦王政六年（公元前二四一年），秦迫迁卫君及其宗族于野王。

【译文】赵都邯郸也正是漳水、黄河之间的一个大都市，北通燕、涿，南有郑、卫。郑、卫二地的风俗与赵地相仿，但因为靠近梁、鲁，人民稍为庄重而崇尚气节。（战国末）卫国的都城从濮水之滨的濮阳迁到野王，野王民间（至今）喜好逞意气、行侠义，这是卫国的遗风。

夫燕亦勃、碣之间一都会也。〔1〕南通齐、赵，东北边胡。〔2〕上谷至辽东，〔3〕地踔远，〔4〕人民希，〔5〕数被寇，大与赵、代俗相类，而民雕捍少虑，〔6〕有鱼盐枣栗之饶。北邻乌桓、夫余，〔7〕东绾秽貉、朝鲜、真番之利。〔8〕

【注释】〔1〕“燕”，此指战国时燕国的都城蓟，亦即当时诸侯王国燕国所都，故地在今北京城区西南。“勃”，“渤”的本字，指渤海。“碣”，指碣石山，见前注。〔2〕“胡”，此指下文提到的乌桓、夫余、秽貉等少数民族。〔3〕“上谷”，汉郡名，治所在沮阳（今河北怀来东南），辖境约相当于今河北张家口市、小五台山以东，赤城及北京延庆以西，内长城及北京昌平以北地区。“辽东”，汉郡名，治所在襄平（今辽宁辽阳市），辖境约相当于今辽宁大凌河以东地区。〔4〕“踔远”，辽远。“踔”，音 zhuō。〔5〕“希”，通“稀”。〔6〕“雕捍”，谓迅猛凶悍如鹰雕。“捍”，通“悍”。〔7〕“乌桓”，古民族名，为东胡别支，当时在今河北、辽宁以北的内蒙古自治区境内游牧。“夫余”，古国名，在今松花江流域。〔8〕“绾”，此谓贯联收聚。“秽貉”，即“涉貊”，古代北方的一个少数民族，依涉水（在今辽宁凤城东）而居。“真番”，本战国时朝鲜半岛上的一个小国，汉初属燕王卢绾，汉武帝时于其地置真番郡，辖境约相当于今朝鲜黄海北道大部，黄海南道及京畿道北部；治霅（音 sà），故地在今礼成江、汉江之间。“番”，音 pān。

【译文】那燕都蓟也正是渤海、碣石之间的一个大都市，南通齐、赵，东西和北面则与胡人的地域邻接。从上谷到辽东，地方偏远，人民稀少，经常受到（胡人的）侵扰劫掠，情况同赵、代非常相似，而那里的人民像猛禽一样敏捷强悍，但头脑比较简单，不善于思考问题。论出产，则鱼、盐、枣、栗等都很丰富。这一地区北面与乌桓、夫余相邻，东面又可收聚控制秽貉、朝鲜、真番的资源。

洛阳东贾齐、鲁，〔1〕南贾梁、楚。〔2〕故泰山之阳则鲁，其阴则齐。〔3〕

【注释】〔1〕“洛阳”，西汉洛阳为河南郡治所，故城在今河南洛阳市东北。〔2〕“楚”，指今长江中下游一带，其地战国时属楚国，汉时习惯上仍把“楚”作为这一地区地理上的统称。〔3〕“泰山之阳则鲁，其阴则齐”，山南麓为阳，北麓为阴。

【译文】洛阳向东可与齐、鲁通商，向南可与梁、楚贸易。泰山的南面是鲁，泰山的北面就是齐。

齐带山海，膏壤千里，宜桑麻，人民多文彩布帛鱼盐。临菑亦海岱之间一都会也。〔1〕其俗宽缓阔达，〔2〕而足智，好议论，地重，难动摇，怯于众斗，勇于持刺，故多劫人者，大国之风也。其中具五民。〔3〕

【注释】〔1〕“临菑”，亦作“临淄”，战国时齐国都城，西汉时先后为诸侯王国齐国都城和齐郡治所，故城即今山东淄博市东北旧临淄。〔2〕“阔达”，疏阔豁达，不拘小节。〔3〕“五民”，指士、农、工、商、贾。古者“商”、“贾”有别，见前注。一说“五民”指东、南、西、北、中五方之民。

【译文】齐地以泰山和东海为边境，沃土千里，适合种植桑麻，人民拥有许多彩色的丝绸以及布帛鱼盐等物品。临菑也正是东海、泰山之间的一个大都市，那里的民俗开阔舒展，豁达而不拘小节，人民富于智慧，喜好议论，秉性稳重，意志坚定，难以动摇，成群结队地对阵时显得胆怯，却勇于独自拿着兵器去行刺，所以有不少靠抢劫谋生的人，这也正是大国的气派。临菑城中各色人等统统具备。

而邹、鲁滨洙、泗，〔1〕犹有周公遗风，〔2〕俗好儒，备于礼，故其民龊龊。〔3〕颇有桑麻之业，无林泽之饶。地小人众，俭啬，畏罪远邪。及其衰，好贾趋利，甚于周人。

【注释】〔1〕“邹”，今山东费县、邹县、金乡及济宁市一带，春秋时属邹国，汉时习惯上仍把“邹”作为这一地区地理上的统称。“洙”，水名。古洙水源出今山东新泰东北，西流至泰安东南折向西南，在泗水县西北与泗水合流，至曲阜城北又从泗水分出，至济宁市折南复入泗水。“泗”，水名。古泗水源出今山东泗水县东蒙山南麓，西流至曲阜、兖州，折南经鱼台入江苏境，穿沛县、徐州市，在淮阴市西南注入淮水。洙、泗二水流经鲁都曲阜，洙水在北，泗水在南，洙、泗之间正是孔子聚徒讲学的地方。〔2〕“周公”，姓姬名旦，周文王子，周武王弟。武王死后子成王继位，成王年幼，周公摄行王政，平定内乱，制礼作乐，对巩固西周王朝的统治起了很大的作用，被后世儒者尊为圣人。鲁国第一代国君伯禽就是周公之子，所以鲁国保存西周的文物和礼乐制度最多。邹国紧邻鲁国，受鲁国影响较深。〔3〕“龊龊”，通“娖娖”，拘谨的样子。

【译文】邹、鲁两地正在洙水和泗水之滨，还保存着周公遗留下来的风尚，习俗爱好儒学，礼仪制度完备，所以那里的人民比较拘谨。种桑植麻耕织之业相当发达，但没有山林湖泽的丰富出产。地方小，人口多，民风俭朴吝啬，害怕犯罪，远避邪恶。到后世衰败以后，则热衷经商，追求财利，比周人更厉害。

夫自鸿沟以东，〔1〕芒、砀以北，〔2〕属巨野，〔3〕此梁、宋也。〔4〕陶、睢阳亦一都会也。〔5〕昔尧作于成阳，〔6〕舜渔于雷泽，〔7〕汤止于亳。〔8〕其俗犹有先王遗风，重厚多君子，好稼穑，虽无山川之饶，能恶衣食，致其蓄藏。

【注释】〔1〕“鸿沟”，古代的一条运河，约在战国魏惠王十年（公元前三六〇年）开凿，一端在荥阳（今河南荥阳）北通黄河，一端在项县（今河南沈丘）通颍水，联接济、濮、汴、睢、涡、汝、泗、菏等河道，在秦汉时对发展山东南部诸郡的经济起了很大的作用。〔2〕“芒、砀”，皆山名，在今河南永城东北，二山相邻，芒山在砀山北八里。“砀”，音 dàng。〔3〕“巨野”，古湖泊名，即大野泽，在今山东巨野北，周围数百里，与济水、泗水相接。〔4〕“宋”，巨野泽以南，今安徽、江苏、山东交界处战国时属宋国，汉时习惯上仍把“宋”作为这一地区地理上的统称。〔5〕“陶”，即前文提到的范蠡前往治产经商的“陶”，其地汉时称定陶，是济阴郡的治所。“睢阳”，古都邑名，在今河南商丘南，战国时为宋国都城，工商业都很繁荣，汉时为诸侯王国梁国都城。〔6〕“成阳”，古邑名，在今山东菏泽东北，相传帝尧和他的母亲庆都都葬在这里。〔7〕“雷泽”，古湖泊名，即雷夏泽，在成阳西。〔8〕“亳”，音 bó，此指南亳，古都邑名，在今河南商丘东南，相传商汤在灭夏前居于此。

【译文】从鸿沟以东，芒山和砀山以北，属于巨野泽水系的范围，这就是梁、宋之地。定陶、睢阳也正是这一地区的大都市。当年帝尧在成阳兴起，大舜即位前在雷泽打鱼，商汤定都于亳，（都在这一区域。）那里的民俗还保留着先王遗留下来的风尚，稳重忠厚，有许多君子。人们喜好农业，虽然没有山川提供的财富，但能忍受粗劣的物质生活，依靠节衣缩食来使自己有储蓄收藏。

越、楚则有三俗。[1]夫自淮北，沛、陈、汝南、南郡，此西楚也。[2]其俗剽轻，[3]易发怒，地薄，[4]寡于积聚。江陵故郢都，[5]西通巫、巴，[6]东有云梦之饶。[7]陈在楚夏之交，[8]通鱼盐之货，其民多贾。徐、僮、取虑，[9]则清刻，[10]矜己诺。

【注释】〔1〕“越”，今浙江钱塘江以南地春秋时属越国，汉时习惯上仍把“越”作为这一地区地理上的统称。〔2〕“沛”，汉郡名，治所在相（今安徽濉溪西北），辖境约相当于今安徽淮河以北，西肥河以东，河南夏邑、永城及江苏沛县、丰县地。“陈”，秦郡名，汉改称淮阳，治所在陈（今河南淮阳），辖境约相当于今河南淮阳、太康、西华、鹿邑、柘城等地。“汝南”，汉郡名，治所在上蔡（今河南上蔡西南），辖境约相当于今河南颍河、淮河之间，京广铁路西侧一线以东，安徽茨河、西肥河以西地。“南郡”，汉郡名，治所在江陵（今湖北江陵），辖境约相当于今湖北粉青河及襄樊市以南，荆门、洪湖以西，长江和清江流域以北，四川巫山以东地区。〔3〕“剽轻”，强悍轻率。〔4〕“地薄”，谓秉性刻薄寡情。〔5〕“江陵”，即湖北江陵，当时是南郡治所。在春秋战国时名郢（音 yǐng），是楚国的都城。〔6〕“巫”，汉县名，当南郡西境，故治在今四川巫山西北。“巴”，指巴郡。〔7〕“云梦”，古泽薮名，为大片湖泊沼泽地的总称，其范围大致包括今湖北江陵以东，武汉市以西，安陆以南，湖南华容、湘阴以北的长江两岸地区。〔8〕“夏”，后文云“颍川、南阳，夏人之居也”，此“夏”当即指颍川、南阳一带。参见后注。〔9〕“徐”，汉县名，为临淮郡治所，故治在今江苏泗洪南。“僮”，汉县名，属临淮郡，故治在今江苏泗洪西北。“取虑”，汉县名，属临淮郡，故治在今江苏睢宁西南。“取”，音 qū。〔10〕“清刻”，清廉而苛刻。

【译文】越、楚地方三个区域有三种风俗。自淮水以北，沛郡、陈、汝南、南郡，这是西楚。那里的风俗勇悍轻率，人们容易发怒，秉性刻薄，很少积聚财富。江陵本是楚国郢都，西南可通巫县、巴郡，东面又有富饶的云梦。陈在楚、夏交会之处，可以转运鱼盐之类的货物，居民中有很多人从事商业。徐、僮、取虑等县的人民，则清廉刻薄，但都以实现自己的诺言为荣。

彭城以东，[1]东海、吴、广陵，[2]此东楚也。其俗类徐、僮。朐、缯以北，[3]俗则齐。浙江南则越。[4]夫吴自阖庐、春申、王濞三人招致天下之喜游子弟，[5]东有海盐之饶，章山之铜，[6]三江、五湖之利，[7]亦江东一都会也。[8]

【注释】〔1〕"彭城"，汉县名，是诸侯王国楚国的都城，故治在今江苏徐州市。〔2〕"东海"，汉郡名，治所在郯（音 tán，今山东郯城北），辖境约相当于今山东费县、临沂和江苏赣榆以南，山东枣庄市和江苏邳县以东，江苏宿迁、灌南以北地区。"吴"，指今江苏南部及浙江钱塘江以北太湖流域一带，其地春秋时属吴国，汉初是诸侯王国吴国的一部分。"广陵"，当时的一个诸侯王国，都广陵（今江苏扬州市），辖境约相当于今江苏长江以北，射阳湖西南，仪征以东地区。〔3〕"朐"，音 qú，汉县名，属东海郡，故治在今江苏连云港市西南。"缯"，音 zēng，汉县名，属东海郡，故治在今山东枣庄市东。〔4〕"浙江"，水名，即今钱塘江。〔5〕"吴"，此指吴县，春秋时为吴国都城，战国时曾为楚春申君封邑，汉初为诸侯王国吴国都城，后为会稽郡治所，故地即今江苏苏州市。"阖庐"，本名光，春秋后期吴国的公子，公元前五一四年杀吴王僚自立为王，屡败楚兵，曾率军攻入楚都郢，公元前四九六年在与越军交战时兵败伤指而死。详见本书《吴太伯世家》。"阖"，音 hé。"春申"，指春申君，战国时楚宗室，名黄歇，考烈王时为楚相，封春申君，以淮北十二县为封邑，后改封江东之地。好客养士，名重当世，曾救赵却秦，攻灭鲁国。公元前二三八年考烈王死，春申君被王后兄李园谋杀。详见本书《春申君列传》。"王濞"，指汉初的诸侯王吴王刘濞。濞是刘邦次兄刘仲之子，高祖十一年（公元前一九六年）封沛侯，十二年立为吴王，在位四十三年，至景帝前三年（公元前一五四年）联结楚、赵、胶东、胶西、菑川、济南等六国诸侯王起兵叛乱，以武力反抗朝廷为巩固中央政权而推行的削藩政策，史称"吴楚七国之乱"，后被汉将周亚夫等讨平，刘濞兵败自杀。详见本书《吴王濞列传》。"濞"，音 bì。〔6〕"章山"，"章"通"鄣"，秦汉之际有鄣郡，辖今江苏、浙江、安徽三省交界地区，汉初属诸侯王国吴国，后改为丹阳郡。章山意谓章郡之山，既言其山产铜，当指今安徽铜陵市境内的铜官山。〔7〕"三江"，其说不一，据《汉书·地理志》，今吴淞江和芜湖、宜兴间由长江通太湖一水，并长江下游为南、中、北三江。《吴越春秋》以浙江、浦江（今浦阳江）、剡江（今曹娥江）为三江。韦昭《国语注》以松江（今吴淞江）、浙江、浦江为三江。另外还有多种说法。何者为是，已难确考。近人或以为"三江"是泛指今苏南及浙江地区的众多水道。"五湖"，亦有多种说法，一说是太湖别名，一说是太湖东岸的五个与太湖相通的湖泊，一说是太湖附近的五个湖。近人或以为"五湖"是泛指太湖水系的众多湖泊。〔8〕"江东"，指今芜湖、南京以下的长江南岸地区。

【译文】彭城以东，东海、吴、广陵，这是东楚。那里的风俗与徐、僮类似。朐、缯二县以北，风俗则与齐地相同。浙江以南就是越地。吴县自从吴王阖庐、春申君和吴王濞三人招引来天下各地爱外出闯荡的好事少年以后，东面收取了海盐带来的财富，又有章山出产的铜，以及三江、五湖的资源，也成了江东地区的一个大都市。

衡山、九江、江南、豫章、长沙，[1]是南楚也，其俗大类西楚。郢之后徙寿春，[2]亦一都会也。而合肥受南北潮，[3]皮革、鲍、木输会也。[4]与闽中、干越杂俗，[5]故南楚好辞，巧说少信。江南卑湿，丈夫早夭。多竹木。豫章出黄金，长沙出连、锡，然堇堇。[6]物之所有，取之不足以更费。[7]九疑、苍梧以南至儋耳者，[8]与江南大同俗，而杨越多焉。[9]番禺亦其一都会也，[10]珠玑、犀、玳瑁、果、布之凑。

【注释】〔1〕“衡山”，汉郡名，治所在邾（今湖北黄冈西北），辖境约相当于今河南信阳市和湖北红安、黄冈以东，安徽霍山、怀宁以西，长江以北，淮河以南地区。“九江”，汉郡名，治所在寿春（今安徽寿县），辖境约相当于今安徽淮河以南，瓦埠湖流域以东，巢湖以北地区。“豫章”，汉郡名，治所在南昌（今江西南昌市），辖境约相当于今江西全省。“长沙”，当时的一个诸侯王国，都临湘（今湖南长沙市），辖境约相当于今湖南东部、南部和广西全州、广东连县、阳山等地。〔2〕“郢之后徙寿春”，春秋战国时楚国都郢（今湖北江陵），到战国后期，在秦国军事力量的逼迫下，楚国被迫多次迁都，楚考烈王二十二年（公元前二四一年）迁至寿春（今安徽寿县），即以故都之名，称寿春为“郢”。汉时寿春为九江郡治所。〔3〕“合肥”，城邑名，汉时属九江郡，是合肥县治所，故地即今安徽合肥市。“受南北潮”，指合肥在长江、淮河之间，南北都可通航。〔4〕“鲍”，咸鱼。钱坫认为“鲍”当作“鞄”，指制革工人。〔5〕“闽中”，秦郡名，治所在冶（今福建福州市），辖境约相当于福建全省及浙江宁海、天台以南灵江、瓯江、飞云江流域，汉时其地并入会稽郡。“干越”，吴越之地。“干”即“邗”，音 hán，本古国名，在今江苏扬州市附近，春秋末为吴国所灭，吴即于其地筑城，又自邗而北开凿邗沟沟通江淮。古籍中“干越”并称，即指吴越，亦即今江苏中部、南部及浙江北部、中部地区。〔6〕“堇堇”，少。“堇”，音 jǐn，通“仅”。〔7〕“更”，偿。〔8〕“九疑”，一作“九嶷”，山名，在今湖南宁远南。“苍梧”，汉郡名，在九疑山南，治所在广信（今广西梧州市），辖境约相当于今广西都庞岭、大瑶山以东，广东肇庆、罗定以西，湖南江永、江华以南，广西藤县、广东信宜以北地区。“儋耳”，汉郡名，治所在儋耳（今广东海南岛儋县西北），辖境约相当于今海南岛西部地区。儋耳郡仅存于武帝元封元年（公元前一一〇年）至昭帝始元五年（公元前八二年）之间，后并入朱崖郡。〔9〕“杨越”，“杨”通“扬”，指扬州，为《尚书·禹贡》所述古九州之一，约当今长江、淮河下游及浙江、福建之地。越地正属扬州，所以又称“杨越”。〔10〕“番禺”，汉县名，为南海郡治所，即今广东广州市。“番”，音 pān。

【译文】衡山、九江和江南的豫章、长沙，则是南楚，那里的风俗与西楚十分相似。楚国的郢都后来迁到寿春，寿春也成了一个大都市。合肥南北可同江、淮通航，是皮革、腌鱼、木材集中并发运的地方。由于杂有闽中、吴越的风俗，所以南楚人民喜好卖弄口才，花言巧语，很少讲实话。江南地势低洼潮湿，男子往往短命，竹木很多。豫章出产黄金，长沙出产铅和锡，但数量有限。所储藏的矿物，开采所得不足以抵偿所需的费用。九疑、苍梧以南直至儋耳，风俗与江南大体相同，与杨越类似之处最多。番禺也正是这一区域的大都市，各种珍珠、犀角、玳瑁、水果、杂布就在那里集散。

颍川、南阳，〔1〕夏人之居也。〔2〕夏人政尚忠朴，犹有先王之遗风。颍川敦愿。〔3〕秦末世，迁不轨之民于南阳。南阳西通武关、郧关，〔4〕东南受汉、江、淮。宛亦一都会也。〔5〕俗杂好事，业多贾。其任侠，交通颍川，故至今谓之“夏人”。

【注释】〔1〕“颍川”，汉郡名，治所在阳翟（dí，今河南禹县），辖境约相当于今河南登封、宝丰以东，尉氏、郾城以西，密县以南，叶县、舞阳以北地区。“南阳”，汉郡名，治所在宛（今河南南阳市），辖境约相当于河南熊耳山以南叶县、内乡间和湖北大洪山以北应山、郧县间地。〔2〕“夏人之居也”，传说夏王朝曾都于阳城（今河南登封东南），颍川、南阳二郡历史上本是夏人聚居之地。〔3〕“敦愿”，忠厚淳朴，心地善良。〔4〕“武关”，古关隘名，故址在今陕西商南南。“郧关”，古关隘名，故址即今湖北郧县城关。“郧”，音 yún。〔5〕“宛”，汉县名，为南阳郡治所，即今河南南阳市。宛在战国时就是一个著名的工商业都市，汉在其地置有工官、铁官。

【译文】颍川、南阳，是夏人聚居的地方。夏人的政治崇尚忠诚朴实，仍保留着先王遗留下来的风尚。颍川一带的人民也都忠厚淳朴，心地善良。秦朝末期，把不肯安分守己的百姓迁徙到南阳。南阳西面与武关、郧关相通，东南面又有汉水、江水、淮水流经，宛也正是那里的一个大都市。民俗喜欢做各种杂事，经营商业的人很多，又好作侠义之事，与颍川声气相通，所以直到现在还被叫做“夏人”。

夫天下物所鲜所多，人民谣俗，山东食海盐，山西食盐卤，〔1〕领南、沙北固往往出盐，〔2〕大体如此矣。

【注释】〔1〕“盐卤”，此指碱地出产的池盐、岩盐等。〔2〕“领南”，“领”通“岭”，指南岭。“沙北”，指沙漠之北。

【译文】天下各地的物产有它缺少的，也有它多余的，人们的习俗也因而有所不同，山东地方吃海盐，山西地方吃池盐，五岭以南，沙漠以北，原本也往往有地方出产盐，情况大体就是这样。

总之，楚越之地，地广人希，饭稻羹鱼，或火耕而水耨，果隋蠃蛤，〔1〕不待贾而足，地势饶食，无饥馑之患，〔2〕以故呰窳偷生，〔3〕无积聚而多贫。是故江淮以南，无冻饿之人，亦无千金之家。沂、泗水以北，〔4〕宜五谷桑麻六畜，〔5〕地小人众，数被水旱之害，民好畜藏，故秦、夏、梁、鲁好农而重民。三河、宛、陈亦然，加以商贾。齐、赵设智巧，仰机利。燕、代田畜而事蚕。

【注释】〔1〕“果”，指木本植物的果实。“隋”，通“蓏”，指瓜类及其它草木植物的果实。“蠃”，音 luó，通“螺”。“蛤”，音 gé，一种有介壳的软体动物。〔2〕“饥馑”，谷不熟为饥，蔬不熟为馑，后因以“饥馑”泛指灾荒年景。“馑”，音 jǐn。〔3〕“呰窳”，音 zǐ yǔ，懒惰，苟且度日，得过且过。〔4〕“沂”，音 yí，水名，源出今山东沂源鲁山，南流至今江苏沛县西南与泗水合流。〔5〕“五谷”，五种谷物，指麻、菽、麦、稷、黍。或以为当有稻而无麻。后多以“五谷”泛指各种粮食作物。“六畜”，六种家畜，指牛、马、羊、豕、鸡、犬。

【译文】总而言之，楚、越地方地广人稀，人们把稻谷和鱼类当作食物，放火烧草，然后耕种，灌水耨地，除去杂草，各种瓜果螺蚌到处都有出产，不必通过与外地贸易就能自给自足，地理条件决定那里有丰富的食物，不必忧虑会发生饥荒，正因为如此，人们也就得过且过，偷懒混日子，没有积蓄贮藏，大多贫穷。所以江水、淮水以南，既没有挨冻受饿的人家，也没有家资千金的富户。沂水、泗水以北，土地适宜于五谷桑麻六畜的生长，地少人多，经常遭受水灾、旱灾的祸害，人民习惯于贮藏东西，所以秦、夏、梁、鲁等地的习俗爱好经营农业，尊重农民。三河、陈、宛也是这样，但同时还经营商业。齐、赵一带的人民会布置巧妙的计谋，依靠聪明机智来经商谋利。燕、代地区的人民则耕田畜牧又养蚕。

由此观之，贤人深谋于廊庙，〔1〕论议朝廷，守信死节隐居岩穴之士设为名高者安归乎？归于富厚也。是以廉吏久，久更富，廉贾归富。富者，人之情性，所不学而俱欲者也。故壮士在军，攻城先登，陷阵却敌，斩将搴旗，〔2〕前蒙矢石，不避汤火之难者，〔3〕为重赏使也。其在闾巷少年，攻剽椎埋，〔4〕劫人作奸，掘冢铸币，任侠并兼，借交报仇，〔5〕篡逐幽隐，〔6〕不避法禁，走死地如骛者，〔7〕其实皆为财用耳。今夫赵女郑姬，设形容，揳鸣琴，〔8〕揄长袂，〔9〕蹑利屣，〔10〕目挑心招，出不远千里，不择老少者，奔富厚也。游闲公子，饰冠剑，连车骑，亦为富贵容也。弋射渔猎，犯晨夜，冒霜雪，驰坑谷，不避猛兽之害，为得味也。博戏驰逐，斗鸡走狗，作色相矜，必争胜者，重失负也。医方诸食技术之人，焦神极能，为重糈也。吏士舞文弄法，刻章伪书，不避刀锯之诛者，没

于赂遗也。农工商贾畜长，固求富益货也。此有知尽能索耳，终不余力而让财矣。

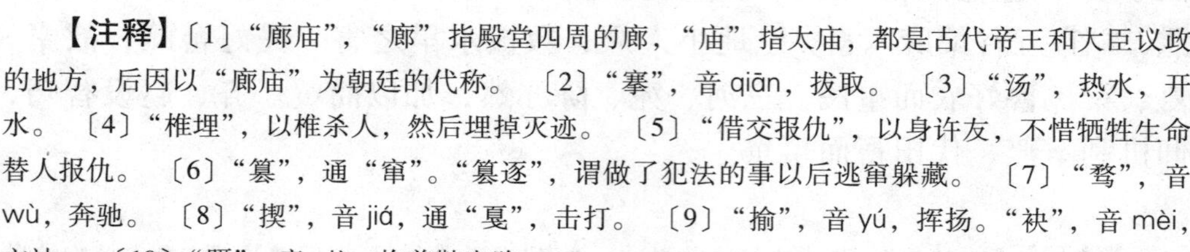

【注释】〔1〕“廊庙”，“廊”指殿堂四周的廊，“庙”指太庙，都是古代帝王和大臣议政的地方，后因以“廊庙”为朝廷的代称。〔2〕“搴”，音 qiān，拔取。〔3〕“汤”，热水，开水。〔4〕“椎埋”，以椎杀人，然后埋掉灭迹。〔5〕“借交报仇”，以身许友，不惜牺牲生命替人报仇。〔6〕“篡”，通“窜”。“篡逐”，谓做了犯法的事以后逃窜躲藏。〔7〕“骛”，音 wù，奔驰。〔8〕“揳”，音 jiá，通“戛”，击打。〔9〕“揄”，音 yú，挥扬。“袂”，音 mèi，衣袖。〔10〕“蹑”，音 niè，拖着鞋走路。

【译文】由此看来，贤人们在朝廷用尽心思地出谋划策，立论建议；那些恪守信义，不惜为维护节操而献身的隐居山中的高士们自命清高，他们到底把什么当作目的归宿呢？都是为了财富啊！所以廉洁的官吏当官时间长，当官时间一长就更富了。不贪婪的商人（得到顾客的信任），最终也能富起来。追求财富是人的本性，不用学习就都有这种欲望。因此壮士在军中，攻城时冒险先登，野战时冲入敌阵，迫使敌军退却，斩杀敌人的将领，夺取敌人的军旗，冒着飞箭飞石，赴汤蹈火，不避危难，为的是得到重赏。乡里市井的不法少年，杀人灭尸，抢劫财富，盗掘坟墓，私铸钱币，以行侠为名恃强凌弱，兼并他人的土地财产，代朋友杀人报仇，然后逃到偏远的地方躲藏起来，这样地不顾法律禁令，像快马奔驰一样迅速地走向死亡的深渊，其实也都是为了财利。现在赵、郑等地的女郎，精心打扮自己，弹着琴，扬起长长的舞袖，拖着尖头的舞鞋，眉目传情，心存挑逗之意，外出献艺，不远千里，伺候客人不问老少，她们都是奔着钱财而去的啊！那些游手好闲的公子哥儿，戴的帽，佩的剑，都装饰得漂漂亮亮，出门时车马成群结队，也都是为了炫耀富贵而讲究排场。打鱼射猎的人，不管清晨黑夜，冒着霜雪，奔驰在深坑边、山谷中，顾不得被野兽伤害的危险，为的是得到可以用来换钱的野味。在赌博场上竞争取乐，斗鸡赛狗，变色争吵，互相夸耀，一定要夺取胜利，就是怕输钱啊！医生、方士等各种靠技艺为生的人，之所以用尽心思，竭力发挥自己的技能，是为了得到丰厚的报酬。官府中的吏士玩弄法律条文，私刻公章，伪造文书，不怕遭受严刑的惩罚，这是因为接受了贿赂，财迷心窍。而从事农、工、商、畜牧等业的人，本来就以追求财富，增加货物为目的，这些人只有在才尽力竭的情况下才会无可奈何地退出竞争，始终不会留有余力而把发财的机会让给别人。

谚曰：“百里不贩樵，千里不贩籴。”[1]居之一岁，种之以谷；十岁，树之以木；百岁，来之以德。德者，人物之谓也。今有无秩禄之奉，爵邑之人，而乐与之比者，命曰“素封”。[2]封者食租税，岁率户二百。千户之君则二十万，朝觐聘享出其中。[3]庶民农工商贾，率亦岁万息二千，百万之家则二十万，而更徭租赋出其中。[4]衣食之欲，恣所好美矣。故曰陆地牧马二百蹄，[5]牛蹄角千，[6]千足羊，[7]泽中千足彘，[8]水居千石鱼陂，[9]山居千章之材。[10]安邑千树枣；[11]燕、秦千树栗；蜀、汉、江陵千树橘；[12]淮北常山已南，[13]河济之间千树萩；[14]陈、夏千亩漆；齐、鲁千亩桑麻；渭川千亩竹；[15]及名国万家之城带郭千亩亩钟之田，[16]若千亩卮茜，[17]千畦姜韭：[18]此其人皆与千户侯等。然是富给之资也，不窥市井，不行异邑，坐而待收，身有处士之义而取给焉。[19]若至家贫亲老，妻子软弱，岁时无以祭祀进醵，[20]饮食被服不足以自通，如此不惭耻，则无所比矣。是以无财作力，少有斗智，既饶争时，此其大经也。今治生不待危身取给，则贤人勉焉。是故本富为上，末富次之，奸富最下。[21]无岩处奇士之行，而长贫贱，好语仁义，亦足羞也。

【注释】〔1〕"百里不贩樵，千里不贩籴"，到百里以外的地方去贩柴，到千里以外的地方去贩粮，都是得不偿失的事，所以这样说。"籴"，音 dí，买入谷物。〔2〕"素"，空。"素封"，谓无官爵封邑之空名而有其实利。〔3〕"朝觐"，古时诸侯定期朝见天子，春朝曰"朝"，秋朝曰"觐"。"觐"，音 jìn。〔4〕"更徭租赋"，汉制男子从二十三岁到五十六岁，要轮番服兵役二年，一年在本郡，一年戍边或守卫京师，称为"更"。"徭"，指无偿力役。汉制男子从二十三岁到五十六岁，每人每年服徭役一个月（文帝后改为每三年服徭役一个月）。"更"、"徭"都可依每月二千钱的标准交钱入官，由官府雇人代役。"租"，土地税，依产额而定，汉初十五税一，景帝后改为三十税一。"赋"，人口税，包括算赋和口赋。汉初规定人民从十五岁到五十六岁，每年纳算赋一百二十钱，其中六十三钱上缴朝廷，其余由郡国掌握。武帝时又加征口赋，规定年三岁至十四岁，每年也要纳二十三钱。〔5〕"马二百蹄"，一马四蹄，二百蹄即五十匹。〔6〕"牛蹄角千"，一牛二角四蹄，蹄角千约一百六十七头。〔7〕"千足羊"，一羊四足，千足即二百五十头。〔8〕"泽"，此指低洼多草之地。"彘"，猪。一彘四足，千足亦二百五十头。古民间养猪是牧养，而非圈养，所以宜在"泽中"。〔9〕"石"，汉制一百二十斤为一石，约合今三十点九六公斤。"陂"，音 bēi，池塘。〔10〕"章"，大材。一本作"楸"，楸是一种乔木，材质致密，用途颇广。〔11〕"安邑"，汉县名，为河东郡治所，故城在今山西夏邑西北。此处"安邑"似泛指河东之地。〔12〕"汉"，汉中之地。当时汉中郡治所在西城（今陕西安康西北），辖境约相当于今陕西秦岭以南，留坝、勉县以东，乾祐河流域以西和湖北郧县、保康以西，粉青河、珍珠岭以北地区。〔13〕"常山"，汉郡国名，治所在元氏（今河北元氏西北），辖境约相当于今河北唐河以南，曲阳、行唐、栾城、赵县、高邑、临城以西，内丘以北地区。〔14〕"河"，黄河。当时黄河自今河南武陟以下折向东北、经滑县、濮阳、清丰、南乐、山东冠县、高唐、平原、德州市及河北东光、南皮、沧州市，在黄骅入海。"济"，水名，汉时自今河南荥阳北分黄河东出，至山东定陶西折向东北入巨野泽，又从泽北出，至东阿折向东北，自此以下至济南市北泺口，略同今黄河河道，自泺口以下至海，略同今小清河河道。当时东郡、济阴、平原三郡以及陈留、济南、千乘三郡北部，渤海郡南部，正在"河济之间"。"萩"，音 qiū，通"楸"。

〔15〕“渭川”，指今陕西渭河平原一带。〔16〕“郭”，外城。“带郭”，谓外城附近。“钟”，量器，也是容积单位，用以计算粮食。汉制钟为六斛四斗，约合今一百二十八点六四升。“亩钟之田”谓亩产一钟粮食的良田。汉制一亩约合今四百五十六平方米。〔17〕“茜”，草名，即红蓝草，其根可用作染料。〔18〕“畦”，音 qí，田垄。汉制每亩四十畦，千畦即二十五亩。一说此指大畦，每亩二十畦，则千畦为五十亩。〔19〕“处士”，不外出做官的士人。〔20〕“进”，谓以食物、衣服等进奉父母长亲。“醵”，音 jù，乡里亲友凑钱聚饮。〔21〕“本富”，古以农为本，以工商为末，“本富”，指务农致富，“末富”，指从事工商业致富，“奸富”，则指以不正当手段致富。

【译文】俗话说：“百里之外不贩柴，千里之外不贩粮。”在某地要住上一年，就种植谷物，住上十年，就要种植树木，住上一百年，就要积德行善，招徕远方之人。所谓德，就是能吸引招致别处的人和物来到身边。现在那些没有官职俸禄的供奉，没有爵位封邑的收入，而生活上的享乐可以同大官贵族相比的富人，可以称之为“素封”。有封邑的人享用百姓缴纳的租税，每年每户二百钱。食邑一千户的封君每年就有二十万钱，朝见天子，进献土产，派遣使者与诸侯通问修好，所需的费用都出自其中。而平民经营农、工、商等业，每年一万钱能得利息二千钱，有百万之产的人家每年可收入二十万，而缴纳租税和雇人代服兵役徭役的费用都出自其中。除此之外，在衣食等方面尽量享受美好生活的欲望，都能得到满足。所以说在陆地牧马十五匹，或养牛一百六十七头，养羊二百五十头，在水边养猪二百五十头，居住在靠水的地方，拥有能养一千石鱼的池塘，居住在山中，拥有一千棵成材的大树；在安邑有一千棵枣树；在燕、秦有一千棵栗树；在蜀、汉、江陵有一千棵橘树；在淮北、常山以南，河水、济水之间有一千棵楸树；在陈、夏有一千亩漆树，在齐、鲁有一千亩桑或麻；在渭川有一千亩竹园；以及在居民万户以上的名都大城的近郊有一千亩亩产一钟粮食的良田，或者有一千亩卮草、茜草，一千畦姜、韭：这种人的收入都与千户侯相同。而这些都是富足生活所凭借的资本，用不着亲自去市场交易，也用不着远出去外地的城镇经营，坐在家中，就可收取赢利，虽然没有官爵，挂着“处士”的名义，却可获得丰富的享受。至于家境贫困，父母年老，妻儿弱小，逢年过节无力置办祭祀用品，也凑不出乡里会餐的份子钱，吃的喝的穿的盖的都难以维持生活的需要，到了这种地步还不惭愧、不羞耻，那就没有什么可比拟的了。所以没有财产的要靠劳力为生，有财产但是不多，就靠智力去争胜夺利，如财力雄厚则可抢先掌握不同的时机赚取大量的利润，这是谋财求利的通常情况。现在经营产业不用危害自身的安全，就能获得财富用于生活享受，那么即便是贤人也会为之努力。因此依靠经营农业致富是最上一等，依靠经营工商业致富是次一等，依靠不正当的手段致富是最下等。一个人如果没有隐居深山的奇士的清高的品行，始终贫穷卑贱，偏偏喜欢高谈阔论，讲什么仁义道德，也真是可羞可耻。

凡编户之民，富相什则卑下之，〔1〕伯则畏惮之，〔2〕千则役，万则仆，物之理也。夫用贫求富，农不如工，工不如商，刺绣文不如倚市门，〔3〕此言末业贫者之资也。通邑大都，〔4〕酤一岁千酿，〔5〕醯酱千瓨，〔6〕浆千甔，〔7〕屠牛羊彘千皮，贩谷粜千钟，薪稿千车，〔8〕船长千丈，〔9〕木千章，竹竿万个，其轺车百乘，〔10〕牛车千两，〔11〕木器髤者千枚，〔12〕铜器千钧，〔13〕素木铁器若卮茜千石，马蹄躈千，〔14〕牛千足，羊彘千双，僮手指千，〔15〕筋角丹沙千斤，其帛絮细布千钧，〔16〕文采千匹，〔17〕榻布皮革千石，〔18〕漆千斗，〔19〕糵麴盐豉千荅，〔20〕鲐鮆千斤，〔21〕鲰千石，〔22〕鲍千钧，〔23〕枣栗千石者三之，狐鼦裘千皮，〔24〕羔羊裘千石，旃席千具，佗果菜千钟，〔25〕子贷金钱千贯，〔26〕节驵会，〔27〕贪贾三之，廉贾五之，〔28〕此亦比千乘之家，〔29〕其大率也。佗杂业不中什二，〔30〕则非吾财也。〔31〕

【注释】〔1〕“相什”，相差十倍。〔2〕“伯”，通“佰”、“百”。〔3〕“倚市门”，指妓女卖笑。〔4〕“通邑大都”，四通八达的都市。〔5〕“酤”，音 gū，酒。“千酿”，指酿酒千瓮。〔6〕“醯酱”，醋。“醯”，音 xī。“瓨”，音 gāng，通“缸”。〔7〕“浆”，淡酒。“甔”，音 dān，一种口小腹大的陶制容器。〔8〕“稿”，音 gǎo，禾秆。〔9〕“船长千丈”，此指若干船总长千丈。汉制一丈约合今二点三二米。〔10〕“轺车”，一马驾行的轻便马车。“轺”，音 yáo。〔11〕“两”，“辆”的古字。〔12〕“髤”，音 xiū，通“髹”，上漆。〔13〕“钧”，重量单位，三十斤为一钧。汉制一钧约合今七点七四公斤。〔14〕“躈”，音 qiào，肛门。一说当从《汉书·货殖传》作“躈”；躈即口。一马四蹄一躈，蹄躈千为二百匹。或以为“躈”通“窍”，一马有眼、耳、鼻、口、肛门、尿口等九窍，合四蹄为十三，则蹄躈千当是七十七匹。〔15〕“僮”，奴婢。一人十指，手指千为一百人。〔16〕“絮”，丝绵。〔17〕“文采”，有美丽图案的彩色丝织品。〔18〕“榻布”，粗厚的布。〔19〕“斗”，容积单位。〔20〕“糵麴”，音 niè qū，酿酒或制酱时用的起发酵作用的块状物，即酒曲。“盐豉”，豆豉，古代用作调味品。“荅”，王引之认为当是“苔”之讹。“苔”通“瓵”，瓦器，容一斗六升。〔21〕“鲐”，音 tái，一种海鱼。“鮆”，音 zī，即刀鱼。〔22〕“鲰”，音 zōu，小杂鱼。〔23〕“鲍”，盐渍鱼。〔24〕“鼦”，同“貂”。〔25〕“佗”，同“他”。〔26〕“子贷金”，放债所得的利息。〔27〕“节”，谓调节、操纵市场。“驵会”，音 zǎng kuài，市场经纪人，操纵交易的居间人。〔28〕“贪贾三之，廉贾五之”，“三之”，谓三分取一。“五之”，谓五分取一。〔29〕“千乘”，当是“千户”之讹。“千户之家”指食邑千户的列侯封君。〔30〕“不中什二”，谓以本求利，不能得十分之二。“中”，音 zhòng。〔31〕“非吾财也”，谓不值得投资经营以求财。

【译文】凡是编入户籍的普通百姓人家，对财产比自己多十倍的富户，就会对他卑躬屈膝，对财产比自己多一百倍的，就会对他心存畏惧，对财产比自己多一千倍的，就会被他使役，对财产比自己多一万倍的，就会当他的奴仆，这也是事物的常理。在贫穷的基础上追求财富，从事农业不如从事工业，从事工业不如从事商业，就像女子在丝织品上刺绣出美丽的花纹图案，以此为生，收入不如在市场上倚门卖笑的娼妓。这是说从事工商业，是穷人由贫变富的凭借。在四通八达的大都市中，一年之内酿酒一千瓮或醋一千缸，淡酒一千瓶，屠宰牛、羊、猪一千头，贩卖谷物一千钟或柴草一千车，有船只总长一千丈，有成材的大树一千株或竹竿一万棵，有小型马车一百辆或牛车一千辆，有上漆的木器一千件或铜器总重一千钧，未上漆的木器以及铁器卮草茜草等总重一千石，有马七十七匹或牛二百五十头、猪羊二千头，有奴仆一百人，有筋角朱砂一千斤，有丝帛绵絮及各种绸布总重一千钧或带图案花纹的彩色丝织品一千匹，有粗布皮革总重一千石，有漆一千斗，有酒曲豆豉一千罐，有鲐鱼刀鱼一千斤，有小杂鱼一千石，有腌鱼一千钧，有枣子、栗子三千石，有狐皮貂皮一千张，有羔羊皮总重一千石，有毡或席一千具，有其他杂果干菜总重一千钧，有放债取息的本钱一千贯，在市场上居间当掮客，贪婪的商人得利三分之一，规矩的商人得利五分之一。符合上述条件的人家，富裕程度都能同中等的诸侯相比，这是大致的情况。从事其他各种杂业，如果得不到十分之二的利润，其中就谈不上有什么值得去经营追求的财富了。

请略道当世千里之中，贤人所以富者，令后世得以观择焉。

蜀卓氏之先，赵人也，用铁冶富。秦破赵，迁卓氏。卓氏见虏略，[1]独夫妻推辇，[2]行诣迁处。诸迁虏少有余财，争与吏，求近处，处葭萌。[3]唯卓氏曰："此地狭薄。吾闻汶山之下，[4]沃野，下有蹲鸱，[5]至死不饥。民工于市，易贾。"乃求远迁。致之临邛，[6]大喜，即铁山鼓铸，[7]运筹策，[8]倾滇蜀之民，富至僮千人。田池射猎之乐，拟于人君。

【注释】〔1〕"见"，被。"虏略"，掳掠。〔2〕"辇"，音 niǎn，用人力推挽的车。〔3〕"葭萌"，汉县名，属广汉郡，治所在今四川广元市西南。〔4〕"汶山"，即岷山，在今四川松潘北，绵亘四川、甘肃二省边境，其南支为峨嵋山，东支为巴山。"汶"，读若"岷"。〔5〕"蹲鸱"，一种大芋，可充粮食。〔6〕"临邛"，汉县名，属蜀郡，治所即今四川邛郲。"邛"，音 qióng。〔7〕"鼓铸"，鼓风煽火冶炼铜铁等金属，以铸造钱币或各种器具。〔8〕"筹策"，古代的计算用具。"运筹策"，谓谋画计算。

【译文】下面且简单地说一说现今世上千里见方的范围内，那些聪明有才干的人用以致富的办法，使后世求富的人可以观摩并有所选择。

蜀郡卓氏的祖先本是赵国人，靠冶铁成为富豪。秦军攻破赵国，强迫卓氏离开故土，流迁他乡。卓氏被掳掠，只有夫妻二人推着车步行，前往被流放的地方。那些同时被流迁的沦为俘虏的人稍微剩下一点钱财，就争着用来贿赂带队的秦国官吏，请求安排在较近的地点，都在葭萌定居。单单卓氏说："这里土地狭小瘠薄。我听说汶山之下有大片肥沃的田野，地里出产大芋头，能充粮食，不管发生什么情况，到死都不会挨饿。那里的居民有很多在市镇上做工，便于经商。"于是就要求迁往远处。结果被安排在临邛，卓氏心中大喜，就前往出铁的山上开采矿石，开炉鼓风，冶铸铁器钱币，巧妙地运用人力财力，苦心经营，滇蜀二地的百姓都被他所用，富裕的程度达到家有奴仆千人，在自家的田园池林中射猎游戏，这种享乐可以同国君比拟。

程郑，山东迁虏也，亦冶铸，贾椎髻之民，〔1〕富埒卓氏，俱居临邛。

【注释】〔1〕"椎髻"，椎状的发髻。梳椎髻是当时西南夷及南越等地少数民族的习俗。

【译文】程郑也是山东地区迁来的俘虏，也从事冶铁业，产品远销到西南夷和南越地区，同那里的梳着椎型发髻的人民贸易。他的财富与卓氏相等，都住在临邛。

宛孔氏之先，梁人也，用铁冶为业。秦伐魏，迁孔氏南阳。大鼓铸，规陂池，连车骑，游诸侯，因通商贾之利，有游闲公子之赐与名。〔1〕然其赢得过当，愈于纤啬，〔2〕家致富数千金，故南阳行贾尽法孔氏之雍容。〔3〕

【注释】〔1〕"游闲"，谓生活优裕，多闲暇而以游荡为事。"赐与"，与下"纤啬"对言，谓出手慷慨，以财物赠人。〔2〕"纤啬"，琐屑，吝啬。〔3〕"雍容"，容仪温文，举止大方。

【译文】宛地孔氏的祖先是梁人，以冶铁为业。秦军攻伐魏国，把孔氏迁到南阳。他大规模地开炉鼓风，冶铸铁器钱币，（获得大量的财富，）规划开掘水池（以供自己游乐），车马相连，成群结队，外出与诸侯结交，从而得到通商贸易，赚取厚利的方便，（作为游闲公子，）赠人礼品，赐人财物，有出手阔绰的名声。但他所得的赢利比送出去的东西更多，反而胜过那些斤斤计较吝啬成性的商人。家中的财产达到数千金之多，所以南阳人经商都效法孔氏的温文优雅的仪容和慷慨大方的气度。

鲁人俗俭啬，而曹邴氏尤甚，以铁冶起，富至巨万。然家自父兄子孙约，俛有拾，〔1〕仰有取，贳贷行贾遍郡国。邹、鲁以其故多去文学而趋利者，〔2〕以曹邴氏也。

【注释】〔1〕“俛”，同“俯”。〔2〕“文学”，文献经典之学。与今天所说的“文学”意义有别。

【译文】鲁人风俗俭朴吝啬，曹地的邴氏尤其是这样，邴氏靠冶铁起家，财富有万万钱之多。但他们家中父子兄弟订下规约，一举一动都贯彻爱惜物力的原则，要收集拾取任何还有一点使用价值的东西，他们外出放债或贸易走遍了天下所有的郡国。邹、鲁地方之所以有许多人放弃了文献学术方面的研究而去经商谋利，就是因为受曹地邴氏的影响。

齐俗贱奴虏，而刀间独爱贵之。[1]桀黠奴，[2]人之所患也，唯刀间收取，使之逐渔盐商贾之利，或连车骑，交守相，然愈益任之。终得其力，起富数千万。故曰“宁爵毋刀”，[3]言其能使豪奴自饶而尽其力。

【注释】〔1〕“刀”，音 diāo，姓，后世作“刁”。〔2〕“桀黠”，凶暴狡诈。〔3〕“宁爵毋刀”，吴汝纶认为这是民间相语，意谓“宁遇有爵之人，不遇刀氏之奴”，因为刀氏之奴结交官府，盘剥平民以取重利，凶狠而又阴险。

【译文】齐地的风俗以奴仆为低贱，唯独刀间爱惜并看重他们。桀骜不驯生性狡诈的奴仆，是主人们头痛的，只有刀间收取并使用他们，派他们出去为自己经营渔盐等业或从事商业活动，追求利润。刀家的奴仆有的甚至车马成群地与郡守、国相结交，刀间对这些人更是信任重用，终究得力于他们而起家致富，财产有数千万之多。所以民间谚语说“宁愿遇见大官府，不要碰上刀家奴”。这说明刀间能使唤利用手下的豪奴尽力为他谋利从而使自己富裕起来。

周人既纤，而师史尤甚，转毂以百数，[1]贾郡国，无所不至。洛阳街居在齐秦楚赵之中，[2]贫人学事富家，相矜以久贾，数过邑不入门，设任此等，[3]故师史能致七千万。

【注释】〔1〕“转毂”，运货的车辆。〔2〕“洛阳街居在齐秦楚赵之中”，谓洛阳像四通八达的街衢一样居于天下之中。〔3〕“设任”，设职分任。

【译文】周人琐碎吝啬，师史更是如此。他拥有运货车数百辆，去天下各郡国贸易，没有不曾去过的地方。洛阳市街通向齐、秦、楚、赵，正在天下的中央，那里的穷人效法富家，互相把长久地在外经商当作夸耀的资本，许多人屡次经过家乡里邑，也不入门，师史分派职务，任用这样的人，所以能积聚财产达七千万。

宣曲任氏之先,〔1〕为督道仓吏。〔2〕秦之败也，豪杰皆争取金玉，而任氏独窖仓粟。楚汉相距荥阳也,〔3〕民不得耕种，米石至万，而豪杰金玉尽归任氏，任氏以此起富。富人争奢侈，而任氏折节为俭,〔4〕力田畜。田畜人争取贱贾，任氏独取贵善。富者数世。然任公家约，非田畜所出弗衣食，公事不毕则身不得饮酒食肉。以此为闾里率，故富而主上重之。

【注释】〔1〕“宣曲”，地名，在长安城外昆明池西。〔2〕“督道”，韦昭认为是秦时的一个边县，具体地点不详。〔3〕“荥阳”，县名，治所在今河南荥阳东北。楚汉战争期间，刘邦、项羽双方的军队曾在此相持。“荥”，音 xíng。〔4〕“折节”，屈己下人，降低身份。

【译文】宣曲任氏的祖先，本是督道地方管粮仓的小吏。秦朝败亡的时候，乘机起事的豪杰们都去抢夺金玉珍宝，只有任氏把仓库中的粮食藏在地窖里。楚汉双方的军队在荥阳相持对抗，附近的百姓无法耕种，米的价钱长到一万钱一石，那些豪杰所得的金玉珍宝（都用来购买粮食，）最终归任氏所有，任氏靠此发财致富。富人都争相过奢侈的生活，任氏却降低身份，放下架子，崇尚节俭，亲自致力于农田和畜牧之事。土地牲畜，一般人都抢购价格低廉的，唯独任氏只求质地优良，不惜高价收买。他们家接连几代都是大富。但任氏的那位祖先任公订下家规：不是自己种田或畜牧所得的东西，不吃不穿，公家的税赋徭役等事没有办完，不得饮酒吃肉。他家以此作为乡里的表率，所以身为富民而又得到皇上的器重。

塞之斥也,〔1〕唯桥姚已致马千匹，牛倍之，羊万头，粟以万钟计。吴楚七国兵起时,〔2〕长安中列侯封君行从军旅,〔3〕赍贷子钱,〔4〕子钱家以为侯邑国在关东,〔5〕关东成败未决，莫肯与。唯无盐氏出捐千金贷,〔6〕其息什之。〔7〕三月，吴楚平。一岁之中，则无盐氏之息什倍，用此富埒关中。

【注释】〔1〕“斥”，开拓，开辟。〔2〕“吴楚七国兵起时”，景帝前三年（公元前一五四年），朝廷采纳晁错的建议，削减诸侯王封地以强本弱枝、巩固中央政权。吴王刘濞（音 bì）、楚王刘戊约连胶东王刘熊渠、胶西王刘卬、菑川王刘贤、济南王刘辟光、赵王刘遂等起兵对抗，史称“吴楚七国之乱”。后被汉将周亚夫等讨平。其事详见本书《孝景本纪》、《绛侯周勃世家》及《袁盎晁错列传》的有关记载。〔3〕“列侯”，秦爵分二十等，以彻侯为最尊，得食邑某地若干户以为封国。汉因之，用以封功臣外戚（同姓宗室封侯称诸侯），后避武帝讳改称通侯，又称列侯。此司马迁用后来的爵称追记前事。“封君”，此指列侯以外领受封邑的贵族。〔4〕“赍贷”，借贷。“贳”，音 jì。“子钱”，出借以求利息的钱。下文“子钱家”，即以放钱取息为业的高利贷者。〔5〕“关东”，与“关中”对言，指函谷关以东之地。〔6〕“无盐”，汉县名，故治在今山东东平东。此“无盐氏”似用作氏姓。〔7〕“其息什之”，比平常的利息高出十倍。一说利息比本金高出十倍。

【译文】边塞向外开拓以后，桥姚已经拥有马一千匹，牛二千头，羊一万头，粟米多得要用万钟来计算。吴、楚七国起兵作乱的时候，长安城中的列侯封君都要从军出征，（为了准备好兵器行装和路上的开销，）纷纷借贷，放债的人认为这些列侯封君的封邑封国都在关东，而关东二军未分胜败，（结果难以预料，）都不肯把钱借给他们。只有无盐氏拿出一千金放贷，利息比平常高出十倍。三个月以后，吴楚七国之乱平定了。一年之中，无盐氏所得的利息比本金多十倍，因此他的财富同关中出名的富豪相等。

关中富商大贾，大抵尽诸田，田啬、田兰。韦家栗氏，〔1〕安陵、杜杜氏，〔2〕亦巨万。

【注释】〔1〕“韦家”，地名，当在长安附近，具体地点不详。〔2〕“安陵”，汉县名，属左冯翊，本西周程邑，汉惠帝在此筑安陵，并置县，死后葬此；故治在今陕西咸阳市东北。“杜”，汉县名，属京兆尹，故治在今陕西西安市东南。

【译文】关中富有的大商人，大致都是田家的，如田啬、田兰等。此外韦家地方的栗氏，安陵及杜县的杜氏，家财也值万万。

此其章章尤异者也。〔1〕皆非有爵邑奉禄弄法犯奸而富，尽椎埋去就，〔2〕与时俯仰，获其赢利，以末致财，用本守之，以武一切，〔3〕用文持之，〔4〕变化有概，〔5〕故足术也。若至力农畜，工虞商贾，为权利以成富，〔6〕大者倾郡，〔7〕中者倾县，下者倾乡里者，不可胜数。〔8〕

【注释】〔1〕“章章”，通“彰彰”，明白显著的样子。〔2〕“椎埋”，一本作“推理”。梁玉绳等以为“椎埋”乃“推理”之形讹，当以“推理”为是，谓推测物理，估量形势。〔3〕“武”，此谓果敢、强横的手段。“一切”，《淮南子·泰族》称商鞅、韩非、苏秦、张仪等的权术为“一切之术”，此“一切”亦当指权宜之计。〔4〕“文”，此谓遵守并依靠法令。〔5〕“概”，节。“变化有概”，谓其变化有一定的方式和范围。〔6〕“为”，音 wèi。“权利”，势力和财货。〔7〕“倾”，震动，倾覆。〔8〕“胜”，音 shēng，尽。

【译文】上面所举是最明显突出的例子，这些人都不是有爵位封邑俸禄收入的人，也不靠非法的手段致富，都是能推测货物流通的规律，正确估量形势，决定投资的方向，以顺应时世的需要，得到赢利。他们凭借经营工商业得到财富，又靠经营农业守住财富，把果敢强横的作法当作起家敛财的权宜之计，又把遵循并依靠法令当作保护家业的措施，手段的变化有章可循，能适应不同的情况，所以值得效法。至于那些努力从事农耕畜牧、开发山林、经营工商等业，仗财弄权从而成为富豪的人，财富大的可以倾覆一郡，中等的可以倾覆一县，下等的可以倾覆一乡一里，那就难以数计了。

夫纤啬筋力，治生之正道也，而富者必用奇胜。〔1〕田农，掘业，〔2〕而秦扬以盖一州。〔3〕掘冢，奸事也，而田叔以起。〔4〕博戏，恶业也，而桓发用富。〔5〕行贾，丈夫贱行也，而雍乐成以饶。〔6〕贩脂，辱处也，而雍伯千金。〔7〕卖浆，小业也，而张氏千万。洒削，〔8〕薄技也，而郅氏鼎食。〔9〕胃脯，〔10〕简微耳，浊氏连骑。马医，浅方，张里击钟。〔11〕此皆诚壹之所致。〔12〕

【注释】〔1〕“奇”，此与“正”相对，指与众不同、出人意料的手段。〔2〕“掘”，通“拙”。〔3〕“秦扬”，人名，本书仅此一见，事迹不详。“州”，古有分全国为“九州”或“十二州”的说法，都是传说中的行政区划。〔4〕“田叔”，人名。一本作“曲叔”，与《汉书·货殖传》同。汉初有一田叔，曾为赵王张敖郎中，后任鲁相。其人本书有传，而未言掘冢之事，与此“田叔”或非一人。〔5〕“桓发”，人名，《汉书·货殖传》作“稽发”。本书仅此一见，事迹不详。〔6〕“雍乐成”，人名，本书仅此一见，事迹不详。或以为“雍乐成”谓“雍县之乐成”，观前后举秦扬、田叔、桓发、雍伯等皆不冠地名，则此“雍”亦当为姓氏。〔7〕“雍伯”，人名。一本作“翁伯”，与《汉书·货殖传》同。本书仅此一见，事迹不详。〔8〕“洒削”，洒水磨砺刀剑。〔9〕“郅氏”，《汉书·货殖传》作“质氏”，本书仅此一见，事迹不详。“郅”，音 zhì。“鼎食”，列鼎而食，这是大贵族的排场。〔10〕“脯”，音 fǔ，肉干。“胃脯”，一种熟食，把羊胃煮熟，调以五味，晒干而成。汉时以为美味。〔11〕“张里”，人名，本书仅此一见，事迹不详。“钟”，一种乐器。“击钟”，谓家中养有乐人，食时击钟奏乐，这也是大贵族的排场。〔12〕“诚壹”，心志专一。

【译文】生活尽量节俭，劳动不怕艰苦，这是兴家立业的正道，但富人必然用与众不同的手段出奇制胜。耕田务农，是最笨拙的经营方法了，而秦扬靠此成了一州的首富。盗掘坟墓，是犯法的事情，而田叔靠此起家。赌博是恶劣的行业，而桓发靠此发财。外出叫卖货物，是为男子汉不屑的低贱职业，而雍乐成靠此富裕起来。贩卖动物的油脂，是使人感到耻辱的事情，而雍伯靠此得到千金赢利。贩卖薄酒不过是一种小生意，而张氏靠此却有家财千万。磨治刀剑，是一种普通的技艺，而郅氏靠此能像大贵族一样过列鼎而食的生活。卖熟羊肚，既简单又不起眼，而浊氏靠此出门能带上一个马队。当马医，只要有浅薄的医术，而张里靠此却有钟鸣而食的大排场。这些人都是因为精神专一，才获得了各自事业上的成功。

由是观之，富无经业，[1]则货无常主，能者辐凑，不肖者瓦解。[2]千金之家比一都之君，巨万者乃与王者同乐。岂所谓“素封”者邪？非也？

【注释】〔1〕“经业”，固定的行业。〔2〕“不肖”，不才。

【译文】由此看来，致富并不是只有从事某些一定的行业才能办到，财富本来没有固定不变的主人，能干的人能使财富归向自己，无能的人则会使财富顷刻散失。家有千金，就可同一城的封君相比，家产万万，就可同王者一样享乐。这不就是所谓“素封”吗？事情难道不正是这样？

太史公自序

昔在颛顼，命南正重以司天，[1]北正黎以司地。[2]唐虞之际，[3]绍重黎之后，使复典之，至于夏商，故重黎氏世序天地。其在周，程伯休甫其后也。[4]当周宣王时，失其守而为司马氏。司马氏世典周史。[5]惠襄之间，司马氏去周适晋。晋中军随会奔秦，[6]而司马氏入少梁。[7]

【注释】〔1〕“南正”，传说中的官名。掌管天事。〔2〕“北正”，一作“火正”，传说中的官名。《国语》有“黎为火正”之说。掌管民事。〔3〕“唐”，即陶唐氏，传说中远古部落之名，居于平阳（今山西临汾西南），其首领是尧。“虞”，即有虞氏，传说中远古部落之名。居于蒲坂（今山西永济西蒲州镇），其首领是舜。〔4〕“程伯休甫”，程，国名。伯，爵名。休甫，人名，传说是黎的后裔，封为程伯。〔5〕“司马氏世典周史”，此说不可信。司马氏祖先当是掌军事，而不可能典史职。这是司马谈迁父子为太史令后，美化祖先的说法。〔6〕“中军”，春秋时大国军队分为上、中、下三军，其中以中军的地位较高。“随会”，人名。也称士会。他由晋奔秦。〔7〕“少梁”，古邑名。故地在今陕西韩城南。本西周梁国，春秋时为秦所灭，称少梁邑。后属晋，继又属魏，后入于秦。秦惠文王十一年（公元前三二七年）改名夏阳。

【译文】往昔颛顼帝命南正重掌管天事，北正黎掌管民事。唐虞时代，重黎的后嗣仍然担任这种职务，直到夏商二代，所以重黎氏世代主管天地。在周代，程伯休甫是重黎氏的后裔。当周宣王时，重黎的后裔失去主管天地的职守，而为司马氏。司马氏世代职掌周史。周惠王、襄王的时候，司马氏离开周朝到了晋国。晋中军隋会逃奔秦国，而司马氏转入少梁。

自司马氏去周适晋，分散，或在卫，或在赵，或在秦。其在卫者，相中山。[1]在赵者，以传剑论显，蒯聩其后也。在秦者名错，与张仪争论，于是惠王使错将伐蜀，[2]遂拔，因而守之。[3]错孙靳，事武安君白起。而少梁更名曰夏阳。靳与武安君坑赵长平军，[4]还而与之俱赐死杜邮，[5]葬于华池。[6]靳孙昌，昌为秦主铁官，[7]当始皇之时。蒯聩玄孙卬为武信君将而徇朝歌。[8]诸侯之相王，[9]王卬于殷。[10]汉之伐楚，卬归汉，[11]以其地为河内郡。[12]昌生无泽，[13]无泽为汉市长。[14]无泽生喜，喜为五大夫，[15]卒，皆葬高门。[16]喜生谈，谈为太史公。[17]

【注释】〔1〕“中山”，古国名，春秋末年鲜虞人所建，都于顾（今河北定县）。公元前二九六年为赵所灭。〔2〕“蜀”，古国名。建都于成都（今四川成都）。公元前三一六年被秦将司马错所灭。〔3〕“守”，郡守。〔4〕“坑赵长平军”，公元前二六二年，秦军包围韩的上党，上党郡守冯亭以地献于赵，引起秦赵在长平（今山西高平西北）大战。公元前二六〇年赵王以不晓军事的赵括代老将廉颇为将，赵括盲目出击。秦将白起在正面诈败后退，另设两支奇兵袭击赵军后方。结果赵军被围困四十六日，内无粮草，外无救兵，赵括被射死，赵军四十万人被俘坑死。事见本书《白起列传》、《廉颇蔺相如列传》。〔5〕“杜邮”，古地名，故地在今陕西咸阳市东。〔6〕“华池”，故地在今陕西韩城西南。〔7〕“铁官”，官名。秦代始置，汉代沿置。掌铸造和买卖铁器。〔8〕“蒯聩玄孙卬”，据《索隐》引《司马氏系本》云：“蒯聩生昭豫，昭豫生宪，宪生卬。”“卬”，音 áng。“武信君”，指武臣，秦末起义军首领之一。自号武信君，称王于赵，都邯郸，后被叛将李良所杀。事见本书《张耳陈余列传》。“朝歌”，古卫国都城，汉置县。故地在今河南淇县。〔9〕“诸侯之相王”，指项羽分封诸侯。〔10〕“王卬于殷”，公元前二〇六年项羽分封诸侯，因司马卬定河内有功，封其为殷王，王河内，都于朝歌。事见本书《项羽本纪》。〔11〕“卬归汉”，本书《高祖本纪》记载，汉二年（公元前二〇五年）三月汉军攻下河内，“虏殷王”，与此所谓“卬归汉”者略异。〔12〕“河内郡”，治所在怀县（今河南武陟西南）。〔13〕“无泽”，《汉书·司马迁传》作“毋怿”。〔14〕“市长”，官名。汉代长安四市有四长，左冯翊的属官。参见《汉书·百官公卿表》。〔15〕“五大夫”，秦汉爵名。为二十爵中的第九爵。〔16〕“高门”，高门原。故地在今陕西韩城西南。〔17〕“太史公”，汉有太史令，秩六百石，太常的属官。汉称太史令其人为太史公。

【译文】 自从司马氏一族离开周朝到了晋国，就分散了，有的在卫国，有的在赵国，有的在秦国。在卫国的一支，做过中山国的相。在赵国的一支，因传剑术理论而显名，蒯聩是这支的后嗣。在秦国的名叫司马错，同张仪争论，于是秦惠王命他为将伐蜀，攻下之后，就做了蜀郡守。司马错的孙子司马靳，随事武安君白起。少梁这时已改名为夏阳。司马靳和武安君坑杀赵国在长平的士兵，回国来和武安君都被赐死在杜邮，葬在华池。司马靳的孙子名叫昌，做过秦的铁官，正当秦始皇的时候，蒯聩的玄孙司马卬，做过武信君的部将而巡察朝歌。诸侯分封为王的时候，司马卬被封为殷王。汉伐楚的时候，司马卬归顺于汉，将他的封地改置为河内郡。司马昌生无泽，无泽为汉长安市长。无泽生喜，喜为五大夫，死后，都葬在高门。喜生谈，谈为太史公。

太史公学天官于唐都，〔1〕受《易》于杨何，〔2〕习道论于黄子。〔3〕太史公仕于建元元封之间，〔4〕愍学者之不达其意而师悖，〔5〕乃论六家之要指曰：〔6〕

【注释】〔1〕“天官”，古时天文学。“唐都”，人名。汉代天文学家，曾参加制订《太初历》。〔2〕“杨何”，人名。字叔元，汉菑川（故城在今山东寿光县）人。武帝时以《易》被征，官至中大夫。〔3〕“道论”，道家学说。“黄子”，汉人。亦称黄生，史失其名。曾与辕固生辩论汤武受命问题。事见本书《儒林列传》。〔4〕“建元、元封”，皆是汉武帝年号。建元共六年（公元前一四〇年至前一三五年），元封亦六年（公元前一一〇年至前一〇五年）。〔5〕“愍”，音 mǐn，忧虑。“师悖”，谓以悖为师。固执谬论之意。〔6〕“六家”，指阴阳、儒、墨、名、法、道等六家。

【译文】太史公从唐都学天文学，从杨何受《易》学，从黄子研究道家学说。太史公在建元至元封年间做官，担心学者不了解学术宗旨而固执谬论，于是论六家的要旨说：

《易·大传》:〔1〕“天下一致而百虑，同归而殊涂。”夫阴阳、儒、墨、名、法、道德，此务为治者也，直所从言之异路，有省不省耳。〔2〕尝窃观阴阳之术，大祥而众忌讳，〔3〕使人拘而多所畏；然其序四时之大顺，不可失也。儒者博而寡要，劳而少功，是以其事难尽从；然其序君臣父子之礼，列夫妇长幼之别，不可易也。墨者俭而难遵，是以其事不可遍循；然其彊本节用，不可废也。法家严而少恩；然其正君臣上下之分，不可改矣。名家使人俭而善失真；〔4〕然其正名实，不可不察也。道家使人精神专一，动合无形，〔5〕赡足万物。其为术也，因阴阳之大顺，采儒墨之善，撮名法之要，与时迁移，应物变化，立俗施事，无所不宜，指约而易操，事少而功多。儒者则不然。以为人主天下之仪表也，主倡而臣和，主先而臣随。如此则主劳而臣逸。至于大道之要，去健羡，〔6〕绌聪明，〔7〕释此而任术。夫神大用则竭，形大劳则敝。形神骚动，欲与天地长久，非所闻也。

【注释】〔1〕“《易·大传》”，即《易·系辞》。〔2〕“省”，明白。〔3〕“大祥”，夸大灾祥。〔4〕“俭”，当作“检”，拘束。〔5〕“无形”，指道，客观规律。〔6〕“去健羡”，意谓去掉刚强与贪欲，而以柔弱与知足自守。〔7〕“绌聪明”，意谓不要花招、不滑头滑脑。

【译文】《易·系辞》：“天下一致而百虑，同归而殊涂。”阴阳、儒、墨、名、法、道德等六家，都是为了治世，只不过各家说法不同，有明白和不明白的地方罢了。我曾观察阴阳家的方术，夸大灾祥而忌讳众多，使人拘束而多畏惧；但他们论述四时变化的大顺，是不可差错的。儒家的学说广博而缺纲要，烦劳而少功效，因此他们说的难以全部信从；但他们制定君臣父子关系的礼节，明确夫妇长幼之间的等差，是不可改的。墨家俭啬而难遵循，因此他们所说的不能完全照办；但他们务实节用的办法，是不可废弃的。法家严酷而少恩情，但他们确定的君臣上下的秩序，是不可改变的。名家使人拘束而丧失真实；但他们确定名实关系，是不可不考查的。道家使人精神专一，行动符合客观规律，使万事万物得到满足。他们的学术，本着阴阳家的大顺，采集儒家、墨家的长处，摄取名家、法家的要点，随着时代转移，顺应事物变化，处世办事，无所不宜，宗旨简要而容易把握，事情虽少而功效甚多。儒家就不同。他们以为君主是天下的表率，君主倡导而臣下附和，君主在先而臣下随后。这样就君主劳苦而臣下安逸。再说大道的要点是，去掉刚强和贪欲，不要花招和滑头，舍弃这些而任用道术。过于劳神就会疲倦，过于劳力就会病倒。身心过于劳累，却要想和天地共存，这是不可能的。

夫阴阳四时、八位、十二度、二十四节各有教令，[1]顺之者昌，逆之者不死则亡。未必然也，故曰“使人拘而多畏。”夫春生夏长，秋收冬藏，此天道之大经也，[2]弗顺则无以为天下纲纪，故曰“四时之大顺，不可失也”。

【注释】〔1〕“四时”，春、夏、秋、冬。“八位”，八卦位，即八方。“十二度”，星宿所居的十二躔次（即日月星辰运行的轨迹）。“二十四节”，即立春，雨水，惊蛰，春分，清明，谷雨，立夏，小满，芒种，夏至，小暑，大暑，立秋，处暑，白露，秋分，寒露，霜降，立冬，小雪，大雪，冬至，小寒，大寒等二十四节气。“教令”，指带有迷信色彩的条规禁忌。〔2〕“大经”，重要法则。

【译文】阴阳家以为四时、八位、十二度、二十四节各有条规禁忌，顺着它就吉利，违反它不死就亡。未必是这样，所以说“使人拘束而多畏惧”。可是阴阳家论述的春天萌生，夏天成长，秋天收获，冬天储藏，这是自然界的重要法则，不遵循就没有什么做天下的纲纪。所以说“四时变化的大顺，是不可差错的”。

夫儒者以《六艺》为法。[1]《六艺》经传以千万数，累世不能通其学，当年不能究其礼，[2]故曰“博而寡要，劳而少功”。若夫列君臣父子之礼，序夫妇长幼之别，虽百家弗能易也。

【注释】〔1〕“《六艺》”，指《诗》、《书》、《易》、《礼》、《乐》、《春秋》等六种儒家典籍。〔2〕“当年”，犹言毕生。或谓壮年。

【译文】儒家以《六艺》为准则。《六艺》的经传以千万计，学者世世代代不能通晓其学术，毕生精力不能究明其礼制，所以说“广博而缺纲要，烦劳而少功效”。可是明确君臣父子关系的礼节，制定夫妇长幼之间的等差，哪一家都不能更改。

墨者亦尚尧舜道，言其德行曰：“堂高三尺，土阶三等，茅茨不剪，〔1〕采椽不刮。食土簋，〔2〕啜土刑，〔3〕粝粱之食，〔4〕藜藿之羹。〔5〕夏日葛衣，冬日鹿裘。”〔6〕其送死，桐棺三寸，举音不尽其哀。教丧礼，必以此为万民之率。使天下法若此，则尊卑无别也。夫世异时移，事业不必同，故曰“俭而难遵”。要曰彊本节用，则人给家足之道也。此墨子之所长，虽百家弗能废也。

【注释】〔1〕“茨”，用茅草苫屋。〔2〕“土簋”，古时盛食物的圆口陶器。“簋”，音guǐ。〔3〕“啜”，音chuò，喝。“土刑”，古时盛羹的陶器。〔4〕“粝粱”，当作“粝粢”。粗劣的食物。“粝”，音lì，粗米；粱，细粮，故粝、粱二字不当连用。“粢”，音zī，粗粮。〔5〕“藜藿”，泛指野菜。“藜”，一年生草本植物。俗称灰菜，嫩叶可食。“藿”，豆叶。〔6〕以上引自《韩非子·五蠹篇》。

【译文】墨家也崇尚尧舜之道，说尧舜的德行是：“堂只高三尺，土阶只有三级，用茅草苫屋而不修剪，采树木做椽而不刮削。用土簋盛饭吃，用陶器盛汤喝，粗粮做的饭，野菜做的汤。夏天穿葛衣，冬天穿鹿裘。”他们送葬死者，桐木棺材只厚三寸，哭丧不过于哀恸。丧礼的要求，必定是这样为众人的表率。使天下的人都这么办，就尊卑没有差别了。时代转变了，事业自然不会一样，所以说“俭啬而难遵循”。总的说来，务实节用，确是人给家足的办法。这是墨家的长处，哪一家都不能废弃。

法家不别亲疏，不殊贵贱，一断于法，则亲亲尊尊之恩绝矣。可以行一时之计，而不可长用也，故曰“严而少恩”。若尊主卑臣，明分职不得相踰越，虽百家弗能改也。

名家苛察缴绕，〔1〕使人不得反其意，专决于名而失人情，故曰“使人俭而善失真”。若夫控名责实，〔2〕参伍不失，〔3〕此不可不察也。

【注释】〔1〕“苛察”，苛细考察。“缴绕”，纠缠，烦琐。谓不识大体。〔2〕“控名责实”，由名以求实，使名与实相符。〔3〕“参”，三。“伍”，五。“参伍”，谓错综比较，以为验证。

【译文】法家不分亲疏，不别贵贱，一概取决于法令，这就将亲爱亲属、尊敬长上的伦理道德断送了。只可以临时应付一下，而不可永远施行，所以说“严酷而少恩情”。像尊崇君长，鄙薄臣下，分清职责而不得相互超越，哪一家都不能更改。

名家苛细考察，不识大体，使人不得反省真实内容，一切取决于名而违背人情，所以说“使人拘束而丧失真实”。至于由名以求实，错综比较，以验证结论，这是不可不考查的。

道家无为，〔1〕又曰无不为，〔2〕其实易行，其辞难知。其术以虚无为本，以因循为用。〔3〕无成埶，〔4〕无常形，〔5〕故能究万物之情。不为物先，不为物后，故能为万物主。有法无法，因时为业；有度无度，因物与合。故曰“圣人不朽，〔6〕时变是守。〔7〕虚者道之常也，因者君之纲”也。〔8〕群臣并至，使各自明也。其实中其声者谓之端，〔9〕实不中其声者谓之窾。〔10〕窾言不听，奸乃不生，贤不肖自分，白黑乃形。在所欲用耳，何事不成。乃合大道，混混冥冥。〔11〕光耀天下，复反无名。凡人所生者神也，所托者形也。神大用则竭，形大劳则敝，形神离则死。死者不可复生，离者不可复反，故圣人重之。由是观之，神者生之本也，形者生之具也。〔12〕不先定其神〔形〕，而曰“我有以治天下”，何由哉？

【注释】〔1〕“无为”，道家言不先物为。〔2〕“无不为”，道家言因物之所为。旨在顺应自然。〔3〕“因循”，顺应自然。〔4〕“成埶”，一成不变之势。“埶”，音 shì，通“势”。〔5〕“常形”，固定不变之形。〔6〕“不朽”，《汉书》为“不巧”，谓无机巧之心。〔7〕“时变”，顺时变化。〔8〕《索隐》言“圣人不朽”等四句，出于《鬼谷子》；今本无此文。〔9〕“声”，名声，名。“端”，正。〔10〕“窾”，音 kuǎn，空。〔11〕“混混冥冥”，混沌状态。〔12〕“具”，物质。

【译文】道家主张无为，又说无不为，做起来容易实行，说的话难以明白。他们的道术以虚无为根本，以因循为手段，没有一成不变之势，没有固定不变之形，所以能探究万物之情。不抢在事物之先，也不落在事物之后，所以能成为万物的主宰。用法不用法，随时而定；限度不限度，随物而合。所以说“圣人无机巧之心，牢牢守着顺时变化的原则。虚无是道的伦常，因循是君的总纲”。群臣就位，各尽其才，实和名相符叫做端，实和名不相称叫做窾。空话不听，奸邪就不发生，贤和不肖自然区分，白和黑就会露形。全在于应用了，什么事都可办成。这就符合大道，混混沌沌，光耀天下，而又无名。人的生存是精神，精神寄托于形体。精神过度使用就会竭尽，身体过于劳累就会病倒，形体和精神脱离必然死亡。人死不能复生，离去了不能再来，所以圣人对此非常重视。由此看来，精神是生命的根本，形体是生命的物质。如果不先安定精神，而说“我有办法治理天下”，怎能办到呢？

太史公既掌天官，不治民。有子曰迁。

迁生龙门，〔1〕耕牧河山之阳。〔2〕年十岁则诵古文。〔3〕二十而南游江、淮，上会稽，〔4〕探禹穴，〔5〕窥九疑，〔6〕浮于沅、湘；〔7〕北涉汶、泗，〔8〕讲业齐、鲁之都，〔9〕观孔子之遗风，乡射邹峄；〔10〕厄困鄱、薛、彭城，〔11〕过梁、楚以归。〔12〕于是迁仕为郎中，〔13〕奉使西征巴、蜀以南，〔14〕南略邛、筰、昆明，〔15〕还报命。

【注释】〔1〕“龙门”，山名，在今陕西韩城市东北。相传为禹所凿之龙门。〔2〕“河山之阳”，河之北，山之南。〔3〕“古文”，指用先秦篆文传抄的古书，如《尚书》、《左传》、《国语》等。〔4〕“会稽”，山名。在今浙江省中部绍兴、嵊县、诸暨、东阳间。钱塘江支流浦阳江与曹娥江的分水岭。相传夏禹至此大会诸侯，计功封爵，始命会稽。〔5〕“禹穴”，相传会稽山上有孔，名曰禹穴。〔6〕“九疑”，山名。在今湖南宁远县南。相传虞舜葬于此。〔7〕“沅、湘”，二水名。都在今湖南省境内，流入洞庭湖。〔8〕“汶、泗”，二水名。古汶水在今山东省境内，流入济水。古泗水源出山东泗水县东蒙山南麓，东南流至今江苏清江市西南，注入淮河。〔9〕“齐、鲁之都”，齐都临淄，故地在今山东临淄北。鲁都曲阜，故地在今山东曲阜。〔10〕“乡射”，古代的射礼。乡射有两种：一指州长于春、秋两季会集士大夫，习射于州序（州的学校）；一指乡老和乡大夫贡士之后举行的乡射之礼。“邹”，汉县名，治所在今山东邹县东南。“峄”，峄山，在今山东邹县东南。〔11〕“鄱”，同“蕃”，汉县名，治所在今山东滕县。“薛”，汉县名，治所在今山东滕县南。“彭城”，西汉楚王国的都城，故地在今江苏徐州市。〔12〕“梁”，汉诸侯王国之一。都于睢阳（在今河南省商丘南）。“楚”，汉诸侯王国之一。都于彭城（在今江苏徐州市）。〔13〕“郎中”，皇帝的侍从官，隶属于郎中令（光禄勋）。〔14〕“巴”，汉郡名。治所在江州（在今重庆市北）。“蜀”，汉郡名。治所在成都（今属四川）。辖境相当今松潘以南，北川、彭县、洪雅以西，峨边、石棉以北，邛崃山、大渡河以东。以及大渡河与雅砻江之间康定以南、冕宁以北之地。〔15〕“邛”，邛都，汉越嶲郡治所在地，在今四川西昌东。“筰”，筰都，汉沈黎郡治所在地，在今四川汉源东北。“昆明”，古地区名。故地在今云南下关市地区。

【译文】太史公掌管天官的职务，不理民政。有个儿子名迁。

迁生在龙门，在河的北面、山的南面一个耕牧之家生活，十岁就诵读古籍。二十岁往南方游历长江、淮河一带，上会稽山，寻访禹穴，视察九疑山，渡过沅水、湘水；再往北方渡过汶水、泗水，在齐国、鲁国的都城讲学，参观孔子的故迹，在邹县峄山参加乡射；在鄱县、薛县、彭城遇到困难，经过梁国、楚国返回。返回后，迁做了郎中，奉汉朝使命往西征讨巴、蜀以南地区，向南经略邛、筰、昆明等地，才回京汇报。

是岁天子始建汉家之封，[1]而太史公留滞周南，[2]不得与从事，故发愤且卒。而子迁适使反，见父于河洛之间。[3]太史公执迁手而泣曰：“余先周室之太史也。自上世尝显功名于虞夏，典天官事。后世中衰，绝于予乎？汝复为太史，[4]则续吾祖矣。今天子接千岁之统，[5]封泰山，而余不得从行，是命也夫，命也夫！余死，汝必为太史；为太史，无忘吾所欲论著矣。且夫孝始于事亲，中于事君，终于立身。扬名于后世，以显父母，此孝之大者。夫天下称诵周公，言其能论歌文武之德，宣周邵之风，达太王王季之思虑，爰及公刘，以尊后稷也。幽厉之后，王道缺，礼乐衰，孔子脩旧起废，论《诗》《书》，作《春秋》，则学者至今则之。自获麟以来四百有余岁，[6]而诸侯相兼，史记放绝。[7]今汉兴，海内一统，明主贤君忠臣死义之士，余为太史而弗论载，废天下之史文，余甚惧焉，汝其念哉！”迁俯首流涕曰：“小子不敏，请悉论先人所次旧闻，[8]弗敢阙。”

【注释】〔1〕“是岁”，指元封元年（公元前一一〇年）。“封”，封禅。帝王祭天地的典礼。在泰山上祭天称封；在泰山下梁父山上祭地称禅。〔2〕“周南”，指今洛阳一带。西周成王时，周公与召公分陕（在今河南三门峡市）而治，陕以西称召南，陕以东称周南。〔3〕“河、洛”，二水名。河，河水，今黄河；洛，洛水。〔4〕“太史”，太史令。〔5〕“接千岁之统”，指汉武帝继周成王绪业而封禅。据本书《封禅书》云，西周成王曾登封泰山，秦始皇也到泰山封禅。汉朝统治者囿于对秦朝的偏见，不承认汉继于秦，而以为汉继于周。自周成王至汉武帝封禅约九百余年，故称汉武帝封禅“接千岁之统”。〔6〕“获麟”，指鲁哀公十四年（公元前四八一年）西狩获麟。“四百有余岁”，自获麟至元封元年（公元前一一〇年），凡三百七十二年；言“四百有余岁”，计算有误。〔7〕“史记”，泛指历史记载。〔8〕“论”，引述和编撰之意。“次”，顺序记事之意。“旧闻”，指历史材料。

【译文】这一年皇帝开始搞汉朝的封禅大典，而太史公停留在洛阳，不能参加这件事，所以发愤将死。他的儿子迁恰好完成使命返回，在河、洛地区拜见了父亲。太史公握着迁手低声哭道：“我们的祖先是周朝的太史。追溯远古在虞夏之世曾功名显赫，掌管天官的事。后世中途衰微，完结在我身上吗？你如果能做太史，就可以继承祖业了。现在皇帝承千年以来的大统，到泰山封禅，而我不能随行，是命运吧，命中注定吧！我死了，你必定做太史；做了太史，不要忘记我所打算的著作啊。况且所谓孝道，从侍奉双亲开始，其次是臣事君主，最终是树立声名。扬名于后世，使父母分享光荣，这是孝道中最重要的方面。天下人都颂扬周公，说他能发扬文王、武王的道德，宣扬周公、邵公的风教，表现太王、王季的思想，再上承公刘，这样尊崇始祖后稷。幽王、厉王之后，王道丧失了，礼乐衰微了，而孔子修复旧业，整理《诗》《书》，著作《春秋》，使学者到现在还视为榜样。从鲁哀公十四年获麟以来四百多年，诸侯互相兼并，战事不休，历史记载无人过问。现在汉朝兴起，天下统一，明主贤君忠臣死义之士辈出，我做太史而不予以记载，断绝了天下的历史文献，我很惶恐不安，你多加考虑吧！”迁低头流泪，说：“小儿虽然不才，情愿全力编撰先人所记的历史材料，不敢缺略。”

卒三岁而迁为太史令，〔1〕䌷史记石室金匮之书。〔2〕五年而当太初元年，〔3〕十一月甲子朔旦冬至，天历始改，〔4〕建于明堂，〔5〕诸神受纪。〔6〕

【注释】〔1〕“卒三岁”，指司马谈死了三年。司马谈死于元封元年，“卒三岁”则为元封三年（公元前一〇八年）。司马迁于是年为太史令。《索隐》引《博物志》云：“太史令茂陵显武里大夫司马〔迁〕，年二十八，三年六月乙卯除，六百石。”据此推算，司马迁当生于汉武帝建元六年（公元前一三五年）。〔2〕“䌷”，音 chōu，抽引；引申为研究。“史记”，历史记载，并包括档案文件。“石室、金匮”，都是国家藏书的地方。〔3〕“太初元年”，公元前一〇四年。《正义》云：“案：迁年四十二岁。”据此推算，司马迁生于汉景帝中五年（公元前一四五年）。按：《正义》和《索隐》所说司马迁年龄，相差十岁。这是近代学者考证司马迁生年，产生不同说法之两个不同材料来源。〔4〕“天历始改”，谓汉朝不再用《秦历》，而改用《太初历》（即《夏历》，以一月为正月）。〔5〕“明堂”，古代帝王宣明政教的地方。关于古代明堂之说，历来学者所言不一，其实难以推究明白。〔6〕“诸神”，指诸侯。“受纪”，谓遵照新历法。

【译文】太史公（谈）死了三年，司马迁就做了太史令，开始研究国家的藏书和档案。过了五年就是太初元年，十一月初一日冬至，汉朝修改了历法，在明堂宣布，诸侯遵照新的太初历。

太史公曰：〔1〕“先人有言：〔2〕‘自周公卒五百岁而有孔子。孔子卒后至于今五百岁，〔3〕有能绍明世，正《易传》，继《春秋》，本《诗》《书》《礼》《乐》之际？’意在斯乎！意在斯乎！小子何敢让焉。”〔4〕

【注释】〔1〕“太史公”，司马迁自称。下同。〔2〕“先人”，指司马谈。〔3〕“五百岁”，自周公卒至孔子，约五百余岁；自孔子卒（公元前四七九年）至太初元年（公元前一〇四年），只有三百七十五年。所言“五百岁”，非确指年数，而是引为祖述之意。〔4〕“小子”，子弟晚辈对父兄尊长的自称。此是司马迁自称。

【译文】太史公（迁）说：“先父说过：‘从周公去世五百年后而有孔子。孔子去世后到现在又是五百年了，有人能继承往昔圣世的事业，整理《易传》，上接《春秋》，吸取《诗》、《书》、《礼》、《乐》的精华吗？’用意在此吧！用意在此吧！

我怎敢推让这个历史重任呢。”

上大夫壶遂曰：[1]“昔孔子何为而作《春秋》哉？”太史公曰：“余闻董生曰：[2]‘周道衰废，孔子为鲁司寇，诸侯害之，大夫壅之。孔子知言之不用，道之不行也，是非二百四十二年之中，[3]以为天下仪表，贬天子，退诸侯，讨大夫，以达王事而已矣。’子曰：‘我欲载之空言，[4]不如见之于行事之深切著明也。’[5]夫《春秋》，上明三王之道，[6]下辨人事之纪，别嫌疑，明是非，定犹豫，善善恶恶，贤贤贱不肖，存亡国，继绝世，补敝起废，王道之大者也。《易》著天地阴阳四时五行，故长于变；《礼》经纪人伦，故长于行；《书》记先王之事，故长于政；《诗》记山川溪谷禽兽草木牝牡雌雄，[7]故长于风；《乐》乐所以立，故长于和；《春秋》辩是非，故长于治人。是故《礼》以节人，《乐》以发和，《书》以道事，《诗》以达意，《易》以道化，[8]《春秋》以道义。拨乱世反之正，莫近于《春秋》。《春秋》文成数万，[9]其指数千。[10]万物之散聚皆在《春秋》。[11]《春秋》之中，弑君三十六，亡国五十二，[12]诸侯奔走不得保其社稷者不可胜数。察其所以，皆失其本已。故《易》曰‘失之豪厘，差以千里’。[13]故曰‘臣弑君，子弑父，非一旦一夕之故也，其渐久矣’。[14]故有国者不可以不知《春秋》，前有谗而弗见，后有贼而不知。为人臣者不可以不知《春秋》，守经事而不知其宜，[15]遭变事而不知其权。[16]为人君父而不通于《春秋》之义者，必蒙首恶之名。为人臣子而不通于《春秋》之义者，必陷篡弑之诛，死罪之名。其实皆以为善，为之不知其义，被之空言而不敢辞。[17]夫不通礼义之旨，至于君不君，臣不臣，父不父，子不子。夫君不君则犯，[18]臣不臣则诛，父不父则无道，子不子则不孝。此四行者，天下之大过也。以天下之大过予之，则受而弗敢辞。故《春秋》者，礼义之大宗也。夫礼禁未然之前，法施已然之后；法之所为用者易见，而礼之所为禁者难知。”

【注释】〔1〕“上大夫”，官名。《索隐》云：“遂为詹事，秩二千石，故为上大夫也。”此言“上大夫”是指官秩。案：汉人多有上大夫之称，或官至上大夫之说，如“上大夫董仲舒”（见本书《十二诸侯年表》），“邓通官至上大夫”，“韩嫣官至上大夫”（见本书《佞幸列传》）等，可见上大夫有可能是官名。“壶遂”，人名。曾和司马迁一同参与制订《太初历》。〔2〕“董生”，指董仲舒。〔3〕“二百四十二年”，指《春秋》。《春秋》记事，上起鲁隐公元年（公元前七二二年），下迄鲁哀公十四年（公元前四八一年），共记了二百四十二年的史事。〔4〕

“空言”，指只是义理的说教。〔5〕“行事”，指已发生的具体史事。〔6〕“三王”，指夏禹、商汤、周文王武王。〔7〕“牝牡”，雌雄两性。“牝”，音 pìn，雌性。〔8〕“道化”，阐述客观世界发展变化之理。〔9〕“《春秋》文成数万”，谓《春秋》文字之多；流传至今的《春秋》只有一万六千五百余字。〔10〕“指”，意旨。〔11〕“万物”，宇宙间一切事物。“散聚”，综合诸事之意。〔12〕“弑君三十六，亡国五十二”，此和《春秋繁露·灭国篇》、《汉书·楚元王传》所言相同。梁玉绳《史记志疑》云：“通经传而数之，弑君者三十七，亡国止四十一。”〔13〕“失之豪厘，差以千里”，今本《易经》无此语；今本《易纬·通卦验》有之。〔14〕“臣弑君”等四句，引自《易·坤文言》。〔15〕“经事”，经常之事。〔16〕“权”，随机应变。〔17〕“被之空言”，受到舆论谴责。〔18〕“犯”，谓为臣下所干犯。

【译文】上大夫壶遂问：“以前孔子为什么作《春秋》的呀？”太史公答：“我听董仲舒先生说过：‘周朝统治衰落以后，孔子做鲁国的司寇，被诸侯所忌恨，被大夫所排挤。孔子知道自己的言论不被采用，道术无法实行，就在《春秋》中评论历史是非，为天下定出标准，批评帝王，指斥诸侯，诛讨大夫，目的在达成王道而已。’孔子说：‘我如果只是作义理的说教，还不如通过讲述历史事实更能深刻地表达观点。’《春秋》一书，从思想高度来说，表明了三王之道，就一般内容而言，分辨了人事的纪纲，分别嫌疑，明确是非，排除犹豫，奖善惩恶，尊贤退不才，保存已经灭亡的国家，继续已经绝世的后嗣，补救偏弊，振作废业，这些都是王道最重要的内容。《易》著天地阴阳四时五行，所以长于变化的道理；《礼》整顿人伦，所以长于行为的规范；《书》记载先王事实，所以长于政治的宣传；《诗》记述山川溪谷禽兽草木雌雄，所以长于讽喻的内容；《乐》在于自立其乐，所以长于和乐的主题；《春秋》明辨是非，所以长于处理人事的原则。因此可以说，《礼》用来节制人的行为，《乐》用来启发人的和乐，《书》用来记述政事，《诗》用来表达情意，《易》用来阐明变化，《春秋》用来发挥道义。拨乱世归于大治，只有依赖《春秋》最合适。《春秋》文字只几万，要旨有几千。一切事物都综合于《春秋》。《春秋》之中，被弑的君主三十六人，被灭亡的国家有五十二个，诸侯流亡不能保有其国家的很多很多。分析他们成败的原因，都在于抛弃了根本。所以《易》说‘有一点过失，就会产生巨大的差错’。所以说‘臣弑君，子弑父，不是一朝一夕的事，是长久地酝酿发展起来的’。所以国家的君主不可以不知《春秋》，如果不知，站在前面的谗邪小人就不能看清，跟在后面的乱臣贼子就不能察觉。做臣下的不可以不知《春秋》，如果不知，就会遇到常事不能适当处理，遇到事变不能随机应变。做君主的做父亲的如果不通晓《春秋》大义，一定蒙受罪魁的恶名。做臣下的做儿子的如果不通晓大义，一定落入篡弑的法网，蒙受死罪的声名。实际上都以为做得很对，做了又不知是不是符合大义，受到舆论谴责便咎无可辞。不通晓礼义的要旨，就会产生君不像君、臣不像臣、父不像父、子不像子的情况。君不像君就会有人犯上，臣不像臣就会身遭诛杀，父不像父就没有恩情，子不像子就忤逆不孝。这四种行为，是天下最大的过错。拿天下最大的过错戴在头上，只能承受而没

法推辞。所以《春秋》这部经典，确是礼义的大宗。礼可以预先禁止事故发生，法是施行于事情发生之后；以法制裁的事情容易看到，以礼禁止的事故不易察觉。”

壶遂曰：“孔子之时，上无明君，下不得任用，故作《春秋》，垂空文以断礼义，当一王之法。〔1〕今夫子上遇明天子，〔2〕下得守职，万事既具，咸各序其宜，夫子所论，〔3〕欲以何明？”

【注释】〔1〕“当一王之法”，汉代公羊学家以为，孔子有帝王之德而未居其位，虽不在其位，但起着王者的作用，故言《春秋》当一王之法。〔2〕“明天子”，对当代皇帝的敬称，指汉武帝。〔3〕“夫子”，对师长或学者的尊称。

【译文】壶遂再问：“孔子的时代，在上没有圣明的君主，他自己又不被任用，所以作《春秋》，流传史文以判断礼义，当作王者的法典。现在先生上面有了明君，您自己又在朝廷供职，国家万事俱备，上下各得其所，先生所论述的，打算说明什么？”

太史公曰：“唯唯，〔1〕否否，〔2〕不然。余闻之先人曰：‘伏羲至纯厚，〔3〕作《易》八卦。尧舜之盛，《尚书》载之，礼乐作焉。汤武之隆，诗人歌之。《春秋》采善贬恶，推三代之德，褒周室，非独刺讥而已也。’汉兴以来，至明天子，获符瑞，封禅，改正朔，易服色，受命于穆清，〔4〕泽流罔极，〔5〕海外殊俗，重译款塞，〔6〕请来献见者，不可胜道。臣下百官力诵圣德，犹不能宣尽其意。且士贤能而不用，有国者之耻；主上明圣而德不布闻，有司之过也。〔7〕且余尝掌其官，废明圣盛德不载，灭功臣世家贤大夫之业不述，堕先人所言，罪莫大焉。余所谓述故事，整齐其世传，非所谓作也，而君比之于《春秋》，谬矣。”

【注释】〔1〕“唯唯”，应答辞，顺应而不表示可否。〔2〕“否否”，不，不然。〔3〕“伏羲”，神话传说中人类的始祖。相传他教民结网，从事渔猎畜牧。又传说他制作八卦。〔4〕“穆清”，指天。〔5〕“罔极”，无边无际。〔6〕“重译”，经过几重翻译。“款塞”，在边塞上叩关而来朝贡。“款”，叩。〔7〕“有司”，官吏。古代设官分职，各有专司，因称官吏为有司。

【译文】太史公回答：“很对，但我也有自己的想法。我听先人说过：‘伏羲最纯正厚重，作《易》八卦。尧舜的盛德，《尚书》予以记载，后世制礼作乐予以表扬。汤王、武王的丰功，诗人予以歌颂。《春秋》褒善贬恶，推考三代的美德，赞扬周代，不仅专事讽刺讥弹而已。’汉朝建国以来，到了当今圣明的皇帝，获得祥瑞的征兆，进行封禅大典，修改历法，更换服饰的颜色，承受天命，恩德无边无际，海外不同风俗的国家经过几重翻译叩关前来朝贡的，多得无法说清楚。臣下百官尽力颂扬皇帝的大德，总是不能完全表达出来。况且贤能之士而不被任用，这是掌国家权力者的耻辱；主上英明圣智而大德没有广泛宣传，这是主管官吏的过错。何况我是个太史令，抛开明圣盛德不进行记载，埋没功臣世家贤大夫的功业不进行传述，忘却先人的遗嘱，罪责再大不过了。我只是所谓叙述故事，整理世代的传授，并不是所谓创作，而您拿来比做《春秋》，就错了。”

于是论次其文。七年而太史公遭李陵之祸，〔1〕幽于缧绁。〔2〕乃喟然而叹曰：“是余之罪也夫！是余之罪也夫！身毁不用矣。”退而深惟曰：“夫《诗》《书》隐约者，〔3〕欲遂其志之思也。昔西伯拘羑里，〔4〕演《周易》；孔子厄陈蔡，作《春秋》；屈原放逐，著《离骚》；左丘失明，厥有《国语》；孙子膑脚，〔5〕而论兵法；〔6〕不韦迁蜀，世传《吕览》；韩非囚秦，《说难》、《孤愤》；〔7〕《诗》三百篇，大抵贤圣发愤之所为作也。此人皆意有所郁结，不得通其道也，故述往事，思来者。”于是卒述陶唐以来，〔8〕至于麟止，〔9〕自黄帝始。

【注释】〔1〕“七年”，指自太初元年写史起的第七年，即天汉三年（公元前九八年）。“遭李陵之祸”，天汉二年（公元前九九年）李陵征匈奴兵败投降，司马迁为李陵辩说，因触怒武帝，而受宫刑。事见《汉书·司马迁传》。〔2〕“缧绁”，音 léi xiè，拘禁犯人的绳索，引申为牢狱。〔3〕“隐约”，义深言简。〔4〕“西伯”，指周文王。“羑里”，古地名，故址在今河南汤阴北。西伯拘于羑里，事具本书《周本纪》。〔5〕“孙子”，指孙膑。〔6〕“兵法”，指《孙膑兵法》。今山东临沂银雀山汉墓出土《孙膑兵法》残简。〔7〕“《说难》、《孤愤》”，两篇名。韩非作。载于《韩非子》。〔8〕“陶唐”，指尧。〔9〕“麟止”，众说不一。张晏以为，汉武帝元狩元年获麟，司马迁以为述事之端，上记黄帝，下至麟止，犹《春秋》止于获麟。（见《集解》）服虔以为，汉武帝太始二年获白麟，铸金作麟足形，司马迁作《史记》止于此。（见《索隐》）王先谦以为，“《史记》之作，不为感麟。迁仰希圣经，取义绝笔。”意谓“麟止”取义于孔子绝笔。（见《汉书补注》）王说较为可取。

【译文】于是开始撰写史文。过了七年，太史公遭到李陵之祸，被关进了监牢。叹息着说：“是我的罪孽啊！是我的罪孽啊！身体毁坏而不可用了。”又冷静地深思，说：“《诗》《书》言简义深，是想表达它们一定的思想。从前西伯被囚在羑里，推衍《周易》；孔子厄困于陈蔡，作了《春秋》；屈原被放逐于外，著了《离骚》；左丘眼睛失明，编了《国语》；孙子受了膑刑，写了兵书；吕不韦流放蜀地，传下了《吕氏春秋》；韩非囚禁于秦国，写有《说难》、《孤愤》；《诗》三百篇，大抵是先圣先贤发愤创作的结晶。这些人都是内心积愤无处发泄，所以才叙述往事，启示未来的人。”于是就叙述唐尧以来，直到麟止；实际上从黄帝写起。

维昔黄帝，[1]法天则地，四圣遵序，[2]各成法度；唐尧逊位，虞舜不台；[3]厥美帝功，万世载之。作《五帝本纪》第一。

【注释】〔1〕“维”，通“惟”，思念。〔2〕“四圣”，指颛顼、帝喾、尧、舜。〔3〕“台”，音yí，通“怡”，悦。

【译文】缅怀往昔黄帝，取法天地以为纲纪，颛顼、帝喾、尧、舜四位圣人遵守统序，各自立了法度；唐尧让位，虞舜也不自居；赞美帝功，流传于万世。作《五帝本纪》第一。

维禹之功，九州攸同，[1]光唐虞际，德流苗裔；夏桀淫骄，乃放鸣条。[2]作《夏本纪》第二。

【注释】〔1〕“九州”，传说中的我国中原上古行政区划。西汉以前，都认为禹治水以后，划分九州。九州之名，众说不一。《尚书·禹贡》作冀、兖、青、徐、扬、荆、豫、梁、雍等九州。〔2〕“鸣条”，古地名。商汤打败夏桀之地。具体地点难以确指。

【译文】禹的大功，使九州安宁，光宠于唐虞之世，德流布到后世子孙；夏桀荒淫骄横，被放逐于鸣条。作《夏本纪》第二。

维契作商，爰及成汤；太甲居桐，德盛阿衡；[1]武丁得说，乃称高宗；帝辛湛湎，[2]诸侯不享。[3]作《殷本纪》第三。

【注释】〔1〕“阿衡”，指伊尹。名伊，尹是官名。商初大臣。相传伊尹曾为阿衡之官。〔2〕“湛湎”，谓沉溺于酒色。〔3〕“不享”，诸侯不来朝。

【译文】商始于契，到了成汤立国；太甲曾居于桐，盛德归于伊尹；武丁得到傅说为相，称为高宗；纣王沉溺于酒色，诸侯就不来朝。作《殷本纪》第三。

维弃作稷，德盛西伯；武王牧野，实抚天下；幽厉昏乱，既丧酆镐；陵迟至赧，[1]洛邑不祀。作《周本纪》第四。

【注释】〔1〕“陵迟”，衰落。

【译文】弃善于种植粮谷，德业最盛是西伯；武王在牧野一战，就安抚天下；幽王、厉王昏乱，丧失了酆镐；日益衰微到了赧王，宗祀断绝。作《周本纪》第四。

维秦之先，伯翳佐禹；〔1〕穆公思义，悼豪之旅；〔2〕以人为殉，诗歌《黄鸟》；昭襄业帝。作《秦本纪》第五。

【注释】〔1〕“伯翳”，一作伯益。古代嬴姓各族的祖先。相传他善于畜牧和狩猎，被舜、禹所任用。〔2〕“豪”，借为“崤”，指秦晋崤（在今河南陕县东）之战。

【译文】秦的先人，伯翳曾辅佐大禹；穆公思义，哀悼崤之役中的牺牲将士；用人殉葬，诗人作《黄鸟》一章表示哀伤；昭襄王奠定了帝业。作《秦本纪》第五。

始皇既立，并兼六国，〔1〕销锋铸鐻，〔2〕维偃干革，尊号称帝，矜武任力；二世受运，子婴降虏。作《始皇本纪》第六。

【注释】〔1〕“六国”，指战国时期齐、楚、燕、赵、韩、魏六国。〔2〕“鐻”，音jù，乐器名。形似钟。

【译文】始皇即位后，并吞了六国，销毁兵器铸成钟鐻，希望停息战争，号称始皇帝，倚仗武力逞强；二世命运不长，子婴成了降虏。作《始皇本纪》第六。

秦失其道，豪桀并扰；项梁业之，子羽接之；〔1〕杀庆救赵，〔2〕诸侯立之；诛婴背怀，〔3〕天下非之。作《项羽本纪》第七。

【注释】〔1〕“子羽”，项羽。名籍，字羽。〔2〕“庆”，指号称庆子冠军的宋义。〔3〕“婴”，秦王子婴。“怀”，指项梁等人拥立的楚怀王。

【译文】秦朝无道，豪杰纷纷起义；项梁用兵，项羽继续；杀庆子冠军，援救赵国，得到诸侯拥护；诛杀子婴，背叛怀王，遭到天下人反对。作《项羽本纪》第七。

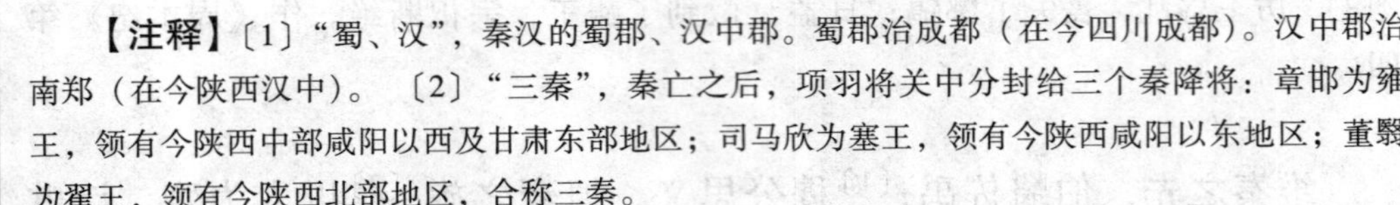

子羽暴虐，汉行功德；愤发蜀汉，[1]还定三秦；[2]诛籍业帝，天下惟宁，改制易俗。作《高祖本纪》第八。

【注释】〔1〕“蜀、汉”，秦汉的蜀郡、汉中郡。蜀郡治成都（在今四川成都）。汉中郡治南郑（在今陕西汉中）。〔2〕“三秦”，秦亡之后，项羽将关中分封给三个秦降将：章邯为雍王，领有今陕西中部咸阳以西及甘肃东部地区；司马欣为塞王，领有今陕西咸阳以东地区；董翳为翟王，领有今陕西北部地区，合称三秦。

【译文】项羽暴虐，汉王建功立德，从蜀汉愤发向东，还定三秦；诛灭项籍，奠定帝业，天下安宁，改制易俗。作《高祖本纪》第八。

惠之早霣，[1]诸吕不台；[2]崇彊禄、产，诸侯谋之；杀隐幽友，[3]大臣洞疑，[4]遂及宗祸。作《吕太后本纪》第九。

【注释】〔1〕“霣”，音 yǔn，通“殒”，死亡。〔2〕“台”，音 yí，通“怡”，喜悦。〔3〕“隐”，指赵隐王刘如意。“幽”，指赵幽王刘友。〔4〕“洞疑”，惶恐。“洞”，为“恫”的假借字。

【译文】惠帝早殒，诸吕不得民心；加强吕禄、吕产的权力，使得诸侯谋虑；杀了赵隐王如意、赵幽王友，使得大臣惶恐，终于发生诸吕之祸。作《吕太后本纪》第九。

汉既初兴，继嗣不明，迎王践祚，天下归心；蠲除肉刑，[1]开通关梁，广恩博施，厥称太宗。作《孝文本纪》第十。

【注释】〔1〕“蠲除”，免除。“蠲”，音 juān，通“捐”，减免。

【译文】汉朝开国之初，由谁继位不明，迎代王即帝位，天下心悦诚服；废除肉刑，开通关梁，广施恩德，称为太宗。作《孝文本纪》第十。

诸侯骄恣，吴首为乱，[1]京师行诛，[2]七国伏辜，[3]天下翕然，[4]大安殷富。作《孝景本纪》第十一。

【注释】〔1〕“吴”，吴王国，汉诸侯王国之一。吴楚七国之乱的祸首。〔2〕“京师”，指朝廷。〔3〕“七国”，指汉景帝前三年（公元前一五四年）参加七国之乱的吴、楚、赵、胶东、胶西、济南、淄川等七个诸侯王国。“伏辜”，服罪。〔4〕“翕然”，安然。“翕”，音 xī。敛息。

【译文】诸侯骄横，吴王率先作乱，朝廷发兵诛讨，七国服罪，于是天下安定，太平富足。作《孝景本纪》第十一。

汉兴五世，〔1〕隆在建元，外攘夷狄，内修法度，封禅，改正朔，易服色。作《今上本纪》第十二。

【注释】〔1〕“五世”，指汉高祖、惠帝、文帝、景帝、武帝等五代。

【译文】汉兴以来第五代，建元年间最为隆盛，对外排斥夷狄，对内修正法度，举行封禅大典，修改历法，更换服色。作《今上本纪》第十二。

维三代尚矣，〔1〕年纪不可考，〔2〕盖取之谱牒旧闻，本于兹，于是略推，作《三代世表》第一。

【注释】〔1〕“三代”，指夏代、商代、周代。〔2〕“年纪”，年数。

【译文】三代久远了，年数不可考，只能根据谱牒和古代文献，大略地推算，作《三代世表》第一。

幽厉之后，周室衰微，诸侯专政，〔1〕《春秋》有所不纪；而谱牒经略，〔2〕五霸更盛衰，欲睹周世相先后之意，作《十二诸侯年表》第二。

【注释】〔1〕“专政”，擅自为政。〔2〕“经略”，概要。

【译文】周幽王、厉王以后，周朝衰微，诸侯擅自为政，《春秋》记载不全；而谱牒只是概要，五霸更替盛衰。为了解周代诸侯始末情况，作《十二诸侯年表》第二。

春秋之后，陪臣秉政，〔1〕彊国相王；以至于秦，卒并诸夏，〔2〕灭封地，擅其号。作《六国年表》第三。

【注释】〔1〕“陪臣”，诸侯的大夫对天子自称陪臣。也指大夫的家臣。“秉政”，执掌政权。〔2〕“诸夏”，指周代分封的诸侯国。

【译文】春秋之后，诸侯国的陪臣执掌政权，强大的诸侯国僭号称王；直到了秦，终于并吞中原的诸侯，收取了六国的封地，自号称帝。作《六国年表》第三。

秦既暴虐，楚人发难，项氏遂乱，汉乃扶义征伐；八年之间，〔1〕天下三嬗，〔2〕事繁变众，故详著《秦楚之际月表》第四。

【注释】〔1〕“八年”，指秦二世元年至汉高帝五年。〔2〕“三嬗”，三次变更。指由陈王陈涉，而楚霸王项羽，而汉高祖刘邦。“嬗”，音 shàn，变更。

【译文】秦朝暴虐，楚人起义，项氏又乱，汉乃仗义征伐；八年之内，号令天下者变更了三次，事情繁乱，变故众多，所以详著《秦楚之际月表》第四。

汉兴已来，至于太初百年，诸侯废立分削，谱纪不明，有司靡踵，彊弱之原云以世。〔1〕作《汉兴已来诸侯年表》第五。

【注释】〔1〕“云”，作语助，无义。“以世”，以世相代。

【译文】自汉朝兴建以来，直到太初一百年间，诸侯的新立、废黜、分封子弟、削减封地，当时的谱纪不大清楚，主管的官吏又没有接续记载，它们世代强弱的原因也许可以窥探。作《汉兴以来诸侯年表》第五。

维高祖元功，辅臣股肱，〔1〕剖符而爵，〔2〕泽流苗裔，忘其昭穆，〔3〕或杀身陨国。作《高祖功臣侯者年表》第六。

【注释】〔1〕“股肱”，比喻帝王左右辅佐得力之臣。“股”，大腿。“肱”，音 gōng，手臂从肘到腕的部分。〔2〕“剖符”，帝王分封诸侯及功臣，把符剖分为二，双方各执其半，作为信物，叫做剖符。〔3〕“昭穆”，古代一种区分辈分、亲疏的宗法制度。宗庙、祭祀、墓地的排列，都以始祖居中，二、四、六世居左，称昭；三、五、七世居右，称穆。

【译文】高祖创业时的开国元勋，辅佐得力，剖符分封；子孙世袭，已分不清嫡庶，有的被杀、被废而失爵绝祀。作《高祖功臣侯者年表》第六。

惠景之间，维申功臣宗属爵邑，作《惠景间侯者年表》第七。

北讨彊胡，[1]南诛劲越，[2]征伐夷蛮，武功爰列。作《建元以来侯者年表》第八。

【注释】〔1〕“胡”，指匈奴。〔2〕“越”，古族名。秦汉以前已广泛分布于长江以南地区，部落众多，故有百越之称。有断发文身的习俗。秦汉时，越族与汉族有一定的关系。

【译文】惠帝、景帝期间，对功臣和宗室子弟封赐爵邑，作《惠景间侯者年表》第七。

在北方讨击强大的匈奴，在南方征诛劲悍的越人，因为征伐蛮夷，以军功封侯者多了起来。作《建元以来侯者年表》第八。

诸侯既彊，七国为从，子弟众多，无爵封邑，推恩行义，[1]其埶销弱，德归京师。作《王子侯者年表》第九。

【注释】〔1〕“推恩”，汉武帝颁行“推恩令”，使诸侯王可以分封子弟为侯，因此各个王国分为若干小封邑，诸侯势力不断削弱。

【译文】诸侯强大了，曾发生七国合纵的事；众多的诸侯子弟没有爵位封邑，汉朝就对他们推恩分封，既削弱了诸侯势力，又使恩德归于京师。作《王子侯者年表》第九。

国有贤相良将，民之师表也。维见汉兴以来将相名臣年表，贤者记其治，不贤者彰其事。作《汉兴以来将相名臣年表》第十。

维三代之礼，所损益各殊务，然要以近性情，通王道，故礼因人质为之节文，[1]略协古今之变。作《礼书》第一。

【注释】〔1〕“人质”，人情。“节文”，节制修饰。

【译文】国家的贤相良将，是民众的师表。根据汉朝兴建以来的将相名臣年表，对贤者记载他们的政绩，对不贤者列出他们的行事。作《汉兴以来将相名臣年表》第十。

推究三代以来的礼制，各代都因情况不同而有所减少和增加，但总的看来是以近人情、通王道为原则，所以礼根据人情加以节制修饰，又和古今世变协调一致。作《礼书》第一。

乐者，所以移风易俗也。自《雅》、《颂》声兴，[1]则已好《郑》、《卫》之音，[2]《郑》、《卫》之音所从来久矣。人情之所感，远俗则怀。[3]比《乐书》以述来古，[4]作《乐书》第二。

【注释】〔1〕“《雅》《颂》”，《诗》内容分类的名称，也是乐曲分类的名称。《雅》指宫廷乐曲，《颂》指宗庙祭祀乐曲。〔2〕“《郑》《卫》之音”，原指春秋战国时郑、卫等国的民间音乐。因它活泼清新，表现力强，与《雅乐》不同，故受儒家贬斥。〔3〕“远俗”，指远方殊俗之人。“怀”，怀柔向化。〔4〕“来古”，自古以来。

【译文】音乐其事，在于移风易俗。自《雅》《颂》之乐兴起之后，人们已喜好《郑》《卫》之音，《郑》《卫》之音已传世很久了。人情受音乐的感染，远方殊俗的人也会怀柔向化。比拟《乐书》历述自古以来音乐的兴衰，作《乐书》第二。

非兵不彊，非德不昌，黄帝、汤、武以兴，桀、纣、二世以崩，可不慎欤？《司马法》所从来尚矣，[1]太公、孙、吴、王子能绍而明之，[2]切近世，极人变。作《律书》第三。

【注释】〔1〕“《司马法》”，古兵书名。一卷。《汉书·艺文志》经之礼类，有《军礼·司马法》百五十五篇。“尚”，久远。〔2〕“太公”，指吕尚。“孙”，指孙武。“吴”，指吴起。“王子”，《集解》引徐广曰“王子成甫”。

【译文】不用兵不能强大，不施德不能昌盛，黄帝、汤王、武王因此而兴，桀王、纣王、二世终于灭亡，用兵能不慎重吗？《司马法》传世长久了，太公望、孙武、吴起、王子成甫能继承和发扬，切合近世需要，深明人事变化。作《律书》第三。

律居阴而治阳，历居阳而治阴，律历更相治，间不容翲忽。[1]五家之文怫异，[2]维太初之元论。作《历书》第四。

【注释】〔1〕“间不容翲忽”，不容许轻忽之意。“翲忽”，轻微。〔2〕“五家”，《正义》云：“五家谓黄帝、颛顼、夏、殷、周之历。”“怫异”，悖异。“怫”，音 bèi，通“悖”。违反，悖逆。

【译文】律处于阴而制约阳，历处于阳而制约阴，律和历紧密联系互相制约，不容许轻忽。黄帝、颛顼、夏、商、周五家的历法各不相同。只有太初颁行的历法较为正确。作《历书》第四。

星气之书，[1]多杂禨祥，[2]不经；推其文，考其应，不殊。比集论其行事，验于轨度以次，[3]作《天官书》第五。

【注释】〔1〕“星气”，古代占星望气之术。〔2〕“禨祥”，吉凶、祸福。〔3〕“轨度”，天体运行的轨道和度数。“次”，论述。

【译文】占星望气的书，多夹杂吉凶祸福的内容，不是常道；推求它的文字，考究它的应验，没有差异。综合历来的史实，检验天体运行的轨道和度数而加以论述，作《天官书》第五。

受命而王，封禅之符罕用，用则万灵罔不禋祀。[1]追本诸神名山大川礼，作《封禅书》第六。

【注释】〔1〕“万灵”，众神。“罔”，无；没有。“禋祀”，泛指祭祀。

【译文】承受天命而为帝王的，很少讲符应而行封禅；如果封禅，那么群神无不奉祀。探讨对诸神名山大川的祀典，作《封禅书》第六。

维禹浚川，九州攸宁；爰及宣防，[1]决渎通沟。作《河渠书》第七。

【注释】〔1〕“宣防”，即“宣房”，宫名。汉元光中，河决于瓠子。过了二十多年，汉武帝命堵塞决口，筑宫其上，名宣房宫。故址在今河南濮阳县西南。

【译文】大禹疏通河川，九州都得安宁；到了汉武帝筑宣防宫，开通沟渠。作《河渠书》第七。

维币之行，[1]以通农商；其极则玩巧，[2]并兼兹殖，争于机利，[3]去本趋末。[4]作《平准书》以观事变，第八。

【注释】〔1〕“币”，货币。〔2〕“玩巧”，玩弄巧诈。〔3〕“机利”，投机取巧以争利。〔4〕“本”，指务农。“末”，指商贾。

【译文】货币的发行，为了促使农商之间交易；但物极必反，发生了玩弄巧诈，兼并膨胀投机争利的事，以至于放弃农桑而趋务商贾。作《平准书》以观察时事变化，第八。

太伯避历，江蛮是适；〔1〕文武攸兴，古公王迹。阖庐弑僚，宾服荆楚；〔2〕夫差克齐，子胥鸱夷；〔3〕信嚭亲越，吴国既灭。嘉伯之让，〔4〕作《吴世家》第一。

【注释】〔1〕“江”，指江水（今长江）。〔2〕“荆楚”，即楚国。“荆”，古代楚国的别称，因其初建都于荆山一带，故名。〔3〕“鸱夷”，革囊。〔4〕“嘉”，称许；表扬。

【译文】太伯避让季历，逃到南方蛮夷地区，文王、武王兴起，继承了古公的王业。阖庐杀王僚而自立，使得楚国宾服；夫差战胜齐国而骄狂害贤，杀伍子胥用革囊裹尸抛在江中；听信伯嚭而亲近越国，吴国终于灭亡。称许太伯谦让的高风，作《吴世家》第一。

申、吕肖矣，〔1〕尚父侧微，〔2〕卒归西伯，文武是师；功冠群公，缪权于幽；〔3〕番番黄发，〔4〕爰飨营丘。〔5〕不背柯盟，〔6〕桓公以昌，九合诸侯，霸功显彰。田阚争宠，〔7〕姜姓解亡。嘉父之谋，作《齐太公世家》第二。

【注释】〔1〕“申”，地名。传说吕尚之祖封于申。“吕”，吕尚。“肖”，通“消”，衰微。〔2〕“尚父”，即吕尚。〔3〕“缪”，音 móu，绸缪，深奥之意。“权”，权谋，韬略。“幽”，幽昧不显。〔4〕“番番”，勇武的样子。“番”，音 bō。“黄发”，言老人发白而更黄。〔5〕“营丘”，古邑名。在今山东临淄北。吕尚受封于齐，在营丘建都。后改名临淄。〔6〕“柯”，春秋时地名，在今山东谷县东北。〔7〕“田、阚”，田常、阚止（即监止）。

【译文】原先封于申的吕氏衰微了，所以尚父起初微贱，后来投靠西伯，被文王、武王尊为国师；在群公中功勋第一，韬略深奥莫测；年高发黄时，受封于营丘。不违背柯之盟，桓公因此兴起，成了诸侯的盟主，霸业显赫。田常、阚止争宠，姜姓逐渐灭亡。称许尚父的谋略，作《齐太公世家》第二。

依之违之，周公绥之；愤发文德，〔1〕天下和之；辅翼成王，诸侯宗周。隐桓之际，是独何哉？三桓争彊，〔2〕鲁乃不昌。嘉旦《金縢》，〔3〕作《周公世家》第三。

【注释】〔1〕“文德”，指礼乐教化。〔2〕“三桓”，指鲁桓公的后嗣孟孙氏、叔孙氏、季孙氏等三家贵族。〔3〕“旦”，周公旦。“《金縢》”，《尚书》篇名。

【译文】诸侯或依或违，周公安抚天下；致力于礼乐教化，使天下和乐生活；辅佐成王，使诸侯尊宠周室。隐公、桓公之际的争权夺位，是什么风气呀？三桓内争逞强，鲁国于是衰败了。称许周公旦作《金縢》篇的高尚品格，作《周公世家》第三。

武王克纣，天下未协而崩。成王既幼，管蔡疑之，淮夷叛之，于是召公率德，安集王室，以宁东土。燕哙之禅，乃成祸乱。嘉《甘棠》之诗，〔1〕作《燕世家》第四。

【注释】〔1〕“《甘棠》之诗”，《诗·召南》有《甘棠篇》。

【译文】武王灭纣之后，天下没有安定就死了。成王幼小，管叔、蔡叔怀疑，淮夷反叛，于是召公遵守大义，安抚了皇室，使得东方安宁。燕王哙的禅位，造成了祸乱，称许《甘棠》之诗的思想内容，作《燕世家》第四。

管蔡相武庚，将宁旧商；及旦摄政，二叔不飨；杀鲜放度，周公为盟；大任十子，〔1〕周以宗彊。嘉仲悔过，〔2〕作《管蔡世家》第五。

【注释】〔1〕“大任”，当作太姒。据本书《周本纪》，大任（即太任）乃周文王之母。据本书《管蔡世家》，太姒乃文王正妃，生十子。“十子”，据本书《管蔡世家》，太姒所生十子是：伯邑考、武王发、管叔鲜、周公旦、蔡叔度、曹叔振铎、成叔武、霍叔处、康叔封、冉季载。〔2〕“仲”，蔡叔度之子蔡仲。

【译文】管叔、蔡叔监视武庚，是要安抚商代遗民；等到周公旦摄政，管蔡二叔作乱而不能再享爵禄；杀了管叔鲜、放逐蔡叔度，都由周公主持；大任所生十子，周朝赖以保宗卫国。称许蔡仲能够悔过，作《管蔡世家》第五。

王后不绝，舜禹是说；维德休明，苗裔蒙烈。百世享祀，爰周陈杞，楚实灭之。齐田既起，〔1〕舜何人哉？作《陈杞世家》第六。

【注释】〔1〕“齐田”，齐国田氏。春秋时陈厉公之子完，由陈奔齐，以陈氏为田氏。

【译文】圣王后嗣不会绝灭，舜禹就是这样；由于德行美盛，后裔也沾了光。历代享有祀典，到了周朝封舜禹的后裔为陈杞二国，被楚所灭。后来田氏又在齐国夺了权，舜是何等圣明啊！作《陈杞世家》第六。

收殷余民，叔封始邑，〔1〕申以商乱，〔2〕《酒》《材》是告，〔3〕及朔之生，〔4〕卫顷不宁；〔5〕南子恶蒯聩，〔6〕子父易名。周德卑微，战国既彊，卫以小弱，角独后亡。〔7〕嘉彼《康诰》，〔8〕作《卫世家》第七。

【注释】〔1〕“叔”，指康叔。周代卫国的始祖。名封。初封于康，故名康叔。周公旦镇压武庚之后，将殷民七族和商故都周围地区封给他，国号卫。〔2〕“申”，一再。〔3〕“《酒》《材》”，《酒诰》、《梓材》两篇文告。载于《尚书》。〔4〕“朔”，春秋时，卫宣公之子朔，谗杀太子伋，立为惠公。〔5〕“顷”，音 qīng，“倾”的本字。倾危。〔6〕“南子”，春秋时卫灵公夫人。“蒯聩”，卫灵公的太子。〔7〕“角”，战国末年卫元君之子角。后被秦二世废为庶人。〔8〕“《唐诰》”，周公分封时告诫康叔的文告。载于《尚书》。

【译文】收集殷的遗民，康叔受封才有卫国，商人一再变乱，有《酒诰》、《梓材》予以警告，到了朔出世，卫国倾危不宁；南子讨厌蒯聩而酿成祸乱，父子之间丧失名分。周室日益微弱，战国七雄逞强，卫国因为小弱，角反而最后一个灭亡。称许那《康诰》的思想价值，作《卫世家》第七。

嗟箕子乎！嗟箕子乎！正言不用，乃反为奴。武庚既死，周封微子。襄公伤于泓，君子孰称。景公谦德，荧惑退行。〔1〕剔成暴虐，〔2〕宋乃灭亡。嘉微子问太师，〔3〕作《宋世家》第八。

【注释】〔1〕“荧惑”，即火星。因它荧荧似火，时隐时现；在天空运行，又觉得时而从东往西，时而从西往东，令人迷惑，故古人称它为荧惑。〔2〕“剔成暴虐”，暴虐而亡者乃宋王偃，而非剔成。疑“剔成”乃“王偃”之讹。〔3〕“微子问太师”，《尚书·微子》载有微子和太师、少师问答之辞。

【译文】箕子啊！箕子啊！正言没有被人采用，反而自身成了奴仆。武庚死后，周朝封了微子。襄公在泓受了伤，得到君子的称赞。景公谦逊的美德，感动荧惑退行。剔成暴虐，宋国由此灭亡。称许微子问太师之辞，作《宋世家》第八。

武王既崩，叔虞邑唐。君子讥名，〔1〕卒灭武公。骊姬之爱，乱者五世；重耳不得意，乃能成霸。六卿专权，[2]晋国以秏。嘉文公锡珪鬯，作《晋世家》第九。

【注释】〔1〕“君子讥名”，晋穆侯娶齐女姜氏为夫人，生太子，取名仇；生少子，取名成师。晋人师服以为晋侯取名不当，晋国必将内乱。〔2〕“六卿”，指晋国的智伯、范、中行、韩、赵、魏等六家贵族。

【译文】武王死后，叔虞受封于唐。君子讥刺晋侯取名不当，后来果然被曲沃武公所灭。骊姬受宠，酿成祸乱延了五代；重耳不得意而发愤振作，才能建立霸业。六卿专权，晋国从此衰亡。称许文公勤王而得到天子赏赐珪玉鬯酒，作《晋世家》第九。

重黎业之，[1]吴回接之；[2]殷之季世，粥子牒之。[3]周用熊绎，熊渠是续。庄王之贤，乃复国陈；[4]既赦郑伯，[5]班师华元。[6]怀王客死，兰咎屈原；[7]好谀信谗，楚并于秦。嘉庄王之义，作《楚世家》第十。

【注释】〔1〕“重黎”，传说为颛顼后嗣，帝喾时为火正。〔2〕“吴回”，传说为重黎之弟，复为帝喾时火正。〔3〕“粥子”，即鬻熊。〔4〕“复国陈”，楚庄王攻克陈国，以申叔之谏而恢复之。〔5〕“赦郑伯”，楚庄王攻克郑国，因郑伯表示投降，乃赦郑伯而退军。〔6〕“班师华元”，楚庄王以楚兵围攻宋国，历时五个月，宋城中食尽，易子而食，折骨而炊。宋华元出告此情。楚庄王遂罢兵而去。〔7〕“兰”，子兰。楚怀王之子。秦昭王约楚怀王会于武关，楚王患之。屈原、昭睢谏王勿去，而子兰劝王前往。楚怀王前去，被秦扣留。

【译文】重黎创业，吴回接续；到了殷末，粥熊始入谱牒。周朝用了熊绎，接着是熊渠。庄王贤能，恢复已攻克的陈国；伐郑胜利时赦免郑伯，因华元说情而从宋国退兵。怀王客死于秦，子兰仇恨屈原；因为喜欢阿谀而听信谗言，楚国终于被秦国并吞。称许庄王的义气，作《楚世家》第十。

少康之子，实宾南海，文身断发，鼋鳝与处，[1]既守封禺，[2]奉禹之祀。勾践困彼，乃用种、蠡。嘉勾践夷蛮能修其德，灭彊吴以尊周室，作《越王勾践》世家第十一。

【注释】〔1〕“鼋”，音 yuán，大鳖，俗称癞头鼋。“鳝”，音 tuó，一种爬行动物。同“鼍”。〔2〕“封禺”，二山名。在今浙江省武康县东。

【译文】少康的儿子，封在南海，身上涂着花纹，头发全都剪掉，和鼋鼍在一起，世代守着封禺山，奉祀大禹。勾践困守在那里，才重用文种、范蠡。称许勾践本是蛮夷而能修德，灭了强大的吴国以尊崇周室，作《越王勾践世家》第十一。

桓公之东，太史是庸。〔1〕及侵周禾，王人是议。祭仲要盟，〔2〕郑久不昌。子产之仁，绍世称贤。三晋侵伐，〔3〕郑纳于韩。嘉厉公纳惠王，作《郑世家》第十二。

【注释】〔1〕"庸"，功劳。〔2〕"祭仲要盟"，春秋时郑国权臣祭仲，初立太子忽，是为昭公。不久，因宋国要挟，与宋订盟，而立昭公忽之弟突，是为厉公。由是引起郑国内乱。〔3〕"三晋"，指韩、赵、魏三国。

【译文】桓公到了东方，是太史建议之功。等到侵周取禾，王朝的人颇有非议。权臣祭仲被宋国要挟而乱立国君，引起郑国长期内乱。子产有仁义之名，世代被称为贤者。三晋前来侵伐，郑就亡于韩国。称许厉公纳惠王于周，作《郑世家》第十二。

维骥騄耳，〔1〕乃章造父。赵夙事献，衰续厥绪。佐文尊王，卒为晋辅。襄子困辱，乃禽智伯。主父生缚，〔2〕饿死探爵。〔3〕王迁辟淫，〔4〕良将是斥。嘉鞅讨周乱，作《赵世家》第十三。

【注释】〔1〕"骥"，千里马。"騄耳"，良马名。〔2〕"主父"，赵武灵王自号主父。〔3〕"爵"，音què，通"雀"。〔4〕"辟淫"，辟邪、淫佚。

【译文】有了骥和騄耳，才显出造父的本领。赵夙奉事晋献公，赵衰继承其业。协助晋文公尊奉王室，终于成了晋国辅佐。襄子受了困辱，才灭了智伯。主父亲身受围挨饿，取雀充饥，终于饿死。赵王迁荒淫，不用良将李牧。称许赵鞅讨平周乱，作《赵世家》第十三。

毕万爵魏，卜人知之。及绛戮干，戎翟和之。文侯慕义，子夏师之。惠王自矜，齐秦攻之。既疑信陵，诸侯罢之。卒亡大梁，王假厮之。〔1〕嘉武佐晋文申霸道，作《魏世家》第十四。

【注释】〔1〕"厮"，奴隶或仆役。

【译文】毕万受封于魏，卜人早就知道了。到了魏绛杀杨干的御者以申军法，戎翟前来求和。文侯尊崇学术，以子夏为师。惠王自恃，被齐秦攻伐。信陵君被魏王怀疑，诸侯便不协助魏国。终于亡了大梁，魏王假成了奴仆。称许魏武子协助晋文公成就霸道，作《魏世家》第十四。

韩厥阴德，赵武攸兴。绍绝立废，晋人宗之。昭侯显列，申子庸之。〔1〕疑非不信，秦人袭之。嘉厥辅晋匡周天子之赋，作《韩世家》第十五。

【注释】〔1〕"庸"，任用。

【译文】韩厥的阴德，是保护孤儿赵武，使他复兴赵氏。因他继绝立废，得到晋人的敬仰。昭侯显名于诸侯，因为任用了申不害。怀疑韩非而不信用，被秦国袭灭。称许韩厥辅佐晋国，匡正周室之赋，作《韩世家》第十五。

完子避难，适齐为援，阴施五世，齐人歌之。成子得政，田和为侯。王建动心，乃迁于共。嘉威、宣能拨浊世而独宗周，作《田敬仲完世家》第十六。

周室既衰，诸侯恣行。仲尼悼礼废乐崩，追修经术，以达王道，匡乱世反之于正，见其文辞，为天下制仪法，垂《六艺》之统纪于后世。作《孔子世家》第十七。

桀、纣失其道而汤、武作，周失其道而《春秋》作。秦失其政，而陈涉发迹，诸侯作难，风起云蒸，卒亡秦族。天下之端，自涉发难。作《陈涉世家》第十八。

成皋之台，薄氏始基。诎意适代，〔1〕厥崇诸窦。栗姬偩贵，〔2〕王氏乃遂。陈后太骄，卒尊子夫。嘉夫德若斯，〔3〕作《外戚世家》第十九。

【注释】〔1〕"诎意"，曲意。〔2〕"偩"，音 fù，同"负"。倚恃。〔3〕"夫"，卫子夫。

【译文】完子逃避陈国之难，到了齐国，施善积德五代，得到齐人的歌颂。成子掌了大权，田和成了齐侯。王建思想动摇，被秦迁徙于共。称许威王、宣王能挽救乱世而独尊周室，作《田敬仲完世家》第十六。

周室衰微了，诸侯更加放纵。仲尼痛感礼废乐崩，便努力研究经学，以建设王道，挽救乱世重返于治世，在他的著述中，为天下制定法则，使六艺的纲纪永垂于后世。作《孔子世家》第十七。

桀、纣无道，而汤、武革命；周室无道，而《春秋》写作；秦朝暴虐，而陈涉起义，诸侯响应，犹如风起云涌，终于消灭了秦。天下的新生，首先是陈涉发难。作《陈涉世家》第十八。

汉王坐成皋台，薄姬才得幸。窦姬曲意到了代地，使诸窦显贵。栗姬仗势骄横，反使王氏得以立为皇后。陈后骄贵失宠，终于另立卫子夫为皇后。称许卫子夫女德如此，作《外戚世家》第十九。

汉既谲谋，〔1〕禽信于陈；越荆剽轻，乃封弟交为楚王，爰都彭城，以彊淮泗，为汉宗藩。戊溺于邪，礼复绍之。嘉游辅祖，〔2〕作《楚元王世家》第二十。

【注释】〔1〕“谲谋”，诈谋。“谲”，音 jué，欺诈。〔2〕“游”，楚元王刘交之字。“祖”，汉高祖。

【译文】汉用了诈谋，在陈擒回韩信；因为越楚地区百姓剽悍轻捷，高祖便封少弟刘交为楚王，建都彭城，以加强淮泗一带，成为汉朝的宗藩。刘戊因邪谋败露而自杀，刘礼又继为楚王。称许楚王刘交辅助高祖，作《楚元王世家》第二十。

维祖师旅，刘贾是与；为布所袭，丧其荆、吴。营陵激吕，〔1〕乃王琅邪；怵午信齐，〔2〕往而不归，遂西入关，遭立孝文，获复王燕。天下未集，贾、泽以族，为汉藩辅。作《荆燕世家》第二十一。

【注释】〔1〕“营陵”，指营陵侯刘泽。“吕”，吕后。〔2〕“怵”，音 chù，受了诱惑。“午”，祝午。

【译文】高祖起兵，刘贾参与；被黥布袭击，丧失了封地。营陵侯刘泽以言语激动吕太后，得封为琅邪王；受了祝午诱惑而轻信齐王，往而不能返回，于是脱身西行入关，遇上拥立文帝的时机，又获封为燕王。天下未定的时候，刘贾、刘泽因为是宗室，作了汉朝的属藩辅佐。作《荆燕世家》第二十一。

天下已平，亲属既寡；悼惠先壮，实镇东土。哀王擅兴，发怒诸吕，驷钧暴戾，京师弗许。厉之内淫，祸成主父。嘉肥股肱，作《齐悼惠王世家》第二十二。

楚人围我荥阳，相守三年；萧何填抚山西，[1]推计踵兵，[2]给粮食不绝，使百姓爱汉，不乐为楚。作《萧相国世家》第二十三。

【注释】〔1〕“填抚”，即镇抚。“填”，音 zhèn，通“镇”。安定。“山西”，谓太行山之西。〔2〕“推计”，推算；计算。

【译文】天下已经平定，刘氏亲属寡少；刘肥先壮，被封为齐王，镇守东方。哀王擅自兴兵，发怒想杀诸吕，因外家驷钧暴虐，朝廷大臣不拥立哀王为帝。厉王和姊私通，因主父偃勘问而酿成王畏罪自杀之祸。称许刘肥为高祖的助手，作《齐悼惠王世家》第二十二。

楚兵围汉王于荥阳，相峙三年；萧何这时镇抚山西，推算着不断地向前方输送兵员和粮饷，使百姓爱汉，而不乐意为楚卖力。作《萧相国世家》第二十三。

与信定魏，破赵拔齐，遂弱楚人。续何相国，不变不革，黎庶攸宁。[1]嘉参不伐功矜能，作《曹相国世家》第二十四。

【注释】〔1〕“黎庶”，犹“黎民”。老百姓。

【译文】和韩信一起定魏地，击破赵军，攻克齐城，于是削弱了楚的势力。接续萧何为相国，一切都不变革，百姓得以安宁。称许曹参不夸功矜能，作《曹相国世家》第二十四。

运筹帷幄之中，[1]制胜于无形，子房计谋其事，无知名，无勇功，图难于易，为大于细。作《留侯世家》第二十五。

【注释】〔1〕“帷幄”，军中的帐幕。

【译文】在营幕里用计，无形中制胜敌人，子房计谋军事，不知出了什么主意，没有勇敢杀敌的战功，办难事于容易处下手，做大事于细微处完成。作《留侯世家》第二十五。

六奇既用，诸侯宾从于汉；吕氏之事，平为本谋，终安宗庙，定社稷。作《陈丞相世家》第二十六。

诸吕为从，[1]谋弱京师，而勃反经合于权；[2]吴楚之兵，亚夫驻于昌邑，以厄齐赵，而出委以梁。[3]作《绛侯世家》第二十七。

【注释】〔1〕“从”，音 zòng，通“纵”。合纵。〔2〕“反经”，反常；与往常不同。〔3〕“出委”，放弃。

【译文】用了六个奇计，使得诸侯服从汉朝；铲除了诸吕，陈平是主谋，终于安定宗庙，保住社稷。作《陈丞相世家》第二十六。

诸吕合纵，阴谋削弱京师，而周勃异常地深通权变；吴楚谋反，周亚夫驻守于昌邑，以控制齐赵，而放弃梁以牵制吴楚。作《绛侯世家》第二十七。

七国叛逆，蕃屏京师，唯梁为扞；[1]偩爱矜功，几获于祸。嘉其能距吴楚，[2]作《梁孝王世家》第二十八。

【注释】〔1〕“扞”，音 hàn，捍卫。〔2〕“距”，通“拒”，抗拒。

【译文】七国叛逆，为京师屏障的，只有梁为捍卫；梁王恃宠夸功，几乎遭到大祸。称许他能抵抗吴楚，作《梁孝王世家》第二十八。

五宗既王，亲属洽和，诸侯大小为藩，爰得其宜，僭拟之事稍衰贬矣。[1]作《五宗世家》第二十九。

【注释】〔1〕“僭拟”，超越本分。自比于居上位者。

【译文】五宗都封了王，亲属之间相处和洽，大小诸侯都是京师的屏藩，各得其所，超越本分的事情就减少了。作《五宗世家》第二十九。

三子之王，文辞可观。作《三王世家》第三十。

末世争利，维彼奔义；让国饿死，天下称之。作《伯夷列传》第一。

晏子俭矣，夷吾则奢；齐桓以霸，景公以治。作《管晏列传》第二。

李耳无为自化，清净自正；韩非揣事情，[1]循埶理。[2]作《老子韩非列传》第三。

【注释】〔1〕“揣”，音 chuǎi，忖度。〔2〕“埶理”，客观规律。

【译文】武帝的儿子封王，有关的文件洋洋可观。作《三王世家》第三十。

末世争利，只有他追求正义；让出君位而自己饿死，得到天下人的称赞。作《伯夷列传》第一。

晏子俭朴，夷吾奢侈；齐桓公因有管仲而称霸，齐景公因有晏子而国治。作《管晏列传》第二。

李耳主张无为、清净，任其自然；韩非忖度人情物理，遵循客观规律。作《老子韩非列传》第三。

自古王者而有《司马法》，穰苴能申明之。作《司马穰苴列传》第四。

非信廉仁勇不能传兵论剑，与道同符，内可以治身，外可以应变，君子比德焉。作《孙子吴起列传》第五。

维建遇谗，爰及子奢，尚既匡父，伍员奔吴。作《伍子胥列传》第六。

孔氏述文，弟子兴业，咸为师傅，崇仁厉义。作《仲尼弟子列传》第七。

鞅去卫适秦，能明其术，彊霸孝公，后世遵其法。作《商君列传》第八。

天下患衡秦毋餍，[1]而苏子能存诸侯，约从以抑贪彊。作《苏秦列传》第九。

【注释】〔1〕“衡”，通“横”。连横。“餍”，音 yàn，饱。引申为满足。

【译文】自古以来王者掌握《司马法》，穰苴能加以发扬光大。作《司马穰苴列传》第四。

没有信、廉、仁、勇四项品格，不能传习兵法、讨论剑术，更不能符合军事的客观要求；如果俱备，对己可以修身，处世可以应变，君子以为这就是兵家的道德了。作《孙子吴起列传》第五。

楚平王的太子建遭到谗言，连累到伍奢被囚，伍奢的长子伍尚去救父亲，次子伍员逃奔吴国。作《伍子胥列传》第六。

孔子传述文献，三千弟子受业，后来都做了师傅，崇尚仁道，激励节义。作《仲尼弟子列传》第七。

商鞅从卫国到了秦国，实行他的法术，使秦孝公强大称霸，后世还奉行其法。作《商君列传》第八。

天下诸侯都担忧贪狠的秦国连衡；而苏秦能保存诸侯，用合纵以抑制贪强的秦国。作《苏秦列传》第九。

六国既从亲，而张仪能明其说，复散解诸侯。作《张仪列传》第十。

秦所以东攘雄诸侯，樗里、甘茂之策。作《樗里甘茂列传》第十一。

苞河山，〔1〕围大梁，使诸侯敛手而事秦者，〔2〕魏冉之功。作《穰侯列传》第十二。

【注释】〔1〕“苞”，通“包”。控制之意。〔2〕“敛手”，缩手，表示不敢有所作为。

【译文】六国已经合纵一致，而张仪能申明他的说法，又瓦解了诸侯的合纵。作《张仪列传》第十。

秦国所以能向东方扩张称雄诸侯，是由于樗里、甘茂的策划。作《樗里甘茂列传》第十一。

控制河山，围攻大梁，使诸侯束手而臣服秦王的，是魏冉的功绩。作《穰侯列传》第十二。

南拔鄢郢，北摧长平，遂围邯郸，武安为率；破荆灭赵，王翦之计。作《白起王翦列传》第十三。

猎儒墨之遗文，〔1〕明礼义之统纪，〔2〕绝惠王利端，列往世兴衰。作《孟子荀卿列传》第十四。

【注释】〔1〕“猎”，涉猎。谓博览群书。〔2〕“统纪”，纲纪。

【译文】在南方攻下楚的鄢郢，在北方摧毁赵的长平军，包围赵都邯郸，是由武安君白起为统帅；击破楚国，灭了赵国，是王翦的计谋。作《白起王翦列传》第十三。

涉猎儒家、墨家的著作，通晓礼义的纲纪，制止梁惠王求利的思想，论列历史上兴衰的原委。作《孟子荀卿列传》第十四。

好客喜士，士归于薛，为齐扞楚魏。作《孟尝君列传》第十五。

争冯亭以权，如楚以救邯郸之围，使其君复称于诸侯。作《平原君虞卿列传》第十六。

能以富贵下贫贱，贤能诎于不肖，[1]唯信陵君为能行之。作《魏公子列传》第十七。

【注释】〔1〕“诎”，音 qū，通“屈”。屈辱。

【译文】喜欢接待宾客贤士，士人来到了薛地，为齐国抵御楚魏。作《孟尝君列传》第十五。

听信冯亭游说而争一时之利，赴楚请求救兵解除邯郸的围困，使赵王仍旧名列于诸侯。作《平原君虞卿列传》第十六。

能以富贵者的身份尊重贫贱者，贤能者屈于不肖者，只有信陵君能够做到。作《魏公子列传》第十七。

以身徇君，[1]遂脱彊秦，使驰说之士南乡走楚者，[2]黄歇之义。作《春申君列传》第十八。

【注释】〔1〕“徇”，音 xùn，通“殉”。为某事物而不惜身。〔2〕“乡”，音 xiàng，通“向”。面向。

【译文】冒着生命危险，让君主终于脱离强秦，使游说之士向南方投奔楚国的，是由于黄歇的义气。作《春申君列传》第十八。

能忍询于魏齐，[1]而信威于彊秦，[2]推贤让位，二子有之。作《范雎蔡泽列传》第十九。

【注释】〔1〕“询”，音 gòu，同“垢”。辱。〔2〕“信”，音 shēn，通“伸”。

【译文】能忍受魏齐的侮辱，而在强秦大显威风，让出相位给贤士，范蔡二人都是这样。作《范雎蔡泽列传》第十九。

率行其谋，[1]连五国兵，为弱燕报彊齐之雠，雪其先君之耻。作《乐毅列传》第二十。

【注释】〔1〕“率”，领先。

【译文】 领先实行他的计谋，联合五国的军队，替弱小的燕国报了强大的齐国之仇，洗雪了燕先君的耻辱。作《乐毅列传》第二十。

能信意彊秦，而屈体廉子，用徇其君，俱重于诸侯。作《廉颇蔺相如列传》第二十一。

湣王既失临淄而奔莒，唯田单用即墨破走骑劫，遂存齐社稷。作《田单列传》第二十二。

能设诡说解患于围城，轻爵禄，乐肆志。[1] 作《鲁仲连邹阳列传》第二十三。

【注释】〔1〕“肆志”，任意。

【译文】 能在强横的秦王面前得意，而委屈自己对廉颇十分尊重，二人为了国家而不计个人得失，都在各国享有很高威望。作《廉颇蔺相如列传》第二十一。

齐湣王丧失临淄逃到了莒城，只有田单以即墨为据点击退燕将骑劫，终于保卫了齐国。作《田单列传》第二十二。

能用诡辩解除邯郸被围之患，轻视爵禄，喜欢任意行为。作《鲁仲连邹阳列传》第二十三。

作辞以讽谏，连类以争义，《离骚》有之。作《屈原贾生列传》第二十四。

结子楚亲，使诸侯之士斐然争入事秦。[1] 作《吕不韦列传》第二十五。

【注释】〔1〕“斐然”，本义是色彩纷呈；这是踊跃之意。

【译文】 用文辞向国君讽谏，用比喻以表彰正义，《离骚》是这种主题思想。作《屈原贾生列传》第二十四。

为子楚结欢华阳夫人而得以立嗣继位，使列国各种人士争入秦国效力。作不韦列传》第二十五。

曹子匕首，鲁获其田，齐明其信；豫让义不为二心。作《刺客列传》第二十六。

能明其画，因时推秦，遂得意于海内，斯为谋首。作《李斯列传》第二十七。

为秦开地益众，北靡匈奴，据河为塞，因山为固，建榆中。作《蒙恬列传》第二十八。

填赵塞常山以广河内，弱楚权，明汉王之信于天下。作《张耳陈余列传》第二十九。

收西河、上党之兵，从至彭城；越之侵掠梁地以苦项羽。作《魏豹彭越列传》第三十。

以淮南叛楚归汉，汉用得大司马殷，卒破子羽于垓下。作《黥布列传》第三十一。

楚人迫我京索，而信拔魏赵，定燕齐，使汉三分天下有其二，以灭项籍。作《淮阴侯列传》第三十二。

楚汉相距巩洛，而韩信为填颍川，卢绾绝籍粮饷。作《韩信卢绾列传》第三十三。

诸侯畔项王，唯齐连子羽城阳，汉得以间遂入彭城。作《田儋列传》第三十四。

攻城野战，获功归报，哙、商有力焉，非独鞭策，又与之脱难。作《樊郦列传》第三十五。

汉既初定，文理未明，苍为主计，[1]整齐度量，序律历。作《张丞相列传》第三十六。

【注释】〔1〕“主计”，官名。主管国家财政，计算出入，故名。

【译文】曹沫用匕首威胁齐桓公，使鲁国收回失地，齐国做到守信；豫让一心为智伯报仇而无二心。作《刺客列传》第二十六。

能订出重大的计划，抓住时机促使秦国进一步发展，终于统一天下建立帝国，李斯是主谋。作《李斯列传》第二十七。

替秦朝开拓疆域，在北方击败匈奴，沿着黄河、阳山修筑长城，巩固边防，建置榆中。作《蒙恬列传》第二十八。

守赵地、保常山以广拓河内，削弱楚国的势力，在天下树立了汉王的威信。作《张耳陈余列传》第二十九。

魏豹收集西河、上党的军队，跟从汉王到了彭城；彭越在梁地扰乱楚军后方，使项羽陷于困境。作《魏豹彭越列传》第三十。

黥布据淮南一带叛楚投汉，汉用他劝说大司马周殷前来投降，终于在垓下击破了项羽。作《黥布列传》第三十一。

楚军逼迫我方的京索，而韩信攻下魏、赵，平定燕、齐，使汉三分天下占有二分，因而灭了项籍。作《淮阴侯列传》第三十二。

楚汉两军在巩洛对峙，而韩信为汉王镇守颍川，卢绾断绝项籍的粮饷。作《韩信卢绾列传》第三十三。

诸侯背叛项王，齐军牵制项羽于城阳，汉王才得以乘机进入彭城。作《田儋列传》第三十四。

攻城野战，获功回报，樊哙、郦商出力了，不但随侍汉王，还替他解脱过危难。作《樊郦列传》第三十五。

汉朝初定天下的时候，文治还没有办到，张苍做主计，统一度量，编定律历。作《张丞相列传》第三十六。

结言通使，约怀诸侯；诸侯咸亲，归汉为藩辅。作《郦生陆贾列传》第三十七。

欲详知秦楚之事，维周緤常从高祖，平定诸侯。作《傅靳蒯成列传》第三十八。

徙彊族，都关中，和约匈奴；明朝廷礼，次宗庙仪法。作《刘敬叔孙通列传》第三十九。

能摧刚作柔，卒为列臣；栾公不劫于埶而倍死。[1]作《季布栾布列传》第四十。

【注释】〔1〕“劫”，威逼；胁迫。“倍”，通“背”。“倍死”，怕死。

【译文】通使结盟，联络诸侯，使诸侯都来亲附，做汉室的屏藩辅佐。作《郦生陆贾列传》第三十七。

能详细知道秦楚间的事情，只有常常随从高祖平定诸侯的周緤。作《傅靳蒯成列传》第三十八。

迁徙豪族，定都关中，同匈奴订立和约；制定朝廷礼仪，订立宗庙仪法。作《刘敬叔孙通列传》第三十九。

季布能化刚强为柔和，终于做了汉臣；栾公不因受到权势威胁而怕死。作《季布栾布列传》第四十。

敢犯颜色以达主义，不顾其身，为国家树长画。作《袁盎朝错列传》第四十一。

守法不失大理，言古贤人，增主之明。作《张释之冯唐列传》第四十二。

敦厚慈孝，讷于言，[1]敏于行，务在鞠躬，[2]君子长者。作《万石张叔列传》第四十三。

【注释】〔1〕“讷”，音 nè，出言迟钝。〔2〕“鞠躬”，恭敬、谨慎的样子。

【译文】敢犯颜直谏，使君主行动合乎道义；不顾自身安危，为国家建树长远的大计。作《袁盎朝错列传》第四十一。

遵循法度，不失大体，称说古时贤人，使主上越加英明。作《张释之冯唐列传》第四十二。

为人诚朴宽厚、仁慈孝顺，出言迟钝，行动敏捷，一生谨慎，是忠厚长者之风。作《万石张叔列传》第四十三。

守节切直，义足以言廉，行足以厉贤，任重权不可以非理挠。作《田叔列传》第四十四。

扁鹊言医，为方者宗，[1]守数精明；[2]后世循序，弗能易也，而仓公可谓近之矣。作《扁鹊仓公列传》第四十五。

【注释】〔1〕“方者”，医家。医以方剂治疾，故称。〔2〕“数”，数术，方术。

【译文】守节耿直，义气足以称得上清廉，行为足以激励向贤，担任重要职务时不徇私舞弊。作《田叔列传》第四十四。

扁鹊行医，是医家大宗，技术精明，后世继承下来，没有改变，仓公的医术可以说是和扁鹊差不多。作《扁鹊仓公列传》第四十五。

维仲之省，[1]厥濞王吴，遭汉初定，以填抚江淮之间。作《吴王濞列传》第四十六。

【注释】〔1〕“省”，音 shěng，减省。引申为降低。“仲之省”，刘仲因罪从代王降封为郃阳侯。

【译文】刘仲贬低封爵，刘濞被封为吴王，遇上汉室初定天下的时机，得以镇抚江淮一带。作《吴王濞列传》第四十六。

吴楚为乱，宗属唯婴贤而喜士，士乡之，率师抗山东荥阳。作《魏其武安列传》第四十七。

智足以应近世之变，宽足用得人。作《韩长孺列传》第四十八。

勇于当敌，仁爱士卒，号令不烦，师徒乡之。作《李将军列传》第四十九。

自三代以来，匈奴常为中国患害；欲知彊弱之时，设备征讨，作《匈奴列传》第五十。

直曲塞，广河南，破祁连，通西国，靡北胡。作《卫将军骠骑列传》第五十一。

大臣宗室以侈靡相高，唯弘用节衣食为百吏先。作《平津侯列传》第五十二。

汉既平中国，而佗能集杨越以保南藩，纳贡职。作《南越列传》第五十三。

吴之叛逆，瓯人斩濞，葆守封禺为臣。[1]作《东越列传》第五十四。

【注释】〔1〕"葆"，通"保"。"葆守"，保守。

【译文】吴楚作乱的时候，窦氏宗族中只有窦婴贤能而好交游，士人投奔他，他带领大军守荥阳以抗拒山东诸侯。作《魏其武安列传》第四十七。

智谋可以应付近世的事变，宽厚可以争取人们的好感。作《韩长孺列传》第四十八。

对敌人勇敢，待士兵仁爱，号令简易，军士衷心服从他。作《李将军列传》第四十九。

从三代以来，匈奴常为中原的祸患；要掌握它强和弱的情况，设备防御，或出兵征讨，作《匈奴列传》第五十。

出兵边塞外，收复河南地，攻破祁连山，开通了西域，摧败了匈奴。作《卫将军骠骑列传》第五十一。

大臣和刘氏宗室竞相奢侈糜烂，只有公孙弘以节约衣食作为百官的首务。作《平津侯列传》第五十二。

汉朝平定中原以后，南越王赵佗能安抚杨越，保守南方的屏障，向汉朝称臣纳贡。作《南越列传》第五十三。

吴王叛乱的时候，东瓯人杀了刘濞，保守封禺山，为汉朝的臣民。作《东越列传》第五十四。

燕丹散乱辽间，满收其亡民，厥聚海东，以集真藩，葆塞为外臣。作《朝鲜列传》第五十五。

唐蒙使略通夜郎，而邛笮之君请为内臣受吏。作《西南夷列传》第五十六。

《子虚》之事，《大人》赋说，靡丽多夸，然其指风谏，归于无为。作《司马相如列传》第五十七。

黥布叛逆，子长国之，以填江淮之南，安剽楚庶民。[1]作《淮南衡山列传》第五十八。

【注释】〔1〕"安"，安抚。"剽"，音 piāo，剽悍。

【译文】燕丹的旧部逃散在辽东，朝鲜王满收容了这些逃亡者，屯聚海东，安抚真藩，保守边塞，为汉朝的外臣。作《朝鲜列传》第五十五。

唐蒙奉使经略西南，通使夜郎，邛、笮的君长请求内服为臣吏。作《西南夷列传》第五十六。

《子虚赋》中的事，《大人赋》中的话，华丽浮夸，但它的宗旨是风谏，倾向于无为。作《司马相如列传》第五十七。

黥布反叛，高祖封少子长为淮南王，镇守江淮以南，安抚剽悍的楚地百姓。作《淮南衡山列传》第五十八。

奉法循理之吏，不伐功矜能，百姓无称，亦无过行。作《循吏列传》第五十九。

正衣冠立于朝廷，而群臣莫敢言浮说，长孺矜焉；[1]好荐人，称长者，壮有溉。[2]作《汲郑列传》第六十。

【注释】〔1〕"矜"，庄重。〔2〕"壮"，"庄"字之误。庄，郑当时之字。"溉"，清，清正。

【译文】遵循法令的官吏，不夸功逞能，百姓未曾称道，也没有过失。作《循吏列传》第五十九。

衣冠端正立在朝廷，群臣没人敢虚言浮夸，汲长孺确实庄重；喜欢推荐人，被称为长者，郑庄享有清名。作《汲郑列传》第六十。

自孔子卒，京师莫崇庠序，[1]唯建元元狩之间，文辞粲如也。[2]作《儒林列传》第六十一。

【注释】〔1〕“庠序”，泛指学校。〔2〕“粲如”，华丽；兴盛。

【译文】自孔子死后，京师不重视学校教育，只有建元、元狩之间，文风兴盛。作《儒林列传》第六十一。

民倍本多巧，[1]奸轨弄法，善人不能化，唯一切严削为能齐之。[2]作《酷吏列传》第六十二。

【注释】〔1〕“倍本”，不务农桑之业。〔2〕“一切”，一律。“齐”，整治。

【译文】百姓多不务农桑而投机取巧，作奸犯科，老好人没法去感化，只有一律严刑重罚才能整治他们。作《酷吏列传》第六十二。

汉既通使大夏，而西极远蛮，引领内乡，欲观中国。作《大宛列传》第六十三。

救人于厄，振人不赡，[1]仁者有乎；不既信，[2]不倍言，义者有取焉。作《游侠列传》第六十四。

【注释】〔1〕“振”，“赈”的本字。救济。〔2〕“既信”，失信。

【译文】汉朝已和大夏通使往来，而西方极远的蛮族，伸长脖子向内望着，想瞻仰中国。作《大宛列传》第六十三。

别人危难愿去救援，别人穷困乐意救济，有仁人的风格；不失信，不背弃诺言，有可取的侠义行为。作《游侠列传》第六十四。

夫事人君能说主耳目，和主颜色，而获亲近，非独色爱，能亦各有所长。作《佞幸列传》第六十五。

不流世俗，不争埶利，上下无所凝滞，[1]人莫之害，以道之用。[2]作《滑稽列传》第六十六。

【注释】〔1〕“凝滞”，拘牵。〔2〕“道”，因循自然。

【译文】事奉君主能使其耳目喜悦，颜色温和，而得到宠幸，不仅是他们容色可爱，本领也各有所长。作《佞幸列传》第六十五。

不在世俗中随波逐流，不和别人家争权夺利，上下都没有拘牵而能与时推移，别人不会加害，是由于因循自然。作《滑稽列传》第六十六。

齐、楚、秦、赵为日者，各有俗所用。〔1〕欲循观其大旨，〔2〕作《日者列传》第六十七。

【注释】〔1〕"俗"，风俗。〔2〕"循观"，总观。

【译文】齐、楚、秦、赵的日者，根据不同的风俗而施展技能。要总观他们的宗旨，作《日者列传》第六十七。

三王不同龟，四夷各异卜，然各以决吉凶。略闚其要，〔1〕作《龟策列传》第六十八。

【注释】〔1〕"闚"，音 kuī，同"窥"。探测。

【译文】三王用龟不同，四夷卜法各异，但各家都用来判断吉凶。大略地探测其要点，作《龟策列传》第六十八。

布衣匹夫之人，不害于政，不妨百姓，取与以时而息财富，〔1〕智者有采焉。作《货殖列传》第六十九。

【注释】〔1〕"息"，蕃息；生息。

【译文】一个普普通通的人，不触犯国家政法，不妨害百姓大众，选择时机做买卖而赚点钱，聪明的人也以为有可取的地方。作《货殖列传》第六十九。

维我汉继五帝末流，接三代绝业。〔1〕周道废，秦拨去古文，〔2〕焚灭《诗》《书》，故明堂石室金匮玉版图籍散乱。〔3〕于是汉兴，萧何次律令，韩信申军法，张苍为章程，〔4〕叔孙通定礼仪，则文学彬彬稍进，〔5〕《诗》《书》往往间出矣。自曹参荐盖公言黄老，而贾生、晁错明申、商，公

孙弘以儒显，百年之间，天下遗文古事靡不毕集太史公。太史公仍父子相续纂其职。[6]曰："於戏！[7]余维先人尝掌斯事，显于唐虞，至于周，复典之，故司马氏世主天官。至于余乎，钦念哉！[8]钦念哉！"罔罗天下放失旧闻，王迹所兴，[9]原始察终，见盛观衰，论考之行事，略推三代，录秦汉，上记轩辕，下至于兹，著十二本纪，既科条之矣。[10]并时异世，年差不明，作十表。礼乐损益，律历改易，兵权山川鬼神，[11]天人之际，[12]承敝通变，[13]作八书。二十八宿环北辰，[14]三十辐共一毂，[15]运行无穷，辅拂股肱之臣配焉，[16]忠信行道，以奉主上，作三十世家。扶义俶傥，[17]不令已失时，立功名于天下，作七十列传。凡百三十篇，五十二万六千五百字，为《太史公书》。[18]序略，[19]以拾遗补艺，[20]成一家之言，厥协《六经》异传，[21]整齐百家杂语，藏之名山，[22]副在京师，俟后世圣人君子。第七十。

【注释】〔1〕"绝业"，中断的事业。〔2〕"拨去"，抛弃。〔3〕"玉版"，指刻有文字的玉版。〔4〕"章程"，泛指各种规章制度。〔5〕"文学"，指文学之士。"彬彬"，文质兼备貌。〔6〕"纂"，继承。〔7〕"於戏"，感叹词。同"呜呼"。〔8〕"钦念"，敬慎地思念着。〔9〕"王迹"，王者的业绩。〔10〕"科条"，科分条列，系统性的纲目。〔11〕"兵权"，指《律书》。上句已有"律"字，此似复出，当为衍文。"山川"，指《河渠书》。"鬼神"，指《封禅书》。〔12〕"天人之际"，指《天官书》。〔13〕"承敝通变"，指《平准书》。〔14〕"二十八宿"，古代天文学家把黄道（日月所经天区）的恒星分成二十八个星座，称为二十八宿，四方各有七宿，东方：角、亢、氐、房、心、尾、箕；北方：斗、牛、女、虚、危、室、壁；西方：奎、娄、胃、昴、毕、觜、参；南方：井、鬼、柳、星、张、翼、轸。"北辰"，指北极星。〔15〕"辐"，音 fú，车轮中连接轴心和轮圈的直木。"共"，音 gǒng，通"拱"。拱卫。"毂"，音 gǔ，车轮中心插轴的圆木。〔16〕"辅拂"，辅弼。"拂"，同"弼"。辅佐。〔17〕"俶傥"，音 tī tǎng，卓异不凡。〔18〕"《太史公书》"，司马迁自称其著作之名。自东汉之后才称《史记》。〔19〕"序略"，编述大略。〔20〕"补艺"，弥补阙漏之意。〔21〕"协"，协调。"《六经》异传"，《六经》的不同传述。〔22〕"名山"，古代帝王藏书策的地方。

【译文】我大汉承继五帝的遗绪，接续三代中断的事业。周道衰微之后，秦代抛弃古文，烧毁《诗》、《书》，所以明堂石室金匮玉版等处的图书都散失了。汉朝兴起之后，萧何整理律令，韩信著述兵法，张苍拟定规章制度，叔孙通制订礼仪，于是文质兼备的文学之士逐渐进用，《诗》、《书》等古籍不断地有所发现了。从曹参推荐专讲黄老之术的盖公之后，贾谊、晁错发扬申商之学，公孙弘因懂得儒术得以显贵，这一百年之间，天下已发现的遗文古事无不集中在太史府。太史公照常父子相继这个职位。慨叹道："唉！我想到先人曾掌管这事，显名于唐虞时代，到了周朝又主管这个职事，所以说司马氏世代主持天官。一直轮到了我，敬慎地思念着！敬慎地思念着！"

汇集天下散失的文献，王者的业绩所以兴盛，要考察自始至终的全部过程，要了解盛衰转变的内在联系，论评帝王的实践活动，略推三代，详录秦汉，从古代黄帝记起，一直记到现在，作十二篇本纪，具备系统性的纲目了。同一时期而不同世系，年代先后不大明白，作十篇表。礼乐的减增，律历的改变，兵家的权谋，山川的改造，鬼神的迷信，天人的关系，承敝而通变，作八篇书。二十八个星座环绕北极星，三十条辐同集中于一个毂，始终地运转，辅弼之臣忠信不渝，坚守臣道，以侍奉君主，犹如星辰、辐毂的关系一样，作三十篇世家。扶持正义，卓异不凡，抓住时机，建功立业，名载史册，作七十篇列传。共一百三十篇，五十二万六千五百字，称为《太史公书》。编述大略，借以收集散佚，弥补阙漏，成一家之言，协调《六经》的不同传述，整齐百家不同的说法，正本藏在名山，副本留传京师，等待后世圣人君子。第七十。

太史公曰：余述历黄帝以来至太初而讫，百三十篇。

【译文】太史公说：我撰述自黄帝以来，到太初讫止，一百三十篇。